T5-ANW-204

Karl Löwith

Sämtliche Schriften 4

Von Hegel zu Nietzsche

Karl Löwith
Sämtliche Schriften

J. B. Metzlersche Verlagsbuchhandlung
Stuttgart

Karl Löwith

Von Hegel zu Nietzsche

J. B. Metzlersche Verlagsbuchhandlung
Stuttgart

CIP-Kurztitelaufnahme der Deutschen Bibliothek

Löwith, Karl:
Sämtliche Schriften / Karl Löwith.
– Stuttgart: Metzler.
ISBN 3-476-00457-0
NE: Löwith, Karl: [Sammlung]

4. Von Hegel zu Nietzsche. – 1988
ISBN 3-476-00506-2

Typographie: Hans Peter Willberg, Eppstein

ISBN 3-476-00491-1 (Gesamtwerk)
ISBN 3-476-00506-2 (Band 4)

Satz und Druck: Gulde-Druck GmbH, Tübingen
Buchbinderische Verarbeitung:
Realwerk Lachenmaier, Reutlingen
Printed in Germany

Inhalt

Von Hegel zu Nietzsche

Der revolutionäre Bruch im Denken des 19. Jahrhunderts

Edmund Husserl
zum Gedächtnis

Vorwort zur ersten Auflage

Hegel und Nietzsche sind die beiden Enden, zwischen denen sich das eigentliche Geschehen der Geschichte des deutschen Geistes im 19. Jahrhundert bewegt. Weil man aber in Hegels Werk zumeist den glanzvollen Abschluß der Systeme des Idealismus sah und aus Nietzsches Schriften beliebige Teile zu einer zeitgemäßen Verwendung entnahm, mußte man sich mit Rücksicht auf beide versehen. Hegel scheint sehr ferne und Nietzsche uns sehr nahe zu stehen, wenn man bei diesem nur an den Einfluß und bei jenem nur an das Werk denkt. In Wahrheit hat aber Hegels Werk durch seine Schüler eine kaum zu überschätzende Wirkung auf das geistige und politische Leben gehabt, während sich die zahllosen Einflüsse, die seit 1890 von Nietzsche ausgingen, erst in unsrer Zeit zu einer deutschen Ideologie verdichteten. Den Hegelingen der vierziger Jahre entsprechen die Nietzschelinge von gestern.

Im Gegensatz zur akademischen Versteifung auf Hegels System und zur populären Verbiegung von Nietzsches Schriften durch Hegelkenner und Nietzscheverehrer möchten die folgenden Studien die Epoche von Hegel zu Nietzsche wahrhaft vergegenwärtigen und also die philosophische Geschichte des 19. Jahrhunderts im Horizonte der Gegenwart »umschreiben«. Die Geschichte umschreiben besagt aber nicht die unwiderrufliche Macht des einmal für immer Geschehenen auf Kosten der Wahrheit zum Nutzen des Lebens verfälschen, sondern der lebensgeschichtlichen Tatsache gerecht werden, daß man den Baum an seinen Früchten und im Sohne den Vater erkennt. Erst das 20. Jahrhundert hat das eigentliche Geschehen des 19. Jahrhunderts deutlich und deutbar gemacht. Dabei erleichtert die tödliche Konsequenz in der philosophischen Entwicklung nach Hegel das Verfolgen der aufeinander folgenden Schritte, deren Resultat die Verstiegenheit ist.

Ein Beitrag zur Geistesgeschichte im üblichen Sinn des Wortes sind diese Studien zur Geschichte des Geistes dennoch nicht. Denn die Grundlagen der Geistesgeschichte, welche von Hegels Metaphysik des Geistes abstammen, haben sich seitdem bis ins Wesenlose verdünnt. Der Geist als Subjekt und Substanz der Geschichte ist nicht mehr ein Fundament, sondern bestenfalls ein Problem. Hegels historischer Relativismus hat zum Anfang und Ende das »absolute Wissen«, in bezug auf welches jeder Schritt in der Entfaltung des Geistes ein Fortschritt im Bewußtsein der Freiheit ist; das Wissen der historischen Wissenschaften vom »Geiste« ist nicht einmal relativ, denn es fehlt ihm der Maßstab für eine Beurteilung des zeitlichen Geschehens. Was vom Geist übrig blieb, ist nur noch der »Zeitgeist«. Und doch bedarf es, um nur überhaupt die Zeit als Zeit zu begreifen, eines Standpunktes, der das bloße Geschehen der Zeit überschreitet. Weil aber die Gleichsetzung der Philosophie mit dem »Geist der Zeit« ihre revolutionierende Kraft durch Hegels Schüler gewann, wird zumal eine Studie über die Zeit von Hegel bis Nietzsche am Ende die Frage aufwerfen müssen: bestimmt sich das Sein und der »Sinn« der Geschichte überhaupt aus ihr selbst, und wenn nicht, woraus dann?

Es liegt den folgenden Studien zur Geschichte des deutschen Geistes im 19. Jahrhundert fern, eine vollständige Geschichte der Philosophie des 19. Jahrhunderts geben zu wollen, zumal die materielle Vollständigkeit eines historischen Begreifens nicht nur unerreichbar, sondern auch wider den Sinn geschichtlicher Wirkungszusammenhänge wäre. In der wirklichen Geschichte der Welt wie des Geistes entfalten sich unscheinbare Ereignisse zu bedeutungsvollen Geschehnissen und was umgekehrt ereignisreich schien, kann sehr bald bedeutungslos werden. Es ist deshalb sinnwidrig, sei es im voraus oder nachträglich, das Insgesamt feststellen zu wollen, welches eine Epoche nach allen Seiten kennzeichnet. Der Prozeß der Sinnverschiebung ist nie abgeschlossen, weil im geschichtlichen Leben niemals von vornherein feststeht, was am Ende herauskommt. Und so wollen diese Studien lediglich den entscheidenden Wendepunkt zwischen Hegels Vollendung und Nietzsches Neubeginn aufzeigen, um im Licht der Gegenwart die epochale Bedeutung einer in Vergessenheit geratenen Episode zu erhellen.

Das 19. Jahrhundert schien zwar in der Perspektive einer sich ihm überlegen dünkenden Zeit mit einem einzigen Schlagwort erfaßbar und auch schon »überwunden« zu sein, aber noch Nietzsche war sich bewußt, ein Erobernder *und* ein Erbender zu sein. Vor dem Ganzen der Zeit ist eine Epoche weder lobens- noch tadelnswert, denn eine jede ist Schuldner und Gläubiger zugleich. So hat auch das vergangene Jahrhundert Vorläufer und Mitläufer, Hervorragende und Durchschnittliche, Klare und Trübe in seinen Reihen. Das 19. Jahrhundert, das ist Hegel und Goethe, Schelling und die Romantik, Schopenhauer und Nietzsche, Marx und Kierkegaard, aber auch Feuerbach und Ruge, B. Bauer und Stirner, E. von Hartmann und Dühring. Es ist Heine und

Börne, Hebbel und Büchner, Immermann und Keller, Stifter und Strindberg, Dostojewski und Tolstoi; es ist Stendhal und Balzac, Dickens und Thackeray, Flaubert und Baudelaire, Melville und Hardy, Byron und Rimbaud, Leopardi und d'Annunzio, George und Rilke; es ist Beethoven und Wagner, Renoir und Delacroix, Munch und Marées, van Gogh und Cézanne. Es ist die Zeit der großen historischen Werke von Ranke und Mommsen, Droysen und Treitschke, Taine und Burckhardt und einer phantastischen Entwicklung der Naturwissenschaften. Es ist nicht zuletzt Napoleon und Metternich, Mazzini und Cavour, Lassalle und Bismarck, Ludendorff und Clémenceau. Es erstreckt sich von der großen Französischen Revolution bis 1830 und von da bis zum Ersten Weltkrieg. Es hat Schlag auf Schlag zum Heil und Unheil der Menschen die gesamte technische Zivilisation geschaffen und Erfindungen über die ganze Erde verbreitet, ohne die wir uns unser alltägliches Leben überhaupt nicht mehr vorstellen können.

Wer von uns könnte leugnen, daß wir noch durchaus von diesem Jahrhundert leben und eben darum Renans Frage – es ist auch die Frage von Burckhardt, Nietzsche und Tolstoi – verstehen: »de quoi vivra-t-on après nous?« Gäbe es darauf eine Antwort nur aus dem Geiste derZeit, so wäre das letzte, ehrliche Wort unserer noch vor 1900 geborenen und im Ersten Weltkrieg gereiften Generation die entschiedene Resignation, und zwar einer, die ohne Verdienst ist, denn die Entsagung ist leicht, wenn sich das meiste versagt.

Sendai (Japan), im Frühjahr 1939.

Vorwort zur zweiten Auflage

Die zehn ereignisreichen und nun so armen Jahre, welche seit der Abfassung dieser Studien vergangen und doch so gegenwärtig sind, veranlaßten den Verfasser, in dieser neuen Auflage einige Veränderungen vorzunehmen, die hautpsächlich aus Weglassungen und Kürzungen bestehen. Den veränderten Zeitumständen gemäß wurden einige Präsensformen in Vergangenheitsformen umgewandelt.

Das eigentliche Thema: die Umbildung und Verkehrung der Hegelschen Philosophie des absoluten Geistes durch Marx und Kierkegaard in Marxismus und Existenzialismus blieb jedoch von dem Geschehen der Zwischenzeit unberührt und dürfte den heutigen Leser noch mehr als den damaligen angehen.

New York, 1949.

Inhalt

II. TEIL

Studien zur Geschichte der bürgerlich-christlichen Welt

I. TEIL

Studien zur Geschichte des deutschen Geistes im 19. Jahrhundert

EINLEITUNG
GOETHE UND HEGEL[1]

Goethe bildete die deutsche Literatur zur Weltliteratur und Hegel die deutsche Philosophie zur Weltphilosophie. Ihre Hervorbringungskraft war von einer vollkommenen Normalität, weil ihr Wollen im Einklang mit ihrem Können stand. Was nachher kommt, kann sich an Weite des Umblicks und Energie der Durchdringung nicht damit messen; es ist überspannt oder abgespannt, extrem oder mittelmäßig und mehr versprechend als haltend.

Im selben Jahr 1806, als Napoleon durch Jena und Weimar kam, vollendete Hegel die *Phänomenologie des Geistes* und Goethe den ersten Teil des *Faust*, zwei Werke, in denen die deutsche Sprache ihre breiteste Fülle und ihre tiefste Dichte erreicht. Doch ist das Verhältnis von Hegel zu Goethe viel unscheinbarer als das von andern deutschen Denkern und Dichtern, so daß es den Anschein erweckt, als hätten sie nur nebeneinander gelebt, ohne miteinander zu wirken. Während Schiller durch Kant und die Romantiker durch Fichte und Schelling geprägt sind, ist Goethes Anschauung der natürlichen und menschlichen Welt durch keinen der klassischen Philosophen bestimmt. Sein Dichten bedurfte keines philosophischen Rückhalts, weil es in sich selber gedankenvoll war, und seine naturwissenschaftlichen Forschungen waren von derselben Einbildungskraft geleitet wie seine Dichtung.

Hegel *und* Goethe kann also nicht bedeuten, daß ihr Lebenswerk von einander abhängig ist oder unmittelbar ineinander greift, wohl aber soll die Verbindung andeuten, daß zwischen der *Anschauung* Goethes und dem *Begreifen* Hegels eine innere Beziehung besteht, die sowohl eine Nähe wie eine Entfernung bezeichnet. Die Anerkennung, die jeder

1 Dieser Abschnitt möchte zur Einleitung in das geistige Geschehen des 19. Jahrhunderts das *Problem* deutlich machen, als welches sich die durch Hegel und Goethe vollendete deutsche Bildung im Fortgang des Jahrhunderts erwies. Dadurch unterscheidet er sich von den bisherigen Behandlungen desselben Themas, deren Verfasser den deutschen Idealismus als noch bestehend voraussetzen.

Vgl. dazu: K. F. Goeschel, *Hegel und seine Zeit, mit Rücksicht auf Goethe,* Berlin 1832; R. Honegger, *Goethe und Hegel,* in: Jahrbuch der Goethe-Ges. XI, 1925; J. Hoffmeister, *Goethe und der deutsche Idealismus,* Leipzig 1932; J. Schubert, *Goethe und Hegel,* Leipzig 1933; H. Falkenheim, *Goethe und Hegel,* Tübingen 1934.

von beiden dem Werk und dem Wirken des andern zollte, beruht auf dem Abstand, den ihre Verbindung behielt. Indem aber jeder das Seine tat, war die Gesinnung, in der sie es taten, doch in entscheidenden Dingen dieselbe. Die Differenz, welche sie auseinander hält und vereinigt, wird deutlich, wenn man beachtet, daß Goethes »*Urphänomene*« und das »*Absolute*« von Hegel sich in der Sache genau so respektvoll begegnen wie Goethe und Hegel selber in ihrem persönlichen Leben[2].

Ihre beiderseitige Beziehung erstreckt sich über drei Jahrzehnte. Einige Tagebuchaufzeichnungen und mündliche Äußerungen von Goethe sowie die wenigen Briefe, die zwischen ihnen gewechselt wurden, sind alles, was ihr Verhältnis dokumentiert. In Hegels Werken wird beiläufig einige Male auf Goethe verwiesen, ausführlicher mit Bezug auf die *Farbenlehre* in den beiden Ausgaben der *Enzyclopädie*[3]. Andrerseits hat Goethe eine Briefstelle Hegels über denselben Gegenstand im 4. Heft zur Naturwissenschaft abgedruckt. Doch ging ihr Verhältnis über diese sachliche Anteilnahme hinaus.

Hegel schreibt am 24. April 1825 an Goethe von den näheren Motiven seiner »Anhänglichkeit und selbst Pietät«; »denn wenn ich den Gang meiner geistigen Entwicklung übersehe, sehe ich Sie überall darein verflochten und mag mich einen Ihrer Söhne nennen; mein Inneres hat gegen die Abstraktion Nahrung zu widerhaltender Stärke von Ihnen erhalten, und an Ihren Gebilden wie an Fanalen seinen Lauf zurechtgerichtet«[4]. Dem entspricht Goethes Äußerung nach Hegels Tod zu Varnhagen, er empfinde ein tiefes Bedauern über den Verlust dieses »hochbegabten, bedeutenden Reihenführers«, der ein so »wohlbegründeter und mannigfach tätiger Mann und Freund« gewesen sei. »Das Fundament seiner Lehre lag außer meinem Gesichtskreis, wo aber sein Tun an mich heranreichte oder auch wohl in meine Bestrebungen eingriff, habe ich immer davon wahren geistigen Vorteil gehabt.«[5] Noch ferner als das dogmatische Fundament von Hegels eigener Lehre lagen Goethe die Nachkonstruktionen der Hegelschüler, obgleich er auch von solchen tüchtige Kenntnisse lobend erwähnt. So studierte er noch als Achtundsiebzigjähriger ein Buch von Hinrichs über die antike Tragödie und nahm es zum Ausgangspunkt eines bedeutenden Ge-

2 Vgl. dazu Hegels Bericht an seine Frau über seinen Besuch bei Goethe: Br. II, 280.

3 Heidelberger Enz. § 221; Enz. § 317ff.

4 Goethe-Jahrbuch XVI (1895), 68f.

5 Br. vom 5. I. 1832.

sprächs[6]. Einem andern Schüler von Hegel, L. von Henning, der an der Berliner Universität Vorlesungen über Goethes Farbenlehre hielt, stellte er das nötige Material zur Verfügung. Zu dem selbständigsten der damaligen Hegelschüler, dem Rechtsphilosophen E. Gans, hat sich Goethe nach dessen Bericht in folgender Weise geäußert: »Er meinte, wenn die Philosophie es sich zur Pflicht mache, auch auf die Sachen und Gegenstände, welche sie behandelt, Rücksicht zu nehmen, so dürfte sie um so wirksamer werden, je mehr sie freilich auch mit den Empirikern zu tun bekomme; nur werde immer die Frage entstehen, ob es zugleich möglich sei, ein großer Forscher und Beobachter und auch ein bedeutender Verallgemeinerer und Zusammenfasser zu sein [...]. Er traute Hegel zwar sehr viele Kenntnisse in der Natur wie in der Geschichte zu, ob aber seine philosophischen Gedanken sich nicht immer nach den neuen Entdeckungen, die man doch stets machen würde, modifizieren müßten, und dadurch selber ihr Kategorisches verlören, könne er zu fragen doch nicht unterlassen [...]. Er kam nunmehr auf die Jahrbücher. Ihm mißfiel eine gewisse Schwerfälligkeit und Weitläufigkeit, welche in den einzelnen Abhandlungen läge; er tadelte meine Rezension über Savignys Geschichte des römischen Rechts im Mittelalter aus dem Gesichtspunkte, daß ich den Autor nötigen wollte, etwas anderes zu tun, als er im Sinn habe.«[7]

Ebenso wie Goethe hier die Aufnötigung einer fremden Denkweise ablehnt, betont er in einem Brief an Hegel, es handle sich bei seinen naturwissenschaftlichen Arbeiten nicht um eine »durchzusetzende Meinung«, sondern um eine »mitzuteilende Methode«, deren sich jeder nach seiner Art als eines Werkzeugs bedienen möge[8]. Unmittelbar nach diesem Vorbehalt folgt aber eine Anerkennung von Hegels Bestrebungen, welche zeigt, wie sehr auch Goethe aller zuchtlosen Willkür abgeneigt war. »Mit Freuden höre ich von manchen Orten her, daß Ihre Bemühung, junge Männer nachzubilden, die besten Früchte bringt; es tut freilich not, daß in dieser wunderlichen Zeit irgendwo aus einem Mittelpunkt eine Lehre sich verbreite, woraus theoretisch und praktisch ein Leben zu fördern sei. Die hohlen Köpfe wird man freilich nicht hindern, sich in vagen Vorstellungen und tönenden Wortschällen zu ergehen; die guten Köpfe jedoch sind auch übel daran, denn, indem sie

6 *Gespräche mit Eckermann* vom 21. und 28. III. 1827.
7 *Gespräche* III, 426 f.
8 Br. II, 31 f.

falsche Methoden gewahren, in die man sie von Jugend auf verstrickte, ziehen sie sich auf sich selbst zurück, werden abstrus oder transzendieren.«[9] Der Wille zu einer überlieferbaren Gründung verband Goethe, über Hegels »Lehre« hinweg, mit dessen geistigem »Tun«. Diese für das ganze Verhältnis von Goethe zu Hegel charakteristische Unterscheidung äußert sich drastisch in einem Gespräch mit dem Kanzler Müller: »Ich mag nichts Näheres von der Hegelschen Philosophie wissen, wiewohl Hegel selbst mir ziemlich zusagt.«[10] Konzilianter schreibt Goethe an Hegel selber etwas später: »Ich halte meinen Sinn möglichst offen für die Gaben des Philosophen und freue mich jedesmal, wenn ich mir zueignen kann, was auf eine Weise erforscht wird, welche die Natur mir nicht hat zugestehen wollen.«[11] So fühlte sich Goethe zeitlebens von Hegels Philosophie zugleich angezogen und abgestoßen[12], und doch war er im Grunde gewiß, daß sie im Geiste einander begegneten. Wundersam spricht sich dies aus in seinem letzten Brief an Zelter: »Glücklicherweise ist Dein Talentcharakter auf den Ton, das heißt auf den Augenblick angewiesen. Da nun eine Folge von konsequenten Augenblicken immer eine Art von Ewigkeit selbst ist, so war Dir gegeben, im Vorübergehenden stets beständig zu sein und also mir sowohl als Hegels Geist, insofern ich ihn verstehe, völlig genug zu tun.«[13].

9 Vgl. dazu Goethes Briefe an Zelter vom 7. VI. 1825 und vom 27. I. 1832, sowie das Gespräch mit Eckermann vom 12. III. 1828.

10 *Gespräche* III, 414.

11 Br. II, 249.

12 Br. an Zelter vom 13. VIII. 1831.

13 Br. an Zelter vom 11. III. 1832.

1. *Goethes Anschauung der Urphänomene und Hegels Begreifen des Absoluten*

a) Die Gemeinsamkeit des Prinzips

Was Goethe an Hegel zusagte, war nicht weniger als das *Prinzip* seines geistigen Tuns: die Vermittlung zwischen dem Selbstsein und Anderssein, oder mit Goethe gesagt: daß er sich in die Mitte zwischen Subjekt und Objekt gestellt hat, während Schelling die Breite der Natur und Fichte die Spitze der Subjektivität hervorhob[14]. »Wo Objekt und Subjekt sich berühren, da ist Leben; wenn Hegel mit seiner Identitätsphilosophie sich mitten zwischen Objekt und Subjekt hineinstellt und diesen Platz behauptet, so wollen wir ihn loben.«[15]. Ebenso mußte aber auch Hegel die substanzielle Subjektivität von Goethe, den Weltgehalt seines Selbstseins empfinden. Seiner scharfen Kritik an der gehaltlosen Subjektivität der Romantiker entspricht aufs genaueste Goethes Diagnose der »allgemeinen Krankheit der Zeit«: daß sie unfähig sei, sich ihrer Subjektivität produktiv zu entäußern und sich einzulassen in die gegenständliche Welt[16]. Die Mitte zwischen Subjekt und Objekt, zwischen dem Fürsichsein und dem Ansichsein, der Innerlichkeit und der Äußerlichkeit zu finden und zu begründen, war von Hegels erstem Systemfragment an bis zur *Logik* und *Enzyklopädie* der eigentliche Beweggrund seiner Philosophie der Vermittlung, durch welche die Substanz zum Subjekt und das Subjekt substanziell werden sollte. Ebenso bewegt sich auch Goethes naives Philosophieren um das Problem der Übereinstimmung von Selbst und Welt[17]. Von ihrem Widerspruch und seiner Aufhebung handeln – unter dem Titel: subjektive »Idee« und objektive »Erfahrung«, sinnlich »Aufgefaßtes« und »Ideeiertes« –

14 Die erste Formulierung des Prinzips der Hegelschen Philosophie enthalten die *Theologischen Jugendschriften* (a. a. O., S. 348) und die Abhandlung über die *Differenz des Fichteschen und Schellingschen Systems* (W. I², 246); vgl. zum Begriff der »Mitte« *Jenenser Realphilosophie I*, 203 ff.

15 *Gespräche* III, 428; zum Begriff der »Mitte«: *Wilhelm Meisters Wanderjahre,* II, 1 (40. Bd. der Cotta-Ausgabe, S. 189) und *Geschichte der Farbenlehre*, Bd. 39, a. a. O., S. 437; vgl. dazu G. Simmel, *Goethe*,, 1923, S. 90 ff.

16 *Hegels Ästhetik,* X/1, 2. Aufl., S. 83 ff. und Goethes Gespräch mit Eckermann vom 29. I. 1826.

17 Am deutlichsten herausgearbeitet hat dies G. Simmel in seinem Goethebuch.

nicht nur die bekannten Erörterungen im Briefwechsel mit Schiller,[18] sondern auch vier besondere Aufsätze: »Der Versuch als Vermittler von Objekt und Subjekt«, »Einwirkung der neueren Philosophie«, »Anschauende Urteilskraft« und »Bedenken und Ergebung«.

Goethe sagt, der Mensch könne es bei der Betrachtung des Weltalls nicht unterlassen, Ideen zu wagen und Begriffe zu bilden, mit denen er das Wesen Gottes oder der Natur zu begreifen versucht. »Hier treffen wir nun auf die eigene Schwierigkeit [...], daß zwischen Idee und Erfahrung eine gewisse Kluft befestigt scheint, die zu überschreiten unsere ganze Kraft sich vergeblich bemüht. Dessen ungeachtet bleibt unser ewiges Bestreben, diesen Hiatus mit Vernunft, Verstand, Einbildungskraft, Glauben, Gefühl, Wahn und, wenn wir sonst nichts vermögen, mit Albernheit zu überwinden. Endlich finden wir, bei regen fortgesetzten Bemühungen, daß der Philosoph wohl möchte recht haben, welcher behauptet, daß keine Idee der Erfahrung völlig kongruiere, aber wohl zugibt, daß Idee und Erfahrung analog sein können, ja müssen.«[19] Der Philosoph, welcher hier gemeint ist, ist Kant, und das Werk, worin dieser den ideeierenden Verstand und die sinnliche Anschauung zur Einheit bringt, die *Kritik der Urteilskraft*. Von der *Kritik der reinen Vernunft* dagegen bemerkt Goethe, daß sie völlig außerhalb seines Kreises lag. Beachtenswert scheint ihm an ihr nur, daß sie die »alte Hauptfrage« erneuere: »wieviel unser Selbst und wieviel die Außenwelt zu unserm geistigen Dasein beitrage«. Er selber habe jedoch niemals das eine vom andern gesondert, und wenn er nach seiner Weise philosophierte, so habe er es mit unbewußter Naivität getan und geglaubt, seine Meinungen wirklich »vor Augen« zu sehen[20]. Sowohl dichtend wie forschend sei er, gleich der Natur, stets analytisch und auch synthetisch vorgegangen. »Die Systole und Diastole des menschlichen Geistes war mir, wie ein zweites Atemholen, niemals getrennt, immer pulsierend.« Für all dies habe er jedoch keine Worte und noch weniger Phrasen gehabt. In das Labyrinth von Kants *Kritik der reinen Vernunft* einzudringen habe ihn bald seine Dichtergabe und bald der

18 Br. vom 23. und 31. VIII. 1794; vgl. dazu: *Der Sammler und die Seinigen* und Bd. 27, S. 215.

19 *Bedenken und Ergebung* (Bd. 40, a. a. O., S. 425 f.); zu Goethes Beurteilung von Kant vgl. *Gespräche* II, 26, sowie die Briefe an Voigt vom 19. XII. 1798 und an Herder vom 7. VI. 1793.

20 Vgl. dazu Hegel, Enz. § 70, über die dritte Stellung des Denkens zur Objektivität.

Menschenverstand gehindert, obgleich er einige Kapitel zu verstehen glaubte und daraus manches zu seinem Hausgebrauch gewann.

Dieses Verhältnis zu Kant änderte sich mit dem Erscheinen der *Kritik der Urteilskraft* (1790), der er eine »höchst lebensfrohe Epoche« schuldig wurde, weil sie ihn ganz im Sinne seines eigenen Tuns und Denkens die Erzeugnisse der Natur und des menschlichen Geistes, d.i. der Kunst, einheitlich zu begreifen lehrte, so daß sich die ästhetische und teleologische Urteilskraft wechselseitig erleuchteten. »Mich freute, daß Dichtkunst und vergleichende Naturkunde so nah miteinander verwandt seien, indem beide sich derselben Urteilskraft unterwerfen.«[21]. Zugleich hatte Goethe aber auch ein kritisches Bewußtsein davon, daß seine Nutzung von Kants Untersuchung über die von Kant gezogenen Grenzen hinausging. Auf eine bloß *diskursive* Urteilskraft wollte sein Sinn nicht beschränkt sein; er nahm für sich eben jenen *intuitiven* Verstand in Anspruch, der für Kant ein intellectus archetypus, d.i. eine Idee, war, welche dem Menschenwesen nicht zukommt. »Zwar scheint der Verfasser hier auf einen göttlichen Verstand zu deuten, allein, wenn wir ja im Sittlichen, durch Glauben an Gott, Tugend und Unsterblichkeit uns in eine obere Region erheben und an das erste Wesen annähern sollen: so dürfte es wohl im Intellektuellen derselbe Fall sein, daß wir uns, durch das Anschauen einer immer schaffenden Natur, zur geistigen Teilnahme an ihren Produktionen würdig machten. Hatte ich doch erst unbewußt und aus innerem Trieb auf jenes Urbildliche, Typische rastlos gedrungen, war es mir sogar geglückt, eine naturgemäße Darstellung aufzubauen, so konnte mich nunmehr nichts mehr verhindern, das *Abenteuer der Vernunft*, wie es der Alte vom Königsberge selbst nennt, mutig zu bestehen.«[22] Eben dies war auch der Punkt, an dem Hegel in seiner Abhandlung über *Glauben und Wissen* (1802) einsetzte, um aus Kants Kritik der Urteilskraft die Konsequenzen zu ziehen, welche den subjektiven Idealismus aufhoben und den »Verstand« zur »Vernunft« brachten. Beide deuten sich die Urteilskraft als die produktive Mitte, welche zwischen dem Naturbegriff und dem Freiheitsbegriff vermittelt und eine »Region der Identität« sichtbar macht. Denn indem Kant über die «Vernunft in ihrer Realität«, nämlich als objektiv vor Augen stehende Schönheit (in der Kunst) und als Organisation (in der Natur) reflektiere, habe er die

21 *Einwirkung der neueren Philosophie* (Bd. 40, a.a.O., S. 421).
22 *Anschauende Urteilskraft* (Bd. 40, a.a.O., S. 424f.); vgl. Hegel I², 39ff.

wahre Idee der Vernunft auf formale Weise schon ausgesprochen, wenngleich ohne Bewußtsein, daß er sich mit seiner Idee vom intuitiven Verstand auf spekulativem Gebiete befand. In der Tat habe er aber mit der Idee eines urbildlichen Verstandes bereits den Schlüssel zur Enträtselung des Verhältnisses von *Natur* und *Freiheit* in Händen gehabt.

Diese letzte Idee von Kant haben Hegel wie Goethe – und ebenso Schelling – zum Ausgang genommen. Beide haben das »Abenteuer der Vernunft« gewagt, indem sie sich – über den diskursiven Verstand hinweg – in die Mitte zwischen Selbstsein und Weltsein stellten. Der Unterschied ihrer Vermittlung besteht jedoch darin, daß Goethe die Einheit vonseiten der angeschauten *Natur* begreift und Hegel vonseiten des *geschichtlichen Geistes*. Dem entspricht, daß Hegel eine »List der Vernunft« anerkennt und Goethe eine List der Natur. Sie besteht beide Male darin, daß sie das Tun und Lassen der Menschen hinter ihrem Rücken in den Dienst eines Ganzen stellt.

b) Der Unterschied in der Auslegung

So sehr die verschiedene Ansicht vom Absoluten – als »Natur« oder »Geist« – das Verhältnis von Hegel zu Goethe kennzeichnet, bedeutet es doch keinen Gegensatz im Prinzip, sondern nur einen Unterschied in der Art seiner Auslegung. Denn wenn Goethe von der *Natur* spricht – im Vertrauen, daß sie auch durch ihn spricht – so bedeutet sie ihm zugleich die *Vernunft* alles Lebendigen, so wie die Urphänomene schon selber eine Vernunft sind, welche alle Geschöpfe mehr oder minder durchdringt[23]. Und wenn Hegel vom *Geist* spricht – im Vertrauen, daß er auch durch ihn spricht – so begriff er damit zugleich die *Natur* als das Anderssein der Idee, während der Geist eine »zweite Natur« ist. Infolge der Differenz und Gemeinsamkeit konnte Goethe mit wohlwollender Ironie seine »Urphänomene« dem »Absoluten« zur freundlichen Aufnahme bei Gelegenheit eines Geschenkes empfehlen. Vom Absoluten »im theoretischen Sinn« zu reden schien ihm jedoch unangebracht, gerade weil er es immer im Auge behielt und in der Erscheinung erkannte[24].

23 *Gespräche* IV, 44 und 337; vgl. *Geschichte der Farbenlehre*, a. a. O., Bd. 39, S. 187.
24 Br. II, 47; *Maximen und Reflexionen*, a. a. O., Nr. 261 und 809.

Nach einem Gesuch von Hegel schrieb Goethe an Knebel, die Unterhaltung habe in ihm den Wunsch erregt, einmal längere Zeit mit ihm beisammen zu sein, »denn was bei gedruckten Mitteilungen eines solchen Mannes uns unklar und abstrus erscheint, weil wir solches nicht unmittelbar unserm Bedürfnis aneignen können, das wird im lebendigen Gespräch alsbald unser Eigentum, weil wir gewahr werden, daß wir in den Grundgedanken und Gesinnungen mit ihm übereinstimmen und man also in beiderseitigem Entwickeln und Aufschließen sich gar wohl annähern und vereinigen könnte.« Zugleich wußte sich Goethe auch von Hegel gebilligt: »Da Ew. Wohlgeboren die Hauptrichtung meiner Denkart billigen, so bestätigt mich dies in derselben nur um desto mehr, und ich glaube nach einigen Seiten hin bedeutend gewonnen zu haben, wo nicht fürs Ganze, doch für mich und mein Inneres. Möge alles, was ich noch zu leisten fähig bin, sich immer an dasjenige anschließen, was Sie gegründet haben und auferbauen.«[25] Dieser Satz könnte ebensogut von Hegel an Goethe geschrieben sein, denn in der Tat schloß sich das geistige Tun des einen an das des andern an. So groß der Unterschied in der Art und im Amfang ihrer Persönlichkeit, so reich und bewegt das Leben von Goethe im Verhältnis zu Hegels prosaischer Existenz war, beide waren stets auf das gründend-Gründliche aus, indem sie anerkannten »was ist«. Darum verneinten sie die Prätentionen der Eigenart, welche nur destruktiv, aber nicht weltbildend ist, weil sie von der Freiheit nur einen negativen Begriff hat[26].

So sehr sich Goethe durch seine freie Beweglichkeit im festen Verfolgen des Zwecks von Hegels konstruktiver Gewaltsamkeit unterschied: die Weite ihres machtvollen Geistes erhob sie beide gleichhoch über die alltägliche Ansicht der Welt. Sie wollten nicht wissen, was die Dinge für uns sind, sondern erkennen und anerkennen, was sie an und für sich sind. Wenn Goethe in dem Aufsatz über den Versuch bemerkt, man müsse wie ein gleichgültiges und gleichsam göttliches Wesen suchen und untersuchen »was ist« und nicht »was behagt«, so ist das ganz im Sinne dessen, was Hegel in der Vorrede zur *Logik* und *Enzyklopädie* über das reine Denken sagt. Beide haben die theoria, im ursprünglichen Sinn des reinen Schauens, noch für die höchste Tätigkeit eingeschätzt.

Das Anschauen des Gegenstands erschloß ihnen zugleich auch ihr eigenes Wesen, weshalb sie die bloß reflektierende Selbsterkenntnis als

25 Br. II, 145.
26 *Gespräche* II, 524; III, 327 ff.

unwahr und unfruchtbar von sich wiesen. »Hierbei bekenn' ich, daß mir von jeher die große und so bedeutend klingende Aufgabe: *erkenne dich selbst,* immer verdächtig vorkam, als eine List geheim verbündeter Priester, die den Menschen durch unerreichbare Forderungen verwirren und von der Tätigkeit gegen die Außenwelt zu einer innern falschen Beschaulichkeit verleiten wollten. Der Mensch kennt nur sich selbst, insofern er die Welt kennt, die er nur in sich und sich nur in ihr gewahr wird. Jeder neue Gegenstand, wohl beschaut, schließt ein neues Organ in uns auf.«[27] Aus denselben Gründen verneint auch Hegel »das selbstgefällige Sichherumwenden des Individuums in seinen ihm teuren Absonderlichkeiten«, d.h. in dem, was es als ein je besonderes Einzelwesen absondert vom allgemeinen Wesen des Geistes und der Welt[28]. Ihr Bildungs- und Existenzbegriff zielt auf eine aus sich heraustretende, sich objektivierende, welthafte Existenz. Das Sicheinlassen mit den Phänomenen einer nicht durch Maschinen verstellten, gegenständlichen Welt kennzeichnet auch Goethes Verbindung mit Hegel in Sachen der *Farbenlehre*. Sie war von Anfang an der eigentlich konkrete Berührungspunkt zwischen beiden, obschon ihnen gerade in diesem Bereich der Naturphilosophie die Anerkennung und Nachfolge versagt blieb. Die Art und Weise, wie sie sich über die Probleme des Lichts und der Farben verständigten, läßt auch am klarsten den Unterschied ihrer Verfahrungsweise und ihrer Art, sich selbst zu verstehen, erkennen[29].

Im Vordergrund ihres Briefwechsels bekundet sich das Gefühl der gegenseitigen Förderung, Billigung und Bestätigung, besonders vonseiten Goethes, der Hegel als einen »wundersam scharf- und feindenkenden« Mann bezeichnet, dessen Worte zur Farbenlehre geistreich heiter und durchdringend, wenngleich nicht einem jeden gleich eingänglich, seien. Hegel habe seine Arbeit an den optischen Phänomenen so penetriert, daß sie ihm selbst nun erst recht durchsichtig geworden seien[30].

27 *Bedeutende Fördernis durch ein einziges geistreiches Wort* (Bd. 40, a.a.O., S. 444f.; vgl. dazu Br. von und an Hegel, II, 248; *Gespräche* III, 85 und IV, 104; *Maximen und Reflexionen,* Nr. 657.

28 Enz. § 377, Zus.

29 Die wichtigsten darauf bezüglichen Briefe sind in zeitlicher Folge: G. an H. vom 8. VII. 1817 (Br. II, 7); H. an G. vom 20. VII. 1817 (G.-Jahrbuch 1891, S. 166ff.); G. an H. vom 7. X. 1820 (Br. II, 31); H. an G. vom 24. II. 1821 (Br. II, 33); G. an H. vom 13. IV. 1821 (Br. II, 47); H. an G. vom 2. VIII. 1821 (G.-Jahrbuch 1895, S. 61f.).

30 Br. vom 5. und 29. III. 1821 an den Grafen Reinhard und vom 10. III. 1821 an Schultz.

Die hintergründige Differenz ihrer Denkweise kommt nur in der Form einer verbindlichen Ironie zum Vorschein, mittels derer sie sich voreinander in der Eigentümlichkeit ihrer Methode behaupten. Goethe äußert den ironischen Abstand in der wohlüberlegten Wahl der Worte des Briefs vom 7. X. 1820, worin er auf dem *Augenscheinlichen* seiner »Idee« besteht und seine Methode des Mitteilens wohl unterscheidet von einer durchzusetzenden Meinung, sodann in der schon erwähnten Widmung des Trinkglases, die den Abstand zwischen dem »Absoluten« und dem »Urphänomen« in konziliante Weise aufrecht erhält. Direkter äußert er seinen Vorbehalt in einem von Eckermann überlieferten Gespräch, welches die Dialektik betraf, von der Goethe argwöhnte, sie könne dazu mißbraucht werden, das Falsche zum Wahren zu machen. Der »dialektisch Kranke« lasse sich aber im redlichen Studium der Natur wieder heilen, denn die Natur sei immer und ewig wahr und lasse solche Krankheit nicht aufkommen[31].

Hegels Ironie äußert sich darin, daß er Goethes erschautes Urphänomen beharrlich als eine philosophische *»Abstraktion«* bezeichnet, weil es aus dem empirisch Verwickelten ein Reines und Einfaches heraushebe. »Ew. Excellenz wollen Ihr Verhalten in der Verfolgung der Naturerscheinungen eine *naive* Weise nennen; ich glaube meiner Fakultät soviel nachgeben zu dürfen, daß ich die *Abstraktion* darin erkenne und bewundere, nach der Sie an der einfachen Grundwahrheit festgehalten und nun nur den Bedingungen [...] nachgeforscht, und diese bald entdeckt und einfach herausgehoben haben.«[32] Goethe habe damit etwas zunächst bloß Sichtbares, eine vorübergehende Gewißheit der Sinne, ein »einfaches gesehenes Verhältnis« für sich abgehoben, »zum Gedanken erhoben« und »ständig« gemacht. Im gleichen Sinn heißt es in Hegels umständlichem Dankesbrief für das übersandte Trinkglas: wie der Wein von altersher eine mächtige Stütze der Naturphilosophe gewesen, indem er den Trinkenden begeistert und also beweist, »daß Geist in der Natur ist«, so demonstriere auch dies Glas das *geistvolle* Phänomen des Lichts. Er wolle daran seinen Glauben bewähren an die Transsubstantiation »des Gedankens in das Phänomen und des Phänomens in den Gedanken«. Auch in dem Brief vom 24. II. 1821 schreibt Hegel, er habe aus den vielen Machinationen der andern Farbentheoretiker *»nichts verstanden«*, bei ihm gehe aber das

31 Gespräch mit Eckermann vom 18. X. 1827.
32 Br. vom 20. VII. 1817.

Verstehen über alles und das »trockene Phänomen« sei für ihn nichts weiter als eine erweckte Begierde, es zu verstehen, d.h. es geistig zu begreifen. Eben dies habe aber Goethe (sc. mehr als ihm selber bewußt sei) durch seinen »geistigen Natursinn« zustande gebracht, indem er der Natur einen »geistigen Othem« eingeblasen habe, und nur dieser sei überhaupt des Besprechens wert[33]. »Das Einfache und Abstrakte, was Sie sehr treffend das Urphänomen nennen, stellen Sie an die Spitze, zeigen dann die konkreten Erscheinungen auf, als entstehend durch das Hinzukommen weiterer Einwirkungsweisen und Umstände und regieren den ganzen Verlauf so, daß die Reihenfolge von den einfachen Bedingungen zu den zusammengesetzteren fortschreitet, und, so rangiert, das Verwickelte nun, durch diese Dekomposition, in seiner Klarheit erscheint. Das Urphänomen auszuspüren, es von den andern, ihm selbst zufälligen Umgebungen zu befreien, – es abstrakt, wie wir dies heißen, aufzufassen, dies halte ich für eine Sache des großen geistigen Natursinns, sowie jenen Gang überhaupt für das wahrhaft Wissenschaftliche der Erkenntnis in diesem Felde.«[34] Hegel deutet sich Goethes Urphänomene unter dem Gesichtspunkt des »Wesens«. Das Interesse, welches sie für den Philosophen haben können, bestehe darin, daß sich ein solches »Präparat«, d.i. durch den Geist Herausgehobenes, geradezu in philosophischem Nutzen verwenden lasse. »Haben wir nämlich endlich unser zunächst austernhaftes, graues oder ganz schwarzes – wie Sie wollen – Absolutes, doch gegen Luft und Licht hingearbeitet, daß es desselben begehrlich geworden, so brauchen wir Fensterstellen, um es vollends an das Licht des Tages herauszuführen; unsere Schemen würden zu Dunst verschweben, wenn wir sie so geradezu in die bunte verworrene Gesellschaft der widerhältigen Welt versetzen wollten. Hier kommen uns nun E. E. Urphänomene vortrefflich zustatten; in diesem Zwielichte, geistig und begreiflich durch seine Einfachheit, sichtlich oder greiflich durch seine Sinnlichkeit, begrüßen sich die beiden Welten – unser Abstruses und das erscheinende Dasein einander.«[35]. Goethes Urphänomene bedeuten also für Hegel nicht etwa schon eine Idee, sondern ein geistig-sinnliches Zwischenwesen,

33 Der Ausdruck verweist, ebenso wie der vorhergehende von der »Transsubstantiation«, nicht zufällig auf die christliche Vorstellungswelt, die Hegel zeitlebens geläufig war, während sich Goethe gerade in der Frage der Belebung und Verwandlung scharf von ihr unterschied.

34 Br. II, 36.

35 Br. II, 37.

vermittelnd zwischen den reinen Wesensbegriffen und den zufälligen Erscheinungen der sinnlichen Welt. Noch deutlicher wird Hegel aber in den darauffolgenden Sätzen, wo er seine Differenz zu Goethe nicht mehr verhüllt, sondern geradezu ausspricht: »Wenn ich nun wohl auch finde, daß E. E. das Gebiet eines Unerforschlichen und Unbegreiflichen ungefähr eben dahin verlegen, wo wir hausen [...], von wo heraus wir Ihre Ansichten und Urphänomene rechtfertigen, begreifen – ja wie man es heißt, beweisen, deduzieren, konstruieren usf. – wollen, so weiß ich zugleich, daß E. E., wenn Sie uns eben keinen Dank dafür wissen können, ja Ihre Ansichten selbst das Stichelwort: Naturphilosophisch dadurch ankriegen könnten, uns doch toleranterweise mit dem Ihrigen so nach unserer unschuldigen Art gebaren lassen, – es ist doch immer noch nicht das Schlimmste, was Ihnen widerfahren ist, und ich kann mich darauf verlassen, daß E. E. die Art der Menschennatur, daß wo einer etwas Tüchtiges gemacht, die anderen herbeirennen und dabei auch etwas von dem ihrigen wollen getan haben, erkennen. – Ohnehin aber haben wir Philosophen bereits einen mit E. E. gemeinschaftlichen Feind – nämlich an der Metaphysik.«

Die Gemeinsamkeit scheint sich so zuletzt auf die Abwehr eines gemeinsamen Gegners zu reduzieren, auf die Negation jener »verdammt schlechten Metaphysik« der Physiker (Newton), die nicht zu einem konkreten Begriff vordringen, sondern den empirischen Fakten abstrakte Regeln unterstellen. Daß Goethe bei aller Empfänglichkeit für die »bedeutende Zustimmung« eines so »wichtigen Mannes« der Vorbehalt in Hegels Anerkennung seines Wollens und Leistens nicht einfach entgangen sein kann, das deutet sein darauf antwortender Brief freilich nur durch die Redewendung an von Hegels »freundlichem Gebaren« mit den Urphänomenen.

In zwei Briefen aus früherer Zeit scheint jedoch ihre methodische Differenz eine unüberbrückbare Kluft zu sein. Hegel schreibt 1807 an Schelling über Goethes *Farbenlehre:* »Ich habe einen Teil derselben gesehen, er hält sich aus Haß gegen den Gedanken, durch den die andern die Sache verdorben, ganz ans Empirische, statt über jenen hinaus zu der andern Seite von diesem, zum Begriffe, überzugehen, welcher etwa nur zum Durchschimmern kommen wird.«[36] Was Hegel hier als ein bloßes Durchschimmern des Begriffs bezeichnet, bedeutete für Goethe ein unverfälschtes Sichoffenbaren der Phänomene, wogegen

36 Br. I, 94.

ihm Hegels Gottesbeweise als »nicht mehr an der Zeit«[37] und seine dialektischen Konstruktionen als ein Unwesen erschienen. Er schreibt 1812 mit Bezug auf eine Stelle in Hegels Vorrede zur *Phänomenologie,* worin Hegel die Entwicklungsphasen der Pflanze – von der Knospe zur Blüte und Frucht – als eine Art dialektischer Aufhebung kennzeichnet: »Es ist wohl nicht möglich, etwas Monströseres zu sagen. Die ewige Realität der Natur durch einen schlechten sophistischen Spaß vernichten zu wollen, scheint mir eines vernünftigen Mannes ganz unwürdig. Wenn der irdisch gesinnte Empiriker gegen Ideen blind ist, so wird man ihn bedauern und nach seiner Art gewähren lassen, ja von seinen Bemühungen manchen Nutzen ziehen. Wenn aber ein vorzüglicher Denker, der eine Idee penetriert und recht wohl weiß, was sie an und für sich wert ist, und welchen höheren Wert sie erhält, wenn sie ein ungeheures Naturverfahren ausspricht, wenn er sich einen Spaß daraus macht, sie sophistisch zu verfratzen und sie durch künstlich sich einander selbst aufhebende Worte und Wendungen zu verneinen und zu vernichten, so weiß man nicht, was man sagen soll.«[38]

Die perspektivische Täuschung, der Goethe in seinem Verhältnis zu Hegel von seinem Gesichtspunkt aus unterlag, besteht darin, daß die »Idee«, so wie sie Hegel verstand, kein »Naturverfahren« aussprechen sollte, sondern ein Verfahren des Geistes. Darunter begriff Hegel nicht die Vernunft der *Natur* – die für ihn ohnmächtig, für Goethe dagegen allmächtig war – sondern die Vernunft der *Geschichte,* und als das Absolute in der Geschichte des Geistes sah Hegel den Geist des *Christentums* an. Der eigentliche Dissensus zwischen Goethe und Hegel wird daher in ihrer Stellung zum Christentum und zur Geschichte faßbar[39].

37 Gespräch mit Eckermann vom 1. IX. 1829.

38 Br. an Seebeck vom 28. XI. 1812; vgl. *Gespräche* I, 457.

39 Siehe im folgenden Kap. V § 2b.

2. *Rose und Kreuz*

a) Goethes Ablehnung von Hegels Verbindung der Vernunft mit dem Kreuz

Hegel erhielt 1830 zu seinem 60. Geburtstag von seinen Schülern eine Medaille geprägt, die auf der Vorderseite sein Bildnis und auf der Rückseite eine allegorische Darstellung zeigt: zur Linken liest eine männliche Figur sitzend in einem Buch, hinter ihr befindet sich eine Säule, auf der eine Eule hockt; zur Rechten steht eine Frauengestalt, die ein sie überragendes Kreuz festhält; zwischen beiden befindet sich, dem Sitzenden zugewandt, ein nackter Genius, dessen erhobener Arm nach der andern Seite auf das Kreuz hinweist. Die Attribute, *Eule* und *Kreuz,* lassen keinen Zweifel an dem gemeinten Sinn der Darstellung aufkommen: die mittlere Figur des Genius vermittelt zwischen der *Philosophie* und der *Theologie.* Diese noch im Besitze der Goethesammlungen vorhandene Medaille wurde auf Hegels Wunsch Goethe durch Zelter übermittelt[40]. Zelter bemerkte dazu: »Der Kopf ist gut und nicht unähnlich; die Kehrseite will mir aber nicht gefallen. Wer heißt mich das Kreuz lieben, ob ich gleich selber daran zu tragen habe!« Und als Goethe das ihm zugedachte Exemplar nach Hegels Tod erhielt, schrieb er am 1. Juni 1831 an Zelter: »Das löbliche Profil der Medaille ist in jedem Sinne sehr gut geraten [...]. Von der Rückseite weiß ich nichts zu sagen. Mir scheint sie einen Abgrund zu eröffnen, den ich aber bei meinem Fortschreiten ins ewige Leben immer links gelassen habe.« Darauf erwidert Zelter: »Daß die Hegelsche Medaille Dich ärgert, kann ich denken, sie hat lange genug bei mir gelegen; aber Du würdest erst Augen machen, wenn Du den Inhalt unseres neuen Museums durchmustern solltest. Lauter Meisterhände, die sich an den abgeschmacktesten Darstellungen versündigt haben!« Ein halbes Jahr später kommt Goethe nochmals auf sein gründliches Mißfallen zurück: »Man weiß gar nicht, was es heißen soll. Daß ich das Kreuz als Mensch und als Dichter zu ehren und zu schmücken verstand, habe ich in meinen Stanzen (gemeint sind *Die Geheimnisse)* bewiesen; aber daß ein Philosoph durch einen Umweg über die Ur- und Ungründe des Wesens und Nicht-

40 Zelters Br. an Goethe vom 2. XII. 1830; 14. XII. 1830; 19. V. 1831.

wesens seine Schüler zu dieser trocknen Kontignation[41] hinführt, will mir nicht behagen. Das kann man wohlfeiler haben und besser aussprechen.« Goethes Ärgernis richtet sich also weder gegen die allegorische Darstellung als solche noch gegen die christliche Allegorie, hat er doch selbst um diese Zeit für Zelter ein allegorisches Wappen erfunden und sowohl in den *Geheimnissen* wie im *Wilhelm Meister* und *Faust* »als Mensch und als Dichter« von der christlichen Symbolik Gebrauch gemacht. Was er beanstandet ist, daß auf Hegels Medaille das christliche Symbol des Kreuzes im philosophischen Verstande, auf dem Umweg über die *Vernunft* verwendet und mißbraucht wird, anstatt die Theologie zur Philosophie in dem ihnen zukommenden Abstand zu lassen. Sein Brief fährt fort: »Ich besitze eine Medaille aus dem 17. Jahrhundert mit dem Bildnisse eines hohen römischen Geistlichen; auf der Rückseite Theologia und Philosophia, zwei edle Frauen gegeneinander über, das Verhältnis so schön und rein gedacht, so vollkommen genugtuend und liebenswürdig ausgedrückt, daß ich das Bild geheimhalte, um, wenn ich es erlebe, dasselbe einem Würdigen anzueignen.« Außerdem widerspricht aber Goethe auch noch aus einem andern Grund dem alles überragenden Kreuz: es widersteht in seiner Härte und Nacktheit dem »Humanen« und »Vernünftigen«, welches man nicht entbehren könne[42]. Er schreibt, eine Woche nach Empfang der Hegelschen Medaille und mit Beziehung auf sein Modell für die Zeltersche: »ein leichtes Ehrenkreuzlein ist immer etwas Lustiges im Leben, das leidige Marterholz, das Widerwärtigste unter der Sonne, sollte kein vernünftiger Mensch auszugraben und aufzupflanzen bemüht sein.« Doch müsse man wohl mit 82 Jahren »die liebe leidige Welt in ihrem vieltausendjährigen Narrenleben in Gottes Namen« fortwandeln lassen[43]. Goethes damalige Inanspruchnahme durch Zelters Wappen sowie die zeitliche Nähe dieser Bemerkung zu der Mißstimmung über Hegels Medaille machen wahrscheinlich, daß auch sie in einem Zusammenhang mit demjenigen Kreuze steht, welches – wider alle Vernunft – auf Hegels Medaille aufgepflanzt ist, um durch einen Genius mit der Philosophie vermittelt zu werden. Gegen ein solches Hereinziehen des Christentums in die Philosophie lehnte sich Goethe auf. In einem Gespräch mit

41 Das Wort ist vom lateinischen contignatio abgeleitet und bedeutet wörtlich zwei verschiedene Dinge durch einen Balken verbinden, überbälken.
42 Goethes Br. an Zelter vom 1. VI. 1831.
43 Goethes Br. an Zelter vom 9. VI. 1831.

Eckermann vom 4. II. 1829 äußert er über den Philosophen Schubarth: »So wie Hegel zieht auch er die christliche Religion in die Philosophie herein, die doch nichts darin zu tun hat. Die christliche Religion ist ein mächtiges Wesen für sich, woran die gesunkene und leidende Menschheit von Zeit zu Zeit sich immer wieder emporgearbeitet hat; und indem man ihr diese Wirkung zugesteht, ist sie über aller Philosophie erhaben und bedarf von ihr keiner Stütze. So auch bedarf der Philosoph nicht das Ansehen der Religion, um gewisse Lehren zu beweisen, wie z.B. die einer ewigen Fortdauer.« Und wiederum dieselbe Stellungnahme bezeugt ein Gespräch mit dem Kanzler Müller aus Anlaß des Glaubensbekenntnisses eines »Denkgläubigen«[44]. Es gehört aber zum alles durchdringenden und doppeldeutigen Wesen der Hegelschen Philosophie, daß sie eine Philosophie des Geistes auf dem Standpunkt des christlichen Logos, daß sie überhaupt eine *philosophische Theologie* ist. Ein Gleichnis für diese Verbindung der Vernunft der Philosophie mit der Kreuzestheologie ist der bekannte Satz aus der Vorrede zur *Rechtsphilosophie,* wo Hegel die Vernunft eine »Rose« im Kreuze der Gegenwart« nennt[45]. Dies Bild hat zwar keinen unmittelbaren Zusammenhang mit der allegorischen Darstellung auf Hegels Medaille, die nur ein Kreuz, aber keine Rose zeigt, es bezeichnet aber ebenfalls Hegels Auffassung von der Einheit der philosophischen Vernunft mit dem christlichen Kreuz.

Lasson hat Hegels Satz erschöpfend ausgelegt, den theologischen Sinn des Kreuzes jedoch in einem allgemeinen »Zwiespalt«, den die Vernunft versöhnt, zum Verschwinden gebracht, obwohl er selbst auf den Zusammenhang des Hegelschen Gleichnisses mit der Sekte der Rosenkreuzer[46] und mit Luthers Wappen, sowie mit Hegels eigenem Lutheranertum und der dritten Jahrhundertfeier der Reformation (1817) hinweist. Wenn aber das Kreuz *nur* das Zerfallensein des selbstbewußten Geistes mit der gegenwärtig bestehenden Wirklichkeit meinte, warum – muß man gegen die Deutung Lassons fragen – bezeichnet dann Hegel an so hervorragender Stelle diese Entzweiung gerade mit dem christlichen Grundbegriff des Kreuzes? Offenbar deshalb, weil er sowohl die Entzweiung wie die Versöhnung von vorneherein geistes-*geschichtlich,* im Gedanken an den Kreuzestod von Christus verstand,

44 *Gespräche* IV, 283.
45 Vgl. dazu XI, 201 (2. Aufl. S. 277).
46 Vgl. Hegel XVII, 227 und 403.

wenngleich er den »Geist« des Christentums von Anfang an philosophisch begriff. Eine Rose im Kreuze der Gegenwart ist die Vernunft nicht schon deshalb, weil jede Entzweiung ihrem eigensten Wesen nach zur Vereinigung strebt, sondern weil der Schmerz der Entzweiung und die Versöhnung ursprünglich im Leiden Gottes weltgeschichtlich geschah[47]. Goethes Widerwille über Hegels Kontignation ist aber um so beachtlicher, als Goethe in den Geheimnissen zur Versinnlichung seiner Idee vom »Rein-Menschlichen« selbst das Gleichnis eines von Rosen umwundenen Kreuzes gebraucht.

b) Goethes Verbindung der Humanität mit dem Kreuz

Der Inhalt des Gedichtes ist kurz folgender: Ein junger Ordensbruder verirrt sich im Gebirge und gelangt schließlich vor ein Kloster, über dessen Eingangstor sich das Symbol eines mit Rosen umwundenen Kreuzes befindet. Im Kloster sind zwölf ritterliche Mönche versammelt, die früher im weltlichen Leben zerstreut gewesen waren. Ihr geistliches

47 Lasson geht bei seiner Interpretation von der irrigen Voraussetzung aus, daß auch Hegels Medaille eine Rose inmitten eines Kreuzes darstelle. Dieser Irrtum kann wohl nur dadurch entstanden sein, daß er die Medaille weder im Original noch im Abbild gesehen hat. Außerdem bestreitet er aber auch in seiner Kritik der Äußerungen von Goethe und Zelter den theologischen Sinn des Kreuzes. Seine Aufhebung des religiösen Sinns im philosophischen ist jedoch daraus zu verstehen, daß Lasson selbst in seiner doppelten Eigenschaft als Pastor und Hegelianer von vornherein auf dem Boden von Hegels philosophischem Christentum steht. Infolgedessen ist es für ihn keine Frage, daß die »tiefere« Auffassung des Verhältnisses von Philosophie und Theologie auf Hegels Seite zu finden sei. Denn auch angenommen, das Kreuz wäre ein theologisches Sinnbild, dann würde die Rose mitten im Kreuze der Gegenwart bedeuten, »daß die Philosophie mit der Theologie im Zentrum eins und gleichsam ihre Verherrlichung und Vollendung sei, während jene beiden Frauengestalten, von denen Goethe spricht, kein anderes Verhältnis zueinander haben, als daß sie ewig ›gegen einander über‹ bleiben.« Ein solches Gegenüberbleiben ist für Lasson a priori ein Mangel, weil er Hegels Idee der Vermittlung teilt. – Ebenso irrt sich Lasson, wenn er behauptet, daß Luthers Wappen das Bild einer Rose »inmitten eines Kreuzes« zeigte, ein Irrtum, der offenbar in Zusammenhang steht mit seinem gleichsinnigen Irrtum in bezug auf Hegels Medaille. In beiden Fällen hat Lasson den Satz aus der Vorrede der *Rechtsphilosophie* hineingedeutet. (G. Lasson, *Beiträge zur Hegelforschung* 1909, S. 43 ff.: Kreuz und Rose, ein Interpretationsversuch.)

Oberhaupt ist ein geheimnisvoller Unbekannter, der den Namen »Humanus« trägt. Im Unterschied zu dieser Verkörperung einer reinen und allgemeinen Menschlichkeit repräsentieren die zwölf andern je besondere Nationen und Religionen mit je eigentümlich verschiedenen Denk- und Empfindungsweisen. Durch ihr Zusammenleben unter der Leitung des Humanus hat sich aber auch ihnen der eine und umfassende Geist des Humanus mitgeteilt. Dieser will sie nun verlassen. Es bedarf seiner Anwesenheit nicht mehr, nachdem er sich allen eingebildet hat.

Die Religion der Humanität ist also keine besondere Religion unter andern, sie besteht auch nicht in der bloßen Unterschiedslosigkeit verschiedener Religionen, wie in Lessings Parabel, sondern sie bedeutet »die ewige Dauer erhöhter menschlicher Zustände«. Trotzdem hat aber das Rosenkreuz nach Goethes eigener Erklärung einen Bezug auf das christliche Geschehen der Karwoche. Diesem Glauben »einer halben Welt« gibt Goethe »einen ganz neuen Sinn«, indem er die theologische Härte des christlichen Kreuzes mildert und es zum Sinnbild der reinen Humanität erhebt. Die Rosen begleiten das »schroffe Holz« mit Weichheit. Das Sinnbild ist von keinen es erklärenden Worten umgeben, vielmehr soll sein Sinn geheimnisvoll sichtbar und, wie der *Faust,* ein »offenbares Rätsel« bleiben. Das menschliche Geheimnis des christlichen Kreuzes wird mit dem »schwer verstandenen Wort« von der Selbstbefreiung durch Selbstüberwindung angedeutet. Ein »Stirb und Werde« enthält Goethes humanen Karfreitag. Insofern haben sowohl Goethe wie Hegel Luthers Theologie des Kreuzes vermenschlicht bzw. vergeistigt und im Gleichnis von Rose und Kreuz das Wappen von Luther und das der Rosenkreuzer ins Weltliche gedeutet.

Der Unterschied in der Verwendung des gleichen Symbols ist jedoch folgender: bei Goethe bleibt das Sinnbild ein in Worten nicht faßbares Geheimnis; bei Hegel ist es nur die Versinnlichung eines in Begriffen erfaßbaren Verhältnisses. Goethe hebt das Christentum in der Humanität auf und die Geheimnisse offenbaren, was das »Rein-Menschliche« ist; Hegel hebt das Christentum in der Vernunft auf, die als christlicher Logos das »Absolute« ist. Goethe läßt die Rose der Humanität das Kreuz frei umwinden und die Philosophie der Theologie gegenüber bleiben; Hegel versetzt die Rose der Vernunft in die Mitte des Kreuzes, und der philosophische Gedanke soll sich die dogmatischen Vorstellungen der Theologie einverleiben. In Goethes Erklärung seines Gedichts wird das Ereignis zwar in die Karwoche verlegt, aber die Feier des Kreuzestodes und die Auferstehung von Christus bedeuten ihm nur die

»Besiegelung« erhöhter menschlicher Zustände. Hegels Philosophie will das historische Ereignis der Karwoche entsiegeln, indem er aus ihm einen »spekulativen Karfreitag« und aus der christlichen Dogmatik eine Religionsphilosophie macht, worin das christliche Leiden mit der Idee der höchsten Freiheit und die christliche Theologie mit der Philosophie identisch werden[48]. Dieser Verbindung ist Goethe von Grund aus abgeneigt. Gerade weil er »als Mensch und als Dichter« das christliche Kreuz zu ehren weiß, widerstrebt ihm der Umweg des Philosophen, der damit weder dem christlichen Glauben noch der Vernunft des Menschen eine Ehre erweist.

c) Der lutherische Sinn von Rose und Kreuz

Gemessen am ursprünglich lutherischen Sinn von Rose und Kreuz ist die Differenz von Hegel und Goethe in ihrer Stellung zum Christentum unbedeutend. Der Sinn von Luthers Wappen, welches ein schwarzes Kreuz inmitten eines von weißen Rosen umgebenen Herzens darstellt, ergibt sich aus der Umschrift: »Des Christen Herz auf Rosen geht, wenn's mitten unterm Kreuze steht.« Den genaueren Sinn seines Wappens hat Luther in einem Brief von 1530 an Lazarus Spengler erklärt: »Weil ihr begehrt zu wissen, ob mein Petschaft recht troffen sei, will ich euch mein erste Gedanken anzeigen zu guter Gesellschaft, die ich auf mein Petschaft wollt fassen, als in ein Merkzeichen meiner Theologie. Das erst sollt ein Kreuz sein: schwarz im Herzen, das seine natürliche Farbe hätte, damit ich mir selbs Erinnerung gäbe, daß der Glaube an den Gekreuzigten uns selig machet. Denn so man von Herzen gläubt, wird man gerecht. Obs nun wohl ein schwarz Kreuz ist, mortificiret, und soll auch wehe tun, noch läßt es das Herz in seiner Farbe, verderbt die Natur nicht, das ist, es tötet nicht, sondern behält lebendig. – Justus enim fide vivet, sed fide crucifixi. – Solch Herz aber soll mitten in einer weißen Rosen stehen, anzuzeigen, daß der Glaube Freude, Trost und Friede gibt, und kurz in eine weiße fröhliche Rosen setzt, nicht wie die Welt Fried und Freude gibt, darumb soll die Rose weiß, und nicht rot sein; denn weiße Farbe ist der Geister und aller Engel Farbe. Solche Rose stehet im himmelfarben Felde, daß solche Freude im Geist und Glauben ein Anfang ist der himmlischen Freude zukunftig; itzt wohl

48 I², 153; XII, 235; XVII, 111 ff.; Enz. § 482.

schon drinnen begriffen, und durch Hoffnung gefasset, aber noch nicht offenbar.« In einer Antithese zusammengefaßt heißt es auf einem mit dem Wappen versehenen Blatt von 1543: »Weil Adam lebt (das ist sündigt), verschlingt der Tod das Leben. Wenn aber Christus stirbt (das ist gerecht wird), verschlingt das Leben den Tod.«

Diese christliche Ausdeutung von Kreuz und Rose steht ebensosehr im Gegensatz zur vernünftigen Umdeutung Hegels wie zu der humanen von Goethe. Denn das Herz des Christen ist paradoxerweise gerade dann auf Rosen gebettet, wenn es, in der Nachfolge Christi, das Kreuz des Leidens auf sich nimmt und also mitten »unterm« Kreuze steht. Das christlich verstandene Kreuz ist weder durch Humanität gemildert, noch hat es die Rose als vernünftiges Zentrum in sich, sondern es ist so widermenschlich und wider-vernünftig wie überhaupt im Verhältnis zum natürlichen Menschen, d.i. Adam, der Christ. Darum kann man auch nur in einem sehr abgeschwächten Sinn von Hegels und Goethes Protestantismus sprechen.

d) Hegels und Goethes »Protestantismus«

Hegels Protestantismus besteht darin, daß er das Prinzip des Geistes und damit der Freiheit als die begriffliche Ausbildung und Vollendung von Luthers Prinzip der Glaubensgewißheit verstand[49]. Er identifiziert geradezu das Vernehmen der Vernunft mit dem Glauben. »Dies Vernehmen ist Glaube genannt worden. Das ist nicht historischer (d.h. äußerlich-objektiver) Glaube. Wir Lutheraner – ich bin es und will es bleiben – haben nur jenen ursprünglichen Glauben.«[50] In diesem vernünftigen Glauben, welcher weiß, daß der Mensch in seinem unmittelbaren Verhältnis zu Gott die Bestimmung zur Freiheit hat, wußte sich Hegel als Protestant. Auf diese Weise vermittelt er den entschiedenen Gegensatz, den gerade Luther zwischen dem Glauben und der Vernunft in so radikaler Weise aufgestellt hat. Der Protestantismus ist für ihn letzten Endes identisch mit der durch ihn bewirkten »allgemeinen Einsicht und Bildung«. »Unsere Universitäten und Schulen sind unsere

49 VIII², 19; vgl. IX, 416ff. und 437; XV, 262.
50 VIII, 89 und der Schluß des § 552 der Enz.; vgl. dazu Hegels Rede zur Reformationsfeier: XVII, 318ff.

Kirche«, und darin liege auch der wesentliche Gegensatz zum Katholischen.

Ebenso wie Hegel hat auch Goethe die Reformation als eine Befreiung von den »Fesseln geistiger Borniertheit« geschätzt, während sie für Luther die Wiederherstellung des wahren Christentums war. »Wir haben wieder den Mut«, heißt es in einem Gespräch über die Reformation aus Goethes letztem Lebensjahr[51], »mit festen Füßen auf Gottes Erde zu stehen und uns in unserer gottbegabten Menschennatur zu fühlen«. Wie wenig aber ein Christentum, dessen Bedeutung darin besteht, daß man sich »als Mensch groß und frei fühlen« kann, mit seinem ursprünglichen Sinn noch gemein hat, darüber haben weder Hegel noch Goethe Bedenken gehabt. Faktisch lag aber Goethes Satz: »Auch werden wir alle nach und nach aus einem Christentum des Worts und Glaubens immer mehr zu einem Christentum der Gesinnung und Tat kommen« bereits am Anfang desjenigen Weges, der von Hegel zu Feuerbach und weiterhin zu radikalen Entscheidungen führte. Die beiden entgegengesetzten Experimente von Nietzsche und Kierkegaard, sich neuerdings zwischen Heidentum und Christentum zu entscheiden, sind die entschiedene Reaktion auf jenes freizügige Christentum, wie es Hegel und Goethe vertraten.

e) Goethes christliches Heidentum und Hegels philosophisches Christentum

Goethes Äußerungen über Christus und Christentum bewegen sich zwischen einem auffallenden Für und Wider, das aber keinem unklaren Schwanken entspringt, sondern einer herausfordernden Ironie, die sich dem Entweder-Oder entzieht. »Mir bleibt Christus immer ein höchst bedeutendes, aber problematisches Wesen«[52] – eine Bemerkung, die im Munde eines jeden andern der Ausdruck einer trivialen Bildung wäre, während sie bei Goethe eine ganze Welt von gegensätzlichen Denkweisen umfaßt, die seine außerordentliche Mäßigkeit im Gleichgewicht hielt.

51 *Gespräche* IV, 443; vgl. dazu das Gedicht zur Feier der Reformation: *Dem 31. Oktober 1817.*
52 *Gespräche* IV, 283.

Goethe bezeichnet sich einmal als einen »dezidierten Nicht-Christen«, dem die Entdeckung der Bewegung der Erde um die Sonne wichtiger sei als die ganze Bibel, und ein andermal als den vielleicht einzigen wirklichen Christen, wie Christus ihn haben wollte[53] – ein Widerspruch, dem (im gleichen Gespräch) die Bemerkung zur Seite steht: die griechische Knabenliebe sei so alt wie die Menschheit, sie liege in der Natur des Menschen, obgleich sie gegen die Natur sei, und: die Heiligkeit der christlichen Ehe sei von unschätzbarem Wert, obgleich die Ehe eigentlich unnatürlich sei!

Die gespannte Zweideutigkeit von Goethes Äußerungen über das Christentum bewährt sich durch sechzig Jahre hindurch. Schon das Prometheusfragment von 1773 ist nicht nur ein Aufstand gegen die Götter, sondern – wie Jacobi und Lessing sogleich verstanden[54] – ein Angriff auf den christlichen Gottesglauben, dem 1774 im *Ewigen Juden* ein solcher auf Kirche und Pfaffen folgt. Ein Jahr später antwortet Goethe an Herder auf dessen *Erläuterungen zum Neuen Testament,* er danke ihm für diesen »belebten Kehrichthaufen«, und wenn nur die ganze Lehre von Christo nicht so ein Scheinbild wäre, das ihn als Mensch rasend mache, so wäre ihm auch der Gegenstand und nicht nur Herders Behandlung desselben lieb. Als er 1781 Lavaters gedruckte Briefe erhält, schreibt er: »Selbst Deinen Christus habe ich noch niemals so gern als in diesen Briefen angesehen und bewundert.« Es erhebe die Seele und gebe zu den schönsten Betrachtungen Anlaß, wenn man Lavater dieses »kristallhelle Gefäß« mit Inbrunst fassen und mit seinem eigenen hochroten Trank bis an den Rand füllen und wieder schlürfen sehe. »Ich gönne Dir gern dieses Glück, denn Du müßtest ohne dasselbe elend werden. Bei dem Wunsch und der Begierde, in einem Individuo alles zu genießen, und bei der Unmöglichkeit, daß Dir ein Individuum genug tun kann, ist es herrlich, daß aus alten Zeiten uns ein Bild übrig blieb, in das Du Dein Alles übertragen, und, in ihm Dich bespiegelnd, Dich selbst anbeten kannst; nur das kann ich nicht anders als ungerecht und einen Raub nennen, der sich für Deine gute Sache nicht ziemt, daß

53 *Gespräche* IV, 261; vgl. dazu die geistvolle Ausdeutung von F. Rosenzweig: *Der Stern der Erlösung* (2. Aufl., Berlin 1930), III. Teil, S. 22 f. u. 34.

54 Siehe dazu H. A. Korff, *Geist der Goethezeit,* I (1923), S. 275 ff. und E. Seeberg, *Goethes Stellung zur Religion,* in: Zeitschr. f. Kirchengeschichte 1932, S. 202 ff.

Du alle köstliche Federn, der tausendfachen Geflügel unter dem Himmel, ihnen, als wären sie usurpiert, ausraufst, um Deinen Paradiesvogel ausschließlich damit zu schmücken, dieses ist, was uns notwendig verdrießen und unleidlich scheinen muß, die wir uns einer jeden, durch Menschen und dem Menschen offenbarten Weisheit zu Schülern hingeben, und als Söhne Gottes ihn in uns selbst, und allen seinen Kindern anbeten. Ich weiß wohl, daß Du Dich dadrinne nicht verändern kannst, und daß Du vor Dir recht behältst, doch find ich es auch nötig, da Du Deinen Glauben und Lehre wiederholend predigst, Dir auch den unsrigen als einen ehernen, bestehenden Fels der Menschheit wiederholt zu zeigen, den Du, und eine ganze Christenheit, mit den Wogen Eures Meeres vielleicht einmal übersprudeln, aber weder überströmen, noch in seinen Tiefen erschüttern könnt.« Schärfer schreibt er 1788 an Herder: »Es bleibt wahr: das Märchen von Christus ist Ursache, daß die Welt noch 10^m stehen kann und niemand recht zu Verstand kommt, weil es ebensoviel Kraft des Wissens, des Verstandes, des Begriffes braucht, um es zu verteidigen als es zu bestreiten. Nun gehen die Generationen durcheinander, das Individuum ist ein armes Ding, es erkläre sich für welche Partei es wolle, das *Ganze* ist nie *Ganzes,* und so schwankt das Menschengeschlecht in einer Lumperei hin und wieder, das alles nichts zu sagen hätte, wenn es nur nicht auf Punkte, die dem Menschen so wesentlich sind, so großen Einfluß hätte.« Etwa sechs Jahre später äußert Goethe in einem Gespräch, er habe beim erneuten Studium Homers erst ganz empfunden, welch unnennbares Unheil der »jüdische Praß« uns zugefügt habe. »Hätten wir die orientalischen Grillen nie kennen gelernt und wäre Homer unsere Bibel geblieben, welch eine ganz andere Gestalt würde die Menschheit dadurch gewonnen haben!« Ebenso heißt es noch dreißig Jahre später in einem Brief an Zelter gelegentlich einer Passionsmusik: »Möge der ›Tod Jesu‹ Dir auch diesmal ein frohes Osterfest bereitet haben; die Pfaffen haben aus diesem jammervollsten aller Ereignisse soviel Vorteil zu ziehen gewußt, die Maler haben auch damit gewuchert, warum sollte der Tonkünstler ganz allein leer ausgehen?« Vier Jahre später schreibt er an Müller, er bedaure die Kanzelredner, welche reden müssen und nichts zu sagen haben, weil sie eine »seit zweitausend Jahren durchgedroschene Garbe« zum Gegenstand haben. Aus derselben Epoche stammt die Bemerkung zu Zelter über ein Ecce-Homo-Bild: »Jeder, der es anblickt, wird sich wohlfühlen, da er jemand vor sich sieht, dem es noch schlechter geht als ihm.« Und als man ihm einmal vorwarf, ein Heide zu sein, erwiderte er:

»Ich heidnisch? Nun, ich habe doch Gretchen hinrichten und Ottilie verhungern lassen; ist denn das den Leuten nicht christlich genug?«[55]

Derselbe Goethe hat aber auch in der Geschichte der Farbenlehre, unter der Überschrift »Überliefertes«, die Bibel als das Buch – nicht nur des jüdischen Volkes, sondern der Völker bezeichnet, weil es die Schicksale dieses einen Volkes zum Symbol aller übrigen aufstelle. »Und was den Inhalt betrifft, so wäre nur wenig hinzuzufügen, um ihn bis auf den heutigen Tag durchaus vollständig zu machen. Wenn man dem Alten Testament einen Auszug aus Josephus beifügte, um die jüdische Geschichte bis zur Zerstörung Jerusalems fortzuführen; wenn man, nach der Apostelgeschichte, eine gedrängte Darstellung der Ausbreitung des Christentums und der Zerstreuung des Judentums durch die Welt [...] einschaltete; wenn man vor der Offenbarung Johannis die reine christliche Lehre im Sinn des Neuen Testamentes zusammengefaßt aufstellte, um die verworrene Lehrart der Episteln zu entwirren und aufzuhellen: so verdiente dieses Werk gleich gegenwärtig wieder in seinen alten Rang einzutreten, nicht nur als allgemeines Buch, sondern auch als allgemeine Bibliothek der Völker zu gelten, und es würde gewiß, je höher die Jahrhunderte an Bildung steigen, immer mehr zum Teil als Fundament, zum Teil als Werkzeug der Erziehung, freilich nicht von naseweisen, sondern von wahrhaft weisen Menschen genutzt werden können.« Und schließlich hat Goethe in den *Wanderjahren* (II/1) das Christentum als die »letzte« Religion erklärt, weil sie ein Letztes und Höchstes sei, wozu die Menschheit gelangen konnte und mußte; erst das Christentum habe uns »die göttliche Tiefe des Leidens« erschlossen.

Die nähere Begründung davon ist aber keineswegs christlich und sehr nahe an dem, was Nietzsche unter einer dionysischen Rechtfertigung des Lebens verstand. Das Christentum gehe nämlich über die antike Heiligung des Lebens hinaus, weil es auch noch das scheinbar Lebenswidrige positiv in sich aufnehme. Es lehre uns auch das Widerwärtige, Verhaßte und Fliehenswerte: »Niedrigkeit und Armut, Spott und Verachtung, Schmach und Elend, Leiden und Tod« als göttlich anzuerkennen und sogar Sünde und Verbrechen als Fördernisse zu lieben. Es ist gleich der *Natur* im »Satyros« »Urding« und »Unding«

55 Br. an Herder vom Mai 1775; an Lavater vom 22. Juni 1781 (vgl. an A. v. Stolberg vom 17. April 1823); an Herder vom 4. September 1788; *Gespräche* I, 202; an Zelter vom 28. April 1824; an Müller vom 16. August 1828; an Zelter vom 18. Januar 1829; Gespräche II, 62.

zugleich, eine umfassende Einheit des sich Widersprechenden. Das Leben, heißt es in dem Fragment über die Natur, ist »ihre schönste Erfindung« und der Tod »ihr Kunstgriff, viel Leben zu haben«; Geburt und Grab sind *ein* ewiges Meer.

Von diesem Gott-Natur-Begriff aus deutet sich Goethe auch die Echtheit der Bibel und ihre Wahrheit. Nicht minder wahr und belebend wie die Erscheinung von Christus gilt ihm aber die Sonne! »Was ist echt, als das ganz Vortreffliche, das mit der reinsten Natur und Vernunft in Harmonie steht und noch heute unserer höchsten Entwicklung dient! Und was ist unecht, als das Absurde, Hohle und Dumme, was keine Frucht bringt, wenigstens keine gute! Sollte die Echtheit einer biblischen Schrift durch die Frage entschieden werden, ob uns durchaus Wahres überliefert worden, so könnte man sogar in einigen Punkten die Echtheit der Evangelien bezweifeln [...]. Dennoch halte ich die Evangelien alle vier für durchaus echt, denn es ist in ihnen der Abglanz einer Hoheit wirksam, die von der Person Christi ausging und die so göttlicher Art, wie nur je auf Erden das Göttliche erschienen ist. Fragt man mich, ob es in meiner Natur sei, ihm anbetende Ehrfurcht zu erweisen, so sage ich: Durchaus! Ich beuge mich vor ihm als der göttlichen Offenbarung des höchsten Prinzips der Sittlichkeit. Fragt man mich, ob es in meiner Natur sei, die Sonne zu verehren, so sage ich abermals: Durchaus! Denn sie ist gleichfalls eine Offenbarung des Höchsten, und zwar die mächtigste, die uns Erdenkindern wahrzunehmen vergönnt ist. Ich anbete in ihr das Licht und die zeugende Kraft Gottes, wodurch allein wir leben, weben und sind, und alle Pflanzen und Tiere mit uns.«[56].

So konnte sich Goethe als einen entschiedenen Nicht-Christen bezeichnen und doch zugleich dagegen verwahren, als Heide genommen zu werden. Was er als göttlich verehrte, war die Produktionskraft im Ganzen der Welt, durch die Krieg, Pest, Wasser und Brand ihr nichts anzuhaben vermögen[57]. Zu dieser dionysischen Welt des sich selbst Zerstörens und Wiedergebärens gehört auch Christus, dessen Lehre den Bereich des Verehrenswerten bis auf das Fliehenswerte ausgedehnt hat. Es klingt wie eine seltsame Vorwegnahme von Nietzsches Idee eines gekreuzigten Dionysos, wenn Goethe im letzten Monat seines Lebens bei Gelegenheit der *Bacchen* des Euripides äußert: das Stück

56 *Gespräche* IV, 441 f.
57 *Gespräche* IV, 334.

gäbe die fruchtbarste Vergleichung einer modernen dramatischen Darstellbarkeit der leidenden Gottheit in Christus mit der antiken eines ähnlichen Leidens, um daraus desto mächtiger hervorzugehen in Dionysos[58].

Die innere Folgerichtigkeit dieser Äußerung läßt sich daran ermessen, daß schon im *Ewigen Juden* ein »Sturm und Drang«-Christus, welcher es satt hat, so viele Kreuze zu sehen, die unchristlichen Worte spricht: »O Welt voll wunderbarer Wirrung, voll Geist der Ordnung, träger Irrung, du Kettenring von Wonn' und Wehe, du Mutter, die mich selbst zum Grab gebar! Die ich, obgleich ich bei der Schöpfung war, im Ganzen doch nicht sonderlich verstehe.«

Goethes freie und lässige Stellung zum Christentum, welche darauf beruht, daß er so »richtig gefühlt« hat[59], ist verflacht und verblaßt zu einem Gemeinplatz der Gebildeten des 19. Jahrhunderts geworden, welche meinten, sich auf Goethe berufen zu können, weil sie ihr Mittelmaß schon für Mitte und Maß hielten. Ein charakteristischer Ausdruck für das juste milieu dieser bürgerlich-christlichen Bildungswelt war, noch während des Ersten Weltkriegs, die beliebte Formel von »Homer und die Bibel«, die man beide im Tornister haben müsse. Dieser christlich gefärbte Humanismus hat noch bis vor wenigen Jahren die mehr oder minder frei-religiösen Reden protestantischer Schuldirektoren und Pastoren gestempelt. Man sprach über irgendeinen biblischen Text und erläuterte ihn mit Aussprüchen von Humboldt, Schiller und Goethe. Overbeck hat diese Sachlage treffend gekennzeichnet: »Es ist eine Manier des heutigen Christentums, in seiner Art sich der Welt zu geben [...], wenn sich in der modernen Welt kein bedeutender Mensch als Antichrist mehr gebärden kann, ohne mit Vorliebe für das Christentum angerufen zu werden. Das müssen sich unter den Christen moderner Observanz Goethe und Schiller, Feuerbach, Schopenhauer, Wagner, Nietzsche und jedenfalls noch ihre Nachfahren gefallen lassen [...]. Wir sind in der Tat mit dem Christentum bald so weit, daß uns alle jene großen Herren als fromme Christen viel vertrauter erscheinen, denn als Abtrünnige des Christentums. Und käme es zum Erweise einer solchen Auffassung ihrer Person auf weiter nichts an als darauf, die Rosinen der ›warmen‹ Töne der Anerkennung für das Christentum aus ihren Schrif-

58 *Gespräche* IV, 435; vgl. Nietzsches *Wille zur Macht*, Aph. 1052.

59 Vgl. zur Christlichkeit Goethes: F. Overbeck, *Christentum und Kultur*, Basel 1919, S. 142 ff.

ten herauszupicken, wer möchte sich noch lange bedenken, sich mit Begeisterung zum modernen Christentum zu bekennen!«[60]

Hegel hat sein »Begreifen« des Christentums niemals als Negation verstanden, sondern als eine Rechtfertigung des geistigen Gehaltes der absoluten Religion. Die christliche Lehre vom Leiden und von der Erlösung war ihm maßgebend auch für die Spekulation. Vergeblich würde man in seinen Werken und Briefen nach ironischen Ausfällen gegen das Christentum suchen, und wo er polemisiert, geschieht es nur gegen ungehörige Weisen einer begriffslosen Vorstellung durch bestimmte theologische Richtungen. Besonders im Alter hat er ausdrücklich die Christlichkeit seiner Philosophie in Anspruch genommen[61]. Mit Recht konnte sein Biograph die Hegelsche Philosophie als ein »perennierendes Definieren Gottes« bezeichnen, so sehr war sie eine Philosophie auf dem historischen Boden der christlichen Religion.

So eindeutig für Hegel selber seine Vermittlung von Philosophie und Christentum war, so zweideutig mußte sie werden, als eben diese Vermittlung zum Angriffspunkt wurde. Das Moment der Kritik, das schon in Hegels Rechtfertigung lag, wurde selbständig und frei, als der Vermittlungscharakter zerfiel. Und weil die Zweideutigkeit, die in Hegels begrifflicher »Aufhebung« der religiösen Vorstellung lag, nach zwei Seiten hin deutbar war, konnte es kommen, daß gerade von seiner *Rechtfertigung* die Kritik ihren Ausgang nahm. Sie hat auf Grund von Hegels Vermittlung der Philosophie mit dem Christentum auf ihre Unterscheidung und eine Entscheidung gedrängt. Die Konsequenz dieses Vorgehens stellt sich dar in der Religionskritik, welche von Strauß über Feuerbach zu Bruno Bauer und Kierkegaard führt[62]. Auf diesem Weg enthüllt sich mit der Krise der Hegelschen Philosophie eine solche des Christentums.

Hegel hat eine eigentliche Krisis in der Geschichte des Christentums nicht kommen sehen, während sie Goethe um 1830 schon klar vor sich sah. Denn entweder müsse man den Glauben an die Tradition festhalten, ohne sich auf ihre Kritik einzulassen, oder sich der Kritik ergeben und damit den Glauben aufgeben. Ein Drittes sei undenkbar. »Die Menschheit steckt jetzt in einer religiösen Krisis; wie sie durchkommen

60 W. Nigg, *F. Overbeck*, München 1931, S. 58.
61 XVII, 111 ff.; vgl. dazu K. Rosenkranz, *Hegels Leben*, S. 400 f.
62 Siehe dazu im folgenden II. Teil, Kap. V.

will, weiß ich nicht, aber sie muß und wird durchkommen.«[63] Die politische Krisis haben beide in gleicher Weise empfunden. Den äußeren Anstoß gab die Julirevolution.

f) Das Ende der von Goethe und Hegel vollendeten Welt

Goethe äußerte 1829 zu dem Polen Odyniec in einem Gespräch über die Lage Europas, daß das 19. Jahrhundert »nicht einfach die Fortsetzung der früheren sei, sondern zum Anfang einer neuen Ära bestimmt scheine. Denn solche große Begebenheiten, wie sie die Welt in seinen ersten Jahren erschütterten, könnten nicht ohne große, ihnen entsprechende Folgen bleiben, wenngleich diese, wie das Getreide aus der Saat, langsam wachsen und reifen[64]. Goethe erwartete sie nicht früher als im Herbst des Jahrhunderts. Die nächste Folge war die Julirevolution von 1830, welche ganz Europa erschütterte und allen Zeitgenossen zu denken gab. Immermann meinte, man könne sie nicht aus einer physischen Not erklären, sondern nur aus einem geistigen Drang und einer Begeisterung, ähnlich einer religiösen Bewegung, wenngleich das Agens statt des Glaubens »das Politische« sei. Nüchterner hat sie L. von Stein als den großen Akt beurteilt, durch den die industrielle Gesellschaft zur Herrschaft kam. Die sozialen Wahrheiten, denen sie Geltung verschaffte, seien allgemein europäische, und der Zweifel, der sich an den Sieg der bürgerlichen Klasse knüpfe, betreffe die Zivilisation überhaupt. Als epochal empfand vor allem Niebuhr den Umsturz. Seine tief resignierte Vorrede zur zweiten Auflage des zweiten Teiles der *Römischen Geschichte* vom 5. Oktober 1830 sieht »jedes erfreuliche Verhältnis« durch eine Zerstörung bedroht, wie die römische Welt sie um das dritte Jahrhundert erfuhr: Vernichtung des Wohlstands, der Freiheit, der Bildung, der Wissenschaft. Und Goethe gab ihm Recht, wenn er eine künftige Barbarei prophezeite; sie sei sogar schon da, »wir sind schon mitten darinne«[65].

63 *Gespräche* IV, 283.
64 *Gespräche* IV, 152; noch schärfer äußerte Metternich nach dem Wiener Kongreß: »Mein geheimster Gedanke ist, daß das alte Europa am Anfang seines Endes ist. Ich werde, entschlossen mit ihm unterzugehen, meine Pflicht zu tun wissen. Das neue Europa ist andererseits noch im Werden; zwischen Ende und Anfang wird es ein Chaos geben.«
65 *Gespräche* IV, 317 und 353 und Br. an Adele Schopenhauer vom 10. 1. 1831. – Zur Charakteristik von 1830 vgl. auch Dilthey, *Ges. Schr.* XI, 219.

Die symptomatische Bedeutung der Julirevolution war, daß sie zeigte, daß sich der Abgrund der großen Französischen Revolution nur scheinbar geschlossen hatte und man sich in Wirklichkeit erst am Anfang eines ganzen »Zeitalters von Revolutionen« befand, in dem die Masse gegenüber den Ständen eine eigene politische Macht gewann[66]. Der Kanzler Müller berichtet von einem Gespräch mit Goethe, worin dieser geäußert hat, er könne sich über die neue Krisis nur dadurch beruhigen, daß er sie für »die größte Denkübung« ansehe, die ihm am Schluß seines Lebens habe werden können[67]. Einige Monate später schreibt Goethe an Zelter, es komme ihm wundersam vor, daß sich nach vierzig Jahren der alte Taumel wieder erneuere. Alle Klugheit der noch bestehenden Mächte liege darin, daß sie die einzelnen Paroxysmen unschädlich machen. »Kommen wir darüber hinaus, so ists wieder auf eine Weile ruhig. Mehr sag ich nicht.«[68] Ungehöriger als je schien ihm in dieser Revolution ein »unvermitteltes Streben ins Unbedingte« zu wollen – »in dieser durchaus bedingten Welt«[69]. Er selber rettete sich in das Studium der Natur, welche inmitten aller Veränderungen beständig bleibt. Als ihm Eckermann die ersten Nachrichten von der Revolution überbringen wollte, rief ihm Goethe entgegen: »Nun, was denken Sie von dieser großen Begebenheit? Der Vulkan ist zum Ausbruch gekommen, alles steht in Flammen und es ist nicht ferner eine Verhandlung bei geschlossenen Türen.« Mit dieser Begebenheit meinte er aber zum Erstaunen Eckermanns nicht die politischen Ereignisse, sondern eine Diskussion in der Akademie von Paris, welche die Methode der Naturforschung anging[70].

Daß die Welt um 1830 infolge der demokratischen Nivellierung und Industrialisierung anders zu werden begann, hat Goethe deutlich erkannt. Er sagte am 23. Oktober 1828 zu Eckermann über die Menschheit: »Ich sehe die Zeit kommen, wo Gott keine Freude mehr an ihr hat und er abermals alles zusammenschlagen muß zu einer verjüngten Schöpfung.« Der Boden der bürgerlichen Gesellschaft und ihrer Geselligkeit schien ihm zerstört, und als den geistvollen Entwurf einer

66 Vgl. dazu J. Burckhardt, *Ges. Schr.* VII, 420 ff. und A. v. Tocqueville, *Autorität und Freiheit*, Zürich 1935, S. 169 ff.

67 *Gespräche* IV, 291.

68 Br. an Zelter vom 5. X. 1830.

69 *Maximen und Reflexionen* Nr. 961.

70 Gespräche mit Eckermann und Soret vom 2. VII. 1830; *Gespräche* IV, 290; V, 175.

radikalen Vernichtung der bestehenden Ordnung beachtete er die Schriften von Saint-Simon. Was ihm an moderner Literatur aus Frankreich zukam, erkannte er als eine »Literatur der Verzweiflung«, welche dem Leser das Entgegengesetzte von all dem aufdränge, was man dem Menschen zu einigem Heil vortragen sollte[71]. »Daß Häßliche, das Abscheuliche, das Grausame, das Nichtswürdige mit der ganzen Sippschaft des Verworfenen ins Unmögliche zu überbieten, ist ihr satanisches Geschäft.« Alles sei jetzt »ultra« und »transzendiere« im Denken wie im Tun. »Niemand kennt sich mehr, niemand begreift das Element, worin er schwebt und wirkt, niemand den Stoff, den er bearbeitet. Von reiner Einfalt kann die Rede nicht sein; einfältiges Zeug gibt es genug.« Die moderne Menschheit überbiete und überbilde sich, um in der Mittelmäßigkeit zu verharren, sie werde extremer und gemeiner[72]. Das letzte Dokument seiner Einsicht in die Bewegung der Zeit ist ein Brief an W. von Humboldt, worin er seine Versiegelung des zweiten Teiles des *Faust* folgendermaßen begründet: »Ganz ohne Frage würde es mir unendliche Freude machen, meinen werten, durchaus dankbar anerkannten, weitverteilten Freunden auch bei Lebzeiten diese sehr ernsten Scherze zu widmen, mitzuteilen und ihre Erwiderung zu vernehmen. Der Tag aber ist wirklich so absurd und konfus, daß ich mich überzeuge, meine redlichen, langverfolgten Bemühungen um dieses seltsame Gebäu würden schlecht belohnt und an den Strand getrieben, wie ein Wrack in Trümmern daliegen und von dem Dünenschutt der Stunden zunächst überschüttet werden. Verwirrende Lehre zu verwirrtem Handel waltet über die Welt, und ich habe nichts angelegentlicher zu tun, als dasjenige, was an mir ist und geblieben ist, womöglich zu steigern und meine Eigentümlichkeiten zu kohobieren, wie Sie es, würdiger Freund, auf Ihrer Burg ja auch bewerkstelligen.« Mit diesen Worten voll wunderbarer Entschiedenheit und Gelassenheit endet, fünf Tage vor seinem Tode, Goethes Korrespondenz.

Nicht minder als Goethe wurde Hegel durch die Julirevolution irritiert. Mit Empörung und Schrecken bemerkte er den Einbruch neuer Entzweiungen, gegen die er nun das Bestehende wie einen wahren Bestand verteidigte. In seiner letzten politischen Schrift von 1831, zur Kritik der englischen Reformbill, charakterisierte er schon den Willen zu einer Reform als ein »Nichtgehorchen« aus dem »Mut von unten«.

71 Br. an Zelter vom 18. VI. 1831.
72 Br. an Zelter vom 7. VI. 1825; vgl. *Gespräche* III, 57 und 500 ff.

Angegriffen vom Vorwurf der Servilität gegenüber Kirche und Staat schrieb er am 13. XII. 1830 an Goeschel: »Doch hat gegenwärtig das ungeheure politische Interesse alle andern verschlungen, – eine Krise, in der Alles, was sonst gegolten, problematisch gemacht zu werden scheint. So wenig sich die Philosophie der Unwissenheit, der Gewalttätigkeit und den bösen Leidenschaften dieses lauten Lärms entgegenstellen kann, so glaube ich kaum, daß sie in jene Kreise, die sich so bequem gebettet, eindringen könne; sie darf es sich – auch zum Behuf der Beruhigung – bewußt werden, daß sie nur für Wenige sei.« Und in der Vorrede zur zweiten Auflage der *Logik* spricht er am Schluß die Befürchtung aus, ob in einer politisch so aufgeregten Zeit überhaupt noch Raum sei für die »leidenschaftslose Stille der nur denkenden Erkenntnis«. Wenige Tage nach dem Abschluß der Vorrede erkrankte er an der Cholera und starb.

Während Goethe und Hegel in der gemeinsamen Abwehr des »Transzendierenden« noch eine Welt zu gründen vermochten, worin der Mensch bei sich sein kann, haben schon ihre nächsten Schüler sich nicht mehr in ihr zu Hause gefunden und das Gleichgewicht ihrer Meister als das Produkt einer bloßen Harmonisierung verkannt[73]. – Die Mitte, aus der Goethes Natur heraus lebte, und die Vermittlung, in der Hegels Geist sich bewegte, sie haben sich bei Marx und Kierkegaard[74]

73 Die *Jugend ohne Goethe*, wie M. Kommerell einen Vortrag von 1931 betitelt hat, ist ein Phänomen, das eine hundertjährige Geschichte hat. Bereits um 1830 wurde Goethe von der »Jugend« bekämpft und verdächtigt, abgetan und beschimpft. In dieser Abwehr einer vollkommenen Humanität begegnen sich so disparate Zeitgenossen wie W. Menzel und Börne, Schlegel und Novalis, Heine und Kierkegaard. Siehe dazu die schöne Abhandlung von V. Hehn über Goethe und das Publikum; H. Maync, *Geschichte der deutschen Goethebiographie*, Leipzig 1914; P. Kluckhohn, *Goethe und die jungen Generationen*, Tübingen 1932.

74 Hegel und Goethe sind für Kierkegaard nur noch »Titular-Könige«. Eine Tagebuchnotiz vom 25. VIII. 1836 heißt: »Als Goethe den Übergang zum Antiken gebildet hatte, warum folgte die Zeit ihm nicht, warum folgte sie nicht, als Hegel es gemacht hatte...? Weil diese beiden ihn auf die ästhetische und spekulative Entwicklung reduziert hatten; aber die politische Entwicklung mußte auch ihre romantische Entwicklung durchleben und darum ist eben auch die ganze neuere romantische Schule – Politiker.« – Eine Zusammenstellung von Kierkegaards polemischen Auslassungen über Goethe gibt H. Oppel, *Kierkegaard und Goethe*, in: Deutsche Viertejahrsschrift für Literaturwiss. und Geistgesch., 1938, H. 1.

wieder in die beiden Extreme der Äußerlichkeit und der Innerlichkeit auseinandergesetzt, bis schließlich Nietzsche, durch ein neues Beginnen, aus dem Nichts der Modernität die Antike zurückholen wollte und bei diesem Experiment im Dunkel des Irrsinns verschwand.

Der Ursprung des geistigen Geschehens der Zeit aus Hegels Philosophie der Geschichte des Geistes

I. DER ENDGESCHICHTLICHE SINN VON HEGELS VOLLENDUNG DER GESCHICHTE DER WELT UND DES GEISTES

1. *Die endgeschichtliche Konstruktion der Geschichte der Welt*

Die Geschichte der Philosophie ist für Hegel kein Geschehen neben oder über der Welt, sondern »das Innerste der Weltgeschichte« selbst. Was beide gleichermaßen beherrscht, ist das Absolute als Weltgeist, zu dessen Wesen die Bewegung und also auch die Geschichte gehört[1]. Hegels Werk enthält nicht nur eine Philosophie der Geschichte und eine Geschichte der Philosophie, sondern sein ganzes System ist in so grundlegender Weise geschichtlich gedacht wie keine Philosophie zuvor. Sein Philosophieren setzt ein mit historisch-theologischen Abhandlungen über den Geist des Christentums, die den historischen Sinn von Voltaire, Hume und Gibbon weit übertreffen. Es folgen historisch-politische Schriften und die ersten System der Sittlichkeit, worin die unbedingte Macht der Geschichte als die »alles besiegende Zeit« und als »uranfängliches Schicksal« gilt[2]. In ihnen wird auch erstmals der »Weltgeist« genannt, der »in jeder Gestalt sein dumpferes oder entwickelteres, aber absolutes Selbstgefühl« hat und in jedem Volk eine »Totalität des Lebens« zum Ausdruck bringt[3]. Es folgt die Phänomenologie als Entwicklungsgeschichte des erscheinenden Geistes und der Bildungsstufen des Wissens, worin die systematischen Gedankenschritte und die historischen Bezüge um so weniger trennbar sind, als sie keine empirisch bestimmte Zuordnung haben, sondern einander durchdringen.

1 Siehe dazu H. Marcuse, *Hegels Ontologie und die Grundlegung einer Theorie der Geschichtlichkeit,*, Frankfurt a. M. 1932. – Zu Hegels Ineinssetzung der Philosophie mit ihrer Geschichte siehe vor allem: *Philos. d. Geschichte,*, ed. Hoffmeister, 1938, S. 34 f.
2 *Schriften zur Politik und Rechtsphilosophie,* ed. Lasson, Leipzig 1913, S. 74.
3 Ebenda, S. 409.

Das Ziel dieser im Element der Geschichte lebenden Konstruktion der dialektischen Bewegung des Geistes ist das »absolute Wissen«. Es wird erreicht auf dem Weg über die »Erinnerung« aller schon dagewesenen Geister. Dieser Weg über das gewesene Wesen der Geschichte des immer gegenwärtigen Geistes ist kein Umweg, den man umgehen könnte, sondern der einzig gangbare Weg zur Vollendung des Wissens. Das Absolute oder der Geist hat nicht nur, wie ein Mensch Kleider anhat, eine ihm äußerliche Geschichte, sondern er ist zuinnerst als eine Bewegung des Sichentwickelns ein Sein, das nur ist, indem es auch wird. Als ein sich fortschreitend entäußernder und erinnernder Geist ist er an ihm selber geschichtlich, wenngleich die Dialektik des Werdens nicht geradlinig ins Endlose verläuft, sondern im Kreis, so daß das Ende den Anfang vollendet. Indem der Geist auf diesem Weg des Fortschritts *endlich* sein *volles* Sein und Wissen oder sein Selbstbewußtsein gewinnt, ist die Geschichte des Geistes *vollendet*. Hegel vollendet die Geschichte des Geistes im Sinne der höchsten Fülle, worin sich alles bisher Geschehene und Gedachte zur Einheit zusammenfaßt; er vollendet sie aber auch im Sinn eines endgeschichtlichen Endes, worin die Geschichte des Geistes sich schließlich selber erfaßt. Und weil das Wesen des Geistes die Freiheit des Beisichselberseins ist, ist mit der Vollendung seiner Geschichte auch die der Freiheit erreicht.

Aus dem Prinzip der Freiheit des Geistes konstruiert Hegel auch die Geschichte der Welt im Hinblick auf ein erfülltes Ende. Die wichtigsten Schritte in der Selbstbefreiung des Geistes sind in seiner Philosophie der Geschichte der Beginn im Osten und das Ende im Westen. Das Weltgeschehen fängt an mit den großen altorientalischen Reichen von China, Indien und Persien; es setzt sich durch den entscheidenden Sieg der Griechen über die Perser fort in den griechischen und römischen Staatsbildungen am Mittelmeer und es endet mit den christlich-germanischen Reichen im westlichen Norden. »Europa ist schlechthin der Westen« und »das Ende der Weltgeschichte«, so wie Asien der Osten und Anfang ist[4], und der allgemeine Geist der Welt ist die Sonne, welche im Osten aufgeht, um im Westen unterzugehen. In dieser Bewegung wird der Geist in harten Kämpfen zur Freiheit erzogen. »Der Orient wußte und weiß nur, daß *einer* frei ist, die griechische und römische Welt, daß *einige* frei sind, die germanische Welt weiß, daß *alle* frei sind.« Die der christlich-germanischen Welt eigentümliche Freiheit ist nicht mehr die

4 IX, 97 und 102.

Willkür eines einzelnen Despoten und auch nicht die durch Sklaven bedingte Freiheit von frei geborenen Griechen und Römern, sondern die Freiheit eines jeden Christenmenschen. Die Geschichte des Orients ist das Kindesalter des Weltgeschehens, die der Griechen und Römer das Jünglings- und Mannesalter, während Hegel selbst – am vollen Ende der christlich-germanischen Welt – im »Greisenalter des Geistes« denkt.

Während im Orient die geistige Substanz massiv und einförmig bleibt, ist das eigentümliche Wesen der griechischen Welt die individuelle Befreiung des Geistes. Einzelne bedeutende Individuen bringen einen vielgestaltigen Reichtum an plastischen Gestalten hervor, und wir fühlen uns hier sogleich heimatlich, weil wir auf dem Boden des Geistes sind, der sich alles Fremde selbständig zueignet. Das griechische Leben ist eine wahre »Jünglingstat«: Achilles, der poetische Jüngling, hat es erschlossen und Alexander, der wirkliche Jüngling, beschlossen. In beiden erscheint die schönste und freieste Individualität, die sie im Kampf gegen Troja und Asien entwickeln. Griechenland ist politisch und geistig eine antiasiatische Macht, und als solche der Anfang Europas. Dem entspricht auch der Charakter der Landschaft, die kein einförmiges Festland, sondern in vielen Inseln und Halbinseln an den Küsten des Meeres verstreut ist. Wir finden hier nicht die orientalische physische Macht, nicht *einen* bindenden Strom wie den Ganges und Indus, den Euphrat und Tigris, sondern eine mannigfache Verteiltheit, die der Art der griechischen Völkerschaften und der Beweglichkeit ihres Geistes gemäß ist[5].

Dieses geistvolle Land von individuellen Gestalten unterlag, weil ihm die Einheit fehlte, der politischen Macht des Römertums, das zuerst einen für sich bestehenden Staat oder eine »politische Allgemeinheit«, und ihr gegenüber die privat berechtigte Persönlichkeit schuf[6]. Mit seiner alles gleichmäßig organisierenden Kraft hat das römische Reich die Grundlage zum künftigen Europa gelegt und die ganze damalige Welt politisch und kulturell durchdrungen. Auf römischen Straßen bewegte sich überall hin die griechische Bildungswelt, ohne die sich auch das Christentum nicht zur Weltreligion hätte ausbreiten können.

Die innere Grenze sowohl der griechischen wie der römischen Welt besteht darin, daß der Geist der Antike noch ein blindes Fatum außer

5 Ebenda, S. 234.
6 Ebenda, S. 290.

sich hatte, so daß die letzten Entscheidungen anderweitig bedingt waren. Die Griechen und Römer haben gerade in allen »entscheidenden« Lebensfragen noch nicht ihr eigenes Gewissen, diese »Spitze der Entscheidung« befragt, sondern Orakel und Zeichen. Der Mensch vor Christus war noch keine völlig beisichseiende und unendlich freie Persönlichkeit, sein Geist war auf dieser geschichtlichen Stufe noch nicht zu sich selber, zum Selbstsein, befreit[7].

Seine endgültige Befreiung erfolgt mit dem Einbruch des Christentums in die heidnische Welt. »Mit dem Eintritt des christlichen Prinzips ist die Erde für den Geist geworden; die Welt ist umschifft und für die Europäer ein Rundes.« Die christliche Welt ist eine »Welt der Vollendung«, denn »das Prinzip ist erfüllt und damit ist das Ende der Tage voll geworden«[8]. Erst der christliche Gott ist wahrhaft »Geist« und zugleich Mensch, die geistige Substanz wird in einem einzelnen geschichtlichen Menschen Subjekt. Damit war endlich die Einheit des Göttlichen und Menschlichen zum Bewußtsein gebracht und dem Menschen als einem Ebenbild Gottes die Versöhnung geworden. »Dieses Prinzip macht die Angel der Welt, denn an dieser dreht sich dieselbe um. Bis *hierher* und von *daher* geht die Geschichte.«[9] Die europäische Zeitrechnung hat also für Hegel keinen bloß zeitlich-bedingten, sondern einen *absolut-geschichtlichen* Sinn. Die europäische Welt wird in einem entscheidenden Augenblick einmal für immer christlich.

Die Ausbreitung des Glaubens an Christus hat notwendig auch politische Folgen: der griechische Staat war zwar auch schon ein Staat der (demokratischen) Freiheit, aber nur einer solchen des »Glücks und Genies«. Mit dem Christentum tritt das Prinzip der absoluten (monarchischen) Freiheit auf, worin sich der Mensch identisch weiß mit der Macht, zu der er sich selbst verhält. Die griechische Freiheit war durch Sklaven bedingt, die christliche ist unendlich und unbedingt.

Die Geschichte des Christentums ist die Entfaltung der »unendlichen Macht des freien Entschließens«[10], worin es zu seiner vollen Entwicklung kommt. Sie reicht von der Annahme des christlichen Glaubens durch die germanischen Völker über die Herrschaft der römisch-katholischen Kirche bis zur protestantischen Reformation, wel-

7 Ebenda, S. 248 und 263.
8 *Die germanische Welt,* ed. Lasson, Leipzig 1920, S. 762 f.
9 IX, 331.
10 Ebenda, S. 332, 346.

che Kirche und Staat, sowie Gewissen und Recht, miteinander versöhnt. Erst Luther hat es vollends zur Geltung gebracht, daß der Mensch durch sich selbst bestimmt ist, frei zu sein[11]. Eine weitere Folge der Reformation sind die Aufklärung und schließlich die Französische Revolution. Denn die Befreiung der einzelnen Gewissen von der allgemeinen Autorität des Papstes hat die Voraussetzung geschaffen, auf der sich der menschliche Eigenwille entschließen konnte, einen vernünftigen Staat zu erbauen, dessen Prinzip die christliche Idee der Freiheit und Gleichheit ist. Während für Luther der Inhalt des christlichen Glaubens durch Offenbarung gegeben war, hat sich der europäische Geist durch Rousseaus Vermittlung in der Französischen Revolution nun selbst den Inhalt seines Wollens gegeben.

Auf dieser letzten Stufe der Geschichte des europäischen Geistes bringt sich endlich der »reine freie Wille« hervor, der sich selber will und weiß, was er will. Der Mensch stellt sich damit zum ersten Mal »auf den Kopf« und das Geschehen der Welt wird identisch mit dem Gedanken der Philosophie. Die Philosophie der Geschichte, deren Prinzip der »Fortschritt im Bewußtsein der Freiheit« ist, wird mit diesem Ereignis beschlossen. Die *sogenannte Säkularisierung des ursprünglichen Christentums* – seines Geistes und seiner Freiheit – *bedeutet also für Hegel keineswegs einen verwerflichen Abfall von seinem ursprünglich Sinn, sondern im Gegenteil: die wahre Explikation dieses Ursprungs durch seine positive Verwirklichung*[12]. Und wie die Geschichte der christlichen Welt eine Bewegung des Fortschritts ist über die Antike hinaus, so ist sie auch die wahre Erfüllung der »Sehnsucht« der alten Welt. Die griechisch-römische Welt ist in der christlich-germanischen »aufgehoben« und Hegels ontologischer Grundbegriff ist darum zweifach bestimmt: als *griechischer* und als *christlicher* Logos. Dagegen lag es gänzlich außerhalb seines konkreten historischen Sinns, die Verbindung der alten Welt mit dem Christentum neuerdings etwa ent-scheiden und wieder zurück zu wollen zu einem abstrakten Ursprung, »entweder« aus dem Griechentum »oder« dem Christentum[13].

Der letzte Grund für Hegels endgeschichtliche Konstruktion liegt in seiner absoluten Bewertung des Christentums, für dessen eschatologi-

11 Ebenda, S. 418.

12 Vgl. L. Michelet, *Entwicklungsgeschichte der neuesten deutschen Philosophie,* Berlin 1843, S. 304f.: »Das Ziel der (Hegelschen) Geschichte ist die Verweltlichung des Christentums.«

13 IX, 342.

schen Glauben mit Christus das Ende und die Fülle der Zeiten erschien. Weil jedoch Hegel die christliche Erwartung des Endes der Weltzeit in das Geschehen der *Welt* und das Absolute des christlichen Glaubens in die Vernunft der *Geschichte* verlegt, ist es nur konsequent, wenn er das letzte große Ereignis in der Geschichte der Welt und des Geistes als die Vollendung des Anfangs versteht. Die Geschichte des »Begriffs« ist in der Tat mit Hegel beschlossen, indem er die ganze Geschichte »bis hierher und von daher« erinnernd als Erfüllung der Zeiten begreift. Dem widerspricht nicht, daß das empirische Geschehen, das ohne Prinzip ist und darum auch ohne Epochen, anfangs- und endlos weiter verläuft.

An diesem historischen Bewußtsein der Hegelschen Philosophie haben sich nicht nur seine Schüler und Nachfolger, sondern auch seine Gegner gebildet. Selbst Burckhardt dachte noch im Umkreis von Hegels Geschichtsbild, in der bewußten Beschränkung auf die antike und christliche Welt, obwohl er wußte, daß der Geist der Antike nicht mehr der unsere ist und das moderne Erwerbs- und Machtstreben auf eine Deutung des Lebens unabhängig vom Christentum drängt. Trotz dieser Einsicht und seines Gegensatzes zu Hegels »vernünftiger« Konstruktion der Welt bestätigt auch er dessen endgeschichtliche Konzeption. Das letzte Motiv von Burckhardts Besinnung auf die Geschichte Europas war die Erkenntnis, daß es mit »Alteuropa« zu Ende geht.

2. *Die endgeschichtliche Konstruktion der absoluten Formen des Geistes*

a) der Kunst und der Religion

Das Prinzip der Vollendung beherrscht auch die Konstruktion der drei absoluten Formen des Geistes: der Kunst, der Religion und der Philosophie. Den drei Epochen der Weltgeschichte entspricht im Bereich der *Kunst* die symbolische, die klassische und die christlich-romantische Kunstform.

Weil jede Anschauungsweise der Welt ein »Kind ihrer Zeit« ist, ist es nun mit dem wahrhaften Ernst der griechischen und der christlichen Kunst vorbei. Dieses Ende der Kunst ist kein zufälliges Unglück, das ihr von außen her zustößt durch die Not der Zeit und ihren prosaischen Sinn, sondern es ist »die Wirkung und der Fortgang der Kunst selber«, die sie vollenden, wenn » alles heraus ist«, und nichts Inneres und Dunkles mehr übrig bleibt, das nach Gestaltung drängt. Damit verschwindet das absolute Interesse an ihr. »Hat nun aber die Kunst die wesentlichen Weltanschauungen, die in ihrem Begriffe liegen, sowie den Kreis des Inhalts, welcher diesen Weltanschauungen angehört, nach allen Seiten hin offenbar gemacht, so ist sie diesen jedesmal für ein besonderes Volk, eine besondere Zeit bestimmten Gehalt los geworden und das wahrhafte Bedürfnis, ihn wieder aufzunehmen, erwacht nur mit dem Bedürfnis, sich *gegen* den bisher allein gültigen Gehalt zu kehren; wie in Griechenland Aristophanes z. B. sich gegen seine Gegenwart und Lucian sich gegen die gesamte griechische Vergangenheit erhob, und in Italien und Spanien, beim scheidenden Mittelalter, Ariost und Cervantes sich gegen das Rittertum zu wenden anfingen.«[14] Vollends in unsere Zeit hat aber die Bildung der Reflexion mit den substanziellen Formen der Kunst »tabula rasa« gemacht[15]. »Mögen wir die griechischen Götterbilder noch so vortrefflich finden und Gott Vater, Christus, Maria noch so würdig und vollendet dargestellt sehen, es hilft nichts, unser Knie beugen wir doch nicht mehr.«[16] Kein Homer und Sophokles, Dante und Shakespeare können in unserer Zeit hervortreten: »Was so groß besungen, was so frei ausgesprochen ist, ist ausgesprochen; es sind dies Stoffe, Weisen sie anzuschauen und aufzufassen, die ausgesungen sind. Nur die Gegenwart ist frisch, das andere fahl und fahler.«[17]

Aber nicht nur bestimmte Inhalte der Kunst haben an Interesse verloren, sondern die Form der Kunst überhaupt hat aufgehört, das höchste Bedürfnis des Geistes zu sein. Sie gilt uns nicht mehr als die höchste Weise, in welcher die Wahrheit zur Existenz kommt[18]. Es hilft auch nichts, vergangene Weltanschauungen nochmals sich aneignen zu wollen und etwa katholisch zu werden wie viele Romantiker, die sich dahinein »festmachen« wollen, um ihr schwankendes Gemüt äußerlich zu fixieren. »Der Künstler darf nicht erst nötig haben, mit seinem

14 X/2, 2. Aufl., S. 231 f.; X/3, 579 f.; siehe dazu B. Croce, *Ultimi Saggi*, Bari 1935, S. 147 ff.

15 Ebenda, S. 232; vgl. Goethe, *Gespräche* I, 409.

16 X/1, 2. Aufl., S. 132; vgl. X/2, 230; siehe dazu: B. Bauer, *Hegels Lehre von der Religion und Kunst*, a. a. O., S. 222 ff.: Die Auflösung der Religion in der Kunst.

17 X/2, 236.

18 X/1, 13 ff., 132; vgl. *Phänomenologie*, ed. Lasson, Leipzig 1907, S. 483 f.

Gemüt ins Reine zu kommen und für sein eigenes Seelenheil sorgen zu müssen; seine große, freie Seele muß von Haus aus [...] wissen und haben, woran sie ist und ihrer sicher und in sich zuversichtlich sein.« Besonders bedarf der heutige Künstler der freien Ausbildung des Geistes, in welcher aller »Aberglauben und Glauben, der auf bestimmte Formen der Anschauung und Darstellung beschränkt bleibt, zu bloßen Seiten und Momenten herabgesetzt ist, über welche der freie Geist sich zum Meister gemacht hat, indem er in ihnen keine an und für sich geheiligten Bedingungen seiner [...] Gestaltungsweise sieht, sondern ihnen nur Wert durch den höheren Gehalt zuschreibt, den er wiederschaffend als ihnen gemäß in sie hineinlegt«[19]. In diesem Hinausgehen der Kunst über sich selbst ist sie aber ebensosehr ein Zurückgehen des Menschen in sich selbst, wodurch die Kunst jede feste Beschränkung auf bestimmte Inhalte und Formen abstreift und ihr volles Ende erreicht. Im Sinne dieser Vollendung deutet Hegel den Humor in der Dichtung Jean Pauls und Goethes universelle Humanität: seine weltweite Freiheit gegenüber den wechselnden Inhalten seines jeweiligen Tuns und den Bekenntnischarakter seiner literarischen Produktion, deren Heiliger der »Humanus« schlechthin ist. »Hiermit erhält der Künstler seinen Inhalt an ihm selber und ist der wirklich sich selbst bestimmende, die Unendlichkeit seiner Gefühle und Situationen betrachtende, ersinnende und ausdrückende Menschengeist, dem nichts mehr fremd ist, was in der Menschenbrust lebendig werden kann.«[20] Alles, worin der Mensch nur überhaupt heimisch sein kann, ist möglicher Gegenstand dieser vollkommen frei gewordenen Kunst.

Am Ende ist auch die Form der *Religion*. Die Form ihres innerlichen Bewußtseins überragt zwar das sinnliche Bewußtsein der Kunst, aber auch sie ist nicht mehr die höchste Weise, in welcher der Geist zu Hause ist. Am Schluß der Vorlesung über die Religionsphilosophie[21] hat Hegel die Frage nach dem empirischen Zustand der christlichen Religion in der gegenwärtigen Zeit gestellt und die »Zeichen der Zeit« gedeutet. Denn es »könnte uns einfallen«, unsere Zeit mit dem Ende der römi-

19 X/2, 223ff.

20 X/2, 235, 239f.; vgl. Goethe, *Gespräche* II, 51; III, 106, 493.

21 *Vorlesungen über die Philosophie der Religion,* ed. Lasson, Leipzig 1929, III, 229ff. – Diese pessimistische Schlußbemerkung ist vom 25. VIII. 1821 datiert und also ungefähr gleichzeitig mit dem Brief an Yxküll (Rosenkranz, *Hegels Leben,* S. 304), worin sich dasselbe epochale Bewußtsein offen ausspricht.

schen Welt zu vergleichen, wo das Vernünftige in die Form des Privatwohls und des Privatrechts floh, weil eine Allgemeinheit des religiösen und politischen Lebens nicht mehr bestand. Das Individuum solcher Zeiten läßt das Allgemeine so sein, wie es nun einmal ist, um nur noch für sich selber zu sorgen. Was dann übrig bleibt, ist die moralische Ansicht der Welt, das je eigene Wollen und Meinen ohne objektiven Gehalt. Ebenso wie damals die Zeit erfüllt war, könnte dies auch nunmehr der Fall sein, wo die Rechtfertigung des Glaubens im Begriff zum Bedürfnis wird, weil die bisherigen Formen der Religion nicht mehr gelten. »Was wird«, könnte man fragen, »noch für wahr gehalten von diesem Inhalt des christlichen Glaubens?« Der geistliche Stand, dessen Aufgabe es wäre, die Religion zu bewahren, ist selber aufs Räsonieren verfallen, indem er die christliche Lehre mit moralischen Motiven und äußerlicher Geschichte erklärt. Wenn man aber die Wahrheit des Christentums nur noch subjektiv und historisch behandelt, »so ist es aus« mit ihr. »Das Salz ist dumm geworden«, und was übrig bleibt, ist nur eine skeptische »Ausklärung« und die hochmütige Kahlheit der Gebildeten, die dem Volk, dem mit solcher Reflexion nicht gedient ist, keine Lehrer sein können. Das Christentum scheint so im Vergehen zu sein – das hieße aber mit einem »Mißton« schließen.

Mit dieser Erkenntnis der geschichtlichen Lage des Christentums findet sich Hegel in der Weise ab, daß er das Vergehen als ein »zufälliges Geschehen« anspricht, das nur die äußere Seite der Welt betrifft, von der er die wesentliche Versöhnung ausnimmt. Wie sich die »zeitliche Gegenwart« herausfindet, muß man ihr überlassen; für die Philosophie ist der Mißton ohne Bedeutung, denn sie etabliert ein ewiges Gottesreich und der Heilige Geist lebt fort in der Gemeinde der Philosophie, die nun die Wahrheit anstelle des Priesterstandes verwaltet.

Ebenso wie in die Kunst ist auch in die Religion die kritische Reflexion eingebrochen, ein Denken, welches nicht aufzuhalten ist und durchgeführt werden muß, weil es der »absolute Richter« ist, vor dem sich die Wahrheit der Religion bewähren muß. Wie die Kunst jetzt zur Kunst-*Wissenschaft* wird, so die Religion zur Religions-*Philosophie*, nachdem der denkende Geist über die Stufe des unmittelbaren Glaubens und des bloß aufgeklärten Verstandes hinaus ist[22]. Die »Aufhebung« der Religion in der Religionsphilosophie ist also zugleich eine »Zuflucht« der Religion in die Philosophie. Als die reinste Form des

22 X/1, 129ff.; vgl. dazu Marx, a. a. O., III, 165.

sich wissenden Geistes ist nun jenes vernünftige Denken anzuerkennen, das den religiösen Gefühlen und Vorstellungen eine begriffene Existenz gibt. Zum wahren »geistigen Kultus« ist die Wissenschaft des absoluten Wissens geworden. »In solcher Weise sind in der Philosophie die beiden Seiten der Kunst und Religion vereinigt: die *Objektivität* der Kunst, welche hier zwar die äußere Sinnlichkeit verloren, aber deshalb mit der höchsten Form des Objektiven, mit der Form des *Gedankens* vertauscht hat; und die *Subjektivität* der Religion, welche zur Subjektivität des *Denkens* gereinigt ist. Denn das Denken einerseits ist die innerste, eigenste Subjektivität, und der wahre Gedanke, die Idee, zugleich die sachlichste und objektivste Allgemeinheit, welche erst im Denken sich in der Form ihrer selbst erfassen kann.«[23]

b) der Philosophie

Am Ende einer Vollendung befindet sich auch die Philosophie. In den Vorlesungen zur Geschichte der Philosophie, am Schluß sowohl wie am Anfang, hat Hegel seinen eigenen Standpunkt der philosophischen Vollendung begriffen und das Reich des Gedankens zum Abschluß gebracht. Nach seiner Periodisierung der Geschichte der Philosophie steht sein eigenes System am Ende der dritten Epoche. Die erste Epoche reicht von Thales bis Proclus und umfaßt den Anfang und Niedergang der antiken Welt. Auf ihrem vollendeten Höhepunkt, bei Proclus, geschieht die antike Versöhnung des Endlichen und Unendlichen, der irdischen und göttlichen Welt Die zweite Epoche reicht vom Beginn der christlichen Zeitrechnung bis zur Reformation. In ihr geschieht auf einer höheren Stufe wieder dieselbe Versöhnung des Irdischen und des Göttlichen, um in der dritten Epoche, in der christlichen Philosophie von Descartes bis Hegel, zuletzt durch diesen vollendet zu werden[24]. Die philosophischen Systeme dieser letzten Epoche bringen die zunächst nur geglaubt gewesene Versöhnung im Denken begreifend hervor[25]. Sie alle sind im Prinzip nichts anderes als mehr oder minder vollständige Weisen der Einigung; an ihrem vollen Ende steht Hegels absolutes System: der absolute, christliche Geist, der sich in seinem

23 X/1, 134.
24 XV, 253 ff. (neue Ausg. 1938, S. 251 f.).
25 XV, 294.

Element, der Wirklichkeit, als der seinen begreift. Die wirkliche Welt ist damit im christlichen Sinne »geistig« geworden.

Gemäß dieser Konstruktion der Epochen ist Hegels Geschichte des Geistes nicht nur vorläufig an beliebiger Stelle geschlossen, sondern definitiv und bewußt »beschlossen«[26]. Auch ihre logische Form ist aus diesem geschichtlichen Grunde kein Urteil, sondern ein »Schluß«, ein Zusammenschluß von Anfang und Ende. Dieser Beschluß der *Geschichte der Philosophie* ist wie der Schluß der *Phänomenologie,* der *Logik* und *Enzyclopädie* kein zufälliges bis hierher Gekommensein, sondern ein am »*Ziel*«- und deshalb ein »*Resultat*«-sein. Gleich Proclus hat Hegel nun die Welt des *christlichen* Logos zur absoluten Totalität der konkret organisierten Idee zusammengeschlossen und damit das Ganze der drei Epochen beschlossen. Mit Bezug auf Proclus bemerkt er, daß eine solche Vereinigung aller Systeme in einem übergreifenden, totalen System kein bloßer Eklektizismus sei, sondern eine »tiefere Erkenntnis der Idee«, wie sie eintreten müsse »von Zeit zu Zeit«, d.h. im Abstand von Epochen[27]. Bei Proclus stehe der Weltgeist an einer großen »Umkehr« vor dem absoluten »Bruch«, d.i. dem Einbruch des Christentums in die heidnische Welt. Die Göttlichkeit des Wirklichen sei für Proclus noch ein abstraktes Ideal gewesen, ehe es in der bestimmten Einzelheit des Gottmenschen Christus irdische Wirklichkeit wurde. Damit erst war die Sehnsucht der antiken Welt erfüllt und das Geschäft der Welt: sich mit dem Geiste auszusöhnen, ist von da ab der christlich-germanischen Welt übertragen. In einem Brief an Creuzer[28] schreibt Hegel ebenfalls von dem »ungeheuren Schritt«, der vornehmlich des Proclus Verdienst sei und der wahre Wendepunkt des Übergangs der alten Philosophie in das Christentum. Eben einen solchen Schritt gelte es »jetzt wieder« zu machen. Es scheine ihm daher nichts so sehr an der Zeit zu sein als Creuzers neue Ausgabe des Proclus[29].

Was ergibt sich aber daraus für Hegels Vollendung der christlichen Philosophie? Doch offenbar dies, daß sie ein *letzter Schritt vor einer großen Umkehr und einem Bruch mit dem Christentum* ist. Dann ist aber Hegels Vollendung der antiken und christlichen Philosophie dasselbe, was sie bei Proculus war: eine »*Versöhnung des Verderbens*«. Ihr

26 XV, 690. – Vgl. F. Rosenzweig, a. a. O., I. Teil, S. 9ff.
27 XV, 34, 95f.
28 Br. II, 52.
29 Vgl. Feuerbach, *Grundsätze,* § 29; L. Michelet, *Hegel, der unwiderlegte Weltphilosoph,* Leipzig 1870, S. 2.

höchster Hervorgang ist gleichzeitig mit dem Beginn eines Untergangs, zu einer Zeit, wo »alles in Auflösung und Streben nach einem Neuen begriffen ist«[30]. So ist die alexandrinische Philosophie die letzte Blüte des untergehenden römischen Reichs, und nicht anders ist es im 15. und 16. Jahrhundert beim Abschluß der zweiten Epoche gewesen, als das germanische Leben des Mittelalters eine veränderte Form gewann. »Die Philosophie fängt an mit dem Untergang einer reellen Welt; wenn sie auftritt [...], Grau in Grau malend, so ist die Frische der Jugend, der Lebendigkeit schon fort; und es ist ihre Versöhnung eine Versöhnung *nicht in der Wirklichkeit, sondern in der ideellen Welt.* Die Philosophen in Griechenland haben sich von den Staatsgeschäften zurückgezogen; sie sind Müßiggänger, wie das Volk sie nannte, und haben sich in die Gedankenwelt zurückgezogen. Es ist dies eine wesentliche Bestimmung, die bewährt wird in der Geschichte der Philosophie selbst.«[31] Auch Hegels Staatsphilosophie malt Grau in Grau und will die »fertig« gewordene Welt nicht verjüngen, sondern nur noch erkennen. Als ein solches Erkennen ist sie ein Anerkennen, eine Versöhnung mit dem »was ist«. Der Gedanke ist nun ganz bei sich und zugleich umfaßt er als organisierte Idee das Universum als »intelligent« gewordene, einsichtig-durchsichtige Welt. Die gesamte vorhandene »Gegenständlichkeit« ist eins geworden mit ihrer »Selbsterzeugung«. »Es scheint, daß es dem Weltgeist jetzt gelungen ist, alles fremde, gegenständliche Wesen von sich abzutun und sich endlich als absoluten Geist zu erfassen, und was ihm gegenständlich wird, aus sich zu erzeugen und es, mit Ruhe dagegen, in seiner Gewalt zu behalten[32]. In dieser Einheit von Gegenständlichkeit und Selbsttätigkeit liegt der erfüllt-vollendete Sinn der »neuen« Epoche beschlossen. Nur auf Grund dieser endgeschichtlichen Intention ist Hegels Beschluß der *Geschichte der Philosophie* in seinem ganzen Pathos und Gewicht zu verstehen: »Bis hierhier ist nun der Weltgeist gekommen. Die letzte Philosophie ist das Resultat aller früheren; nichts ist verloren, alle Prinzipien sind erhalten. Diese konkrete Idee ist das Resultat der Bemühungen des Geistes durch fast 2500 Jahre (Thales wurde 640 v. Chr. geboren), seiner ernsthaftesten Arbeit, sich selbst objektiv zu werden, sich zu erkennen: Tantae molis erat se ipsam cognoscere mentem.« Die Zweisinnigkeit von Hegels Vollendung als

30 XIII, 67.
31 XIII, 66 ff. (Hervorhebungen vom Verf.).
32 XV, 689; vgl. X/1, 124.

Erfüllung und Endung bekundet sich in der Veränderung von Vergils »romanam condere gentem«[33] in ein »se ipsam cognoscere mentem«. Diese Umformung besagt: um das römische Weltreich erst einmal zu begründen, war dieselbe Mühe erfordert wie zuletzt, um sich endlich im geistigen Reich zu ergründen. Indem Hegel mit dem »Mut der Erkenntnis« eine Epoche von zweieinhalb Jahrtausenden abschloß und eben damit auch eine neue erschloß, hat er in der Tat die Geschichte des christlichen Logos beendet. Was er selbst von der Kunst sagt, daß sie das absolute Interesse verliert, sobald »alles heraus ist«, und daß ihre Nachfolger gezwungen sind, sich gegen die gesamte Vergangenheit zu erheben, dasselbe gilt infolge seiner Vollendung nun auch von der in ihm beschlossenen Philosophie: eine ganze Welt der Sprache, Begriffe und Bildung ging mit Hegels Geschichte des Geistes zu Ende. An diesem Ende beginnt unsere eigenste »Geistes-Geschichte« – wie ein lucus a non lucendo.

Hegel hat dem endgeschichtlichen Sinn der von ihm vollbrachten Vollendung keinen direkten, wohl aber einen mittelbaren Ausdruck gegeben. Er bekundet ihn dadurch, daß er im erinnernden Rückblick auf das Gewesene denkt, im »Greisenalter des Geistes«, und zugleich im fragenden Vorblick auf ein mögliches Neuland des Geistes, wobei er jedoch von einem Wissen ausdrücklich absieht. Spärliche Hinweise auf Amerika, das seit dem Beginn des Jahrhunderts als das künftige Land der Freiheit galt, fassen die Möglichkeit ins Auge, daß der Weltgeist aus Europa ausziehen könnte. »Amerika ist somit das Land der Zukunft, in welchem sich in vor uns liegenden Zeiten [...] die weltgeschichtliche Wichtigkeit offenbaren soll; es ist ein Land der Sehnsucht für alle die, welche die historische Rüstkammer des alten Europa langweilt. Napoleon soll gesagt haben: cette vieille Europe m'ennuie. Aber was bis jetzt sich dort ereignet, ist nur der Widerhall der alten Welt und der Ausdruck fremder Lebendigkeit, und als ein Land der Zukunft geht es uns hier überhaupt nichts an.« Desgleichen beschließt Hegel einen Hinweis auf die künftige Bedeutung der slawischen Welt, die er als ein »Mittelwesen« in dem Kampf des christlichen Europa mit Asien verstand, mit dem Satz, daß er diese ganze Masse aus der Behandlung ausschließe, weil sie bisher nicht als ein selbständiges Moment in der Reihe der Gestaltungen der Vernunft aufgetreten sei: »Ob dies in der Folge ge-

33 *Äneis*, I, 33.

schehen werde, geht uns hier nichts an.«[34] Weniger zurückhaltend drückt sich Hegel in einem Brief an seinen Schüler, den Baron Boris von Yxküll, aus, dessen Inhalt Rosenkranz überliefert hat[35]. Europa, heißt es dort, sei bereits eine Art Käfig geworden, in dem nur noch zwei Sorten von Menschen sich frei zu bewegen scheinen: diejenigen, welche selbst zu den Verschließern gehören, und diejenigen, welche sich in diesem Käfig einen Platz ausgesucht haben, wo sie weder für noch wider die Drähte zu agieren haben. Wenn aber die Dinge so liegen, daß man sich mit ihrem Zustand nicht wahrhaft vereinigen kann, dann sei es vorteilhafter, sich selbst auf gut epikuräisch zu leben und als Privatperson für sich zu bleiben – eine Stellung, die zwar die eines Zuschauers, aber doch auch von großer Wirksamkeit sei. Diesem europäischen Käfig stellt Hegel Rußlands Zukunft gegenüber. Die andern, modernen Staaten haben anscheinend das Ziel ihrer Entwicklung schon erreicht und vielleicht den Kulminationspunkt bereits überschritten, ihr Zustand sei statarisch geworden; wogegen Rußland in seinem Schoß eine »ungeheure Möglichkeit von Entwicklung seiner intensiven Natur« trage[36]. – Es ist höchst unglaubwürdig, daß Hegel, wie es Rosenkranz deuten möchte, hier nur gescherzt hat, um seinen russischen Freund aufzumuntern. Vielmehr nahm er gerade in diesem Brief die Stimmung der Folgezeit ahnend vorweg, nachdem er schon selber in der Rechtsphilosophie »Grau in Grau« gemalt hatte.

Zehn Jahre später wurde seine Versöhnung mit dem, was ist, durch die Julirevolution von neuen Entzweiungen angegriffen und durch eine »zwecklose Neuerungssucht« in Frage gestellt, gegen die er sich machtlos fühlte, während seine nächsten Schüler den Anstoß aus der politischen Wirklichkeit in seine Philosophie übertrugen. Ein universitätspolitisches Zerwürfnis mit E. Gans, dem späteren Herausgeber der Hegelschen Geschichts- und Rechtsphilosophie, von dessen freiheitlicher

34 *Vorlesungen über die Philosophie der Weltgeschichte,* ed. Lasson, S. 200 und 779; vgl. A. Ruge, *Aus früherer Zeit,* IV, 72 und 84. – Schon Fichte dachte daran, nach Amerika auszuwandern (Br. vom 28. V. 1807 an seine Frau).

35 Rosenkranz, *Hegels Leben,* Berlin 1844, S. 304f. und in Prutz' *Historischem Taschenbuch,* 1843; vgl. dazu D. Tschizewskij, *Hegel bei den Slaven,* a. a. O., S. 148.

36 Vgl. Napoleon, *Mémorial de Saint-Hélène,* Eintrag vom 6. XI. 1816; A. de Tocqueville, *Demokratie in Amerika,* Ende des I. Teiles; Heine, *Lutezia* IX.

Auslegung des Rechts der Weg weiter zu Ruge, Marx und Lassalle führt, verbitterte ihm die letzten Monate seines Lebens[37].

Die *Möglichkeit* des Fortgangs zu einer neuen Entzweiung ist aber auch schon in Hegels eigenem geschichtlichen Bewußtsein angelegt und vorgesehen. Denn das philosophische Wissen um das Substanzielle der Zeit geschieht zwar im Geiste der ihm zugehörigen Zeit und ist also nur »formell«, als gegenständliches Wissen, darüber hinaus. Zugleich ist aber mit diesem sich abhebenden Darüberwissen auch ein Unterschied gesetzt, der zu einer weiteren Entwicklung treibt: der Unterschied »zwischen dem Wissen und dem was ist«. Daraus ergibt sich die Möglichkeit und Notwendigkeit eines Fortgangs zu neuen Entzweiungen sowohl in der Philosophie wie in der Wirklichkeit. »So ist der formelle Unterschied auch ein realer, wirklicher Unterschied. Dies Wissen ist es dann, was eine neue Form der Entwicklung hervorbringt.«[38] Das Wissen revolutioniert durch seine freie Form auch den substanziellen Gehalt. Die sich vollendende Philosophie wird zur Geburtsstätte des Geistes, der später zu einer wirklichen, neuen Gestaltung drängt[39]. Und in der Tat ist Hegels Abschluß der Geschichte des Wissens die Geburtsstätte geworden, aus der das geistige und politische Geschehen des 19. Jahrhunderts entsprang. Wenige Jahre nach Hegels Tod hat Heine am Schluß seiner *Geschichte der Religion und Philosophie in Deutschland* (1834) den Franzosen die Augen zu öffnen versucht für die leibhaftige Revolution, welche aus der Reformation und der deutschen Philosophie hervorgehen könnte: »Mich dünkt, ein methodisches Volk, wie wir, mußte mit der Reformation beginnen, konnte erst hierauf sich mit der Philosophie beschäftigen und durfte nur nach deren Vollendung zur politischen Revolution übergehen. Diese Ordnung finde ich ganz vernünftig. Die Köpfe, welche die Philosophie zum Nachdenken benutzt

37 Siehe dazu die Darstellungen von A. Ruge, *Aus früherer Zeit,* IV, 431 ff. und von K. Fischer, *Geschichte der neueren Philosophie,*, VII, 200; vgl. Dilthey, *Ges. Schr.* IV, 256.

38 XIII, 70 und 118; vgl. XIV, 276 f.; Br. I, 194: »Die theoretische Arbeit, überzeugte ich mich täglich mehr, bringt mehr zustande in der Welt, als die praktische; ist erst das Reich der Vorstellung revolutioniert, so hält die Wirklichkeit nicht aus.«

39 Ausdrücklich im fortschrittlich-revolutionären Sinn hat B. Bauer diese Stelle als eine Kritik des Bestehenden ausgelegt (*Die Posaune des Jüngsten Gerichts*, a. a. O., S. 79 f.); in gemäßigter Weise hat L. Michelet in der Besprechung einer Schrift von Cieszkowski die künftige Gestaltung der geschichtlichen Praxis aus Hegels Prinzip abgeleitet (W. Kühne, *Cieszkowski*,, a. a. O., S. 64).

hat, kann die Revolution nachher zu beliebigen Zwecken abschlagen. Die Philosophie hätte aber nimmermehr die Köpfe gebrauchen können, die von der Revolution, wenn diese ihr vorherging, abgeschlagen worden wären. Laßt euch aber nicht bange sein, ihr deutschen Republikaner; die deutsche Revolution wird darum nicht milder und sanfter ausfallen, weil ihr die Kantsche Kritik, der Fichtesche Transzendentalidealismus und gar die Naturphilosophie vorausging. Durch diese Doktrinen haben sich revolutionäre Kräfte entwickelt, die nur des Tages harren, wo sie hervorbrechen und die Welt mit Entsetzen und Bewunderung erfüllen können. Es werden Kantianer zum Vorschein kommen, die auch in der Erscheinungswelt von keiner Pietät etwas wissen wollen, und erbarmungslos mit Schwert und Beil den Boden unseres europäischen Lebens durchwühlen, um auch die letzten Wurzeln der Vergangenheit auszurotten. Es werden bewaffnete Fichteaner auf den Schauplatz treten, die in ihrem Willensfanatismus weder durch Furcht noch durch Eigennutz zu bändigen sind [...], ja, solche Transzendentalidealisten wären bei einer gesellschaftlichen Umwälzung sogar noch unbeugsamer als die ersten Christen, da diese die irdischen Marter ertrugen, um dadurch zur himmlischen Seligkeit zu gelangen, der Transzendentalidealist aber die Marter selbst für eitel Schein hält und unerreichbar ist in der Verschanzung des eigenen Gedankens. Doch noch schrecklicher als alles wären Naturphilosophen, die handelnd eingriffen in eine deutsche Revolution und sich mit dem Zerstörungswerk selbst identifizieren würden. Denn wenn die Hand des Kantianers stark und sicher zuschlägt, weil sein Herz von keiner traditionellen Ehrfurcht bewegt wird; wenn der Fichteaner mutvoll jeder Gefahr trotzt, weil sie für ihn in der Realität gar nicht existiert; so wird der Naturphilosoph dadurch furchtbar sein, daß er mit den ursprünglichen Gewalten der Natur in Verbindung tritt, daß er die dämonischen Kräfte des altgermanischen Pantheismus beschwören kann, und daß alsdann in ihm jene Kampflust erwacht, die wir bei den alten Deutschen finden und die nicht kämpft, um zu vernichten, noch um zu siegen, sondern bloß um zu kämpfen. Das Christentum – und das ist sein schönstes Verdienst – hat jene brutale germanische Kampflust einigermaßen besänftigt, konnte sie jedoch nicht zerstören, und wenn einst der zähmende Talisman, das Kreuz, zerbricht, dann rasselt wieder empor die [...] unsinnige Berserkerwut, wovon die nordischen Dichter so viel singen und sagen. Jener Talisman ist morsch und kommen wird der Tag, wo er kläglich zusammenbricht [...]. Ich rate euch, ihr Franzosen, verhaltet euch alsdann sehr stille, und bei Leibe! hütet euch zu applaudieren. Wir könnten das leicht mißverstehen und euch, in unserer unhöflichen Art, etwas barsch zur Ruhe verweisen [...]. Ich meine es gut mit euch und deshalb sage ich euch die bittere Wahrheit. Ihr habt von dem befreiten Deutschland mehr zu fürchten als vor der ganzen heiligen Alliance mitsamt allen Kroaten und Kosaken [...]. Was man eigentlich gegen euch vorbringt, habe ich nie begreifen können. Einst im Bierkeller zu Göttingen äußerte ein junger Altdeutscher, daß man Rache an den Franzosen nehmen müsse für Konradin von Stauffen, den sie zu Neapel geköpft. Ihr habt das gewiß längst vergessen. Wir aber vergessen Nichts. Ihr seht, wenn wir mal Lust bekommen mit euch anzubinden, so wird es uns nicht an triftigen Gründen fehlen. Jedenfalls rate ich euch daher auf eurer Hut zu sein. Es mag in Deutschland vorgehen was da wolle, es mag der Kronprinz von Preußen oder der Doktor Wirth zur Herrschaft gelangen, haltet euch immer gerüstet [...]. Ich meine es gut mit euch und es hat mich schier erschreckt, als ich jüngst vernahm, eure Minister beabsichtigten, Frankreich zu entwaffnen. – Da ihr trotz eurer jetzigen Romantik geborene Klassiker seid, so kennt ihr den Olymp. Unter den nackten Göttern und Göttinen [...] seht ihr eine Göttin, die, obgleich umgeben von solcher Freude und Kurzweil, dennoch immer einen Panzer trägt und den Helm auf dem Kopf und den Speer in der Hand behält. Es ist die Göttin der Weisheit.«

Die von Heine verkündete deutsche Revolution ist damals nicht zum Ausbruch gekommen, aber was durch Hegels Schüler geschah, ist bis heute wirksam geblieben. Ein Jahrzehnt nach Heines aufreizender Warnung erschienen in ein und demselben Jahr 1843 die folgenden umstürzenden Schriften: Feuerbachs *Grundsätze der Philosophie der Zukunft,* Proudhons *De la création de l'ordre dans l'humanité,* B. Bauers *Das entdeckte Christentum* und Kierkegaards *Entweder – Oder.* Mit Ausnahme Proudhons sind sie Schüler und Gegner von Hegel gewesen, die seine Theorie praktizierten. Durch sie wurde offenbar, daß Hegels philosophische Theologie wirklich ein Ende war und ein Wendepunkt in der Geschichte des Geistes und der alteuropäischen Bildung. An die Stelle von Hegels Vermittlung trat der Wille zu einer Entscheidung, die wieder schied, was Hegel vereint hat: Antike und Christentum, Gott und die Welt, Innerlichkeit und Äußerlichkeit, Wesen und Existenz. Andrerseits hat sich aber auch nur eine so vollendete Komposition wie die Hegelsche wieder vollständig in ihre Teile auflösen können. Die kritische Schärfe der Linkshegelianer hat ihren ge-

Karl Löwith

Mein Leben in Deutschland vor und nach 1933

Ein Bericht

Mit einem Vorwort von Reinhart Koselleck
und einer Nachbemerkung von Ada Löwith
1986. XVI, 160 Seiten und 12 Seiten Abb.,
gebunden, DM 34,-
ISBN 3-476-00590-0

»Meine Aufzeichnungen geben nicht mehr und nicht weniger als ein alltägliches Bild von dem, was im beschränkten Umkreis eines unpolitischen Einzelnen wirklich geschah.«

Karl Löwith, 1940

Diese autobiographische Schrift aus dem Jahr 1940 war bislang unveröffentlicht. Karl Löwith hat diesen Bericht aufgrund eines Preisausschreibens verfaßt, das die Universität Harvard an die deutschen Emigranten in den USA unter dem Motto »An alle, die Deutschland vor und nach Hitler gut kennen!« gerichtet hatte.

Er schildert seine Lebensumstände vor und nach der Machtergreifung der Nationalsozialisten. Besondere Eindringlichkeit erreicht Löwith in der Darstellung seines Freundes- und Bekanntenkreises – zu dem u.a. Martin Heidegger und dessen Schülerkreis, Edmund Husserl, Max Weber und Hans-Georg Gadamer zählen – und der alltäglichen Schwierigkeiten, vor die er sich als Jude nach 1933 plötzlich gestellt sah.

Karl Löwith gelingen überzeugende Momentaufnahmen einer sich anpassenden akademischen Gelehrtenwelt und der Einzelschicksale, die von den neuen Machtverhältnissen »existentiell« getroffen sind und sich dem Zugriff der Nationalsozialisten zu entziehen suchen. Sein Bericht umfaßt ebenso seine Exiljahre in Rom und Japan.

Karl Löwith
Sämtliche Schriften in neun Bänden

»Aus zwei Gründen halte ich Karl Löwith für einen der radikalsten Denker dieses Jahrhunderts: Weil er zeigte, daß die Weltgeschichte nicht mehr als ein Entfaltungsprozeß von Sinn gedacht werden kann – kein Fortschritt im Bewußtsein der Freiheit, aber auch kein Weltgericht. Und weil er immer wieder, die verschiedensten Ansätze kritisch auflösend, darauf hinwies, daß auch der Mensch als Mitte oder gar Produktionsstätte eines Sinns nunmehr verlorengegangen sei.«

Klaus Podak, Süddeutsche Zeitung

»Ein Gastmal bei Löwith, dem Lehrer wie dem Schriftsteller, ist allemal ungemein gehaltvoll und genußreich gewesen. In seinen Reflexionsspitzen hat er aber auch den zeitgenössischen Horizont des philosophischen Denkens, inspiriert durch überseeische Erfahrungen mit den Menschen nicht-europäischer Tradition, erweitern können vor allem in Richtung auf eine Loslösung des Weltbezugs vom Menschen.«

Joachim Günther, Tagesspiegel

»Band 7 (Jacob Burckhardt) der »Sämtlichen Schriften« ist ein wichtiger Beitrag zur Debatte über den Kulturpessimismus der letzten hundert Jahre. Löwith wollte Burckhardt aus dem Schatten Nietzsches herauslösen. Er hat ihn, der als Baseler Späthumanist erschien, als *Wegweiser* sichtbar gemacht, der durch seine freie Betrachtung der Welt die Krise des europäischen Denkens durchschaut, frei auch vom Denkzwang philosophischer Schulen.«

Harry Pross, Norddeutscher Rundfunk

»Löwiths philosophiegeschichtliche Studien sind Angebote von Wegen, auf denen man das Denken der Menschen in ihrer Zeit aufsuchen kann. Sie sind nicht hermeneutisch im Sinne der reflektierten Begegnung, und sie sind schon gar nicht historisch im Sinne einer vorgetäuschten Unmittelbarkeit des Faktischen, sondern sie sind Zeugnisse eines Bemühens um ein Denken, das zunächst immer an ein Denken anknüpft.«

Jürgen Busche, FAZ

schichtlichen Maßstab an der Entschiedenheit von Hegels Versöhnung. Ihren faßlichsten Ausdruck fand sie in seiner Staats- und Religionsphilosophie. Auf deren Destruktion zielen auch die Bestrebungen seiner Schüler, gerade weil es ihnen um den »wirklichen« Staat und das »wirkliche« Christentum ging.

3. Hegels Versöhnung der Philosophie mit dem Staat und der christlichen Religion

Hegels *Rechtsphilosophie,* welche gleichzeitig mit der ersten Vorlesung über die Religionsphilosophie erschien, ist die konkrete Ausführung der prinzipiellen Tendenz zur Versöhnung der Philosophie mit der Wirklichkeit überhaupt: als Staatsphilosophie mit der politischen, als Religionsphilosophie mit der christlichen. In beiden Bereichen versöhnt sich Hegel nicht nur *mit* der Wirklichkeit, sondern auch *in* ihr, obschon »im Begreifen«. Auf diesem Höhepunkt seiner Wirksamkeit hat er die wirkliche Welt als eine dem Geist »gemäße« begriffen und andrerseits hat sich der preußisch-protestantische Staat die Philosophie in Hegels Person zu eigen gemacht[40]. In der Vorrede zur *Rechtsphilosophie* erläutert Hegel ausdrücklich-polemisch »die Stellung der Philosophie zur Wirklichkeit«. Hier liegt der problematische Punkt, an dem Marx und Kierkegaard eingesetzt haben mit ihrer These, daß die Philosophie zu verwirklichen sei. Die philosophische Theorie wurde bei Marx zum »Kopf des Proletariats«; bei Kierkegaard wurde das reine Denken zum »existierenden Denken«, denn die bestehende Wirklichkeit schien weder vernünftig noch christlich zu sein.

Hegels Staatsphilosophie wendet sich gegen die Meinung, als habe es in der Wirklichkeit noch nie einen vernünftigen Staat gegeben, als sei der wahre Staat ein bloßes »Ideal« und ein »Postulat«[41]. Die wahre Philosophie sei als ein »Ergründen des Vernünftigen« ebendamit auch das Erfassen des »Gegenwärtigen und Wirklichen«, aber kein Postulieren von etwas Jenseitigem, von einem Idealstaat, der nur sein soll, aber nie da ist. Den gegenwärtigen preußischen Staat von 1821 begriff er als

40 Siehe dazu Hegels Berliner Antrittsrede, Enz., ed. Lasson, S. LXXII. – Einen interessanten Aufschluß über »Das historisch-statistische Verhältnis der Philosophie in Preußen und Deutschland« gibt Rosenkranz, *Neue Studien,* II, Leipzig 1875, S. 186ff.

41 VIII^2, 7ff.; XIV, 274ff.

eine Wirklichkeit im definierten Sinn der Logik, d.i. als unmittelbar gewordene Einheit von innerem Wesen und äußerer Existenz, als eine Wirklichkeit im »emphatischen« Sinne des Wortes[42]. In dieser nunmehr erreichten »Reife der Wirklichkeit« – reif also auch zum Untergang – steht der Gedanke der Wirklichkeit nicht mehr kritisch entgegen, sondern als das Ideale dem Realen versöhnt »gegenüber«[43]. Die ihrer selbst bewußte Vernunft – die Staatsphilosophie – und die Vernunft als vorhandene Wirklichkeit – als wirklicher Staat – sind miteinander geeint und »in der Tiefe« des substanziellen Geistes der Zeit ein und dasselbe[44]. Was aber »zwischen« der Vernunft als selbstbewußtem Geist und der vorhandenen Wirklichkeit liegt, was jene von dieser noch trennt und der Versöhnung widersteht, das erklärt Hegel so apodiktisch wie unbestimmt als die »Fessel irgendeines Abstraktums, das noch nicht zum Begriff befreit ist«[45]. Diesen hiatus irrationalis überbrückt seine Erläuterung zum Begriff der vernünftigen Wirklichkeit mittels der Unterscheidung von »Anschein« und »Wesen«, von »bunter Rinde« und »innerem Puls«[46], von äußerlich zufälliger Existenz und innerlich notwendiger Wirklichkeit. Hegels Ausschluß der nur vorübergehenden, »zufälligen« Existenz aus dem Interesse der Philosophie als einer Erkenntnis der Wirklichkeit kam jedoch auf ihn selber zurück in dem Vorwurf der »Akkomodation« gerade an das vorübergehend Bestehende. Diese Anpassung an die bestehende Wirklichkeit wird in Hegels Begreifen dessen »was ist« dadurch verdeckt, daß das »was ist« sowohl das nur noch Bestehende als auch das wahrhaft Wirkliche deckt.

Noch wichtiger als die Staatsphilosophie ist für das Verständnis von Hegels Prinzip die *Religionsphilosophie*. Sie ist kein abzusondernder Teil des ganzen Systems, sondern sein geistiger Schwerpunkt. Hegels Philosophie ist »Weltweisheit«[47] und »Gotteserkenntnis«[48] ineins, denn ihr Wissen rechtfertigt den Glauben. Er nannte sich von Gott dazu verdammt, ein Philosoph zu sein[49], und die »Sprache der Begeisterung« war ihm ein und dieselbe mit der des »Begriffs«. Das Lesen der Zeitung

42 *Logik,* ed. Lasson, II, 156; Enz. § 6.
43 VIII², 20.
44 Vgl. dagegen Marx I/1, 612f.
45 VIII², 18f.
46 VIII², 17 und XI, 200f.; Enz. § 6; § 24, Zus. 2; § 213, Zus.; § 445, Zus.
47 Enz. § 552; IX, 440.
48 XI, 5 und 15; *Die Vernunft in der Geschichte,* a.a.O., S. 18f.
49 Br. II, 377.

schien ihm gleichberechtigt dem der Bibel zur Seite zu stehen: »Das Zeitungslesen des Morgens früh ist eine Art von realistischem Morgensegen. Man orientiert seine Haltung gegen die Welt an Gott oder an dem, was die Welt ist. Jenes gibt dieselbe Sicherheit wie hier, daß man wisse, wie man daran sei.«[50] Die wahre Philosophie ist selber schon Gottesdienst, obzwar »auf eigentümliche Weise«, die Geschichtsphilosophie eine Theodizee, die Staatsphilosophie ein Begreifen des Göttlichen auf Erden, die Logik eine Darstellung Gottes im abstrakten Element des reinen Denkens.

Die philosophische Wahrheit des Christentums bestand für Hegel darin, daß Christus die Entzweiung des Menschlichen und des Göttlichen zur Versöhnung gebracht hat[51]. Diese Versöhnung kann für den Menschen nur deshalb zustandekommen, weil sie an sich schon in Christus geschah; sie muß aber auch durch uns und für uns selber hervorgebracht werden, damit sie an und für sich zu der Wahrheit wird, die sie ist[52]. Diese für Hegel in der Menschwerdung Gottes beglaubigte Einheit der göttlichen und menschlichen Natur überhaupt wurde sowohl für Marx wie für Kierkegaard schlechthin wieder entzweit. Der entschiedene Atheismus von Marx, sein absoluter Glaube an den Menschen als solchen, ist darum von Hegel prinzipiell weiter entfernt als von Kierkegaard, dessen paradoxer Glaube die Differenz zwischen Gott und dem Menschen zur Voraussetzung hat. Für Marx ist das Christentum eine »verkehrte Welt«, für Kierkegaard ein weltloses Stehen »vor« Gott, für Hegel ein Sein *in* der Wahrheit, auf Grund der Menschwerdung Gottes. Göttliche und menschliche Natur »in Einem«, das sei zwar ein harter und schwerer Ausdruck, aber doch nur solange, als man ihn vorstellungsmäßig hinnimmt und nicht geistig ergreift. In der »ungeheuren Zusammensetzung« »Gottmensch« werde es dem Menschen zur Gewißheit gebracht, daß die endliche Schwäche der menschlichen Natur nicht unvereinbar sei mit dieser Einheit[53].

50 Rosenkranz, *Hegels Leben*, a. a. O., S. 543; vgl. *Hegels Geschichte der Philosophie*, 1938, S. 220 f.
51 XII, 228 ff.; *Phänomenologie*, a. a. O., S. 529.
52 XII, 209, 228, 235; Enz. § 482. – Vgl. Michelet, *Entwicklungsgeschichte der neuesten deutschen Philosophie*, a. a. O., S. 304: Alle Sphären des Geistes sind bei Hegel »nur die Weisen, wie Gott ewig Mensch wird und geworden ist«.
53 XII, 238 ff.; vgl. dagegen Kierkegaard, IX, 73 ff.

Als »Zustand« angesehen ist die Versöhnung des Irdischen und des Göttlichen das »Reich Gottes«[54], das heißt eine Wirklichkeit, in der Gott als der eine und absolute Geist herrscht. Diese Wirklichkeit im Denken methodisch hervorzubringen, war schon das Ziel des jungen Hegel gewesen[55], und in seiner *Geschichte der Philosophie* schien es ihm »endlich« erreicht. Das »Reich Gottes« der Religionsphilosophie ist identisch mit dem »intellektuellen Reich« der *Geschichte der Philosophie* und mit dem »Geisterreich« der *Phänomenologie*. Die Philosophie ist so im Ganzen dieselbe Versöhnung mit der Wirklichkeit, welche das Christentum durch Gottes Menschwerdung ist, und als die endlich begriffene Versöhnung ist sie eine philosophische Theologie. Durch diese Versöhnung der Philosophie mit der Religion schien Hegel der »Friede Gottes« auf vernünftige Weise hergestellt.

Indem Hegel sowohl den Staat wie das Christentum ontologisch aus dem Geist als dem Absoluten begreift, verhalten sich auch *Religion und Staat* zueinander konform. Er erörtert ihr Verhältnis mit Rücksicht auf ihre Verschiedenheit und im Hinblick auf ihre Einheit. Die Einheit liegt im Inhalt, die Verschiedenheit in der verschiedenen Form des einen und selben Inhalts. Weil die Natur des Staates »göttlicher Wille als gegenwärtiger« ist, ein sich zur wirklichen Organisation einer Welt entfaltender Geist, und weil andererseits die christliche Religion auch nichts anderes zum Inhalt hat als die absolute Wahrheit des Geistes, können und müssen sich Staat und Religion auf dem Boden des christlichen Geistes zusammenfinden, wenngleich sie in der Formung desselben Inhalts in Kirche und Staat auseinandertreten[56]. Eine Religion des bloßen »Herzens« und der »Innerlichkeit«, die gegen die Gesetze und Einrichtungen des Staates und der denkenden Vernunft »polemisch« ist, oder es bloß passiv bei der Weltlichkeit des Staates bewenden läßt, zeuge nicht von der Stärke, sondern von der Schwäche der religiösen Gewißheit. »Der wahre Glaube ist *unbefangen*, ob die Vernunft ihm gemäß sei oder nicht, ohne Rücksicht und Beziehung auf die Vernunft, aber der *polemische* Glaube will Glauben gegen die Vernunft.«[57] Der letztere sei aber »unserer Zeit« eigen und man könne fragen, ob er einem »wahren Bedürfnis« entspringe oder einer »nicht befriedigten

54 XII, 244; vgl. dazu Kierkegaards satirische Novelle vom »Reich Gottes«, XII, 98.
55 Br. I, 13 und 18.
56 *Rechtsphilosophie* § 270; Enz. § 552.
57 Rosenkranz, *Hegels Leben*, a. a. O., S. 557.

Eitelkeit«. Die wahrhafte Religion habe keine negative Richtung gegen den bestehenden Staat, sondern sie anerkennt und bestätigt ihn, so wie andrerseits der Staat die »kirchliche Vergewisserung« anerkennt. Was Kierkegaards extrem polemischen Glaubensbegriff als verwerflicher Kompromiß erschien, war für Hegel eine wesenhafte Übereinkunft[58]. »Es ist in der Natur der Sache, daß der Staat seine Pflicht erfüllt, der Gemeinde für ihren religiösen Zweck allen Vorschub zu tun und Schutz zu gewähren, ja, indem die Religion das ihn für das Tiefste der Gesinnung integrierende Moment ist, von allen seinen Angehörigen zu fordern, daß sie sich zu einer Kirchengemeinde halten, – übrigens zu irgendeiner, denn auf den Inhalt, insofern er sich auf das Innere der Vorstellung bezieht, kann sich der Staat nicht einlassen. Der in seiner Organisation ausgebildete und darum starke Staat kann sich hierin desto liberaler verhalten, Einzelheiten, die ihn berühren, ganz übersehen und selbst Gemeinden (wobei es freilich auf die Anzahl ankommt) in sich aushalten, welche selbst die direkten Pflichten gegen ihn religiös nicht anerkennen.«[59] Die philosophische Einsicht erkennt, daß Kirche und Staat im Inhalt der Wahrheit identisch sind, wenn beide auf dem Boden des Geistes stehen. Im christlichen Prinzip des absolut freien Geistes ist die absolute Möglichkeit und Notwendigkeit vorhanden, »daß *Staatsmacht, Religion* und *die Prinzipien der Philosophie* zusammenfallen – die Versöhnung der Wirklichkeit überhaupt mit dem Geiste, des Staates mit dem religiösen Gewissen, desgleichen mit dem philosophischen Wissen sich vollbringt«[60]. Hegels Philosophie des objektiven Geistes schließt mit dem Satz: »Die Sittlichkeit des Staates und die religiöse Geistigkeit des Staates sind sich so die gegenseitigen Garantien.«

Indem Hegel das Christentum absolut und zugleich geschichtlich im Zusammenhang mit der Welt und dem Staate begreift, ist er der letzte christliche Philosoph vor dem Bruch zwischen der *Philosophie* und dem *Christentum*. Diesen Bruch haben von zwei entgegengesetzten Seiten her Feuerbach und Kierkegaard festgestellt und vollzogen. Eine Ver-

58 Hegels Polemik richtet sich gegen Jacobi und Schleiermacher, sie trifft aber der Sache nach auch auf Kierkegaard zu, der Schleiermachers »Gefühl« zur »Leidenschaft« potenziert und diese der Vernunft entgegensetzt. Zu Kierkegaards polemischem Begriff vom Christentum siehe vor allem XII, 29 und 47 ff.
59 *Rechtsphilosophie* § 270.
60 Enz. § 552. – Unter dem religiösen Gewissen versteht Hegel das protestantische, welches er als die Einheit des sittlichen und des religiösen begreift.

mittlung der christlichen Dogmatik mit der Philosophie ist nach Feuerbach sowohl im Interesse der Philosophie wie der Religion zu verneinen[61]. Denn wenn man das Christentum in seiner geschichtlich-bestimmten Wirklichkeit nimmt, und nicht als unbestimmte »Idee«, dann ist jede Philosophie notwendig irreligiös, weil sie die Welt mit Vernunft erforscht und das Wunder verneint[62]. Im gleichen Sinn hat auch Ruge behauptet, daß alle Philosophie von Aristoteles an »Atheismus« sei[63], weil sie die Natur und den Menschen überhaupt untersucht und begreift. Andererseits kann aber auch das Christentum kein bloßes Moment in der Geschichte der Welt und eine humane Erscheinung sein wollen. – »Philosophie und Christentum lassen sich doch nie vereinen«, beginnt eine Tagebuchaufzeichnung Kierkegaards. Denn wenn ich etwas von dem Wesen des Christentums festhalten will, dann muß sich die Notwendigkeit der Erlösung auf den ganzen Menschen erstrecken und also auch auf sein Wissen. Man kann sich zwar eine Philosophie »nach dem Christentum« denken, d.h. nachdem ein Mensch Christ wurde, aber dann betrifft das Verhältnis nicht das der Philosophie zum Christentum, sondern das des Christentums zur christlichen Erkenntnis – »es sei denn, man wollte haben, daß die Philosophie vor dem Christentum oder innerhalb seiner zu dem Resultat kommen sollte, daß man das Rätsel des Lebens nicht lösen könnte«. Dann würde aber die Philosophie auf der Höhe ihrer Vollendung ihren Untergang involvieren – ja, sie könnte nicht einmal zu einem Übergang zum Christentum dienen, denn sie müßte bei diesem negativen Resultat stehen bleiben. »Überhaupt, *hier* liegt der gähnende Abgrund: das Christentum statuiert die Erkenntnis des Menschen als mangelhaft auf Grund der Sünde, als berichtigt im Christentum; der Philosoph sucht gerade qua Mensch sich Rechenschaft zu geben von dem Verhältnis Gottes und der Welt; das Resultat kann darum wohl als begrenzt anerkannt werden, insofern der Mensch ein begrenztes Wesen ist, aber zugleich als das größtmögliche für den Menschen qua Mensch.«[64] Der Philosoph muß – christlich beurteilt – »entweder den Optimismus annehmen – oder verzweifeln«, weil er als Philosoph die Erlösung durch Christus nicht kennt[65]. Im

61 *Über Philosophie und Christentum, in Beziehung auf den der Hegelschen Philosophie gemachten Vorwurf der Unchristlichkeit* (1839), I, 42ff.
62 *Über Philosophie und Christentum*, II, 179ff.
63 Br. I, 269.
64 *Tagebücher*, ed. Ulrich, a.a.O., S. 128ff.; vgl. 264 und 463f.
65 »Daß Gott freie Wesen sich gegenüber schaffen konnte, ist das Kreuz, das die

Gegensatz zu diesem Entweder-Oder hat Hegel die Vernunft aristotelisch vergöttlicht und das Göttliche mit Rücksicht auf Christus bestimmt!

Hegels Versöhnung der Vernunft mit dem Glauben und des Christentums mit dem Staat im Elemente der Philosophie war um 1840 zu Ende gekommen. Der zeitgeschichtliche Bruch mit der Hegelschen Philosophie ist bei Marx ein Bruch mit der Staatsphilosophie und bei Kierkegaard mit der Religionsphilosophie, überhaupt mit der Vereinigung von Staat, Christentum und Philosophie. Diesen Bruch hat Feuerbach ebenso entschieden vollzogen wie Marx und B. Bauer nicht minder als Kierkegaard, nur auf verschiedene Weise. Feuerbach reduziert das Wesen des Christentums auf den sinnlichen Menschen, Marx auf die Widersprüche in der menschlichen Welt, Bauer erklärt seinen Hervorgang aus dem Untergang der römischen Welt und Kierkegaard reduziert es, unter Preisgabe des christlichen Staates, der christlichen Kirche und Theologie, kurz seiner ganzen weltgeschichtlichen Realität, auf das Paradox eines verzweifelt-entschlossenen Sprungs in den Glauben. Worauf immer sie das bestehende Christentum reduzieren, sie destruieren gemeinsam die *bürgerlich-christliche Welt* und damit auch Hegels philosophische Theologie der Versöhnung. Die Wirklichkeit erschien ihnen nicht mehr im Lichte der Freiheit des Beisichselbstseins, sondern im Schatten der Selbstentfremdung des Menschen.

Im klaren Bewußtsein um das volle Ende von Hegels christlicher Philosophie haben Feuerbach und Ruge, Stirner und Bauer, Kierkegaard und Marx als die wirklichen Erben der Hegelschen Philosophie eine »Veränderung« proklamiert, die den bestehenden Staat und das bestehende Christentum entschieden negiert. Ebenso wie die Junghegelianer haben auch die Althegelianer den endgeschichtlichen Sinn von Hegels Lehre begriffen. Sie waren so konsequent, daß sie noch um 1870 alle seit Hegel hervorgetretenen Philosophien als die bloße Nachgeschichte seines Systems verstanden, während die Junghegelianer es mit seiner eigenen Methode zersetzten. Sie alle haben gegenüber den Neuhegelianern den Vorzug, daß sie den Anspruch nicht verkannten, der im »Schluß« der *Logik* und *Phänomenologie*, im »System« der *Enzyklopädie* und im »Beschluß« der Geschichte der Philosophie liegt.

Philosophie nicht tragen konnte, sondern an dem sie hängen geblieben ist«, lautet Kierkegaards Urteil über die Philosophie der Freiheit von Kant bis Hegel (*Tagebücher*, ed. Ulrich, a. a. O., S. 338).

II. ALTHEGELIANER, JUNGHEGELIANER, NEUHEGELIANER

1. *Die Bewahrung der Hegelschen Philosophie durch die Althegelianer*

Es ist für die Einteilung der hegelschen Schule in eine Rechte von Althegelianern und eine Linke von Junghegelianern bezeichnend, daß sie keinen rein philosophischen Differenzen entsprang, sondern politischen und religiösen. Der Form nach stammt sie von der politischen Einteilung des französischen Parlaments und dem Gehalt nach von verschiedenen Ansichten in der Frage der Christologie.

Die Unterscheidung wurde zuerst von Strauß gemacht[1] und dann von Michelet ausgeführt[2], um sich seither zu erhalten. Die Rechte (Goeschel, Gabler, B. Bauer)[3] nahm im Anschluß an Hegels Unterscheidung der christlichen Religion nach »Inhalt« und »Form« den ersteren positiv im Begriff auf, während die Linke zugleich mit der religiösen Vorstellungsform auch den Inhalt der Kritik unterzog. Die Rechte wollte mit der Idee der Einheit der göttlichen und menschlichen Natur die ganze evangelische Geschichte bewahren, das Zentrum (Rosenkranz, in bedingter Weise auch Schaller und Erdmann) nur einen Teil, und die Linke behauptete, daß sich von der Idee aus die historischen Berichte der Evangelien weder ganz noch teilweise festhalten lassen. Strauß selbst rechnete sich zur Linken, und Michelet schlug (in Übereinstimmung mit Gans, Vatke, Marheineke und Benary) in seinen »Vorlesungen über die Persönlichkeit Gottes und die Unsterblichkeit der Seele«[4] eine Koalition des Zentrums mit der Linken vor. Zu den »Pseudohegelianern« rechnet er den jungen Fichte, K. Fischer, Weiße und

1 *Streitschriften zur Verteidigung meiner Schrift über das Leben Jesu,* 3. Heft, 1837; vgl. dazu Th. Ziegler, *D. F. Strauß,* Straßburg 1908, S. 250.

2 *Geschichte der letzten Systeme der Philosophie in Deutschland,* 2. Teil, Berlin 1838, S. 654 ff. und: *Hegel, der unwiderlegte Weltphilosoph,* Leipzig 1870, S. 50 ff.; vgl. Rosenkranz, *Hegel als deutscher Nationalphilosoph,* Leipzig 1870, S. 311 f.; J. E. Erdmann, *Grundriß der Geschichte der Philosophie,* Berlin 1870, § 329, 10; § 336, 2; § 337, 3.

3 Bauer vertrat zuerst die orthodoxe Auslegung der Hegelschen Religionsphilosophie; sein Übergang zur linksradikalen Religionskritik ist trotz der Erlanger Dissertation von M. Kegel, Leipzig 1908, noch nicht aufgeklärt.

4 Siehe dazu das Referat in W. Kühnes Monographie über Cieszkowski, a. a. O., S. 84 ff.

Braniß. Von der Lebhaftigkeit der Kontroversen in der Frage des Gottmenschentums, der Persönlichkeit Gottes und der Unsterblichkeit der Seele[5] kann man sich heute nur noch schwer eine Vorstellung machen, so selbstverständlich ist uns bereits das destruktive Ergebnis der von Hegels Schülern geleisteten Religionskritik. Für Hegels Wirkung war die Diskussion dieser theologischen Fragen nicht weniger wichtig als die, welche sich, bei Ruge, Marx und Lassalle, an seine Staatslehre anschloß.

Althegelianer im urprünglichen Sinn der von Hegel selber begründeten Schule waren die meisten der Herausgeber seiner Werke: von Henning, Hotho, Förster, Marheineke, sowie Hinrichs, C. Daub, Conradi und Schaller. Sie haben Hegels Philosophie buchstäblich konserviert und in historischen Einzelforschungen weitergeführt, aber sie nicht über die Zeit von Hegels persönlicher Wirkung hinaus auf eine eigene Weise reproduziert. Für die geschichtliche *Bewegung* des 19. Jahrhunderts sind sie ohne Bedeutung. Im Gegensatz zu ihnen entstand die Bezeichnung »Junghegelianer« oder auch »Neuhegelianer«[6]. Zur Vermeidung einer Verwirrung werden im folgenden als Neuhegelianer ausschließlich die bezeichnet, welche in unserer Zeit den Hegelianismus erneuerten, als Junghegelianer die linksradikalen Schüler und Nachfolger Hegels und als Althegelianer diejenigen, welche seine geschichtliche Denkweise über die Periode des Umsturzes hinaus, durch

5 Den ersten Anstoß gaben Feuerbachs *Gedanken über Tod und Unsterblichkeit* (1830). Es folgen, außer den Schriften von Strauß, bis 1840: F. Richter, *Die Lehre von den letzten Dingen* (1833/4); *Die neue Unsterblichkeitslehre* (1833), worin Feuerbachs *Gedanken* direkt aus Hegel gefolgert werden; J. E. Erdmann, *Vorlesungen über Glauben und Wissen als Einleitung in die Dogmatik und Religionsphilosophie* (1837); K. F. Goeschel, *Von den Beweisen für die Unsterblichkeit* (1835); *Beiträge zur spekulativen Philosophie von Gott und den Menschen und von dem Gottmenschen* (1838); J. Schaller, *Der historische Christus und die Philosophie* (1838); K. Conradi, *Christus in der Gegenwart, Vergangenheit und Zukunft* (1839); L. Michelet, *Vorlesungen über die Persönlichkeit Gottes und die Unsterblichkeit der Seele* (1840) und dazu die Kritik von Cieszkowski in: *Gott und Palingenesie,* I. Teil (1842). – Vgl. J. E. Erdmann, a. a. O., § 335, und Rosenkranz, *Neue Studien* II, 454.

6 So in Krugs drittem Beitrag zur Geschichte der Philosophie des 19. Jahrhunderts: *Der Hallische Löwe* [gemeint ist Leos Schrift gegen die »Hegelinge«] *und die marzialischen Philosophen unserer Zeit,* 1838, S. 5; ferner die Streitschrift von Eisenhart: *St. Georg, Ein Versuch zur Begründung des Neuhegelianismus,* 1838.

das ganze Jahrhundert hindurch, auf eine je eigentümliche, aber nicht buchstäbliche Weise historisch bewahrten. Althegelianer kann man sie deshalb nennen, weil sie nicht die Tendenz zu einer radikalen Neuerung hatten. Unter diesem Gesichtspunkt betrachtet sind vorzüglich Rosenkranz, aber auch Haym, Erdmann und K. Fischer die eigentlichen Bewahrer der Hegelschen Philosophie zwischen Hegel und Nietzsche gewesen.

K. Rosenkranz (1805–1879), von Ruge mit Recht der »allerfreieste Althegeliter« genannt, hat in seinen beiden unüberholten Hegelmonographien die geschichtliche Lage der Philosophie nach Hegel in treffender Weise beurteilt[7]. Wir Heutigen, sagt er in seiner ersten Darstellung von 1844, scheinen nur noch »die Totengräber und Denkmalsetzer« für die Philosophen zu sein, welche die zweite Hälfte des 18. Jahrhunderts gebar, um in der ersten des 19. zu sterben: »Sind wir fähig, in die zweite Hälfte unseres Jahrhunderts ebenfalls eine heilige Denkerschar hinüberzusenden? Leben unter unsern Jünglingen die, welchen platonischer Enthusiasmus und aristotelische Arbeitsseligkeit das Gemüt zu unsterblicher Anstrengung für die Spekulation begeistert? Träumen unsere Jünglinge vielleicht von anderen Kränzen [...], glänzt ihnen etwa das höhere Ziel der Tat als Leitstern, ist ihr Ideal, die Ideale jener Philosophen zu verwirklichen[8]? Oder sollten sie sich in die Gleichgültigkeit gegen Wissenschaft und Leben fallen lassen und, nachdem sie nicht selten mit renommistischer Voreiligkeit zu den Siegern des Tages sich proklamierten, für die Zukunft ohne ausreichende Kraft sein? Seltsam genug scheinen in unsern Tagen gerade die Talente nicht recht aushalten zu können. Schnell nutzen sie sich ab, werden nach einigen versprechenden Blüten unfruchtbar und beginnen sich selbst zu kopieren und zu wiederholen, wo nach Überwindung der unfreieren und unvollkommeneren, einseitigen und stürmischen Jugendversuche die Periode kräftigen und gesammelten Wirkens erst folgen sollte.« Und

7 *Hegels Leben,* Berlin 1844; *Hegel als deutscher Nationalphilosoph,* Leipzig 1870; siehe zum Folgenden auch: *Neue Studien* IV *(Zur Geschichte der neueren deutschen Philosophie, besonders der Hegelschen)*, Leipzig 1878; *Neue Studien* I und II, Leipzig 1875; *Aus einem Tagebuch 1833 bis 1846*, Leipzig 1854; *Politische Briefe und Aufsätze, 1848 bis 1856,* herausgegeben von P. Herre, Leipzig 1919.

8 Eine »Philosophie der Tat« enthielten schon Cieszkowskis *Prolegomena zur Historiosophie*, 1838; siehe darüber in W. Kühnes Monographie, a. a. O., S. 25 ff.

mit einem Seitenhieb auf jene Junghegelianer, die wie Feuerbach, Marx und Ruge, den Anspruch erhoben, Hegels Philosophie zu »verwirklichen«, spricht er von denen, die in einem »selbstfabrizierten Vorruhm durch eine ephemere Journalschilderhebung« Reformen und Revolutionen der Philosophie improvisieren, von welchen diese in ihrem weltgeschichtlichen Gang nie etwas erfahren werde. »Diese im Irrgarten ihrer Hypothesen umhertaumelnden Kavaliere der Stegreifspekulation verwechseln das Gezänk ihrer Wirtshausabenteuer mit der ernsten Rede gesetzgebender Versammlungen und den Lärm einer kritischen Prügelei mit dem tragischen Donner der Schlacht.« Trotzdem zweifelte Rosenkranz nicht am dialektischen Fortschritt der Philosophie. Unleugbar sei nur, daß sie ihre »Beziehung zur Wirklichkeit« erweitert und verändert habe durch das Heraustreten aus ihrer ehemaligen »Weltentfremdung«. Aber auch in dieser Hinsicht sei es Hegel gewesen, der die Einheit von Theorie und Praxis nicht nur beteuert, sondern bewährt habe, nämlich in der Identität des Begriffs mit der Realität und durch die Explikation des Wesens im erscheinenden Dasein. Dagegen zerfalle die nachhegelsche Philosophie »noch einmal« in die »Einseitigkeit« einer abstrakten Ontologie (Braniß) und einer abstrakten Empirie (Trendelenburg). Vereint seien beide Richtungen des Auseinanderfalls in des alten Schelling Existenzialphilosophie. Die Kehrseite dieser abstrakten *Theorie* sei die abstrakte *Praxis* von Feuerbach, welche die Handgreiflichkeit zum Kriterium der Realität macht: »Feuerbach ist der schärfste, glänzendste Gegner Schellings, stimmt aber mit ihm darin überein, daß er die Entwicklung der Wissenschaft zum System [...] umgeht[9]. Er verharrt in der Behauptung von Embryoallgemeinheiten und kann daher auf die Fortbildung der Philosophie nicht den Einfluß ausüben, den man nach der Energie der Kritik, mit welcher er auftrat, erwarten durfte. Wie der jetzige Schelling läßt er sich weder auf die Natur noch den Staat näher ein. Weil er sogleich vom Menschen, wie er geht und steht, anfängt und die Untersuchung über das Sein, Seinkönnen und Seinsollen, über das unvordenkliche und gedachte Sein usf. als antediluvianische Phantasmen perhorresziert, so erscheint er zugänglicher, praktischer, humaner, häuslicher als Schelling, der sich gerade in der Erfindung von Vorgängen im status absconditus der Gottheit gefällt

9 Vgl. *Neue Studien* II, a.a.O., S. 460 ff. und: K. Fischer, *Feuerbach und die Philosophie unserer Zeit*, erschienen in dem von Ruge herausgegebenen philosophischen Taschenbuch *Die Akademie*, a.a.O., S. 128 ff.

und mit der geheimnisvollen Miene eines die vorweltlichen Prozesse Eingeweihten so viele zu fesseln versteht.«[10] Alle vier Parteien bewegen sich zwar im täuschenden Selbstgefühl ihres Sieges, aber ohne Hegels konkret-organisierte Idee zu erreichen, worin die Entgegensetzungen (von Vernunft und Wirklichkeit, Theorie und Praxis, Idealität und Realität, Denken und Sein, Subjekt und Objekt, Idee und Geschichte) prinzipiell und auch wirklich schon überwunden sind. Sie alle bleiben »abstrakte Theologen«, welche das Konkrete nur als Beispiel heranziehen[11] und seine begriffliche Erkenntnis verschmähen. Diese von Hegels Philosophie provozierten Extreme müssen darum in ihr wieder untergehen: sie selbst aber tritt jetzt in ihre zweite, nachhaltigere und vom Schulegoismus freie Epoche ein. Die nun zu leistende Aufgabe ist die Durchführung ihrer Methode durch alle besonderen Gebiete des Wissens[12], wobei ohne Vorliebe für dies oder jenes das Universum mit gleichmäßiger Gerechtigkeit zu durchwandern ist.

Gerade gegen diese Toleranz eines alles umfassenden Wissens richteten sich aber schon zur selben Zeit die leidenschaftlichen Angriffe von Marx und Kierkegaard, die beide Hegels Allseitigkeit im einseitigen Element des Denkens mit der entschiedensten Einseitigkeit und Intoleranz des »Interesses« an der »wirklichen« (ökonomischen und ethischen) Existenz bekämpften[13]. Die »unermeßliche Sympathie«, welche diese Fraktion des Hegelianismus bei der Jugend fand, konnte sich Rosenkranz nur damit erklären, daß sie »unendlich bequem« sei: »Alles was bisher geschehen, ist nichts; wir kassieren es. Was wir dann tun

10 *Hegels Leben,* a. a. O., S. XIX f.

11 Denselben Einwand hat auch Marx gegen Stirner gemacht, der alles Bestimmte nur als Beispiel anführe, um dem abstrakten Gerippe der Konstruktion einen Schein von Inhalt zu geben – »gerade wie es in der Hegelschen Logik gleichgültig ist, ob zur Erläuterung des ›Fürsichseins‹ das Atom oder die Person angeführt wird« (V, 261 f.).

12 Diese Aufgabe zu leisten war der Zweck der von A. Schwegler herausgegebenen *Jahrbücher der Gegenwart* (1843 bis 1848), an denen u. a. E. Zeller und F. Th. Vischer mitarbeiteten, und der von L. Noack herausgegebenen *Jahrbücher für spekulative Philosophie und die philosophische Bearbeitung der empirischen Wissenschaften* (1846 bis 1848) – später *Jahrbücher für Wissenschaft und Leben* –, worin die Arbeiten der von Michelet 1843 begründeten »Philosophischen Gesellschaft« erschienen. Diese beiden Publikationen traten an die Stelle der 1827 von Hegel und Gans begründeten *Jahrbücher für wissenschaftliche Kritik.*

13 Siehe Rosenkranz, *Aus einem Tagebuch,* a. a. O., S. 116; vgl. dazu Marx, III, 153 ff.; Kierkegaard, VII, 46; Feuerbach X^2, 142.

werden, wissen wir noch nicht. Aber das wird sich ja finden, wenn die Zertrümmerung alles Bestehenden uns für unsere Schöpfungen Raum gemacht. Den Althegelianismus verdächtigt der Junghegelianismus mit dem einfachen Pfiff, daß derselbe Furcht vor den wahren Konsequenzen des Systems besessen habe, er aber mit seiner seltenen Aufrichtigkeit diese zöge. Das gefällt dann der Jugend ungemein. Mut zu zeigen steht schön.«[14] Die »heilige Familie« von Marx und Engels wird von Rosenkranz nur als ein »witziges Buch« gewertet. Und doch war es eine Vorarbeit zur *Deutschen Ideologie,* mit der nicht nur Marx, sondern die ganze deutsche Philosophie von ihrem Glauben an die universelle Vernunft und den Geist ihren Abschied nahm. Die Krisis der deutschen Philosophie, wie sie Rosenkranz sah, betraf nicht ihre ganze Substanz, sondern nur den zeitweiligen Rückfall der Hegelschen Ontologie in Logik und Metaphysik und der letztern in eine Philosophie der Natur und des Geistes[15]. Aus dieser Trennung habe sich die Verendlichung der Logik und der Rückschritt der Metaphysik auf den Begriff der »Existenz« oder auch der »zweckmäßigen Realität« ergeben. Unfähig, den Begriff selbst als den wahren Gehalt des wirklichen Geschehens zu manifestieren, verlegen sie nun das dennoch vorhandene Bedürfnis nach einem metaphysischen Prinzip in die Ethik. Ein modisch gewordenes Ethisieren verderbe sowohl die Metaphysik wie das Wissen vom Guten durch eine anmaßliche, moralische Salbaderei. – Mit dieser Kennzeichnung der Philosophien nach Hegel hat Rosenkranz in der Tat, unabhängig von seiner negativen Bewertung, die entscheidenden Züge erfaßt, soweit sie sich aus Hegel ableiten ließen.

Als Rosenkranz fünfundzwanzig Jahre später, in seiner zweiten Monographie über Hegel, die geistige Situation der Zeit noch einmal charakterisierte, glaubte er die Hinfälligkeit aller Aktionen feststellen zu können, die bis 1870 gegen Hegels System erfolgt waren: »Man hätte glauben sollen, daß es nach so vielen und so vielseitigen Niederlagen, die es erlitten haben sollte, wenn man die Sprache seiner Gegner hörte, in ein Nichts hätte zerstäuben müssen [...]; dennoch blieb es der

14 *Aus einem Tagebuch,* a. a. O., S. 140 f.; vgl. ebenda die treffliche Charakteristik von Ruge, Feuerbach, Bauer und Stirner, S. 109 und 124; 140; 110 f. und 113; 112, 116 und 132. – Für alle sei bezeichnend, daß sie sich als echte Sophisten auf die Kunst verstanden, »das Platte in genial scheinenden Phrasen zu sagen« und sich gegenseitig zu überbieten (S. 133 und 141).

15 Vgl. *Neue Studien* II, a. a. O., S. 124 ff. über »Die Metaphysik in Deutschland 1831 bis 1845«.

unausgesetzte Gegenstand der öffentlichen Aufmerksamkeit; dennoch fuhren seine Gegner fort, sich von seiner Polemik zu ernähren; dennoch gingen die romanischen Nationen in dem Streben nach seiner Abneigung immer weiter, d.h. also, das System Hegels ist noch immer der Mittelpunkt der philosophischen Agitation. Kein anderes System übt auch jetzt noch eine so allgemeine Anziehung aus; kein anderes hat auch jetzt noch in gleichem Maße alle andern gegen sich gekehrt; kein anderes hat [...] eine solche Bereitwilligkeit und Möglichkeit zur Aufnahme aller wahren Fortschritte der Wissenschaft.«[16] Seine alten und jungen Gegner hören zwar nicht auf, ihre herkömmliche Polemik zu wiederholen, aber das Publikum sei gleichgültiger gegen solche Angriffe geworden – gerade dadurch habe aber Hegels Philosophie gewonnen: »Das Bewußtsein der Zeit hatte an den großen politischen Kämpfen, an den Bürger- und Völkerkriegen, an den immer weiter sich dehnenden wirtschaftlichen Arbeiten der Nationen einen Inhalt empfangen, gegen dessen Bedeutendheit die Konflikte philosophischer Schulen oder gar der Streit einiger Philosophen zu einer ephemeren Gleichgültigkeit herabsank. Von diesem Umschwung unseres gesamten öffentlichen Lebens muß man sich eine deutliche Vorstellung machen, um zu begreifen, wie sehr auch die Philosophie durch ihn gewonnen hat und die Hegelsche am meisten, weil sie tiefer und gefährlicher als jede andere in die Entwicklung der Krisis hineingerissen war.«[17] Etwas weniger selbstgewiß schreibt er zwei Jahre später bei der Durchmusterung der »philosophischen Stichwörter der Gegenwart«: »Unsere Philosophie scheint augenblicklich verschwunden, aber sie ist nur insofern latent geworden, als sie die Wahrheit ihrer Prinzipien mit dem ungeheuren Reichtum der riesenschnell wachsenden Erfahrung auszugleichen hat.« Es sei ein Zersetzungsprozeß eingetreten, in dem sich die Epigonen noch gegenseitig bekämpfen. Sie täuschen sich aber, wenn sie so reden, als handle es sich noch darum, ob Hegel oder Schelling, Herbart oder Schopenhauer zur Herrschaft kommen sollte. Denn weder werde eines der alten Systeme wieder erstehen noch ein ganz neues auftreten, solange sich der Prozeß der Zersetzung noch nicht vollendet hat. »Alles hat seine Zeit und erst, wenn dies geschehen, dürfte wieder ein entscheidender Ruck

16 *Hegel als deutscher Nationalphilosoph,* a.a.O., S. 317 und ebenso in Michelets gleichzeitiger Jubiläumszeitschrift: *Hegel der unwiderlegte Weltphilosoph,* a.a.O.

17 A.a.O., S. 316f.

der Erkenntnis erfolgen, der wahrscheinlich zugleich mit einer weiteren Veränderung der gesamten dermaligen religiösen Weltanschauung verknüpft sein wird.«[18] Daß der entscheidende Ruck *gegen* die Erkenntnis und *gegen* das Christentum schon um 1840 erfolgt war, ist Rosenkranz nicht bewußt geworden. Er selber bewährte in unermüdlicher Arbeit jene Bereitschaft zur Aufnahme aller wahren Fortschritte der Wissenschaft, die er Hegels Denkweise zusprach. Auch die Technik und die ersten Weltausstellungen, vor denen Burckhardt einen Horror empfand, wurden von Rosenkranz einbezogen in den Fortschritt der »Menschheit« – wie er sich nun den Geist übersetzt – im Bewußtsein der Freiheit. Weit entfernt von pessimistischen Perspektiven bedeutete ihm die Allverbreitung des internationalen Verkehrs, des Buchhandels und der Presse eine Erhebung auf den universellen Standpunkt der Menschheit und einen »Fortschritt in der Einförmigkeit unserer Zivilisation«[19]. Die Abgeschlossenheit eines beschränkten Bewußtseins müsse sich nun dem »Rationalismus des denkenden Geistes und seinem Nivellement« unterwerfen. Die Nivellierung, welche für Tocqueville, Taine und Burckhardt, für Donoso Cortes und Kierkegaard schlechthin das Böse der Zeit war, bedeutete diesem gebildeten Nachfolger Hegels eine positiv zu bewertende Einebnung der noch bestehenden »Partikularitäten« auf die allgemeine Ebene eines freilich schon humanitär verstandenen Geistes. Dampfmaschinen, Eisenbahnen und Telegraphen seien zwar als solche noch keine Garantie der fortschreitenden Bildung und Freiheit, zuletzt müßten sie aber doch der »Vermenschlichung der Menschheit« dienen, weil allgemeine Gesetze, die einmal von der Wissenschaft anerkannt und von der Presse als Gemeingut verbreitet sind, mit Unwiderstehlichkeit dahin wirkten[20]. Ebenso wie Presse und Weltverkehr das Selbstbewußtsein der Menschheit von Tag zu Tag mehr befestige und die Proklamation der Menschenrechte verwirkliche, haben auch die neuen geographischen Entdeckungen und der sich daran anschließende Handel ein wirkliches Weltbewußtsein hervorgebracht. Im ozeanischen Welthandel bewahrheitet sich zugleich der

18 *Neue Studien* II, a.a.O., S. 568.

19 *Neue Studien* I, a.a.O., S. 548; vgl. zu Rosenkranz' Abhandlung die Bemerkung Burckhardts, es werde einem dabei zu Mute, »als ob man an einem Regensonntag in den Nachmittagsgottesdienst müßte«, Br. an Preen vom 3. X. 1872.

20 *Neue Studien* I, a.a.O., S. 413.

»Ozean des Geistes«[21]! Auf diese Weise hat sich Rosenkranz auf der Hegelschen Basis die Geschehnisse des 19. Jahrhunderts mit einer nicht zu bestreitenden Konsequenz philosophisch zurechtgelegt.

Eine weitere Bewahrung der Hegelschen Philosophie über die Zeit des Umsturzes hinaus hat auch die kritisch-historische Hegeldarstellung von R. Haym geleistet[22]. Radikaler als Rosenkranz hat er mit einer entschiedenen Wendung *gegen* Hegels »System« weitergehende Folgerungen aus der veränderten Zeit gezogen und Hegels Philosophie nicht mehr wie jener zu reformieren gedacht[23], sondern nur noch historisch erklären wollen. Hayms historische Kritik schien Rosenkranz ein »unglücklicher Irrtum« und ein Produkt der »Verstimmtheit« zu sein. An Stelle einer politischen Tat habe er sein Buch geschrieben, »zufällig über Hegel und so mußte es ein krankhaftes werden«. Mit der Krankheit meinte er die liberalen Tendenzen der Zeit, der Hegel als Reaktionär erschien. Die ungewöhnliche Schärfe von Rosenkranz' Auseinandersetzung mit Haym beruht aber trotzdem nicht auf einer völlig verschiedenen Position, sondern auf der Abwehr einer allzu nahen Berührung. Der Unterschied ihrer Stellung zu Hegels Metaphysik, welche Rosenkranz modifizierte, während Haym von ihr abstrahierte, reduziert sich auf die verschiedene Weise, wie beide Hegels Lehre vom Geist mit der veränderten Zeit in Übereinstimmung brachten: Rosenkranz durch eine vorsichtige Humanisierung, Haym durch eine rücksichtslose Historisierung. Die Sprache von Rosenkranz reicht, über Hegel und Goethe, noch in die Bildung des 18. Jahrhunderts zurück, das politische Pathos und die gewollt kommerzielle Ausdrucksweise von Haym ist schon ganz im neuen Jahrhundert zu Hause. Im Einvernehmen mit ihm erzählt er nicht ohne Behagen den Verfall der Herrschaft von Hegels System. Er erinnert sich der Zeiten, da man entweder Hegelianer war oder als Barbar und verächtlicher Empiriker galt: »Diese Zeit muß man sich zurückru-

21 Ebenda, S. 464 f.

22 R. Haym, *Hegel und seine Zeit,* Berlin 1857; vgl. dazu die Kritik von Rosenkranz, *Neue Studien* IV, 375 ff. – Siehe auch Hayms Schrift über *Feuerbach und die Philosophie*, Halle 1847 und dazu Feuerbachs Entgegnung, Br. I, 423 ff.

23 Siehe dazu Rosenkranz, *Kritische Erläuterungen des Hegelschen Systems,* 1840; *Die Modifikationen der Logik,* 1846; *System der Wissenschaft,* 1850; *Meine Reform der Hegelschen Philosophie,* 1852; vgl. zu den *Modifikationen der Logik* die Kritik von Lassalle, *Die Hegelsche und Rosenkranzsche Logik,* 1859; 2. Aufl., Leipzig 1928.

fen, um zu wissen, was es mit der wirklichen Herrschaft und Geltung eines philosophischen Systems auf sich hat. Jenes Pathos und jene Überzeugtheit der Hegelianer vom Jahre 1830 muß man sich vergegenwärtigen, welche im vollen, bittern Ernst die Frage ventilierten, was wohl den ferneren Inhalt der Weltgeschichte bilden werde, nachdem doch in der Hegelschen Philosophie der Weltgeist an sein Ziel, an das Wissen seiner selbst hindurchgedrungen sei. Dessen muß man sich erinnern und muß alsdann die Schüchternheit damit vergleichen, mit welcher unsere heutigen Hegelianer, und zwar die eingeschultesten und systemgerechtesten, sich die Behauptung erlauben, daß Hegel für die Entwicklung der Philosophie ›doch nicht unfruchtbar‹ gewesen sei.« Im Unterschied zu den Epigonen der Hegelschen Philosophie konstatiert Haym nicht nur den Verfall dieses einen Systems, sondern die Ermattung der Philosophie überhaupt: »Dieses eine große Haus hat nur falliert, weil dieser ganze Geschäftszweig darniederliegt [...]. Wir befinden uns augenblicklich in einem großen und fast allgemeinen Schiffbruch des Geistes und des Glaubens an den Geist überhaupt.« Eine beispiellose Umwälzung habe in der ersten Hälfte des 19. Jahrhunderts stattgefunden. »Das ist keine Zeit mehr der Systeme, keine Zeit mehr der Dichtung oder der Philosophie. Eine Zeit statt dessen, in welcher, dank den großen technischen Erfindungen des Jahrhunderts, die Materie lebendig geworden zu sein scheint. Die untersten Grundlagen unseres physischen wie unseres geistigen Lebens werden durch diese Triumphe der Technik umgerissen und neugestaltet. Die Existenz des Einzelnen wie der Völker wird auf neue Basen und in neue Verhältnisse gebracht.«[24]

Die idealistische Philosophie habe die Probe der Zeit nicht bestanden, die »Interessen« und »Bedürfnisse« – zwei Begriffe, die schon bei Feuerbach, Marx und Kierkegaard die Polemik gegen Hegel bestimmen – seien über sie mächtig geworden. Sie sei mehr als widerlegt, nämlich gerichtet, durch den tatsächlichen Fortgang der Welt und das Recht der »lebendigen Geschichte«, die schon Hegel selber als das Weltgericht anerkannt habe, wenngleich im Widerspruch zu dem absoluten Anspruch seines Systems[25]. Die Aufgabe der Gegenwart könne darum nur sein, die Geschichtlichkeit der Hegelschen Philosophie zu begreifen, aber nicht die Fixierung eines neuen Systems in »unfertiger Zeit«, die

24 *Hegel und seine Zeit,* a.a.O., S. 4ff.
25 A.a.O., S. 7 und 444ff.

offenbar unfähig sei zu einer »metaphysischen Gesetzgebung«. Die positive Seite dieser Reduktion der Hegelschen Philosophie auf ihre historischen Elemente sei aber die Zurückführung der philosophischen Wahrheit auf ihren menschlichen Ursprung, den »Wahrheitssinn«, auf das »Gewissen und Gemüt des Menschen«. Der berufene Erbe der Hegelschen Philosophie sei darum allein die *Geschichtswissenschaft* als »ideenreiche Behandlung der Menschengeschichte«. Soweit aber Haym Hegels Philosophie einer sachlichen Kritik unterzieht, modifiziert er nur in akademischer Form diejenigen Motive der Hegelkritik, welche schon Feuerbach, Ruge und Marx in radikaler Weise vorgebracht hatten. – Was Haym als erster ungeniert aussprach und zum Prinzip seiner Darstellung machte, ist auch das Anliegen von Erdmann, Fischer und Dilthey gewesen, dessen Kritik der »historischen Vernunft« am Ende jener Entwicklung steht, welche aus Hegels Metaphysik entsprang[26].

J. E. Erdmann begann sein großes Werk über die Geschichte der Philosophie von Descartes bis Hegel, das wie kein anderes die durchdringende Kraft von Hegels historischem Sinn bewährt, im Jahre 1834 und vollendete es 1853. Die Ungunst der Zeit für eine Neuauflage und die Konkurrenz der populäreren Philosophiegeschichte von Fischer veranlaßten ihn 1866, den zweibändigen *Grundriß der Geschichte der Philosophie* herauszugeben, dessen zweite Auflage 1870 erschien. In dem ausgezeichneten Anhang, von dem er sagt, daß er ihm bei dem völligen Mangel an Vorarbeiten mehr Mühe gemacht habe als der Hauptteil, behandelt er unter dem Gesichtspunkt der »Auflösung der Hegelschen Schule« und der »Versuche zum Wiederaufbau der Philosophie« die Geschichte von Hegels Tod bis 1870. Am Schluß seiner Arbeit, worin er sich selbst als einen »letzten Mohikaner« aus Hegels Schule bezeichnet, stellt er die Frage, ob dieses Überwiegen des historischen Gesichtspunktes über den systematischen nicht ein Symptom der Abgelebtheit der Philosophie überhaupt sei. Denn unleugbar sei die Tatsache, daß, wo sich überhaupt noch Interesse für das philosophische Studium zeige, es nicht mehr darin bestehe, selbst zu philosophieren, sondern zu sehen, wie von andern philosophiert wurde, – ähnlich dem Übergewicht der Literaturhistorie über die Dichtung und der Biographien über die großen Männer. Während bei Hegel das historische Bewußtsein an ihm selbst systematisch war, sei es für die Philosophen

26 Siehe dazu Dilthey, *Ges. Schr.* XI, 224ff.

nach ihm bezeichnend geworden, daß ihre systematischen Untersuchungen fast ganz außer acht bleiben konnten, wogegen ihre kritisch-historischen Arbeiten einen sie überlebenden Wert behielten, wie bei Sigwart, Ritter, Prantl, K. Fischer, Trendelenburg. Und auch innerhalb des systematischen Philosophierens zeigt sich seitdem das Vorherrschen des historischen Elements. Man werde als Regel aussprechen können, daß die historisch-kritischen Teile mehr als die Hälfte der Werke ausmachen. Doch lasse sich daran die tröstliche Bemerkung knüpfen, daß die Geschichte der Philosophie vom Philosophieren nicht abhalte und daß eine philosophische Darstellung der Geschichte der Philosophie schon selbst etwas Philosophisches sei. Worüber philosophiert wird, das sei im Grund gleichgültig, es mag das die Natur, der Staat und das Dogma sein – »warum also nicht jetzt die Geschichte der Philosophie?« »Der Klage gegenüber also, daß [...] aus Philosophen Historiker geworden seien, ließe sich geltend machen, daß die Philosophiehistoriker selbst zu philosophieren pflegen, und so vielleicht auch hier dieselbe Lanze, welche verletzte, auch Heilung bringen kann« – ein Argument dessen geschichtliche Tragweite sich daran ermessen läßt, daß es noch heute, nach siebzig Jahren, offenbar nicht zu entbehren ist[27].

Während Rosenkranz noch ein systematisches Fundament besaß, das ihm erlaubte, die Ansprüche der Jüngeren »aufzuheben«, mußte sich Erdmann auf seinem historischen Standpunkt damit begnügen, den Zersetzungsprozeß der Hegelschen Schule als geschichtliches Faktum darzustellen. Alles nach 1830 bewies ihm, daß »auseinandergehen konnte, was so vortrefflich zusammengefügt schien«. Unter dem historischen Gesichtspunkt hat er Hegel als den Philosophen der *»Restauration«* bestimmt[28], im Zusammenhang mit der politischen Restauration nach dem Sturze Napoleons und im Gegensatz zu Kant und Fichte, deren Systeme den verschiedenen Phasen der Französischen Revolution entsprächen. Hegel restauriere, was durch Kant und seit ihm zerstört worden war: die alte Metaphysik, die kirchlichen Dogmen und den substanziellen Gehalt der sittlichen Mächte. Daß aber die von Hegel vollbrachte Versöhnung der Vernunft mit der Wirklichkeit die ge-

27 Siehe F. Meinecke, *Die Entstehung des Historismus*, München 1936, Bd. 1, S. 5.

28 Siehe dazu im folgenden K. Fischers evolutionistische These; vgl. dazu in D. Sternbergers *Panorama oder Ansichten vom 19. Jahrhundert*, a. a. O., das Kap. 4 über das »Das Zauberwort ›Entwicklung‹«.

schichtliche Bewegung still stellen könnte, sei so wenig zu befürchten wie das Umgekehrte, daß ihre Zersetzung ein Letztes sei. Vielmehr werde das Bewußtsein einer erfüllten Aufgabe dem Geiste der Menschheit Kraft geben zu neuen Taten: »wird es aber erst welthistorische Taten geben, so wird auch der Philosoph nicht fehlen, der sie und den sie erzeugenden Geist begreift«[29]. Mit diesem »historischen« Ausblick über die Zersetzung hinaus verweist Erdmann die »Ungeduld der Gegenwart« auf künftige Zeiten, denn *unsere* lustra seien kein Äquivalent für die Jahrhunderte zwischen den wenigen, aber wirklich entscheidenden Geschehnissen in der Geschichte des Geistes und Hegel erwarte noch seinen [...] Fichte![30]

Der eigentliche Vermittler für die Erneuerung des Hegelianismus im 20. Jahrhundert ist K. Fischer, dessen *Geschichte der neueren Philosophie* 1852 zu erscheinen begann, zu einer Zeit, als in Deutschland Hegel so gut wie vergessen war. Als Freund von D. F. Strauß, sowie durch seine Beziehungen zu F. Th. Vischer, Ruge und Feuerbach[31] und seine Kritik an Stirner[32] war er mit dem Kreise der Junghegelianer vertraut und zugleich von ihrer leidenschaftlichen Auseinandersetzung mit Hegel genügend entfernt, um dessen Leistung mit der Neutralität des historisch Berichtenden übersehen zu können. Im Gegensatz zu Erdmanns These von der Restauration hat er Hegel als Philosophen der *»Evolution«* gedeutet und ihn zum führenden Denker des 19. Jahrhunderts erklärt, als dessen Kennzeichen er die biologischen Entwicklungslehren (Lamarck, Darwin) und die auf der entwicklungsgeschichtlichen Ansicht beruhende historische Kritik (F. A. Wolf, K. Lachmann, Niebuhr, Mommsen, F. Bopp, K. Ritter, E. Zeller) ansah. Hegel habe von 1818 bis 1831 seine Zeit durch seine persönliche Wirkung beherrscht, sodann bis 1848 durch die Schüler, welche seine Philosophie kritisch angewandt haben, und schließlich durch die Anverwandlung seiner geschichtlichen Denkweise von seiten der historischen Bildung. Der von ihm inspirierte Entwicklungsgedanke bestimme nicht nur die histori-

29 *Versuch einer wissenschaftlichen Darstellung der Geschichte der neueren Philosophie,* III, 3, S. 557.

30 Siehe dazu im folgenden (S. 113 f.) Ruges Absicht, Hegels Spekulation durch Fichtes Tatkraft neu zu erwecken.

31 Siehe Fischers Abhandlung über Feuerbach, a. a. O., und dazu Ruges Briefe an Fischer.

32 O. Wigands *Epigonen* (1848), V, 277 ff. und Stirners Entgegnung, *Kleinere Schriften,* a. a. O., S. 401 ff.

sche Bibelkritik der Tübinger Schule (F. Ch. Bauer, Strauß)[33], sondern auch die historische Kritik der Ökonomie in Marxens *Kapital* (1868) und Lassalles *System der erworbenen Rechte* (1861). Hegel beherrsche das 19. Jahrhundert aber auch in den Antithesen von A. Comte und E. Dühring, Schopenhauer und E. v. Hartmann.

Im einzelnen möge zwar an Hegels System vieles unhaltbar und mangelhaft sein, wesentlich bleibe, daß er als erster und einziger Weltphilosoph die Geschichte im Lichte eines »unendlichen« Fortschritts erfaßte. Darunter verstand Fischer aber nicht mehr Hegels Begriff, sondern die schlechte Unendlichkeit eines endlosen Fortgangs. Der Geist soll sich durch eine beständige Vervielfältigung der Aufgaben der Menschheit »ins Endlose« steigern. Hegels Beschluß der *Geschichte der Philosophie,* wonach die letzte Philosophie das Resultat aller früheren ist, bedeutet für Fischer nicht mehr, als daß Hegels Philosophie kraft ihres geschichtlichen Reichtums zwar die vorläufig letzte ist, zugleich aber auch die erste, mit der die Entwicklung des »Weltproblems« nun von der *Geschichte* der Philosophie übernommen wird.

Die Bewahrung der Hegelschen Philosophie geschieht also auf dem Weg einer Historisierung der Philosophie überhaupt zur Philosophiegeschichte. Diesem Rückzug auf die gewußte Geschichte entspricht eine Abkehr vom Geschehen der Zeit, zu der man nach 1850 in einem mehr oder minder resignierten Verhältnis stand: Rosenkranz hat im Vertrauen auf die Vernunft der Geschichte einen »neuen Ruck« des Weltgeistes erwartet, Haym hat sich im Gefühl einer großen Enttäuschung »vor der triumphierenden Misere der Reaktion« dem »Gericht der Zeit« unterworfen und Erdmann hat sich, der Zeit zum Trotz, mit lässiger Ironie zur Durchführung seiner historischen Arbeit entschlossen, während Fischer die Lösung der Fragen der »Evolution« überließ. Der Historismus, der aus Hegels Metaphysik der Geschichte des Geistes entsprang[34], wurde zur »letzten Religion« der Gebildeten, die noch an Bildung und Wissen glaubten.

33 Siehe dazu Dilthey, *Ges. Schr.* IV, 403 ff.

34 E. Zeller bemerkt in seiner Geschichte der deutschen Philosophie gegenüber der Kritik an Hegels Geschichtskonstruktion: »Wenn unsere heutige Geschichtsschreibung sich nicht mehr mit der gelehrten Ausmittlung und kritischen Sichtung der Überlieferungen, mit der Zusammenstellung und pragmatischen Erklärung der Tatsachen begnügt, sondern vor allem darauf ausgeht, den durchgreifenden Zusammenhang der Ereignisse zu verstehen, die geschichtliche Entwicklung und die sie beherrschenden geistigen Mächte im Großen zu begreifen,

Die großen Leistungen der »historischen Schule« und der historischen Wissenschaften vom Geiste können über die philosophische Schwäche der auf ihre Geschichte reduzierten Philosophie nicht hinwegtäuschen. Was man von Haym bis zu Dilthey und darüber hinaus unter der »geistig-geschichtlichen« Welt verstand, ist von Hegels philosophischer Theologie so entfernt, wie es schon die Denkweise der Mitarbeiter der *Hallischen Jahrbücher* war. Mit Hegels Begriff vom Geist und von der Geschichte hat der seit 1850 in Umlauf gekommene Begriff einer »Geistesgeschichte« nicht viel mehr als die wörtliche Zusammensetzung gemein. Für Hegel war der Geist als Subjekt und Substanz der Geschichte das Absolute und der Grundbegriff seiner Lehre vom Sein. Eine Wissenschaft vom Geiste ist darum ebenso sehr die Naturphilosophie wie die Staats-, Kunst-, Religions- und Geschichtsphilosophie. Dieser absolute, weil mit der absoluten Religion des Christentums identische Geist *ist,* indem er sich *weiß,* und er ist ein geschichtlicher Geist insofern, als er zu seinem Wege die Erinnerung der schon dagewesenen Gestalten des Geistes hat. »Ihre Aufbewahrung nach der Seite ihres freien, in der Form der Zufälligkeit erscheinenden Daseins, ist die Geschichte, nach der Seite ihrer begriffenen Organisation aber die Wissenschaft des erscheinenden Wissens; beide zusammen, die *begriffene Geschichte,* bilden die Erinnerung und die Schädelstätte des absoluten Geistes, die Wirklichkeit, Wahrheit und Gewißheit seines Thrones, ohne den er das leblose Einsame wäre.« Von dieser geisterfüllten Unendlichkeit ist die Vorstellung einer endlos fortschreitenden »Geistesgeschichte« durch eine Kluft getrennt. Während Hegel dem Geist im Menschen die Kraft zutraute, das verschlossene Wesen des Universums aufzutun und seinen Reichtum und seine Tiefe vor Augen zu legen[35], war es von Haym bis zu Dilthey die mehr oder minder eingestandene Überzeugung, daß der menschliche Geist gegenüber der politischen und natürlichen Welt wesentlich ohnmächtig ist, weil er selbst nur ein endlicher »Ausdruck« der »gesellschaftlich-geschichtlichen« Wirklichkeit ist. Der Geist ist für sie nicht mehr die an ihr selber zeitlose, weil ewig-gegenwärtige »Macht der Zeit«, sondern nur noch ein Exponent und ein Spiegel der Zeit. Die Philosophie wird damit zu

so ist dieser Fortschritt nicht am wenigsten auf den Einfluß zurückzuführen, den Hegels Philosophie der Geschichte auch auf solche ausgeübt hat, welche der Hegelschen Schule niemals angehört haben.«

35 Heidelberger Antrittsrede.

einer »Weltanschauung« und »Lebensauffassung«, deren letzte Konsequenz die Selbstbehauptung der »je eigenen« Geschichtlichkeit in Heideggers *Sein und Zeit* ist[36].

Unter einem konstruktiven Gesichtspunkt hat F. A. Lange die Tragweite des Umschwunges nach Hegel unparteiisch gewürdigt und ihn in der Begrenzung auf den »Materialismus« des 19. Jahrunderts zur Darstellung gebracht[37]. Er erkennt in der Julirevolution das Ende der idealistischen Epoche und den Beginn einer Wendung zum »Realismus«, worunter er die Einwirkung der materiellen Interessen auf das geistige Leben versteht. Die Konflikte mit Kirche und Staat, die plötzliche Entfaltung der auf die naturwissenschaftlichen Entdeckungen gegründeten Industrie (»Kohle und Eisen« wurde zum Schlagwort der Zeit), die Schaffung polytechnischer Anstalten, die rapide Ausbreitung des Verkehrswesens (die erste Eisenbahn wurde in Deutschland 1835 in Betrieb gesetzt), die sozialpolitische Schöpfung des Zollvereins und der Gewerbevereine, aber nicht weniger die oppositionellen Schriften des »jungen Deutschland« (Heine, Börne, Gutzkow), die Bibelkritik der Tübinger Schule und der ungeheure Erfolg von Strauß' *Leben Jesu* – das alles wirkte zusammen, um auch solchen philosophischen Schriften eine Resonanz und Bedeutung zu geben, deren Gehalt hinter ihrem revolutionären Impuls weit zurückstand. Im Zusammenhang mit diesen Geschehnissen erfolgte »eine theologische und politische Krisis der Hegelschen Philosophie, die an Stärke, Umfang und Bedeutung nichts Ähnliches in der Geschichte neben sich hat«[38].

Auf der Grenze zwischen den Alt- und Junghegelianern stand der vielseitig tätige Michelet, der Herausgeber von Hegels *Geschichte der Philosophie* und der *Jenenser Abhandlungen*. Durch sein langes Leben (1801–1893) verbindet er den ursprünglichen Hegelianismus mit den Anfängen des modernen Neuhegelianismus, zu dem er in A. Lassons Person (1832–1917) noch selbst in Beziehung stand[39]. Auch für ihn war der »Gipfel« und zugleich die »Probe« von Hegels System die Ge-

36 Siehe dazu E. Grisebachs Aufsatz: *Interpretation oder Destruktion*, in: Deutsche Vierteljahrsschrift für Literaturwiss. und Geistesgesch. 1930, H. 2, S. 199 ff.

37 *Geschichte des Materialismus*, 3. Aufl. 1877, Bd. II, 72 ff.

38 K. Rosenkranz, *Hegel als deutscher Nationalphilosoph*, a. a. O., S. 312.

39 Siehe dazu W. Kühne, *Cieszkowski*,, a. a. O., S. 349. – Ein Bild des späteren Hegelianismus gibt die von Michelet geleitete Zeitschrift *Der Gedanke* (1860 bis 1884).

schichtsphilosophie[40]. Doch historisiert er Hegels System nicht radikal, sondern läßt es im Absoluten des Geistes begründet. – »Die Frage des Jahrhunderts«[41], die das Problem der bürgerlichen Gesellschaft betraf, schien ihm noch im Rahmen der Philosophie des Geistes lösbar. Er wollte die »Wissenschaft« ins »Leben« einführen, um Hegels These von der Wirklichkeit des Vernünftigen zu verwirklichen[42]. Denn was nach Hegel noch »übrig bleibe«, sei: die in Gedanken vollbrachte Versöhnung des Menschlichen und Göttlichen in die Wirklichkeit zu erheben und alle Lebensverhältnisse von Hegels Prinzip durchdringen zu lassen. »So hört der Gedanke auf, bloß das *letzte* Produkt einer bestimmten Stufe in der Entwicklung des Weltgeistes zu sein; er wird, wie es der Besonnenheit des Greisenalters ziemt, auch zum *ersten* Prinzip, welches mit Bewußtsein für die Ersteigung einer höheren Stufe behilflich ist.«[43] Die Philosophie, heißt es fünf Jahre später, im Stile der Junghegelianer, ist nicht nur die »Eule der Minerva«, die in der Dämmerung ihren Flug beginnt, sondern auch der »Hahnenschrei«, der die Morgenröte eines neu anbrechenden Tages verkündet[44]. Mit diesem doppelten Gleichnis befindet sich Michelet zwischen Hegel und Marx, der Hegels Sinnbild ebenfalls aufnahm, aber es nicht ergänzte, sondern ins Gegenteil kehrte[45].

40 L. Michelet, *Entwicklungsgeschichte der neuesten deutschen Philosophie, mit besonderer Rücksicht auf den gegenwärtigen Kampf Schellings mit der Hegelschen Schule,* Berlin 1843, S. 246 und 304; vgl. dazu die in Noacks *Jahrbüchern* veröffentlichte Diskussion über *Das Verhältnis der geschichtlichen Entwicklung zum Absoluten*, Jahrgang 1846, S. 99 ff. und Jahrgang 1847, S. 150 ff. und 223 ff.

41 Noacks *Jahrbücher*, 1846, H. 2, S. 90 ff.; vgl. ebenda *Über das Verhältnis der Stände*, 1847, H. 1, S. 113 ff. und Michelets Besprechung einer sozialphilosophischen Schrift von Cieszkowski, die in W. Kühnes Monographie S. 179 ff. referiert ist.

42 *Entwicklungsgeschichte der neuesten deutschen Philosophie,* a. a. O., S. 315 ff. und 397 ff.

43 *Geschichte der letzten Systeme der Philosophie,* II, 800 f.

44 *Entwicklungsgeschichte der neuesten deutschen Philosophie*, a. a. O., S. 398.

45 Siehe im folgenden S. 120 f.

2. *Der Umsturz der Hegelschen Philosophie durch die Junghegelianer*

> »Es ist nichts inkonsequenter als die höchste Konsequenz, weil sie unnatürliche Phänomene hervorbringt, die zuletzt umschlagen.«[46] Goethe.

Durch Rosenkranz und Haym, Erdmann und Fischer wurde Hegels gesammeltes Reich *historisch bewahrt;* die Junghegelianer haben es in Provinzen zerteilt, das System zersetzt und es eben dadurch zu einer *geschichtlichen Wirkung gebracht.* Der Ausdruck »Junghegelianer« ist zunächst nur im Sinne der jüngeren Generation von Hegels Schülern gemeint; in der Bedeutung von »Linkshegelianern« bezeichnet er die im Verhältnis zu Hegel revolutionäre Umsturzpartei. Man hat sie zu ihrer Zeit auch – im Gegensatz zu den »Hegelitern« – »Hegelinge« genannt, um die revolutionären Allüren dieser Jünglinge zu kennzeichnen. Zugleich hat die Unterscheidung von Alt- und Junghegelianern aber auch einen mittelbaren Bezug auf Hegels Unterscheidung der »Alten« und »Jungen«, die Stirner trivialisiert hat. Die Alten, das sind in Hegels System der Sittlichkeit die wahrhaft zur Regierung Berufenen, weil ihr Geist nicht mehr das Einzelne, sondern nur noch »das Allgemeine denkt«[47]. Sie dienen als leibhaftige »Indifferenz« gegenüber den verschiedenen Ständen der Erhaltung des Ganzen. Die Alten leben nicht wie die Jünglinge in einer unbefriedigten Spannung zu einer ihnen unangemessenen Welt und im »Widerwillen gegen die Wirklichkeit«; sie existieren auch nicht in der männlichen »Anschließung« an die wirkliche Welt, sondern wie Greise sind sie, ohne jedes besondere Interesse für dies oder jenes, dem Allgemeinen und der Vergangenheit zugewandt, der sie die Erkenntnis des Allgemeinen verdanken. Dagegen ist der Jüngling eine am Einzelnen haftende und zukunftssüchtige, die Welt verändernwollende Existenz, die uneins mit dem Bestehenden Programme entwirft und Forderungen erhebt, in dem Wahn, eine aus den Fugen geratene Welt allererst einrichten zu sollen. Die Verwirklichung des Allgemeinen erscheint ihm ein Abfall vom Sollen zu sein. Wegen dieser Richtung auf das Ideale hat der Jüngling den Schein eines edleren Sinnes und größerer Uneigennützigkeit als der Mann, der für

46 Goethe, *Maximen und Reflexionen,* a. a. O., Nr. 899.

47 *Schriften zur Politik und Rechtsphilosophie,* ed. Lasson, Leipzig 1913, S. 483 ff.; Enz. § 396, Zus.; *Phänomenologie,* ed. Lasson, Leipzig 1907, S. 310.

die Welt tätig ist und sich in die Vernunft der Wirklichkeit einläßt. Den Schritt zur Anerkennung dessen, was ist, vollzieht die Jugend nur notgedrungen, als schmerzlichen Übergang ins Philisterleben. Aber sie täuscht sich, wenn sie dieses Verhältnis nur als ein solches der äußern Not versteht und nicht als vernünftige Notwendigkeit, worin die von allen besonderen Interessen der Gegenwart freie Weisheit des Alters lebt.

Im Gegensatz zu Hegels Einschätzung der Jungen und Alten haben die Junghegelianer die Partei der Jugend vertreten, aber nicht weil sie wirkliche Jünglinge waren, sondern um das Bewußtsein des Epigonen zu überwinden. In der Erkenntnis der Unhaltbarkeit des Bestehenden haben sie sich vom »Allgemeinen« und der Vergangenheit abgewandt, um die Zukunft zu antizipieren, das »Bestimmte« und »Einzelne« zu urgieren und das Bestehende zu negieren. Ihre persönlichen Schicksale zeigen die gleichen charakteristischen Züge[48].

F. A. Lange bemerkt einmal von Feuerbach, er habe sich aus den Abgründen der Hegelschen Philosophie zu einer Art Oberflächlichkeit emporgearbeitet und mehr Charakter als Geist gehabt, ohne jedoch die Spuren Hegelschen Tiefsinns ganz zu verlieren. Sein System schwebe trotz der zahlreichen »folglich« in einem mystischen Dunkel, welches durch die Betonung der »Sinnlichkeit« und »Anschaulichkeit« keineswegs klarer werde. Diese Charakteristik trifft nicht nur auf Feuerbach zu, sondern auf alle Junghegelianer. Ihre Schriften sind Manifeste, Programme und Thesen, aber kein in sich selber gehaltvolles Ganzes, und ihre wissenschaftlichen Demonstrationen wurden ihnen unter der Hand zu effektvollen Proklamationen, mit denen sie sich an die Masse oder auch an den Einzelnen wenden. Wer ihre Schriften studiert, wird die Erfahrung machen, daß sie trotz ihres aufreizenden Tons einen faden Geschmack hinterlassen, weil sie mit dürftigen Mitteln maßlose Ansprüche stellen und Hegels begriffliche Dialektik zu einem rhetorischen Stilmittel breittreten. Die kontrastierende Reflexionsmanier, in der sie zu schreiben pflegen, ist einförmig, ohne einfach zu sein, und brillant ohne Glanz. Burckhardts Feststellung, daß die Welt nach 1830 »gemeiner« zu werden begann, bestätigt sich nicht zuletzt in der nun

48 Eine aufschlußreiche und witzige Charakteristik der Junghegelianer enthält das polemische Sendschreiben des Heidelberger Philosophieprofessors v. Reichlin-Meldegg an L. Feuerbach: *Die Autolatrie oder Selbstanbetung, ein Geheimnis der junghegelschen Philosophie*, Pforzheim 1843.

üblich werdenden Sprache, die sich in massiver Polemik, pathetischem Schwulst und drastischen Bildern gefällt. Auch F. List ist ein Beispiel dafür. Ihr kritischer Aktivismus kennt keine Grenzen, denn was sie herbeiführen wollen, ist in jedem Fall und um jeden Preis die »Veränderung«[49]. Und doch waren sie meist verzweifelt ehrliche Leute, die ihre faktische Existenz für das einsetzten, was sie verwirklichen wollten. Als Ideologen des Werdens und der Bewegung fixieren sie sich auf Hegels Prinzip der dialektischen Negativität und auf den Widerspruch, welcher die Welt bewegt.

Für ihr Verhältnis untereinander ist es bezeichnend, daß einer den andern zu überbieten sucht in einem wechselseitigen Verschlingungsprozeß. Sie treiben das Problem, das die Zeit ihnen stellt, auf die Spitze und sind von einer tödlichen Konsequenz. Nur aus gemeinsamer Opposition miteinander verbunden, können sie ihre persönlichen und literarischen Bündnisse ebenso leicht wieder lösen, auseinander gehen und sich dann, nach Maßgabe ihres Radikalismus, gegenseitig als »Spießbürger« und »Reaktionäre« schmähen. Feuerbach und Ruge, Ruge und Marx, Marx und Bauer, Bauer und Stirner, sie bilden Paare von feindlichen Brüdern, bei denen der Zufall entscheidet, in welchem Augenblick sie sich nur noch als Feinde erkennen. Sie sind »entgleiste Bildungsmenschen« und gescheiterte Existenzen, die unter dem Zwang der sozialen Verhältnisse ihre gelehrten Kenntnisse ins Journalistische übersetzen. Ihr eigentlicher Beruf ist die »freie« Schriftstellerei unter beständiger Abhängigkeit von Geldgebern und Verlegern, Publikum und Zensoren. Das Literatentum als Beruf und Gegenstand des Erwerbs ist in Deutschland erst um 1830 zur Geltung gekommen[50].

Als »Schriftsteller und Mensch« im ausgezeichneten Sinn fühlte sich Feuerbach[51]. Ruge war ein ausgesprochen journalistisches Talent, Bauer lebte von der Schriftstellerei, und Kierkegaards Existenz ist identisch mit seiner »Autorschaft«. Was ihn trotz seines leidenschaftlichen Gegensatzes zum Journalismus mit den andern verbindet, ist die Absicht, allein durch seine Schriften wirken zu wollen. Die besondere Bestim-

49 Siehe dazu K. Hecker, *Mensch und Masse,* a. a. O., S. 80 ff.

50 Zur sozialen Geschichte des deutschen Literatentums siehe W. H. Riehl, *Die bürgerliche Gesellschaft* (1851), 2. Buch, Kap. 3 (8. Aufl., S. 329 ff.); vgl. dazu A. v. Tocqueville, *Das alte Staatswesen und die Revolution,* Leipzig 1857, 3. Buch, Kap. 1; G. Sorel, *Les illusions du progrès,* Paris 1927, S. 83 ff., 107, 179.

51 Siehe dazu Feuerbachs Abhandlung: *Der Schriftsteller und der Mensch* (1834), III³, 149 ff.

mung, die er seiner »Wirksamkeit als Schriftsteller« zuschrieb, nämlich ein Autor »auf der Grenze zwischen dem Dichterischen und dem Religiösen« zu sein, unterscheidet ihn nicht nur, sondern verbindet ihn auch mit der literarischen Wirksamkeit der Linkshegelianer, die sich auf der Grenze zwischen Philosophie und Politik oder Politik und Theologie bewegten. Durch diese Männer wurde Hegel das paradoxe Schicksal zuteil, daß sein System, welches wie keines zuvor die »Anstrengung des Begriffs« verlangt, durch eine energische Popularisierung in Umlauf und zur breitesten Wirkung kam. – Wenn es wahr ist, was Hegel sagt, daß der einzelne Mensch nur im »Allgemeinen« eines bestimmten Standes positiv frei und überhaupt »etwas« ist[52], dann waren Feuerbach und Ruge, Bauer und Stirner, Marx und Kierkegaard nur negativ frei und »nichts«. Als sich ein Freund von Feuerbach um eine akademische Anstellung für ihn bemühte, schrieb Feuerbach ihm zurück: »Je mehr man aus mir macht, desto weniger bin ich und umgekehrt. Ich bin überhaupt [...] nur so lange etwas, so lange ich nichts bin.«

Hegel wußte sich noch frei inmitten der bürgerlichen Beschränkung und es war für ihn kein Ding der Unmöglichkeit, als bürgerlicher Beamter ein »Priester des Absoluten«, er selbst und etwas zu sein. Er sagt mit Bezug auf das Leben der Philosophen in der dritten Epoche des Geistes[53], also seit dem Beginn der »modernen« Welt, daß nun auch die Lebensumstände der Philosophen andere geworden seien als in der ersten und zweiten Epoche. Die antiken Philosophen seien noch »plastische« Individuen gewesen, die ihr Leben eigentümlich nach ihrer Lehre prägten, so daß hier die Philosophie als solche auch den Stand des Menschen betimmte. Im Mittelalter waren es vornehmlich Doktoren der Theologie, die Philosophie dozierten und als Geistliche von der übrigen Welt unterschieden waren. Im Übergang zur modernen Zeit haben sie sich, wie Descartes, unstet im inneren Kampf mit sich selbst und im äußeren mit den Verhältnissen der Welt im Leben herumgetrieben. Von da ab bilden die Philosophen nicht mehr einen besonderen Stand, sondern sie sind, was sie sind, im bürgerlichen Zusammenhang mit dem Staat: beamtete Lehrer der Philosophie. Diese Veränderung interpretiert Hegel als die »Versöhnung des weltlichen Prinzips mit sich selbst«, wobei es einem jeden freistehe, sich unabhängig von dieser

52 *Rechtsphilosophie* § 6, Zus.; § 7, Zus.; § 207, Zus.; *Philosophische Propädeutik* § 44f., *Schr. zur Politik u. Rechtsphilos.*, a.a.O., S. 475.
53 XV, 275ff.

wesentlich gewordenen Macht der Verhältnisse seine »innere Welt« zu erbauen. Der Philosoph könne jetzt die »äußere« Seite seiner Existenz dieser »Ordnung« so überlassen, wie der moderne Mensch die Art sich zu kleiden durch die Mode bestimmt sein läßt. Die moderne Welt sei geradezu diese Macht der allseitig gewordenen Abhängigkeit des einen vom andern im bürgerlichen Zusammenhang. Das Wesentliche, schließt Hegel, sei, »seinem Zwecke getreu zu bleiben« *in* diesem staatsbürgerlichen Zusammenhang. Frei zu sein für die Wahrheit und zugleich abhängig vom Staat, das schien ihm noch durchaus vereinbar zu sein.

Ebenso bezeichnend wie es für Hegel ist, daß er innerhalb des »Systems der Bedürfnisse« seinem Zweck, der darüber hinausging, getreu blieb, ist es für alle Späteren geworden, daß sie sich um ihres Zweckes willen der bürgerlichen Ordnung entzogen. Feuerbach mußte wegen des Anstoßes, den seine *Gedanken über Tod und Unsterblichkeit* in den akademischen Kreisen erregten, seine Erlanger Privatdozentur wieder aufgeben und höchst »privat auf einem Dorf« dozieren, »dem selbst die Kirche fehlte«. Öffentlich trat er nur einmal noch auf, als ihn die Studenten 1848 nach Heidelberg riefen. Ruge hat das Schicksal der revolutionären Intelligenz noch härter getroffen: in beständigem Streit mit Regierung und Polizei verlor er alsbald seine Hallesche Dozentur; sein Versuch, in Dresden eine freie Akademie zu gründen, mißlang, und die *Jahrbücher für Wissenschaft und Kunst,* deren Mitherausgeber er war, mußten nach wenigen Jahren erfolgreichen Wirkens ihr Erscheinen einstellen. Um nicht ein zweites Mal ins Gefängnis zu kommen, flüchtete er nach Paris, dann nach der Schweiz und schließlich nach England. B. Bauer wurde wegen seiner radikalen theologischen Ansichten seiner Dozentur enthoben und ist auf diese Weise zum freien Schriftsteller und zum Mittelpunkt der Berliner »Freien« geworden. Doch hat der beständige Kampf mit der Not des Lebens seinen festen Charakter in keiner Weise gebrochen. Stirner, der zuerst Lehrer an einer Schule war, verkam im kleinbürgerlichen Elend und fristete schließlich seine Existenz mit Übersetzungen und den Erträgnissen eines Milchladens. Marx mißlang der Plan, sich in Bonn für Philosophie zu habilitieren. Er übernahm zunächst die Redaktion der *Deutsch-Französischen Jahrbücher,* deren Mitarbeiter u.a. Ruge und Heine waren, um fortan als Emigrant in Paris, Brüssel und London von dürftigen Schriftstellerhonoraren, Zeitungsarbeit, Unterstützungen und Schulden zu leben. Kierkegaard konnte sich nie entschließen, sein theologisches Examen zur

Erlangung einer Pfarrstelle zu gebrauchen, und sich »in der Endlichkeit anzubringen«, um »das Allgemeine zu realisieren«. Er lebte »auf eigenen Kredit«, als ein »König ohne Land«, wie er seine schriftstellerische Existenz bezeichnet, und materiell von der Erbschaft seines Vaters, welche gerade zu Ende ging, als er im Kampf gegen die Kirche erschöpft zusammenbrach. Aber auch Schopenhauer, Dühring und Nietzsche sind nur vorübergehend im Dienste des Staates gestanden: Schopenhauer hat sich nach dem mißglückten Versuch, an der Berliner Universität mit Hegel konkurrieren zu wollen, wieder ins Privatleben zurückgezogen, voller Verachtung für die »Universitätsphilosophen«. Dühring wurde aus politischen Gründen die Dozentur entzogen, und Nietzsche ließ sich schon nach wenigen Jahren von der Basler Universität für immer beurlauben. An Schopenhauer bewunderte er nicht zuletzt seine Unabhängigkeit von Staat und Gesellschaft. Sie alle haben sich entweder aus dem Zusammenhang mit der bestehenden Welt herausgezogen, oder durch revolutionäre Kritik das Bestehende umstürzen wollen.

Die Spaltung der Hegelschen Schule in Rechts- und Linkshegelianer war sachlich ermöglicht durch die grundsätzliche Zweideutigkeit von Hegels dialektischen »Aufhebungen«, die ebensogut konservativ wie revolutionär ausgelegt werden konnten. Es bedurfte nur einer »abstrakten« Vereinseitigung von Hegels Methode, um zu dem für alle Linkshegelianer bezeichnenden Satz von F. Engels zu kommen: »Der Konservatismus dieser Anschauungsweise ist relativ, ihr revolutionärer Charakter ist absolut«, nämlich deshalb, weil der Prozeß der Weltgeschichte eine Bewegung des Fortschritts ist und somit eine beständige Negation des Bestehenden[54]. Engels demonstriert den revolutionären Charakter an Hegels Satz, daß das Wirkliche auch das Vernünftige sei. Er ist dem Anschein nach reaktionär, in Wahrheit aber revolutionär, weil Hegel mit der Wirklichkeit ja nicht das zufällig gerade Bestehende meint, sondern ein »wahres« und »notwendiges« Sein. Darum kann sich die scheinbar staatserhaltende These der Rechtsphilosophie »nach allen Regeln« der Hegelschen Denkweise in ihr Gegenteil umkehren: »Alles was besteht, ist wert, daß es zu Grund geht.«[55] Hegel selbst habe freilich diese Konsequenz seiner Dialektik nicht in solcher Schärfe gezogen, ihr vielmehr durch den Abschluß seines Systems widersprochen und die

54 F. Engels, *Feuerbach*,, a. a. O., S. 5.
55 Vgl. M. Heß, a. a. O., S. 9 und A. Herzen, *Erinnerungen*, Berlin 1907, Bd. I, 272.

kritisch-revolutionäre Seite mit der dogmatisch-konservativen verdeckt. Man müsse ihn daher von sich selbst befreien und die Wirklichkeit in der Tat zur Vernunft bringen, durch die methodische Negation des Bestehenden. Die Spaltung der Hegelschen Schule beruht also beiderseits darauf, daß die bei Hegel in *einem* metaphysischen Punkt vereinigten Sätze von der Vernunft des Wirklichen *und* der Wirklichkeit des Vernünftigen[56] nach rechts und nach links vereinzelt wurden – zunächst in der Frage der Religion und dann in der der Politik. Die Rechte betonte, daß nur das Wirkliche auch das Vernünftige und die Linke, daß nur das Vernünftige auch das Wirkliche sei, während bei Hegel der konservative und revolutionäre Aspekt, formell mindestens, gleichgültig sind.

Dem Inhalt nach bezog sich der methodische Umsturz der Hegelschen Philosophie zunächst auf ihren Charakter als einer philosophischen Theologie. Der Streit betraf die atheistische oder theistische Auslegung der Religionsphilosophie: ob das Absolute seine wirkliche Existenz in dem zum Menschen gewordenen Gott oder nur in der Menschheit habe[57]. In diesem Kampf von Strauß und Feuerbach gegen die dogmatischen Reste in Hegels philosophischem Christentum ist Hegels Philosophie, wie Rosenkranz sagt, »innerhalb ihrer selbst durch die Epoche der Sophistik hindurchgegangen« – aber nicht um sich zu »verjüngen«, sondern um – bei Bauer und Kierkegaard – die Krisis der christlichen Religion radikal zu enthüllen. Die politische Krisis hat sich als nicht weniger wichtig erwiesen und an der Kritik der Rechtsphilosophie offenbart. Ruge hat sie herbeigeführt und Marx auf die Spitze getrieben. In beiden Angriffsrichtungen haben die Junghegelianer, ohne es selber wissen zu können, auf Hegels theologische und politische Jugendschriften zurückgegriffen, welche die Problematik des bürgerlichen Staats und der christlichen Religion am Maßstab der griechischen Polis und ihrer Volksreligion schon mit aller Schärfe entwickelt hatten.

Innerhalb des Umsturzes der Hegelschen Philosophie sind drei Phasen zu unterscheiden: Feuerbach und Ruge haben es unternommen, Hegels Philosophie im Geiste der anders gewordenen Zeit zu *verän-*

56 Vgl. Michelet, *Entwicklungsgeschichte der neuesten deutschen Philosophie*, a. a. O., S. 315 ff. und 397 ff.

57 Siehe dazu K. Fischer, *Feuerbach und die Philosophie unserer Zeit*, a. a. O., S. 148 ff. – Nach Fischer konnte die Frage nur die sein, »ob man den außerweltlichen Gott in der Logik oder in der Anthropologie begraben sollte«.

dern; B. Bauer und Stirner ließen die Philosophie überhaupt in einem radikalen Kritizismus und Nihilismus *verenden;* Marx und Kierkegaard haben aus dem veränderten Zustand *extreme Konsequenzen* gezogen: Marx destruierte die bürgerlich-kapitalistische und Kierkegaard die bürgerlich-christliche Welt.

a) Feuerbach (1804–1872)[58]

Wie alle Philosophen des deutschen Idealismus ging auch Feuerbach von der protestantischen Theologie aus, die er in Heidelberg bei dem Hegelianer Daub und bei Paulus studierte. Über des letzteren Vorlesung berichtet er nach Hause, sie sei ein Spinngewebe von Sophismen und eine Pritsche, auf der die Worte so lange mißhandelt würden, bis sie etwas gestehen, was ihnen nie im Sinne lag. Abgestoßen von diesem »Schleimauswurf eines mißratenen Scharfsinns« wünschte er nach Berlin zu gehen, wo außer Schleiermacher und Marheineke auch Strauß und Neander lehrten. Die Philosophie wird nur beiläufig erwähnt, aber schon im ersten Brief aus Berlin schreibt er: »Ich bin gesonnen [...] dieses Semester hauptsächlich der Philosophie zu widmen, um mit desto mehr Nutzen und Gründlichkeit den vorgeschriebenen philosophischen Kursus größtenteils in diesem Kurse zu vollenden. Ich höre daher Logik und Metaphysik und Religionsphilosophie bei Hegel [...]. Ich freue mich unendlich auf Hegels Vorlesungen, wiewohl ich deswegen noch keineswegs gesonnen bin, ein Hegelianer zu werden.« Nachdem er den Widerstand seines Vaters besiegt hatte, ging er ganz zur Philosophie über, studierte zwei Jahre bei Hegel und beschloß sein Studium mit einer Dissertation: *De ratione una, universali, infinita*[59], die er 1828 mit einem Begleitbrief an Hegel schickte. Er bezeichnet sich darin ausdrücklich als dessen unmittelbaren Schüler, welcher hoffe, sich von seines Lehrers spekulativem Geist etwas zu eigen gemacht zu haben.

Die umstürzenden Veränderungen, die Feuerbach später an Hegels Philosophie vornehmen sollte, kommen bereits in diesem Brief des

58 Vgl. zu unserer Darstellung die Studie von F. Lombardi, *L. Feuerbach,* Florenz 1935, worin auch die geschichtlichen Parallelen im italienischen Hegelianismus (Spaventa, Tommasi, Labriola, De Sanctis) zur Sprache kommen.
59 Siehe dazu Lombardi, a. a. O., S. 37ff.

24jährigen durch die Hegelschen Begriffe hindurch zum Vorschein. Er rechtfertigt die Mängel seiner Dissertation von vornherein damit, daß sie eine »lebendige« und »freie« Aneignung des bei Hegel Gelernten sein wolle; er betont auch schon das Prinzip der »Sinnlichkeit«, denn die Ideen sollten sich nicht im Reich des Allgemeinen über dem Sinnlichen halten, sondern sich aus dem »Himmel ihrer farblosen Reinheit« und »Einheit mit sich selbst« hinuntersenken zu einer das Besondere durchdringenden Anschauung[60], um sich das Bestimmte der Erscheinungen einzuverleiben. Der reine Logos bedürfe einer »Inkarnation«, die Idee einer »Verwirklichung« und »Verweltlichung«. Am Rande bemerkt er dazu – als wenn er sein eigenes Schicksal voraus geahnt hätte –, er meine mit dieser Versinnlichung und Verwirklichung keine Popularisierung des Denkens oder gar dessen Verwandlung in ein stieres Anschauen und der Begriffe in bloße Bilder und Zeichen. Er rechtfertigt die Tendenz zur Verweltlichung damit, daß sie »an der Zeit« oder, »was eines ist«, im Geiste der Hegelschen Philosophie selber begründet sei, denn diese sei ja keine Sache der Schule, sondern der Menschheit[61]. Die antichristliche Wendung kommt ebenfalls schon sehr deutlich zur Sprache. Der Geist stehe jetzt am Beginn einer neuen »Weltperiode«; es komme zur vollen Verwirklichung der Idee darauf an, das seit der christlichen Ära die Welt beherrschende »Selbst« – diesen *»einzigen* Geist, der ist« – zu entthronen und damit den Dualismus von sinnlicher Welt und übersinnlicher Religion, sowie von Kirche und Staat, zu beseitigen[62]. »Es kommt daher jetzt nicht auf eine Entwicklung der Begriffe in der Form ihrer Allgemeinheit, in ihrer abgezogenen Reinheit und abgeschlossenem Insichsein an, sondern darauf an, die bisherigen weltgeschichtlichen Anschauungsweisen von Zeit, Tod, Diesseits, Jenseits, Ich, Individuum, Person und der außer der Endlichkeit im Absoluten und als absolut angeschauten Person, nämlich Gott usw., in welchen der Grund der bisherigen Geschichte und auch die Quelle des

60 Br. I, 215. – Denselben Vorwurf hat auch Schelling gegen Hegel erhoben, dessen Begriffe die sinnliche Vorstellung »vor den Kopf stoßen«, weil er sie nicht in die Sphäre der Vorstellung herabführe (W. I. Abt., Bd. X, 162).

61 II, 413.

62 Vgl. zu Feuerbachs epochalem Bewußtsein die Einleitung zu den *Todesgedanken* von 1830: »Denjenigen, der die Sprache versteht, in welcher der Geist der Weltgeschichte redet, kann die Erkenntnis nicht entgehen, daß unsere Gegenwart der Schlußstein einer großen Periode in der Geschichte der Menschheit und eben damit der Anfangspunkt eines neuen Lebens ist«.

Systems der christlichen sowohl orthodoxen als rationalistischen Vorstellungen enthalten ist, wahrhaft zu vernichten, in den Grund der Wahrheit zu bohren.« An ihre Stelle haben die Erkenntnisse einzurükken, die in der neueren Philosophie, wenngleich »eingewickelt«, enthalten sind. Das Christentum könne nicht mehr als die absolute Religion gefaßt werden. Es sei *nur* der Gegensatz zur alten Welt und habe der Natur eine geistlose Stellung gegeben. Auf eine ganz geistlose Weise gelte dem Christentum auch der Tod – dieser natürliche Akt – für den »unentbehrlichsten Taglöhner im Weinberg des Herrn«[63].

Wie sehr Feuerbach trotz dieser mehr als bloß »freien« Aneignung in Hegels Denken zu Hause war, zeigt seine 1835 erschienene Kritik des *Antihegel* von Bachmann[64], die beinahe von Hegel selber sein könnte. Bachmanns »begriffslose« Empirie wird hier auf 64 Seiten mit einer Eindringlichkeit und Überlegenheit abgetan, die ganz der philosophischen Kritik entspricht, wie sie Hegel in ihrem Wesen entwickelt[65] und auf den gemeinen Menschenverstand angewandt hat[66]. Feuerbach unterscheidet zwei Arten der Kritik: die der Erkenntnis und die des Mißverstands. Die eine geht in das positive Wesen der Sache ein und nimmt die Grundidee des Verfassers zum Maßstab der Beurteilung; der Mißverstand greift von außerhalb her gerade das positiv Philosophische an, er hat stets andere Dinge im Kopf als sein Gegner, und wo dessen Begriffe die eigenen Vorstellungen übersteigen, versteht er nichts mehr. Feuerbach weist Bachmann nach, daß er Hegels Lehre von der Identität der Philosophie mit der Religion, der Logik und Metaphysik, des Subjekts und Objekts, des Denkens und Seins, des Begriffs und der Realität nicht im geringsten verstanden habe. Seine Kritik an Hegels Gottesidee sei eine plumpe Persiflage, die Oberflächlichkeit und Grundlosigkeit von Bachmanns Einwänden gegen Hegels »tiefste und erhabenste« Idee sei unter aller Kritik.

Angesichts dieser schulgerechten Anwendung der Hegelschen Kategorien ist es verständlich, daß Rosenkranz sieben Jahre später schreiben konnte: »Wer hätte gedacht, daß die Hegelsche Philosophie, die Feuerbach einst mit mir gegen Bachmann in seiner Polemik gegen dessen

63 Br. I, 214 ff.
64 II, 18 ff.
65 Hegel XVI, 33 ff.
66 Ebenda, S. 50 ff.

Antihegel verteidigte, bei ihm so herunterkommen würde!«[67] Feuerbach selbst hat jedoch seine Kritik des *Antihegel,* unter Berufung auf Lessings Kritik der Gegner der Orthodoxie, nachträglich damit erklärt, daß er darin nur ein »interimistischer« Verteidiger Hegels gegen einen unphilosophischen Angriff gewesen sei und daß es sehr voreilig sei zu meinen, wer gegen die Gegner einer Sache schreibe, sei damit auch schon unbedingt für diese. Vielmehr habe der Antihegel schon damals auch in ihm selber gesteckt, »aber gerade weil er erst ein halber Mann war, gebot ich ihm Stillschweigen«[68].

Offen hervor trat Feuerbachs eigene Gegnerschaft erst 1839 mit einer in Ruges *Jahrbüchern* erschienenen Abhandlung: *Zur Kritik der Hegelschen Philosophie.* Diese Kritik stimmt in allen entscheidenden Punkten mit den zuvor erledigten Einwänden der Bachmannschen überein. Auch Feuerbach negiert jetzt mit aller Entschiedenheit die dialektische Identität von Philosophie und Theologie, von Begriff und Realität, Denken und Sein. Was zuvor als Hegels erhabenste Idee gegen Bachmann verteidigt wurde, gilt ihm nun als der »Unsinn des Absoluten«. Der absolute Geist sei »nichts anderes als« der abgeschiedene Geist der Theologie, der in Hegels Philosophie als Gespenst umgehe.

Als sich Feuerbach 1840 noch einmal über sein Verhältnis zu Hegel Rechenschaft gab, nennt er ihn den einzigen Mann, der ihn erfahren ließ, was ein Lehrer sei. Was wir aber als Schüler gewesen sind, schwinde nie wieder aus unserem Wesen, wenn auch vielleicht aus unserem Bewußtsein. Er habe Hegel nicht nur studiert, sondern auch anderen gelehrt, in der Überzeugung, daß es die Pflicht eines jungen Dozenten sei, die Studierenden nicht mit seinen eigenen Meinungen, sondern mit den Lehren anerkannter Philosophen bekannt zu machen. »Ich lehrte die Hegelsche Philosophie [...] zuerst als solcher, der sich mit seinem Gegenstand identifiziert [...], weil er nichts Anderes und Besseres weiß; dann als solcher, der sich von seinem Gegenstand unterscheidet und abtrennt, ihm historische Gerechtigkeit widerfahren läßt, aber um so mehr ihn richtig zu erfassen bestrebt ist.« So sei er zwar niemals ein förmlicher, wohl aber ein wesentlicher Hegelianer gewesen, der auch

67 *Studien,* V. Teil, 3. Folge, S. 326; vgl. dazu Feuerbach, Br. I, 238 und 241. – In seiner zweiten Hegelmonographie (S. 313) bemerkt Rosenkranz, daß Feuerbachs Polemik gegen Hegel »das größte Glück bei allen machte, die nicht über das erste Drittel seiner Phänomenologie und den 1. Band seiner Logik hinausgekommen waren«.

68 Br. I, 390.

das absolute System in das »Gesetz aller Endlichkeit« einbezog. »Ich stand als werdender Schriftsteller auf dem Standpunkt der spekulativen Philosophie überhaupt, der Hegelschen Philosophie insbesondere nur insofern, als sie der letzte, umfassendste Ausdruck der spekulativen Philosophie ist.«[69]

Zwanzig Jahre später – 1860 – faßte Feuerbach seine Stellung zu Hegel ein letztes Mal kurz zusammen. Er bezeichnet sich im Unterschied zu den »Geistesheroen« als einen letzten, an die äußerste Grenze des Philosophentums hinausgeschobenen Philosophen, jenseits der intellektuellen Erhabenheit des Systems. Hegel wird in einer an Kierkegaards Polemik erinnernden Weise als das Muster eines sich selbst genügenden, professionellen Denkers bezeichnet, dessen wirkliche Existenz vom Staate versorgt und darum für seine Philosophie bedeutungslos war. Er habe dem Kathederstandpunkt einen welthistorischen Nimbus verliehen: »der absolute Geist ist nichts anderes als der absolute Professor.«[70]

Worin besteht aber die von Feuerbach proklamierte Veränderung der durch Hegel vollendeten Philosophie? Eine Notiz aus dem Jahre 1842/43 über *Die Notwendigkeit einer Veränderung* bezeichnet die wichtigsten Punkte. Die Philosophie befinde sich jetzt nicht mehr in einer gemeinschaftlichen Epoche mit der Entwicklung von Kant bis zu Hegel, sie gehöre überhaupt nicht mehr in erster Linie der Geschichte der Philosophie, sondern dem unmittelbaren Geschehen der Welt an. Man müsse sich darum »entscheiden«, ob man im alten Geleise fortfahren oder eine neue Epoche eröffnen wolle. Notwendig sei die prinzipielle Veränderung aber deshalb, weil sie dem »Bedürfnis der Zeit« entspringe, genauer *der* Zeit, welche aus der *Zukunft* auf die Gegenwart zukommt. »In Zeiten des Untergangs einer welthistorischen Anschauung sind freilich die Bedürfnisse entgegengesetzte – den einen ist oder scheint es Bedürfnis, das Alte zu erhalten, das Neue zu verbannen, den andern ist es Bedürfnis, das Neue zu verwirklichen. Auf welcher Seite liegt das wahre Bedürfnis? Auf der, welche das Bedürfnis der Zukunft ist – die antizipierte Zukunft – auf welcher die vorwärts gehende

69 Br. I, 388f.

70 I, 256; Br. II, 120; vgl. dazu die Kritik von Rosenkranz, *Studien* V. Teil, 3. Folge, S. 325ff.: *Hegel, der Fakultätsphilosoph, und Feuerbach, der Menschheitsphilosoph* (1842); siehe auch die Beschreibung von Hegels »reinem Fürsichsein« bei D. F. Strauß, *Ausgewählte Briefe,* herausg. von E. Zeller, Bonn 1895, S. 8.

Bewegung ist. Das Bedürfnis der Erhaltung ist nur ein gemachtes, hervorgerufenes – Reaktion. Die Hegelsche Philosophie war die willkürliche Verknüpfung verschiedener vorhandener Systeme, Halbheiten – ohne positive Kraft, weil ohne absolute Negativität. Nur wer den Mut hat, absolut negativ zu sein, hat die Kraft, *Neues* zu schaffen.«[71] In eine vorweggenommene Zukunft vorzulaufen, war auch die Absicht von Ruge, Stirner, Bauer und Marx, weil sie alle die Gegenwart nur noch als zeitliche, aber nicht mehr – wie Hegel – als ewige kannten. Sie sind insgesamt bis zu Nietzsche und Heidegger »vorläufige« Philosophen[72].

Den ersten Anstoß zu dieser Umwendung von Hegels erinnerndem Philosophieren haben Feuerbachs *Thesen zur Reform der Philosophie* und seine *Grundsätze der Philosophie der Zukunft* gegeben. Die bisherige Wohnstätte des Geistes, heißt es in einem Brief aus dieser Zeit, sei zerfallen, man müsse entschlossen »auswandern« – ein Bild, das uns auch wieder bei Marx begegnet – und nur seine eigenste Habe mit sich nehmen. »Der Wagen der Weltgeschichte ist ein enger Wagen; wie man in ihn nicht mehr hineinkommt, wenn man die bestimmte Zeit versäumt [...], so kann man auch, wenn man mitfahren will, nur das wesentlich Notwendige, das *Seinige,* nicht aber den Hausrat mitnehmen«[73] – ein Gleichnis, das, in weltgeschichtlicher Aufmachung, an Kierkegaards Rede vom »Engpaß« erinnert, durch den jetzt jeder hindurch müsse, und von dem »Einen was not tut«. »Der Mensch kann sich nicht genug konzentrieren, Eines – oder Nichts«, sagt auch Feuerbach[74].

Mit Rücksicht auf die geplante Veränderung kritisiert Feuerbach Hegel[75]. Die Philosophie befinde sich jetzt in einem Stadium notwendiger »Selbstenttäuschung«. Die Täuschung, in der sie sich bisher befand, sei die des sich selbst genügenden Denkens gewesen: daß sich der Geist

71 Br. I, 407; über das »Bedürfnis« als Wurzel der Philosophie wie der Religion vgl. I, 207 ff.

72 Vgl. dazu K. Hecker, *Mensch und Masse,* a. a. O., S. 29 ff. und 77 ff.

73 Br. I, 349.

74 Br. I, 365.

75 Feuerbachs Hegelkritik ist in folgenden Schriften enthalten: *Hegels Geschichte der Philosophie* (II, 1 ff.); *Kritik der Hegelschen Philosophie* (II, 185 ff.); *Über den Anfang der Philosophie* (II, 233 ff.); *Vorläufige Thesen zur Reform der Philosophie* (II, 244 ff.); *Grundsätze der Philosophie der Zukunft* (II, 269 ff.); *Der Spiritualismus der sog. Identitätsphilosophie oder Kritik der Hegelschen Psychologie* (X^2, 136 ff.); *Kritik des Idealismus* (X^2, 164 ff.); Br. I, 387 ff.

aus sich selber begründen könne, wogegen die Natur – der Welt wie des Menschen – erst durch den Geist als solche gesetzt werde. Die anthropologische Voraussetzung dieses »Idealismus« oder »Spiritualismus« sei die isolierte Existenzweise des Denkers als eines Denkers. Auch Hegel sei trotz aller Aufhebung der Gegensätze extremer Idealist, seine »absolute Identität« in Wahrheit eine »absolute Einseitigkeit«, nämlich auf der Seite des seiner selbst gewissen Denkens. Der Idealist nimmt im Ausgang vom »Ich bin« als »Ich denke« Mitwelt und Umwelt, wie überhaupt die Welt, als das bloß »Andere« seiner selbst, als ein »alter ego«, mit dem Schwergewicht auf dem Ego. Indem Hegel das andere, das ich nicht selbst bin, als dessen »eigenes« Anderssein interpretiert, verkennt er die spezifische Selbständigkeit der Natur und des Mitmenschen. Er philosophiert unter der Voraussetzung eines *selbst-bewußten, rein philosophischen* Standpunktes, er verkennt die unphilosophischen Anfänge oder Prinzipien der Philosophie. Die Hegelsche Philosophie trifft daher derselbe Vorwurf, der die ganze neuere Philosophie von Descartes an trifft: der Vorwurf eines unvermittelten Bruchs mit der sinnlichen Anschauung, einer *unmittelbaren* Voraussetzung der Philosophie. Es gebe freilich einen unvermeidlichen Bruch, der in der Natur der Wissenschaft liege, aber gerade die Philosophie vermittle ihn, indem sie sich aus der Nichtphilosophie erzeuge. »Der Philosoph muß das im Menschen, was *nicht* philosophiert, was vielmehr *gegen* die Philosophie ist, dem abstrakten Denken *opponiert,* das also, was bei Hegel zur *Anmerkung* herabgesetzt ist, in den *Text* der Philosophie aufnehmen.«[76] Der kritische Ansatz für Feuerbachs Frage nach dem »sinnlich gegebenen Du« war also der traditionelle Ausgang der Philosophie des Geistes vom »cogito ergo sum«.

Das historische Motiv für die idealistische Herabsetzung der naturhaften Sinnlichkeit zur »bloßen« Natürlichkeit liegt in der Herkunft der neuzeitlichen Philosophie aus der christlichen Theologie, als deren Prinzip schon der Brief an Hegel das reine »Selbst« bezeichnet. Gegen Hegel als philosophischen Theologen richtet sich demgemäß Feuerbachs Angriff in den *Grundsätzen.* »Die neuere Philosophie ist von der Theologie ausgegangen – sie ist selbst nichts anderes als die in Philosophie aufgelöste und verwandelte Theologie.« »Der Widerspruch der neueren Philosophie [...], daß sie die Negation der Theologie auf dem Standpunkte der Theologie ist, oder die Negation der Theologie, wel-

76 Vgl. Kierkegaard, VII, 30ff.

che selbst wieder Theologie ist: dieser Widerspruch charakterisiert insbesondere die Hegelsche Philosophie.« »Wer die Hegelsche Philosophie nicht aufgibt, der gibt nicht die Theologie auf. Die Hegelsche Lehre, daß die [...] Realität von der Idee gesetzt – ist nur der rationelle Ausdruck von der theologischen Lehre, daß die Natur von Gott [...] geschaffen ist.« Und andrerseits ist »die Hegelsche Philosophie der letzte Zufluchtsort, die letzte rationelle Stütze der Theologie«. »Wie einst die katholischen Theologen de facto Aristoteliker wurden, um den Protestantismus, so müssen jetzt die protestantischen Theologen de iure Hegelianer werden, um den Atheismus bekämpfen zu können.« »So haben wir schon im obersten Prinzip der Hegelschen Philosophie das Prinzip und Resultat seiner Religionsphilosophie, daß die Philosophie die Dogmen der Theologie nicht aufhebe, sondern nur aus der Negation des Rationalismus wieder herstelle [...]. Die Hegelsche Philosophie ist der letzte großartige Versuch, das verlorene, untergegangene Christentum durch die Philosophie wieder herzustellen, und zwar dadurch, daß, wie überhaupt in der neuen Zeit, die Negation des Christentums mit dem Christentum selbst identifiziert wird. Die vielgepriesene spekulative Identität des Geistes und der Materie, des Unendlichen und Endlichen, des Göttlichen und Menschlichen ist nichts weiter als der unselige Widerspruch der neueren Zeit – die Identität von Glaube und Unglaube, Theologie und Philosophie, Religion und Atheismus, Christentum und Heidentum auf seinem höchsten Gipfel, auf dem Gipfel der Metaphysik. Nur dadurch wird dieser Widerspruch bei Hegel verdunkelt [...], daß die Negation Gottes, der Atheismus, zu einer objektiven Bestimmung Gottes gemacht – Gott als ein Prozeß und als ein Moment dieses Prozesses der Atheismus bestimmt wird.«[77]

Das Unendliche der Religion und Philosophie ist und war aber nie etwas anderes als irgendein *Endliches* und darum *Bestimmtes,* jedoch mystifiziert, d.h. ein Endliches mit dem Postulat: nicht endlich, d.i. *un*-endlich zu sein. Die spekulative Philosophie hat sich desselben Fehlers schuldig gemacht wie die Theologie, nämlich die Bestimmungen der endlichen Wirklichkeit nur durch die Negation der Bestimmtheit, in welcher sie sind, was sie sind, zu Bestimmungen des Unendlichen gemacht zu haben. Die Philosophie, welche wie die Hegelsche das Endliche aus dem Unendlichen, das Bestimmte aus dem Unbestimmten ableitet, bringt es nie zu einer wahren *Position* des Endlichen und Bestimm-

77 II, 262; Grundsatz 21; vgl. Br. I, 407f.

ten. »Das Endliche wird aus dem Unendlichen abgeleitet – d.h. das Unendliche, das Unbestimmte wird bestimmt, negiert; es wird eingestanden, daß das Unendliche ohne Bestimmung, d.h. ohne Endlichkeit Nichts ist, – als die Realität des Unendlichen also das Endliche gesetzt. Aber das negative Unwesen des Absoluten bleibt zugrunde liegen; die gesetzte Endlichkeit wird daher immer wieder aufgehoben. Das Endliche ist die Negation des Unendlichen, und wieder das Unendliche die Negation des Endlichen. Die Philosophie des Absoluten ist ein Widerspruch.« Der Anfang der wahrhaft positiven Philosophie kann nicht Gott oder das Absolute, und ebensowenig *das* »Sein« ohne Seiendes sein, sondern nur das Endliche, Bestimmte und Wirkliche. Eine endliche Wirklichkeit ist aber vor allem der sterbliche Mensch, für den der Tod affirmativ ist.

»Die neue [...] Philosophie ist die Negation aller Schulphilosophie, ob sie gleich das Wahre derselben in sich enthält [...], sie hat [...] keine besondere Sprache [...], kein besonderes Prinzip; sie ist der denkende Mensch selbst – *der Mensch,* der *ist* und *sich weiß.*« Wenn man jedoch diesen Namen der neuen Philosophie in den des »Selbstbewußtseins« zurückübersetzt, so legt man die neue Philosophie im Sinne der alten aus, versetzt sie wieder auf den alten Standpunkt zurück. Das Selbstbewußtsein der alten Philosophie ist aber eine Abstraktion ohne Realität, denn nur der Mensch »ist« das Selbstbewußtsein[78]. »Anthropologisch« oder dem Menschen gemäß philosophieren bedeutend für Feuerbach erstens: Rücksichtnehmen auf die das eigene *Denken* bewährende Sinnlichkeit, deren erkenntnismäßiger Modus die sinnlich-bestimmte und das Denken mit Sinn erfüllende Anschauung ist, und zweitens: Rücksichtnehmen auf den das *eigene* Denken bewährenden *Mitmenschen,* der erkenntnismäßig der Partner des dialogischen Denkens ist. In der Berücksichtigung beider Momente wird das sich eigenständig fortbewegende, bloß folgerichtige und abschließende Denken objektiv aufgeschlossen und richtiggestellt.

Was das erste Moment, die *Sinnlichkeit* betrifft, so ist sie nicht nur das Wesen der menschlichen Sinne, sondern das der Natur und der leiblichen Existenz überhaupt. Die Sinne sind für Feuerbach, nach einer Bemerkung Fischers[79], der bisher verachtete dritte Stand, den er zu einer totalen Bedeutung erhebt, wogegen Hegel vom Denken rühmt,

78 II, 264ff.; Grundsatz 54.
79 *Die Akademie,* a.a.O., S. 158f.

daß ihm Sehen und Hören vergeht. Nur aus der Sinnlichkeit stammt auch der wahre Begriff von der »Existenz«, denn die wirkliche Existenz von etwas beweist sich dadurch, daß sie sich sinnfällig aufdrängt, daß sie nicht ausgedacht, eingebildet und bloß vorgestellt werden kann[80]. Dieser »Sensualismus« von Feuerbach wird am deutlichsten faßbar in seiner Kritik der Hegelschen Dialektik von Seele und Leib[81]. Hegels Psychologie will die Identität von Leib und Seele beweisen. Dagegen behauptet Feuerbach, daß auch diese wie alle Hegelsche »Identität« in Wahrheit nur eine »absolute Einseitigkeit« ist. Hegel erklärt zwar für vollkommen hohl die Vorstellung derer, welche meinen, eigentlich sollte der Mensch keinen Leib haben, weil er durch denselben zur Sorge für die Befriedigung seiner physischen Bedürfnisse genötigt, somit von seinem geistigen Leben abgezogen und zur wahren Freiheit unfähig werde. »Die Philosophie hat zu erkennen, wie der Geist nur dadurch *für sich selber* ist, daß er sich das *Materielle* teils als seine *eigene* Leiblichkeit, teils als eine Außenwelt überhaupt entgegensetzt und dies so Unterschiedene zu der durch den Gegensatz und durch Aufhebung desselben vermittelten Einheit mit sich zurückführt. Zwischen dem Geiste und dessen *eigenem* Leibe findet natürlicherweise eine noch innigere Verbindung statt als zwischen der sonstigen Außenwelt und dem Geiste. Eben wegen dieses notwendigen Zusammenhangs meines Leibes mit meiner Seele ist die von der letzteren gegen den ersteren unmittelbar ausgeübte Tätigkeit keine [...] bloß *negative*. Zunächst habe ich mich daher in dieser unmittelbaren *Harmonie* meiner Seele und meines Leibes zu behaupten [...], darf ihn nicht verächtlich und feindlich behandeln [...]. Verhalte ich mich den Gesetzen meines leiblichen Organismus gemäß, so ist meine Seele in ihrem Körper frei.« Hierzu bemerkt Feuerbach: »ein vollkommen wahrer Satz«, aber gleich darauf sage Hegel: »Dennoch kann die Seele bei dieser *unmittelbaren* Einheit mit ihrem Leibe nicht stehen bleiben. Die Form der *Unmittelbarkeit* jener Harmonie widerspricht dem Begriffe der Seele – ihrer Bestimmung, sich auf sich selber beziehende Idealität zu sein. Um ihrem Begriff entsprechend zu werden, muß die Seele ihre Identität mit ihrem Leibe zu einer durch den Geist *gesetzten* oder vermittelten machen, ihren Leib in Besitz nehmen, ihn zum *gefügigen* und *geschickten* Werk-

80 Grundsatz 24ff.; vgl. Br. I, 95ff.

81 X², 136ff. – Zur Kritik von Feuerbachs Sensualismus siehe J. Schaller, *Darstellung und Kritik der Philosophie Feuerbachs*, Leipzig 1847, S. 28ff.

zeug ihrer Tätigkeit bilden, ihn so umgestalten, daß sie in ihm sich auf sich selber bezieht.« Das Wort »unmittelbar«, fährt Feuerbach fort, werde zwar unzählige Male von Hegel gebraucht, und doch fehle das, was dieses Wort bezeichnet, das Unmittelbare, gänzlich seiner Philosophie, weil er nie aus dem logischen Begriff herauskomme, indem er von vornherein das Unmittelbare zu einem Moment des Allervermitteltsten, des Begriffes, mache. Wie könne überhaupt bei Hegel die Rede sein von einer unmittelbaren Einheit mit dem Leibe, da ja der Leib keine Wahrheit, keine Realität für die Seele habe, da die Seele nur ein durch die Aufhebung, die Nichtigkeit der Leiblichkeit vermittelter Begriff, oder vielmehr nach Hegel der Begriff selbst sei? «Wo ist auch nur eine Spur von Unmittelbarkeit?« fragt Feuerbach und er antwortet: »Nirgends; warum? Weil, wie im Idealismus und Spiritualismus überhaupt, der Leib der Seele, auch des Denkers, nur Gegenstand ist wie er Gegenstand, aber nicht wie er *zugleich Grund des Willens und Bewußtseins* ist, und daher gänzlich übersehen wird, daß wir nur mit einem uns nicht gegenständlichen Leiblichen *hinter* unserm Bewußtsein das Leibliche *vor* unserm Bewußtsein wahrnehmen.« Allerdings bilde und bestimme der Geist den Leib, und zwar so sehr, daß der Mensch, der einen geistigen Beruf habe und diesem gemäß seine Lebensweise, sein Schlafen, Essen, Trinken regle, mittelbar selbst auch seinen Magen und Blutlauf nach seinem Willen und Beruf bestimme. »Aber vergessen wir nicht über der *einen* Seite die *andere*, vergessen wir nicht, daß, wozu der Geist den Leib mit Bewußtsein bestimmt, *dazu er selbst schon unbewußt von seinem Leibe bestimmt wird;* daß ich also z.B. als Denker meinen Leib meinem Zweck gemäß bestimme, weil die konstruierende Natur im Bunde mit der destruktiven Zeit mich zum Denker organisiert hat, ich also ein höchst *fataler* Denker bin, daß überhaupt wie und als was der Leib gesetzt oder bestimmt, so und als das der Geist gesetzt und bestimmt wird.« Was Wirkung ist, wird zur Ursache und umgekehrt. – Hegels Anerkennung der sinnlich-natürlichen Leiblichkeit sei also nur eine solche innerhalb der Voraussetzung einer sich aus sich selbst begründenden Philosophie des Geistes. Und ebensowenig wie die Realität der sinnlich-natürlichen Leiblichkeit anerkennt der idealistische Begriff vom Selbstbewußtsein die selbständige *Realität des Mitmenschen*[82].

82 X², 164ff.; Grundsatz 41, 59, 61ff.; siehe dazu vom Verf.: *Das Individuum in der Rolle des Mitmenschen,* Tübingen 1928, S. 5ff. (jetzt in: *Sämtliche Schriften I. Mensch und Menschenwelt,* Stuttgart 1981, S. 20ff.).

Der fundamentale Exponent der sinnlich-natürlichen Leiblichkeit ist für Feuerbach dasjenige Organ, welches dem Namen nach von der guten Gesellschaft totgeschwiegen wird, obgleich es dem Wesen nach weltgeschichtliche Bedeutung hat und eine weltbeherrschende Macht ausübt: das natürliche Geschlecht des Menschen. Das wirkliche Ich ist »kein geschlechtsloses Das«, sondern »a priori« entweder weibliches oder männliches Dasein und damit eo ipso als unselbständiger *Mitmensch* bestimmt. Abstrahieren dürfte die Philosophie vom Geschlechtsunterschied nur, wenn er auf die Geschlechts*teile* beschränkt wäre. Er durchdringt aber den *ganzen* Menschen, bis in sein spezifisch weibliches oder männliches Empfinden und Denken hinein. Mich als Mann wissend, anerkenne ich schon die Existenz eines von mir unterschiedenen Wesens, als eines zu mir gehörenden und mein eigenes Dasein mitbestimmenden Wesens. Ich bin also schon, bevor ich mich selbst verstehe, von Natur aus im Dasein *Anderer* begründet. Und denkend mache ich mir nur bewußt, was ich schon bin: ein auf anderes Dasein gegründetes, aber kein grundloses Wesen. Nicht Ich, sondern *Ich und Du* ist das wahre Prinzip des Lebens und Denkens.

Das realste Verhältnis von Ich und Du ist die Liebe. »Die Liebe des Andern sagt Dir, was Du bist.« »Aus dem andern, nicht aus unserm eigenen, in sich befangenen Selbst spricht die Wahrheit zu uns. Nur durch Mitteilung, nur durch Konversation des Menschen mit dem Menschen entspringen auch die Ideen. Zwei Menschen gehören zur Erzeugung des Menschen, des geistigen sowohl wie des physischen. Die Einheit des Menschen mit dem Menschen ist das erste und letzte Prinzip der Philosophie, der Wahrheit und Allgemeinheit. Denn das Wesen des Menschen ist nur in der Einheit des Menschen mit dem Menschen enthalten, eine Einheit, die sich aber auf die Realität des Unterschieds von Ich und Du stützt. Auch im Denken und als Philosoph bin ich Mensch mit Menschen.«

Mit diesem Rekurs auf die Menschen verbindende Liebe nähert sich der Hegelkritiker Feuerbach merkwürdigerweise dem jungen Hegel, dessen Begriff vom Geist seinen Ausgang nahm von der Aufhebung der Unterschiede in der »lebendigen Beziehung« der Liebe. Während aber Hegel später seinen Begriff vom Geist mit der ganzen Kraft seines Denkens philosophisch-konkret in seine differenten Bestimmungen (als »sinnliches«, »wahrnehmendes« und »verständiges« Bewußtsein, als »begehrendes« und »reflektiertes«, als »knechtisches« und »herrisches«, als »geistiges« und »vernünftiges« Selbstbewußtsein) auseinanderzulegen verstand, bleibt Feuerbachs »Liebe« eine sentimentale Phrase ohne jede Bestimmtheit, obgleich sie das einheitliche Doppelprinzip seiner Philosophie, der »Sinnlichkeit« und des »Du« ist.

Eine Konsequenz von Feuerbachs prinzipieller Veränderung ist auch die veränderte Stellung der Philosophie zur *Politik* und zur *Religion*. Die Philosophie soll nun selber Religion werden und zugleich Politik, eine Art politischer Weltanschauung, welche die bisherige Religion ersetzt. »Denn *religiös* müssen wir wieder werden – die *Politik* muß unsre Religion werden – aber das kann sie nur, wenn wir ein Höchstes in unserer Anschauung haben, welches uns die Politik zur Religion macht.«[83] Das Höchste ist für den Menschen aber der Mensch. Die These, daß die Philosophie an die Stelle der Religion tritt, führt notwendig zu der weiteren, daß die Politik Religion wird, denn wenn der irdisch-bedürftige Mensch an die Stelle des Christen tritt, muß auch die Gemeinschaft der Arbeit an die des Gebets treten. Mit derselben Konsequenz, mit der Kierkegaard das Politischwerden der Zeit aus dem Verschwinden des christlichen Glaubens erklärt[84], folgert Feuerbach die Notwendigkeit des Politischwerdens aus dem Glauben an den Menschen als solchen. »Die Religion im gewöhnlichen Sinn ist so wenig das Band des Staates, daß sie vielmehr die Auflösung desselben ist.« Wenn Gott der Herr ist, so verläßt sich der Mensch auf ihn, aber nicht auf die Menschen, und wenn umgekehrt die Menschen einen Staat bilden, so negieren sie damit in praxi den Glauben an Gott. »Nicht der Glaube an Gott, die Verzweiflung an Gott hat die Staaten gegründet«, und subjektiv erklärt den Ursprung des Staates »der Glaube an den Menschen als den Gott des Menschen«[85]. Abgesehen von der christlichen Religion wird der profane Staat notwendig zum »Inbegriff aller Realitäten«, zum »allgemeinen Wesen« und zur »Vorsehung des Menschen«. Der Staat ist »der Mensch im Großen«, der sich zu sich selbst verhaltende Staat ist der »absolute Mensch«; er wird zugleich zur Realität und zur praktischen Widerlegung des Glaubens. »Der praktische Atheismus ist also das Band der Staaten« und »die Menschen werfen sich gegenwärtig auf die Politik, weil sie das Christentum als eine den Menschen um die

83 Br. I, 409.
84 *Angriff auf die Christenheit,* a. a. O., S. 457.
85 Br. I, 410; vgl. Engels: »Das Wesen des Staates wie der Religion ist die Angst der Menschheit vor sich selber.«

politische Energie bringende Religion erkennen«[86]. Diese Überzeugung hat Feuerbach auch nicht preisgegeben, als er nach dem Fehlschlag von 1848 zu der Ansicht kam, daß in Deutschland Ort und Zeit für die Verwirklichung der politischen Weltanschauung noch fehlten. Denn die Reformation habe zwar den religiösen Katholizismus zerstört, aber ein politischer sei an dessen Stelle getreten, und was die Reformation nur im Bereich der Religion bezweckte, das müsse man jetzt politisch anstreben: die Aufhebung der »politischen Hierarchie« zur demokratischen Republik. Daß aber viel mehr als die republikanische Form die Konzentration und Erweiterung der staatlichen Macht als solcher das eigentliche Interesse Feuerbachs war, – und erst recht das von Ruge, Marx, Bauer, Lassalle – zeigt der Umstand, daß sie später Bismarck durchaus nicht als Feind empfanden, sondern als einen Schrittmacher auf dem Weg ihrer ehemals revolutionären Tendenzen[87]. In einem Brief von 1859 schreibt Feuerbach: »Was die deutsche Politik betrifft, so heißt es hier bekanntlich: quot capita tot sensus. Und doch wird Deutschland nie unter einen Hut kommen, kommt es nicht unter einen Kopf – aber wohl nie unter einen Kopf kommen, als bis einer das Herz hat, mit dem Schwert in der Hand zu behaupten: Ich bin das Haupt Deutschlands! Aber wo ist dieser Bund von Herz und Kopf? Preußen hat wohl den Kopf, aber nicht das Herz; Österreich wohl das Herz, aber nicht den Kopf.«[88]

Gemessen mit dem Maß von Hegels Geschichte des »Geistes« muß Feuerbachs massiver Sensualismus gegenüber Hegels begrifflich organisierter Idee als ein Rückschritt erscheinen, als eine Barbarisierung des Denkens, die den Gehalt durch Schwulst und Gesinnung ersetzt. Hegels letztes Bedenken, ob der Lärm der Zeitgenossen und die »betäubende Geschwätzigkeit« der sich darauf beschränkenden Eitelkeit überhaupt noch Raum lasse für eine leidenschaftslose Erkenntnis, wird übertönt von der wortreichen Beredsamkeit seiner Schüler, welche die Philosophie mit den Interessen der Zeit versetzten. Auf Hegels Freundschaft mit Goethe folgt das »Idyll« zwischen »Ludwig« (Feuerbach) und

86 Br. I, 411.
87 Siehe dazu Ruge, Br. I, S. XXVIII; Br. II, 32, 41 f., 55, 271 f., 285, 290, 350, 404, 410 f.; Engels, *Feuerbach,* a.a.O., S. 1 und Brief an Marx vom 15. VIII. 1870 (W. III/3, S. 349 f. und 351); vgl. Lagarde, *Deutsche Schriften,* Göttingen 1892, S. 82; P. Wentzke, *1848, Die unvollendete deutsche Revolution,* München 1938.
88 Br. II, 59.

»Konrad« (Deubler)[89], dessen biedere Verehrung des »großen Mannes« dem im Grunde so harmlosen Gemüte Feuerbachs durchaus gemäß war. Und doch wäre es ein großer Irrtum zu meinen, man könnte auf dem hohen Roß einer verstorbenen Philosophie des Geistes über den »Materialismus« des 19. Jahrhunderts hinwegsetzen. Feuerbachs Versinnlichung und Verendlichung von Hegels philosophischer Theologie ist schlechthin zum Standpunkt der Zeit geworden, auf dem wir nun alle – bewußt oder unbewußt – stehen.

b) A. Ruge (1802–1880)

Entschiedener als Feuerbach hat Ruge die neue Philosophie der neuen Zeit darauf gegründet, daß sie *»alles auf die Geschichte setzt«* – »versteht sich«, fügt er als Hegelianer hinzu, »die philosophische Geschichte«[90]. Philosophisch ist aber die Geschichte nicht nur als Philosophiegeschichte, sondern auch und vor allem als zeitliches Geschehen und Geschichtsbewußtsein schlechthin. Die »wahre Wirklichkeit« sei »gar nichts anderes als« das »Zeitbewußtsein«, welches das »echtpositive, das letzte historische Resultat« ist[91]. Die »geschichtliche Idee einer Zeit« oder der »wahrhafte Zeitgeist« ist der »absolute Herr«, und Geltung behält in der Geschichte nur, »was eben die Macht der Zeit« ist. Denn die Absolutheit des Geistes ist nur reell im historischem Prozeß, der mit Freiheit von dem »politischen Wesen«, welches der Mensch ist, gemacht wird[92].

Die Sphären des Absoluten in Hegels System seien dagegen bloße Verabsolutierungen der an ihr selber absoluten Geschichte. »Das Absolute erreichen wir *nur in der Geschichte,* in ihr wird es aber auch an allen Punkten erreicht, vor und nach Christus; der Mensch ist überall in Gott, die letzte historische Form, aber der Form nach die höchste und die Zukunft die Schranke alles Historischen. Nicht in Christus ist die Form der Religion, nicht in Goethe die der Poesie, nicht in Hegel die der Philosophie vollendet; alle sind so wenig das Ende des Geistes, daß sie vielmehr ihre größte Ehre darin haben, der Anfang einer neuen Ent-

89 Br. 215 ff.
90 Br. I, 216; Br. II, 165.
91 Br. I, 186.
92 Br. I, 300.

wicklung zu sein.«[93] Weil alles in die Geschichte fällt, ist die jeweils »neueste« Philosophie das »wahrhaft Positive«, das die Zukunft als seine eigene, lebendige Negation im voraus in sich trägt. »Der geschichtliche Geist« oder das »Selbstbewußtsein der Zeit« berichtigt sich selbst im Laufe der Geschichte, die auch das Ende von Hegels System sein müßte[94].

Ein Titel wie *Unser System oder die Weltweisheit und Weltbewegung unserer Zeit*[95] nimmt daher nicht bloß nebenbei Bezug auf die Zeit, sondern dieses »System« *ist* so unmittelbar eine Philosophie der Zeit, wie die Welt*weisheit* eins ist mit der Welt*bewegung*. Der »Geist unserer Zeit« ist auch das erste Wort, mit dem Ruge im vierten Band seiner Studien *Aus früherer Zeit* die Deutschen anspricht, und worin er im Anschluß an Hegels Geschichte der Philosophie die Entwicklung von Plato bis Hegel und zuletzt die »kritische Entwicklung der Philosophie und des Zeitgeistes« von 1838–1843 auf eine musterhaft populäre Weise zur Darstellung bringt. Der philosophische Gedanke gilt ihm auch hier als Genosse der Zeit, denn der allgemeine Zeitgeist bilde mit der jedesmaligen Philosophie ein und dieselbe Geistesbewegung. Und in der Tat ist wohl keine Zeit bis in die Journalistik, Belletristik und Politik hinein so sehr von Philosophie durchsetzt gewesen wie diese durch die Junghegelianer bestimmte Epoche. Es ist das Apriori ihrer zeitgemäßen Philosophie, daß der Zeitgeist – Ruge setzt ihm gelegentlich die »öffentliche Meinung« gleich – immer und notwendig »gleichen Schritt« halte mit dem philosophischen Geist der Zeit. »Diese bewußte Einheit des Weltgeistes und des philosophischen Geistes« sei charakteristisch für unsere Zeit[96]. Daß aber der Geist der Zeit seinem Wesen nach fortschrittlich ist, stand für Ruge so fest wie die Tatsache, daß sich der Lauf der Zeit nicht umkehren läßt. Auch keine Reaktion könne den Geist der Zeit um seine Macht und Konsequenz betrügen. Mit Bezug auf die von ihm herausgegebenen Jahrbücher bemerkt er: »Der letzte Sieg ist der Sieg im Geiste; wenn also von einer Stellung der Jahrbücher zur Geschichte und damit (!) von der Zukunft ihrer Richtung die Rede ist, so ergibt sich hierüber der Aufschluß aus dem öffentlichen, oder genauer

93 *Hallische Jahrbücher für deutsche Wissenschaft und Kunst*, Jahrgang 1840, S. 1217.
94 Ebenda, S. 1243.
95 *Unser System*, a. a. O.
96 Br. II, 51 und 68; *Aus früherer Zeit*, IV, a. a. O., S. 126.

dem gegenwärtigen, an seiner wahren Öffentlichkeit gehinderten Geist. Denn es ist jedermanns Geheimnis, daß der ostensible Geist bezahlter und überwachter Zeitungen nicht der wirkliche und der interesselose alter gelehrter Institute nicht der lebensfähige ist.«[97] Der wahrhaft gegenwärtige Zeitgeist ist also zwar unter Umständen ein öffentliches Geheimnis, aber er ist in jedem Fall das, was die Geschichte unter allen Umständen zum Siege vorantreibt. Die »Vernunft der Zeit« sei leicht zu erkennen, jedermann kenne sie, wenn er sie kennen will.

Der eigentliche Entdecker der Einheit der Philosophie mit der Zeit ist aber für alle Junghegelianer niemand anders als Hegel. Sie berufen sich zur Rechtfertigung ihrer.radikalen Historisierung des Geistes auf Hegels Vorrede zur Rechtsphilosophie, wo es heißt: »Was das Individuum betrifft, so ist ohnehin jedes ein *Sohn seiner Zeit;* so ist auch die Philosophie *ihre Zeit in Gedanken erfaßt.* Es ist ebenso töricht zu wähnen, irgendeine Philosophie gehe über ihre gegenwärtige Welt hinaus, als, ein Individuum überspringe seine Zeit.«[98] Während aber Hegel aus dem Umstand, daß keine Theorie ihre Zeit überschreite, eine reaktionäre Folgerung gegen das vermeintliche »Sollen« zog und es ablehnte, im »weichen Element— des Meinens eine Welt zu erbauen, die nicht ist, aber sein soll, haben sich seine Schüler auf Grund derselben Identität von Geist und Zeit, aber im Blick auf die Zukunft, umgekehrt auf das Sein*sollen* versteift und die Philosophie im Zuge der fortschreitenden Zeit in den Dienst der Revolution stellen wollen. Trotz dieses Gegensatzes in der Orientierung der Zeit auf die Zukunft oder Vergangenheit gilt in beiden Fällen die These von der notwendigen Einstimmigkeit des philosophischen Bewußtseins mit dem geschichtlichen Sein[99]. Wie für Hegel die Geschichte des Geistes das Innerste der Weltgeschichte war, so wird von den Junghegelianern das »wahre« Geschehen der Zeit zum Maßstab der Bewegung des Geistes gemacht und die Vernunft der Geschichte nun selber zeitgeschichtlich bemessen.

Infolge dieser prinzipiellen Verknüpfung der Zeit mit dem Geist wurde auch von Hegels System auf die Zeit, in der es entstand, reflektiert. Das Ergebnis ist bei Ruge ein doppeltes: die Hegelsche Philosophie

97 *Hallische Jahrbücher*, a. a. O., Jg. 1841, Vorwort, S. 2.

98 Vgl. X/2, 2. Aufl., S. 229; XIV, 275 (neue Ausg. 1938, S. 39f., 72, 125, 148f.).

99 Vgl. zu Hegel XV, 535 und 685: K. Korsch, *Marxismus und Philosophie*,, 2. Aufl. Leipzig 1930, S. 60ff.

sei *»gleichzeitig« mit der Französischen Revolution,* die den freien Menschen zum Zweck des Staates erhob. Dasselbe tue auch Hegel, indem er zeigt, daß das Absolute der denkende Geist und dessen Wirklichkeit der denkende Mensch ist. Als politische Weltbildung lebe der Geist der Freiheit in der Aufklärung und Revolution, als Metaphysik in der deutschen Philosophie[100]. In Hegel haben die Menschenrechte ihr philosophisches Selbstbewußtsein erreicht, und die weitere Entwicklung könne nichts anderes als dessen Verwirklichung sein. – Dieselbe Philosophie, welche dem menschlichen Geist die höchste Würde des absolut Freien erwarb, ist aber auch eine *Zeitgenossin des »Gegenstoßes des alten Zeitgeistes«* gegen die Freiheit im Denken und im politischen Wollen. Hegel war also sowohl dem fortschreitenden wie dem rückschreitenden Geist der Zeit verbunden, und soweit er das letztere war, ist er seinem eigenen Prinzip, dem Fortschritt im Bewußtsein der Freiheit, untreu geworden. Die Aufgabe des fortschreitenden Geistes der Zeit ist daher: Hegels Philosophie mittels der dialektischen Methode von sich selbst zu sich selbst zu befreien. Gemäß Hegels Satz, daß »die Gegenwart das Höchste« sei[101], ist es das höchste Recht der über ihn hinaus geschrittenen Zeit, sein System durch Kritik gegen ihn selbst zu verteidigen, um das Prinzip der Entwicklung und Freiheit zur Geltung zu bringen. Die Geschichte entwickelt durch Negation die in Hegels System beschlossene Wahrheit, indem sie den noch bestehenden Widerspruch zwischen dem »Begriff« und der »Existenz« durch theoretische Kritik und praktische Revolution beseitigt. Die deutsche Revolution von 1848 ist die praktische Seite dieser theoretischen Korrektur[102].

Das literarische Organ für die theoretische Vorbereitung des praktischen Umsturzes waren die *Hallischen Jahrbücher für deutsche Wissenschaft und Kunst* (1838–1843)[103], die seit ihrem erzwungenen Wegzug von Preußen nach Sachsen in *Deutsche Jahrbücher* umbenannt wurden. Zu ihren Mitarbeitern gehörten u.a. Strauß, Feuerbach, Bauer, F. Th. Vischer, E. Zeller, Droysen, Lachmann, J. und W. Grimm. Es ist nicht

100 *Aus früherer Zeit,* IV, 12 und 16.
101 XV, 686.
102 *Aus früherer Zeit,* IV, 599.
103 Siehe darüber Ruge, *Aus früherer Zeit,* IV, 443 ff.; Rosenkranz, *Hegel als deutscher Nationalphilosoph,* a.a.O., S. 315; *Aus einem Tagebuch,* a.a.O., S. 109 ff.; J.E. Erdmann, *Grundriß,* II, § 340; *Reichls philosophischer Almanach,* Darmstadt 1924, S. 370 ff.

zuviel gesagt, wenn Ruge im Vorwort zum vierten Jahrgang behauptet, daß keine gelehrte deutsche Zeitschrift jemals in dem Maße Genugtuung erfahren habe, daß ihre Erörterungen zu Ereignissen wurden, die weit über den Kreis der Theoretiker hinausgingen und das unmittelbare Leben mit ins Interesse zogen. Die deutsche Philosophie hat bis zur Gegenwart dieser Zeitschrift nichts an die Seite zu stellen, was ihr an kritischer Eindringlichkeit, Schlagkräftigkeit und geistespolitischer Wirksamkeit gleichkäme.

Dem Inhalt nach betrifft die in den *Jahrbüchern* geleistete Kritik vor allem die Religion und die Politik. Rosenkranz rügte an Ruges Schriften den brüsken, »atheistisch-republikanischen« Ton. Die deutschen Atheisten erschienen ihm täppisch und knabenhaft gegenüber den wohlgesitteten und vielseitig gebildeten Holbachianern[104]. Verglichen mit Bauers radikaler Überholung der Religionskritik von Strauß und Feuerbach ist aber Ruge noch sehr gemäßigt, und die letzten Studien von Rosenkranz zeigen, daß er in der Sache von Ruges Standpunkt gar nicht so weit entfernt war: auch bei ihm hat sich die Entfaltung des Geistes stillschweigend in den Fortschritt der Menschheit verwandelt.

Entscheidender als Ruges Aufhebung der christlichen Religion in der »humanisierten Welt des befreiten Menschen« ist seine Kritik des Staats und der Politik. In einem Aufsatz der *Jahrbücher* über *Politik und Philosophie* unterscheidet er die Alt- und Junghegelianer dadurch, daß jene Hegels Philosophie dem Bestehenden akkomodieren, während diese sowohl die Religions- wie die Rechtsphilosophie in eine »negierende und ponierende Praxis« überführen. Die Junghegelianer sind deshalb gezwungen zu protestieren, einerseits gegen Hegels »Bescheidenheit«, womit er die politische Wirklichkeit statt in den gegenwärtigen deutschen Prozeß in einen schon zu seiner Zeit vergangenen Stand der Dinge nach Altengland versetzt[105]; andererseits gegen den »Hochmut« der absoluten Philosophie, die in der Erinnerung des Gewesenen der »gegenwärtige jüngste Tag« sein will, wo doch die Philosophie durch ihre Kritik erst jetzt die Zukunft beginnt. Anstatt einen absoluten Staat mittels der Kategorien der Logik zu konstruieren, ist seine gegenwärtige Existenz mit Rücksicht auf die nächste Zukunft historisch zu kritisieren. Denn nur der sich bildende Zeitgeist ist auch die wahrhaft begriffene Wirklichkeit, wie es Hegel selbst »an hundert Stellen« lehrt,

104 *Aus einem Tagebuch,* a.a.O., S. 109 und dazu Ruge, Br. I, 271 f.
105 Gemeint ist Hegels Kritik der englischen Reformbill.

obgleich er alles vermied, was der Kirche und dem Staat hätte anstößig sein können.

Ruges grundsätzliche Kritik an Hegels Staatsphilosophie enthält bereits seine Anzeige der zweiten Ausgabe der Rechtsphilosophie[106]. Als ihr großes Verdienst sieht er an, daß Hegel den sich selbst bestimmenden Willen zur Basis seiner Staatslehre machte, so daß der Staat der substanzielle Wille ist, welcher sich weiß und sein Wissen vollbringt, während er zugleich in dem freien Wollen und Wissen der Einzelnen seine vermittelte Existenz hat[107]. Der große Mangel in der Ausführung dieses Prinzips liegt aber darin, *»daß Hegel die Geschichte nicht ausdrücklich mit der Einwirkung ihres ganzen Inhalts in die Rechtsphilosophie hineinnimmt, sie vielmehr ans Ende setzte«* – im Unterschied zur Ästhetik, deren systematische Entwicklung durchweg geschichtlich ist.

Das Prius der *entwickelten* Geschichte ist freilich der daseiende Staat, denn alle Geschichte ist Staatengeschichte, aber der Staat ist schon in sich selbst eine geschichtliche Bewegung zur Freiheit, die immer nur als Aktion der Befreiung, aber nie absolut da ist. Hegel zeigt nur den fixen Begriff des Staates, aber nicht seine Idee in Bewegung, deren Kraft die Geschichte ist. Auf das absolute System der Freiheit muß darum jetzt das geschichtliche folgen, die Darstellung der wirklichen und zu verwirklichenden Freiheit. »An die Stelle des Systems der abstrakten und theoretisch absoluten Entwicklung tritt das System der konkreten Entwicklung, welches überall den Geist in seiner Geschichte erfaßt und ans Ende jeglicher Geschichte die Forderung ihrer Zukunft setzt.« Hegels spekulative Beschaulichkeit müsse durch Fichtes Tatkraft[108] neu erweckt werden, denn seine Polemik gegen das »Sollen« führe zu »begriffslosen Existenzen« und damit zur Anerkennung von bloß Bestehendem, das nicht seinem wahren Begriff entspricht. Eine solche dem zeitgeschichtlichen Geist widersprechende Existenz sei z. B. in Hegels Lehre die fürstliche und die Regierungsgewalt, die Nationalvertretung und das Zweikammersystem. Hegel glaubt nicht an die Majorität und haßt alle Wahl. Daran nicht glauben bedeutet aber für

106 *Hallische Jahrbücher,* a. a. O., Jg. 1840, S. 1209 ff.

107 *Rechtsphilosophie,* § 257 und § 265, Zus.

108 Siehe im vorhergehenden Kap. Anm. 30; vgl. zu Ruges Rückgriff auf Fichte: W. Kühne, *Cieszkowski,* a. a. O., S. 41; über Kierkegaards Verhältnis zu Fichte unterrichtet E. Hirsch, *Kierkegaardstudien* II, 471 ff.; über Feuerbachs Verhältnis zu Fichte: R. Haym, a. a. O., S. 23 ff.

Ruge: nicht an den Geist (nämlich der Zeit) glauben! Stupid sei der Einwand, die Masse sei dumm und »nur im Zuschlagen respektabel«[109]. »In wessen Namen schlägt sie denn zu, und wie geht es zu, daß sie nur im Namen des welthistorischen Geistes siegt? Wie geht es zu, daß das Zuschlagen der Massen sich weder 1789 noch 1813 als geistlos und die Majorität keineswegs als im Unrecht erwiesen haben? – Es ist ein totales Mißverständnis des Geistes und seines Prozesses, wenn man bei dem Satze stehen bleibt, philosophia paucis contenta est judicibus: im Gegenteil, die Wahrheit unterwirft die Welt in Masse [...]. Die Wissenden werden mit ihrer Weisheit auf die Dauer nie von der Majorität verlassen, und wenn die Verkündiger eines neuen Geistes anfangs in der Minorität sind und allenfalls [...] untergehen, so ist ihnen der Beifall, ja die Überhebung ihrer Verdienste bei der Nachwelt nur um so gewisser [...]. Die Wahrheit der Majorität ist nicht die absolute, aber sie ist im Großen und Ganzen die Bestimmtheit des Zeitgeistes, die politische oder die historische Wahrheit; und wenn nur *ein* Individuum in einer Nationalversammlung das Wort des Zeitgeistes auszusprechen weiß (und daran wird es nie fehlen), so bleibt sicher allemal nur der Egoismus und die böswillige Caprice in der Minorität. Den relativen Irrtum teilt die Majorität mit dem historischen Geist und seiner Bestimmtheit überhaupt, die freilich von der Zukunft wiederum negiert zu werden sich nicht wehren kann.«[110]

Die Gewißheit von der Wahrheit der Masse ist geradezu »Tugend« und die »Erfahrung unseres Jahrhunderts«, welcher Hegel jedoch aus dem Wege ging, obgleich sie nur eine Konsequenz seiner Denkweise ist, die den Geist in den Weltprozeß setzt. Hegel habe von seinem noch zu wenig historischen Standpunkt aus diese Wahrheit verleugnet, d.h. entgegen seinem Prinzip an der Macht des Geistes gezweifelt, sonst hätte er sich nicht so bemüht, die Wählermassen auszuschließen aus

109 Vgl. dazu Hegels *Rechtsphilosophie*, § 316 bis § 318. – Den Übergang von Hegel zu Ruge in bezug auf die Einschätzung der öffentlichen Meinung enthält ein Aufsatz von Rosenkranz, *Studien* II. Teil, Leipzig 1844, S. 222 ff. – Das Subjekt der öffentlichen Meinung sei der »Geist des Volkes« oder das »freie Volk«.

110 Vgl. dazu Marx über »Geist« und »Masse«: III, 249 ff., und: Gutzkow, *Die geistige Bewegung*, 1852. – Die wahre Bewegung des Zeitgeistes, der die Kriegsheere und Wählermassen in gleicher Weise dienen, sei nun die Disziplin des Massengeistes. Die »Kunst der Unterordnung« scheine jetzt welthistorisch zu werden.

dem System der Rechte. Statt dessen geriet er auf die Fixierung der Stände und die absurde Bestimmung des Majorats. In Wirklichkeit können aber auch die materiellen Interessen der Masse der Entwicklung des Geistes nicht widersprechen, weil jeder materielle Aufschwung zugleich ein geistiger ist, wenn die Geschichte »alles« und eine Wirkung des wirklichen Geistes ist.

Ruges Kritik der Hegelschen Rechtsphilosophie[111] beruht wie bei Marx im Prinzip auf der kritischen Unterscheidung des metaphysischen *»Wesens«* von der geschichtlichen *»Existenz«*. Das allgemeine Wesen des Staats sei zwar identisch mit dem des Geistes überhaupt und also bestimmbar mit den allgemeinen Kategorien der Logik (Allgemeinheit, Besonderheit, Einzelheit) und der Philosophie des Geistes (Wille und Freiheit); der wirkliche Staat, auf den sich auch Hegel gemäß seiner These von der Wirlichkeit der Freiheit bezieht, ist aber eine geschichtliche Existenz, die darum auch nur historisch begriffen und mit Rücksicht auf ihre Wesentlichkeit kritisiert werden kann. »In der Logik oder in der Untersuchung des ewigen Prozesses *gibt es keine Existenzen.* Hier ist die Existenz, der Denkende und sein Geist, die gleichgültige Basis, weil das, was dieser Einzelne tut, nichts anderes sein soll als [...] das allgemeine Tun (des Denkens) selbst [...]. Es handelt sich hier um das allgemeine Wesen als solches, nicht um seine Existenz. – In der Naturwissenschaft *hat die Existenz* des Naturdings *kein Interesse.* Obgleich die existierenden Prozesse das Objekt der Untersuchung sind, so sind sie doch nur das gleichgültige, immer wiederkehrende Beispiel des ewigen Gesetzes und des ewigen Verhaltens der Natur in dem Kreislauf ihrer Selbstproduktion. – Erst mit dem Eintreten der Geschichte in den Bereich der Wissenschaft wird *die Existenz selbst* das *Interesse.* Die Bewegung der Geschichte ist nicht mehr der Kreislauf wiederkehrender Bildungen [...], sondern sie fördert in der Selbstproduktion des Geistes immer neue Gestalten zutage. Die Verfassung des Geistes und des Staates zu den verschiedenen Zeiten hat *als diese Existenz* ein wissenschaftliches Interesse. Die Zustände der Bildung sind nicht mehr gleichgültige Beispiele, sondern Stufen des Prozesses und die Erkenntnis dieser geschichtlichen Existenzen geht wesentlich ihre Eigentümlichkeit an, es handelt sich um *diese* Existenz als sol-

111 *Hallische Jahrbücher,* a.a.O., Jg. 1842, S. 755 ff. (wieder abgedruckt in: *Aus früherer Zeit,* IV, 549 ff.).

che.«[112] Hegels absolute Staatsmetaphysik muß darum, ebenso wie die theologische Dogmatik durch Strauß, *historisch* kritisiert werden. Diese Kritik ist auch die einzig *objektive* Kritik, weil sie sich am Gang des tatsächlichen Geschehens bemißt. Die historische Wendung vom allgemeinen Wesen zur individuell-geschichtlichen Existenz fehlt noch in Hegels Rechtsphilosophie, die deshalb denselben unfaßbaren Charakter hat wie die Phänomenologie. »Der Hegelsche Staat [...] ist nicht reeller als der Platonische und wird nie reeller werden, denn er erinnert zwar wie jener an den griechischen so an den jetzigen Staat, er nennt ihn sogar beim Namen, allein er läßt sein Resultat nicht aus dem historischen Prozeß hervorkommen, wirkt daher auch nicht direkt auf die Entwicklung des politischen Lebens und Bewußtseins. Die Franzosen haben dies vor uns voraus: sie sind überall historisch. Bei ihnen ist der Geist lebendig und bildet die Welt nach sich.«[113] Um die historische Kritik nicht hervortreten zu lassen, erhebt Hegel historische Existenzen zu metaphysischen Wesenheiten, indem er z.B. den erblichen König spekulativ demonstriert[114]. Die wahre Verbindung des Begriffs mit der Wirklichkeit ist aber nicht die Apotheose der Existenz zum Begriff, sondern die Realisierung des Begriffs zur wirklichen Existenz. Auch die Freiheit existiert nie absolut, sondern immer nur relativ auf bestimmte äußere Existenzverhältnisse, von denen sich der Mensch jeweils befreit. Hegel hält sich auf der Seite des rein theoretischen Geistes und der rein theoretischen Freiheit, obwohl er selber in den ersten Paragraphen der Rechtsphilosophie dargelegt hat, daß das Wollen nur die andere Seite des Denkens, daß die Theorie selber schon Praxis und der Unterschied zwischen beiden nur die Wendung des Geistes nach innen oder nach außen sei[115]. Die deutsche Philosophie hat diese praktische Seite der Theorie zwar theoretisch entdeckt, aber praktisch verdeckt. Die wahre Wissenschaft geht nicht in die Logik zurück, sondern in die wirkliche Welt der Geschichte hinaus, »die Logik selbst wird in die Geschichte hineingezogen« und muß es sich gefallen lassen, als Existenz begriffen

112 *Aus früherer Zeit*, IV, 571 ff.; vgl. Feuerbach, Grundsatz 28.

113 *Aus früherer Zeit*, IV, 575; vgl. Hegel, IX, 439 und XV, 552 f.; Marx I/1, 608 ff.

114 Vgl. dagegen Rosenkranz, *Hegel als deutscher Nationalphilosoph*, a. a. O., S. 148 ff., wo umgekehrt mit Rücksicht auf die damaligen deutschen Verhältnisse gerade der fortschrittliche Charakter der Hegelschen Rechtsphilosophie demonstriert wird.

115 *Rechtsphilosophie*, § 4 bis § 7.

zu werden, weil sie dem Bildungszustand dieser bestimmten Philosophie angehört und es überhaupt nur eine geschichtliche Wahrheit gibt. Auch die Wahrheit ist stets in Bewegung, sie ist Selbstunterscheidung und Selbstkritik[116].

Die theoretische Einseitigkeit von Hegels Rechtsphilosophie kann ebenfalls nur zeitgeschichtlich begriffen und historisch gerechtfertigt werden. »Hegels Zeit war der Politik nicht sehr günstig, Publizistik und öffentliches Leben entbehrte sie gänzlich.«[117] Der Geist zog sich in die Theorie zurück und entsagte der Praxis. Hegel war aber zu sehr an den Griechen gebildet und hatte mit zu klarem Bewußtsein die große Revolution erlebt, um nicht zu erkennen, daß der bestehende, dynastische Staat der bürgerlichen Gesellschaft mit Polizei und Beamtentum der Idee eines öffentlichen Gemeinwesens, einer »Polis«, in keiner Weise entsprach. Seine Abwehr der Forderungen des Sollens entspringt daher einer Inkonsequenz, deren Wurzeln tief in den preußisch-deutschen Verhältnissen liegen. Kants und Hegels Systeme sind Systeme der Vernunft und der Freiheit inmitten der Unvernunft und der Unfreiheit, aber so, daß sich beide dieses Mißverhältnis verdecken.

Kant hat zu Mendelssohn die bekannte Äußerung getan: »Zwar denke ich Vieles mit der allerklarsten Überzeugung, was ich niemals den Mut haben werde zu sagen, niemals aber werde ich etwas sagen, was ich nicht denke.«[118] Diese Unterscheidung von öffentlichem Sagen und privatem Denken beruht darauf, daß Kant »als Denker« von sich selbst »als Untertan« so verschieden war wie das damalige öffentliche Leben vom privaten und die allgemeine Sittlichkeit vom Gewissen des Einzelnen. Dem Untertan war es nicht erlaubt, Philosoph zu sein, er wird darum zum Diplomaten, ohne jedoch seine »Selbstbilligung« zu verlieren. Sein beschränkter Standpunkt ist historisch der Standpunkt der »protestantischen Borniertheit«, welcher die Freiheit nur als Gewissensfrage kennt, weil er die Privattugend von der öffentlichen trennt[119].

Noch bedenklicher liegt der Fall bei Hegel, weil dessen Rechtsphilosophie den Kantischen Standpunkt der Moralität und Gewissensentscheidung in der allgemeinen und politischen Sittlichkeit aufhebt. Nun hat zwar Hegel als Philosoph mit dem preußischen Staat keinen ähnli-

116 *Aus früherer Zeit,* IV, 581 f.
117 Ebenda, 550 ff.
118 Ebenda, 559 ff.; siehe dazu Dilthey, *Ges. Schr.* IV, 285 ff.
119 Vgl. dazu die Kritik von Marx, V, 175 ff.

chen Konflikt gehabt, sondern im Gegenteil von ihm die Bestätigung seiner Philosophie erfahren, und so konnte er sich auf der Seite des Denkens im Einvernehmen mit dem Staate behaupten. Seine Übereinstimmung ist aber doch nur ein Schein, der nur so lange täuschen konnte, als der Absolutismus des preußischen Staats so vernünftig war, die Vernunft in Hegels System anzuerkennen, während Hegel seinerseits nur das Interesse hatte, sein absolutes System des Wissens zu gründen und es als solches im Staat zur Geltung zu bringen. Obwohl Hegel ursprünglich kein Feind der politischen Praxis und der Kritik des Staates war, hat er sich später auf die Ausbildung der Theorie als solcher beschränkt und in seiner Heidelberger Antrittsrede die Überzeugung vertreten, daß sich die Philosophie nicht einlassen dürfe mit der politischen Wirklichkeit, deren hohe und gemeine Interessen in der Zeit der Befreiungskriege das Interesse der Erkenntnis verdrängten[120]. Dagegen erhebt Ruge die unwillige Frage: »was heißt das?« und antwortet: »nichts Geringeres als: Wir fahren nun fort, meine Herren, wo wir vor der Revolution und dem Kriege stehen geblieben sind, nämlich in der Ausbildung der innerlichen Freiheit, der Freiheit des protestantischen Geistes oder der abstrakten Theorie, deren Vollendung die Philosophie ist. Hegel hat diese Form der Freiheit vollendet und auf die höchste Spitze getrieben, wo sie umschlagen sollte.«[121]

Gerade der Rückzug auf den Begriff als solchen mußte zum Widerspruch mit der Wirklichkeit führen; denn wenn die reine Einsicht in das Wesen des Staates gewonnen ist, wird sie dazu getrieben, als Kritik der Wirklichkeit gegenüberzutreten. Die theoretische Freiheit in ihrem privaten Fürsichsein mußte durch die Zensur erfahren, daß sie praktisch negiert wird, weil sie nicht selbst im Gemeinwesen öffentlich da ist. Das »praktische Pathos« des wahren Wissens läßt sich aber nicht bändigen. Der Konflikt, der Hegel erspart blieb, ist seinen Schülern aufgespart worden, »und so leuchtet es ein, daß die Zeit, oder die Stellung des Bewußtseins zur Welt, wesentlich verändert worden ist.« »Die Entwicklung ist nicht mehr abstrakt, *die Zeit ist politisch,* wenngleich noch gar Vieles daran fehlt, daß sie es genug wäre.«[122] Der Mensch des 19. Jahrhunderts, schreibt Ruge gelegentlich einer Kritik der »ästheti-

120 Siehe Hegels Heidelberger und Berliner Antrittsreden.
121 *Deutsche Jahrbücher für Wissenschaft und Kunst,* V. Jg. 1843, S. 6.
122 *Aus früherer Zeit,* IV, 570.

schen« Periode der deutschen Bildung, könne das »ethische und politische Pathos« nicht entbehren[123].

Für Ruges Entwicklung charakteristisch ist aber nicht nur sein Übergang von der philosophischen Kritik zur politischen Praxis und vom bornierten Gewissen zum vermeintlich unbornierten Parteigewissen[124], sondern auch sein notgedrungener Rückzug auf *die* Historie, welche nicht mit Wissen Geschichte macht, sondern nur noch Geschichte schreibt. Seine letzte Arbeit im Exil war, nebst der Herausgabe seiner eigenen gesammelten Schriften, eine Übersetzung von Buckles *Geschichte der Zivilisation in England*. Die von ihm eingeleitete Arbeit der theoretischen Kritik und praktischen Revolution des Bestehenden hat Marx mit extremer Konsequenz aufgenommen und weitergeführt.

c) K. Marx (1818–1883)

Als Ruge nach dem Verbot der *Deutschen Jahrbücher* nach Paris ging und dort die *Deutsch-Französischen Jahrbücher* gründete, war vor allem Marx an dieser Zeitschrift beteiligt. Es erschienen darin von ihm 1844 die Abhandlung über die Judenfrage und die *Einleitung zur Kritik der Hegelschen Rechtsphilosophie* sowie ein Briefwechsel zwischen Marx, Ruge, Bakunin und Feuerbach. Bald danach hat Marx mit Ruge gebrochen. Die äußerst scharfen Urteile von Ruge über Marxens Person[125] und die nicht weniger absprechenden von Marx über jenen ändern nichts an der Tatsache, daß ihnen das Prinzip ihrer Hegelkritik durchaus gemeinsam war. Der Unterschied besteht jedoch darin, daß Marx an wissenschaftlicher Strenge und Stoßkraft das journalistische Talent von Ruge weit überragte, daß er unter allen Linkshegelianern nicht nur der radikalste, sondern überhaupt derjenige war, der es an begrifflicher Schärfe und auch an Gelehrsamkeit mit Hegel selber aufnehmen konnte. Die rhetorische Phrase, welche bei Ruge zur Substanz seiner Schriften gehört, ist bei Marx nur ein Mittel zum Zweck und schwächt nicht die Eindringlichkeit seiner kritischen Analysen. Wie sehr er an Hegel geschult ist, zeigen aber weniger seine durch Feuerbach

123 *Die Akademie*, a. a. O., S. 125.

124 Siehe dazu den Artikel über »Kritik und Partei« in: *Deutsche Jahrbücher*, V. Jg. 1842, S. 1177ff.

125 Ruge, Br. I, 343f., 367, 380; vgl. Feuerbach, Br. I, 358, 362.

beeinflußten Frühschriften, die sich unmittelbar auf Hegel beziehen, als vielmehr das *Kapital,* dessen Analysen, trotz ihrer inhaltlichen Entferntheit von Hegel, nicht denkbar sind ohne die Einverleibung von Hegels Art, ein Phänomen zum Begriff zu bringen.

Als der ältere Marx dazu kam, das eigentliche Geschehen der Geschichte auf die Veränderungen in den materiellen Produktionsverhältnissen zu fixieren und in den wirtschaftlichen Klassenkämpfen den alleinigen Beweggrund aller Geschichte zu sehen, da glaubte er zwar mit seinem »ehemaligen philosophischen Gewissen« abgerechnet zu haben, aber im Grunde blieb auch nach diesem Übergang zur Kritik der Ökonomie die ursprüngliche Auseinandersetzung mit Hegel bestehen. Seine erste und zugleich endgültige Hegelkritik setzt ein mit einer Antithese zu Hegels *Vollendung*. Die Frage, die Marx in seiner Dissertation bewegt, ist die nach der Möglichkeit eines neuen Anfangs nach jenem Ende.

Die Dissertation von 1840/41 über Epikur und Demokrit enthält eine indirekte Auseinandersetzung mit der durch Hegel geschaffenen Situation. Epikur und Demokrit werden im Zusammenhang mit der durch Plato und Aristoteles vollendeten Philosophie der Griechen betrachtet, und zwar in Analogie zu der Auflösung der Hegelschen Philosophie durch *ihre* materialistischen und atheistischen Epigonen. Die einleitenden Sätze über das Verhältnis der klassischen griechischen Philosophie zu den späteren Sektenphilosophien enthalten sogleich eine Anspielung auf Marxens eigenes Verhältnis zu Hegel. »Der griechischen Philosophie scheint zu begegnen, was einer guten Tragödie nicht begegnen darf, nämlich ein matter Schluß. Mit Aristoteles, dem mazedonischen Alexander der griechischen Philosophie, scheint die objektive Geschichte der Philosophie in Griechenland aufzuhören [...]. Epikureer, Stoiker, Skeptiker werden als ein fast ungehöriger Nachtrag betrachtet, der in keinem Verhältnis stehe zu seinen gewaltigen Prämissen.«[126] Nun sei es aber ein Irrtum zu meinen, die griechische Philosophie habe sich einfach ausgelebt, während doch die Geschichte zeigt, daß die sog. Zersetzungsprodukte der *griechischen* Philosophie zu den Urtypen des *römischen* Geistes wurden, dessen charaktervolle und intensive Eigenart nicht zu bestreiten ist. Und wenn auch die klassische Philosophie damit zu Ende ging, so gleicht doch der Tod eines Helden nicht dem »Zerplatzen eines Froschs, der sich aufgeblasen hat«, son-

126 I/1, 13.

dern dem Untergang der Sonne, die einen neuen Tag verspricht. »Ist es ferner nicht ein merkwürdiges Phänomen, daß nach den platonischen und aristotelischen, zur Totalität sich ausdehnenden Philosophen neue Systeme auftreten, die nicht an diese reichen Geistesgestalten sich anlehnen, sondern, weiter rückblickend, zu den einfachsten Schulen – was die Physik angeht, zu den Naturphilosophen, was die Ethik betrifft, zu der sokratischen Schule – sich hinwenden?« Bedarf es also vielleicht auch jetzt, nach dem Ausgang der klassischen deutschen Philosophie, einer ähnlichen Konzentration und Vereinfachung der Philosophie wie damals, als sie von Athen nach Rom überging? Aber wie läßt sich nach Hegel überhaupt noch ein geistiger Standpunkt gewinnen, der ihn weder kopiert noch der eines bloßen Beliebens ist? Nur durch eine grundsätzliche Auseinandersetzung mit der in Hegel total gewordenen Philosophie, durch eine »Aufhebung«, die zugleich ihre »Verwirklichung« ist. An einem solchen »Knotenpunkt« befinde sich die Philosophie immer dann, wenn sich ihr abstraktes Prinzip zu einer totalen Konkretion entfaltet hat, wie bei Aristoteles und bei Hegel. Dann bricht die Möglicheit einer geradlinigen Fortsetzung ab, denn ein ganzer Kreis ist in sich durchlaufen. Zwei Totalitäten stehen sich nun gegenüber: eine in sich total gewordene Philosophie, und – ihr entgegen – die wirklich erscheinende Welt einer vollendeten Unphilosophie. Denn Hegels Versöhnung mit der Wirklichkeit war keine *in* ihr, sondern nur *mit* ihr, im Element des Begreifens. Die Philosophie muß sich nun selbst »nach außen kehren« und mit der Welt praktizieren. Sie wird als Philosophie des Staates zu einer philosophischen Politik. Die in Hegel zur intelligenten Welt gewordene Philosophie wendet sich dann unmittelbar an die wirklich bestehende Welt und gegen die Philosophie. Dieses ihr zweischneidiges Verhalten ist die Konsequenz aus der Diremption der ganzen Welt von Theorie *und* Praxis in zwei auseinanderfallende Totalitäten. Und weil es zwei Totalitäten sind, welche sich gegenüberstehen, ist auch die Zerrissenheit der sich neu bestimmenden Philosophie selber eine totale. Die objektive Allgemeinheit der vollendeten Philosophie zerbricht zunächst in die bloß subjektiven Bewußtseinsformen einer aus ihr entstehenden Privatphilosophie. Dieser Sturm, in dem alles wankend wird, erfolgt mit geschichtlicher Notwendigkeit an solchen Knotenpunkten der in sich zusammengefaßten Philosophie. Wer diese Notwendigkeit nicht einsieht, müßte konsequenterweise leugnen, daß nach einer total gewordenen Philosophie der Mensch noch geistig leben kann. Nur so läßt sich einsehen, warum nach

Aristoteles ein Zeno, Epikur und Sextus Empiricus, und nach Hegel »die meistenteils bodenlos dürftigen Versuche neuerer Philosophen ans Tageslicht treten konnten.«[127] Im Unterschied zu den anderen Junghegelianern, die Hegel nur zum Teil reformieren wollten, gewann Marx aus der Geschichte die Einsicht, daß es um die Philosophie als solche ging. »Die halben Gemüter«, – und er meint damit Philosophen wie Ruge – »haben in solchen Zeiten die umgekehrte Ansicht ganzer Feldherren. Sie glauben durch Verminderung der Streitkräfte den Schaden wiederherstellen zu können, durch Zersplitterung, durch einen Friedenstraktat mit den realen Bedürfnissen, während Themistokles« – d.i. Marx selber – »als Athen« – d.i. der Philosophie – »Verwüstung drohte,die Athener bewog, es vollends zu verlassen und zur See, auf einem andern Element« – d.i. auf dem Element der politischen und ökonomischen Praxis, die es jetzt als das »was ist« zu begreifen gilt – »ein neues Athen « – d.i. eine ganz neue Art von Philosophie, die im bisherigen Sinn keine mehr ist – »zu gründen«. Auch dürfe man nicht vergessen, daß die Zeit, die solchen Katastrophen folgt, eine eiserne ist, »glücklich, wenn Titanenkämpfe sie bezeichnen, bejammernswert, wenn sie den nachhinkenden Jahrhunderten großer Kunstepochen gleicht, denn diese beschäftigen sich, in [...] Gips und Kupfer abzudrucken, was aus karrarischem Marmor [...] hervorsprang. Titanenartig sind aber diese Zeiten, die einer in sich totalen Philosophie und ihren subjektiven Entwicklungsformen folgten, denn riesenhaft ist der Zwiespalt, der ihre Einheit ist. So folgte Rom auf die stoische, skeptische und epikureische Philosophie. Unglücklich und eisern sind sie, denn ihre Götter sind gestorben und die neue Göttin hat unmittelbar noch die dunkle Gestalt des Schicksals, des reinen Lichts oder der reinen Finsternis. Die Farben des Tages fehlen ihr noch. Der Kern des Unglücks aber ist, daß dann die Seele der Zeit [...] in sich ersättigt [...] keine Wirklichkeit, die ohne sie fertig geworden ist, anerkennen darf. Das Glück in solchem Unglück ist daher die subjektive Form [...], in welcher die Philosophie als subjektives Bewußtsein sich zur Wirklichkeit verhält. So war z.B. die epikureische, stoische Philosophie das Glück ihrer Zeit; so sucht der Nachtschmetterling, wenn die allgemeine Sonne untergegangen, das Lampenlicht des Privaten.«[128] Der Satz, daß die neue Göttin die dunkle Gestalt eines ungewissen Schicksals habe, des reinen Lichts

127 I/1, 132.
128 I/1, 132f.; vgl. Hegel, XII, 224.

oder der reinen Finsternis, weist zurück auf Hegels Bild vom Philosophieren in der grauen Abenddämmerung einer fertig gewordenen Welt. Das besagt für Marx: jetzt, nach dem Zerfall der in Hegel fertig gewordenen Philosophie, ist vorerst noch nicht mit Gewißheit zu sehen, ob diese Dämmerung eine Abenddämmerung vor dem Einbruch einer finsteren Nacht oder aber eine Morgendämmerung vor dem Erwachen eines neuen Tages ist[129]. Das Altwerden der wirklichen Welt geht bei Hegel zusammen mit einer letzten Verjüngung der Philosophie, und bei Marx, der die Zukunft antizipiert, geht die fertig gemachte Philosophie zusammen mit der Verjüngung der wirklichen Welt entgegen der alten Philosophie. Durch die Verwirklichung der Vernunft in der wirklichen Welt hebt sich die Philosophie als solche auf, geht sie ein in die Praxis der vorhandenen Unphilosophie, d.h. die Philosophie ist zum Marxismus geworden, zu einer unmittelbar praktischen Theorie.

Das Philosophischgewordensein der Welt bei Hegel verlangt also ein ebenso vollständiges Weltlichwerden der Philosophie bei Marx. Hegels System ist jetzt als die eine, abstrakte Totalität begriffen, die eine totale Unvernunft zur Kehrseite hat. Seine innere Abrundung und Selbstgenügsamkeit ist gebrochen, das »innere Licht« in Hegels Philosophie wird zur »verzehrenden Flamme«, die nach außen schlägt, und die Freimachung der Welt von der Unphilosophie ist zugleich ihre eigene Befreiung von der Philosophie. Weil aber diese neue Art von Philosophie in theoretischer Hinsicht noch nicht über Hegels System hinaus, sondern in ihm befangen ist, weil Marx selber noch Hegelianer ist, weiß sich das neue Philosophieren zunächst nur im Widerspruch

129 Gleichzeitig mit Marx hat auch Immermann zur Veranschaulichung der Krisis das Bild von der Dämmerung gebraucht: »Noch ist es Dämmerung und die Gestalten des Erkennens fließen kritisch ineinander; von dem Licht jenes Tages beleuchtet werden sie, eine jede auf ihrem Ort, sich scharf umrissen sondern« *(Memorabilien. Die Jugend vor 25 Jahren: Lehre und Literatur)*. Aber schon um 1815 wird die Zeit in Eichendorffs *Ahnung und Gegenwart* im Bilde einer ungewissen Dämmerung vorgeführt: »Mir scheint unsere Zeit der weiten, ungewissen Dämmerung zu gleichen. Licht und Schatten ringen noch unentschieden in wunderbaren Massen gewaltig miteinander, dunkle Wolken ziehen verhängnisschwer dazwischen, ungewiß, ob sie Tod oder Segen führen, die Welt liegt unten in weiter, dumpf-stiller Erwartung. Kometen und wunderbare Himmelszeichen zeigen sich wieder, Gespenster wandeln wieder durch unsere Nächte, fabelhafte Sirenen selber, tauchen, wie vor nahen Gewittern, von neuem über dem Meeresspiegel und singen. Unsere Jugend erfreut kein sorglos leichtes Spiel, keine fröhliche Ruhe, wie unsere Väter, uns hat frühe der Ernst des Lebens erfaßt«.

zum fertigen System und versteht es noch nicht, daß seine Auflösung der Hegelschen Philosophie deren eigenste Verwirklichung ist. *Denn Hegels Prinzip: die Einheit von Vernunft und Wirklichkeit und die Wirklichkeit selber als Einheit von Wesen und Existenz ist auch das Prinzip von Marx.* Er ist deshalb gezwungen, sich zunächst zweischneidig gegen die wirkliche Welt und die bestehende Philosophie zu kehren, gerade weil er beide in einer umfassenden Totalität von Theorie *und* Praxis vereinigen will. Praktischwerden kann seine Theorie aber als *Kritik* des Bestehenden, als kritische Unterscheidung von Wirklichkeit und Idee, von Wesen und Existenz. Als eine solche Kritik bereitet die Theorie den Weg zur praktischen Veränderung vor. Andrerseits kann aber von der bestimmten Weise des »Umschlagens« auch wieder zurückgeschlossen werden auf den weltgeschichtlichen Charakter der Hegelschen Philosophie. »Wir sehen hier gleichsam das curriculum vitae einer Philosophie aufs Enge, auf die subjektive Pointe gebracht, wie man aus dem Tod eines Helden auf seine Lebensgeschichte schließen kann.«

Weil Marx die neue Situation so radikal begriffen hat, daß er aus einem Kritiker der Hegelschen Rechtsphilosophie zum Verfasser des *Kapitals* wurde, konnte er auch Hegels *»Akkomodation«* an die politische Wirklichkeit prinzipieller als Ruge verstehen. »Daß ein Philosoph diese oder jene scheinbare Inkonsequenz aus dieser oder jener Akkomodation begeht, ist denkbar; er selbst mag dieses in seinem Bewußtsein haben. Allein was er nicht in seinem Bewußtsein hat, daß die Möglichkeit dieser scheinbaren Akkomodation in einer Unzulänglichkeit oder unzulänglichen Fassung seines Prinzips selber ihre innerste Wurzel hat. Hätte also wirklich ein Philosoph sich akkomodiert, so haben seine Schüler *aus seinem inneren wesentlichen Bewußtsein* das zu erklären, was *für ihn selbst die Form eines exoterischen* Bewußtseins hatte.«[130] Weil Hegels Philosophie nicht zugleich die Welt der Theorie *und* der Praxis, Wesen *und* Existenz erfaßt, muß sie sich notwendig dem Bestehenden gleichstellen und mithin akkomodieren, denn der ganze konkrete Inhalt dessen, *was* zu begreifen ist, ist ihr immer schon vorgegeben durch das, was – im Sinn des Bestehenden – »ist«.

Die Dialektik von Theorie und Praxis begründet nicht nur Marxens Kritik der idealistischen Philosophie des Geistes, sondern auch die der materialistischen Philosophie von Feuerbach. In den elf *Thesen über Feuerbach* (1845) bezeichnet Marx als den Hauptmangel des bisheri-

130 I/1, 63 ff.; vgl. III, 164.

gen Materialismus, daß er die sinnliche Wirklichkeit nur unter der Form der »Anschauung« (theoria) und folglich wie ein fertig vorhandenes »Objekt«, aber nicht als Produkt der menschlich-sinnlichen Tätigkeit oder Praxis aufgefaßt habe[131]. Umgekehrt habe der Idealismus durch seinen Ausgang vom Subjekt zwar dessen produktive Tätigkeit zur Geltung gebracht, aber nur abstrakt, als geistige Setzung. Sowohl dieser Spiritualismus wie jener Materialismus begreifen nicht die »revolutionäre«, d.i. praktisch-kritische Tätigkeit, welche die Welt des Menschen allererst schafft. Der historische Grund für Feuerbachs Beschränkung auf einen bloß anschauenden Materialismus liegt in den Schranken der spätbürgerlichen Gesellschaft, die als eine Gesellschaft von bloß genießenden Individuen nicht weiß, daß, was immer sie konsumiert, das geschichtliche Produkt gemeinsamer menschlicher Tätigkeit ist, daß selbst ein Apfel das Resultat des Handels und Weltverkehrs, aber keineswegs unvermittelt zuhanden ist[132]. Innerhalb dieser Beschränktheit hat Feuerbach zwar das große Verdienst, daß er die religiöse Welt in ihre weltliche Grundlage aufgelöst hat, aber ohne diese nun selbst theoretisch und praktisch in Frage zu stellen. Auch Feuerbach hat die dem Menschen entfremdete Welt nur anders, nämlich human »interpretiert«, es kommt aber darauf an, sie durch theoretische Kritik und praktische Revolution zu »verändern«[133]. Doch bedeutet

131 V, 533 (1. These über Feuerbach).
132 V, 31 ff.
133 Zu Marxens Beurteilung von Feuerbach vgl. III, 151 ff. – Die Differenz zwischen Marx und Feuerbach besteht hauptsächlich darin, daß Marx, auf dem Standpunkt Feuerbachs, wieder Hegels Lehre vom objektiven Geiste gegen Feuerbachs Anthropologie zur Geltung bringt. Er wendet sich gegen Feuerbach, weil dieser nur einen abstrakten Menschen, d.h. abgesehen von seiner Welt, zur Grundlage der Philosophie gemacht habe. Gerade diese Welt der politischen und ökonomischen Verhältnisse hatte aber Hegels Rechtsphilosophie sichtbar gemacht. Unbestritten bleibt Feuerbach nur das Verdienst, daß er überhaupt den absoluten Geist auf den Menschen reduziert hat. Die Art und Weise, wie Feuerbach aber das Menschsein konkret bestimmt, nämlich als naturalistisches Gattungswesen, zeigt Marx, daß er Hegel nur »beiseite geschoben«, aber nicht »kritisch überwunden« habe. Feuerbach hat einen Menschen konstruiert, dessen Realität nur das Dasein der bürgerlichen Privatperson spiegelt. Seine Theorie vom Ich und Du zieht sich, ebenso wie der bürgerliche Privatmensch in der Praxis, auf das private Verhältnis von Einzelpersonen zurück, ohne zu wissen, daß nicht nur die scheinbar »rein-menschlichen« Lebensverhältnisse, sondern auch die primitivsten Gegenstände der sinnlichen Gewißheit durch die allgemeinen gesellschaftlichen und wirtschaftlichen Verhältnisse der Welt, in welcher

das Verändernwollen der Welt bei Marx keine bloß direkte Aktion, sondern zugleich eine Kritik der bisherigen Weltinterpretation, eine Veränderung des Seins *und* Bewußtseins, also z.B. der »politischen Ökonomie« als tatsächlicher Wirtschaft und Wirtschaftslehre, weil diese das Bewußtsein von jener ist[134].

Diesen dialektischen Zusammenhang der Theorie mit der Praxis hat der Vulgärmarxismus nach dem Vorgang von Engels[135] vereinfacht, indem er sich auf eine abstrakt-materielle »Basis« versteifte, deren Verhältnis zum theoretischen »Überbau« sich aber ebenso leicht auch umkehren läßt, wie M. Weber gezeigt hat[136]. Hält man dagegen an Marxens ursprünglicher Einsicht fest, so läßt sich auch Hegels »Theorie« noch als praktisch begreifen. Denn der tiefere Grund, warum sich Hegel den Inhalt seines Begreifens vorgeben läßt, ohne ihn durch »Kritik« verändern zu wollen, liegt nicht im bloßen »Interpretieren«, sondern in dem, was es praktisch bezweckt. Hegels Begreifen wollte sich mit der Wirklichkeit aussöhnen. *Versöhnen* konnte sich Hegel aber mit den empirischen Widersprüchen in der bestehenden Welt, weil er als letzter *christlicher* Philosoph noch in der Welt war, als wäre er nicht von der Welt. Andrerseits motiviert sich Marxens radikale *Kritik* des Bestehenden auch nicht aus dem bloßen »Verändernwollen«, sondern dieses hat seine Wurzel in einem prometheischen Aufstand gegen die christliche Schöpfungsordnung. Nur der *Atheismus* des an sich selber glaubenden Menschen muß auch für die Schaffung der Welt sorgen. Dieses

man lebt, im voraus bestimmt sind. So kommt Marx in die Lage, Hegels konkrete Analysen, die er hinsichtlich ihres philosophischen Anspruchs selbst untergräbt, gegen Feuerbach zur Geltung zu bringen und andrerseits Hegel im Prinzip vom anthropologischen Standpunkt Feuerbachs aus zu begreifen. Er verteidigt Hegel gegen Feuerbach, weil er die entscheidende Bedeutung des Allgemeinen aufgefaßt hat, und er greift Hegel an, weil er die allgemeinen Verhältnisse der Geschichte philosophisch mystifiziert habe.

134 Siehe dazu K. Korsch, *Marxismus und Philosophie*, a.a.O., S. 102ff., und E. Lewalters *Versuch einer Interpretation des 1. Teiles der Deutschen Ideologie* im Archiv für Sozialwiss. und Sozialpol., 1930, H. 1, S. 63ff.

135 F. Engels, *Vier Briefe über den historischen Materialismus*, in: Marx–Engels, *Über historischen Materialismus*, hrsg. von H. Duncker, Berlin 1930, 2. Teil, S. 138ff.

136 Siehe dazu vom Verf.: *M. Weber und K. Marx*, in: Archiv für Sozialwiss. und Sozialpol., 1932, H. 1 und 2, insbesondere S. 207ff. (jetzt auch in: *Sämtliche Schriften 5. Hegel und die Aufhebung der Philosophie im 19. Jahrhundert – Max Weber*. Stuttgart 1988, S. 400ff.).

atheistische Motiv des »Materialismus« von Marx kommt schon im Thema seiner Dissertation über zwei antike Atheisten und Materialisten zum Ausdruck. Epikur gilt ihm als der größte griechische Aufklärer, der als erster unter den sterblichen Menschen es wagte, den Göttern des Himmels zu trotzen. Die Philosophie des menschlichen »Selbstbewußtseins« bekennt sich zu Prometheus als dem vornehmsten Märtyrer im philosophischen Kalender und gegen alle himmlischen und irdischen Götter[137]. Die Destruktion der christlichen Religion ist die Voraussetzung für die Konstruktion einer Welt, in welcher der Mensch Herr seiner selbst ist.

Marxens Kritik des preußischen Staats und der Hegelschen Staatsphilosophie beginnt daher mit der Feststellung, daß die Kritik der Religion – diese »Voraussetzung aller Kritik«, nämlich der Welt – im Wesentlichen beendigt sei. »Es ist also die *Aufgabe der Geschichte*, nachdem das *Jenseits der Wahrheit* verschwunden ist, die *Wahrheit des Diesseits* zu etablieren. Es ist zunächst die *Aufgabe der Philosophie*, die im Dienste der Geschichte steht, nachdem die *Heiligengestalt* der menschlichen Selbstentfremdung entlarvt ist, die Selbstentfremdung in ihren *unheiligen Gestalten* zu entlarven. Die Kritik des Himmels verwandelt sich damit in die Kritik der Erde, die *Kritik der Religion* in die *Kritik des Rechts*, die *Kritik der Theologie* in die *Kritik der Politik*.«[138] Zugleich mit der Philosophie steht auch die Kritik der Ökonomie im Dienst der Geschichte und daraus ist auch die Eigenart von Marxens Materialismus als eines »historischen« zu verstehen. Seine historischen Arbeiten über die Klassenkämpfe in Frankreich, den französischen Bürgerkrieg, den 18. Brumaire und die deutsche Bourgeoisie sind kein bloßes Beiwerk zu den politisch-ökonomischen Analysen, sondern ein wesentlicher Bestandteil seiner grundsätzlichen Auffassung von der Geschichtlichkeit der menschlichen Welt überhaupt.

Trotz der Voraussetzung, daß die philosophische Theorie im Dienst der geschichtlichen Praxis steht, richtet sich Marxens Kritik aber nicht, wie zu erwarten wäre, unmittelbar auf die politische Wirklichkeit, sondern auf die Hegelsche Staatsphilosophie, statt auf das »Original« auf eine »Kopie«. Der Grund für diese scheinbar »idealistische« Wen-

137 I/1, 10 und 51; vgl. 80f. und 110ff. gegen Plutarchs »theologisierenden Verstand« in seiner Polemik gegen Epikur. – Zur Geschichte des modernen Materialismus siehe III, 302ff.
138 I/1, 608.

dung liegt aber wiederum in der geschichtlichen Wirklichkeit, denn die *deutsche* politische Existenz der 40er Jahre ist ein »Anachronismus« innerhalb der seit der Französischen Revolution datierenden modernen europäischen Welt. Die deutsche Geschichte hatte damals noch nicht einmal nachgeholt, was schon seit 1789 in Frankreich vor sich ging. »Wir haben nämlich die Restauration der modernen Völker geteilt, ohne ihre Revolutionen zu teilen. Wir wurden restauriert, erstens, weil andere Völker eine Revolution wagten, und zweitens, weil andere Völker eine Contrerevolution litten, das eine Mal, weil unsere Herren Furcht hatten, und das andere Mal, weil unsere Herren keine Furcht hatten. Wir, unsere Hirten an der Spitze, befanden uns immer nur einmal in der Gesellschaft der Freiheit, am *Tag ihrer Beerdigung.*«[139]. Deutschland hat nur *eine* radikale Tat der Befreiung erlebt, den Bauernkrieg[140], und dieser scheiterte an der Reformation, in der sich Deutschlands revolutionäre Vergangenheit »theoretisch«, d.i. religiös, manifestierte. Heute aber, »wo die Theologie selbst gescheitert ist«, wird »die unfreieste Tatsache der deutschen Geschichte, unser status quo, an der Philosophie scheitern«, d. s. h.: an Marxens geschichtlicher Praxis der philosophischen Theorie. – Im Gedanken jedoch haben die Deutschen ihre Nachgeschichte schon im voraus gehabt, nämlich in Hegels Rechtsphilosophie, deren Prinzip über den bestehenden deutschen Zustand hinausgeht. »Wir sind *philosophische* Zeitgenossen der Gegenwart, ohne ihre *historischen* Zeitgenossen zu sein. Die deutsche Philosophie ist die *ideale Verlängerung* der deutschen Geschichte [...]. Was bei den fortgeschrittenen Völkern *praktischer* Zerfall mit den modernen Staatszuständen ist, das ist in Deutschland, wo diese Zustände selbst noch nicht einmal existieren, zunächst *kritischer* Zerfall mit der philosophischen Spiegelung dieser Zustände. Die *deutsche Rechts- und Staatsphilosophie* ist die einzige mit der *offiziellen* modernen Gegenwart al pari stehende *deutsche Geschichte.* Das deutsche Volk muß daher diese seine Traumgeschichte mit zu seinen bestehenden Zuständen schlagen und nicht nur diese bestehenden Zustände, sondern zugleich ihre abstrakte Fortsetzung der Kritik unterwerfen. Seine Zukunft kann sich weder auf die unmittelbare Verneinung seiner reellen, noch auf die unmittelbare Vollziehung seiner ideellen Staats- und Rechtszu-

139 I/1, 608f.
140 Siehe dazu Engels, *Der deutsche Bauernkrieg,* hrsg. von H. Duncker, Berlin 1930.

stände *beschränken,* denn die unmittelbare Verneinung seiner reellen Zustände besitzt es in seinen ideellen Zuständen, und die unmittelbare Vollziehung seiner ideellen Zustände hat es in der Anschauung der Nachbarvölker beinahe schon wieder *überlebt.*«[141]

Wie sehr Marx mit dieser Kritik Hegelianer oder Hegel »Marxist« ist, zeigen Hegels Darlegungen über das verschiedene Verhältnis der Philosophie zur Wirklichkeit in Frankreich und Deutschland: auch er behauptet, daß in Deutschland das Prinzip der Freiheit nur als Begriff vorhanden sei, während es in Frankreich zur politischen Existenz kam. »Was in Deutschland von Wirklichkeit hervorgetreten, erscheint als eine Gewaltsamkeit äußerer Umstände und Reaktion dagegen.«[142] Die Franzosen haben den »Sinn der Wirklichkeit, des Handelns, Fertigwerdens – Wir haben allerhand Rumor im Kopfe [...], dabei läßt der deutsche Kopf eher seine Schlafmütze ganz ruhig sitzen und operiert innerhalb seiner.«[143]

Die Folgerung, die Hegel aus diesem Unterschied zog, war: diese beiden, je einseitigen Formen der theoretischen und praktischen Freiheit konkret aus der »Einheit des Denkens und Seins« als der Grundidee der Philosophie zu begreifen. Faktisch hat er sich mit diesem spekulativen Übergriff aber doch nicht über die bestimmte Wirklichkeit, sondern auf die Seite der deutschen Theorie gestellt.

Marx nimmt in bezug auf das Verhältnis der Philosophie zur Wirklichkeit eine doppelte Frontstellung ein: gegen die praktische Forderung einer einfachen Negation der Philosophie und zugleich gegen die bloß theoretische Kritik der politischen Partei. Die einen glauben, die deutsche Philosophie gehöre nicht mit zur Wirklichkeit und möchten die Philosophie aufheben, ohne sie zu verwirklichen; die andern meinen, man könne die Philosophie verwirklichen, ohne sie aufzuheben. Die wahre Kritik muß beides leisten. Sie ist eine kritische Analyse des modernen Staates und zugleich eine Auflösung des bisherigen politischen Bewußtseins, dessen universellster und letzter Ausdruck Hegels Philosophie des Rechts ist. »War nur in Deutschland die spekulative Rechtsphilosophie möglich, dies abstrakte überschwängliche *Denken* des modernen Staats, dessen Wirklichkeit ein Jenseits bleibt [...], so war ebensosehr umgekehrt das *deutsche,* vom *wirklichen Menschen*

141 I/1, 612f.
142 XV, 535.
143 XV, 553.

abstrahierende Gedankenbild des modernen Staates nur möglich, weil und insofern der moderne Staat selbst vom *wirklichen Menschen* abstrahiert oder den *ganzen* Menschen auf eine nur imaginäre Weise befriedigt. Die Deutschen haben in der Politik *gedacht,* was die anderen Völker *getan* haben. Deutschland war ihr *theoretisches Gewissen.* Die Abstraktion und Überhebung seines Denkens hielt immer gleichen Schritt mit der Einseitigkeit und Untersetztheit ihrer Wirklichkeit. Wenn also der *status quo* des *deutschen Staatswesens* die *Vollendung des ancien régime* ausdrückt [...], so drückt der *status quo des deutschen Staatswissens* die *Unvollendung des modernen Staats aus.*«[144] Aus dieser praktischen Bedeutung der Hegelschen Theorie für die deutsche Geschichte begründet sich Marxens vorzügliches Interesse an einer theoretischen Kritik der Rechtsphilosophie[145]

Die dialektische Einheit in Marxens Beurteilung der deutschen Philosophie und Wirklichkeit unterscheidet ihn sowohl vom alten wie jungen Hegelianismus, dem der praktische oder materielle Gesichtspunkt für das Begreifen der wirklichen Weltgeschichte noch fehlte. In dem Entwurf zu einer Vorrede zur *Deutschen Ideologie* moquiert sich Marx über die »unschuldigen Phantasien« der Junghegelianer, deren revolutionäre Phrasen das deutsche Publikum mit Ehrfurcht und Entsetzen empfange. »Diese Schafe, die sich für Wölfe halten« und auch dafür gehalten wurden, zu entlarven und zu zeigen, wie die Prahlereien dieser letzten Philosophen nur die Erbärmlichkeit der deutschen Zustände spiegeln, war der Zweck der *Deutschen Ideologie.*

»Wie deutsche Ideologen melden«, beginnt der Abschnitt über Feuerbach, »hat Deutschland in den letzten Jahren eine Umwälzung ohnegleichen durchgemacht. Der Verwesungsprozeß des Hegelschen Systems, der mit Strauß begann, hat sich zu einer Weltgärung entwickelt, in welche alle ›Mächte der Vergangenheit‹ hineingerissen sind. In dem allgemeinen Chaos haben sich gewaltige Reiche gebildet, um alsbald wieder unterzugehen, sind Heroen momentan aufgetaucht, um von kühneren und mächtigeren Nebenbuhlern wieder in die Finsternis zurückgeschleudert zu werden. Es war eine Revolution, wogegen die französische ein Kinderspiel ist, ein Weltkampf, vor dem die Kämpfe der Diadochen kleinlich erscheinen. Die Prinzipien verdrängten, die Gedankenhelden überstürzten einander mit unerhörter Hast, und in

144 I/1, 614.
145 Siehe dazu im folgenden II. Teil, Kap. I, 3.

den drei Jahren 1842–45 wurde in Deutschland mehr aufgeräumt als sonst in drei Jahrhunderten.«[146] In Wahrheit handelt es sich aber um keine Revolution, sondern nur um den »Verfaulungsprozeß des absoluten Geistes«. Die verschiedenen philosophischen »Unternehmer«, die bisher von der Ausbreitung des Hegelschen Geistes lebten, warfen sich auf neue Verbindungen; sie verschleuderten den ihnen zugefallenen Erbteil in gegenseitiger Konkurrenz. »Sie wurde anfangs ziemlich bürgerlich und solide geführt. Später, als der deutsche Markt überführt war und die Ware trotz aller Mühe auf dem Weltmarkt keinen Anklang fand, wurde das Geschäft nach gewöhnlicher deutscher Manier verdorben durch fabrikmäßige und Scheinproduktion, Verschlechterung der Qualität, Sophistikation des Rohstoffs, Verfälschung der Etiketten, Scheinkäufe, Wechselreiterei und ein aller reeller Grundlage entbehrendes Kreditsystem. Die Konkurrenz lief in einen erbitterten Kampf aus, der uns jetzt als welthistorischer Umschwung, als Erzeuger der gewaltigsten Resultate und Errungenschaften angepriesen und konstruiert wird. Um diese philosophische Marktschreierei, die selbst in der Brust des ehrsamen deutschen Bürgers ein wohltätiges Nationalgefühl erweckt, richtig zu würdigen, um die Kleinlichkeit, die lokale Borniertheit dieser ganzen Junghegelschen Bewegung, um namentlich den tragikomischen Kontrast zwischen den wirklichen Leistungen dieser Helden und den Illusionen über diese Leistungen anschaulich zu machen, ist es nötig, sich den ganzen Spektakel einmal von einem Standpunkte anzusehen, der außerhalb Deutschlands liegt.«[147]

Im Unterschied zur französichen Kritik hat die deutsche auch noch in ihren radikalsten Bemühungen den Boden der Philosophie nie verlassen. »Weit davon entfernt, ihre allgemein-philosophischen Voraussetzungen zu untersuchen, sind ihre sämtlichen Fragen sogar auf dem Boden eines bestimmten philosophischen Systems, des Hegelschen, gewachsen. Nicht nur in ihren Antworten, schon in den Fragen selbst lag eine Mystifikation. Diese Abhängigkeit von Hegel ist der Grund, warum keiner dieser neueren Kritiker eine umfassende Kritik des Hegelschen Systems auch nur versuchte, so sehr jeder von ihnen behauptet, über Hegel hinaus zu sein. Ihre Polemik gegen Hegel und gegeneinander beschränkt sich darauf, daß jeder eine Seite des Hegelschen Systems herausnimmt und diese sowohl gegen das ganze System, wie gegen die

146 V, 7.
147 V, 7f.

von den andern herausgenommenen Seiten wendet. Im Anfange nahm man reine, unverfälschte Hegelsche Kategorien heraus, wie Substanz und Selbstbewußtsein, später profanierte man diese Kategorien durch weltlichere Namen, wie Gattung, der Einzige, der Mensch usw.«[148]

Die wirkliche Leistung der deutschen Kritik beschränkt sich auf die Kritik der Theologie und Religion, der auch die moralischen, rechtlichen und politischen Vorstellungen subsumiert wurden. Während die Junghegelianer alles »kritisierten«, indem sie es einfach für »theologisch« erklärten, haben die Althegelianer alles »begriffen«, sobald es sich auf Hegelsche Kategorie zurückführen ließ. Beide Parteien stimmen überein im Glauben an die Herrschaft allgemeiner Begriffe, nur bekämpfen die einen diese Herrschaft als Usurpation, wogegen sie die anderen als legitim erklären. Die Althegelianer wollen das alte Bewußtsein konservieren, die Junghegelianer wollen es revolutionieren, beide in gleicher Entfernung vom wirklichen geschichtlichen Sein – mögen sie auf einem »menschlichen« (Feuerbach), »kritischen« (Bauer) oder auch »egoistischen« (Stirner) Bewußtsein bestehen. »Diese Forderung, das Bewußtsein zu verändern, läuft auf die Forderung hinaus, das Bestehende anders zu interpretieren, d.h. es vermittelst einer andern Interpretation anzuerkennen. Die junghegelschen Ideologen sind trotz ihrer angeblich ›welterschütternden‹ Phrasen die größten Konservativen. Die jüngsten von ihnen haben den richtigen Ausdruck für ihre Tätigkeit gefunden, wenn sie behaupten, nur gegen ›*Phrasen*‹ zu kämpfen. Sie vergessen nur, daß sie diesen Phrasen selbst nichts als Phrasen entgegensetzen, und daß sie die wirkliche bestehende Welt keinswegs bekämpfen, wenn sie nur die Phrasen dieser Welt bekämpfen. Die einzigen Resultate, wozu diese philosophische Kritik es bringen konnte, waren einige und noch dazu einseitige religionsgeschichtliche Aufklärungen über das Christentum; ihre sämtlichen sonstigen Behauptungen sind nur weitere Ausschmückungen ihres Anspruchs, mit diesen unbedeutenden Aufklärungen welthistorische Entdeckungen geliefert zu haben. Keinem von diesen Philosophen ist es eingefallen, nach dem Zusammenhange der deutschen Philosophie mit der deutschen Wirklichkeit, nach dem Zusammenhange ihrer Kritik mit ihrer eignen materiellen Umgebung zu fragen.«[149] Die Grenze ihrer Theorie war die geschichtliche Praxis, innerhalb dieser Beschränktheit gingen sie aber so weit, als

148 V, 8.
149 V, 9f.

es möglich ist, ohne aufzuhören im philosophischen Selbstbewußtsein zu existieren.

Dieser ganzen deutschen Ideologie gegenüber entwickelte Marx seine materialistische Geschichtsanschauung, welche seitdem auch die Denkweise der Nicht- und Antimarxisten, mehr als sie es selber wissen wollen, bestimmt. Es macht im Verhältnis zu Hegels geistiger Welt keinen prinzipiellen Unterschied aus, ob man die »Geistesgeschichte« post Hegel vorzüglich an den wirtschaftlichen Produktionsverhältnissen oder allgemein soziologisch oder an der »gesellschaftlich-geschichtlichen Wirklichkeit« und ob man die Geschichte am Leitfaden von Klassen oder von Rassen zu einer materiellen Auslegung bringt. Sie alle möchten wie Marx den »wirklichen Lebensprozeß« und die »bestimmte Lebensweise« begreifen, die nicht voraussetzungslos, sondern im Gegenteil die Voraussetzung auch der Denkweise ist. »Die Betrachtungsweise ist nicht voraussetzungslos. Sie geht von den wirklichen Voraussetzungen aus, sie verläßt sie keinen Augenblick. Ihre Voraussetzungen sind die Menschen nicht in irgendeiner phantastischen Abgeschlossenheit und Fixierung, sondern in ihrem wirklichen [...] Entwicklungsprozeß unter bestimmten Bedingungen. Sobald dieser tätige Lebensprozeß dargestellt wird, hört die Geschichte auf, eine Sammlung toter Fakta zu sein, wie bei den selbst noch abstrakten Empirikern, oder eine eingebildete Aktion eingebildeter Subjekte, wie bei den Idealisten.«[150] Gerade diese Bedingtheit jeder geschichtlichen Existenz wird von Marx zum einzig Unbedingten erklärt. Damit ist Hegels Metaphysik der Geschichte des Geistes so extrem wie nur möglich verendlicht und im Dienst der Geschichte verzeitlicht.

Von diesem geschichtlichen Standpunkt aus rückt für Marx die ganze bisherige Geschichte in die Rolle der bloßen »Vorgeschichte« vor einer totalen Veränderung der bestehenden Produktionsverhältnisse als der Art und Weise, wie die Menschen ihr Leben physisch und geistig hervorbringen. Dem »Knotenpunkt« in der Geschichte der Philosophie entspricht ein Schnittpunkt in der Geschichte der Welt zwischen dem Künftig und dem Bisher. In der Radikalität dieses Anspruchs kann sich mit Marx nur noch das umgekehrte Programm von Stirner messen, dessen Buch die ganze Geschichte der Welt in zwei Abschnitte teilt, betitelt: »Der Mensch« und »Ich«.

150 V, 16; vgl. zur Kritik von Hegels Begriff des Sich-selber-Voraussetzens: V, 245 ff.

d) M. Stirner (1806–1856)

Man hat Stirners Buch *Der Einzige und sein Eigentum* zumeist als das anarchische Produkt eines Sonderlings aufgefaßt, es ist aber vielmehr eine letzte Konsequenz aus Hegels weltgeschichtlicher Konstruktion, die es – allegorisch entstellt – genau wiederholt. Stirner selbst bekennt diese Abkunft von Hegel in seiner Besprechung von Bauers *Posaune*. Habe doch Hegel selbst am Schluß seiner Geschichte der Philosophie dazu aufgefordert, den Geist der Zeit zu ergreifen und seine Verschlossenheit an den Tag zu ziehen – jeder an seinem Ort. Auch Marx hat Stirners Buch als eine Geschichtskonstruktion nach dem Muster von Hegel begriffen und dafür im einzelnen den Nachweis erbracht[151]. Stirners Hegelianismus wird aber dadurch verdeckt, daß er den Hegelschen Kategorien populäre und darum konkreter wirkende Namen gibt, womit er sich über die Geschichte des »Geistes« erhaben wähnt[152].

Der *Einzige und sein Eigentum* lebt von der Meinung, der Anfang einer neuen Epoche zu sein, in der das je einzige Ich zum Eigner seiner je eigenen Welt wird. Zum Zweck dieser Revolution kehrt Stirner in das »schöpferische Nichts« zurück. Von ihm aus entwirft er die Geschichte der »alten« und »neuen« Welt des Heidentums und des Christentums in einem endgeschichtlichen Horizont, und der neue Anfang bin »Ich«. Den Alten war die *Welt* eine sinnliche Wahrheit, hinter welche das Christentum kam; den Neuen wurde der *Geist* zur übersinnlichen Wahrheit, hinter die Stirner in der Konsequenz von Feuerbach kam. Der letzte Ausläufer der »Geistes«-Geschichte des Christentums ist der politische, soziale und humane »Liberalismus« der Linkshegelianer, den Stirner mit seinem »Verein von Egoisten« übertrumpft. Radikal, d. h. wurzellos wie er ist, hat er sowohl die »Weltweisheit« der Griechen wie die »Gottesgelahrtheit« der Christen und auch die »theologischen Insurrektionen« der neuesten Atheisten schon hinter sich.

Seit 2000 Jahren arbeitet man daran, den ursprünglich heilig gewesenen Geist zu entweihen. Seine letzte und höchste Gestalt hat der christliche Glaube an den Geist, der lebendig macht, in Hegel erreicht.

151 Siehe dazu K. A. Mautz, *Die Philosophie M. Stirners im Gegensatz zum Hegelschen Idealismus,* Berlin 1936. – Auffallenderweise wird in dieser Schrift Marxens Analyse von Stirners Hegelianismus als nichtexistierend behandelt, obwohl sie die einzige Arbeit ist, die den Nachweis für die These des Verf. erbracht hat.

152 V, 109 ff. und 118.

Die Entwicklung, die nach dem katholischen Mittelalter begann, hat sich in ihm vollendet. Luther hat alles weltliche Sein im Glauben geheiligt, Descartes durch die Begründung im Denken und Hegel in der spekulativen Vernunft. »Daher gelang auch dem Lutheraner Hegel [...] die vollständige Durchführung des Begriffs durch Alles. In Allem ist Vernunft, d.h. Heiliger Geist.«[153] Gemessen an der von Stirner erreichten »vollkommenen Lumperei« ist aber der Unterschied zwischen Luther, Descartes und Hegel verschwindend. Sie alle glaubten an etwas Göttliches im Menschen, sie kannten noch nicht den ganz gemeinen, nackten Menschen, der sein je eigenes Ich ist. Zuletzt schien der humanitäre »Mensch« noch eine göttliche Wahrheit zu sein, aber er ist nur eine »inhaltsvolle Phrase«, die Stirner mit seiner »absoluten Phrase« vom Einzigen als dem Ende aller Phrasen überholt. Sein Ausgangspunkt ist darum weder der Geist noch der Mensch, sondern ausschließlich er selbst. Am äußersten Rand eines verlorenen Glaubens an den christlichen Geist und die heidnische Welt schöpft Stirners »Ich« aus dem Nichts seine Welt. Und es zeigt sich, daß der Mensch überhaupt keine allgemeine »Bestimmung« und »Aufgabe« hat[154], denn der Sinn des Einzigen liegt einzig und allein in seiner je eigenen Aneignungskraft.

Fragt man dagegen nach einer allgemeinen Bestimmung *des* Menschen, so bewegt man sich noch im »christlichen Zauberkreis« und innerhalb der Spannung des allgemeinen (göttlichen) »Wesens« und der einzelnen (irdischen) »Existenz«. Das Christentum, dem es ebenso wie dem Altertum noch um Göttliches ging, hat es zu keiner eindeutigen *Welt*geschichte gebracht. Dem Christen schwebte die Erlösung der Welt als das »Ende der Tage«, vor, dem Menschen als »Ziel der Geschichte«: beide setzten die Geschichte nicht in den jeweiligen »Augenblick«[155], welcher der zeitliche Punkt des »Ich« ist. Erst der als Ich entzauberte Mensch, der weder ein Teilhaber am christlichen Gottesreich, noch ein Geschäftsträger in Hegels geistigem Weltreich ist, ist *für sich selbst* schon die *Weltgeschichte* – »und das geht *über* das Christliche!« Der Einzige ist unbesorgt um die ganze übrige Welt, die sein

153 *Der Einzige und sein Eigentum,* a.a.O., S. 111.
154 *Kleinere Schriften,* a.a.O., S. 369.
155 Der Anlaß zu Stirners Motto dürfte Goethes Gedicht »Vanitas vanitatum vanitas« gewesen sein. Auch Kierkegaard war darauf aufmerksam geworden. In den *Tagebüchern* (ed. Ulrich, S. 145) bezeichnet er es als »sehr interessant«, nämlich im Hinblick darauf, daß es das nihilistische »Lebensresultat« einer sehr großen Individualität sei.

verbrauchbares Eigentum ist. »Stell' ich auf Mich, den Einzigen, meine Sache, dann steht sie auf dem vergänglichen, dem sterblichen Schöpfer seiner, der sich selbst verzehrt, und Ich darf sagen: Ich hab' mein Sach' auf Nichts gestellt.« Mit dieser extremen Verendlichung und Verzeitlichung, die nicht mehr das allgemeine »Gattungswesen« des Menschen betrifft (Marx), sondern nur noch das Ich, beschließt Stirner seine durch Hegels Vollendung bedingte Konstruktion der Geschichte.

Vom Standpunkt der materialistischen Geschichtsauffassung aus hat Marx diese Konstruktion in seiner Kritik »Sankt Max« als eine zur »Gespenstergeschichte« gewordene Geister-Geschichte heruntergemacht. Stirner verwechsle das »Berliner Lokalresultat«, daß die ganze Welt in der Hegelschen Philosophie »alle jeworden sei«, mit seinem je »eigenen« Weltreich. »Bei einem lokalisierten Berliner Schulmeister oder Schriftsteller [...], dessen Tätigkeit sich auf saure Arbeit einerseits und Denkgenuß andererseits beschränkt, dessen Welt von Moabit bis Köpenick geht und hinter dem Hamburger Tor mit Brettern zugenagelt ist, dessen Beziehungen zu dieser Welt durch eine miserable Lebensstellung auf ein Minimum reduziert werden, bei einem solchen Individuum ist es allerdings nicht zu vermeiden, wenn es Denkbedürfnis besitzt, daß das Denken ebenso abstrakt wird, wie dies Individuum und sein Leben selbst.«[156] Ein solcher Denker mußte die Philosophie damit verenden lassen, »daß er seine Gedankenlosigkeit als das Ende der Philosophie und damit als den triumphierenden Eingang in das leibhaftige Leben proklamierte«, während er in Wirklichkeit nur »eine Kreiselbewegung auf dem spekulativen Absatz« ausführte.

Positiv will Marx nachweisen, daß Stirner nur der radikalste Ideologe der zerfallenen bürgerlichen Gesellschaft als einer Gesellschaft von »vereinzelten Einzelnen« ist. Wovon sich Stirner befreit, das sind keine wirklichen Daseinsverhältnisse, sondern bloße Bewußtseinsverhältnisse, die er nicht selber durchschaut, weil er im privaten Egoismus der bürgerlichen Gesellschaft befangen ist. Er verabsolutiert daher den Privatmenschen und das Privateigentum zur »Kategorie« *des* Einzigen und *des* Eigentums. Im Gegensatz zu dieser These vom Eigentum des je »Einzigen« hat Marx eine Enteignung gefordert, um dem Menschen als »Gattungswesen« die Welt als die seine zu eigen zu geben. Stirner und Marx philosophieren einander entgegen in derselben Wüste der Freiheit: der sich selbst entfremdete Mensch von Marx muß das Ganze der

156 V, 243.

bestehenden Welt durch eine Revolution verändern, um im Anderssein bei sich selbst sein zu können; das los und ledig gewordene Ich von Stirner weiß umgekehrt nichts anderes zu tun, als in sein Nichts zurückzukehren, um die Welt, so wie sie ist, zu verbrauchen, soweit sie ihm brauchbar ist.

e) B. Bauer (1809–1882)

Bauers schriftstellerische Wirksamkeit beginnt mit einer Kritik der evangelischen Geschichte der Synoptiker und endet mit einer Fülle von zeitgeschichtlichen Arbeiten, welche die revolutionären Bewegungen des 18. und 19. Jahrhunderts in Frankreich und Deutschland behandeln[157]. Wie alle jüngeren Hegelianer denkt er von Grund aus ge-

157 Bekannt geworden sind uns von B. Bauer folgende *theologisch-philosophische Schriften: Zeitschrift für spekulative Theologie,* Berlin, 5 Hefte (1836/37); *Herr Dr. Hengstenberg, Ein Beitrag zur Kritik des religiösen Bewußtseins,* (1839); *Die evangelische Landeskirche Preußens und die Wissenschaft* (anonym; 1840); *Kritik der evangelischen Geschichte des Johannes* (1840); *Die Posaune des jüngsten Gerichts über Hegel…* (anonym; 1841); *Hegels Lehre von der Religion und Kunst…* (anonym; 1842); *Die gute Sache der Freiheit und meine eigene Angelegenheit* (1842); *Kritik der evangelischen Geschichte der Synoptiker,* Bd. I–III (1841/42); *Das entdeckte Christentum…* (1843); *Die Apostelgeschichte, eine Ausgleichung des Paulinismus und des Judentums innerhalb der christlichen Kirche,* (1850); *Kritik der Paulinischen Briefe,* Teil I–III (1851/52); *Philo, Strauß und Renan und das Urchristentum* (1874); *Christus und die Cäsaren, der Ursprung des Christentums aus dem römischen Griechentum* (1877); *Das Urevangelium und die Gegner der Schrift Christus und die Cäsaren,* (1880).

Politisch-historische Schriften: Die Denkwürdigkeiten zur Geschichte der neueren Zeit seit der Französischen Revolution (1843); *Die Septembertage 1792 und die ersten Kämpfe der Parteien der Republik* (1844); *Geschichte der Politik, Kultur und Aufklärung des 18. Jahrhunderts,* I/II (1843/45); *Geschichte der konstitutionellen und revolutionären Bewegungen im südlichen Deutschland in den Jahren 1831–34,* Bd. I–III (1845); *Geschichte Deutschlands während der Französischen Revolution* (1846); *Vollständige Geschichte der Parteikämpfe in Deutschland während der Jahre 1842–46,* Bd. I–III (1847); *Der Fall und Untergang der neuesten Revolutionen* (1846–50); *Die bürgerliche Revolution in Deutschland seit dem Anfang der deutsch-katholischen Bewegung bis zur Gegenwart* (1849); *Der Untergang des Frankfurter Parlaments* (1849); *Rußland und das Germanentum* (1853); *Einfluß des englischen Quäkertums auf die deutsche Kultur und auf das englisch-russische Projekt einer Weltkirche* (1878); *Zur Orientierung über die Bismarcksche Ära* (1880).

schichtlich; die oberste Instanz des geistigen Geschehens ist der Geschichtsprozeß. Im Unterschied zu den Linkshegelianern, welche die Philosophie praktizieren wollten, hat er das endgültige Ende der Metaphysik erklärt und sich seinerseits auf eine permanente Kritik verlegt, deren »Reinheit« es nicht erlaubte, ihr eine praktische Wendung zu geben. Er wollte die bestehende Welt weder »verändern« noch für sich selber »verbrauchen«, sondern die geschichtliche Lage kritisch erhellen. Auch seine Stellung zu Hegels Vollendung ist weltgeschichtlich bestimmt, und zwar wird der Abschluß der christlich-germanischen Welt im Horizont des beginnenden Aufstiegs von Rußland gesehen. Eine Schrift von 1853 über *Rußland und das Germanentum,* die schon Gedanken von Dostojewski vorwegnimmt, analysiert die geschichtliche Situation der deutschen Philosophie.

Kants philosophische und politische Ideen bewegen sich innerhalb der Schranken der Französischen Revolution, in der er die höchste Bürgschaft für die moralische Anlage der Menschheit zum Fortschritt erblickte und aus deren Erfahrung er auch die Aufgabe der Geschichte bestimmte. Fichte hat dem Stolz der Deutschen geschmeichelt, indem er sie als das schöpferische Urvolk darstellte und an die Selbstbehauptung ihres eigenen Wesens die Wiederherstellung auch der übrigen Menschheit knüpfte. Hegels Vollendung des Wissens ist als Erinnerung der zurückgelegten Geschichte ein Ende. Er schloß die Möglichkeit eines Bruchs mit der ganzen bisherigen Kultur aus seiner Darstellung aus und ließ die Frage nach einem neuen Zeitalter nicht aufkommen. »Alle diese deutschen Philosophen, die den Ansichten ihrer Nation den höchsten und reinsten Ausdruck gaben, dachten nur an den Westen – der Osten war für sie noch nicht da – ein Verhältnis der germanischen Welt zu Rußland existierte für sie noch nicht. Und doch hatte Katharina schon zu Kants Zeiten eine Diktatur über den Kontinent aufgerichtet, die an Kraft, Einfluß und welthistorischer Bedeutung diejenige Karls V. von Spanien und Ludwigs XIV. von Frankreich bei weitem übertraf.«[158] Die Frage der Gegenwart ist, »ob die germanische Welt den Untergang der alten Zivilisation (denn nichts ist gewisser als dieser Untergang) überleben, oder ob die russische Nation allein die neue Zivilisation bestimmen wird – ob das beginnende Zeitalter das russische heißen, oder ob ihm im Verein mit dem Russentum auch das Germanentum

158 *Rußland und das Germanentum,* S. 1f.

seinen Namen beilegen wird.«[159] »Die deutsche und die russische Frage sind die beiden einzigen lebendigen Fragen des neuern Europa – nur ist die letztere schon so genau formuliert, daß ihre Beantwortung der der andern vorangehen wird, und von einer so großen Organisation unterstützt, daß die Macht, der ihre Leitung unterliegt, den Augenblick bestimmen kann, in dem sie die Beantwortung herbeiführen und den gordischen Knoten durchhauen will.«[160]

Im Zusammenhang mit der Auflösung Alteuropas beurteilt Bauer auch »Das Ende der Philosophie«[161] als den natürlichen Abbschluß einer historischen Entwicklung und als Übergang zu einer neuen Organisation sowohl der politischen wie der geistigen Welt. »Ist es ein bloßer Zufall, daß die Philosophie, der die Deutschen in den letzten achtzig Jahren ihre besten Köpfe gewidmet haben, in demselben Augenblick zusammenfallen soll, in dem Deutschland mit all seinen Nationalversammlungen, Kongressen und Zollberatungen vergeblich nach dem Sitz der innern Kraft sucht, die imstande wäre, es zu organisieren? Ist es zufällig, daß die erobernde Kraft, mit der die Philosophie die einzelnen Wissenschaften, moralische wie physikalische, sich selbst unterwarf, vollständig zerstört – daß die Suprematie, die sie bisher über die Wissenschaften ausgeübt hat, in demselben Augenblick in Frage gestellt werden soll, in dem die Nation, die den Westen im Namen der Philosophie erschüttert hat, [...] gleichfalls ihre Angriffskraft verloren hat? [...] Ist es endlich zufällig, daß in demselben Augenblick, in dem die geistige Suprematie der Metaphysiker ihre Endschaft erreicht hat, eine Nation die Diktatur über den Kontinent behauptet, die vom Beginn ihrer Existenz an den philosophischen Arbeiten des Westens fremd geblieben ist, der die Metaphysik des Westens keinen Skrupel macht und die – wir meinen die russische Nation – nur Einen Gesichtspunkt kennt, den praktischen? Nein! Es ist kein Zweifel – die Katastrophe, die zu gleicher Zeit das ganze europäische Staatensystem, den Konstitutionalismus wie die Metaphysik betroffen hat, ist ein innerlich zusammenhängendes Ereignis.«[162] Die Universitäten, führt Bauer weiter aus, sind reizlos geworden, ihre philosophischen Lehrer sind nur noch Repetenten antiquierter Systeme; sie bringen nicht mehr einen einzigen neuen

159 Ebenda, S. 7 f.
160 Ebenda, S. 83 f.
161 Ebenda, S. 44 ff.
162 Ebenda, S. 45 f.

Gedanken hervor, der die Welt, wie früher, bewegen könnte. Die allgemeine Not der Zeit, ein geistiger und ökonomischer »Pauperismus«[163] hat das Interesse an den metaphysischen Studien aufgelöst. Mit Recht nimmt die Hörerzahl der Universitäten mit jedem Jahre ab, während die Fachschulen für Techniker Zulauf bekommen. Auch die Akademien bezeugen den Verfall der allgemeinen Studien, seitdem sie sich aus den gewöhnlichsten Routiniers ergänzen. »Die Völker, die mit der Unterwerfung der Natur endlich zustande kommen wollen, brauchen nur den Ingenieur, der industrielle Anstalten auf neuen und folgenreichen Prinzipien gründet, oder in der Ausführung von Kommunikationsmitteln bisher gefürchtete Schwierigkeiten niederwirft; das ist der Mann, dem die Völker in ihrem praktischen Kampf mit Raum und Zeit ihr Vertrauen schenken; aber sie haben weder Zeit noch Lust dazu, auf den Streit der Philosophen über den Begriff von Zeit und Raum zu hören oder sich für das Geschick zu interessieren, mit dem dieselben den Übergang von der Idee zur Natur zu bewerkstelligen wissen. – Und die Regierungen? Die stehenden Heere sind ihre Philosophenschulen, die sich gegenwärtig dahin geeinigt haben, die Völker in dem einzig zeitgemäßen System der Ruhe und Ordnung zu unterrichten. Die Lehrer der alten Metaphysik dulden sie nur noch an den Universitäten, wie man eine alte Ruine neben einem neuen Etablissement duldet, solange das dringende Bedürfnis noch nicht ihren Abbruch verlangt.« – »Und Europa hat Recht. Es drückt nur dasselbe aus, was die deutsche Kritik zehn Jahre vorher erklärt und auszuführen begonnen hat. Wenn Europa von der Metaphysik sich für immer abgewandt hat, so ist dieselbe durch die Kritik für immer zerstört worden und es wird nie wieder ein metaphysisches System, d.h. ein solches aufgerichtet werden, welches in der Geschichte der Kultur einen Platz behaupten wird.«[164]

Statt dessen werden über Europa imperialistische Diktaturen Herr werden, durch die sich die Frage: Rußland oder Europa, entscheidet. »Der Illusion der Märzrevolution, daß die Zeit angebrochen, in der die Glieder der geschichtlichen Völkerfamilie durch den neuen Grundsatz der Gleichberechtigung gegen frühere Einflüsse und in ihrer Selbstbe-

163 Vgl. dazu im dritten Teil von Bauers *Vollständiger Geschichte der Parteikämpfe* das Kapitel über den »Pauperismus« und die »Universitätsbewegung«.
164 *Rußland und das Germanentum*, S. 47ff.; vgl. dazu vom Verf.: *Jacob Burckhardt*, S. 159ff. und 233ff. (jetzt in: *Sämtliche Schriften 7. Jacob Burckhardt*. Stuttgart 1984, S. 180ff. und S. 246ff.).

stimmung geschützt, sich selbständig konstituieren und friedlich zusammenwirken werden (eine Illusion, die sich in den [...] Versuchen einzelner Regierungen, wie in der Idee der Völkerkongresse und in den Beratungen der Friedenskongresse aussprach) – dieser Illusion geht es wie allen andern, die seit dem Sturze der früheren Schranken der persönlichen Tätigkeit die Ära einer neuen Freiheit datieren und sich in der Anerkennung einer straffer angespannten Gewalt auflösen müssen. Es geht ihnen allen wie der Illusion, die im Individualismus, dem Ergebnis der letzten sechzig Revolutionsjahre, die Lösung und das Ganze sieht, während sie es täglich erfahren muß, daß er nur ein Provisorium und nur *eine Seite* bildet und durch ein eisernes Gesetz an seinen *Gegensatz,* den Imperialismus und die Diktatur angeklammert ist.«[165] Denn die Zerstörung der alten Verbände und Stände hat dem Individuum seine persönliche Bedeutung als eines Mitglieds bestimmter Korporationen genommen und es damit einem »erweiterten Zentralisationssystem und der Allmacht des Ganzen« unterworfen. »Die Arbeit ist befreit – aber in ihrer Entfesselung geht sie auf eine stärkere Zentralisation aus, die alle die einzelnen Existenzen, die sich in ihrer früheren Abgeschlossenheit wohl und geborgen fühlten, mit eisernen Armen herbeirafft und sie zwingt, sich ihr zu unterwerfen oder unterzugehen.« Es wird wieder ein Gesetz über die Menschen kommen, das – ähnlich wie in der alten »militärisch-theologischen Welt« vor der Französischen Revolution – die Menschen in Zucht nehmen und ihr Fühlen, Denken und Wollen nach festen Maßen bestimmen wird. Noch aber fehlt die »historische Gesetzeswissenschaft«, welche die Gemütswelt der Massen in ähnlicher Weise ergreifen könnte, wie es die alte moralische Ordnung tat. Der Vorsprung der Naturwissenschaften ist auf diesem Gebiet noch nicht eingeholt. Zwischen der überkommenen Anarchie und der künftigen Gesellschafts- und Herrschaftsform sind die Zeitgenossen haltlose Individuen, die ängstlich fragen: »was nun?« und meinen, daß ihre Unzufriedenheit mit dem Heute schon die Kraft der Zukunft enthalte.

Ihnen gegenüber stellt sich Bauer auf sein eigenes »Selbstsein« als den wahren philosophischen Standpunkt in Zeiten einer epochalen Veränderung. Als die römische Staatsmacht zerfiel, waren die Christen die »Partei der Zukunft«, gerade weil sie sich von allem Staatsleben

165 Ebenda, S. 104 f.

fernhielten. Ebenso müsse man sich auch jetzt in nichts Bestehendes einlassen, sondern sich gegenüber den Regierungsgewalten als Keim einer neuen Gemeinde behaupten. »Wie die ersten Christen sind auch jetzt wieder alle diejenigen, die eine über den Augenblick hinausgehende Idee in sich tragen, den Staatsangelegenheiten schlechthin fremd; wie die Christen dem augenblicklichen Sieg des Kaisertums ihren passiven Widerstand entgegensetzten und ihrer Zukunft warteten, so haben sich auch jetzt wieder ganze Parteien in den passiven Widerstand gegen den herrschenden Augenblick zurückgezogen.«[166] Die positive Bildungskraft erscheint aber an solchen Wendepunkten der Zeit notwendig negativ. Sokrates hat sich gegenüber dem bestehenden Staat und der religiösen Überlieferung seines *Nicht*-wissens gerühmt[167], den Christen hat *nichts* außer dem Heil der Seele gegolten, und Descartes hat am Ende des Mittelalters alles, was *nicht* im Selbstbewußtsein begründet ist, zu bezweifeln geboten. Gerade diese »Heroentaten des Nichts«[168] waren aber die Schöpfungen neuer Welten und ebenso kommt es jetzt darauf an, Nichts – nämlich vom Alten – zu wollen, um dem Menschen die Herrschaft über die Welt zu geben. Dazu bedarf es eines neuen Anfangs aus eigener Kraft, der – im Unterschied zu den Revolutionen von 1789 und 1848 – mit keinem der abgestorbenen Elemente mehr verwickelt sein darf.

Im Hegelschen Vertrauen auf den »ewigen Gang der Geschichte« hat Bauer in seinen kritisch-historischen Arbeiten die Gegenwart destruiert und die Negativität der romantischen Ironie in ähnlicher Weise, aber mit andrer Absicht als Kierkegaard überboten. Absolut ist diese Kritik, weil sie nichts als absolut gültig setzt, sondern sich selbst im eigenen kritischen Setzen schon wieder negiert. Sie unterscheidet sich darum sehr selbstbewußt von der ihr vorhergegangenen philosophischen, theologischen und politischen Kritik von Feuerbach, Strauß und Ruge, die alle noch positiv sein wollten und darum parteiisch sein mußten, während Bauer die verschiedenen Nichtigkeiten mit stoischem Gleichmut analysiert. Das Hauptthema seiner historischen Kritik war die Französische Revolution als Beginn einer universellen Destruktion. Die ihm eigentümliche kritische Leistung bestand aber in

166 Ebenda, S. 105.
167 Vgl. Kierkegaards positive Auslegung der »absoluten Negativität« im Begriff der Ironie.
168 A. a. O., S. 121.

der »Entdeckung« des von Kierkegaard vertretenen und zugleich angegriffenen Christentums. Sein kritischer Nihilismus, der sich nur an dem Glauben an die Geschichte begrenzt, hat zu seiner Zeit nicht in die Breite gewirkt, er ist aber über ein Jahrhundert hinweg in einer neuen »Partei der Zukunft« wieder lebendig geworden. Politische Schriftsteller aus dem Kreise des »Widerstands« haben Bauers Ideen aufgenommen und sie auf die Gegenwart angewandt[169].

f) S. Kierkegaard (1813–1855)

Wenn man Kierkegaard nicht bloß als »Ausnahme« nimmt, sondern als eine hervorragende Erscheinung innerhalb der geschichtlichen Bewegung der Zeit, dann zeigt sich, daß seine »Einzelheit« gar nicht vereinzelt war, sondern eine vielfach verbreitete Reaktion auf den damaligen Zustand der Welt. Als Zeitgenosse von Bauer und Stirner, von Marx und Feuerbach war er vor allem ein Kritiker des Geschehens der Zeit und sein *Entweder-Oder* in Sachen des Christentums war zugleich durch die sozial-politische Bewegung bestimmt. »In diesen Zeiten ist alles Politik«, beginnt das Vorwort zu den zwei Bemerkungen über den *Einzelnen* (1847), um damit zu schließen, daß, was die Zeit fordere, nämlich soziale Reformen, das Gegenteil sei von dem, was ihr not tue, nämlich etwas unbedingt Feststehendes. Das Unglück der Gegenwart sei, daß sie zur bloßen »Zeit« geworden ist, die nichts mehr von der Ewigkeit wissen will. In der Schrift von 1851, die Kierkegaard der Gegenwart »zur Selbstprüfung« empfahl, heißt es in der Rede über die Ausgießung des Heiligen Geistes, man werde heutzutage kaum jemand finden, der nicht an den »Geist der Zeit« glaubt, mag er im übrigen auch noch so beglückt in seiner Mittelmäßigkeit sein und im Banne erbärmlicher Rücksichten stehen. »Auch er glaubt, und zwar steif und fest, an den Zeitgeist.« Der Geist der Zeit gilt ihm als etwas Höheres als er selbst, obschon er doch nicht höher sein kann als die Zeit, über der er gleich einem Sumpfnebel schwebt. Oder man glaubt an den »Weltgeist« und »Menschengeist« des ganzen Geschlechts, um wenigstens auf diese Weise noch an das Geistige glauben zu können. Doch niemand glaubt an den Heiligen Geist, bei dem man sich etwas Bestimmtes denken

169 Siehe dazu die im Widerstands-Verlag von 1932–35 erschienenen Schriften von E. Niekisch und O. Petras: *Post Christum*, 1935.

müßte; von ihm aus gesehen sind aber all jene Geister das Böse. Lose, wie man in einer Zeit der Auflösung ist, hält man sich lieber an das Luftige, welches der Zeitgeist ist, um sich mit gutem Gewissen jedem Lüftchen der Zeit beugen zu können[170].

Indem sich Kierkegaard als ein »Korrektiv gegen die Zeit« verstand, hat er sich selbst geschichtlich verstanden und seine Aufgabe am Charakter der Zeit orientiert. Die *Einzelheit* der sich selbst – für oder gegen das Christentum – entscheidenden Existenz hat einen genauen Bezug zur *Allgemeinheit* des anonymen und öffentlichen Geschehens der Welt. Der Einzelne sollte kenntlich machen, »daß der Verfasser [...] es verstanden hatte, mit einem einzigen Wort absolut entscheidend auszudrücken, [...] daß er *seine Zeit* und *sich in ihr* verstanden hatte«, daß er begriffen hatte, daß es eine *»Zeit der Auflösung«* war, wie Kierkegaard doppelt unterstreicht[171]. Es ist ein bewußter Bezug auf die »Entwicklung der Welt«, nämlich zur *Einebnung aller maßgebenden Unterschiede,* der Kierkegaard zur *Hervorhebung des vereinzelten Einzelnen* führte, während derselbe Zustand der Zeit bei Bauer die kritische Position des »Selbstseins«, bei Stirner die nihilistische des »Einzigen« und bei Marx die sozialistische des »Gattungswesens« hervortrieb.

Aus dieser Stellung zur eigenen Zeit und zur Zeitlichkeit überhaupt ist auch Kierkegaards Verhältnis zu Hegels Philosophie bestimmt. Sie gilt ihm als repräsentativ für die Nivellierung der einzelnen Existenz im Allgemeinen der geschichtlichen Welt, für die »Zerstreutheit« des Menschen im »Weltprozeß«. Desgleichen richtet sich sein Angriff auf Hegels »System« nicht nur gegen die systematische Philosophie, sondern gegen das System der ganzen bestehenden Welt, als deren letzte Weisheit ihm Hegels Philosophie der Geschichte galt. Seine Hegel- und Zeitkritik setzt ein mit dem Begriff der Ironie (1841)[172], deren »absolute Negativität« er, gegen Hegels systematische und weltgeschichtliche Auslegung, als die Wahrheit der Subjektivität aufstellt. In den *Philosophischen Brocken* wird dann ausdrücklich Hegels »System des Daseins« negiert, denn vom Dasein könnte es ein System nur geben, wenn

170 XI, 61 f. (= *Angriff auf die Christenheit*, S. 76 f.).
171 X, 93 (= *Angriff auf die Christenheit*, S. 473); vgl. VII, 59; *Tagebücher* I, 58 ff. und II, 367; Kritik der Gegenwart. – Siehe dazu J. Wahl, *Études Kierkegaardiennes,* Paris 1938, S. 172 f. und die Charakteristik der Epoche bei Cieszkowski, a. a. O., S. 444.
172 A. a. O., S. 204 ff.

man davon abstrahiert, daß es zu seinem Wesen gehört, als je einzelnes ethisch zu existieren. In dieser Differenz zum System der Welt liegt die Wahrheit der eigenen Existenz, für welche die Weltgeschichte nur das Beiläufige und Zufällige ist. Hegels spekulative Betrachtung hat aber das 19. Jahrhundert für diesen Ernst des Existierens verdorben. »Daher ist vielleicht unsere Zeit, wenn sie handeln soll, mißvergnügt, weil sie durch das Betrachten verwöhnt ist; [...] daher [...] die vielen unfruchtbaren Versuche, dadurch etwas mehr, als man ist, zu werden, daß man sich sozial zusammentut, in der Hoffnung, dem Geist der Geschichte zu imponieren. Durch den fortwährenden Umgang mit dem Weltgeschichtlichen verwöhnt, will man einzig und allein das Bedeutsame, bekümmert man sich allein um das Zufällige, den weltgeschichtlichen Ausfall, anstatt um das Wesentliche, das Innerste, die Freiheit, das Ethische.«[173] Im Verhältnis zur ethischen Existenz ist die »quantitative Dialektik« der Weltgeschichte eine bloße Staffage. Der Hegelianer will sich aber nicht mit der Subjektivität des Existierens begnügen, er erblickt mit einer Art großartiger Selbstvergessenheit in jedem Zeitalter eine sittliche Substanz und eine Idee, als wäre das eigene Dasein eine metaphysische Spekulation und das Individuum die Generation. Er überschaut ganze Wälder, indem er über die einzelnen Bäume hinwegsieht[174].

In der natürlichen Welt verhält sich das einzelne Individuum unmittelbar zur Gattung; wer eine Schafrasse veredelt, verändert damit auch alle einzelnen Exemplare der Gattung. Wenn aber das Individuum ein geistig bestimmter Mensch ist, wäre es töricht, zu meinen, daß etwa christliche Eltern schon ohne weiteres christliche Kinder erzeugen. Geistesentwicklung ist Selbstwirksamkeit, und es genügt daher nicht, im 19. Jahrhundert geboren zu sein, denn man kann nicht mit Hilfe der Generation und der Zeit en masse zu sich selbst kommen. »Je mehr die Generationsidee, sogar im gewöhnlichen Denken, die Oberhand gewonnen hat, desto schrecklicher ist der Übergang: anstatt mit im Geschlecht zu sein und zu sagen: ›wir, unsere Zeit, das neunzehnte Jahrhundert‹, ein einzelner existierender Mensch zu werden. Ich leugne nicht, daß dies äußerst schwierig sei, darum gehört große Resignation dazu, es nicht zu verschmähen. Was ist doch ein einzelner existierender

173 VI, 214 f.
174 VII, 7, 30 f., 51 ff.

Mensch? – Ja, unsere Zeit weiß nur allzu gut, wie wenig er ist, aber darin liegt eben die besondere Unsittlichkeit des Zeitalters. Jedes Zeitalter hat ihre, die unserer Zeit besteht vielleicht nicht in Vergnügen und Genuß [...], wohl aber in einer [...] ausschweifenden Verachtung der einzelnen Menschen. Mitten in allen Jubel über unsere Zeit und das neunzehnte Jahrhundert klingt der Ton einer heimlichen Verachtung des Menschseins hinein: mitten in der Wichtigkeit der Generation herrscht eine Verzweiflung über das Menschsein. Alles, alles will mit dabei sein, man will sich weltgeschichtlich in dem Totalen betrügen, keiner will ein einzelner, existierender Mensch sein. Daher vielleicht auch die vielen Versuche, an Hegel festzuhalten, selbst von Leuten, die das Mißliche an seiner Philosophie gesehen haben. Man fürchtet, wenn man ein einzelner existierender Mensch wird, spurlos zu verschwinden, so daß nicht einmal Tagesblätter [...], geschweige denn weltgeschichtliche Spekulanten einen Blick auf einen werfen. [...] Und es ist unleugbar: wenn man keine ethische und religiöse Begeisterung hat, so muß man darüber, daß man ein einzelner Mensch ist, verzweifeln – sonst nicht.«[175] Der scheinbare Mut der Generation verdeckt die wirkliche Feigheit der Individuen, die nur noch in großen Betrieben zu leben wagen, um etwas zu sein. Man verwechselt sich mit der Zeit, dem Jahrhundert, der Generation, mit dem Publikum, der Menge der Menschheit.

Indem Hegel den Einzelnen ausläßt, ist auch seine Rede vom fortschreitenden »Werden« ein Schein. In Wahrheit versteht er die Weltgeschichte als Abschluß des schon gewordenen Seins und unter Ausschluß eines wirklichen Werdens, zu dem Tat und Entscheidung gehören[176]. Ebenso belangslos wie Hegels Erinnerung des Gewesenen ist für die einzelne Existenz aber auch die Prophetie seiner Schüler über den möglichen Fortgang der Welt. Sie kann im Ernst nicht mehr bedeuten als eine Unterhaltung wie Kegelschieben und Kartenspielen, sagt Kierkegaard am Ende seiner Kritik der Zeit.

Seine Zeit vor eine Entscheidung stellen konnte er aber doch nur, weil auch er an ihrem Geschehen, wenngleich negativ, teilnahm. Die Art seiner vereinzelten Anteilnahme spricht er selbst in dem Bilde aus: seine Zeit komme ihm vor wie ein dahinfahrendes Schiff, auf dem er sich gemeinsam mit den andern Passagieren befinde, aber so, daß er eine

175 VII, 51 f.; vgl. 42 f.
176 VII, 6. Anm.

Kajüte für sich habe. Die bürgerliche Wirklichkeit dieses Fürsichseins war eine isolierte Privatexistenz, die ihn aber nicht hinderte, das öffentliche Geschehen der Welt zu verfolgen.

Er übersah am kleinen Dänemark wie an einem »vollständigen Präparat« den Zerfall der europäischen »Konstitution« und dem gegenüber hielt er den »Einzelnen« – der »just auch« das Prinzip des Christentums sei – für die alleinige Rettung der Zeit. Beides, die Entwicklung der Welt zur Nivellierung und die christliche Forderung, vor Gott als Selbst zu existieren, schien ihm wie ein glücklicher Zufall zusammenzutreffen. »Alles paßt ganz in meine Theorie (nämlich vom Einzelnen) und man soll noch zu sehen bekommen, wie *gerade ich* die Zeit verstanden habe«, notiert Kierkegaard mit dem Stolz der Ausnahme, die sich gerade als solche auch auf das Allgemeine versteht[177]. Er signalisierte die »Katastrophe« von 1848 und glaubte voraussagen zu können, daß, umgekehrt zur Reformation, diesmal die *politische* Bewegung in eine *religiöse* umschlagen werde. Denn ganz Europa habe sich mit steigernder Leidenschaftsgeschwindigkeit in Probleme verirrt, die sich im Medium der Welt nicht beantworten lassen, sondern nur vor der Ewigkeit. Wie lange Zeit noch auf das bloß Konvulsivische darauf gehen wird, könne man freilich nicht wissen, gewiß sei aber, daß die Ewigkeit wieder in Betracht kommen wird, wenn das Geschlecht durch Leiden und Blutverlust völlig ermattet sein wird. »Es wird, um die Ewigkeit wieder zu bekommen, Blut gefordert werden, aber Blut von einer anderen Art, nicht jenes der tausendweis totgeschlagenen Schlachtopfer, nein, das kostbare Blut der Einzelnen – der Märtyrer, dieser mächtigen Verstorbenen, die vermögen, was kein Lebender, der Menschen tausendweis niederhauen läßt, vermag, was diese mächtigen Verstorbenen selbst nicht vermochten als Lebende, sondern nur vermögen als Verstorbene« eine rasende Menge in Gehorsam zu zwingen, just weil diese rasende Menge in Ungehorsam die Märtyrer totschlagen durfte.«[178] In diesem entscheidenden Augenblick des »Umschlags« werden nur Märtyrer die Welt noch regieren können, aber keine wie immer gearteten weltlichen Führer. Was dann not tut sind Geistliche, aber keine Soldaten und Diplomaten. »Geistliche, welche ›die Menge‹

177 *Tagebücher* I, 324 und 328; *Begriff des Auserwählten*, a.a.O., S. 30; *Angriff auf die Christenheit*, a.a.O., S. 475.

178 *Das Eine, was not tut*, a.a.O., S. 4; *Der Begriff des Auserwählten*, a.a.O., S. 273ff. und 170ff. über das Wesen der Autorität.

trennen können und sie zu Einzelnen machen; Geistliche, die nicht zu große Ansprüche machten an das Studieren, und nichts weniger wünschten als zu herrschen; Geistliche, die womöglich, gewaltig beredsam, nicht minder gewaltig wären im Schweigen und Erdulden; Geistliche, die, womöglich, Herzenskenner, nicht minder gelehrt wären in Enthaltsamkeit von Urteilen und Verurteilen; Geistliche, die Autorität zu brauchen wüßten mit Hilfe der Kunst Aufopferungen zu machen; Geistliche, die vorbereitet, erzogen, gebildet wären zu gehorchen und zu leiden, so daß sie mildern, ermahnen, erbauen, rühren, aber auch zwingen könnten – nicht durch Macht, nichts weniger, nein, durch den eigenen Gehorsam zwingen, und vor allem alle Unarten des Kranken geduldig leiden, ohne gestört zu werden [...]. Denn das Geschlecht ist krank und, geistig verstanden, krank bis zum Tode.«[179]

Die Macht der Zeit führte also auch Kierkegaard trotz seiner Polemik gegen Hegels Prozeß zu einer weltgeschichtlichen Spekulation und gegenüber Marx zu einem antikommunistischen Manifest. Er verstieg sich bis zur Voraussage der Gefahr, die eintreten müsse, wenn die Katastrophe ausschlagen werde: falsche Verkünder des Christentums werden dann aufstehen, Erfinder einer neuen Religion, die als dämonisch infizierte Gestalten sich vermessen für Apostel erklären, gleich Dieben im Gewande der Polizei. Dank ihren Versprechungen werden sie an der Zeit einen entsetzlichen Rückhalt finden, bis es dann doch offenbar wird, daß die Zeit des Unbedingten bedarf und einer Wahrheit, die gegenüber allen Zeiten gleichgültig ist. Mit diesem Ausblick auf eine Wiederherstellung des Christentums, durch Zeugen, die sich für die Wahrheit totschlagen lassen, ist Kierkegaard der zeitgenössische Antipode zu Marxens Propaganda einer proletarischen Weltrevolution. Als die eigentliche Stärke des Kommunismus begriff Kierkegaard aber das auch in ihm noch enthaltene »Ingredienz« an christlicher Religiosität[180].

179 Ebenda, S. 6.
180 Siehe dazu N. Berdiajew, *Wahrheit und Lüge des Kommunismus,* Luzern 1934.

g) Schellings Verbindung mit den Junghegelianern

Der vielseitige Angriff auf Hegels System durch die Junghegelianer wurde begünstigt vom alten Schelling, der 1841 in Berlin seine letzte Philosophie vortrug. Unter den Zuhörern befanden sich so verschiedene Zeitgenossen wie Kierkegaard, Bakunin, F. Engels und Burckhardt[181]. Die Polemik, mit der Schelling seine »positive« Philosophie eröffnete, richtete sich gegen Hegels Ontologie als eine bloß »negative«, welche nur das mögliche Sein begreife, aber nicht auch das wirklich Seiende, das dem Denken zuvorkommt. Mit diesem letzten Ereignis in der Geschichte der klassischen deutschen Philosophie beginnt die »Existenzphilosophie«, welche Marx und Kierkegaard auf dem Standpunkt der Äußerlichkeit und der Innerlichkeit gegen Hegel entwickelt haben.

Der Terminus »existentia« war ursprünglich ein scholastischer Gegenbegriff zur »essentia« oder Wesenheit. Die Unterscheidung betraf innerhalb der christlichen Philosophie des Mittelalters jedes von Gott geschaffene Sein, nicht aber Gott selbst. Für dessen Sein galt, daß es wesentlich auch existiert, weil zu seinem Wesen die Vollkommenheit und zu dieser die Existenz gehört. Nur in Gott sind Wesenheit und Existenz miteinander da oder eins. Dies zu demonstrieren war die Aufgabe des »ontologischen« Gottesbeweises des Anselm von Canterbury, und in seinem Sinn haben noch Descartes, Spinoza, Leibniz und Wolff argumentiert. Erst Kants Kritik hat ihn grundsätzlich zu widerlegen versucht, weil sich aus einem »Begriff« dessen »Dasein« nicht ausklauben lasse. Dem Begriff nach seien 100 wirkliche und 100 mögliche Taler nicht unterscheidbar; was sie unterscheide – das Positive der »Existenz« – liege außerhalb ihres Was-seins oder ihrer essentia. Diese kritische Trennung von dem, *was* etwas ist und *daß* es überhaupt »ist«, hat Hegel wiederum aufgehoben. Das »Wirkliche« definiert seine Logik als die »unmittelbar gewordene Einheit des Wesens und der Existenz oder des Innern und des Äußeren«. Was also nach älterer Auffassung nur das Sein Gottes kennzeichnet, das gilt nach Hegel für alles Seiende, was »wahrhaft« oder im »emphatischen« Sinne eine Wirklichkeit ist. Denn es sei »trivial«, der Wirklichkeit wie etwas bloß Äußerlichem das Wesen wie etwas bloß Innerliches entgegenzusetzen. Vielmehr sei die »Idee« oder der »Begriff« als das wesentliche Sein auch das

181 Kierkegaard, *Tagebücher* I, 169ff.; Marx-Engels *Ges. Ausg.* I/2, 173ff.; Burckhardt, Br. an Kinkel vom 13. VI. 1842.

schlechthin Wirkende und Wirkliche. Im Gegensatz zu dieser Ineinssetzung von Wesen und Existenz hat Schelling wieder auf die Unterscheidung einer »positiven« und »negativen« Philosophie gedrungen, aber nicht um auf Kant zurück, sondern um über Hegel hinauszugehen[182].

Schellings existenzphilosophische Wendung gegen Hegels »rationale« Philosophie ist schon lange vor der *Philosophie der Mythologie und Offenbarung* in der Vorrede zu einer Schrift von Cousin[183] (1834) und in den *Münchner Vorlesungen zur Geschichte der neueren Philosophie*[184] zum Ausdruck gekommen, aber erst nach den Berliner Vorträgen in zahlreichen Schriften öffentlich diskutiert worden[185]. Die Motive seiner Kritik begegnen insgesamt auch bei Feuerbach und Ruge, Marx und Kierkegaard, sowie bei Trendelenburg, auf dessen Hegelkritik Kierkegaard des oftern verweist[186].

Schelling vermißt in Hegels logischer Ontologie die Begründung des dialektischen Fortschritts und des Übergangs von der Idee zur Natur. Das reine Denken kann es zu keiner wahren Bewegung und zu keiner lebendigen Auffassung der Wirklichkeit bringen, weil der gewollten Voraussetzungslosigkeit seiner immanenten Bewegung das Empirische fehlt. Die Synthese des »Werdens« aus dem reinen Sein und dem Nichts ist ein Schein. Aus sich heraus-, zu etwas über- und in sich zurückgehen, oder sich gar zur Natur entlassen, kann niemals das »Abstraktum eines

182 Vgl. zu Kant, Kr. d. r. V. (Reclam, S. 468 ff.): Schelling, W. II. Abt., Bd. 1, S. 285 ff. und Bd. 3, S. 46.

183 W. I. Abt. Bd. 10, 212 ff.; vgl. II. Abt. Bd., 80 ff.

184 10, 126 ff.

185 Allein im Jahre 1843 sind folgende Schriften erschienen: L. Michelet, *Entwicklungsgeschichte der neuesten deutschen Philosophie mit besonderer Rücksicht auf den gegenwärtigen Kampf Schellings mit der Hegelschen Schule,* Berlin; Ph. Marheineke, *Zur Kritik der Schellingschen Offenbarungsphilosophie,* Berlin; K. Rosenkranz, *Über Schelling und Hegel, ein Sendschreiben an P. Leroux,* Königsberg; *Schelling,* Danzig; vgl. dazu: *Aus einem Tagebuch,* a. a. O., S. 80 ff. und 97 ff.; Chr. Kapp (anonym), *Schelling, ein Beitrag zur Geschichte des Tages,* Leipzig.

186 Trendelenburg, *Logische Untersuchungen,* Leipzig 1840, Bd. I, 23 ff. – Über Trendelenburgs Stellung zu den Hegelianern siehe die Angaben bei W. Kühne, *Cieszkowski,* a. a. O., S. 128 f.; vgl. Kierkegaard, VI, 67, 194; VII 1, Anm.; *Tagebücher* I, 314 f.; Pap. VI A, 145. – Siehe dazu Ruttenbeck, *Kierkegaard,* 1929, S. 79 ff. R.'s treffliches Referat über Kierkegaards Stellung innerhalb der Gegenbewegung zu Hegel (S. 57 ff.) vermag das beigebrachte Material nicht entsprechend auszuwerten, weil sich die geschichtliche Eigentümlichkeit dieser Bewegung nicht mit so vagen Begriffen wie »Irrationalismus«, »Subjektivismus« und »Realismus« erfassen läßt.

Abstraktums«, wie es das reine und leere *Sein* ist, sondern nur wirklich *Seiendes*, das positiv ist[187]. Die weitere Bestimmung des Seins im dialektischen Fortgang des Werdens ist Hegel nur möglich, weil es ein inhaltsvolleres Sein schon gibt und weil der denkende Geist selbst schon ein solches ist. Was den Fortgang der Hegelschen Logik unbewußt leitet, ist sein terminus ad quem: die wirkliche Welt, bei der die Wissenschaft ankommen soll und deren *Anschauung*[188] schon im voraus gesetzt ist. Ohne ihre Unterschiebung würde das Hegelsche Sein unerfüllt liegen bleiben als das, was es ist, nämlich nichts[189]. Das erste und höchste Sein ist schon selbst ein *bestimmtes* Sein, und sei es auch nur als Gedanke eines seienden *Subjekts, welches denkt*[190]. Hegels Vernunftphilosophie will aber das Sein ohne ein Seiendes, ihr Idealismus ist »absolut«, sofern er die Frage nach der positiven Existenz gar nicht aufnimmt. Hegel hat dieses a priori Empirische und darum auch *Zufällige*[191] dadurch hinweggeschafft, daß er an die Stelle des Lebendigen und Wirklichen den logischen Begriff gesetzt hat, den er auf die seltsamste Weise hypostasiert, indem er ihm eine Selbstbewegung zuschreibt, die er nicht hat. Sowie das System den schweren Schritt aus dem Negativen der Existenz, d.i. dem bloß Logischen, in die *Wirklichkeit*[192] macht, reißt der Faden der dialektischen Bewegung gänzlich ab und es bleibt ein »breiter garstiger Graben« zwischen dem Was- und dem Daß-sein. »Eine zweite Hypothese wird nötig, nämlich, daß es der Idee, man weiß nicht warum? wenn es nicht ist, um die Langeweile ihres bloß logischen Seins zu unterbrechen, beigeht, oder einfällt, sich in ihre Momente auseinanderfallen zu lassen, womit die Natur entstehen soll.«[193].

Die erste Voraussetzung der angeblich gar nichts im voraus setzenden Philosophie[194] ist also, daß der rein logische Begriff die Natur hat, *von selbst* sich gleichsam überzustürzen, um dann wieder in sich selber zurückzuschlagen und also von dem Begriff etwas zu *sagen*, was sich nur von einem *Lebendigen denken* läßt. Die zweite Fiktion ist das Abbrechen der Idee von sich selbst, um sich zur Natur zu entschließen,

187 Vgl. Kierkegard, V, 78; VI, 67.
188 Vgl. Marx, III, 169f.
189 Vgl. Kierkegaard, VI, 196.
190 Vgl. Kierkegaard, VII, 1 und 30ff.
191 Vgl. Kierkegaard, V, 4.
192 Vgl. Kierkegaard, V, 3ff.; VI, 193ff., 206.
193 A.a.O., S. 212f.
194 Vgl. zur Kritik der Dialektik des Anfangs: Kierkegaard, VI, 194ff. und Feuerbach, Grundsatz 26.

womit das vorn abgewiesene Empirische durch die Hintertür des Sich-untreu-Werdens der Idee wieder eintritt. Was Hegel faktisch beweist, ist nur, daß man mit dem rein Rationalen an die Wirklichkeit nicht herankommt. Seine Lehre vom Sein begreift nur das »nicht *nicht* zu Denkende«, das »Unvordenkliche«, Negativ-Allgemeine des Seins, *ohne* welches nichts ist, aber nicht das *wodurch* irgend etwas ist, das wahrhaft Positiv-Seiende, welches das Negative in sich hat[195]. Um die Philosophie auf diesen positiven Standpunkt zu heben, muß man *das* Seiende *wollen,* »das *ist* oder *existiert«,* wogegen Hegel das bloß Seiende – diese höchste Spitze aller logischen Begriffe – als das *reine* Sein setzt, das in der Tat »Nichts« ist, nämlich so wie die Weiße ohne ein Weißes nicht ist[196]. Durch diese Unterscheidung des negativen Seins der Wesenheit und des positiv Seienden der Existenz steht der Philosophie noch eine letzte große Umänderung bevor, welche einerseits eine positive Erklärung der *Wirklichkeit* geben wird, ohne daß andrerseits der Vernunft ihr Vorrecht entzogen wird, im Besitz des absoluten Prius »selbst der Gottheit« zu sein[197].

Hegels Begriff von Gott ist dagegen ein und dasselbe mit der Schöpferkraft des Begriffs, dessen bloß rationale Natur er bestritt[198]. Infolgedessen mußten sich aus der Popularisierung seiner Ideen die pantheistisch-atheistischen Konsequenzen seiner Schüler ergeben. Faßt man nämlich das Absolute nicht als geschichtliche Existenz, sondern als einen dem Begriff immanenten Prozeß, dann wird das Wissen, welches der Mensch von Gott hat, zum einzigen, das auch Gott von sich selbst hat[199]. Damit sei wohl »die tiefste Note der Leutseligkeit« für dieses System erreicht, und man könne sich nicht wundern, daß es im *»großen* Publikum« seine Anhänger fand; wenngleich man annehmen könne, daß dieses Breittreten seiner Gedanken Hegel selbst wenig Vergnügen gemacht hätte. Dies alles schreibe sich indessen von dem *einen* Mißgriff her, daß logische Verhältnisse in wirkliche umgesetzt wurden[200].

195 A. a. O., S. 214; vgl. 143.
196 A. a. O., S. 215, Anm. und dazu Schellings Brief an Weiße vom 3. XI. 1834; vgl. zur Kritik des Hegelschen Begriffs vom Sein: Feuerbach, Grundsatz 27.
197 A. a. O., S. 216; vgl. über Was-sein und Daß-sein oder Wesen und Existenz II. Abt., Bd. 3, S. 57 ff., 70 ff., 90 ff., 163.
198 A. a. O., S. 127; vgl. Feuerbach, Grundsatz 24.
199 Vgl. Hegel, XIII, 88 und Feuerbach, Grundsatz 23.
200 A. a. O., S. 160 f.

Noch radikaler hat Schelling in der Einleitung zu seinen Berliner Vorlesungen den Ansatz mit der »Existenz« formuliert. Die positive Philosophie gehe nicht wie die negativ-rationale vom Denken zum Sein, sondern vom »geradezu Sein« zum Denken. Ihr Denken ist ein freies, weil *wollendes* Denken und ihr System ein »apriorischer Empirismus«, dessen Ausgang das »Blindseiende« oder »geradezu Existierende« ist. Der wahre Weg des philosophierenden Menschen und selbst Gottes ist: sich vom blindlings vorgefundenen Sein, dem »Ekstatischen«, zu sich selbst zu befreien, sich »loszureißen« zur Selbständigkeit gegenüber dem blind Existierenden, das für seine Existenz »nicht dafür kann« und das »*zufällig* Notwendige« ist. »Die ganze Welt ist dieses aufgehobene, unvordenkliche blind Existierende.«[201] Vom Hegelschen Standpunkt aus konnte Marheineke mit Recht daran die Bemerkung knüpfen, Schelling bestätige eigentlich Feuerbachs Theologie, seitdem ihm »so geringfügige Kategorien« wie »eigentlich« und »uneigentlich« schon genügten!

Das Problem des Seins ist in der Gegenbewegung zu Hegel schon bei Schelling an jenen Punkt gelangt, wo es Heidegger wieder aufnahm. Denn wer könnte leugnen, daß die »Faktizität« des Daseins, welche im factum brutum des Daß-Seins liegt[202], daß »Geworfenheit« und »Entwurf« dem »geradezu Existierenden« und der »Losreißung« von diesem notwendigen Zufall entsprechen? Der Unterschied zu Schelling besteht aber darin, daß Heidegger auf Kierkegaards Basis ein »System des Daseins« errichtet, dem die Schellingsche Spannung zwischen der negativen und positiven Philosophie der »Vernunft« und der »Existenz« fehlt. Das allgemeine »Wesen« des Da-seins liegt für ihn nur und geradezu in der je eigenen »Existenz«[203], die sich in ihrem Woher und Wohin verhüllt bleibt und schlechthin »zu sein« hat, indem sie die Unschuld des Daseins – das nichts-dafür-können – als »Schuld« übernimmt. Das Hegelsche »Sein«, welches für Schelling ein bloßes »Seinkönnen« im Sinne der Möglichkeit war und der Wirklichkeit gegenüber

201 So nach den beiden übereinstimmenden Wiedergaben von Michelet, a. a. O., S. 174 ff. und 195, und Marheineke, a. a. O., S. 20 ff., 36 ff., 41.

202 *Sein und Zeit,* § 29. – Daß Heideggers Existentialontologie mittelbar auch noch durch die Auseinandersetzung mit Hegel bedingt ist, ließe sich nach dem Schluß seiner Habilitationsschrift über Duns Scotus (Tübingen 1916, S. 241) annehmen.

203 *Sein und Zeit,* § 9.

bleibt, dieses Seinkönnen wird bei Heidegger zu einer ontologischen Bestimmung gerade der wirklichen Existenz[204].

Daß Hegels Ontologie der unmittelbare Bezug auf die wirkliche Existenz und die Anschauung fehle, war nicht nur die Meinung von Schelling, sondern auch die der Junghegelianer. Seiner Behauptung, daß Hegel das Reale nur »affektiere« und es in eine »Wüste des Seins« verwandle, entsprechen die Kritiken von Feuerbach, Marx und Kierkegaard, der Schelling gegen Hegel verteidigt, weil er doch immerhin den Versuch gemacht habe, die Selbstreflexion des Denkens zum Stillstand zu bringen[205]. Mit Recht konnte deshalb Schelling behaupten, es sei überflüssig gewesen, die Hegelsche Philosophie ihm gegenüber in Schutz zu nehmen. Denn auch diejenigen, welche sich gegen ihn Hegels annahmen, »taten es zum Teil wenigstens nicht etwa, um sich der positiven Philosophie zu widersetzen, im Gegenteil, sie selbst *wollten auch* etwas der Art; nur waren sie der Meinung, diese positive Philosophie müsse auf dem Grund des Hegelschen Systems aufgebaut werden und lasse sich auf keinem andern aufbauen, dem Hegelschen System fehle weiter nichts, als daß *sie* es ins Positive fortsetzten, dies meinten sie, könne in einem steten Fortgange, ohne Unterbrechung und ohne alle Umkehrung geschehen.«[206] Diesem Versuch gegenüber hatte Schelling schon 1832 die Überzeugung gewonnen, daß man Hegels Philosophie nicht fortsetzen könne, sondern abbrechen müsse, um wieder »in die Linie des wahren Fortschritts« zu kommen[207]. Und als er zehn Jahre später in Berlin seine Vorträge hielt, konnte er sich rühmen, auch die meisten Hegelianer zu Hörern zu haben, nachdem sie ihm öffentlich und privatim jede Ehrerbietung bezeugt hätten: »Die Spannung ist unglaublich und schon jetzt [...] alles in Bewegung, zu verhüten, daß der allzugroße Zudrang zu dem verhältnismäßig kleinen größten Auditorium keinen Skandal verursache.«[208] Seine Siegesgewißheit

204 Vgl. über Wirklichkeit und Möglichkeit im Sinne von Existenz: Kierkegaard, VII, 17ff.; VIII, 12ff. – Der einzige, aber unzureichende Versuch, der gemacht wurde, um den geschichtlichen Zusammenhang von Heideggers philosophischer Position mit Kierkegaard *und* Marx herauszustellen, sind die Aufsätze von M. Beck und H. Marcuse in dem Sonderheft über Heideggers *Sein und Zeit*: Philosophische Hefte, Berlin 1928, H. 1.

205 VII, 33; vgl. die Anm. V, 14 und 55.

206 W. II. Abt., Bd. 3, 90ff.

207 *Aus Schellings Leben in Briefen,* Leipzig 1870, Bd. III, 63.

208 Ebenda, S. 173.

wurde aber bald bitter enttäuscht, während der revolutionäre Impuls der Junghegelianer in der Polemik gegen Schellings »neuesten Reaktionsversuch« auf den Höhepunkt kam[209]. Ein Jahrzehnt später war aber auch über die Junghegelianer die Reaktion mächtig geworden und hatte ihrem »Fortschritt« ein Ende gesetzt. Die politische und kirchliche Reaktion der 50er Jahre entzog ihrer dem Geiste der Zeit verpflichteten Philosophie den geschichtlichen Boden, während Schopenhauers Anschauung der Welt zu einer außergewöhnlichen Nachwirkung kam, die weniger auf ihrem positiven Gehalt als auf ihrer staats- und geschichtsfremden Stimmung beruhte[210].

»Pessimismus« und »Optimismus« wurden zu Stichworten der Zeit[211], weil sie der Resignation und dem Mißbehagen, sowie dem Wunsch nach besseren Zeiten entsprachen. Es macht dabei keinen prinzipiellen Unterschied aus, ob die »Philosophie des Elends« von der Misere der wirtschaftlichen (Proudhon), der allgemein menschlichen (Schopenhauer) oder der im christlichen Sinn geistigen Existenz (Kierkegaard) ihren Ausgang nahm, ob man die Philosophie des Elends oder das »Elend der Philosophie« (Marx) betonte, ob der »Jammer des Daseins« christlich (Kierkegaard) oder buddhistisch (Schopenhauer) ausgelegt wurde, ob man den Unwert (Bahnsen) oder den »Wert des

209 Siehe Marx-Engels, *Ges. Ausg.*, II, 173 ff.; F. Engels, *Schelling über Hegel* (1841); *Schelling und die Offenbarung* (1842); *Schelling, der Philosoph in Christo* (1842). – A. Ruge, der im Sommer 1841 Schellings Bekanntschaft machte und sich nicht wenig durch dessen Lob der *Jahrbücher* geschmeichelt fühlte, mußte schon ein halbes Jahr später in einem Brief an Rosenkranz zugeben, daß ihm Schelling damals »die Haut vollgelogen« habe (Br. I, 174, 236, 272 f.).

210 Siehe dazu Nietzsche, I, 487 ff.; X, 297, 304, 348. – Ein interessantes Dokument für diese Wendung zur Philosophie ist die Mitteilung Schellings über Metternich: »Diese Tage hörte ich aus zuverlässiger Quelle von einem vertrauten Schreiben des Fürsten von Metternich, worin dieser in ergreifendem Schmerz seinen Ekel an den Staatsgeschäften ausspricht, und der greise, in den größten Staatshändeln graugewordene, mächtige Mann [...] sich nichts wünscht, als ganz der Philosophie leben zu können. Wer hätte dies gedacht? Aber die Zeit drängt von selbst dahin und die letzte, aus der gegenwärtigen Not, Mittelmäßigkeit und Erbärmlichkeit hinausführende Entscheidung wird doch nur eine geistige sein können« (*Aus Schellings Leben*, a. a. 2O., III, 197).

211 Siehe dazu Rosenkranz, *Neue Studien*, II, 571 ff.: Die philosophischen Stichwörter der Gegenwart und: H. Vaihinger, *Hartmann, Dühring und Lange*, Iserlohn 1876, wo auch der Zusammenhang von Dühring und Hartmann mit der Hegelschen Schule aufgezeigt wird.

Lebens« (Dühring) behauptete und ob ferner sein Wert als abschätzbar (E. v. Hartmann) oder als »unschätzbar« (Nietzsche) galt. Gemeinsam ist all diesen Erscheinungen, daß das Dasein als solches in Frage stand. Vorzüglich Schopenhauer wurde der Philosoph der Zeit, der »als spekulativer Hiob sich auf den Aschenhaufen der Endlichkeit setzte« und der darum auch die Beachtung Kierkegaards fand[212]. Der blinde »Wille« bringt diese Welt des Leidens hervor und die »Vorstellung« weiß ihm keinen besseren Rat zu geben, als nichts mehr zu wollen.

Die Geschichtsschreibung der deutschen Philosophie hat weder diese Reaktion noch die ihr vorausgegangene und zugrundeliegende Revolution des geistigen und politischen Lebens in ihrer vollen Bedeutung erkannt. Sie ist deshalb zu keinem wahren Verständnis der Geschichte des 19. Jahrhunderts gekommen. Im Unterschied zu den gegenrevolutionären Philosophen der Französischen Revolution, die dem Adel entstammten, sind die deutschen Philosophen aus der Zeit der bürgerlichen Reaktion ohne Weitblick und ohne eine geistige Position. In den 60er Jahren glaubte man über Hegel und seine Schüler fortgeschritten zu sein – durch den von Schopenhauer vorbereiteten *Rückzug auf Kant,* ohne Bewußtsein, daß diese Erneuerung Kants im Zusammenhang stand mit der Unfähigkeit zur Bewältigung jener Fragen, die in den 40er Jahren aus der Auseinandersetzung mit Hegel entsprungen waren.

Die üblichen »Anhänge« zur Geschichte der Philosophie nach Hegel zeigen schon äußerlich die Verlegenheit an gegenüber jener »Ermattung« des Geistes, die man mit Rücksicht auf den Idealismus nur als dessen Zersetzung verstand, während man die destruktive Kraft der Bewegung verkannte. K. Fischer erledigt in seinem zweibändigen Hegelwerk Marx mit zwei Zeilen, in Überweg-Heintzes *Grundriß der Geschichte der Philosophie* handeln noch in der fünften Auflage (1916) nur zwei Seiten von Engels und Marx, und selbst die *Geschichte des Materialismus* von F. A. Lange erwähnt Marx im Text überhaupt nicht und im Quellennachweis nur als den besten Kenner der Geschichte der Nationalökonomie. Kierkegaard blieb trotz der Anzeige seiner Dissertation in den *Hallischen Jahrbüchern* unbekannt, und die kritisch-historische Auflösung der christlichen Religion wurde einer Theologie überlassen, deren Dogmatik sich, analog der philosophischen Systematik, schon selbst in Dogmen- und Kirchen*geschichte,* in vergleichende

212 Siehe *Tagebücher* II, 244, 344 ff., 351 f., 367.

Religionswissenschaft und Religionspsychologie aufgelöst hatte. Die von den ursprünglichen Hegelianern wohl erkannte Gefahr und Bedeutung der radikalen philosophischen und theologischen Bewegung geriet in Vergessenheit, und es konnte so scheinen, als habe sich zwischen Hegels Tod und der Erneuerung Kants überhaupt nichts Wesentliches ereignet. Im Zusammenhang mit dem wirklichen und ganzen Geschehen des Jahrhunderts betrachtet erklärt sich jedoch dieser scheinbar so unmotivierte Rückgang auf Kant daraus, daß die bürgerliche Intelligenz in der Praxis aufgehört hatte, eine geschichtlich bewegte Klasse zu sein und darum auch in ihrem Denken die Initiative und Stoßkraft verlor. Zugleich mit dem Ende der politisch-revolutionären Bewegung verendet auch die philosophische der 40er Jahre. Der Rückgriff auf Kant bezeugt, in der Weise, wie er geschah, einen Rückschritt hinter diejenige Grenze der Problematik, welche die Junghegelianer in philosophischer und religiöser, sozialer und politischer Beziehung erreicht hatten[213]. Die in den Fundamenten angegriffene bürgerlich-christliche Welt erlebt in der Geschichte des Neukantianismus eine scheinhafte Wiederbelebung, und erst in der *Krisis des Neukantianismus* ist dann der Versuch zu einer *Erneuerung Hegels* entstanden.

3. Die Erneuerung der Hegelschen Philosophie durch die Neuhegelianer

Das Prinzip der Erneuerung Hegels ist zuerst und am deutlichsten von B. Croce festgelegt worden, durch die Unterscheidung eines »toten« und »lebendigen« Teiles der Hegelschen Philosophie[214]. Als tot gilt vor allem die Naturphilosophie, aber auch die Logik und Religionsphilosophie; als lebendig die Wissenschaft vom objektiven Geiste, soweit sich ihr absolut-systematischer Anspruch in einen geschichtlichen auflösen läßt. Diese Verteilung, welche Hegels System im ganzen verneint, gilt auch für die deutsche Erneuerung Hegels. Während aber in Italien die

213 Siehe dazu K. Korsch, *Marxismus und Philosophie,* a. a. O., S. 57 ff.

214 *Ciò che è vivo e ciò è morto della filosofia di Hegel,* 1907; Deutsche Übersetzung 1909. – Zur Geschichte des italienischen Hegelianismus siehe die Literaturangaben in dem Aufsatz von E. Grassi: *Beziehungen zwischen deutscher und italienischer Philosophie,* in: Deutsche Vierteljahresschr. für Literaturwiss. und Geistesgesch. 1939, H. 1. – Über De Sanctis siehe B. Croce, *Saggio sullo Hegel,* Bari 1913, S. 363 ff.

Überlieferung der Hegelschen Philosophie ohne Bruch vor sich ging, weil die in ihr beschlossenen Fragen auch nie überspitzt worden waren, bedurfte es in Deutschland einer gewollten Erneuerung entgegen der allgemeinen Mißachtung, in welche Hegel verfallen war. – Schopenhauers Prophezeiung[215], daß die Periode von Hegels Ruhm ein bleibender Schandfleck der Nation und der Spott des Jahrhunderts sein würde, ist durch den Neuhegelianismus zuschanden geworden: Schopenhauer blieb nur in der Vermittlung Nietzsches bekannt, und Hegel schien am Beginn des 20. Jahrhunderts wider Erwarten aufzustehen. Nachdem die *Logik* achtzig Jahre lang nicht mehr neu aufgelegt worden war, erschienen zwei neue Gesamtausgaben, die Veröffentlichung des Nachlasses, ein Kommentar seiner Jugendschriften, ein Hegellexikon und eine bereits unübersehbar gewordene Literatur über Hegel[216]. Der neue Hegelianismus ist sich selbst schon historisch geworden und reflektiert seine Wandlungen[217], ein Hegel-Bund und Hegel-Kongresse demonstrieren das Studium Hegels. Zur Frage steht aber nicht die äußere Tatsache dieser Wiederbelebung, sondern ob und wie die gegenwärtige Zeit die schon von den ursprünglichen Hegelianern aufgeworfene Frage nach der Geschichtlichkeit und überhaupt nach der Zeit zu beantworten weiß.

In hervorragender Weise hat Dilthey das historische Bewußtsein als Problem der Philosophie und des Geistes verstanden. Die Verarbeitung von Hegels Philosophie des geschichtlichen Geistes ist dabei von entscheidender Bedeutung gewesen, und zwar sowohl für die *Einleitung in die Geisteswissenschaften* (1883), die eine Kritik der »historischen« Vernunft sein wollte, wie für die späteren Abhandlungen zum Aufbau der geschichtlichen Welt. Mehr als alle übrigen Neuhegelianer zusammen hat Dilthey durch seine *Jugendgeschichte Hegels* (1905) und seine historisch-systematischen Arbeiten Hegels geschichtliche Denkweise neu belebt und für die Gegenwart fruchtbar gemacht. Seine Auseinandersetzung mit Hegel reicht zurück bis in die 60er Jahre – in denen auch Stirlings *The Secret of Hegel* erschien – und sie erstreckt sich bis in die

215 *Parerga und Paralipomena* II, Kap. 20.

216 Mehr als 50 Schriften bespricht schon allein J. Brechts Bericht über die Hegelforschung von 1926 bis 1931: *Literarische Berichte aus dem Gebiete der Philosophie*, hrsg. von A. Hoffmann, Erfurt 1931.

217 Siehe dazu H. Levy, *Die Hegelrenaissance in der deutschen Philosophie*. Vorträge der Kant-Gesellschaft, 1927; H. Glockner, *Krisen und Wandlungen in der Geschichte des Hegelianismus*, Logos XIII, 1924/25.

letzten Jahre seines forschenden Lebens. Eine Art Mittelpunkt stellt um 1900 die Rezension von K. Fischers Hegelwerk dar.

Der kritische Maßstab für Diltheys Unterscheidung des Bleibenden und Vergänglichen in Hegels Philosophie ist, wie schon bei Haym, die *Geschichtlichkeit.* Als der Widersinn in Hegels Philosophie gilt ihm der Widerspruch zwischen dem historischen Bewußtsein von der Relativität jeder geschichtlichen Wirklichkeit und dem metaphysischen Abschluß des Systems[218]. Die geschlossene Form des absoluten Systems sei unvereinbar mit dem »großen, zukunftsvollen Gedanken der Entwicklung« und den »Tatsachen«, auf die er sich stützt. »Wie kann doch dieser Anspruch festgehalten werden inmitten des unermeßlichen Systems von Welten, der Mannigfaltigkeit der Entwicklungen, die auf ihnen sich vollziehen, der grenzenlosen Zukunft, die in dem Schoß dieses Universums verborgen ist, das zu immer neuen Bildungen fortschreitet!«[219] Im Unterschied zu Fischers evolutionistischer Deutung ist sich aber Dilthey darüber klar, daß der Entwicklungsgedanke des 19. Jahrhunderts nicht der von Hegel ist, sondern ihm widerspricht[220]. Hegels abschließende Konstruktion der Natur und des Geistes in der logischen Form des Schlusses setzt eine Welt voraus, die nicht mehr die unsere ist. »Soll der Geist zur absoluten Erkenntnis auf dieser Erde gelangen, dann muß sie wieder zum Mittelpunkt der Welt werden; und in der Tat ist Hegels ganze Naturphilosophie konstruiert unter diesem Gesichtspunkt. Die geistige Entwicklung auf der Erde muß im Prinzip in der Entdeckung der absoluten Philosophie ihren Abschluß finden, und Hegels ganze Weltgeschichte und Geschichte der Philosophie ist unter diesem Gesichtspunkt konstruiert.«[221] Die »Torheit« eines solchen Anspruchs steht für Dilthey außerhalb jeden Zweifels, weil sich seine Vorstellung von der »Wirklichkeit« unserer Welt an den entdeckten »Tatsachen« der positiven Wissenschaften bemißt und nicht, wie bei Hegel, am philosophischen Begriff[222]. »Durch alle Schriften Hegels zieht sich der vergebliche Streit gegen die Wissenschaften der Natur, des Menschen und der Geschichte.«[223] Dieser Hinweis auf Hegels polemi-

218 *Ges. Schr.* IV, 187.
219 Ebenda, S. 219.
220 Ebenda, S. 244 f., 248 f.
221 Ebenda, S. 219 f.; vgl. 246.
222 Ebenda, S. 218.
223 Ebenda, S. 220, 223.

sche Stellung zu dem Verfahren der positiven Wissenschaften ist um so mehr zu beachten, als Dilthey damit zugleich die Bodenlosigkeit einer Erneuerung Hegels anzeigt, die sich über die Unvereinbarkeit des modernen wissenschaftlichen Bewußtseins mit Hegels spekulativer »Wissenschaft« hinwegtäuscht und vergessen zu haben scheint, daß Hegel die Wissenschaften als »Gebäude eines von der Vernunft verlassenen Verstandes« bezeichnete, deren flache Expansion unerträglich sei[224]. Wenn aber die Hegelsche Philosophie die einzige wahre »Wissenschaft« ist, dann ist sie notwendig auch geschieden von Diltheys Weltanschauungslehre, die sich als bloßer »Ausdruck« metaphysischer »Bedürfnisse« weiß. Zufolge dieser grundsätzlichen Differenz in der Beurteilung und Bewertung der Wissenschaft und der Wirklichkeit steht für Dilthey Hegels Bestreben, die Totalität der geistigen Welt geschichtlich »aus sich selbst« zu begreifen, im Widerspruch zu dem Erklärungsprinzip des absoluten Geistes. Hegel unterstelle der »realen« geschichtlichen Welt des menschlichen Geistes ein ideelles Reich von »logischen« Bestimmungen, die als zeitlose unfähig sind, eine wirkliche Entwicklung im Raum und in der Zeit zu erklären. An dieser Verflechtung eines »chimärischen« Begriffs von einer nicht durch die Zeit bestimmten Entwicklung mit der zeitlich-realen sei Hegels Philosophie im 19. Jahrhundert gescheitert. Desgleichen sei der Versuch, die falsch gestellte Aufgabe mittels der Dialektik zu lösen, gänzlich unbrauchbar und zu verwerfen[225]. Um sie richtigzustellen und lösbar zu machen, reduziert Dilthey Hegels spekulatives »Begreifen« des Begriffs der Wirklichkeit auf ein analytisches *»Verstehen«* ihrer allgemeinsten Strukturen. Der »Logos« des Seienden verwandelt sich so in eine relative »Bedeutung« und Hegels Ontologie in eine weltanschauliche Analyse der Wirklichkeit[226]. Als das Bleibende der Hegelschen Metaphysik bleiben nur die »historischen Intentionen« bestehen, unter Abzug von ihrem metaphysisch-theologischen Fundament, welches gerade der endliche Teil des Systems sei. Hegels dauernde Bedeutung liege darin, daß er gelehrt habe, das Wesen einer jeden Lebenserscheinung geschichtlich zu verstehen[227].

224 XVI, 47f.
225 *Ges. Schr.* IV, 229f. – Der Nachweis für die Haltlosigkeit der Hegelschen Dialektik schien Dilthey schon durch Trendelenburg erbracht.
226 Ebenda, S. 227f.
227 Ebenda, S. 249 und 254.

Als der Zeitgeschichte verfallen gilt Dilthey außer der Logik und der Naturphilosophie auch die Religionsphilosophie: die These von der Absolutheit der christlichen Religion, die aber für Hegels geschichtliche Konstruktion des Geistes so zentral ist wie für seine Naturphilosophie die zentrale Stellung der Erde im Universum. Das »Unvergängliche in ihm« sei vielmehr die Erkenntnis der historischen Relation auch aller religiösen und sittlichen Wahrheiten. »Alles ist relativ, unbedingt ist allein die Natur des Geistes selbst, die sich in diesem allen manifestiert. Und auch für die Erkenntnis dieser Natur des Geistes gibt es kein Ende, keine letzte Fassung, jede ist relativ, jede hat genug getan, wenn sie ihrer Zeit genug tat. Diese große Lehre, als deren mächtige Konsequenz im Verlauf die Relativität des Eigentumbegriffs die soziale Ordnung revolutionierte, führte folgerichtig auch zur Relativität der Lehre Christi.«[228] Mit dieser Verwandlung des Absoluten in die Geschichte, die – weil sie alles relativiert – nun selbst den Charakter des Absoluten gewinnt, *erneuert Dilthey aber nicht Hegel, sondern die Hegelauffassung von Ruge und Haym,* deren Kritik schon sämtliche Motive seiner Befassung mit Hegel vorwegnimmt. Im Unterschied zum Radikalismus der Junghegelianer ist aber Diltheys Verzeitlichung von Hegels Metaphysik ohne revolutionäre Tendenz. Was er mitteilen wollte, war zuletzt nur eine philosophische »Stimmung«, wie sie ihm »aus dem Sinnen über die Konsequenz des historischen Bewußtseins« erwachsen war. Das metaphysische Pathos von Hegels die Tiefen des Universums aufschließendem Geist mildert sich bei ihm zu einer »Besinnung«, welche weiß, daß die herrschende »Anarchie in allen tieferen Überzeugungen«[229] weder durch die Erneuerung einer alten, noch durch die Konstruktion einer neuen Metaphysik zu beseitigen ist. Hegels geistvolle Welt wird zur »gesellschaftlich-geschichtlichen Wirklichkeit«, die als solche weder vernünftig ist noch das Gegenteil, sondern in unbestimmter Weise »bedeutsam«. Die Bedeutsamkeit der Welt ist aber auch nicht mehr in ihr selber begründet, sondern das Produkt unseres Weltverhaltens und Weltverstehens, denn »wir« tragen keinen Sinn von der Welt in das Leben, im Gegenteil: »wir sind der Möglichkeit offen, daß Sinn und Bedeutung erst im Menschen und seiner Geschichte entstehen.« Die großen »objektiven Mächte der Menschheitsgeschichte« – der

228 Ebenda, S. 250; vgl. V, S. XXII ff.
229 VIII, 175 ff.

objektive Geist der Hegelschen Philosophie – sind die Substanz, woran sich das Individuum halten müsse, wenn es das menschliche Leben ohne dogmatische Theologie und Metaphysik aus sich selber verstehen können soll. Daß diese Antwort auf das Problem der Geschichtlichkeit keine eigentlich philosophische ist, daß überhaupt Diltheys lebenslanges Bemühen um den Aufbau einer Philosophie aus dem historischen Bewußtsein als solchem an der Redlichkeit seines Wissens gescheitert ist, darf jedoch nicht verkennen lassen, daß er gerade infolge seiner Preisgabe der Hegelschen Position sein einziger produktiver Erneuerer ist.

Offiziell proklamiert wurde die »Erneuerung des Hegelianismus« durch Windelband[230] in einer Akademierede von 1910. Ihre Formulierungen können heute nur noch eine Art von Erstaunen erwecken über die Verarmung des Geistes. Ohne eine ursprüngliche Beziehung zu Hegel geschieht dessen offizielle Erneuerung auf dem Umweg über einen selbst schon erneuerten Kant. »Wenn die Philosophie nach Kant sich mit ihrer begrifflichen Arbeit auf die Entwicklung des Systems der Vernunft richten mußte, so ist es in der Tat ein notwendiger Fortschritt gewesen, der von Kant über Fichte und Schelling zu Hegel führte, und die Wiederholung dieses Prozesses in dem Fortschritt der neuesten Philosophie vom Neukantianismus zum Neuhegelianismus ist nicht zufällig, sondern besitzt in sich eine sachliche Notwendigkeit.«[231] Hegel erfahre nun, wie zuvor Kant, »im Wechsel der Generationen den Wechsel der Anerkennung«! Dieser Fortschritt im Rückgang auf Hegel bedeute, daß Kants Vernunftkritik eine historische Grundlage verlange, seine Kritik der Naturwissenschaft müsse ausgedehnt werden auf die der »Kulturwissenschaft«, nachdem sich die letztere in den historischen Wissenschaften vom Geiste so mächtig entfaltet habe. Um aber die ganze Fülle der historischen Entwicklung der »Vernunftwerte« begrifflich durcharbeiten zu können, bedürfe es der Hegelschen Philosophie, welche vorzüglich die Prinzipien der geistigen Welt erhelle. »Es ist der Hunger nach Weltanschauung, der unsere junge Generation ergriffen hat, und der bei Hegel Sättigung sucht.« Die Frage aber, durch welche Wandlungen der geistigen Lage diese Stimmung erzeugt worden ist, wird von Windelband abgewiesen: »genug, sie ist da und sie entlädt sich mit elementarer Gewalt!« Das junge Geschlecht sehne sich aus meta-

230 *Präludien* I[5], 273 ff.
231 Ebenda, 279.

physischer Verödung zu »geistigen Lebensgründen« zurück, und diesem Bedürfnis komme besonders Hegels universale Philosophie des geschichtlichen Geistes, welche einen »Gesamtsinn der Wirklichkeit« demonstriere, entgegen. Dazu komme noch der »entwicklungsfrohe Optimismus« seiner Lehre, womit er über Schopenhauers Pessimismus und Nietzsches schrankenlosen Individualismus obsiege. In diesem Sinn bedeute der Rückgang auf Hegel einen Fortschritt, nur müsse sich der Neuhegelianismus freihalten von den »wunderlichen Äußerlichkeiten« und »metaphysischen Übereilungen« des alten Hegelianismus; man müsse die tote Schale abwerfen und den lebendigen Kern festhalten. Der fruchtbare Kern, welcher bleibe, sei aber die Einsicht, daß wir als eine »in der Entwicklung begriffene Gattung« Anteil haben an der Weltvernunft. – Niemand kann heute noch übersehen, daß dieses Programm nichts als Schale ist und daß seine Begriffe aus Hegel geborgte Phrasen eines optimistischen Bürgertums sind, die keineswegs eine »elementare« Macht des Geistes verraten.

Prinzipiell in derselben Weise, aber unter Hervorhebung des preußischen Elements und des protestantischen Freiheitsbewußtseins der Hegelschen Philosophie hat auch G. Lasson[232] die Aufgabe des Hegelianismus als eine Konsequenz des Kantianismus verstanden und in seiner doppelten Eigenschaft als preußischer Hegelianer und Pastor die verdienstvolle neue Bearbeitung der Hegelschen Werke in Angriff genommen. Auf wie schwachen Füßen aber der Weg wiederholt wurde, der von Kant zu Hegel führt, zeigt J. Ebbinghaus[233], der bald nach seiner Parteinahme für den »absoluten« Idealismus von Hegel wieder auf Kant zurückging, um schließlich bei Wolff zu landen.

Eine ernsthafte Durchführung von Windelbands Programm hat nur R. Kroner geleistet, in seinem Werk *Von Kant bis Hegel* und in einer an Hegel orientierten »Kulturphilosophie«[234]. Kroner sagt: »Hegel verstehen heißt einsehen, daß über ihn schlechterdings nicht mehr hinausgegangen werden kann.« Daß er dennoch die Absicht haben kann, Hegel

232 *Was heißt Hegelianismus?*, 1916.

233 *Relativer und absoluter Idealismus,* 1916.

234 *Von Kant bis Hegel,* Tübingen, Bd. I und II, 1921 und 1924; *Die Selbstverwirklichung des Geistes,* Tübingen 1928; vgl. zum folgenden: *System und Geschichte bei Hegel,* Logos 1931; *Bemerkungen zur Dialektik der Zeit.* Verhandlungen des 3. Hegel-Kongresses, Tübingen 1934, S. 153 ff. – Zur Kritik von Kroners Hegelianismus vgl. S. Marck, *Die Dialektik in der Philosophie der Gegenwart,* 1929, I.

für die Gegenwart zu erneuern, hat seinen Grund in der Gleichsetzung der gegenwärtigen Aufgabe mit der von Hegel bewältigten[235]. Die Voraussetzungen des Philosophierens haben sich zwar seitdem verändert, um aber dieser Umwälzung Herr zu werden, bedürfe es der Wiederaneignung der klassischen Tradition, wie sie Hegel in größter Fülle verkörpert. Vor allem habe er die Versöhnung des weltlichen mit dem religiösen Bewußtsein erreicht, den Gegensatz von Antike und Christentum überwunden und den griechischen mit dem deutschen Geiste geeinigt.

Während des Krieges wurde Hegels dialektische Identität des Ideals und der Wirklichkeit patriotisch vereinfacht: »deutscher Idealismus und deutscher Wirklichkeitssinn« sollen sich (nach Lasson)[236] in Hegels Philosophie und im Weltkrieg als »wundervolle Einheit« überwältigend offenbart haben – die Wirklichkeit und das Ideal sollen sich (nach Kroner)[237] im deutschen Staat »auf Schritt und Tritt« verfolgen und begleiten. Als der eigentlich zeitgeschichtliche Sinn der akademischen Erneuerung Hegels entpuppte sich in dieser Zeit der philosophischen Feldausgaben die Selbstbehauptung des christlich-germanischen, genauer des preußisch-protestantischen Selbstbewußtseins.

Hätte dieser Hegelianismus wirklich verstanden, daß sich – wie er doch selber sagt – die Voraussetzungen unseres Lebens und Denkens von Grund aus verändert haben und Hegels Welt nicht mehr die unsere ist, hätte er Ernst gemacht mit seiner beiläufigen Einsicht, daß Hegels Schicksal Feuerbach war[238], dann hätte er auch den scheinbaren Widerspruch zwischen dem *absoluten* und dem *geschichtlichen* Sinn der Hegelschen Philosophie als einen solchen erkennen müssen, der nur deshalb zum Widerspruch wurde, weil *wir* nicht mehr an die *Absolutheit des Christentums* und des in ihm begründeten Geistes glauben. Nur unter dieser Voraussetzung läßt sich Hegels endgeschichtliche Konstruktion aber als solche begreifen, wogegen die Idee eines endlosen Fortschritts der Geistesgeschichte das christliche Zeitbewußtsein auch noch in der von Hegel verweltlichten Form a priori beseitigt.

235 Bd. II, S. X.
236 *Was heißt Hegelianismus?*, 1916.
237 *Idee und Wirklichkeit des Staates*, 1930.
238 H. Glockner, *Hegel*, I, S. XV ff.; *Krisen und Wandlungen in der Geschichte des Hegelianismus*, a. a. O., S. 346 f.

Die eigentliche Inkonsequenz in Kroners Hegelianismus liegt deshalb darin, daß er die Christlichkeit des Hegelschen Geistes bejaht, den darin begründeten Abschluß der Geschichte des Geistes aber dennoch verneint, weil er nicht wahrhaben will, daß Hegels Philosophie in der Tat die Voll-endung des Prinzips des Christentums ist und daß seine Vermittlung von Antike und Christentum kein »Erbgut« ist, sondern schon vor einem Jahrhundert in Frage stand.

Um den Widerspruch zwischen »System« und »Geschichte«[239] zu lösen, interpretiert Kroner in Hegel einen hinein, der viel zu modern ist, als daß er für Hegel bezeichnend sein könnte, nämlich den Widerspruch von geschichtlicher Bedingtheit und unbedingter »Geltung«, den Hegel mit einer »großartigen Unbekümmertheit« ertragen habe. Er behaupte einerseits, jede Philosophie sei ihre Zeit in Gedanken erfaßt, und andrerseits die ewige Absolutheit des Geistes. Die Einheit beider Behauptungen versucht Kroner zunächst formal-dialektisch verständlich zu machen. Hegels überlegene Einsicht vereine beides, weil ihm die Geschichte selber ein Werk *des* Geistes sei. »Die Geschichte ist nicht *bloß* Geschichte, sie ist zugleich der fortzeugende Geist der Menschheit, sie ist das Haus [...], in dem er [...] beheimatet ist, und an dem er fort und fort baut und umbaut.«[240] In diesem Sinne versteht Kroner seine Weiterarbeit an Hegel und darum mißversteht er das in ihm beschlossene Ende. Dabei bemerkt er selbst, daß Hegel wie kein anderer rückschauend philosophierte, im Bewußtsein um ein geschichtliches Fertigsein, und die Folgezeit scheine diese Ansicht nur allzugut zu bestätigen[241]. Anstatt nun aber von dieser *geschichtlichen* Problematik aus den vermeintlichen Widerspruch von System und Geschichte aufzuklären, stellt sich Kroner die Frage: mit welchem Recht Hegel »trotz« dieser geschichtlichen Resignation für sein System »absolute Geltung« beanspruchen konnte. Hegel habe die Wahrheit seines Systems mit der Wahrheit an und für sich identisch gesetzt und zugleich wie noch niemand vor ihm geschichtlich gedacht, während andrerseits seine

239 Um eine Vorstellung zu bekommen, wie sich bei den ursprünglichen Hegelianern die Frage nach dem Verhältnis der Geschichte zum Absoluten dargestellt hat, siehe die Diskussion der Thesen von Gabler, *Über das Verhältnis der geschichtlichen Entwicklung zum Absoluten,* in Noacks *Jahrbüchern*, a. a. O., 1846, H. 4, S. 99 ff., und 1847, H. 1, S. 150 ff. und H. 2, S. 223 ff.

240 *System und Geschichte,* a. a. O., S. 248 ff.

241 Siehe Kroners Eröffnungsrede zum 2. Hegel-Kongreß, 1931.

Geschichte der Philosophie zum System gehört. Diesen Widerspruch habe er dadurch aufgelöst, daß er den geschichtlichen Aspekt in einen systematischen verwandelte, um der Gefahr des historischen Relativismus zu entgehen.

Der historische Relativismus ist aber ein sehr modernes Problem (und schon nicht einmal mehr modern), das für Hegel überhaupt nicht bestand. Seine eigentümliche Leistung ist nicht die Verwandlung des geschichtlichen Aspekts in einen systematischen – diesen Versuch hat erst Dilthey gemacht –, sondern umgekehrt: die Ineinssetzung des systematischen mit dem geschichtlichen. Einen geschichtlichen Aspekt von den Systemen der Philosophie, eine sog. Ideen- und Problemgeschichte, gibt es nicht zufällig erst seit Hegel. Die Historisierung der philosophischen Wahrheit ist aber bei ihm selber gleich weit entfernt von Historismus wie Geltung. Der moderne Anspruch auf Geltung »an sich« ist historisch aus der Philosophie *vor* Hegel abstammend und ein Postulat des Neukantianismus. Und nur gegenüber einer postulierten Wahrheit an sich verfällt auch ihre Geschichtlichkeit in einen die Geltung relativierenden Historismus. Infolgedessen löst sich der Gegensatz von System und Geschichte nicht so auf, wie Kroner will, durch eine »übergeschichtliche« Geschichte und durch das formalistische Argument, daß die These von der Geschichtlichkeit des Geistes schon als solche übergeschichtlich sei, weil sie für alle Zeiten »gelten« will. Wenn Hegel im Zeitlichen das Ewige erscheinen läßt, so liegt dem keine formale Dialektik zugrunde, sondern eine gehaltvolle Metaphysik des christlichen Logos. Seine Philosophie begreift in der Tat, wie auch Kroner bemerkt[242], das christliche Bewußtsein vom »Ende aller Dinge« in sich, weil Hegel überhaupt im Bewußtsein von der *absoluten Bedeutung* des *geschichtlichen* Auftretens von Christus denkt. Und deshalb war es ihm möglich, das »Ganze der Zeit« zu umgreifen. Er lebte im »Tausendjährigen Reich«, worin »alle nostri wiederversammelt werden«, »nämlich in der Wirklichkeit – denn in Gedanken lebe ich bereits längst immer darin«[243]. Nicht jede beliebige Gegenwart war ihm daher »das Höchste«, sondern diejenige, die wie die seine ein »letztes Glied« in der »heiligen Kette« des Gewesenen und jetzt in seinem ganzen Umfang im Denken Erworbenen ist. Nicht jede Gegenwart ist, wie bei Hegel, »Anfang und Ende zugleich« und »eben deshalb Absolutheit«,

242 *Von Kant bis Hegel,* II, 505.
243 Br. I, 141.

sondern nur diejenige Zeit, die von Thales bis Proclus und von dort bis zu Hegel reicht, macht es möglich, nach dem Jetzt des »bis hierher« einen Schlußpunkt zu setzen. Zwar sagt Hegel wörtlich, daß die Reihe der geistigen Gestaltungen »für jetzt« mit seinem Werk beschlossen sei, das besagt aber nicht »lediglich«, »daß seine Philosophie die *bisher* erreichte höchste Gestalt ist«[244], so wie das jeder »überzeugte« Philosoph von seinem System behaupten müsse, sondern die hier gemeinte Zeit ist die Zeit des »von Zeit zu Zeit«[245], die Hegel nach Jahrtausenden zählt, so wie er die Wahrheit der Systeme nach dem Maße ihrer Totalität bemißt[246]. Nur alle heilige Zeit, aber nicht jederzeit, geschieht ein geistiger »Ruck«, der das Ganze des bisher Gewesenen von Grund aus verändert. Und darum bricht Hegels geschichtliches Denken auch keineswegs ab, um in ein systematisches überzugehen, wohl aber geschieht *nach* Hegel ein Umbruch im Geiste der Zeit und folglich auch im systematischen Denken. Hegels Sätze von der bisherigen Geschichte des Geistes haben also nicht den harmlosen Sinn, »daß die Gegenwart als solche nicht Gegenstand historischer Betrachtung ist und sein kann«[247], sondern die »schlichte Wahrheit« solcher Sätze dürfte sein, daß Hegel die Geschichte des Geistes im Wissen um ein Ende vollendet. Dann wird es aber auch unnötig, ihn gegen den Vorwurf zu schützen, daß er seine Gegenwart als das Ende der Geschichte begriff. Daß das *empirische* Geschehen endlos weiter verläuft, verstand sich für Hegel von selbst. Die Geschichte des Begriffs ist dagegen in der Tat mit ihm beschlossen gewesen. Und so hat Hegel nicht trotz seiner geschichtlichen Resignation dennoch für sein System absolute Geltung beansprucht, sondern infolge seines geschichtlichen Wissens konnte er auch in einem ausgezeichneten Sinn so systematisch sein wie niemand vor ihm und nach ihm. In seinem Zusammenschluß der ganzen bisherigen Geistesgeschichte liegt der Ton nicht auf dem von Kroner betonten »bisher«, als sei damit nichts gesagt über die Zukunft, sondern betont ist das Ganze »bis hierher ist nun«, nämlich »endlich«, der Weltgeist gekommen, und dieses Ganze ist ein zielvolles Resultat. Was künftig daraus hervorgehen könnte, ließ Hegel zwar offen, aber nicht, weil sich die Gegenwart nicht schon historisch betrachten ließe, sondern weil jetzt drei Epochen zum

244 *Von Kant bis Hegel,* II, 506, Anm.
245 Hegel, XV, 34, 95 f.
246 Hegel, XVI, 174.
247 *System und Geschichte,* a. a. O., S. 256.

Abschluß kamen, hat Hegel die Geschichte begrifflich beschlossen. Wenn irgendwer, dann hatte gerade er schon zur Gegenwart ein historisches Verhältnis von der erinnerten Vergangenheit her. Seine nächsten Nachfolger philosophierten darum nicht zufällig in eine antizipierte Zukunft hinein und betrachteten von dort aus ihre eigene Zeit als »historisch« im umgekehrten Sinne des Wortes. Während Hegel vergegenwärtigte, was bis dahin gewesen ist und zustande kam, hat die Kritik des Bestehenden durch die Junghegelianer in entgegengesetzter Richtung vergegenwärtigt, was die bevorstehende Aufgabe war. Dagegen vermag der Neuhegelianismus weder die Vergangenheit noch die Zukunft zur Sprache zu bringen, weil er die geschichtliche Bedeutung des Bruchs mit Hegel verkennt und nicht anerkennt, daß unsere »Geistesgeschichte« mit dem Zerfall des Hegelschen Geistes beginnt.

Den vermeintlichen Widerspruch zwischen dem absoluten und zeitlichen Sinn von Hegels System hat auch Scholz zu erklären versucht[248]. Für die formale Betrachtung bleibe er zwar eine Inkonsequenz, die sich nicht restlos beseitigen lasse, man könne aber den absoluten Anspruch daraus erklären, daß Hegel in dem Bewußtsein lebte, das Absolute zum erstenmal so gefaßt zu haben, wie man es fassen muß, wenn es sich in der Wirklichkeit als wirksam erweisen soll, nämlich als »sich selbst beständig relativierend«. Die Absolutheit seines Systems würde dann in einem absoluten Relativismus bestehen, weil Hegel – im Gegensatz zu Kant – das Absolute als einen der Wirklichkeit immanenten und jeweils gegenwärtigen Geist zur Darstellung bringt[249].

Im Bereich der Naturphilosophie hält Scholz diesen Versuch für restlos mißlungen, in dem des geschichtlichen Geistes aber für teilweise gelungen, wenn man nämlich den Erweis der Sinnhaftigkeit alles Geschehens als hypothetisches Verfahren auslegt, zur Bewältigung der Schwierigkeiten, die dem Glauben an den Sinn der Geschichte – auch in Hegels eigenem Bewußtsein – entgegenstehen. In jedem Falle habe aber die grundsätzliche Würdigung von Hegels Bedeutung für die Gegenwart davon auszugehen, daß sich die Philosophie erst durch ihn als der Gedanke der Zeit weiß, und diese These betreffe das ganze Verhältnis der Philosophie zur geschichtlichen Wirklichkeit unseres Lebens. Diese Verbindung des temporären Charakters der Philosophie mit ihrem

248 *Die Bedeutung der Hegelschen Philosophie für das philosophische Denken der Gegenwart.* Vorträge der Kant-Gesellschaft, 1921.
249 A. a. O., S. 31, 39, 59.

substanziellen Gehalt verbürge die dauernde Bedeutung von Hegel. Daß jede Philosophie das Selbstbewußtsein ihres Zeitalters ist, bedeute aber nicht, daß sie ein bloßer Spiegel der Zeit sei, sondern daß jedes Geschlecht die Aufgabe der Philosophie mit neuer Kraft und auf eigene Weise bewältigen müsse, gerade weil es keine »philosophia perennis« in irgendeinem äußerlichen Sinn von Ewigkeit gebe. Dem temporären Charakter der Philosophie entspreche positiv ihre beständige Verjüngung. Die Tragweite dieses Gedankens sei erst zu ermessen, wenn man sich erinnert, wie es zuvor gewesen ist. »Vor Hegel hat kein großer Denker gewagt, die Philosophie so beherzt in den Strom des Lebens hineinzustellen. Sie haben alle am Ufer gestanden und es für ihre Aufgabe gehalten, eine Brücke über ihn für die Ewigkeit zu bauen. Die Wenigen, die anders geurteilt haben, sind keine *großen* Denker gewesen, sondern Skeptiker oder Relativisten. Das eigentümlich Große an Hegel ist dies, daß er mit dem Eleatismus gebrochen hat, ohne den Skeptizismus und Relativismus im definitiven Sinne des Wortes auch nur mit der Spitze seines Fingers zu berühren. Das Schicksal hatte ihn so günstig gestellt, daß auch nicht der Schimmer eines solchen seine Erscheinung getroffen hat. Sein Geist war so restlos im Absoluten verankert, daß sein eigentümlicher Relativismus lediglich aus seinem großen Absolutheitsbewußtsein entsprungen ist.«[250] Die Philosophie wird damit zu einem ewig-lebendigen Tun, das eine Auffrischung vergangener Systeme ausschließt. Der Philosoph, der diesem temporären Charakter genügen soll, muß der ausdauerndste und reichste Geist der Zeit sein und ein Mensch der sichersten Unterscheidungskraft, um das Gehaltvolle vom Nichtigen und das Zukunftsvolle vom bloß Aktuellen scheiden zu können. Weil Hegel mit dem größten Überblick auch die tiefste Kritik verband, gewann er als erster nach Aristoteles und Leibniz eine Stellung zur Geschichte, welche der Philosophie nicht äußerlich bleibt. Indem man das Gewesene als das Fortwirkende begreift, wird die Philosophie zum Bewußtsein der Zeit und die historische Kontinuität zum Prinzip des geschichtlichen Fortgangs – bei Hegel zu einer Übersteigerung, die wir nicht mehr mitmachen können, weil eine *absolute* Kontinuität dem temporären Charakter der Philosophie widerstreitet. Entscheidend bleibt aber die Erfassung der Geschichtlichkeit des Geistes als solchen, dessen Begriff erst Hegel in eigentümlich deutscher Weise ausgeprägt hat.

250 A. a. O., S. 46.

Daß Hegels Philosophie der Geschichte, im Unterschied zu Vico und Herder, keinen Augenblick an die *Zukunft* denkt, wird von Scholz als bloßer Verzicht auf romantische Spekulation und als »Wirklichkeitssinn« ausgelegt. Während die ursprünglichen Hegelianer als den problematischen Grund der Geschlossenheit von Hegels System seine endgeschichtliche Konzeption verstanden, legt Scholz in die Zeitlichkeit der Hegelschen Philosophie das Motiv einer unabsehbaren Selbstverjüngung hinein, das aus Hegel selbst nicht erweisbar ist; dachte er doch im »Greisenalter« des Geistes, das der vollen Reife des in sich selbst zurückgegangenen Geistes entspricht. Es ist aber eine für die Beurteilung von Hegels Bedeutung entscheidende Frage, ob nicht gerade diese Grenze seines geschichtlichen Sinnes durch die Geschichte des deutschen Geistes nach ihm vollauf gerechtfertigt wird. Dann würde die eigentliche Bedeutung seiner Metaphysik des geschichtlichen Geistes für die Gegenwart aber darin bestehen, daß sie die Epoche der »germanischen« Philosophie als einer *»christlichen«* abschloß.

Das scharfe Bewußtsein der epochalen Grenze, die uns von Hegel trennt, hat J. Plenge veranlaßt, das Problem von Hegels Stellung zur Weltgeschichte neu zu stellen und Marx in das Hegelstudium einzubeziehen[251]. Seine Abhandlung hat wieder den Horizont für die Fragen eröffnet, welche die Junghegelianer, Bauer besonders, schon vor einem Jahrhundert gestellt haben. Sie beginnt mit der Feststellung, daß es die am wenigsten Hegels würdige Weise wäre, wenn man mit philosophischer Kenntnis nur wiederholen wollte, was er selber schon besser gesagt hat. Dies wäre gerade in seinen Augen der Tod des Geistes, dessen Lebendigkeit in der Bewältigung neuer Entzweiungen liegt. »Er würde uns fragen, kam nicht nach mir von außen und innen der neue Gegensatz? Formal als die Erfahrungswissenschaft des in Fächer zersplitterten Szientismus. Material als der aus meiner eigenen Schule herausgewachsene, von meiner Dialektik genährte und zum unaufhaltsamen Schicksalsgang des gesellschaftlichen Erlebens gesteigerte Sozialismus von Karl Marx. Seid ihr, die ihr zu mir als dem Träger einer siegreichen universalen Bejahung zurückwollt, zu schwach, um mich auch über diese Gegensätze zu erreichen, statt vor ihnen stehen zu bleiben, als ob meine Zeit noch älter und fertiger gewesen wäre, als ich selber sie damals konstruieren wollte.«[252] Hegel und Marx haben beide

251 *Marx und Hegel,* 1911; *Hegel und die Weltgeschichte,* Münster 1931.
252 A. a. O., S. 13.

die fundamentale Geschichtlichkeit alles menschlichen Lebens erkannt und wir haben die Aufgabe, uns ihre Absichten anzueignen, ohne dem einen oder dem andern kritiklos anzuhängen[253].

Die Art, wie Hegel und auch noch Marx das System unserer Welt ansahen, war begrenzt, weil erst im 19. Jahrhundert jener »Ausbruch der Energien« einsetzte, dessen vorerst letzte Erscheinung der Weltkrieg und die aus ihm hervorgegangenen Umwälzungen sind, die Hegel überhaupt nicht und Marx nur in der Begrenzung auf den Kapitalismus voraussehen konnte. Die Erfindungen des 19. Jahrhunderts und die durch sie ermöglichte Organisation des wirtschaftlichen, sozialen und militärischen Wesens haben zum erstenmal eine »Welt« eröffnet, die nun in der Tat alle geschichtlichen Völker der Erde umspannt. Im Hinblick auf diese neu entstandene Welt versucht Plenge die bisherige Geschichte Europas neu einzuteilen und Hegels geschichtlichen Ort vom Standpunkt der Gegenwart aus zu bestimmen. Das christliche Mittelalter, die sog. Neuzeit und das 19. Jahrhundert, mit dem gleichfalls eine neue Epoche beginnt, sind die drei Unterperioden eines Geschichtsablaufs vor dem neu aufgehenden »Weltsystem«, das mit dem Weltkrieg beginnt, wogegen Hegels Abschluß der Weltgeschichte mit der christlich-germanischen Welt noch mit einem Europa rechnete, das weder die welthistorische Bedeutung von Amerika und Rußland, noch die neue Auseinandersetzung mit dem Osten kannte. »Zwischen uns und Hegel liegt eine Geschichtsperiode, für die uns der allgemein anerkannte, wirklich bezeichnende Name fehlt. Das ›*Zeitalter des Kapitalismus*‹ geht nur auf die [...] weitertreibende Wirtschaftsreform [...], ›*Bürgerliche Gesellschaft*‹ klingt ohne den mit dem Wort ›Bürger‹ so sachwidrig verbundenen [...] Nebensinn eigentlich zu gemütlich für ein so explosives Geschehen, und die Mißverständnisse für die Zukunft sind leicht noch gefährlicher, weil eine sozialistische Arbeitsarmee doch mindestens soviel Ordnung brauchen würde wie das Bürgertum. Man kann sich damit helfen [...], daß man die bekannte Wendung Goldbergers um die Jahrhundertwende von Amerika [...] auf das eigentliche 19. Jahrhundert erweitert: ›*das Jahrhundert der unbegrenzten Möglichkeiten*‹! Das Ausgreifen der Menschheit zu immer höher gesteigerten technischen Leistungen und der Taumel des persönlichen Erfolgs für die glücklichen Ausnutzer und Gewinner in dieser Aufstiegskonjunktur

253 Zu Plenges positiver Marxkritik siehe den zusammenfassenden Hinweis auf S. 9f.

wird damit treffend bezeichnet. Aber die dämonische Gewalt des über alles geschichtlich Dagewesene hinausgehenden Entfaltungsprozesses wird wohl am besten als ›*Ausbruch der Energien*‹ gekennzeichnet. Alle Kräfte der Erde werden erschlossen und die Auswirkungen dieser Erschließung überwältigen die Menschheit und reißen unsere Gesellschaft in die unabsehbare, von keiner Einsicht und von keinem Willen gemeisterte Veränderung hinein, die [...] schließlich, soweit es Schuld ist, aus gemeinsamer Schuld in Weltkrieg und Weltrevolution endet. Dabei erweitert sich durch die Ergebnisse der Forschung das Wirklichkeitsbild in unermeßliche und doch berechnete *kosmische Fernen* [...], so daß das ewige Gleichgewicht unabänderlicher Gesetze überall verloren geht [...]. Auch ›*Entwicklung*‹ wird fessellos ausgebrochene Energie, die über uns hinweggeht. Und wie die Menschengesellschaft aus allen geordneten oder als Ordnung hingenommenen Gesamtregelungen ihrer Verhältnisse hinausgerissen wird, geht die geschlossene Übersicht über die Gesamtwirklichkeit verloren. Man hat keine Weltanschauung mehr. Man hat Wissenschaften! Fachwissenschaften ohne zusammenhängende Ordnung ihres Gesamtsystems [...]. Dahinter steht nur der strenge *Glaube an die Wissenschaft als Methode,* die mit ihrer Sicherheit auch die letzten Dinge erreicht, und damit die Tendenz, dieses Letzte als voraussetzungslose Kraft zu fassen, die der Mensch in seiner Gesellschaftsversorgung zwar benutzt, aber deren Produkt er auch ist. *Materie [...] als Energie!* Schon Friedrich List und Karl Marx sind beide gleich kraftgläubig. Das ist die Welt des eigentlichen 19. Jahrhunderts, die Hegel mit keinem Gedanken geahnt hat, obwohl sie schon unter seinen Augen im Entstehen war.«[254]

Die Überwindung von Zeit und Raum durch die Technifikation der Welt drängt – quer durch die Kämpfe der Rassen und Völker, Nationen und Klassen hindurch – auf allen Gebieten zu einem bewußt organisierten System der Welt und zu einer »Weltorganisationsgeschichte«, obschon man nicht wissen kann, ob dieser babylonische Turmbau mit seiner Sprachverwirrung zu einer dauerhaften Schöpfung geführt werden kann. Hegel dagegen wollte das Absolute inmitten des damaligen Weltbestandes vollständig explizieren. Seine Anschauung der Welt war trotz der Weite und Sicherheit seines Blicks noch ganz auf den christlich-humanistischen Geschichtskörper beschränkt, obwohl schon zu

254 A.a.O., S. 35 ff.

seinen Lebzeiten die Geschichtsschreibung anfing, ihr überliefertes Bild zu revidieren und es durch die neu erschlossenen Geschichtsquellen des Ostens zu sprengen[255]. Diese Beschränkung auf einen mittleren Ausschnitt der innereuropäischen Welt hat aber noch einen tieferen Grund in Hegels philosophischer Position, nämlich in seiner Idee vom Staat und von der Religion. Hegel, für den die Französische Revolution *das* große Ereignis war, hat die aus ihr entsprungenen Möglichkeiten geflissentlich übersehen, obwohl schon zu seiner Zeit spürbar sein konnte, daß das Zeitalter der Revolutionen erst anfing. »Er ahnte nichts von den verwirrenden Einflüssen, die aus aller Welt über Europa kommen sollten. Das liegt an seiner Methode selbst, denn was die Dialektik einmal hinter sich gebracht hat, lebt zwar als aufgehobenes Moment unter der Hand in ihr weiter, aber kommt nicht aus eigenem Recht zu wesentlich neuer Wirkung.« Der letzte Grund für diese Abgeschlossenheit seines Systems liegt in Hegels Stellung zum Christentum. »Christus ist für Hegel der Revolutionär der Synthese, der die auf der Spitze ihrer äußersten Entgegensetzungen stehende Welt für ihr Denken ein für allemal zusammenbringt. Hegel sah Christus ohne Ehrfurcht und Rührung [...] mit tiefhineinversenkter wissenschaftlicher Spannung als das Problem der Probleme, weil in ihm das Unendliche endlich wird, weil er als ›ein dieser‹, in seinem ganz lebendigen Vorübergang, das All in sich schließt und die wesentliche Gottverbundenheit des Menschen endgültig zeigt.«[256] Zugleich verliert in diesem logischen Begriffsgang das christliche Kreuz jede ursprüngliche menschliche Macht, denn eigentlich genügt schon der protestantische Staat für die Zwecke der Geschichte der Hegelschen Welt. Auf Grund dieser totalen Vergeistigung und Verweltlichung der christlichen Überwelt verliert der Übergang aus der Periode des eigentlichen Christentums in der Neuzeit bei Hegel seine entscheidende Bedeutung und damit die Neuzeit die Wucht des geschichtlichen Fortgangs, der sie in dem stürmischen Gang des 19. Jahrhunderts schließlich zum Ersten Weltkrieg treibt. Die Neuzeit wird einfach zum sich wissenden und erfüllenden Christentum. »Hegel übersieht die Umgestaltung des Wirklichkeitsbildes zu einer ganz neuen Dimensionsstufe und die beginnende Vereinigung aller Kulturen der Erde zu einem einzigen Handlungsfeld, die die Periode der Neuzeit, so

255 Siehe den instruktiven Aufsatz von W. Kaegi: *Voltaire und der Zerfall des christlichen Geschichtsbildes,* Corona, Jg. VIII, H. 1.

256 A. a. O., S. 65; vgl. dazu S. Marck, a. a. O., I, S. 57.

sehr sie Unterperiode im Gesamtablauf des Aufstiegs von Welteuropa bleibt, gegen alle menschliche Vergangenheit und damit gegen den Beginn der welteuropäischen Periode mit dem Zeitalter der ›Christenheit‹ schicksalsvoll abhebt. Dabei bleibt natürlich bestehen, daß das Weltüberlegenheitsbewußtsein der hohen Neuzeit auf dem gottunterworfenen Weltüberlegensheitsbewußtsein des Christentums aufbaut und sich dann zum technischen Weltüberlegenheitstaumel des dem eigenen Werk versklavten 19. Jahrhunderts steigert!«[257] Im Gegensatz zu der Forderung seiner Methode endet Hegels Geschichtskonstruktion auch nur dem Schein nach mit einer höchsten Versöhnung und Organisation der durchlebten Gegensätze. In Wirklichkeit schließt sie politisch mit einer radikalen Entzweiung von sich bekämpfenden Nationalstaaten und religiös mit dem in Sekten zersplitterten Protestantismus, der schon als solcher ein unversöhnlicher Gegner des Katholizismus bleibt.

Die trotz dieser Schranken großartige Leistung Hegels für das Verständnis der Weltgeschichte ist im 19. Jahrhundert nur durch Marx und F. List korrigiert worden, die beide im Gegensatz zu den bürgerlichen Historikern ihre Voraussicht der Weltbedeutung der technischen und ökonomisch-sozialen Entwicklungen in raschem Zugriff zu gestalten versuchten. »List, der, ohne viel nach Hegel zu fragen, den Nationalstaat als Geschichtsträger sah und ihm die wirtschaftlichen Waffen gab, um die Gleichberechtigung neben den andern zu sichern, auf der das Weltsystem erwachsen sollte. Marx, der geistige Erbe Hegels, der geradeso wie List Wirtschaft und Technik als eigentliche Arbeitsaufgabe und Daseinsfundament der Menschheit erfaßt, aber gerade darum auch als den Wachsboden der Klassenspannung und der Klassenkämpfe, die für ihn der immer wiederholte Durchgangsgegensatz bis zum endlichen Weltsystem der Arbeit wurden. Wir nehmen beide nur als Ausdruck, wie die Tatsachen der Zeit Hegels Konstruktionen beiseite schoben und dem Denken einfachere Wege zeigten. Gleichzeitig als Antwortversuche auf Fragen, die Hegel falsch oder gar nicht beantwortet, ja nicht gesehen hatte. Unvollkommene Antworten, denen in ihrer Einseitigkeit die Weite fehlt, nach der Hegel verlangte.«[258] Und es bliebe zu fragen, ob die Grundbegriffe von Hegels Geschichtsphilosophie auf die Gestaltungen der beginnenden Weltperiode anwendbar sind, also z. B. auf die Auseinandersetzung der verschiedenen Kulturen und der darüber hin-

257 A. a. O., S. 66.
258 A. a. O., S. 70.

weggehenden Uniformierungsprozesse[259]. Gewiß sei dagegen, daß nur ein durch Marx berichtigter Hegel die Geschichte des 19. Jahrhunderts wahrhaft erkennen läßt. »Man kann vor allem, mit richtiger Fassung der von Marx entdeckten Grundwahrheit, in der *Inzwecknahme* und Unterwerfung aller Kräfte der Erde und in der Rückwirkung der dabei aus dem Zweck heraus geschaffenen Arbeitsmittel, des Instrumentals, auf den Gesellschaftskörper eine allerstärkste Auswirkung einer vorläufig nur in den nächsten Werkverrichtungen hellsichtigen Schaffenskraft unseres Menschengeistes sehen [...]. Aber das sind überall andere Wege, als Hegel sie ging.«[260]

Im Unterschied zu dieser soziologischen Aneignung Hegels, deren eigenwillige Formulierungen nur oberflächliche Leser abschrecken können, hat der akademische Neuhegelianismus des 20. Jahrhunderts als ein abgeleitetes Bildungsprodukt vor den geschichtlichen Einsichten von Marx und Sorel die Augen verschlossen und das philosophische Problem des 19. Jahrhunderts verkannt. Der sog. Marxismus ist der deutschen Intelligenz erst durch die politische Propaganda des Nationalsozialismus und in dessen polemischer Aufmachung bekannt geworden.

Während in Deutschland der ursprüngliche Hegelianismus vergessen wurde und die Erneuerung Hegels durch den Neukantianismus geschah, hat in Rußland der Hegelianismus der 40er Jahre im Nihilismus, Marxismus und Leninismus bis in die Gegenwart in einer nie unterbrochenen Folge weitergewirkt und Geschichte gemacht. Als 1931 zu Hegels 100. Todestag Kongresse stattfanden, gab es einen in Moskau und zwei andere in Rom und Berlin, die trotz ihrer gegenseitigen Ablehnung doch so zusammengehörten wie schon ein Jahrhundert zuvor die Hegelsche Linke und Rechte. Die feinere Bildung war, wie damals, auf Seite der Epigonen, die geschichtliche Macht bei denen, welche den Fortschritt wollten und Hegel durch Marx auslegten. In einem aber waren sich die idealistische und die materialistische Dialektik beider Parteien einig: in der Meinung, das »Tote« und das »Lebendige« in Hegels Philosophie des tätigen Geistes durch eine einfache Operation voneinander scheiden zu können und entweder den geistigen

259 Vgl. dazu Lenins kritisches Urteil über Hegels Philosophie der Geschichte: in ihr sei Hegel am meisten veraltet und durch Marx überholt. *Aus dem philosophischen Nachlaß Lenins*, Marxistische Bibl., Bd. 23, S. 175.
260 A. a. O., S. 71 f.

»Gehalt« oder die dialektische »Methode« isoliert zu verwenden[261]. Die eigentliche Entscheidung gegenüber Hegels Vermittlungen war aber schon durch Marx und Kierkegaard in entgegengesetzter Richtung vollzogen worden. Daß diese beiden entschiedensten und einander widerstrebendsten Kritiker Hegels im Banne seiner Begriffe standen, zeigt die Macht des Geistes, der solche Extreme hervortreiben konnte.

261 Siehe dazu die Eröffnungsreden von Kroner zum 2. und 3. Hegel-Kongreß und A. W. Lunatscharski, *Hegel und die Gegenwart,* in der Zeitschrift: Das neue Rußland, Berlin, Nov. 1931. Mit Bezug auf Croces Unterscheidung des Toten und Lebendigen in Hegel bemerkt Lunatscharski: »Auch wir haben in unserer Art und folgerichtig das eine von dem andern getrennt.«

III. DIE AUFLÖSUNG VON HEGELS VERMITTLUNGEN DURCH DIE ENTSCHEIDUNGEN VON MARX UND KIERKEGAARD

1. *Die allgemeine Kritik an Hegels Begriff von der Wirklichkeit*

Der Angriff von Marx und Kierkegaard trennt genau das auseinander, was Hegel vereint hat; beide kehren seine Versöhnung der Vernunft mit der Wirklichkeit um. Marx nimmt zum Gegenstand der Kritik die politische Philosophie, und Kierkegaards Angriff richtet sich gegen das philosophische Christentum. Damit geschieht aber nicht nur eine Auflösung von Hegels System, sondern zugleich eine solche des ganzen Systems der bürgerlich-christlichen Welt. Das philosophische Fundament dieser radikalen Kritik des Bestehenden ist die Auseinandersetzung mit Hegels Begriff von der »*Wirklichkeit*« als »*Einheit von Wesen und Existenz*«[1]. In der Hauptsache bezieht sich der Streit auf einen einzigen Satz aus der Vorrede zur *Rechtsphilosophie:* »Was vernünftig ist, das ist wirklich; und was wirklich ist, das ist vernünftig«.

Wir können uns heute nur noch schwer den ganzen Ernst des Streites und die tiefe Erregung vergegenwärtigen, die dieser Satz schon zu Hegels Lebzeiten ausgelöst hat, weil wir als Erben des 19. Jahrhunderts unter der »Wirklichkeit« vollendete »Tatsachen« und »Realitäten« eines Realismus verstehen, der erst nach dem Zerfall des Hegelschen Real-Idealismus hervortreten konnte[2]. Den Anstoß zu diesem Wandel im Begriff von der Wirklichkeit hat aber auch kein anderer als Hegel gegeben, indem er, wie niemand vor ihm, die wirkliche, gegenwärtige Welt zum Inhalt der Philosophie erhob. Denn so wesentlich wie es der Philosophie als solcher sei, den Inhalt des Bewußtseins in die *Form* des *Gedankens* zu setzen und also »nachzudenken« über die Wirklichkeit, so wesentlich sei es andrerseits, sich darüber klar zu werden, daß ihr *Inhalt* kein anderer als der Gehalt der Welt oder der erfahrbaren Wirklichkeit sei. Die Übereinstimmung der Philosophie mit der Wirklichkeit könne sogar als ein äußerer Prüfstein ihrer Wahrheit betrachtet werden. Weil aber nicht alles und jedes, was nur geradezu überhaupt existiert, im gleichen Sinn und im selben Maß eine »Wirklichkeit« ist, muß von ihr unterschieden werden, was eine nur »vorübergehende«, »bedeutungslose« und »zufällige«, »vergängliche« und

1 *Logik*, ed. Lasson, Leipzig 1923, II, 156ff.
2 Siehe dazu *Jenenser Realphilosophie*, Leipzig 1932, I, 214ff.

»verkümmerte« Existenz ist. Eine solche bloß zufällige Wirklichkeit, die ebensogut auch *nicht sein* könnte, verdient nicht den »emphatischen« Namen einer wahrhaften Wirklichkeit[3]. Infolge dieser Abtrennung der zufälligen Existenz von der Wirklichkeit konnte Hegel in dem Diktum aus der Vorrede zur *Rechtsphilosophie* ganz »einfache« Sätze sehen, während sie für die Späteren höchst zweideutig waren, je nachdem sie den Vorder- oder den Nachsatz betonten und also die Wirklichkeit nur des Vernünftigen oder die Vernünftigkeit nur des Wirklichen zum Maßstab der Auslegung nahmen. Aber noch E. Gans, der Herausgeber der zweiten Auflage der *Rechtsphilosophie,* konnte in Hegels Satz nichts Verfängliches finden und hat ihn gegenüber den ihm zuteil gewordenen Anfeindungen als eine einfache Wahrheit verteidigt. Denn »platt auseinandergelegt« wolle er nicht mehr und nicht weniger sagen, als daß »das wahrhaft Vernünftige, um seiner Natur gemäß zu sein, sich stets in die Welt einbildet und Gegenwart gewinnt, und daß dasjenige, was in der Welt wahrhaft besteht, auch darin die Rechtfertigung einer ihm inwohnenden Vernünftigkeit trägt«[4]. Wie wenig sich Hegels Satz dennoch von selbst verstand, geht aber schon daraus hervor, daß ihn Hegel überhaupt rechtfertigen mußte, und vor allem aus der Art und Weise, wie er es tat. Er beruft sich nämlich zugleich auf *Gott* und die *Welt,* gegenüber den Theologen und Philosophen, die an der Vernunft der Wirklichkeit Anstoß nahmen. Den Theologen, meint Hegel, müßte der Satz ohne weiteres einleuchtend sein, weil ihn die Lehre von der göttlichen Weltregierung doch selber schon ausspreche, und die Philosophen müßten so viel Bildung haben zu wissen, »nicht nur, daß Gott wirklich«, sondern daß er »das Wirklichste, daß er allein wahrhaft wirklich« ist. Die Gleichsetzung der Vernunft mit der Wirklichkeit begründet sich also – ebenso wie die Wirksamkeit der »Idee« – aus einer Philosophie, die zugleich Theologie ist und deren Endzweck es ist: durch die Erkenntnis der Übereinstimmung des Göttlichen und des Weltlichen die Versöhnung der »selbstbewußten Vernunft« mit der »seienden Vernunft«, d.i. der Wirklichkeit, endlich hervorzubringen. Die Wahrheit von Hegels Versöhnung der Vernunft mit der Wirklichkeit wurde von Ruge und Feuerbach, von Marx und von Kierkegaard in einer Weise bestritten, die auch schon die Argumente von Haym bis zu Dilthey vorwegnahm.

3 Enz. § 6; vgl. § 24, Zus. 2; § 213, Zus.; § 445, Zus.
4 VIII², S. X.

Gerade weil Ruge Hegels Begriff von der Wirklichkeit als der Einheit von Wesen und Existenz im Prinzip übernahm, konnte er auch gegen Hegels Ausführung dieses Prinzips in der Staatsphilosophie geltend machen, daß er bestimmte geschichtliche Existenzen, die als solche vorübergehen, im Sinne des allgemeinen Wesens verabsolutiert habe. Auf diese Weise habe sich die Vernunft bei Hegel aus dem gegenwärtigen und wirklichen Leben des Geistes herausgezogen und das geschichtliche »Interessse« an den politischen Existenzen als solchen verloren[5]. Er stellt den Leser auf einen doppelten Boden, weil er bald der einzelnen Existenz ein allgemeines Wesen und bald dem allgemeinen Wesen eine geschichtliche Existenz unterschiebt[6].

Feuerbachs Kritik betrifft nicht das Versagen der logischen Bestimmungen gegenüber der *geschichtlichen* Existenz, sondern ihr Mißverhältnis zur *sinnlichen* Existenz[7], die ihm der Maßstab des Wirklichen war. Als sinnliche Existenz erscheint die Wirklichkeit *unmittelbar* als das, was sie ist; die Unmittelbarkeit bedeutet aber für Feuerbach kein bloßes noch-*nicht-Vermitteltsein,* wie bei Hegel, der das Sein in bezug auf die geistige Tätigkeit des Vermittelns als das Un-*mittelbare* bestimmt. Indem das spekulative Denken *innerhalb seiner selbst* sich das Sein als das Unmittelbare entgegensetzt, vermag es den Gegensatz zwischen dem wirklichen Sein und dem Denken scheinbar ohne Schwierigkeit aufzuheben[8]. Im Gegensatz zu dieser erdachten Unmittelbarkeit des Seins, welches Denken ist, behauptet Feuerbach den positiven und primären Charakter der unmittelbar-sinnlichen Wirklichkeit, die aber dennoch nichts Gedankenloses und sich von selbst Verstehendes ist. Denn näherliegend als die sinnliche Anschauung der gegenständlichen Wirklichkeit, zu der man aus sich herausgehen muß, ist die bloß subjektive Vorstellung von etwas, welche im Vorgestellten bei sich bleiben kann. Damit die sinnliche Anschauung das Seiende in seiner Wirklichkeit zeigt, bedarf es daher eines ähnlichen Umschwungs wie einst von der orientalischen Traumwelt zur griechischen Sinnfälligkeit, die uns erstmals das Seiende so sehen ließ, wie es unverfälscht ist[9]. Dagegen ist die intellektuelle Anschauung der Hegelschen Spekulation ein konstru-

5 Siehe im Vorhergehenden, S. 115 f.
6 Vgl. Haym, *Hegel und seine Zeit,* a. a. O., S. 368 ff., 462.
7 Siehe im Vorhergehenden, S. 102 f.
8 Grundsatz 24.
9 Grundsatz 43.

ierendes Denken in Identität mit sich selbst, und was sie erreicht, ist nicht *diese* wirkliche Welt, sondern nur die Verdiesseitigung einer theologischen Hinterwelt. Aus der christlichen Theologie ist auch Hegels These von der Vernunft des Wirklichen zu erklären. »Die Identität von Denken und Sein ist [...] nur der Ausdruck von der Gottheit der Vernunft – der Ausdruck davon, daß [...] die Vernunft das absolute Wesen, der Inbegriff aller Wahrheit und Realität ist, daß es keinen Gegensatz der Vernunft gibt, daß vielmehr die Vernunft alles ist, wie in der strengen Theologie Gott alles ist, d. i. alles Wesenhafte und wahrhaft Seiende.«[10] Nur das sinnliche Sein, das unterschieden vom Denken eines Gedankens ist, bezeugt wie ein unbestechlicher Zeuge das wahre Sein als die selbständige Wirklichkeit eines Seienden. Für den Denker als Denker[11] gibt es aber kein wirkliches Sein und keine reale Existenz, kein Dasein und kein Fürsichsein, wohl aber für den sinnlich denkenden Menschen[12].

Mit dieser Fixierung auf die sinnlich existierende Wirklichkeit, die je bestimmt und inhaltsvoll ist, verzichtet Feuerbach bewußt auf die ontologische Frage nach dem unterschiedslosen Sein überhaupt, das von allem Seienden in gleicher Weise aussagbar ist[13]. Für das rein ontologische Denken ist dieses sinnlich bestimmte »Dies« nicht wesentlich unterschieden von jenem, weil die logische Form des Dies überhaupt gegenüber allen Gewißheiten der Sinne gleichgültig ist[14]. Hegels Dialektik der sinnlichen Gewißheit hebt so das wirkliche einzelne »Dies« im Allgemeinlogischen auf, obwohl dieses ein bloßes Wort und jenes allein eine Sache ist. So wenig aber das Wort schon die Sache ist, so wenig ist das gedachte oder gesagte Dies schon ein sinnlich-wirkliches Sein, dessen Existenz für mich eine jeweils »praktische« Frage ist. Denn das Geheimnis des Seins erschließt sich nicht dem Denken des Allgemeinen, sondern der sinnlichen Anschauung, der Empfindung und Leidenschaft. »Nur die Leidenschaft«, sagt Feuerbach in Übereinstimmung mit Kierkegaard, »ist das Wahrzeichen der Existenz«, weil es nur ihr in der Tat darauf ankommt, ob etwas ist oder nicht ist; wogegen für das bloß theoretische Denken dieser praktische Unterschied interesselos

10 Grundsatz 24.
11 Grundsatz 51.
12 Grundsatz 26.
13 Grundsatz 27.
14 Grundsatz 28.

ist[15]. Schon die bloße Empfindung hat eine fundamentale und nicht bloß empirische Bedeutung für die Erkenntnis des Seins. Der Hunger, der nach Nahrung verlangt, erschließt in der Empfindung der Leere ein leibhaftiges Verständnis für die Fülle eines wirklich existierenden Seins. Er ist wie die Liebe und Leidenschaft ein »ontologischer Beweis« für ein Dasein, dem es in der Tat um ein »Sein« geht. Nur was meine Befindlichkeit alteriert, was erfreulich und schmerzlich ist, zeigt damit auch, daß es da »ist« oder fehlt. Und nur ein Denken, das sich durch Anschauung, Empfindung und Leidenschaft unterbricht, anstatt sich in sich selber fortzubewegen, vermag auch theoretisch zu erfassen, was »Wirklichkeit« ist[16].

Auch Marx und Kierkegaard haben ihre Hegelkritik an dem Begriff der wirklichen Existenz orientiert. Ruge richtet sich vorzüglich auf die *ethisch-politische* Existenz des *Gemeinwesens,* Feuerbach auf die *sinnliche* Existenz des leibhaftigen *Menschen,* Marx auf die *wirtschaftliche* Existenz der *Masse* und Kierkegaard auf die *ethisch-religiöse* des *Einzelnen.* Bei Ruge erschließt sich die *geschichtliche* Existenz dem politisch verstandenen *»Interesse«,* bei Feuerbach die *wirkliche* Existenz überhaupt der sinnlichen Empfindung und Leidenschaft, bei Marx die *soziale* Existenz der *sinnlichen Tätigkeit als gesellschaftlicher Praxis* und bei Kierkegaard die *ethische* Wirklichkeit der Leidenschaft des *inneren Handelns.*

Um die »Wirklichkeit« ging es auch den russischen und polnischen Hegelianern der 40er Jahre, bei denen sich das existentielle Motiv ihrer Auseinandersetzung mit Hegel mit einer nur dem slawischen Menschen eigentümlichen Direktheit und Offenheit ausspricht. Die Unterscheidung der russischen Intelligenz in *Westler* und *Slawophilen* ist philosophisch durch die Parteinahme für Hegel und seine Schüler oder für Schellings Kampf gegen Hegel bestimmt. Weil aber auch Schellings Forderung einer positiven Philosophie der Wirklichkeit bedingt ist durch Hegels Anspruch, die Wirklichkeit als den einzigen Inhalt der Philosophie zu begreifen, ist die russische Auseinandersetzung mit der deutschen Philosophie auf beiden Seiten durch Hegel bestimmt. Das bezeugen vor allem die Briefe der damals in Deutschland studierenden Russen, für welche »Deutschland« und »Hegel« beinahe dasselbe sind.

15 Grundsatz 33 und 28 und W. I, 256.
16 Grundsatz 48; vgl. II, 258; Marx, III, 161.

J. W. Kirejewski[17] (1806–1856) hat auf seinem Weg von der westlichen zur slawischen Orientierung die These entwickelt, daß es dem gesamten abendländischen Denken an einem vollen und ganzen Verhältnis der geistigen Person zur Wirklichkeit fehle. Als den entscheidenden Grund dafür sah er das westeuropäische Verhältnis von Kirche und Staat und des Glaubens zum Wissen an, wie es sich seit der Trennung Roms von Byzanz ergeben hat. Das Resultat der übersteigerten Rationalität und Zerteiltheit des westeuropäischen Denkens sind die destruktiven Ideen des 18. Jahrhunderts mit ihrer falschen Stellung zum Christentum. In Hegels Philosophie ist der allgemein-europäische Glaube an die Organisierbarkeit der Idee und der Wirklichkeit zu seiner höchsten Vollendung gebracht. Weil Hegel aber die Konstruktion der geistigen Welt aus dem Selbstbewußtsein des Menschen auf einen unüberbietbaren Gipfel trieb, schuf er zugleich die Basis für Schellings Erweis der »Negativität« dieser der lebendigen Wirklichkeit entfremdeten Weise des Denkens. »So ist heute die Situation der westlichen Philosophie diese, daß sie im Bewußtsein der begrenzten Geltungssphäre aller rationalen Abstraktion weder auf diesem Wege fortschreiten, noch einen andern neuen Weg finden kann, weil eben alle ihre Kräfte beim Ausbau des alten abstrakten Rationalismus bereits verbraucht worden sind.«[18] Dagegen habe Rußland in seinen Klöstern und in den Lehren der griechischen Kirchenväter die urchristliche Tradition bewahrt und damit die Konzentration aller geistigen Aktivität auf den ganzen unzerspaltenen Menschen. »Der westliche Mensch ist unfähig, einen lebendigen Zusammenhang der geistigen Vermögen, bei dem keines ohne das andere in Aktion treten darf, zu begreifen. Ihm fehlt das Verständnis für jenes eigentümliche Gleichgewicht der Seele, das den in der orthodoxen Tradition erzogenen Menschen bis in äußere Gesten und Gebärden hinein kennzeichnet. Dessen Haltung verrät, sogar [...] an Sturmtagen des Schicksals, immer noch [...] eine letzte tiefe Ruhe, eine Mäßigung, Würde und Demut, die von seelischem Gleichgewicht, von tiefer inne-

17 Kirejewski hat 1830 noch Hegel selbst gehört und besonders mit E. Gans verkehrt. Seine wichtigsten Abhandlungen sind in deutscher Übersetzung erschienen: *Drei Essays,* München 1921 (»Das 19. Jahrhundert«, 1832; »Über den Charakter der Zivilisation Europas und ihr Verhältnis zur Zivilisation Rußlands«, 1852; »Über die Notwendigkeit und Möglichkeit einer neuen Grundlegung der Philosophie«, 1856).
18 A. a. O., S. 114.

rer Harmonie des Lebensgefühls zeugen. Demgegenüber erscheint der Europäer beständig in Ekstase, von geschäftigem, fast theatralischem Auftreten, voll ewiger Unruhe in seiner inneren und äußeren Haltung, die er doch mit krampfhafter Anstrengung in ein künstliches Gleichmaß zu zwingen sucht.«[19] Wenn aber Europa einmal die Prinzipien seines unwahren Christentums preisgeben und sich auf die Stufe des vorchristlichen Denkens zurückziehen wird, dann werde es vielleicht auch wieder fähig werden, die wahre Lehre aufzunehmen, die der Vernunft weder dienstbar ist noch entgegensteht.

M. Bakunin (1814–1876) hat sich Hegels Philosophie zunächst als eine »neue Religion« ausgelegt, in der Hoffnung, durch die völlige Hingabe an das »Leben des Absoluten« auch alle seine persönlichen Probleme lösen zu können; sogar die Lebenswege seiner Geschwister wollte er vom Standpunkt der Hegelschen Philosophie aus bestimmen. »Alles lebt, alles wird durch den Geist lebendig gemacht. Nur für ein totes Auge ist die Wirklichkeit tot. Die Wirklichkeit ist das ewige Leben Gottes [...]. Je lebendiger ein Mensch ist, desto mehr ist er vom selbstbewußten Geist durchdrungen, desto lebendiger ist für ihn die Wirklichkeit [...]. *Was wirklich ist, ist vernünftig*. Der Geist ist die absolute Macht, die Quelle jeder Macht. Die Wirklichkeit ist sein Leben und folglich ist sie allmächtig.«[20] In der Einleitung zu den von ihm übersetzten Gymnasialreden Hegels hat er die Notwendigkeit einer Versöhnung mit der Wirklichkeit proklamiert und sich Hegels Satz radikal optimistisch zurechtgelegt; denn gegen die Wirklichkeit revoltieren sei ein und dasselbe wie jede lebendige Lebensquelle in sich vernichten. »Die Versöhnung mit der Wirklichkeit ist in [...] allen Lebenssphären die große Aufgabe unserer Zeit; Hegel und Goethe sind die Hauptvertreter dieser Versöhnung, dieser Rückkehr vom Tode zum Leben.«[21]

Der Aufklärer W. G. Belinskij (1810–1848) hat hieraus weitere Konsequenzen gezogen. Er schreibt an Bakunin: »Im Schmiedeofen

19 A.a.O., S. 121.
20 D. Tschizewskij, *Hegel in Rußland;* enthalten in dem Sammelband *Hegel bei den Slaven,* a.a.O., S. 193 ff. – Diese ausgezeichnete Darstellung und Analyse, von der im folgenden dankbar Gebrauch gemacht wird, hat zum ersten Mal Hegels geschichtliche Wirkung in ihrem ganzen Umfang erschlossen. Vgl. dazu B. Jakowenko, *Ein Beitrag zur Geschichte des Hegelianismus in Rußland,* Prag 1934; A. Koyré, *Hegel en Russie. Le monde slave,* T. II, 1936.
21 Tschizewskij, a.a.O., S. 196.

meines Geistes hat sich eine eigenartige Bedeutung des großen Wortes Wirklichkeit herausgebildet – ich sehe die von mir früher so verachtete Wirklichkeit an und erzittere [...], weil ich ihre Vernünftigkeit begriffen habe, weil ich einsehe, daß man aus ihr nichts entfernen darf, daß man an ihr nichts tadeln darf [...]«; »Wirklichkeit! sage ich beim Aufstehen und beim Schlafengehen, am Tage und nachts – und die Wirklichkeit umgibt mich, ich fühle sie überall und in allem, sogar in mir selbst, in derjenigen neuen Änderung, die an mir von Tag zu Tag bemerkbar wird.« »Ich treffe jetzt täglich praktische Menschen, und es ist mir nicht mehr schwer, in ihrem Kreise zu atmen [...]«; »Ich urteile über einen jeden nicht nach irgendeiner früher zubereiteten Theorie, sondern nach den von ihm selbst gegebenen Daten, ich weiß allmählich zu ihm in die richtige Beziehung zu kommen, und deswegen sind alle mit mir zufrieden, und ich bin mit allen zufrieden. Ich fange an, im Gespräch gemeinsame Interessen mit Leuten zu finden, mit welchen ich früher nie gedacht hätte, etwas gemeinsam zu haben. Ich fordere von einem jeden nur das, was man von ihm fordern darf, und deswegen bekomme ich von ihm nur das Gute und nichts Schlechtes [...]«; »Vor kurzem habe ich eine große Wahrheit erfahren, die für mich (bis jetzt) ein Geheimnis war [...]. Ich erkannte, daß es keine gefallenen Menschen gibt, die ihren Beruf verraten haben. Ich verachte jetzt keinen Menschen mehr, der sich durch eine Heirat zugrunde gerichtet hat, der seinen Verstand und seine Begabung im Dienst ausgelöscht hat, weil so ein Mensch gar keine Schuld hat. Die Wirklichkeit ist ein Ungeheuer, das mit einem eisernen Gebiß bewaffnet ist: wer sich ihr nicht freiwillig hingibt, den ergreift sie mit Gewalt und verschlingt ihn.«[22] In dieser russischen Umdeutung von Hegels emphatischer Wirklichkeit liegt Belinskijs eigentümliches Pathos, das ihn veranlaßte, statt des »blauen Himmels« der Unendlichkeit die »Küchenwirklichkeit« mit der Landstraße und der Vernunft zu versöhnen[23]. Er hörte auf, romantisch zu sein und wollte der russischen Wirklichkeit dienen – bis zu der Konsequenz einer restlosen Anerkennung des russischen Absolutismus, wodurch er sich mit all seinen Freunden entzweite und schließlich selbst in eine Krise geriet, die ihn, unter dem Einfluß von Bakunin und Herzen, nun auf die Seite der Linkshegelianer und in die Opposition zur russi-

22 Ebenda, S. 222.
23 Vgl. dazu in Gogols *Toten Seelen*, Kap. 7, den Hymnus auf den Dichter des Alltags.

schen Wirklichkeit trieb. Schon zwei Jahre nach dem zuletzt zitierten Brief an Bakunin verfluchte er sein gemeines Streben nach einer Aussöhnung mit der erbärmlichen Wirklichkeit. Die menschliche Persönlichkeit sei mehr als die ganze Weltgeschichte und Heine mehr als alle »Berufsdenker«, welche die Wirklichkeit so, wie sie ist, verteidigen[24]. Ich habe schon längst vermutet, daß die Philosophie Hegels nur ein Moment ist, vielleicht ein bedeutendes, daß aber der absolute Charakter ihrer Ergebnisse zum Teufel ist, daß es besser ist zu sterben, als sie willig anzunehmen [...]. Das Subjekt ist bei ihm kein Selbstzweck, sondern nur Mittel für einen momentanen Ausdruck des Allgemeinen, und das Allgemeine ist für ihn ein Moloch, denn es stolziert in ihm (im Subjekte) und wirft es dann weg wie eine alte Hose. Ich habe besondere Gründe, auf Hegel böse zu sein, denn ich fühle, daß ich ihm (in der Grundstimmung) treu war, als ich mich mit der russischen Wirklichkeit aussöhnte [...] – – Alles Geschwätz Hegels über die Sittlichkeit ist reiner Unsinn, denn in dem objektiven Reich des Gedankens gibt es keine Sittlichkeit, wie auch in der objektiven Religion nicht. – – Das Schicksal des Subjekts, des Individuums, der Persönlichkeit ist wichtiger als das Schicksal der ganzen Welt und als die Gesundheit des chinesischen Kaisers (d.h. der Hegelschen Allgemeinheit).«[25] Als die wahre Versöhnung mit der Wirklichkeit erscheint ihm nun die, welche Ruge als Praktischwerden der Theorie propagierte[26]. Die Hegelsche Philosophie galt ihm zwar noch als höchste Spitze der Bildung, aber zugleich als deren Selbstauflösung im Übergang zu einer neuen Gestalt der Welt, und die Abwendung von Hegel hat die Bedeutung eines Abfalls von der Philosophie überhaupt.

Im Grunde nicht weniger slawisch, aber der begrifflichen Disziplin und den Fragestellungen nach vom deutschen Hegelianismus fast nicht unterscheidbar ist die Philosophie des polnischen Grafen A. Cieszkowski (1814–1894)[27]. Er studierte 1832 an der Berliner Universität und hörte dort die Vorlesungen von Michelet, Hotho, Werder, Gans, Henning und Erdmann. Sein Eindruck von den Deutschen war, daß sie das

24 *Russische Meisterbriefe,* hrsg. von K. Nötzel, München 1922, S. 177 und 179.

25 Tschizewskij, a. a. O., S. 226.

26 Siehe den Briefwechsel mit Ruge, Marx-Engels *Ges. Ausg.* I/1, 566.

27 Siehe zum folgenden die Monographie von W. Kühne, a. a. O., die insbesondere Cieszkowskis Verhältnis zu Michelet behandelt und von der hier dankbar Gebrauch gemacht wird.

am meisten »synthetische« und zugleich »abstrakte« Volk seien. »Das *konkrete Leben* fehlt ihnen überhaupt. Alles findet in Deutschland einen gesunden und kräftigen Anklang, aber alle diese Elemente entbehren eines organischen und harmonischen *Einklanges*. Alles zerfließt in Partikularitäten, deren Gesamtbild also selbst ein Abstraktum, ein Hirngespinst, ein caput mortuum ist. Wissenschaft und Leben, Idealität und Realität, sind voneinander getrennt. Es ist ein beständiges Drüben und Hüben.«[28] Cieszkowski versuchte, diese gegenseitige »Entfremdung« von Theorie und Praxis, von Wissenschaft und Leben im Geiste des Slawentums in einer »Philosophie der Tat« aufzuheben, die er ihrerseits in einem »Christianismus« begründete, der den Hegelschen Logismus zum ursprünglichen Logos des Christuswortes zurückführen sollte[29]. In Hegels Philosophie sah er einen Endzustand, der durch den Übertritt aus dem Element des Denkens in das des Willens zu überwinden sei, weil nur der Wille eine neue Zukunft erschließe[30]. Andererseits motiviert Hegels Vollendung aber auch Cieszkowskis Rückgang auf die philosophischen Ursprünge in den Anfangszuständen der griechischen Philosophie[31], auf die auch Marx, Kierkegaard und Lassalle gegenüber dem Ende bei Hegel verwiesen. Seine Auseinandersetzung mit Hegel betrifft vor allem dessen Begriff von der »Allgemeinheit«. Der wahre Geist ist kein allgemeines und unpersönliches Denken, sondern das geistige Tun des »vollen Selbst«[32]. Hegel hat das Allgemeine zumeist dem Besonderen entgegengesetzt und beide in der wirklichen Einzelheit aufgehoben – zuweilen aber auch das Besondere *und* Einzelne dem Allgemeinen entgegengestellt. Diese terminologische Unstimmigkeit erklärt sich Cieszkowski daraus, daß bei Hegel das Allgemeine in jedem Fall das Übergreifende bleibt, so daß trotz seiner Versicherung, zum konkret Einen zu kommen, das Einzelne der Allgemeinheit und das Subjekt der Substanz preisgegeben wird. Das dritte Moment, in dem die Einzelheit und Allgemeinheit aufhebbar sind, ist nach Cieszkowski die vollkommene Individuation des Geistes in der göttlichen Person. Erst dadurch wird die Substanz in der Tat zum Subjekt[33]. D. h. Cieszkowski

28 W. Kühne, a. a. O., S. 429.
29 Ebenda, S. 264 ff.
30 Ebenda, S. 28 f., 43 f., 65 f.
31 Ebenda, S. 73.
32 Ebenda, S. 22, 45, 98.
33 Ebenda, S. 93 ff., 96.

will innerhalb des Rahmens der deutschen Philosophie des Geistes die christliche Position erreichen, die Kierkegaard gegen das Denken des Allgemeinen in paradoxer Weise entwickelt hat. Sein Ziel ist eine Philosophie des tätigen Lebens, für welche Gott das in sich vollendete Selbst ist, das frei aus sich schafft[34].

Von diesem Standpunkt aus ergibt sich eine entscheidende Korrektur auch an Hegels Philosophie der Geschichte, die Cieszkowski in seinen *Prolegomena zur Historiosophie*[35] ausgeführt hat. Im Unterschied zu Hegels Gliederung der Geschichte in die orientalische, griechisch-römische und christlich-germanische Welt stellt er die Dreigliederung auf: Antike bis Christus, christlich-germanische Welt bis Hegel und als Drittes die Zukunft, die nicht nur bei den Propheten, sondern überhaupt ein integrierender Bestandteil jeder Geschichtlichkeit ist, weil die Geschichte kein notwendiger Ablauf, sondern ein freies und verantwortliches Tun ist. Die künftige Geschichte, an deren Anfang wir stehen, soll die Synthese der vorchristlichen und der christlichen Weltgestalt bringen. Als die konkrete Frage der künftigen Welt behandelt er in seinen Schriften die Reform des *Christentums* und der *politischen Sozietät*[36].

2. *Die kritischen Unterscheidungen von Marx und Kierkegaard*[37]

Marx bestreitet in seiner *Kritik der Hegelschen Rechtsphilosophie* nicht Hegels Prinzip, sondern nur die konkrete Durchführung der von ihm selbst behaupteten Einheit der Vernunft mit der Wirklichkeit und des allgemeinen Wesens mit der einzelnen Existenz. Das Wesen der politi-

34 Ebenda, S. 110.
35 Ebenda, S. 13, 25 ff.; siehe dazu B. Croce, *Saggio sullo Hegel,* Bari 1913, S. 149 ff.
36 Ebenda, S. 89 ff., 251 ff.; 14, 161, 179 ff., 347.
37 Die folgende Konfrontation von Marx mit Kierkegaard ist zugleich eine Korrektur an der von Nietzsche mit Kierkegaard, die bisher als die einzig sinnvolle und fruchtbare galt. Der Verf. hat selbst zu ihr beigetragen, als er den geschichtlichen Zusammenhang mit Marx noch nicht in seiner ganzen Tragweite übersah. – Siehe dazu vom Verf., *Kierkegaard und Nietzsche,* Frankfurt a. M. 1933 (jetzt auch in: *Sämtliche Schriften 6. Nietzsche.* Stuttgart 1987, S. 53 ff.); K. Jaspers, *Vernunft und Existenz.* 1. Vorlesung, Groningen 1935; A. Baeumler, *Studien zur deutschen Geistesgeschichte,* Berlin 1937, S. 78 ff. und 244 ff.; J. Wahl, *Études Kierkegaardiennes,* a. a. O., S. 207 ff. und 429 ff.

schen Existenz ist aber der Polis-Charakter des Gemeinwesens, die »politische Allgemeinheit«. Hegel ist nicht zu tadeln, weil er das »Wesen des modernen Staates schildert [...], sondern weil er das, was ist, für das *Wesen des Staates* ausgibt.«[38] Indem er die Empirie mystifiziert, wird der Inhalt seiner idealistischen Ausführungen »krassester Materialismus«, der das faktisch Bestehende philosophisch rechtfertigt. Seine Vermittlungen zwischen bürgerlicher Gesellschaft und Staat heben den Widerspruch zwischen der privat-egoistischen und der öffentlich-gemeinsamen Existenz nicht wirklich auf, sie zeigen ihn vielmehr gerade durch die Vermittlung als einen unaufgehobenen auf. »Das Tiefere bei Hegel liegt darin, daß er die Trennung der bürgerlichen Gesellschaft und der politischen als einen *Widerspruch* empfindet. Aber das Falsche ist, daß er sich mit dem *Schein dieser Auflösung* begnügt.«[39] In Wirklichkeit ist der »wirkliche Mensch« der bürgerlichen Gesellschaft der Privatmensch der jetzigen Staatsverfassung, weil die Abstraktion des Staates als solcher und die des Privatlebens ein zusammenbestehender Gegensatz sind[40]. »Um also als *wirklicher Staatsbürger* sich zu verhalten, politische Bedeutsamkeit und Wirksamkeit zu erhalten, muß er aus seiner bürgerlichen Wirklichkeit heraustreten, von ihr abstrahieren, von dieser ganzen Organisation in seine Individualität sich zurückziehen; denn die einzige Existenz, die er für sein Staatsbürgertum findet, ist seine pure blanke *Individualität,* denn die Existenz des Staats als Regierung ist ohne ihn fertig, und seine Existenz in der bürgerlichen Gesellschaft ist ohne den Staat fertig. Nur im Widerspruch mit diesen *einzig vorhandenen Gemeinschaften,* nur als *Individuum* kann er *Staatsbürger* sein. Seine Existenz als Staatsbürger ist eine Existenz, die außer seinen *gemeinschaftlichen* Existenzen liegt, die also rein *individuell* ist.«[41]

Als Staatsbürger ist sich der Bourgeois notwendig selber etwas Anderes, Äußeres, fremd – genau so fremd und äußerlich wie andrerseits dem Staat sein Privatleben bleibt. Sein Staat ist ein »abstrakter« Staat, weil er als bürokratische Regierungsgewalt vom wirklichen, d.i. privaten Leben seiner Bürger abstrahiert, so wie diese als individuelle Menschen von ihm. Die Bestimmung des Menschen, Mitglied des Staa-

38 I/1, 476.
39 I/1, 492.
40 I/1, 437, 499.
41 I/1, 494.

tes zu sein, bleibt notwendig eine abstrakte Bestimmung, solange die wirklichen Lebensverhältnisse eine Trennung des Privaten und Öffentlichen voraussetzen[42]. Als ein von der öffentlichen Allgemeinheit des Lebens getrennter Privatmensch ist er selbst privativ bestimmt. Im kommunistischen Gemeinwesen ist es gerade umgekehrt: in ihm nehmen die Individuen *als Individuen* am Staat als *ihrer* res publica teil. Der Kommunismus, so wie ihn Marx als Hegelianer verstand, ist die wahre Auflösung von wesenlosen Existenzverhältnissen, die soziale Identität der wesentlichen Vernunft mit der wirklichen Existenz der als Gemeinwesen existierenden Menschen. Hegel hat beides nur im Gedanken versöhnt und in Wirklichkeit den geschichtlich bedingten Widerspruch zwischen der privat-vereinzelten und der öffentlich-gemeinsamen Existenz zum Inhalt seiner Darstellung genommen.

Diesen modernen Widerspruch hat es weder in der Antike noch im Mittelalter gegeben. Denn der eigentliche Privatmensch der Antike war der Sklave, welcher nicht am Gemeinwesen teilhatte und der darum auch gar nicht im vollen Sinne »Mensch« war[43]. Im Mittelalter bedeutete jede private Lebenssphäre zugleich eine öffentlich-korporative; Volksleben und Staatsleben waren identisch, wenngleich der Mensch nicht befreit war. Erst die Französische Revolution hat die Abstraktion des Privatlebens zugleich mit der des nur politischen Staates erzeugt und die Freiheit des Bourgeois als negative Freiheit vom Staat gefaßt. Die wahre Freiheit wäre aber eine solche der höchsten Gemeinschaft in einer »Gemeinschaft der Freien«. Doch sei der Sinn für die Freiheit mit den Griechen aus der Welt und der für die Gleichheit mit dem Christentum in den blauen Dunst des Himmels verschwunden und nur eine radikale Revolution der bestehenden Existenzverhältnisse könnte auch eine zur Kosmopolis erweiterte Polis, die »wahre Demokratie« der klassenlosen Gesellschaft herbeiführen und Hegels Staatsphilosophie im Element der modernen Gesellschaft realisieren. Erst in dieser Polis der Zukunft könnte die Welt in der Tat zu der unsern werden, zum gleichgearteten Anderssein unserer selbst, wogegen sich der bürgerliche Privatmensch in seiner öffentlichen Welt notwendig fremd bleibt.

Im äußersten Gegensatz zu diesem philosophischen Kommunismus hat Kierkegaard den Privatmenschen zum »Einzelnen« radikalisiert und der Äußerlichkeit der massenhaften Verhältnisse die Innerlichkeit

42 I/1, 538.
43 I/1, 437.

des Selbstseins entgegengestellt. Die zwei einzigartigen Vorbilder für die vereinzelte Existenz sind ihm Sokrates in der athenischen Polis und Christus gegenüber der ganzen, aus Juden und Heiden bestehenden Welt.

Auf den letzten Seiten des *Begriffs der Ironie* hat Kierkegaard angedeutet, daß es die »Aufgabe der Zeit« sei, »die Resultate der Wissenschaft« – gemeint ist die Hegelsche – »in das persönliche Leben zu übersetzen«, sie sich persönlich »anzueignen«. Denn es wäre doch lächerlich, wenn jemand sein Leben lang lehrte, die »Wirklichkeit« habe absolute Bedeutung und stürbe, ohne daß sie eine andere Gültigkeit hatte als die, daß er diese Weisheit verkündet hätte. Als ein Weg zur Bewährung der Wirklichkeit sei die Negativität der Ironie zu gebrauchen, welche die »Wirklichkeit wirklich zu machen« lehrt, indem sie auf sie den gebührenden Nachdruck legt[44]. Als Kierkegaard nach Abschluß seiner Dissertation die Reise nach Berlin unternahm, um Schelling zu hören, erwartete er sich von dessen positiver Philosophie einen Aufschluß über die Wirklichkeit, den er bei Hegel nicht fand. Eine Tagebuchnotiz lautet: »Ich bin so froh, Schellings zweite Vorlesung gehört zu haben – unbeschreiblich. So habe ich ja lange genug geseufzt und die Gedanken geseufzt in mir; da er das Wort ›Wirklichkeit‹ nannte über das Verhältnis der Philosophie zur Wirklichkeit, da hüpfte die Gedankenfrucht in mir vor Freude wie in Elisabeth. Ich erinnere fast jedes Wort, das er von diesem Augenblick an sagte. Hier kann vielleicht Klarheit kommen. Dieses eine Wort, das mich an alle meine philosophischen Leiden und Qualen erinnerte.«[45] Dieser Erwartung folgte alsbald die Enttäuschung: »Mei-

44 *Über den Begriff der Ironie,* a.a.O., S. 274.
45 *Tagebücher* I, 169 (= Pap. III A, 179); vgl. dazu die nicht weniger erwartungsvolle Spannung eines so besonnenen Gelehrten wie Rosenkranz: »Schellings Antrittsrede ist da. Ich habe sie verschlungen. Wenn er nur die Hälfte von dem erfüllt, was er verspricht, so wird er unendlich größer seine Laufbahn enden, als er sie begonnen. Die Kunst zu spannen, besitzt er im höchsten Grade. Er will die Menschheit, über ihr bisheriges Bewußtsein hinausrücken. Gelingt ihm das, so ist er mehr als Philosoph, so ist er Religionsstifter.« Und die weitere Notiz: »Schelling und immer Schelling in diesem Jahre. Nun, er verdient es schon. Wie setzt doch ein großer Mann alles gleich in Bewegung! Von der Region des ernsten Kampfes um die Wahrheit an bis zur Region der niedrigen Leidenschaften [...], ist alles durch ihn aufgeregt. Als man Gabler zum Diadochen Hegels berief, sprach man vier Wochen lang von ihm. Dann war er für immer abgetan. Jetzt sind Monate auf Monate vergangen und alle Zeitungen, Journale,

ne Zeit erlaubt mir nicht, tropfenweise einzunehmen, was auf einmal zu verschlucken ich kaum den Mund auftun würde. Ich bin zu alt, um Vorlesungen zu hören, gleichwie Schelling zu alt ist, um sie zu halten. Seine ganze Lehre von Potenzen verrät die höchste Impotenz.«[46] Ein Nachklang der Enttäuschung an Hegel *und* Schelling ist das Epigramm aus *Entweder-Oder:* »Wenn man die Philosophen von der Wirklichkeit reden hört, so ist das oft ebenso irreführend, wie wenn man im Schaufenster eines Trödlers auf einem Schild die Worte liest: Hier wird gerollt. Wollte man mit seiner Wäsche kommen, um sie rollen zu lassen, so wäre man angeführt. Der Schild hängt nur zum Verkauf da.«[47] Von da ab zieht sich durch Kierkegaards Schriften eine mehr oder minder explizite Polemik gegen den Anspruch der Philosophie, die Wirklichkeit durch Vernunft zu begreifen.

Den Grund für Hegels Versagen gegenüber der Wirklichkeit sieht Kierkegaard nicht wie Marx in einer mangelhaften Konsequenz des Prinzips, sondern darin, daß Hegel überhaupt das Wesen mit der Existenz ineinssetzen will. Gerade deswegen bringt er es niemals zur Darstellung einer »wirklichen« Existenz, sondern immer nur bis zu einer idealen »Begriffsexistenz«. Denn die essentia von etwas, oder *was* etwas ist, betrifft das allgemeine Wesen; die existentia, oder *daß* etwas ist, das jeweils einzelne Dasein, meine und deine je eigene Existenz, für die es etwas Entscheidendes ist, ob sie ist oder nicht ist[48]. Kierkegaards Hegelkritik geht wieder auf *Kants* Kritik des ontologischen Gottesbeweises zurück, um dessen Unterscheidung der Essenz von der Existenz als das »einzig redliche Denken an Existenz« zu rechtfertigen[49]. Daß die Existenz das Denken vom Sein »spatiiert«, hat Hegel jedoch nicht begreifen können, weil er nicht als Mensch, sondern in der Differenz eines besonderen Talents, als Berufsdenker, dachte. Was er vom Sein begriff, war nur sein Begriff, aber nicht seine Wirklichkeit, die eine

Broschüren haben vollauf mit Schelling zu tun. Alles in Berlin lernt um. Mancher Hegelianer läßt sich im Geheimen mit sich in diplomatische Unterhandlungen ein, ob nicht Schelling doch Recht gegen Hegel habe und ob er nicht öffentlich eine Konversion veranstalten müsse.« *Aus einem Tagebuch,* a. a. O., S. 79 f. und 107 f.; vgl. Engels, II, 173 f.

46 *Tagebücher* I, 176.

47 I, 29.

48 *Tagebücher* II, 127 f.

49 *Tagebücher* II, 86; vgl. Feuerbach, Grundsatz 22 und 25 und dazu Hegels Kritik: *Logik,* ed. Lasson, I, 74 f.; XII, 368 ff.

jeweils einzelne ist[50]. Die Kategorie der Einzelheit ist aber nicht eine Kategorie unter andern, sondern die ausgezeichnete Bestimmung der Wirklichkeit überhaupt; denn wirklich existierend ist schon nach Aristoteles immer nur »dieses bestimmte Etwas«, das Einzelne, welches hier und jetzt da ist[51]. In Hegels Lehre vom Begriff ist die Einzelheit zwar auch als das einzig Wirkliche postuliert, aber in der gleichgültigen Vermittlung mit dem Besonderen und Allgemeinen[52]. Die einzelne Wirklichkeit bedeutet ihm die in sich reflektierte, besondere Bestimmtheit des Allgemeinen, der einzelne Mensch also eine besondere Bestimmtheit des allgemeinen Menschseins, dessen Wesen der Geist ist. Diese Allgemeinheit des Menschseins, das Allgemein-Menschliche, hat Kierkegaard zwar nicht verneint, aber nur vom Einzelnen aus für realisierbar gehalten, wogegen ihm das Allgemeine des Geistes (Hegel) oder der Menschheit (Marx) existenziell wesenlos schien.

Kierkegaards Polemik gegen Hegels Begriff von der Wirklichkeit variiert im Grunde immer nur den einen zentralen Gedanken, daß ein »System« des Daseins die Wirklichkeit überhaupt nicht aufnehmen kann, und daß ein »Paragraph«, der von der Wirklichkeit innerhalb des Systems handelt, ein absoluter Protest gegen es ist[53]. »Überschreibt man so den letzten Abschnitt der Logik *›die Wirklichkeit‹*, so gewinnt man damit den Vorteil, daß man den Schein erregt, als sei man in der Logik schon zu dem Höchsten, oder wenn man so will, zu dem Niedrigsten gekommen. Indessen fällt der Nachteil in die Augen: es ist weder der Logik noch der Wirklichkeit damit gedient. Nicht der Wirklichkeit: denn die Zufälligkeit, welche zur Wirklichkeit wesentlich mitgehört, kann die Logik nicht passieren lassen. Der Logik nicht: denn wenn sie die Wirklichkeit gedacht hat, so hat sie etwas in sich aufgenommen, das sie sich nicht assimilieren kann; sie hat vorweggenommen, was sie bloß prädisponieren soll. Als Strafe stellt sich deutlich ein, daß jede Untersuchung, was Wirklichkeit sei, erschwert, ja vielleicht zunächst unmöglich gemacht ist, weil dem Wort zuerst Zeit gelassen werden muß, sich gleichsam auf sich selbst zu besinnen, Zeit, den Fehler zu vergessen.«[54]

50 VI, 207; VIII, 3, 27 ff.; vgl. Feuerbach, Grundsatz 24.
51 VII, 1; vgl. Feuerbach, Grundsatz 28.
52 *Logik,* ed. Lasson, II, 238 ff.; Enz. § 112 bis § 114; *Rechtsphilosophie* § 270, Zus.
53 VI, 206.
54 V, 3 f.

Das eigentliche »Zufällige« oder auch »Wunderbare«[55], das Hegel aus dem Begriff der wahren Wirklichkeit ausschließt, besteht aber darin, *daß* überhaupt etwas ist und daß ich überhaupt da bin[56]. Gerade dies bloße Daß-Sein macht das absolute »Interessse« an der Wirklichkeit aus, wogegen die Hegelsche Abstraktion verlangt, daß man daran in der Tat interesselos ist[57]. Am Interesse der Metaphysik strandet die Immanenz des Systems[58], innerhalb dessen das Sein und das Nichts gleichgültige Möglichkeiten des reinen und bloßen Denkens sind. Für den selbst Existierenden ist aber die Existenz als solche von höchstem Interesse und »die Interessiertheit am Existieren die Wirklichkeit«. »Was Wirklichkeit ist, läßt sich in der Sprache der Abstraktion nicht ausdrücken. Die Wirklichkeit ist ein inter-esse zwischen der hypothetischen Abstraktionseinheit von Denken und Sein.«[59]

Mit dieser Erhebung des factum brutum der Existenz zur maßgebenden Wirklichkeit überhaupt verlegt sich bei Kierkegaard das universale Problem des Seins in die Frage nach dem menschlichen Dasein, und als dessen eigentliches Problem gilt nicht, was es ist, sondern, daß es überhaupt da ist. Desgleichen fragt die von Kierkegaard herkünftige Existenzphilosophie nicht mehr nach der essentia im Unterschied zur existentia, sondern die Existenz als solche scheint ihr das einzig Wesentliche zu sein.

Die Begründung der Wirklichkeit im »Interesse« ist Kierkegaard mit Feuerbach, Ruge und Marx gemein, wennschon die Art des Interesses bei Feuerbach sinnlich, bei Ruge ethisch-politisch und bei Marx praktisch-sozial bestimmt ist. Kierkegaard bezeichnet das Interesse als *»Leidenschaft«* oder »Pathos« und setzt es der spekulativen Vernunft entgegen[60]. Das Wesen der Leidenschaft ist, daß sie im Unterschied zum abschließenden »Schluß« von Hegels System zu einem *Ent-schluß* treibt[61], der »entweder« so «oder« anders *entscheidet.* Eine Entschei-

55 VI, 196.
56 VII, 15; III, 180f.
57 Siehe Hegels *Logik*, ed. Lasson, I, 74.
58 V, 14, Anm.
59 VII, 13; vgl. *Kritik der Gegenwart*, a. a. O., S. 54.
60 Motto zu *Entweder-Oder* I; V, 15; VI, 272ff.; VII, 3, 47; *Tagebücher* I, 170; *Kritik der Gegenwart,* a. a. O., S. 5ff. und 43.
61 VI, 196f., 265. – Innerhalb Kierkegaards Kategorien unterscheidet sich die entschlossene Leidenschaft von der schwebenden Ironie, der Wechselwirtschaft der Langeweile und der versunkenen Schwermut.

dung im ausgezeichneten Sinn ist der *Sprung,* dieser »entschiedene Protest gegen den inversen Gang der Methode«, nämlich der dialektischen Reflexion[62]. Die entschlossene Leidenschaft der zum Sprung bereiten Entscheidung setzt einen unvermittelten Anfang, wogegen der Anfang der Hegelschen *Logik* in Wahrheit nicht mit dem »Unmittelbaren« beginnt, sondern mit dem Produkt einer äußersten Reflexion: dem reinen Sein überhaupt, unter Abstraktion vom wirklich existierenden Dasein[63]. Mit diesen Existenzbestimmungen reduziert Kierkegaard das sich wissende Reich der vernünftigen Wirklichkeit auf die »einzige Wirklichkeit, von der ein Existierender nicht nur weiß«, nämlich auf die: *»daß er da ist.«*[64] Dem welthistorischen Denken mag das als »Akosmismus« erscheinen, es ist aber dennoch der einzige Weg, um das enzyklopädisch zerstreute Wissen der Zeit auf seinen Ursprung zurückzuführen und wieder einen primären Eindruck von der Existenz zu bekommen[65]. Wollte man aber daraus schließen, daß der Existierende überhaupt nicht denkt und das Wissen »lazzaronihaft« angreift, so wäre das ein Mißverständnis. Er denkt nur umgekehrt alles in bezug auf sich selbst, aus Interesse am sich selbst verstehenden Dasein, welches zwar teilhat an der Idee, aber nicht selbst als Idee ist[66]. In Griechenland war die Aufgabe, die Abstraktion des Seins zu erreichen, jetzt liegt die Schwierigkeit umgekehrt darin, auf der Höhe der Hegelschen Abstraktion wieder die Existenz zu gewinnen. Sich selbst in Existenz zu verstehen war schon das griechische Prinzip und noch mehr das christliche, aber seit dem Sieg des »Systems« liebt, glaubt und handelt man nicht mehr selbst, man will nur wissen, was all dies ist.

Kierkegaards polemischer Begriff von der wirklichen Existenz ist nicht nur gegen Hegel gerichtet, sondern zugleich ein Korrektiv gegen die Forderungen der Zeit. Die auf sich selbst vereinzelte Existenz ist erstens die *ausgezeichnete und einzige* Wirklichkeit gegenüber dem System, das alles in gleicher Weise umgreift und den Unterschied (zwischen dem Sein und dem Nichts, dem Denken und Sein, der Allgemeinheit und Einzelheit) einebnet auf die Ebene eines gleichgültigen Seins. Sie ist zweitens des *Einzelnen* Wirklichkeit gegenüber der geschichtli-

62 VI, 190.
63 VI, 196ff.; V, 10, Anm.
64 VII, 15.
65 VII, 41.
66 VII, 16, 25, 27ff.

chen Allgemeinheit (der Weltgeschichte und Generation, der Menge, des Publikums und der Zeit), der das Individuum als solches nichts gilt. Sie ist drittens die *innerliche* Existenz des Einzelnen gegenüber der Äußerlichkeit der Verhältnisse. Sie ist viertens eine *christliche* Existenz vor Gott gegenüber der Veräußerlichung des Christseins in der weltgeschichtlich verbreiteten Christenheit. Und sie ist fünftens inmitten dieser Bestimmungen vor allem eine sich selbst *entscheidende* Existenz, entweder für oder gegen das Christsein. Als eine sich so oder so entscheidende Existenz ist sie der Gegensatz zur »verständigen« Zeit und zu Hegels Begreifen, die ein Entweder-Oder nicht kennen[67].

Kurz vor der Revolution von 1848 haben Marx und Kierkegaard dem Willen zu einer Entscheidung eine Sprache verliehen, deren Worte auch jetzt noch ihren Anspruch erheben: Marx im *Kommunistischen Manifest* (1847) und Kierkegaard in einer *Literarischen Anmeldung* (1846). Das eine Manifest schließt: »Proletarier aller Länder vereinigt euch«, und das andere damit, daß jeder für sich an seiner eigenen Rettung arbeiten solle, dagegen sei die Prophetie über den Fortgang der Welt höchstens als Scherz erträglich. Dieser Gegensatz bedeutet aber geschichtlich betrachtet nur zwei Seiten einer gemeinsamen Destruktion der bürgerlich-christlichen Welt. Zur Revolution der bürgerlich-*kapitalistischen* Welt hat sich Marx auf die Masse des Proletariats gestützt, während Kierkegaard in seinem Kampf gegen die bürgerlich-*christliche* Welt alles auf den Einzelnen setzt. Dem entspricht, daß für Marx die bürgerliche Gesellschaft eine Gesellschaft von »vereinzelten Einzelnen« ist, in welcher der Mensch seinem »Gattungswesen« entfremdet ist, und für Kierkegaard die Christenheit ein massenhaft verbreitetes Christentum, in dem niemand ein Nachfolger Christi ist. Weil aber Hegel diese existierenden Widersprüche im Wesen vermittelt hat: die bürgerliche Gesellschaft mit dem Staat und den Staat mit dem Christentum, zielt die Entscheidung von Marx wie von Kierkegaard auf die Hervorhebung des Unterschieds und des Widerspruchs in eben jenen Vermittlungen. Marx richtet sich auf die Selbstentfremdung, die für den Menschen der Kapitalismus ist, und Kierkegaard auf diejenige, die für den Christen die Christenheit ist.

67 VII, 5; vgl. dazu Hegels *Schriften zur Politik und Rechtsphilosophie*, a. a. O., S. 368 und I², 131.

3. Die Kritik der kapitalistischen Welt und der verweltlichten Christenheit

Marx hat die Selbstentfremdung des Menschen in den Bereichen des Staats, der Gesellschaft und Wirtschaft analysiert. Ihr politischer Ausdruck ist der Widerspruch zwischen *bürgerlicher Gesellschaft und Staat,* ihr unmittelbar sozialer die Existenz des *Proletariats* und ihr ökonomischer der *Warencharakter* unserer Gebrauchsgegenstände. Der Kapitalismus ist als Privatwirtschaft mit Privatbesitz die Antithese zum Kommunismus als Gemeinwirtschaft mit Gemeinbesitz. Aber auch die Kritik der »politischen Ökonomie« ist und bleibt orientiert an dem Ganzen der geschichtlichen Welt und der ihr zugehörigen Weise des Menschseins[68]. Der Mensch der kapitalistischen Welt ist sich selbst entfremdet, weil Kapital, Ware und Lohnarbeit der objektive Ausdruck für Existenzverhältnisse sind, in denen der produzierende und konsumierende Mensch nicht (im Hegelschen Sinne) »bei sich« oder »frei« ist.

Die Differenz zwischen Hegels »System der Bedürfnisse« und Marxens »Kritik der politischen Ökonomie« zeigt sich darin, daß Marx als Selbst*entfremdung* des Menschen bekämpft, was bei Hegel noch ein positives Moment jeder menschlichen Tätigkeit ist, nämlich die *Entäußerung* seiner selbst. Der Geist – dieses allgemeine Wesen des Menschen – *ist* geradezu eine Auslegung seiner selbst in der Welt und zugleich eine »Selbst-Erinnerung«, d.h. eine Rückkehr aus der Entäußerung zu sich selbst. Das Resultat dieser Bewegung des Geistes ist auf jeder seiner Stufen eine Vermittlung des eigenen und fremden Seins, ein »mit sich selber Gleichgewordensein im Anderssein seiner selbst«. Auf Grund dieser allgemeinen Struktur des sich produktiv zu einer Welt entäußernden oder »ex-istierenden«[69] Geistes begriff Hegel auch das bestimmte Verhältnis des Menschen zur »Sache« als Eigentum, welches Verhältnis

68 In der Kritik der politischen Ökonomie wird dieser Zusammenhang ausdrücklich betont: »Wie überhaupt bei jeder historischen sozialen Wissenschaft, ist bei dem Gange der ökonomischen Kategorien immer festzuhalten, daß [...] die moderne bürgerliche Gesellschaft gegeben ist und daß die Kategorien daher Daseinsformen, Existenzbestimmungen, oft nur einzelne Seiten dieser bestimmten Gesellschaft [...] ausdrücken, und daß die Ökonomie daher *auch wissenschaftlich* keineswegs da erst anfängt, wo nun von ihr *als solcher* die Rede ist« (*Zur Kritik der pol. Ök.*, a.a.O., S. XLIII).
69 Enz. § 123, Zus.

er durch »Besitznahme«, »Gebrauch« und »Entäußerung« näher bestimmt[70]. Eine Sache erfüllt ihre eigene Bestimmung, indem sie von andern benützt und gebraucht wird. Dieser Gebrauch ist der Sache selbst nicht äußerlich oder fremd, denn sie *ist* ja da zum Gebrauch, ihr ganzes Dasein ist ein Zu-etwas-Dasein. Der volle Gebrauch einer Sache ist die Sache selbst, so wie auch ein Acker nur durch seinen Ertrag das ihm eigentümliche Sein zur Wirklichkeit bringt. Die Substanz der Sache ist also ihre »Äußerlichkeit« und die realisierte Äußerlichkeit ihr Gebrauch. Wenn mir ihr voller Gebrauch zusteht, so habe ich sie damit zum Eigentum. – Ebenso wie im Verhältnis zur Sache ist auch die Totalität meiner *persönlichen* Äußerung und der totale Gebrauch der menschlichen Kräfte identisch mit dem sich äußernden Leben der Persönlichkeit selbst[71]. Daraus ergibt sich für Hegel folgende Ansicht von der *Ver*äußerung der menschlichen Tätigkeit. »Von *meinen besonderen, körperlichen* und *geistigen Geschicklichkeiten* und Möglichkeiten der Tätigkeit kann ich *einzelne* Produktionen und einen *in der Zeit beschränkten* Gebrauch an einen Anderen *veräußern,* weil sie nach dieser Beschränkung ein äußerliches Verhältnis zu meiner *Totalität* und *Allgemeinheit* erhalten. Durch die Veräußerung meiner *ganzen* durch die Arbeit konkreten Zeit und der Totalität meiner Produktion würde ich das Substanzielle derselben, meine *allgemeine* Tätigkeit und Wirklichkeit, meine Persönlichkeit zum Eigentum eines Anderen machen.«[72] Hegel veranschaulicht diesen Unterschied zwischen einer partiellen und totalen Veräußerung am Unterschied zwischen einem antiken Sklaven und dem modernen Gesinde. »Der athenäische Sklave hatte vielleicht leichtere Verrichtung und geistigere Arbeit als in der Regel unsere Dienstboten, aber er war dennoch Sklave, weil der ganze Umfang seiner Tätigkeit dem Herrn veräußert war.« Dagegen folgert Marx aus den wirklich bestehenden Produktionsverhältnissen, daß gerade auch eine »besondere « Tätigkeit schon den *ganzen* Menschen veräußern kann, mag er auch rechtlich über sich selber verfügen, indem ihn ja niemand zwingt, seine Arbeitskraft zu verkaufen. In seiner wirklichen Existenz ist der »freie« Lohnarbeiter dennoch unfreier als der antike Sklave, denn wenn er auch der Eigentümer seiner Arbeitskraft und gleichberechtigt dem Besitzer der Produktionsmittel ist und nur eine besondere

70 *Rechtsphilosophie* § 41 ff.
71 Ebenda, § 61.
72 Ebenda, § 67 und Zus.

Arbeit auf eine beschränkte Zeit veräußert, so wird er doch damit ganz und gar zum Sklaven des Arbeitsmarktes, weil seine verkäufliche Arbeitskraft das Einzige ist, was er faktisch besitzt und veräußern muß, um überhaupt existieren zu können[73]. Der Lohnarbeiter verkörpert für Marx aber das allgemeine Problem der bürgerlichen Gesellschaft, deren ökonomischer Charakter in der Produktion einer versachlichten Welt von Waren besteht. Der Warencharakter all unserer Gebrauchsgegenstände und der entsprechende Menschenverbrauch ist so wenig eine ökonomische Spezialität, daß er vielmehr den gesamten Charakter der Äußerung des menschlichen Lebens, seine Produktionsweise, als eine Veräußerlichung bestimmt. Selbst die geistige Produktion wird zur Ware, das Buch zu einem Artikel des Büchermarkts[74]. »Es gibt eine große Tatsache, die für das 19. Jahrhundert charakteristisch ist und die keine Partei ableugnen kann. Auf der einen Seite sind industrielle und wissenschaftliche Kräfte zum Leben erwacht, wie sie keine frühere Geschichtsepoche je ahnen konnte. Auf der anderen Seite machen sich Anzeichen eines Verfalles bemerkbar, der die vielgenannten Schrecken aus den letzten Zeiten des römischen Reiches in Schatten stellt. In unserer Zeit scheint jedes Ding schwanger mit seinem Gegenteil. Die Maschine ist mit der wundervollen Kraft begabt, die menschliche Arbeit zu verkürzen und fruchtbar zu machen: wir sehen, wie sie zu Hunger und Überarbeit führt. Die neu entfesselten Kräfte des Reichtums werden durch ein seltsames Spiel des Schicksals zu Quellen der Entbehrung. Die Siege der Kunst scheinen durch Einbuße an Charakter erkauft. Die Menschheit wird Herr in der Natur, aber der Mensch wird Sklave des Menschen oder Sklave seiner eigenen Niedertracht [...]. Das Resultat aller unserer Erfindungen und unseres Fortschrittes scheint zu sein, daß materielle Kräfte mit geistigem Leben ausgestattet werden und die menschliche Existenz zu einer materiellen Kraft verdummt. Dieser Antagonismus zwischen moderner Industrie und Wissenschaft hier, modernem Elend und Verfall dort; dieser Gegensatz zwischen den Produktivkräften und den sozialen Verhältnissen unserer Epoche ist eine Tatsache, eine handgreifliche, überwältigende und unbestreitbare Tatsache. Manche Parteien mögen darüber wehklagen; andere mögen wünschen, die modernen Fähigkeiten loszuwerden, um so auch die modernen Konflikte loszuwerden. Oder sie mögen sich einbilden, daß

73 *Kapital,* I[6], a. a. O., S. 130 ff. und I/1, 251 ff.
74 Vgl. dazu K. Hecker, *Mensch und Masse,* a. a. O., S. 62.

ein so erkennbarer Fortschritt in der Wirtschaft zu einer Vervollkommnung einen ebenso erkennbaren Rückschritt in der Politik braucht. Wir für unseren Teil mißkennen den schlauen Geist nicht, der rüstig fortfährt, alle diese Gegensätze herauszuarbeiten. Wir wissen, daß die neuen Kräfte der Gesellschaft, um gutes Werk zu verrichten, nur *neue Menschen* brauchen [...]«[75].

Eine phänomenologische Analyse dieses allgemeinen Problems geben die ersten Teile des *Kapitals,* worin Marx den Warencharakter unserer Hervorbringungen aufzeigt. An der Ware erschließt sich ihm die ontologische Grundstruktur unserer gesamten gegenständlichen Welt, ihre »Warenform«. Sie kennzeichnet ebensosehr die Entfremdung des Menschen von sich wie die der Dinge von ihm[76]. Der gesellschaftskritische und mithin menschliche Sinn dieser ökonomischen Analyse kommt aber im *Kapital* nur noch in Zwischenerörterungen und Anmerkungen zum Vorschein, dagegen liegt er offen zutage in dem Bericht zu den *Debatten über das Holzdiebstahlsgesetz* (1842)[77]. Er enthält die erste, exemplarische Aufdeckung jener grundsätzlichen Verkehrung von »Mittel« und »Zweck«, bzw. von »Sache« und »Mensch«, in der die Selbstentfremdung des Menschen beschlossen ist. Sich zu sich selbst wie zu etwas Anderem und Fremdem verhalten, diese höchste »Äußerlichkeit«, hatte Marx schon in seiner Dissertation als »Materialismus« bezeichnet und sich selbst als einen »Idealisten«, der die Entfremdung aufheben will. Eine *Selbst*entfremdung ist die Entäußerung an eine Sache deshalb, weil der Mensch nicht für die Sache, sondern diese für ihn ist. Was Marx zeigen will, ist folgendes: Holz, das einem Holzbesitzer gehört und gestohlen werden kann, ist überhaupt kein bloßes Holz, sondern ein Ding von wirtschaftlicher und gesellschaftlicher, also menschlicher Bedeutung. Als ein in diesem Zusammenhang existierendes Holz ist es aber für den Holzbesitzer als Privateigentümer nicht dasselbe wie für den Nichts-Besitzer, der es entwendet. Eine menschlich gerechte und nicht nur juristisch korrekte Bestrafung kann daher nicht zustande kommen, solange sich der eine als bloßen *Holz*-Besitzer weiß, von sich als Mensch dieses »bornierte« Selbstbewußtsein hat, und der andere auch nicht als Mensch gilt, sondern ebenfalls nur als *Holz*-Dieb. In beiderlei Hinsicht ist es die tote Sache,

75 *Die Revolution von 1848 und das Proletariat* (1856).

76 Vgl. zum folgenden G. Lukács, *Geschichte und Klassenbewußtsein,* Berlin 1923, S. 94 ff.

77 I/1, 266 ff.

eine »sachliche Gewalt«, etwas Unmenschliches, was den Menschen bestimmt und unter sich »subsumiert«, wenn dieser nicht fähig ist, seine gesellschaftlichen Arbeitsprodukte selbst zu beherrschen. Bestimmt werden kann aber der Mensch schon durch bloßes Holz, weil dieses selber ein gegenständlicher Ausdruck für »politische« Verhältnisse ist. Deshalb können »die hölzernen Götzen siegen und die Menschenopfer fallen«. »Wenn also Holz und Holzbesitzer als solche Gesetze geben, so werden sich diese Gesetze durch nichts unterscheiden, als den geographischen Punkt, wo, und die Sprache, worin sie gegeben sind. Dieser *verworfene Materialismus,* diese Sünde gegen den heiligen Geist der Völker und der Menschheit ist eine unmittelbare Konsequenz jener Lehre, welche die preußische Staatszeitung dem Gesetzgeber predigt, bei einem Holzgesetz nur an Holz und Wald zu denken und die einzelne materielle Aufgabe *nicht politisch,* d.h. nicht im Zusammenhang mit der ganzen Staatsvernunft und Staatssittlichkeit zu lösen.«[78] Indem etwas wie Holz auf Grund bestimmter gesellschaftlicher Verhältnisse für das Sein und Verhalten des Menschen maßgebend wird, werden mit der Verdinglichung des menschlichen Selbstbewußtseins die Dinge selbst zum Maß des Menschen.

Dieselbe Frage wie in der Debatte stellt Marx in der *Deutschen Ideologie.* Auch hier fragt er: woher die »Fremdheit«, mit der sich die Menschen zu ihren eigenen Produkten verhalten, so daß sie »wie Weise ihres gegenseitigen Verhaltens« nicht mehr in ihrer Gewalt haben, sich »ihre Verhältnisse gegen sie selbst verselbständigen«, »die Macht ihres eigenen Lebens übermächtig gegen sie wird«? Wie kommt es, daß innerhalb der unwillkürlichen »Verselbständigung der persönlichen Interessen zu Klasseninteressen das persönliche Verhalten des Individuums sich versachlichen, entfremden muß und zugleich als von ihm unabhängige [...] Macht ohne ihn besteht«[79]? Die Antwort ist: durch die Teilung der Arbeit. Die ganze bisherige Art des Arbeitens muß aufgehoben und zu einer totalen »Selbsttätigkeit« werden. Diese Verwandlung bedeutet nicht nur eine Aufhebung der Verteilung der Arbeit in geistige und körperliche, sondern auch eine Aufhebung des Gegensatzes von Stadt und Land, der selbst nur »der krasseste Ausdruck der Subsumption des Individuums unter die Teilung der Arbeit« ist[80].

78 I/1, 304.
79 V, 25 ff.
80 V, 21 ff., 39 ff.; vgl. Engels' *Anti-Dühring*, 11. Aufl., Berlin 1928, S. 312 ff.

Wirklich aufgehoben werden kann sie aber nur in einem Gemeinwesen, welches mit dem Besitz auch das Menschsein verändert.

Ebenso bedeutet auch noch das *Kapital* keine bloße Kritik der politischen Ökonomie, sondern eine Kritik des Menschen der bürgerlichen Gesellschaft am Leitfaden der kapitalistischen Wirtschaft, deren »ökonomische Zelle« die Warenform des Arbeitsproduktes ist. Diese besteht darin, daß das, was seinem ursprünglichen Zweck nach zum *Gebrauch* hergestellt wird, nicht unmittelbar als Gebrauchsding zum Bedarf ausgetauscht wird, sondern als verselbständigter *Warenwert* auf den Warenmarkt kommt, um erst auf diesem Umweg von der Hand des Verkäufers, für den sie nur Tauschwert hat, in die Hand des Gebrauchers als Warenkäufer zu kommen. Diese Verselbständigung des Gebrauchsgegenstandes zur »Ware« exemplifiziert wiederum das allgemeine Verhältnis, daß in der bürgerlich-kapitalistischen Welt das Produkt über den Menschen herrscht. Zur Aufdeckung des Hergangs dieser Verkehrung unternahm Marx die Analyse des »gegenständlichen Scheins« der modernen gesellschaftlichen Arbeitsverhältnisse im »Fetischcharakter« der Waren. Als Ware ist der gewöhnliche Tisch ein »sinnlich-übersinnliches« Ding. Was an ihm sinnfällig ist, ist nur das, was er nicht als Ware, sondern als Gebrauchsding ist. Was er dagegen als Ware ist, welche Geld kostet – weil sie selbst Arbeit und Arbeitszeit kostet –, ist ein zunächst verborgenes gesellschaftliches Verhältnis. Auf diese Weise steht er »nicht nur mit seinen Füßen auf dem Boden, sondern er stellt sich allen anderen Waren gegenüber auf den Kopf und entwickelt aus seinem Holzkopf Grillen, viel wunderlicher, als wenn er aus freien Stücken zu tanzen begänne«. »Das Geheimnisvolle der Warenform besteht also einfach darin, daß sie den Menschen die gesellschaftlichen Charaktere ihrer eigenen Arbeit als gegenständliche Charaktere der Arbeitsprodukte selbst, als gesellschaftliche Natureigenschaften dieser Dinge zurückspiegelt, daher auch das gesellschaftliche Verhältnis der Produzenten zur Gesamtarbeit als ein außer ihnen existierendes gesellschaftliches Verhältnis von Gegenständen. Durch dies quid pro quo werden die Arbeitsprodukte Waren, sinnlich-übersinnliche oder gesellschaftliche Dinge [...]. Es ist nur das bestimmte gesellschaftliche Verhältnis der Menschen selbst, welches hier für sie die phantasmagorische Form eines Verhältnisses von Dingen annimmt. Um daher eine Analogie zu finden, müssen wir in die Nebelregion der religiösen Welt flüchten. Hier scheinen die Produkte des menschlichen Kopfes mit eigenem Leben begabte, untereinander und mit den Menschen in Verhältnis stehende selbständige Gestalten. So in der Warenwelt die Produkte der menschlichen Hand. Dies nenne ich den Fetischismus, der den Arbeitsprodukten anklebt, sobald sie als Waren produziert werden, und der daher von der Warenproduktion unzertrennlich ist.«[81]

Weil aber die Produzenten von Waren, d.h. von Gegenständen jeglicher Art in Warenform, zunächst nur durch den Austausch ihrer Waren *als Waren* sachlich miteinander verkehren, darum erscheinen den Produzenten die den Waren zugrundeliegenden Verhältnisse nicht als Arbeitsverhältnisse von Menschen, sondern diese gesellschaftlichen Verhältnisse erscheinen ihnen nur selber wie rein »sachliche« Verhältnisse zwischen sich als Warenproduzenten, und andererseits bekommen die sachhaften Warenverhältnisse den Charakter von quasipersönlichen Verhältnissen zwischen selbsttätigen Warenkörpern auf einem eigengesetzlichen Warenmakt[82]. Von dieser Verkehrung haben die Menschen zunächst kein Bewußtsein; denn auch ihr Selbstbewußtsein ist ja im selben Maße verdinglicht.

Die geschichtliche Bedingtheit dieser Verkehrung ist zunächst sachhaft verschleiert durch die fix und fertige *Wertform* der Ware in Geldform[83], so daß es scheint, als könne man nur den Preis der Ware, aber nicht den Warencharakter der Gebrauchsgegenstände als solchen verändern. Um einzusehen, daß eine derartige Wirtschaftsordnung, wo das Arbeitsprodukt als Ware selbständig wird gegenüber dem Produzenten, eine total verkehrte ist, muß man sie mit andern geschichtlichen Gesellschafts- und Wirtschaftsformen vergleichen. Denn wie immer man z.B. das »finstere« Mittelalter und seine persönlichen Abhängigkeitsverhältnisse beurteilen mag: die gesellschaftlichen Verhältnisse der Personen in ihren Arbeiten erscheinen hier jedenfalls als ihre eigenen persönlichen Verhältnisse und sind nicht »verkleidet in gesellschaftliche Verhältnisse der Sachen«[84]. Weil hier »persönliche Abhängigkeitsverhältnisse die gegebene gesellschaftliche Grundlage bilden, brauchen Arbei-

81 *Kapital* I^{6}, 38 f.

82 Vom ästhetischen Standpunkt aus hat G. Simmel das Problem dieser Vergegenständlichung als die »Tragödie der Kultur« zu entwickeln versucht: *Philosophische Kultur,* 3. Aufl., Potsdam 1923, S. 236ff.

83 Zum Fetischcharakter des zinstragenden Kapitals siehe *Kapital* III/1, 339 ff.

84 Daß dies nur eine »Charaktermaske« ist, hinter der sich in jedem Fall die Herrschaft der Produktionsbedingungen verbirgt, versteht sich für Marx von selbst: *Kapital* III/2, 326 f.

ten und Produkte nicht eine von ihrer Realität verschiedene phantastische Gestalt anzunehmen. Die Naturalform der Arbeit, ihre Besonderheit und nicht, wie auf Grundlage der Warenproduktion, ihre (sc. abstrakte) Allgemeinheit, ist hier ihre unmittelbare gesellschaftliche Form«[85]. Im Anschluß an diese historische Perspektive entwickelt Marx die Möglichkeit einer zukünftigen kommunistischen Gesellschaftsordnung, um der »Durchsichtigkeit« ihrer gesellschaftlichen Beziehungen zu den eigenen Arbeitsprodukten nochmals die undurchsichtige Verkehrtheit der modernen Warenwelt entgegenzuhalten. – Die Warenwelt kann also überhaupt nur aufgehoben werden durch eine grundsätzliche Veränderung der gesamten konkreten Lebensverhältnisse des gesellschaftlich existierenden Menschen[86]. Der Zurücknahme des Warencharakters in den Gebrauchscharakter entspricht die Notwendigkeit einer Zurücknahme des verdinglichten Menschen in den »natürlichen«, dessen Natur darin besteht, daß er von Grund aus ein Mitmensch ist. »Wenn der Mensch von Natur gesellschaftlich ist, so entwickelt er seine wahre Natur erst in der Gesellschaft und man muß die Macht seiner Natur nicht an der Macht des einzelnen Individuums, sondern an der Macht der Gesellschaft messen.«[87] Aus dieser fundamentalen Voraussetzung ergibt sich der proletarische Sozialismus von Marx im Anschluß an Hegels aristotelisches Vorbild: die Polis, deren Mensch ein zoon politikon und dessen Freiheit das Beisichselbstsein im Anderssein ist.

Gegen diese Idee der gemeinschaftlichen Existenz hat Kierkegaard mit Leidenschaft protestiert, weil ihm »in unserer Zeit« jede Art von Zusammenschluß – im »System«, in der »Menschheit« und »Christenheit« – als eine nivellierende Macht erschien. »Es kann keine Rede davon sein, daß die Idee des Sozialismus und der Gemeinschaft die Rettung der Zeit werden wird [...]. Das Assoziationsprinzip (das höchstens seine Gültigkeit im Verhältnis zu den materiellen Interessen haben kann) ist in unserer Zeit nicht affirmativ, sondern negativ, ist eine Ausflucht [...], ein Sinnesbetrug, dessen Dialekt ist: indem es die Indivi-

85 *Kapital* I[6], 43 ff.

86 Siehe dazu Marxens Brief an Engels vom 22. VI. 1867.

87 III, 21, 117, 307 f.; *Zur Kritik der pol. Ök.*, a. a. O., S. XIV; 10. These über Feuerbach. – Zur Kritik des »Gattungsmenschen« siehe außer Stirners *Der Einzige und sein Eigentum*: B. Bauer, *Vollständige Geschichte der Parteikämpfe*, a. a. O., Bd. II, Kap. 4 und Bd. III, 30 ff., 185.

duen stärkt, enerviert es dieselben, es stärkt durch das Numerische im Zusammenschluß, aber das ist ethisch eine Schwächung.«[88] Der große Irrtum des Sozialismus sei gewesen, daß er meinte, im Medium der Weltlichkeit, deren Wesen die Verschiedenheit ist, das Problem der Gleichheit lösen zu können.

Kierkegaards eigenes Anliegen war nicht die menschliche Gleichheit, sondern die christliche Einzelheit gegenüber der »Menge«. Im Gegensatz zu den »phantastischen Theorien über die Gesellschaft« wollte er die verblaßte »Urschrift der individuellen, humanen Existenzverhältnisse« wieder entziffern, denn der Verwirrung der Zeit könne man nur auf diese Weise begegnen, daß man der menschlichen Existenz den nötigen »Ballast« gibt, um im Strome der Zeit vor der Ewigkeit zu bestehen. Auch Kierkegaard ging es um die Entfremdung des Menschen, aber nicht in der Welt, sondern in der bestehenden Christenheit, die sich mit der Welt und dem Staate vermengt hat.

In den Flugschriften, denen er den Titel *Der Augenblick* gab, weil sich in ihm entscheiden sollte, ob Christlichkeit oder Weltlichkeit, hat Kierkegaard aus seinem Wirkenwollen die letzten Konsequenzen gezogen[89]. Er protestiert darin mit maßloser Ironie gegen die »protestantische Mittelmäßigkeit« der zwischen der Welt und Christus vermittelnden Staatschristen und zugleich gegen Hegels Vermittlung des Staats mit dem Christentum. Der erste Satz der ersten Nummer beginnt mit einer ironischen Ausdeutung von Platos These, daß die Philosophen im Staat regieren müßten. »Plato sagt bekanntlich irgendwo in seinem Staat: es sei erst dann etwas Rechtes zu hoffen, wenn die ans Regieren kommen, die keine Lust dazu haben [...]. Diese Bemerkung gilt auch für andere Verhältnisse, wo mit irgend etwas (gemeint ist das Christentum) einmal rechter Ernst gemacht werden sollte.« Der wahre Politiker und der wirkliche Christ können keine Lust zum Regieren haben, weil

88 *Kritik der Gegenwart,* a. a. O., S. 54; vgl. *Tagebücher* I, 315 f.: »Die ›Masse‹ ist eigentlich das, was ich mir zum polemischen Ziel genommen habe.« Vgl. damit in Immermanns *Memorabilien*, I (1839): »Wahrlich, die Zeit bietet ein sonderbares Schauspiel dar in Beziehung auf Energie. Man erinnert sich an ein allbekanntes Distichon von Schiller über den Geist der Einzelnen und den ihrer Verbrüderungen. Man könnte jetzt, in das Gegenteil hinüberparodierend, sagen, daß, wo Viele zusammenhandelten, ein Riese erscheine, der, wenn man die Handelnden einzeln betrachte, sich in lauter Zwerglein zerkrümle. – Hierin erscheint aber recht eigentlich einer der Punkte, auf welchen der Übergang von der subjektiven zur objektiven Periode stattfindet.«

89 Siehe dazu F. C. Fischer, *Die Nullpunkt-Existenz,* München 1933, S. 203 ff.

sie wissen, was einerseits Staat und was andrerseits Christentum ist. Im sog. christlichen Staat »protegiert« aber das Menschliche das Göttliche. »Wie in aller Welt«, sagt Kierkegaard mit einer Anspielung auf Hegel, »ist nun einem so vernünftigen Wesen wie dem Staat etwas derartig Widersinniges in den Sinn gekommen«: das Göttliche protegieren zu wollen? »Nun, das ist eine lange Geschichte; hauptsächlich aber hängt es damit zusammen, daß das Christentum im Laufe der Zeit immer weniger seinem wahren Charakter gemäß bedient wurde: als das Göttliche. Denke dir einen Staatsmann zur Zeit des Eintritts des Christentums in die Welt, und frage ihn: Quid tibi videtur? glaubst du nicht, das wäre eine Religion für den Staat? Er würde dich vermutlich für verrückt halten und dich kaum einer Antwort würdigen. – Wird aber das Christentum in feiger Menschenfurcht, in Mittelmäßigkeit, in zeitlichem Interesse bedient, so sieht die Sache etwas anders aus. Ja dann kann wirklich der Schein entstehen, daß das Christentum (das durch die Art seiner Bedienung nachgerade [...] eine jämmerliche Kreatur geworden ist) für Protektion durch den Staat sehr dankbar sein müsse, da es so doch noch zu Ehren komme[90]. Das Menschliche kann das Göttliche nicht protegieren, denn wahres Christentum ist nicht mehr und nicht weniger als Nachfolge Christi, die allem Weltlichen entschieden entsagt. Das Weltliche existiert aber für den Menschen vorzüglich als Staat und so richtet sich der »Augenblick« gegen die anerkannte Lüge in dem scheinbaren Einvernehmen von Christentum und Staat. »Angenommen, der Staat stellte 1000 Beamte an, die mit ihrer Familie davon lebten [...], das Christentum zu verhindern, so wäre das doch wohl ein Versuch, der darauf ausginge, das Christentum womöglich unmöglich zu machen. Und doch wäre dieser Versuch [...] weit nicht so gefährlich wie das was faktisch geschieht: daß der Staat 1000 Beamte anstellt, die als ›Verkündiger des Christentums‹ [...] ein pekuniäres Interesse daran haben, erstens daß die Leute sich Christen *nennen*, [...] und zweitens daß es dabei verbleibe, daß sie also nicht zu wissen bekommen, was in Wahrheit Christentum ist [...]. Und die Wirksamkeit dieses Standes geschieht nicht unter dem Namen, daß das Christentum verhindert werde und hierfür 1000 Beamte mit Familie ihre Besoldung beziehen; nein, sie ›verkünden‹ das Christentum, sie ›breiten das Christentum aus‹, sie ›arbeiten für das Christentum‹! [...] Ist denn das nicht ungefähr

90 XII², 17 ff.; vgl. dazu die nicht minder sarkastische Kritik von Feuerbach, I, 98 ff.

das Allergefährlichste, das sich ausdenken ließ, um das Christentum womöglich unmöglich zu machen?«[91] Dieses staatskirchliche oder auch volkskirchliche Christentum, wie es in Dänemark Grundtvig vertrat[92], ist das Gegenteil von dem, welches das Neue Testament als das wahre verkündet. In der modernen Christenheit ist das Christentum durch Ausbreitung abgeschafft. – Hegels Versöhnung von Kirche und Staat schlug um in die religiöse Empörung von Kierkegaard und in die soziale von Marx.

Marx hat die Epoche der bürgerlichen Revolution im *18. Brumaire des Louis Bonaparte*[93] dahin charakterisiert, daß ihre Leidenschaften ohne Wahrheit und ihre Wahrheiten ohne Leidenschaft seien; ihre vollkommen nüchtern gewordene Welt ertrage sich nur noch durch Entlehnungen, ihre Entwicklung sei eine beständige Wiederholung derselben An- und Abspannungen, ihre Gegensätze solche, die sich auf die Spitze treiben, nur um sich abzustumpfen und zusammenzufallen, ihre Geschichte ohne Ereignisse, ihre Helden ohne Heldentaten. Ihr »oberstes Gesetz« sei die »Entscheidungslosigkeit«. Mit fast denselben Worten hat Kierkegaard diese Welt ohne Leidenschaft und Entscheidung in seiner Kritik der Gegenwart im Zeichen der »Nivellierung«[94] begriffen und der Einebnung der maßgebenden Unterschiede ihre Hervorhebung entgegengestellt. Als konkrete Weisen der Nivellierung analysiert er die

91 Ebenda, 5 ff.

92 »Das Grundtvigsche Geschätz von der Nationalität ist [...] ein Rückschritt ins Heidentum. Es ist unglaublich, mit welcher Tollheit fanatisierte Grundtvigsche Kandidaten aufwarten können. Th. Fenger sagt z.B., daß niemand außer durch die Nationalität ein wahrer Christ sein kann. Und das Christentum, das gerade die Vergötterung der Nationalitäten im Heidentum hat abschaffen wollen!« »Dieses ›an allem Teilnehmen‹ ist im Grunde eingebildetes Wesen.« »In seinen jüngeren Tagen repräsentierte er das alte, das altväterische, das uralte Ur-Ur-Christentum; jetzt auf seine alten Tage ist er zu einem reinen Modejunker aufgeputzt.« »Es ist auf alle Weise erreicht, daß, was man jetzt Christentum nennt, gerade das ist, was Christus zu verdrängen kam. Dies ist besonders im Protestantismus erreicht, besonders unter den Grundtvigianern. Sie sind nämlich ganz strikte: Juden [...], sie haben einen echt jüdischen Aberglauben an die Abstammung. Ferner: die Einbildung, Gottes auserwähltes Volk zu sein [...]. Das ist jüdischer Optimismus [...] und das soll das Christentum des Neuen Testaments sein!« (*Buch des Richters*, a.a.O., S. 177 ff.)

93 Vgl. zu der Studie von Marx die von C. Frantz, *Louis Napoleon*, 1852; neue Ausg. von F. Kemper, Potsdam 1933.

94 Vgl. dazu K. Hecker, *Mensch und Masse*, a.a.O., S. 96 und 113, und Immermann, *Epigonen*, I, 10 (1830).

Einebnung der leidenschaftlichen Disjunktion zwischen Reden und Schweigen zum verantwortungslosen Gerede, zwischen dem Privaten und Öffentlichen zur privat-öffentlichen Publizität, zwischen Form und Inhalt zu einer gehaltlosen Formlosigkeit, zwischen Verschlossen- und Offenbarsein zum Repräsentieren, zwischen wesentlicher Liebe und Ausschweifung zu einer leidenschaftslosen Liebelei, zwischen objektivem Wissen und subjektiver Überzeugung zu einem unverbindlichen Räsonieren. Marx hat dem Bankerott dieser »alt gewordenen Welt« das Proletariat entgegengesetzt, Kierkegaard die vor Gott vereinzelte Existenz. Die ökonomischen Unruhen schienen ihm nur symptomatische Bedeutung zu haben: »Sie deuten an, daß die europäische Konstitution [...] total sich verändert hat. Wir werden künftig innere Unruhen bekommen – secessio in montem sacrum.«[95] Entscheidender als der wirtschaftliche, soziale und politische Bankrott, dem Europa entgegengehe, sei sein geistiger Verfall, seine »Sprachverwirrung« durch die Schnellarbeit der Presse. Am besten wäre es, das Glockenspiel der Zeit für eine Stunde verstummen zu lassen, und da dies vermutlich nicht glücken werde, wolle er seinen Zeitgenossen mit den Finanzleuten zurufen: »Ersparungen, energische und durchgreifende Ersparungen!«[96], d.h. Reduktion auf die elementaren Fragen der menschlichen Existenz, auf die nackte Existenzfrage als solche, welche für Kierkegaard die innere Kehrseite dessen war, was Marx die »irdische Frage in Lebensgröße« genannt hat. Und so entspricht, auf Grund derselben Entzweiung mit dem Bestehenden, der weltlichen Kritik von Marx an der bürgerlich-kapitalistischen Welt Kierkegaards gleich radikale Kritik an der bürgerlich-christlichen Welt, welche dem ursprünglichen Christentum ebenso fremd ist wie der bürgerliche Staat einer Polis. Daß Marx die *äußeren* Existenzverhältnisse der *Masse* vor eine Entscheidung stellt und Kierkegaard das *innerliche*[97] Existenzverhältnis des *Einzelnen* zu sich selbst, daß Marx *ohne* Gott philosophiert und Kierkegaard *vor* Gott – diese offenkundigen Gegensätze haben zur gemeinsamen Voraussetzung ihren Zerfall mit Gott und der Welt. Die sog. Existenz ist für beide nicht mehr, was sie für Hegel war: das schlichte

95 *Tagebücher* I, 328.
96 *Tagebücher* I, 64.
97 Über das Verhältnis der Äußerlichkeit zur Innerlichkeit siehe Hegels *Logik*, ed. Lasson, II, 150ff., 156, 169; Enz. § 139ff. – Kierkegaard, I, 3f., 21; IV, 253, 409, 444f. – Marx, III, 160ff.; V, 26ff.

»ex-istere«, als Hervor- und Heraustreten des inneren Wesens in die ihm angemessene Existenz[98], sie ist bei Kierkegaard ein Rückzug auf die sich im Gewissen entscheidende Existenz des Einzelnen und bei Marx ein Auszug zu der politischen Entscheidung der massenhaften Verhältnisse. Auf Grund der gleichen Entzweiung mit Hegels vernünftiger Welt scheiden sie wieder, was dieser vereint hat. Marx entscheidet sich für eine humanitäre, »menschliche« Welt und Kierkegaard für ein weltloses Christentum, das »menschlich betrachtet« »unmenschlich« ist.

Hat man sich einmal das geistige Geschehen zwischen Hegel und Nietzsche in seiner systematischen und geschichtlichen Konsequenz zum Verständnis gebracht, dann wird evident, daß Marxens ökonomische Analyse und Kierkegaards experimentierende Psychologie begrifflich wie geschichtlich zusammengehören und *eine* Antithese zu Hegel sind. Sie begriffen »was ist« als eine Welt, die bestimmt ist durch Waren und Geld, und als eine Existenz, die durchstimmt ist von Ironie und der »Wechselwirtschaft« der Langeweile. Das »Geisterreich« von Hegels Philosophie wird zum Gespenst in einer Welt der *Arbeit* und *Verzweiflung*. Eine »deutsche Ideologie« verkehrt bei Marx Hegels an und für sich seiende »Idee« und eine »Krankheit zum Tode« den »Selbstgenuß« des absoluten Geistes. Hegels Vollendung der Geschichte wird für beide zum Ende der Vorgeschichte vor einer extensiven Revolution und einer intensiven Reformation. Seine konkreten Vermittlungen verkehren sich zu abstrakten Entscheidungen, für den alten christlichen Gott und eine neue irdische Welt. An die Stelle von Hegels tätigem Geist tritt bei Marx eine *Theorie* der gesellschaftlichen *Praxis* und bei Kierkegaard eine *Reflexion* des inneren *Handelns*, womit sich beide der Theoria als der höchsten menschlichen Tätigkeit mit Wissen und Wollen entziehen. So fern sie einander stehen, so nah sind sie miteinander verwandt, im gemeinsamen Angriff auf das Bestehende[99] und im Entspringen aus Hegel. Was immer sie unterscheidet, bestätigt auch ihre Gemeinsamkeit im gleichen Fixiertsein auf jene totale Entzweiung des Irdischen und des Göttlichen, die an der Wende zum 19. Jahrhundert der junge Hegel schon selber zum Ausgang genommen hatte für seine Wiederherstellung des Absoluten als einer höchsten Vereinigung des Entzweiten.

98 Enz. § 123, Zus.
99 Siehe dazu Kierkegaard, IX, 74ff.

4. Der Ursprung von Hegels Versöhnung aus der Entzweiung

Hegels Versöhnung mit dem »was ist« entsprang schon selber aus dem, was wieder aus ihr hervorgegangen ist: aus einer fundamentalen Entzweiung mit dem Bestehenden. Diese Krisis hat Hegel gemeinsam mit Hölderlin durchlebt, und die stillschweigende Trennung von dem Freund seiner Jugend ist der Anfang zu seiner Versöhnung mit der Welt, wie sie ist. Indem er sich vom »Jüngling« abgewandt hat, dessen Wesen die Einzelheit und eine bloß idealistische Allgemeinheit ist, hat sich Hegel im letzten Satz seines ersten Systementwurfs unter dem genauen Datum 14. September 1800 zur männlichen *»Vereinigung mit der Zeit«* entschlossen, um nicht in der Entzweiung mit sich selbst und der Welt verharren zu müssen. *Wenn* aber eine solche Vereinigung »unedel und niederträchtig« wäre, bekennt Hegel an diesem entscheidenden Wendepunkt seines Lebens, dann bliebe nur übrig das »absolute Eins« der Vereinzelung und Fixierung – sei es auf die blanke Subjektivität des inneren Daseins oder auf die sture Objektivität der äußeren Welt. Die Selbstentzweiung des einen und ganzen Lebens in »absolutes Endliches gegen absolutes Unendliches« wäre dann das Letzte und Absolute. Für die Entzweiung als solche macht es keinen Unterschied aus, ob sich der Mensch als absolut selbständig oder als absolut abhängig von einem entfernten Gotte weiß, ob er sich als vereinzelten Einzelnen oder als Dasein en masse versteht, ob er ganz veräußerlicht oder verinnerlicht ist, denn mit dem einen Extrem ergibt sich auch schon das andere und je »selbständiger und abgeschiedener das Innere, desto selbständiger und abgeschiedener wird auch das Äußere«.

Kurz nach dem Abschluß des ersten Systementwurfs schreibt Hegel an Schelling[100], das »Ideal des Jünglingsalters« habe sich ihm zum »System« gewandelt und er habe den Wunsch, sich zu habilitieren, um wieder einzugreifen in das Leben der Menschen. Mit dem Ergreifen eines bürgerlichen Berufs stellt er sich dann in das System der bestehenden Welt hinein. In der ersten Frankfurter Zeit schwankte er aber noch zwischen dem schmerzvollen Genuß der Entzweiung und der Kraft zur Versöhnung und wollte den »Bund mit der Welt« nicht nur nicht eingehen, sondern sogar »hintertreiben«[101]. Und noch im Alter von 40 Jahren beanspruchte er seine Braut als die »Versöhnerin« seines

100 Br. I, 26 ff.
101 F. Rosenzweig, *Hegel und der Staat,* München 1920, I, 73 ff.

»wahren Innern mit der Art und Weise, wie ich gegen das Wirkliche und für das Wirkliche – zu häufig – bin«[102]. Im Prinzip hatte sich Hegel aber schon an der Wende zum 19. Jahrhundert für die Wirklichkeit der Welt als dem »Element der Sache«[103] entschieden. Von da ab wurde er unversöhnlich bis zum Ingrimm und Hohn gegen alle romantisch-zerrissenen, von der »Schwindsucht des Geistes« befallenen, mit sich und der Welt entzweiten, unglücklich-schönen Seelen. Am Schicksal Hölderlins und dann der Romantiker hat er die Überzeugung gewonnen, daß es mehr als persönliches Unglück, nämlich »Unwahrheit« und das härteste »Schicksal der Schicksalslosigkeit« sei, wenn sich der Mensch in keiner Welt »zu finden« und »einzuhausen« wisse.

Die Entzweiung bleibt aber doch als die eine »Voraussetzung« der Philosophie bestehen[104]. Die andere ist die Einheit als das im voraus gesetzte Ziel. Diese doppelte Voraussetzung des Absoluten hat Hegel in der Berner und Frankfurter Zeit als die ursprüngliche »Quelle des Bedürfnisses der Philosophie« erlebt, an der Wende der Frankfurter Zeit im Zusammenhang mit dem allgemeinen Zustand der Welt expliziert und in den ersten Jenenser Abhandlungen begrifflich als die »Identität der Identität und der Nicht-Identität« durchdacht[105].

Hegels Krisis dokumentiert sich nicht in der Reflexion auf sich selbst, sondern in der Analyse der »Weltkrisis« in einer Epoche des Übergangs[106]. Die schon entschiedene Tendenz zur Vereinigung mit der Zeit äußert sich zunächst in einer Kritik des Bestehenden, weil diese Kritik die Voraussetzung ist für ein mögliches Einigwerden mit dem, was ist. In dieser damals unveröffentlicht gebliebenen Charakterisierung der bestehenden Weltkrisis hat Hegel entscheidende Züge auch schon jener Kritik vorweggenommen, die Marx neu vollzogen hat, und andrerseits sind die Widersprüche, die Marx in Hegels Vermittlungen aufdecken wollte, dieselben wie die, welche Hegel versöhnt hat. *Der Hervorgang der vermittelnden Analysen der Rechtsphilosophie aus einer die Widersprüche erstmals entdeckenden Kritik des Bestehenden ermöglichte Marx den kritischen Anschluß an Hegels Rechtfertigung*

102 Br. I, 321.
103 XVI, 171.
104 I², 168 ff., 173; XIII, 66; vgl. XVI, 47.
105 I², 246; *Theolog. Jugendschr.*, a. a. O., S. 348; *Vorlesungen über die Philosophie der Religion,* ed. Lasson, I, 240 ff.
106 Rosenkranz, *Hegels Leben,* a. a. O., S. 88 ff. und: Haym, *Hegel und seine Zeit,* a. a. O., S. 62 ff.; vgl. Dilthey, *Ges. Schr.* IV, 122 ff.

des Bestehenden. Ohne von Hegels Kritik eine Kenntnis haben zu können[107], griff der junge Marx 1841 im Hegel von 1821 auf den jungen von 1798 zurück – so wie auch Feuerbachs Religion der Liebe und Bauers Kritik des Christentums in der Sache auf Hegels theologische Frühschriften zurückgehen. Die Kritik der Junghegelianer wiederholte die Krisis, die Hegel selber durchgemacht hatte, bevor er sie im System überwand. Es ist daher kein Zufall, wenn Marx die Krisis der bürgerlichen Gesellschaft oft in derselben Weise kennzeichnet wie sie schon Hegel beschrieben hatte, ehe er die »verlorenen Extreme« der Sittlichkeit in einem durch Plato und Rousseau bestimmten Staat, der empirisch der preußische war, zu »gewältigen« dachte.

Nach Hegels Charakteristik der Weltkrisis zeigen alle Erscheinungen der Zeit, daß die Befriedigung im alten Leben sich nicht mehr findet. Um aber »das Negative der bestehenden Welt aufzuheben, um sich in ihr zu finden, um leben zu können«, dazu bedarf es des Übergangs von der »Idee« zum »Leben«, von der Vernunft zur Wirklichkeit. Im Deutschen Reich insbesondere sei die »machthabende Allgemeinheit« als die Quelle allen Rechts verschwunden, weil sie sich isoliert und zu etwas Besonderem gemacht hat. Auch der einzelne Mensch sei kein ganzer mehr, wenn er, wie beim bestehenden Mißverhältnis von Kirche und Staat, »zertrümmert« ist in zwei »Fragmente«, in einen »besondern *Staats-* und besondern *Kirchenmenschen*«[108]. Nur noch als »Gedanke« sei die Allgemeinheit des Lebens vorhanden. Worüber aber die öffentliche Meinung[109] durch Verlust des Zutrauens schon entschieden hat, darüber brauche es wenig, um ein klares Bewußtsein allgemeiner zu machen – welches »Bewußtsein« dem Proletariat als Klasse zu geben, das Anliegen von Marx wurde. Die verlorene »Allgemeinheit« des Ganzen müsse wieder hergestellt werden. Und in der *Rechtsphilosophie* versuchte Hegel zu zeigen, daß der Gedanke der Allgemeinheit nun auch als Wirklichkeit da sei. Vorerst entdeckte er jedoch die Widersprüche als solche. Als einen derartigen Widerspruch bezeichnet er das

107 Eine mittelbare Vorstellung davon hätte sich Marx, aber erst nach 1844, aus der Hegelmonographie von Rosenkranz bilden können. Eine marxistische Rekonstruktion des dort (S. 86) erwähnten Kommentars von Hegel zu Stewarts Staatswirtschaft hat G. Lukács in einem Frankfurter Vortrag 1932 versucht, der aber m. W. unveröffentlicht blieb.

108 Rosenkranz, a. a. O., S. 88, vgl. Marx I/1, 585 ff.

109 Vgl. dagegen Hegels spätere Einschätzung der öffentlichen Meinung in der *Rechtsphilosophie*, § 315 ff. und dazu Rosenkranz, a. a. O., S. 416.

Sichbeschränken auf eine kleine, untertänige Welt des Eigentums, in der bloße »Sachen« zum Absoluten werden – die Welt des »Spießbürgers«[110] und der »Waren« – und dementsprechend ein sich Darübererheben »im Gedanken an den Himmel« – ihre »feierliche Ergänzung« durch den »Geist geistloser Zustände«, in der Sprechweise von Marx. Ferner der zusammengehörige Gegensatz von Not und Luxus[111], ein beständiges Thema von Marx. Der bessere Mensch verschmähe mit Recht dieses allseits beschränkte Leben, wie es ihm »angeboten« und »erlaubt« wäre, aber es genüge auch nicht, die wahre Natur nur vor sich »darzustellen« und das Dargestellte zu seinem Gesellschafter zu machen, wie Hölderlin im *Hyperion*. Der Mensch »muß auch das Dargestellte als ein Lebendiges finden«, durch die wirkliche Auflösung der bestehenden Widersprüche. Diese erfolgt aber erst auf ihrer Spitze, »wenn das bestehende Leben seine Macht und all seine Würde verloren hat«. Nicht durch äußere und innere Gewaltsamkeit gegen sich selbst oder die Welt, sondern durch seine »eigene Wahrheit« wird, nach Hegel wie Marx, das Bestehende angegriffen und zu Fall gebracht. Diese in ihm verborgene und es untergrabende Wahrheit ist die beanspruchte rechtliche Allgemeinheit, welche sich auch jenes beschränkte Leben um seines Bestandes willen zusprechen muß, obwohl es in abstrakte Besonderheiten zerfallen ist, bis ihm das lebendige Recht zu diesem Anspruch durch ein besseres Leben abgesprochen wird. Und schon habe ein solches die Zeit angehaucht. »Ihr Drang nährt sich an dem Tun großer Charaktere einzelner Menschen, an den Bewegungen ganzer Völker, an der Darstellung der Natur und des Schicksals durch Dichter. Durch Metaphysik erhalten die Beschränkungen ihre Grenzen und ihre Notwendigkeit im Zusammenhang des Ganzen.«[112]

Mit dem revolutionären Pathos der Gerechtigkeit folgert Hegel dann in der Schrift über die Verhältnisse Württembergs die Notwendigkeit einer Veränderung. Die ihrer selbst bewußte Entzweiung ist selber schon eine Folge davon, daß man sich gegenüber dem »was ist« auch schon andere, bessere Zeiten vorzustellen und darzustellen, zu erhoffen

110 Siehe dazu *Jenenser Realphilosophie*, a.a.O., II, 249, Randbemerkung; vgl. *Philosoph. Propädeutik* § 56.

111 Vgl. die Aufhebung dieses Widerspruchs in der *Rechtsphilosophie*, § 190 ff., § 241 ff.; vgl. IX, 200, wo zu seiner Behebung die Auswanderung erwogen wird.

112 Rosenkranz, a.a.O., S. 90.

und herbeizuführen vermag. Das, »was ist«, ist also in Zeiten der Entzweiung keine »*ewige* Gegenwart«, sondern eine vorübergehende Existenz, ein nur noch Bestehendes ohne wahrhafte Wirklichkeit. Es »*begreifen*« bedeutet dann, was es auch Marx bedeutet hat: kein bloßes Verstehen, sondern Kritik und Veränderung. »Allgemein und tief ist das Gefühl, daß das Staatsgebäude, so wie es jetzt noch besteht, unhaltbar ist, allgemein ist die Ängstlichkeit, daß es zusammenstürzen und in seinem Falle jeden verwunden werde. – Soll, mit jener Überzeugung im Herzen, diese Furcht so mächtig werden, daß man es aufs gute Glück ankommen lassen will, was umgestürzt, was erhalten werden, was stehen oder was fallen möge? Soll man nicht das Unhaltbare selbst verlassen wollen? Mit ruhigem Blick untersuchen, was zu dem Unhaltbaren gehört? Gerechtigkeit ist in dieser Beurteilung der einzige Maßstab; der Mut, Gerechtigkeit zu üben, die einzige Macht, die das Wankende mit Ehre und Ruhm vollends wegschaffen und einen gesicherten Zustand hervorbringen kann. Wie blind sind diejenigen, die glauben mögen, daß Einrichtungen, Verfassungen, Gesetze, die mit den Sitten, den Bedürfnissen, der Meinung der Menschen nicht mehr zusammenstimmen, aus denen der Geist entflohen ist, länger bestehen; daß Formen, an denen Verstand und Empfindung kein Interesse mehr nimmt, mächtig genug seien, länger das Band eines Volkes auszumachen! – Alle Versuche, Verhältnissen, Teilen einer Verfassung, aus welchen der Glaube entwichen ist, wieder Zutrauen zu verschaffen, die Totengräber mit schönen Worten zu übertünchen, bedecken nicht nur die sinnreichen Erfinder mit Schande, sondern bereiten einen viel fürchterlicheren Ausbruch, in welchem dem Bedürfnis der Verbesserung sich die Rache beigesellt und die immer getäuschte, unterdrückte Menge an der Unredlichkeit auch Strafe nimmt [...]. Wenn aber eine Veränderung geschehen soll, so muß etwas verändert werden. Eine so kahle Wahrheit ist darum nötig gesagt zu werden, weil die Angst, die muß, von dem Mute, der will, dadurch sich unterscheidet, daß die Menschen, die von jener getrieben werden, zwar die Notwendigkeit einer Veränderung wohl fühlen und zugeben, aber, wenn ein Anfang gemacht werden soll, doch die Schwachheit zeigen, alles behalten zu wollen, in dessen Besitz sie sich befinden, wie ein Verschwender, der in der Notwendigkeit ist, seine Ausgaben zu beschränken, aber jeden Artikel seiner bisherigen Bedürfnisse, von dessen Beschneidung man ihm spricht, unentbehrlich findet, nichts aufgeben will, bis ihm endlich sein Unentbehrliches wie das Entbehrliche genommen wird. Das Schauspiel einer solchen Schwäche darf ein Volk, dürfen Deutsche nicht geben. Nach kalter Überzeugung, daß eine Veränderung notwendig ist, dürfen sie sich nun nicht fürchten, mit der Untersuchung ins Einzelne zu gehen und, was sie Ungerechtes finden, dessen Abstellung muß der, der Unrecht leidet, fordern und der, der im ungerechten Besitz ist, muß ihn freiwillig aufopfern.«[113]

Das nicht mehr Zusammenstimmen des innern und äußern, des privaten und öffentlichen Lebens macht, daß das Ganze »geistlos«, oder wie Marx auf Feuerbachs Standpunkt sagt, »unmenschlich« ist. Die positive Tendenz der Kritik des Bestehenden ist deshalb für Hegel wie Marx die Wiederherstellung einer geistvollen, bzw. menschlichen Einheit im Ganzen des wirklichen Lebens.

Trotz dieses Aufrufs zu einer Veränderung ist Hegels Kritik kein marxistisches Manifest. Auch als politischer Schriftsteller will er *begreifen,* was ist. Ein solches Begreifen ist der ausgesprochene Zweck seiner nächsten kritischen Schrift zur Verfassung Deutschlands, die von einer schwermütigen Resignation durchstimmt ist. Trotz schärfster Kritik will sie doch nur besser verstehen, was ist, und sogar ein »gemäßigtes Ertragen« befördern. Die Zweideutigkeit in diesem Übergang von der Kritik zum Verstehen verdeckt Hegel dadurch, daß er den Unterschied zwischen dem Ideal und der Wirklichkeit im Begriff der Idee beseitigt und das, was sein soll, im Unterschied zu dem, wie es ist, im Seinmüssen als »Schicksal« aufhebt[114]. Er expliziert den Satz vom Verstehen folgendermaßen: »Die Gedanken, welche diese Schrift enthält, können bei ihrer öffentlichen Äußerung keinen andern Zweck noch Wirkung haben als das Verstehen dessen, was ist, und damit die ruhigere Ansicht sowie ein in der wirklichen Berührung und in Worten gemäßigtes Ertragen derselben zu befördern. Denn nicht das, was ist, macht uns ungestüm und leidend, sondern daß es nicht ist, wie es sein soll; erkennen wir aber, daß es ist, wie es sein muß, das heißt nicht nach Willkür und Zufall, so erkennen wir auch, daß es so sein soll.«[115] Wie erkennt aber Hegel, was sein muß und deshalb auch so ist, wie es sein soll? Indem er zu wissen glaubt, was der »Weltgeist« will[116].

113 Ebenda, S. 92 ff. (= *Schr. zur Politik und Rechtsphilos.,* S. 151 ff.).
114 1795 erwartete Hegel die Veränderung des Bestehenden noch von der Verbreitung der Ideen, wie alles sein *soll*« (Br. I, 15) er verstand also die Idee noch selbst als Ideal, entgegen der »Indolenz der gesetzten Leute«, die alles ewig nehmen, »wie es ist« (vgl. Br. I, 194 und das Gedicht *Eleusis*).
115 *Schr. zur Politik und Rechtsphilos.,* S. 5.
116 Siehe XV, 95 f.

Die Kühnheit, mit der Hegel seine Einsicht in das, wie es sein muß, aus dem sich wissenden Geist der Geschichte begründet, muß jedoch korrigiert werden durch seine eigene Beurteilung der Deutschen, im Anschluß an die zuvor zitierte Stelle und mit Bezug auf die vermeintlichen Notwendigkeiten der Politik. Er sagt von den Deutschen, daß sie »um ihrer Begriffe willen«, also gerade weil sie so philosophisch sind, so unredlich erscheinen, nichts zu gestehen, wie es ist. »Im ewigen Widerspruch zwischen dem, was sie fordern und dem, was nicht nach ihrer Forderung geschieht, erscheinen sie nicht bloß tadelsüchtig, sondern, wenn sie bloß von ihren Begriffen sprechen, unwahr und unredlich, weil sie in ihre Begriffe von dem Recht und den Pflichten die Notwendigkeit setzen, aber nichts nach dieser Notwendigkeit geschieht und sie selbst so sehr hieran gewöhnt sind, teils daß ihre Worte den Taten immer widersprechen, teils daß sie aus den Begebenheiten ganz etwas anderes zu machen suchen, als sie wirklich sind, und die Erklärung derselben nach gewissen Begriffen zu drehen. Es würde aber derjenige, der das, was in Deutschland zu geschehen pflegt, nach den Begriffen dessen, was geschehen soll, nämlich nach den Staatsgesetzen, kennenlernen wollte, aufs höchste irren. Denn die Auflösung des Staats erkennt sich vorzüglich daran, wenn alles anders geht als die Gesetze. Ebenso würde er sich irren, wenn die Form, welche von diesen Gesetzen genommen wird, ihm in Wahrheit der Grund und die Ursache derselben schiene. Denn eben um ihrer Begriffe willen erscheinen die Deutschen so unredlich, nichts zu gestehen, wie es ist, noch es für nicht mehr und weniger zu geben, als in der Kraft der Sache wirklich liegt. Sie bleiben ihren Begriffen [...] getreu, aber die Begebenheiten pflegen nicht damit übereinzustimmen und so bestrebt diejenige Seite, die den Vorteil dabei hat, durch Worte mit Gewalt der Begriffe beides einander anzupassen.«

Dieselbe Unredlichkeit wie in jener fordernden Tadelsucht, die er seinen Landsleuten vorhält, ist jedoch auch in Hegels Versöhnung enthalten. Eine problematische Akkomodation steht nicht zufällig am Ende seiner Kritik. Sowohl die Herausforderung des Bestehenden wie die Anpassung an es wird aber verdeckt durch die Zweideutigkeit im Begreifen dessen, »was ist«, denn dieses kann ebensogut das *nur noch Bestehende* wie das *wahrhaft Wirkliche* decken. Auf der Brücke dieser fundamentalen Zweideutigkeit im Begriff von der Wirklichkeit[117] als dem, »was ist«, hat Hegel den Weg zurückgelegt von der Entzweiung

117 Haym, a. a. O., S. 368 ff., 387 ff., 462.

bis zur Vereinigung, von der Jugend zum Alter und von der Französischen Revolution über Napoleons Herrschaft zur preußischen Erhebung.

Den gleichen Weg wie im Verhältnis zum Staat hat Hegel auch im Verhältnis zur christlichen Religion durchschritten. Der philosophischen Rechtfertigung der christlichen Dogmen geht eine Kritik der Theologie und des Christentums voraus, die erst durch Hegels Schüler wieder eingeholt wird. Ein Brief von 1795 an Schelling bekundet eine unverhohlene Schadenfreude an den Verlegenheiten der protestantischen Theologie, welche meint, sie könne die »Feuersbrunst der Dogmatik« verhindern. »Was Du mir von dem theologisch-kantischen (si diis placet) Gang der Philosophie in Tübingen sagst, ist nicht zu verwundern. Die Orthodoxie ist nicht zu erschüttern, so lang ihre Profession, mit weltlichen Vorteilen verknüpft, in das Ganze des Staats verwebt ist. Dieses Interesse ist zu stark, als daß sie so bald aufgegeben werden sollte [...] liest dieser Trupp etwas, das seiner Überzeugung (wenn man ihrem Wortkram die Ehre antun will, ihn so zu nennen) entgegen ist, und dessen Wahrheit sie etwa fühlten, so heißt es: ja es ist wohl wahr – legt sich dann aufs Ohr und des Morgens trinkt man seinen Kaffee und schenkt ihn andern ein, als ob nichts geschehen wäre. Ohnedem nehmen sie mit allem vorlieb, was ihnen angeboten wird und was sie im System des Schlendrians erhält. Aber ich glaube, es wäre interessant, die Theologen, die kritisches Bauzeug zur Befestigung ihres gotischen Tempels herbeiholen, in ihrem Ameiseneifer so viel wie möglich zu stören, ihnen alles zu erschweren, sie aus jedem Ausfluchtswinkel herauszupeitschen, bis sie keinen mehr fänden und sie ihre Blöße dem Tageslicht ganz zeigen müßten.«[118]

Wenige Jahre später hat Hegel den Geist des Judentums und des Christentums von dem der Griechen, Römer und Germanen in einer Weise unterschieden, die den Gedanken an eine dialektische Vermittlung nicht aufkommen läßt. Das Christentum habe die heiligen Haine zerstört, die einheimische religiöse Volksphantasie zum schändlichen Aberglauben erklärt und uns dafür die Phantasie eines Volkes gegeben, »dessen Klima, dessen Gesetzgebung, dessen Kultur, dessen Interesse uns fremd, dessen Geschichte mit uns in ganz und gar keiner Verbindung ist.« »In der Einbildungskraft unseres Volkes lebt ein David, ein Salomon, aber die Helden unseres Vaterlandes schlummern in den

118 Br. I, 11 f.

Geschichtsbüchern der Gelehrten, und für diese hat ein Alexander, ein Cäsar usw. ebensoviel Interesse als die Geschichte eines Karls des Großen oder Friedrich Barbarossas. Außer etwa Luthern bei den Protestanten, welches könnten auch unsere Helden sein, die wir nie eine Nation waren?«[119] Aber auch die Reformation, dieses einzige deutsche Ereignis von nationaler *und* religiöser Bedeutung, lebt nicht mehr im Gedächtnis des Volkes, sondern nur noch in der alljährlichen Ablesung der Augsburger Konfession, die jeden Zuhörer langweilt[120]. »So ohne religiöse Phantasie, die auf unsrem Boden gewachsen wäre, und mit unsrer Geschichte zusammenhinge, schlechterdings ohne alle politische Phantasie, schleicht unter dem gemeinen Volk nur hie und da ein Rest eigener Phantasie unter dem Namen Aberglauben herum, der als Gespensterglauben das Andenken eines Hügels erhält, auf welchem einst Ritter ihr Unwesen trieben, oder eines Hauses, wo Mönche und Nonnen spukten [...] – dürftige und traurige Reste einer versuchten Selbständigkeit und eines versuchten Eigentums, welche vollends auszurotten als eine Pflicht der ganzen aufgeklärten Klasse der Nation vorgestellt wird . . .«[121] Dem gegenüber die ebenso religiösen wie politischen Feste Athens, an denen Gebildete wie Ungebildete teilhaben konnten, weil es genügte, ein Jahr in den Mauern Athens zu leben, um aus den Kulten, Spielen und Festen der Polis mit ihrer Geschichte und Bildung vertraut zu werden, wogegen die biblischen Geschichten schon wegen ihres dogmatischen und historischen Inhalts der sich ans Örtliche haltenden, freien Einbildungskraft fremd bleiben mußten. So wenig es aber möglich ist, »Judäa« den jetzigen Deutschen nahe zu bringen, so wenig konnte es auch gelingen, »Achaja« zum Vaterland der »Tuiskonen« zu machen. Die Götter, Altäre, Opfer und Feste der Griechen und Römer hatten keinen »positiven«, d.h. äußerlich festgesetzten und lehrhaften Sinn; sie heiligten aber das ganze alltägliche Leben, während wir uns zwingen müssen, in die Geschichten der Bibel einen moralischen Sinn hineinzulegen, der unsern faktisch geübten Grundsätzen meist widerspricht. Wie sollte da der Christ einen Anlaß haben, die »blinden« Heiden zu bedauern? »Es ist eine der angenehmsten Empfindungen der

119 *Theolog. Jugendschr.*, a.a.O., S. 215; vgl. Lagarde, *Deutsche Schriften*, Göttingen 1892, a.a.O., S. 183.

120 Dreißig Jahre später hielt Hegel zur Feier der Reformation eine lateinische Festrede.

121 *Theolog. Jugendschr.*, S. 215f.; vgl. zum folg.: Rousseau, *Contrat social* IV, 8.

Christen, ihr Glück und ihre Wissenschaft mit dem Unglück und der Finsternis der Heiden in Vergleichung zu setzen, und einer der Geheimplätze, wohin die geistlichen Hirten ihre Schafe auf die Weide der Selbstzufriedenheit und der stolzen Demut am liebsten führen – ihnen dies Glück recht lebhaft vor die Augen zu stellen, wobei dann die blinden Heiden gewöhnlich sehr übel wegkommen [...]. Wir können aber bald gewahr werden, daß wir unser Mitleiden sparen dürfen, indem wir bei den Griechen nicht diejenigen Bedürfnisse antreffen, die unsere jetzige praktische Vernunft hat, – der man überhaupt wirklich sehr viel aufzubürden weiß.«[122]

Wie läßt sich aber erklären, daß die im Volksleben der Polis verwurzelt gewesene Phantasiereligion von der positiv-christlichen Lehre verdrängt werden konnte? »Wie konnte der Glauben an Götter aufhören, denen die Städte und Reiche ihre Entstehung zuschrieben, denen die Völker alle Tage Opfer brachten, deren Segen sie zu allen Geschäften anriefen, unter deren Panier die Armeen allein siegreich gewesen waren, denen sie für ihre Siege gedankt hatten, denen die Fröhlichkeit ihre Lieder, sowie der Ernst seine Gebete weihte, deren Tempel, deren Altäre, Reichtümer und Statuen der Stolz der Völker, der Ruhm der Künste war, deren Verehrung und Feste nur Veranlassungen zur allgemeinen Freude waren – wie konnte der Glaube an die Götter, der mit tausend Fäden in das Gewebe des menschlichen Lebens verschlungen war, aus diesem Zusammenhange losgerissen werden? [...] – wie stark muß das Gegengewicht sein, das jene Macht überwinde.«[123] Die Antwort, die der junge Hegel auf diese Frage zu geben hatte, deckt sich mit der, die später Bauer und Nietzsche gaben: das Eindringen des Christentums ist nur aus der Dekadenz der römischen Welt zu erklären[124]. Erst als die Freiheit des öffentlichen Lebens und seine Tugenden verfielen und die Römer nur noch ein Privatleben führten[125], konnte eine

122 Ebenda, 219f.
123 Ebenda, 220.
124 Vgl. dazu Gibbon, *Untergang des römischen Weltreichs,* Kap. 15.
125 *Theolog. Jugendschr.,* S. 71, 223, 229f.; vgl. *Schr. zur Politik und Rechtsphilos.,* S. 472f. – in dieser Charakteristik des Privatlebens, dem die Sicherheit des Eigentums und der Person das höchste und der Tod das schrecklichste ist, ist die spätere Analyse der bürgerlichen Gesellschaft bereits im Kern enthalten. Zur prinzipiellen Bedeutung der Todesfurcht für den Geist der bürgerlichen Gesellschaft siehe Leo Strauss, *The Political Philosophy of Hobbes,* Oxford, 1936, S. 57f., 105f., 122f.

Religion Eingang finden, der die politische Selbständigkeit und Freiheit nichts galt, weil sie selbst schon von einem Volk von »größter Verdorbenheit« herkam. »In dem Schoße dieser verdorbenen Menschheit, die sich von der moralischen Seite selbst verachten mußte, aber sonst als einen Liebling der Gottheit hochhielt, mußte die Lehre von der Verdorbenheit der menschlichen Natur erzeugt und gern angenommen werden; sie stimmte einerseits mit den Erfahrungen überein, andrerseits tat sie dem Stolz Genüge, die Schuld von sich abzuwälzen und im Gefühl des Elends selbst einen Grund des Stolzes zu geben, sie brachte zu Ehren, was Schande ist, sie heiligte und verewigte jene Unfähigkeit, indem sie selbst das, an die Möglichkeit einer Kraft glauben zu können, zur Sünde machte.«[126] Heruntergekommenen Römern, die sich ohnedies schon durch Flucht, Bestechung und Selbstverstümmelung der Gefahr des Todes entzogen und keine Selbstachtung hatten, mußte eine religiöse Stimmung willkommen sein, welche die Ohnmacht und Unehre unter dem Namen des leidenden Gehorsams zur Ehre und höchsten Tugend verkehrte, – »durch welche Operation die Menschen mit fröhlicher Verwunderung die Verachtung anderer und das Selbstgefühl eigener Schande in Ruhm und Stolz verwandelt sahen«. »So sehen wir nun den heiligen Ambrosius oder Antonius mit einem zahlreichen Volke, dessen Stadt sich eine Herde Barbaren näherte, statt auf die Wälle zu ihrer Verteidigung zu eilen, in den Kirchen und auf den Straßen knieend um Abwendung ihres zu fürchtenden Unglücks die Gottheit anflehen. Und warum hätten sie auch wollen können, kämpfend zu sterben?«[127] – heißt es in Übereinstimmung mit Bauers und Nietzsches These vom Ursprung des Christentums aus dem Ressentiment einer Sklavenmoral.

Durch diese »Umkehrung der Natur« hat die Gottheit eine »Positivität« oder »Objektivität« bekommen, die einer lebendigen Beziehung zu ihr unversöhnlich entgegensteht. »Auf diese Art, durch seinen objektiven Gott offenbarte sich dieser Geist, als die Menschen so erstaunlich viel von Gott zu wissen anfingen, als ob viele Geheimnisse seiner Natur, in so vielen Formeln, nicht wie sonst Geheimnisse von einem Nachbar

126 *Theolog. Jugendschr.*, S. 225 und noch ebenso in der Geschichte der Philosophie: XV, 116f.; vgl. dazu Wellhausens Unterscheidung des alten Israel vom nachexilischen Judentum, der zufolge Wellhausen gerade vom israelitischen Altertum ein Bild zeichnen konnte, wie es Hegel von der griechischen Polis entwarf. Siehe dazu die Marburger Diss. von F. Boschwitz, *J. Wellhausen. Motive und Maßstäbe seiner Geschichtsschreibung*, Marburg 1938, S. 26 und 35ff.
127 *Theolog. Jugendschr.*, S. 229.

dem andern ins Ohr, sondern in aller Welt ausgeschrien wurden, und Kinder sie auswendig wußten; der Geist der Zeit offenbarte sich in der Objektivität seines Gottes, als er, nicht dem Maße nach in die Unendlichkeit hinaus, sondern in eine uns fremde Welt gesetzt wurde, an deren Gebiet wir keinen Anteil haben, wo wir durch unser Tun uns nicht anbauen, sondern höchstens hineinbetteln oder hineinzaubern können, als der Mensch selbst ein Nicht-Ich und seine Gottheit ein andres Nicht-Ich war. Am klarsten offenbarte er sich in der Menge Wunder, die er erzeugte, die in Ansehung des Entschließens und der Überzeugung an die Stelle eigner Vernunft traten. Am ungeheuersten aber, als für diesen Gott gefochten, gemordet, verleumdet, gebrannt, gestohlen, gelogen und betrogen wurde. – In einer solchen Periode mußte die Gottheit völlig aufgehört haben, etwas Subjektives zu sein, sondern ganz zum Objekt geworden sein; und jene Verkehrtheit der moralischen Maximen ward dann ganz leicht und konsequent durch die Theorie gerechtfertigt.«[128] Die Fähigkeit zu einem solchen objektiven Glauben setzt den Verlust der Freiheit und Selbstbestimmung voraus. Als das Extrem eines solchen Verlustes interpretiert Hegel den gesetzlichen Geist des Judentums[129], den Jesus mit seiner Religion der Liebe überwinden wollte. Aber auch dieser Kampf gegen die »Positivität« hat es zu keiner vollständigen »Empfindung des Ganzen« gebracht, so sehr die lebendige Beziehung der Liebe die Trennung zwischen dem »Geist« und dem »Wirklichen« und zwischen Gott und dem Menschen verringert hat. Es bedurfte noch einer weiteren Entwicklung, um eine »Paarung« des Göttlichen und des Menschlichen zu bewirken, der Sehnsucht danach die Befriedigung zu gewähren und die Religion zu einem vollständigen Leben zu machen. Denn alle geschichtlichen Formen der christlichen Religion haben den Grundcharakter der Entgegensetzung behalten. Sowohl die Vereinigung des mystischen Schwärmers mit Gott als auch die Verbindung der katholischen und protestantischen Kirche mit dem Schicksal der Welt haben es nicht vermocht, Gottesdienst und wirkliches Leben ineins zu setzen. »[...] zwischen diesen Extremen, die sich innerhalb der Entgegensetzung Gottes und der Welt, des Göttlichen und des Lebens befinden, hat die christliche Kirche vor- und rückwärts den Kreis durchlaufen, aber es ist gegen

128 Ebenda, 228, vgl. dazu im 2. Teil dieser Arbeit Kap. V, Bauers Interpretation der Hegelschen Religionsphilosophie aus dem Prinzip der Subjektivität.
129 Ebenda, 245 ff.

ihren wesentlichen Charakter, in einer unpersönlichen lebendigen Schönheit Ruhe zu finden; und es ist ihr Schicksal, daß Kirche und Staat, Gottesdienst und Leben, Frömmigkeit und Tugend, geistliches und weltliches Tun nie in eins zusammenschmelzen können.«[130] Gerade diese Vereinigungen hat aber Hegel später als vollzogen betrachtet in seiner Philosophie des Geistes, deren Wahrheit das »Ganze« ist[131].

Nachdem sich Hegel von Hölderlins Sehnsucht nach dem griechischen Zustand einer schönen Übereinstimmung des religiösen und politischen Lebens abgewandt hatte, unternahm er es, das »Reich Gottes«[132] philosophisch in der bestehenden Wirklichkeit zu erbauen und das dogmatische Christentum zu einer philosophischen Existenz zu erheben, um dem menschlichen Geist in der geschichtlichen Welt jenes Zuhausesein zu gewähren, das er als das eigentümliche Wesen des Griechentums ansah. Die an den Himmel verschleuderten Schätze als Eigentum des Menschen – »wenigstens in der Theorie« – zu vindizieren, hatte er zwar schon in den Jugendschriften als die »unsern Tagen« vorbehaltene Aufgabe angesehen, aber damals noch mit der zweifelnden Frage, welches Zeitalter wohl die Kraft haben werde, dieses Recht geltend zu machen und sich in den Besitz derselben zu setzen[133]. Dieser mehr als berechtigte Zweifel ist von dem Augenblick an verstummt, als sich Hegel zur Vereinigung mit der Zeit entschloß, so daß das »Sollen« unter der Härte der Wirklichkeit seinen Anspruch verlor. Durch dieses sich Abfinden mit der bestehenden Welt, auch wo man sich nicht »in ihr findet«, hat sich Hegel aus der revolutionären Kritik seiner Jugend herausgefunden. Die spekulative Vermittlung wird von da ab zum Maßstab seiner Kritik. Und wie er den revolutionären Willen von Marx zu einer radikalen Veränderung nie hätte teilen können, so hätte er auch Kierkegaards Forderung eines »existierenden Denkers« unwillig abgewiesen, denn dieses Problem war für ihn keins. Er nannte das existentielle Denken einmal sehr altmodisch »Leben und Meinungen« haben und unterschied drei Arten ihres Zusammenhanges: »Von den Menschen haben einige ein *Leben* und keine Meinungen; andere nur *Meinungen* und kein Leben; endlich gibt es solche, die beides haben, *Leben und Meinungen*. Die letzteren sind die seltneren, dann die ersteren; die

130 Ebenda, 342.
131 Enz. § 552.
132 Br. I, 13 und 18.
133 *Theolog. Jugendschr.*, S. 225 und 71.

gewöhnlichsten sind, wie immer, die Mitte.«[134] In diesem Gleichmaß von Leben und Meinungen wußte sich Hegel sowohl den Extremen wie der Mittelmäßigkeit überlegen, wogegen Marx und Kierkegaard bis zum Äußersten gingen, in ihrer totalen Entzweiung mit dem Bestehenden.

Eine solche Entzweiung von Selbstsein und Anderssein kann aber nach Hegel nicht wollen, daß sie bleibt, was sie ist, denn sie ist schon als solche eine Entzweiung von etwas, was ursprünglich eins war und wieder eins werden will. Der Mensch muß gerade im Andern und Fremden heimisch sein können, um sich nicht selber fremd zu sein im Anderssein der vorhandenen Welt. Als das große Vorbild für eine solche »existierende Heimatlichkeit« hat sich Hegel das griechische Dasein gedeutet – auch dann noch, als ihm die männliche Anerkennung dessen, was ist, eine Sehnsucht nach einem vergangenen Zustand verbot[135]. Was den gebildeten Europäer heimatlich bei den Griechen macht, sei, daß sie ihre Welt sich zur Heimat gemacht, daß sie nicht »hinaus« und »hinüber« waren. Sie haben die fremden substantiellen Anfänge ihrer religiösen und gesellschaftlichen Bildung so sehr verarbeitet, umgewandelt und umgekehrt, daß sie wesentlich zu der Ihren wurde. So sei auch die Philosophie eben dies: »bei sich zu Hause sein – daß der Mensch in seinem Geist zu Hause sei, heimatlich bei sich.«

Marx und Kierkegaard war die Welt fremd geworden, in die sich Hegel noch »eingehaust« hatte; sie waren hinüber und hinaus, oder »absurd« und »transzendierend«, wie Goethe den kommenden Geist des Jahrhunderts benannt hat. Und vollends Nietzsche war nirgends mehr zu Hause, sondern ein »Übergang« und ein »Untergang«, so daß er sogar im griechischen Dasein nicht mehr die existierende Heimatlichkeit und den plastischen Sinn erkannte, sondern nur noch das tragische Pathos und den Geist der ihm durch Wagners Modernität inspirierten Musik.

134 Rosenkranz, a. a. O., S. 557.
135 XIII, 171 ff., XVI, 139.

Der Umschlag der Philosophie der geschichtlichen Zeit in das Verlangen nach Ewigkeit

IV. NIETZSCHE ALS PHILOSOPH UNSERER ZEIT UND DER EWIGKEIT

»Man geht nie weiter, als wenn man nicht mehr weiß, wohin man geht.«
Goethe (Maximen 901).

Der Weg, der von Hegel zu Nietzsche führt, wird durch die Namen des jungen Deutschland und der Junghegelianer bezeichnet, die Hegels System zu einer geschichtlichen Wirkung brachten, indem sie es als solches zersetzten. Andrerseits läßt sich Nietzsches geschichtliche Wirksamkeit daran ermessen, daß man erst jetzt beginnt, seine scheinbar unverbindlichen Aphorismen nach einem Bauplan systematisch zusammenzusetzen[1]. In beiden Fällen ist ihre Wirkung nicht auf die Philosophie als solche beschränkt, sondern durchdringt das ganze geistige und politische Leben. Hegel war damals, wie Nietzsche heute, eine Parole, mit der man es darum nicht wörtlich nahm.

Man hat Nietzsches geschichtliche Stellung meistens an seinem Verhältnis zu Schopenhauer und Wagner bemessen, ohne an die Verschiedenheit des geschichtlichen Ortes der beiden zu denken. Schopenhauers moralische Beurteilung und unhistorische Anschauung der Welt ist noch im »ancien régime« verwurzelt, wogegen Wagners literarisches Pathos dem revolutionären Hegelianismus der 40er Jahre entstammt. Demnach ist auch ihre Wirkung auf Nietzsche zu unterscheiden. Was von Schopenhauers Gedanken in Nietzsches Philosophie positiv einging, ist die naturphilosophische Anschauung der ewigen Wiederkehr eines wesenhaft Gleichen im scheinbaren Wechsel der geschichtlichen Welt. Dagegen haben Wagners reformatorische Pläne auf Nietzsches

1 Siehe dazu A. Baeumler, *Nietzsche der Philosoph und Politiker,* Leipzig 1931; vom Verf., *Nietzsches Philosophie der ewigen Wiederkunft des Gleichen,* Berlin 1935 (jetzt in: *Sämtliche Schriften 6. Nietzsche.* Stuttgart 1987, S. 101 ff.); K. Jaspers, *Nietzsche. Einführung in das Verständnis seines Philosophierens,* Berlin 1936; K. Hildebrandt, *Über Deutung und Einordnung von Nietzsches System.* Kantstudien 1936.

zeitlichen Willen zur Zukunft gewirkt. Nietzsche steht aber nicht nur durch Wagners Beziehung zu Feuerbach in einem Verhältnis zu der revolutionären Kritik der Linkshegelianer, sondern seine ganze schriftstellerische Wirksamkeit beginnt mit einem Angriff auf D.F. Strauß, der folgerichtig mit dem *Antichrist* endet. In der Kritik des Christentums begegnet er sich mit B. Bauer, dessen Religionskritik aus der Religionsphilosophie von Hegel entsprang. Und so kann auch der Zufall, daß in Nietzsches Geburtsjahr das Buch von Stirner erschien, geschichtlich betrachtet so notwendig scheinen wie der Zusammenhang von Nietzsches Versuch eines Neubeginns, mit dem Nichts, das in Stirner erreicht ist. Auf Kierkegaard wurde Nietzsche durch G. Brandes hingewiesen, doch war es zu spät, als daß er sich mit ihm noch hätte bekannt machen können. Mit Marx scheint sich Nietzsche niemals befaßt zu haben. Eine Gegenüberstellung mit beiden ist aber trotzdem begründet, weil Nietzsche nach Marx und Kierkegaard der einzige ist, der den Verfall der bürgerlich-christlichen Welt zum Thema einer ebenso grundlegenden Analyse gemacht hat. Die Antithese der Wiederkunftslehre zu Kierkegaards »Wiederholung« des Christentums ist durch sich selbst überzeugend, der geschichtliche Zusammenhang von Nietzsches Kulturkritik mit der Kritik des Kapitalismus von Marx[2] ist weniger offenkundig, weil er zunächst durch Nietzsches eigene Bürgerlichkeit[3] und seine geringe Beachtung der sozialen und ökonomischen Fragen verdeckt wird. Zu den Junghegelianern im weiteren Sinn ist auch Heine zu rechnen, dessen Bedeutung Nietzsche so hoch schätzte, daß er nicht zögerte, ihn neben Hegel und sich selber zu nennen[4]. – Was immer Nietzsches antichristliche Philosophie von Hegels philosophischer Theologie und seinen »Hammer« von Hegels »Spekulation« abgründig trennt, wird von Hegels Schülern mit einer konsequenten Folge von Aufständen gegen die christliche Tradition und die bürgerliche Kultur überbrückt. Am Anfang und Ende dieser Brücke stehen Hegel und Nietzsche, und die Frage ist, ob – über Nietzsche hinaus – überhaupt noch ein gangbarer Weg führt.

2 Andeutungen über die geschichtliche Verbindung zwischen Nietzsche und Marx enthält H. Fischer, *Nietzsche Apostata,* Erfurt 1931, S. 13ff.; siehe auch E. Troeltsch, *Der Historismus und seine Probleme,* 1922, S. 26 und 497ff. und W. Schubart, *Europa und die Seele des Ostens,* Luzern 1938, S. 195f.

3 Siehe dazu die Bemerkung Overbecks, *Christentum und Kultur,* Basel 1919, S. 287.

4 X, 253 und 264; XV, 35.

1. *Nietzsches Beurteilung von Goethe und Hegel*

Nietzsche hat gemäß seinem Willen zu einer Entscheidung zwischen Antike und Christentum in Hegel einen hinterhältigen Theologen und in Goethe einen aufrichtigen Heiden gesehen. Zugleich hatte er aber auch ein Bewußtsein von der Verwandtschaft ihres Geistes und ihrer Gesinnung. »Die Denkweise Hegels ist von der Goetheschen nicht sehr entfernt: man höre Goethe über Spinoza. Wille zur Vergöttlichung des Alls und des Lebens, um in seinem Anschauen und Ergründen Ruhe und Glück zu finden; Hegel sucht Vernunft überall, vor der Vernunft darf man sich ergeben und bescheiden. Bei Goethe eine Art von fast freudigem und vertrauendem Fatalismus, der nicht revoltiert, der nicht ermattet, der aus sich eine Totalität zu bilden sucht, im Glauben, daß erst in der Totalität alles sich erlöst, als gut und gerechtfertigt erscheint.«[5] Zusammen mit Napoleon bedeuten ihm Hegel und Goethe ein gesamteuropäisches Ereignis und einen Versuch, das 18. Jahrhundert zu überwinden[6].

Das Bild, welches sich Nietzsche von Goethe machte, entbehrte zunächst nicht der kritischen Vorbehalte, die aber immer mehr in den Hintergrund traten. In der dritten *Unzeitgemäßen Betrachtung* stellt er nach einer Charakteristik des 19. Jahrhunderts die Frage: wer wird in einer solchen Zeit des Einsturzes und der Explosionen noch das »Bild des Menschen« bewahren? Drei Bilder haben die Humanität der neueren Zeit bestimmt: der Mensch Rousseaus, der Mensch Goethes und der Mensch Schopenhauers, in dessen »heroischen Lebenslauf« sich Nietzsche selber hineindeutet. Von Rousseau ist eine populäre Kraft ausgegangen, die zu Revolutionen drängte; Goethe ist keine so bedrohliche Macht, er ist beschauend und organisierend, aber nicht revolutionär umstürzend. Er haßt jedes Gewaltsame, jeden Sprung, das heißt aber: jede Tat; und so wird aus dem Weltbefreier Faust gleichsam nur ein Weltreisender. Alle Reiche des Lebens und der Natur, alle Vergangenheiten, Künste, Mythologien, alle Wissenschaften sehen den unersättlichen Beschauer an sich vorüberfliegen, das tiefste Begehren wird aufgeregt und beschwichtigt, selbst Helena hält ihn nicht länger – und nun muß der Augenblick kommen, auf den sein höhnischer Begleiter lauert. An einer beliebigen Stelle der Erde endet der Flug, die Schwingen

5 XV, 211 f.
6 XV, 218; vgl. XIV, 178; X, 279 ff.

fallen herab, Mephistopheles ist bei der Hand. Wenn der Deutsche aufhört, Faust zu sein, ist keine Gefahr größer als die, daß er ein Philister werde und dem Teufel verfalle – nur himmlische Mächte können ihn hiervon erlösen. Der Mensch Goethes ist [...] der beschauliche Mensch im hohen Stile, der nur dadurch auf der Erde nicht verschmachtet, daß er Große und Denkwürdige [...] zu seiner Ernährung zusammenbringt und so lebt, ob es auch nur ein Leben von Begierde zu Begierde ist; er ist nicht der tätige Mensch: vielmehr, wenn er an irgendeiner Stelle sich in die bestehenden Ordnungen der Tätigen einfügt, so kann man sicher sein, daß nichts Rechtes dabei herauskommt [...], vor allem, daß keine ›Ordnung‹ umgeworfen wird. Der Goethesche Mensch ist eine erhaltende und verträgliche Kraft [...], wie der Mensch Rousseaus leicht zum Catilinarier werden kann.«[7] In ähnlicher Weise wird auch in der Betrachtung über Wagner gesagt. Goethe sei zwar ein großer Lernender und Wissender gewesen, aber sein vielverzweigtes Stromnetz scheine seine Kräfte nicht gesammelt zum Meere zu tragen, sondern mindestens ebenso viel auf seinen Wegen und Krümmungen zu verlieren. Es liege etwas Edel-Verschwenderisches in Goethes Wesen, während Wagners (d.i. Nietzsches) Lauf und Stromgewalt vielleicht erschrecken und abschrecken könnte[8]. Als Nietzsche aber später selbst im *Zarathustra* eine Art von Vollendung erreichte, ließ er seinen jugendlichen Vorbehalt schweigen, um die Goethesche Existenz um so entschiedener anzuerkennen. Denn nicht Goethes Schuld sei es gewesen, wenn sich die deutsche Bildung auf der Schiller-Goetheschen Basis wie auf einem Ruhebett niederließ[9]. Der reife Nietzsche begriff, warum Goethe, der weder »ein Schriftsteller noch ein Deutscher von Beruf« sein wollte, niemals wie Schiller populär werden konnte, sondern trotz seines Ruhmes vereinsamt blieb und genötigt war, sich gegenüber seinen Verehrern zu verschanzen und zu maskieren[10]. »Er gehört in eine höhere Gattung von Literaturen, als ›National-Literaturen‹ sind: deshalb steht er auch zu seiner Nation weder im Verhältnis des Lebens, noch des Neuseins, noch des Veraltens. Nur für Wenige hat er gelebt und lebt er noch: für die meisten ist er nichts als eine Fanfare der Eitelkeit, welche man von Zeit zu Zeit über die deutsche Grenze

7 I, 426f.; vgl. III, 264 und XIII, 335.
8 I, 510f.
9 X, 250; VIII, 129.
10 VIII, 13.

hinüberbläst. Goethe, nicht nur ein guter und großer Mensch, sondern eine Kultur, Goethe ist in der Geschichte der Deutschen *ein Zwischenfall ohne Folgen:* wer wäre im Stande, in der deutschen Politik der letzten 70 Jahre zum Beispiel ein Stück Goethe aufzuzeigen! (während jedenfalls darin ein Stück Schiller und vielleicht sogar ein Stückchen Lessing tätig gewesen ist).«[11] Goethe – heißt es an anderer Stelle – hat über die Deutschen hinweg gedichtet, weil er in jeder Beziehung hoch über ihnen stand. »Wie könnte auch je ein Volk der Goetheschen *Geistigkeit im Wohl-sein und Wohl-wollen* gewachsen sein.«[12] Es folgte ihm nur eine sehr kleine Schar »Höchstgebildeter, durch Altertum, Leben und Reisen Erzogener, über deutsches Wesen Hinausgewachsener: er selber wollte es nicht anders«. Weit entfernt vom »Idealismus« sah er diesem Treiben der deutschen Bildung in seiner Art zu: »daneben stehend, mild widerstrebend, schweigsam, sich auf seinem eigenen besseren Wege immer mehr bestärkend«, während das Ausland glaubte, die Deutschen hätten »in aller Stille eine Ecke des Himmels entdeckt«, als diese selbst bereits anfingen, ihre idealistische Bildung mit industriellen, politischen und militärischen Unternehmungen zu vertauschen[13].

Was Goethe so hoch über alle kleineren Geister hinaushob, war, daß er die Freiheit nicht nur wollte, sondern in ihrem vollen Besitz war. Von dieser *erreichten* Freiheit aus konnte er sichs erlauben, selbst das ihm Widerliche zu fördern und ein Fürsprecher des Lebens im Ganzen zu sein, seiner scheinbaren Wahrheit und seines wahren Scheins. »Goethe war, inmitten eines unreal gesinnten Zeitalters, ein überzeugter Realist: er sagte Ja zu Allem, was ihm hierin verwandt war, er hatte kein größeres Erlebnis, als jenes ens realissimum, genannt Napoleon. Goethe konzipierte einen starken, hochgebildeten, in allen Leiblichkeiten geschickten, sich selbst im Zaume habenden, vor sich selber ehrfürchtigen Menschen, der sich den ganzen Umfang und Reichtum der Natürlichkeit zu gönnen wagen darf, der stark genug zu dieser Freiheit ist; den Menschen der Toleranz, nicht aus Schwäche, sondern aus Stärke, weil er das, woran die durchschnittliche Natur zu Grunde gehen würde, noch zu seinem Vorteil zu brauchen weiß; den Menschen, für den es nichts Verbotenes mehr gibt, es sei denn die Schwäche, heiße sie nun

11 III, 128 und 265f.
12 III, 89.
13 IV, 179f.; VIII, 111ff.

Laster oder Tugend. Ein solcher *freigewordener Geist* steht mit einem freudigen und vertrauenden Fatalismus mitten im All, im Glauben, daß nur das Einzelne verwerflich ist, daß im Ganzen sich alles erlöst und bejaht – *er verneint nicht mehr.*«[14] Das ist aber zugleich die Formel für Nietzsches »dionysische Stellung zum Dasein«, und in der Tat scheint der letzte Aphorismus des *Willens zur Macht* aus demselben Geist zu stammen wie Goethes Fragment über die Natur.

Dennoch ist Nietzsches Wille zur Macht von Goethes Natur so verschieden wie das Extreme vom Maßvollen, die gärende Macht vom geordneten Kosmos, das Wollen vom Können und die vernichtende Schärfe des Angriffs von der wohlwollenden Ironie[15]. Dieser Unterschied äußert sich besonders deutlich in ihrer Stellung zum Christentum. Nietzsche bemerkt zwar einmal, man müsse das »Kreuz« so wie Goethe empfinden[16], aber er selbst empfand es ganz anders: er wollte die Menschen statt des Leidens das Lachen lehren und sprach sein Gelächter heilig. Zarathustra verhöhnt die Dornenkrone von Christus, indem er sich selbst mit einer aus Rosen krönt[17]. Diese Rosen haben weder eine humane noch eine vernünftige Beziehung zum Kreuz; Zarathustras »Rosenkranz-Krone« ist rein polemisch gegenüber der des Gekreuzigten. Bis zu dieser Verkehrung hat sich das von Luther herkommende Sinnbild der Rosenkreuzer gewandelt! Goethe war kein Anti-Christ und eben darum der echtere Heide; sein »Gott« hatte es nicht nötig, gegen einen andern zu sein, weil er überhaupt seiner positiven Natur nach jedem Verneinen abgeneigt war. Daß aber seine vollkommen reif gewordene Freiheit in der deutschen Kultur ohne Folgen blieb, ist ebenso verhängnisvoll wie verständlich. »Die [...] Deutschen glauben nur Geist zu haben, wenn sie paradox, d.h. ungerecht sind.«[18] Sie glauben zwar an Ideen, sie schauen aber nicht Phänomene[19], und darum ist ihre »Weltanschauung« eine ideologische Konstruktion. Dieser Mangel an einer reinen Anschauung der Welt hat im 19. Jahrhundert die Schüler von Hegel – über Goethe hinweg – zur Herrschaft

14 VIII, 163 f. und dazu die Beschreibung der Wohlgeratenheit, XV, 12 f.

15 Siehe Brief an Zelter vom 25. XII. 1829; vgl. zu Goethes Ironie: E. Franz, *Goethe als religiöser Denker,* Tübingen 1932, S. 62 ff.

16 XV, 272; VIII, 50 und 165.

17 VI, 428 ff.; vgl. XII, 383; VII, 315 und das Jugendgedicht *Vor dem Kruzifix.*

18 Brief an Zelter vom 27. VII. 1828.

19 *Gespräche* III, 504.

gebracht und sie zu den »eigentlichen Erziehern der Deutschen dieses Jahrhunderts«[20] gemacht.

Eine solche Idee aus Hegels Philosophie war die der »Entwicklung« oder des »Werdens«. »Wir Deutsche sind Hegelianer, auch wenn es nie einen Hegel gegeben hätte, insofern wir (im Gegensatz zu allen Lateinern) dem Werden, der Entwicklung instinktiv einen tieferen Sinn und reicheren Wert zumessen als dem was ›ist‹.«[21] Der Deutsche ist auch insofern von Hause aus Hegelianer, als er sich nicht am Unmittelbaren der Phänomene genug sein läßt, sondern »den Augenschein umdreht« und kaum an die Berechtigung des Begriffs »Sein« glaubt. In dieser Hinsicht, bemerkt Nietzsche, waren auch Leibniz und Kant »Hegelianer«. Die deutsche Philosophie glaubt eher als an die Regel der Logik, an das »credo quia absurdum«, mit dem die deutsche Logik schon in der Geschichte des christlichen Dogmas auftritt. »Aber auch heute noch, ein Jahrtausend später, wittern wir Deutsche von heute [...] etwas von Wahrheit, von Möglichkeit der Wahrheit, hinter dem berühmten realdialektischen Grundsatze, mit welchem Hegel seinerzeit dem deutschen Geiste zum Sieg über Europa verhalf –, ›der Widerspruch bewegt die Welt, alle Dinge sind sich selbst widersprechend‹ – wir sind eben, sogar bis in die Logik hinein, Pessimisten.«[22] Und indem Nietzsche sein eigenes Paradox von der ewigen Wiederkunft aus der Selbstaufhebung des Nihilismus entwarf, hat er die Logik des Widerspruchs bewußtermaßen noch einen Schritt weitergeführt und abermals ein credo aus dem absurdum entwickelt[23].

Doch unterscheidet sich Nietzsches pessimistische Logik durch seine radikale Kritik der christlichen Moral und Theologie, deren Herrschaft er auch in Hegels Philosophie der Geschichte erkannte[24]. Mit dieser hinterlistigen Theologie habe sich Hegel die große Initiative verdorben, welche darin bestand, daß er bereits auf dem Weg war, auch das Negative – den Irrtum und das Böse – in den Gesamtcharakter des Seins einzubeziehen. »Gemäß dem grandiosen Versuch, den er machte, uns zur Göttlichkeit des Daseins zu allerletzt noch mit Hilfe unseres

20 Nietzsche, III, 90.
21 V, 300 ff.
22 IV, 7 f.
23 Siehe dazu im Nietzschebuch des Verf., S. 81 (*Sämtl. Schriften* 6, S. 203 f.); Jaspers, *Nietzsche*, S. 317 und 325.
24 XV, 439 f. und 442.

sechsten Sinnens, des ›historischen Sinnes‹ zu überreden«, wurde er zu *dem* großen Verzögerer in der Befreiung vom Christentum und seiner Moral[25]. Dieser philosophische Historismus habe die gefährlichste Einwirkung auf die deutsche Bildung gehabt, denn »furchtbar und zerstörend« müsse es sein, wenn ein solcher Glaube an den Sinn der Geschichte zum Götzendienst des Tatsächlichen führe. »Enthält jeder Erfolg in sich eine vernünftige Notwendigkeit, ist jedes Ereignis der Sieg [...] der ›Idee‹ – dann nur hurtig nieder auf die Kniee und die ganze Stufenleiter der ›Erfolge‹ abgekniet.«[26] Hegel hat für die Folgezeit die Historie als Glauben an den Sinn der Geschichte zum Ersatz der Religion gemacht[27]. Gerade dieser *Historismus,* welcher aus Hegels Metaphysik der Geschichte des Geistes entsprang, ist aber *zukunftsvoller* geworden als die unhistorische Weltanschauung von Goethe, der die Entwicklungs- und Lebensformen der Menschheit aus der Anschauung der Natur entnahm.

2. *Nietzsches Beziehung zum Hegelianismus der 40er Jahre*

Nietzsches Ausgang von den historisch-philologischen Wissenschaften hat ihn von vornherein ganz anders zur Geschichte gestellt als Schopenhauer, für dessen philosophische Anschauung der Welt das Studium der Naturwissenschaften wesentlich war. Die Schätzung, welche Nietzsche trotz aller Kritik am historischen Sinn Hegel zuteil werden ließ, ist nicht zuletzt durch diesen Gegensatz zu Schopenhauers unhistorischer Bildung bedingt. Schopenhauer habe es durch seine »unintelligente Wut auf Hegel« dahin gebracht, die ganze letzte Generation von Deutschen aus dem Zusammenhang mit der deutschen Kultur herauszubrechen, »welche Kultur [...] eine Höhe und divinatorische Feinheit des *historischen Sinns* gewesen ist«. Aber Schopenhauer sei gerade in dieser Beziehung bis zur Genialität arm, unempfänglich und undeutsch gewesen[28].

Der historische Sinn war zu der Zeit, als Schopenhauer zu wirken

25 V, 301.
26 I, 353 ff.
27 Vgl. zu Hegels Einfluß auf H. Taine VII, 225, und dazu: Rosca, *L'influence de Hegel sur Taine,* Paris 1928.
28 VII, 145.

begann, innerhalb der deutschen Philosophie am einflußreichsten durch K. Fischer vertreten. Mit Bezug auf dessen Geschichte der neueren Philosophie bemerkt Schopenhauer: »Von der Hegelei unheilbar verdorben *konstruiert* er die Geschichte der Philosophie nach seinen apriorischen Schablonen, und da bin ich als Pessimist der notwendige Gegensatz zu Leibniz als Optimisten: und das wird daraus abgeleitet, daß Leibniz in einer *hoffnungsreichen,* ich aber in einer *desperaten* und malörösen Zeit gelebt habe: Ergo, hätte ich 1700 gelebt, so wäre ich so ein geleckter, optimistischer Leibniz gewesen, und dieser wäre ich, wenn er jetzt lebte!«[29] So verrückt mache die Hegelei, d.h. der dialektisch formierte historische Sinn. Und er fügt die Bemerkung hinzu, daß sein Pessimismus zwischen 1814 und 1818 entstand und in diesem Jahr – dem des Erscheinens des ersten Bandes der *Welt als Wille und Vorstellung* –schon »komplett erschien«. Die Jahre 1814–1818 seien aber die hoffnungsreichste Zeit in Deutschland gewesen und folglich sei Fischers Erklärung ein Unsinn. Dieser Zurückweisung des historischen Sinns widerspricht aber nicht, daß Schopenhauers geschichtliche Wirkung in der Tat erst begann, als die deutsche Intelligenz nach dem Fehlschlag der Revolution für sie reif war. Feuerbachs Briefe, A. Herzens Erinnerungen und R. Wagners Selbstbiographie geben eine deutliche Vorstellung von dem Grad der damals eingetretenen Resignation, die Schopenhauers Erfolg provoziert hat. Diesen Zusammenhang seines späteren Erfolges mit dem Geiste der Zeit hat Schopenhauer schon um 1843 zu nutzen verstanden. Er schreibt an seinen Verleger, er möge sich doch entschließen, sein Werk um einen zweiten Band vermehrt neu erscheinen zu lassen, damit es endlich nach Verdienst die Aufmerksamkeit des Publikums auf sich ziehe. Dies sei »zumal jetzt« zu hoffen, »wo die so lange betriebenen Spiegelfechtereien der renommierten Kathederhelden immer mehr entlarvt und in ihrer Nichtigkeit erkannt werden; während zugleich bei gesunkenem religiösem Glauben das Bedürfnis nach Philosophie stärker als je gefühlt wird, daher das Interesse an dieser lebhaft und allgemein geworden, andrerseits aber nichts vorhanden ist, jenes Bedürfnis zu befriedigen«[30]. Dies sei aber der günstigste Augenblick zur Erneuerung seines Werkes und er treffe mit dessen Vollendung wie durch eine glückliche Fügung zusammen. Mit Genugtuung konstatiert er, daß sogar Hegelianer wie Rosenkranz und die

29 *Schopenhauers Briefe,* hrsg. von Griesebach, Leipzig, S. 300.
30 Ebenda, S. 77.

Mitarbeiter der *Hallischen Jahrbücher* nicht mehr umhin könnten, ihn anzuerkennen[31]. Der Gedanke an eine Verbindung seiner Philosophie mit Wagners Musik lag ihm dagegen so fern, daß er vielmehr die Polemik gegen Wagner begrüßte: »Dr. Lindner hat mir 2 sehr interessante Hefte des musikalischen Echos gesandt [...]. Der ästh. Kossak bedient sich darin gegen den R. Wagner meiner Aussprüche sehr passend und mit großem Recht. Bravo!«[32] Und als er trotz seiner ablehnenden Antwort auf zwei »kuriöse Huldigungsschreiben« aus dem Züricher Wagnerkreis vom »Meister« selbst »auf superbem dickem Papier« den *Ring der Nibelungen* mit Widmung erhielt, bemerkte er dazu sehr lakonisch: »ist eine Folge von 4 Opern, die er einst komponieren will, wohl das eigentliche Kunstwerk der Zukunft: scheint sehr phantastisch zu sein: habe erst das Vorspiel gelesen: werde weiter sehn.«[33]

Siebzehn Jahre später hat sich Nietzsche zusammen mit Wagner als Schopenhauerianer bekannt und ihm als »erhabenem Vorkämpfer« die *Geburt der Tragödie* gewidmet, die in der Tat aus dem Geiste der Musik R. Wagners stammt. Sie nimmt die griechischen Reminiszenzen und die modernsten revolutionären Tendenzen von Wagners Schrift über *Die Kunst und die Revolution* (1849) in sich auf, und im Grunde ist Nietzsche, auch als er sich »contra Wagner« erklärte, dem Gegner verfallen geblieben, dessen Meisterschaft nicht zum geringsten darin bestand, daß er zu »dirigieren« und zu wirken verstand. Schon Wagners erstes Musikerlebnis war nicht eigentlich musikalisch gewesen; der Eindruck, den er als Knabe von Webers Aufführung des *Freischütz* empfing, war: »Nicht Kaiser und und nicht König, aber so dastehen und dirigieren!«[34] Ein Orchester beherrschen, die Menge berauschen und wirken zu können, das war und blieb der Ehrgeiz seiner theatralischen Laufbahn. Einen kommandierenden Künstler im Zeitalter der demokratischen

31 Ebenda, S. 78, Anm. und 82; die Besprechung erschien im 4. Jg., 2. Teil, S. 29 ff. – Schopenhauer erwähnt hier auch einen im Mai 1841 im *Pilot* erschienenen Aufsatz *Jüngstes Gericht über die Hegelsche Philosophie*, dessen Verfasser auf die »rühmend angemessenste Art« von ihm rede. Vermutlich handelt es sich dabei um einen Aufsatz über Bauers *Posaune*. Als eine weitere »sehr richtige« Darstellung seiner Lehre von seiten eines Hegelianers erwähnt Schopenhauer die Schrift von De Sanctis, *Schopenhauer und Leopardi*, 1858/59.

32 *Schopenhauers Briefe*, a. a. O., S. 266; vgl. 128.

33 Ebenda, S. 285.

34 Siehe dazu K. Hildebrandt, *Wagner und Nietzsche im Kampf gegen das 19. Jahrhundert*, Breslau 1924, S. 9.

Massen hat ihn Nietzsche genannt, nachdem er sich von dem »Schauspieler« abgewandt und den »Zauberer« mit dem Scharfblick der enttäuschten Verehrung durchschaut hatte.

In der Einleitung zu der Schrift über *Die Kunst und die Revolution* zitiert Wagner an Stelle aus Carlyles Charakteristik der Französischen Revolution als dritten Akt der Weltgeschichte: »Wenn der zweite Teil vor 1800 Jahren anfing, so glaube ich, daß dies der dritte Teil sein wird. Dies ist das [...] himmlisch-höllische Ereignis: das seltsamste, welches seit tausend Jahren stattgefunden. Denn es bezeichnet den Ausbruch der ganzen Menschheit in Anarchie, in [...] die Praxis der Regierungslosigkeit – d.h. [...] in eine unbezwingliche Empörung gegen Lügen-Herrscher und Lügen-Lehrer – was ich menschenfreundlich auslege als ein [...] Suchen nach wahren Herrschern und Lehrern. – Dieses Ereignis der ausbrechenden Selbst-Verbrennung [...] sollten alle Menschen beachten und untersuchen [...] als das Seltsamste, was sich je zugetragen. Jahrhunderte davon liegen noch vor uns, mehrere traurige, schmutzig-aufgeregte Jahrhunderte [...] ehe das Alte vollständig ausgebrannt ist und das Neue in erkennbarer Gestalt erscheint.«[35] Mit diesem Ausruf des greisen Carlyle hat sich Wagners Aufruf zur Revolution der Kunst in vollkommener Übereinstimmung empfunden und damit zugleich mit dem Krisenbewußtsein der Junghegelianer, das andrerseits auf Nietzsches epochales Bewußtsein von der Krisis in der Geschichte des Nihilismus vorausweist. Er schildert sodann, wie sehr ihn Feuerbachs Schriften gefesselt und die Begriffe seiner Kunstphilosophie bestimmt haben. Glaubte er doch damals in Feuerbachs Auffassung des menschlichen Wesens den von ihm selbst gemeinten »künstlerischen Menschen« vorgezeichnet zu finden. »Hieraus entsprang eine gewisse leidenschaftliche Verwirrung, welche sich als Voreiligkeit und Undeutlichkeit im Gebrauche philosophischer Schemata kundgab.« Dieses »Mißverständnis« sei ihm erst nachträglich klar geworden. Ebenso wie Nietzsche späterhin sagen konnte, er habe sich seine »dionysischen Ahnungen« durch Schopenhauersche Formeln und »modernste Dinge« verdorben, indem er an Wagner Hoffnungen anknüpfte, wo nichts zu hoffen war, genau so bedauert auch Wagner, daß er seine erste Schrift mit Feuerbachs Formeln verwirrt habe. In beiden Fällen bestätigt die nachträgliche Korrektur aber auch die ursprüngliche Abhängigkeit –

35 Vgl. dazu F. Engels' Würdigung von Carlyles *Past and Present* (1843), Marx-Engels, *Ges. Ausg.*, II, 405 ff.

bei R. Wagner von dem revolutionären Pathos der 40er Jahre, und bei Nietzsche von dem R. Wagners. In der Vorrede zur *Geburt der Tragödie* aus dem Jahre 1886 macht Nietzsche selbst darauf aufmerksam, daß diese Schrift trotz ihres scheinbaren Griechentums noch ein Stück Antigriechentum sei, berauschend und benebelnd wie Wagners Musik »ein Romantiker-Bekenntnis von 1830, unter der Maske des Pessimismus von 1850«, – eine Selbstkritik, die mehr Wahrheit enthält als der Abschluß der Vorrede mit dem tanzenden und lachenden Zarathustra. Während aber Nietzsche seinen Willen zu einer geistigen Revolution in keiner politischen Realität erprobte, hat sich Wagner mit dem Einsatz seiner Person auch an diesem berauschenden Schauspiel beteiligt, zunächst 1830 in Leipzig, wo er seiner eigenen Aussage nach wie ein Wahnsinniger an den Zerstörungen teilnahm. Desgleichen stürzte er sich 1849 mit Röckel und Bakunin in den Strom der Dresdener Geschehnisse, die er auch literarisch in Feuerbach-Marxschen Phrasen begrüßte: »Ich will zerstören die Herrschaft des einen über den andern, der Toten über die Lebendigen, des Stoffes über den Geist; ich will zerbrechen die Gewalt der Mächtigen, des Gesetzes und des Eigentums. Der *eigene* Wille sei der Herr des Menschen, die *eigene* Lust sein einziges Gesetz, die *eigene* Kraft sein ganzes Eigentum, denn *das Heilige ist allein der freie Mensch, und nichts Höheres ist denn Er. [...]* Und seht, die Scharen, auf den Hügeln, sie liegen lautlos auf den Knien [...]. Begeisterung strahlt von ihrem veredelten Antlitz, ein leuchtender Glanz entsrömt ihrem Auge, und mit dem himmelerschütternden Rufe: ›*ich bin ein Mensch!*‹ stürzen sich die Millionen, die lebendige Revolution, *der Mensch gewordene Gott* hinab in die Täler und Ebenen und verkünden der ganzen Welt das neue Evangelium des Glücks!«[36] In dieser Zeit war Wagner politisch und geistig so »freigeistig« wie Heine. Gleich Feuerbachs Grundsätzen zur »Philosophie der Zukunft« wollte auch er ein »Kunstwerk der Zukunft« entwerfen[37], und von der »Zukunft unserer Bildungsanstalten« handeln auch Nietzsches Vorträge, in

36 Zitiert bei K. Hildebrandt, a. a. O., S. 44; vgl. dazu R. Huch, *M. Bakunin*, Leipzig 1923, S. 103 f., 113 ff., 116 f., 119 f.

37 Wagner, der damals als politischer Emigrant in Zürich lebte, versuchte, Feuerbach dorthin berufen zu lassen, und widmete ihm *Das Kunstwerk der Zukunft* (1850); vgl. Nietzsches Kritik an Wagners »Musik ohne Zukunft«, VIII, 191 ff.

denen er die Nachwirkung des »desperaten Studententums« des jungen Deutschland durchschaute[38].

Der größere Sinn für die Wirklichkeit lag entschieden bei Wagner. Er hat die Problematik der Kunst als eine solche des öffentlichen Lebens verstanden und den Verfall der griechischen Tragödie mit der Auflösung der griechischen Polis erklärt, so wie er andrerseits den Geist der industriellen Unternehmungen unserer Großstädte als das Wesen auch des modernen Kunstbetriebs ansah. Die Formulierungen, in denen er das ursprüngliche und das verfallene Verhältnis der Kunst zum öffentlichen Leben darstellt, sind wörtlich der Hegelschen Schule entnommen – man könnte im einzelnen die Begriffe herausheben, die von Hegel und Marx herkommen. Die Kunst sei ursprünglich aus der »selbstbewußten Allgemeinheit« des Lebens erwachsen – der »Gott der 5 Prozente« sei heute der Gebieter und Festordner aller Kunstunternehmungen. Die »Helden der Börse« beherrschen den Markt der modernen Kunst, wogegen die griechische Tragödie der »freie Ausdruck einer freien Allgemeinheit« war. Die Tragödien des Äschylos und Sophokles waren »das Werk Athens« – das moderne Theater ist »eine Blüte aus dem Sumpf der modernen Bourgeoisie«. Die echte Kunst der Gegenwart muß notwendig revolutionäre sein, weil sie nur im Gegensatz zum Bestehenden überhaupt existiert. »Aus ihrem Zustande zivilisierte Barbarei kann die wahre Kunst sich nur auf den Schultern unserer großen sozialen Bewegung zu ihrer Würde erheben: sie hat mit ihr ein gemeinschaftliches Ziel, und beide können es nur erreichen, wenn sie es gemeinschaftlich erkennen.« Mit Bezug auf Carlyles Leitspruch fordert Wagner am Schluß, daß die Revolution der Kunst ebenso radikal sein müsse wie der Umsturz des Heidentums durch das Christentum. »So würde uns denn *Jesus* gezeigt haben, daß wir Menschen alle gleich und Brüder sind; *Apollon* aber würde diesem großen Bruderbunde das Siegel der Stärke und Schönheit, er würde den Menschen vom Zweifel an seinem Werte zum Bewußtsein seiner höchsten göttlichen Macht geführt haben. So laßt uns denn den Altar der Zukunft, im Leben wie in der lebendigen Kunst, den zwei erhabensten Lehrern der Menschheit errichten: Jesus, der für die Menschheit litt, und Apollon, der sie zu ihrer freudenvollen Würde erhob!« – Im Gegensatz zu Wagner, der sich

38 IX, 412; vgl. dazu Ruges Bemerkung, man habe ihm »ganz trocken« gesagt, daß seine ganze Schriftstellerei nur daher käme, daß er mit der Universität kein Glück gemacht habe! (Br. I, 289).

den griechischen Gott alsbald ins Pseudogermanische übersetzte, hat Nietzsche schon in der *Geburt der Tragödie* Dionysos an Stelle von Christus genannt und schließlich Wagners christlich-germanische Helden als einen typischen Fall deutscher Unwahrheit bloßgestellt. Ursprünglich hatte er aber geplant, sich als eine Art Propagandachef von Bayreuth dem Dienste Wagners zu widmen. Sein späterer Angriff auf Wagner ist nur aus dieser Ergriffenheit von ihm zu verstehen.

Der Anregung von Bayreuth folgend schrieb Nietzsche auch seine erste *Unzeitgemäße Betrachtung* über D. F. Strauß, eine Kritik des »Bildungsphilisters«, die schon in Wagners Kunstwerk der Zukunft angelegt ist. Dieser Angriff richtet sich gegen den »neuen Glauben« von Strauß, zugleich ist er aber auch ein weiterer Schritt auf dem Wege zu jener Befreiung, die Strauß selbst schon durch seine früheren Schriften gegen den alten Glauben im allgemeinen Bewußtsein der Zeit hervorgebracht hatte. Der »im Grunde kräftig und tief angelegten Gelehrten- und Kritiker-Natur« des jungen Strauß versagte selbst Nietzsche nicht seine Achtung[39]. Noch im *Ecce homo* rühmte er sich, durch die Kritik des »ersten deutschen Freigeistes« zugleich seine eigene Befreiung zum Ausdruck gebracht zu haben. So hatte auch ein Rezensent seine Schrift verstanden, indem er als ihre Aufgabe ansah, »eine Art Krisis und höchste Entscheidung im Problem des Atheismus« herbeizuführen. Darum konnte sich Nietzsche aber auch den weltverbessernden »libres penseurs«, welche diesen entscheidenden Punkt der Befreiung noch gar nicht empfanden, fremder fühlen als ihren Gegnern. Der Unterschied zwischen dem religiösen Atheismus von Strauß und dem Antichristentum Nietzsches ist im Grunde derselbe wie der, den Nietzsche an Wagners Begriff von der »Sinnlichkeit« aufwies: Wagner habe sie zwar formuliert auf den Wegen von Feuerbach, aber dann »umgelernt«, um schließlich eine verzückte »Keuschheit« zu predigen[40]. Auch Nietzsches »Atheismus« hat umgelernt und am Ende einen neuen Glauben verkündet. Was jedoch beider Wandlungen unterscheidet, ist, daß Nietzsche niemals charakterlos war, wie er es Wagner mit Bezug auf dessen Stellung zum »Reich« und zum Christentum vorwarf[41]. Wagner konnte nicht eindeutig sein, weil seine Musik etwas »bedeuten« wollte, was sie als solche nicht war. »Was bedeutet Elsa? Aber kein Zweifel: Elsa ist

39 I, 250.
40 VIII, 197 ff.; vgl. VII, 403.
41 XIV, 168.

›der unbestimmte *Geist des Volkes*‹!« Wagner war zeitlebens der Kommentator einer »Idee« und ohne logische Klarheit. Daß diese aber unter Deutschen ein Einwand ist, nämlich gegen die »Tiefe«, das hängt nach Nietzsches Ansicht mit Hegels Einfluß zusammen. »Erinnern wir uns, daß Wagner in der Zeit, wo Hegel und Schelling die Geister verführten, jung war; daß er erriet, daß er mit Händen griff, was allein der Deutsche ernst nimmt – ›die Idee‹ will sagen etwas, das dunkel, ungewiß, ahnungsvoll ist.« Diesen Geschmack hatte Wagner begriffen, er erfand sich einen Stil, der »Unendliches« bedeutet, er faßte die Musik als »Idee« und wurde der Erbe Hegels. »Dieselbe Art Mensch, für die Hegel geschwärmt, schwärmt heute für Wagner; in seiner Schule *schreibt* man sogar Hegelisch! – Vor allen verstand ihn der deutsche Jüngling. Die zwei Worte ›unendlich‹ und ›Bedeutung‹ genügten bereits: ihm wurde dabei auf eine unvergleichliche Weise wohl. [...] Es ist Wagners Genie der Wolkenbildung, sein Greifen, Schweifen und Streifen durch die Lüfte, sein Überall und Nirgendswo, genau dasselbe, womit [...] seinerzeit Hegel verführt und verlockt hat!«[42]

Eine direkte Beziehung zur Hegelschen Schule hatte Nietzsche durch sein Verhältnis zu B. Bauer. An ihm, heißt es im Rückblick des *Ecce homo*, habe er seit seinem Angriff auf Strauß einen seiner aufmerksamsten Leser gehabt. In Briefen an Taine, Brandes und Gast rühmt er ihn als seinen einzigen Leser, ja als sein »ganzes Publikum«, neben Wagner, Burckhardt und G. Keller[43]. Ob Nietzsche außer Bauers Schrift *Zur Orientierung über die Bismarcksche Ära* (1880)[44] auch die theologischen Schriften aus den 40er Jahren bekannt waren, ließ sich bisher nicht feststellen. Die Wahrscheinlichkeit ist aber nicht von der Hand zu weisen, zumal Overbeck Bauers religionskritische Arbeit verfolgt und z. T. rezensiert hat[45]. Wie immer es sich damit verhalten mag, die Entsprechungen zwischen Nietzsches *Antichrist* und Bauers *Entdecktem Christentum* sind so auffallend, daß sie zumindest einen unter-

42 VIII, 33 f.

43 Ges. Br. III, 201, 274; desgl. an P. Gast, Br. IV, 81 f. – Siehe zu Nietzsches erster *Unzeitgemäßer Betrachtung* Bauers Schrift *Philo, Strauß und Renan und das Urchristentum*, Berlin 1874, insbesondere S. 16 ff. – Über G. Kellers Verhältnis zu Feuerbach und seine darin begründete Ablehnung von Nietzsches Angriff auf Strauß vgl. A. Kohut, *Feuerbach*, Leipzig 1909, S. 230 ff.

44 Ges. Br. IV, 54; vgl. 94 und die Briefe von P. Gast an Nietzsche, München 1923/24, I, 220, 225; II, 162.

45 Vgl. C. A. Bernoulli, *Overbeck und Nietzsche*, Jena 1908, I, 441.

irdischen Gang im Fortgang des 19. Jahrhunderts bezeichnen und nicht minder aufschlußreich sind wie die Übereinstimmungen zwischen Bauers Kritik des Christentums und der in den theologischen Jugendschriften von Hegel[46].

Stirner wird zwar in Nietzsches Schriften nirgends erwähnt, daß er ihm aber bekannt gewesen sein muß, und zwar nicht nur durch Langes *Geschichte des Materialismus*, ist durch Overbecks Zeugnis erwiesen[47]. Man hat Stirner des öfteren mit Nietzsche verglichen und sich bis zu der Behauptung verstiegen, daß Stirner das »Gedankenarsenal« sei, dem Nietzsche seine Waffen entnahm[48], während andre Stirner als einen Phrasenmacher beurteilten, dessen kleinbürgerliche Mediokrität sich mit Nietzsches aristokratischem Rang überhaupt nicht vergleichen lasse. Solche Bewertungen berühren nicht die geschichtliche Frage. Beide können durch eine Welt geschieden sein und dennoch zusammengehören, durch die innere Konsequenz ihrer radikalen Kritik an der christlichen Humanität. Und so liegt die Vermutung nahe, daß Nietzsche gerade deshalb so »haushälterisch«, wie es Overbeck nannte, mit seiner Kenntnis von Stirner umging, weil dieser ihn anzog und zugleich abstieß und er nicht mit ihm verwechselt sein wollte.

Gemeinsam ist ihnen vor allem das epochale Bewußtsein in bezug auf das Christentum und die darin begründete Idee einer »Überwindung des Menschen«. Es ist kein Zufall, daß der Begriff vom »Übermenschen« in einem philosophisch bestimmten Sinn zuerst im Umkreis von Stirner auftaucht[49]. Der Übermensch, welcher ursprünglich der Gott- und Christusmensch war[50], verwandelt seit Feuerbachs anthropologischer Wendung seine Bedeutung: im Verhältnis zum Allgemein-Menschlichen wird er einerseits *un*menschlich und andrerseits *mehr* als bloß menschlich. In diesem Sinn hat M. Heß[51] die Worte Übermensch

46 Siehe dazu im II. Teil dieser Arbeit Kap. V, 5; vgl. dazu D. Tchijewsky, *Hegel et Nietzsche*. In: Revue d'histoire de la philosophie, Paris 1929, S. 338 ff.; E. Benz, *Nietzsches Ideen zur Geschichte des Christentums,* in: Zeitschr. für Kirchengesch., Bd. LVI, H. 2/3, 1937.

47 C. A. Bernoulli, a. a. O., I, 135 f., 148 ff., 238 f., 427 ff.; vgl. Ch. Andler, *Nietzsche,* IV, 166 ff.

48 So E. Barnikol in seiner Neuausgabe von Bauers *Entdecktem Christentum*, a. a. O., S. 79.

49 Siehe dazu Tchijewsky, *Hegel et Nietzsche,* a. a. O., S. 331 ff.

50 Zeitschr. für die deutsche Wortforschung, 1900, I, 1, S. 3 ff. und 369 ff.

51 M. Heß, *Sozialistische Aufsätze,* a. a. O., S. 149 und 188 ff.

und Unmensch gebraucht und mit jenem auf Bauer und mit diesem auf Stirner gezielt. Bauers These, daß der Mensch in der christlichen Religion die »Unmenschlichkeit« als sein Wesen verehrt[52], entspricht die von Stirner, daß, solange Christus der Übermensch ist, auch der Mensch noch kein Ich ist. Die Überwindung des Christentums ist darum identisch mit der Überwindung des Menschen. Diesem Zusammenhang zwischen dem *Gottmenschen* Christus, dem christlich verstandenen *Menschen* und dem sich selber zu eigenen *Ich,* das im Verhältnis zu jenen ein »Unmensch« ist, entspricht bei Nietzsche der nicht minder konsequente Zusammenhang zwischen dem *Tod Gottes* und der *Überwindung des Menschen* zum Übermenschen, welcher Gott und das Nichts besiegt. Indem Nietzsche das »große Ereignis«, daß Gott tot ist, in seiner vollen Bedeutung für die Humanität des Menschen begriff, hat er zugleich erkannt, daß der *Tod Gottes für* den sich selber wollenden Menschen die *»Freiheit zum Tode«* ist[53].

Nietzsches gelegentliche Bemerkung, daß die eigentlichen Erzieher der Deutschen des 19. Jahrhunderts die Schüler von Hegel waren, geht in ihrer Bedeutung weit über das hinaus, was Nietzsche selber bewußt sein konnte[54]. Der Weg, der über die Junghegelianer von Hegel zu Nietzsche führt, läßt sich am deutlichsten mit Bezug auf die Idee vom Tode Gottes bezeichnen: Hegel gründete auf den Ursprung des christlichen Glaubens aus dem Kreuzestod Christi als der »Wahrheit« der »Gottlosigkeit«[55] seine Vollendung der christlichen Philosophie; Nietzsche auf das zu Ende gehende Christentum seinen Versuch, die »Verlogenheit von Jahrtausenden« zu überwinden durch eine Wiederholung des Ursprungs der griechischen Philosophie. Für Hegel bedeutet die Menschwerdung Gottes die einmal für immer vollzogene Versöhnung der menschlichen und göttlichen Natur; für Nietzsche und Bauer, daß der Mensch gebrochen wurde in seiner wahren Natur. Hegel erhebt die christliche Lehre, daß Gott »Geist« ist, zu einer philosophischen Existenz; Nietzsche behauptet, daß der, welcher sagte, Gott sei Geist, den

52 *Das entdeckte Christentum,* § 12.

53 Siehe dazu im Nietzschebuch des Verf., S. 36 ff. (*Sämtl. Schriften* 6, S. 144 ff.).

54 Auch eine verwandtschaftliche Beziehung hat sich beim Studium von Ruges Briefwechsel herausgestellt: Ruges Frau war eine geborene Agnes Nietzsche, die ebenso wie Nietzsche selbst in dritter Generation von Gotthelf Engelbert Nietzsche (1714 bis 1804) abstammt. Siehe dazu Ruge, Br. I, 19, 23, 43.

55 Hegel I^2, 153; *Phänomenologie,* ed. Lasson, a. a. O., S. 483; XI, 352 ff.

größten Schritt zum Unglauben machte[56], der nur wieder gut gemacht werden könne durch die Wiedergeburt eines leibhaftigen Gottes.

3. Nietzsches Versuch einer Überwindung des Nihilismus

»Das ist die neue Stille, die ich lernte: ihr Lärm um mich breitet einen Mantel um meinen Gedanken.«

Wenn man behauptet, daß Nietzsche der Philosoph »unserer Zeit« ist, so muß man vor allem fragen, was für ihn selber die Zeit ist. Dreierlei ist mit Rücksicht auf sein Verhältnis zur Zeit zu sagen: erstens, daß Nietzsche als ein europäisches Schicksal der erste Philosoph unseres *»Zeitalters«* ist; zweitens, daß er als der *Philosoph* unseres Zeitalters *ebenso zeitgemäß wie unzeitgemäß* ist; drittens, daß er als ein letzter Liebhaber der »Weisheit« auch ein solcher der *Ewigkeit* ist.

1. Im letzten Kapitel seiner letzten Schrift hat Nietzsche der Welt erklärt, warum er ein »Schicksal« ist und ein »Mensch des Verhängnisses«. »Ich kenne mein Los. Es wird sich einmal an meinen Namen die Erinnerung [...] anknüpfen – an eine Krisis, wie es keine auf Erden gab, an die tiefste Gewissens-Kollision, an eine Entscheidung, heraufbeschworen gegen alles, was bis dahin geglaubt, gefordert, geheiligt worden war. Ich bin kein Mensch, ich bin Dynamit [...]. Ich widerspreche, wie nie widersprochen worden ist, und bin trotzdem der Gegensatz eines neinsagenden Geistes [...]. Mit alledem bin ich notwendig auch ein Mensch des Verhängnisses. Denn wenn die Wahrheit mit der Lüge von Jahrtausenden in Kampf tritt, werden wir Erschütterungen haben, einen Krampf von Erdbeben [...], wie dergleichen nie geträumt worden ist. Der Begriff Politik ist dann gänzlich in einen Geisterkrieg aufgegangen, alle Machtgebilde der alten Gesellschaft sind in die Luft gesprengt – sie ruhen allesamt auf der Lüge; es wird Kriege geben, wie es noch keine auf Erden gegeben hat. Erst von mir an gibt es auf Erden *große Politik.«*

Dieses zum europäischen Schicksal gestempelte *Ecce homo* kann als der Größenwahn eines Geisteskranken erscheinen, aber auch als prophetisches Wissen, als Wahnsinn und Tiefsinn. In seinem wahnsinnigen Tiefsinn ist sich Nietzsche als pensionierter Professor der Philologie

56 VI, 456.

zum gekreuzigten Gott Dionysos geworden, der das Opfer bringen muß, Europas Schicksal geistig zu bestimmen. Zugleich hatte er aber auch das Gefühl, am Ende nur ein »Possenreißer« »der Ewigkeiten« zu sein.

In dem Bewußtsein, der erste Philosoph des Zeitalters und »irgendetwas Entscheidendes und Verhängnisvolles« »zwischen zwei Jahrtausenden« zu sein, konnte Nietzsche auch sagen: sein Werk habe Zeit. Er schreibt 1884 aus Venedig: »Mein Werk hat *Zeit* und mit dem, was diese Gegenwart als *ihre* Aufgabe zu lösen hat, will ich durchaus nicht verwechselt sein. Fünfzig Jahre später werden vielleicht Einigen [...] die Augen dafür aufgehen, *was durch mich getan ist.* Augenblicklich aber ist es nicht nur schwer, sondern durchaus unmöglich [...] von mir öffentlich zu reden, ohne grenzenlos hinter der Wahrheit *zurückzubleiben.«* Die wahre Zeit für Nietzsches philosophische Absicht ist also nicht seine eigene, durch Wagner und Bismarck beherrschte, sondern was Nietzsche als der erprobte Entdecker der »Modernität« und Verkünder einer ältesten Lehre sah, das ist gesehen auf längste Sicht.

Indem Nietzsche zurücksah, sah er voraus die Heraufkunft des »europäischen Nihilismus«, welcher besagt, daß nach dem Verfall des christlichen Glaubens an Gott, und damit auch der Moral, *»nichts mehr wahr«,* sondern *»alles erlaubt«* ist. »Was ich erzähle« – heißt es im Vorwort des *Willens zur Macht* – »ist die Geschichte der nächsten zwei Jahrhunderte. Ich beschreibe, was kommt, was nicht mehr anders kommen kann: *Die Heraufkunft des Nihilismus.* Diese Geschichte kann jetzt schon erzählt werden: denn die Notwendigkeit selbst ist hier am Werke. Diese Zukunft redet schon in hundert Zeichen, dieses Schicksal kündigt überall sich an; für diese Musik der Zukunft sind alle Ohren bereits gespitzt. Unsere ganze europäische Kultur bewegt sich seit langem schon mit einer Tortur der Spannung, die von Jahrzehnt zu Jahrzehnt wächst, wie auf eine Katastrophe los; unruhig, gewaltsam, überstürzt: einem Strom ähnlich, der ans *Ende* will, der sich nicht mehr besinnt, der Furcht davor hat sich zu besinnen. – Der hier das Wort nimmt, hat umgekehrt nichts bisher getan, als *sich zu besinnen:* als ein Philosoph und Einsiedler aus Instinkt, der seinen Vorteil im Abseits, im Außerhalb, in der Geduld, in der Verzögerung [...] fand; als ein Wage- und Versuchergeist, der sich schon in jedes Labyrinth der Zukunft einmal verirrt hat [...] der *zurückblickt,* wenn er erzählt, was kommen wird; als der erste vollkommene Nihilist Europas, der aber den Nihilismus selbst schon in sich zu Ende gelebt hat – der ihn hinter sich, unter sich, außer sich hat.« Diesen europäischen Nihilismus hat Nietzsche in seinem geschichtlichen Ursprung und seinen Erscheinungsweisen mit psychologischer Meisterschaft sichtbar gemacht, in der Wissenschaft und Kunst, in der Philosophie und Politik. Das Resultat seiner 15jährigen Besinnung war der *Wille zur Macht,* ineins mit der Lehre von der ewigen Wiederkunft.

Der Nihilismus als solcher kann zweierlei bedeuten; er kann sowohl ein Symptom des endgültigen Niedergangs und des Widerwillens gegen das Dasein sein, er kann aber auch ein erstes Symptom der Erstarkung und eines neuen Willens zum Dasein sein, ein Nihilismus der Schwäche oder der Stärke. Diese *Zweideutigkeit des Nihilismus* als des Ursprungs der Modernität ist auch Nietzsche selber zu eigen: »Das Glück meines Daseins, seine Einzigkeit vielleicht, liegt in seinem Verhängnis: ich bin, um es in Rätselform auszudrücken, als mein Vater bereits gestorben, als meine Mutter lebe ich noch und werde alt. Diese doppelte Herkunft, gleichsam aus der obersten und der untersten Sprosse an der Leiter des Lebens, décadent zugleich und Anfang – dies, wenn irgendetwas, erklärt jene Neutralität, jene Freiheit von Partei im Verhältnis zum Gesamtproblem des Lebens, die mich vielleicht auszeichnet. Ich habe für die Zeichen von Anfang und Niedergang eine feinere Witterung als je ein Mensch gehabt hat, ich bin der Lehrer par excellence hierfür, – ich kenne Beides, ich bin Beides.« Er ließ deshalb im *Zarathustra* die Frage offen, was er nun eigentlich sei: ein Versprechender oder ein Erfüller, ein Erobernder oder ein Erbender, ein Herbst oder eine Pflugschar, ein Kranker oder ein Genesender, ein Dichter oder ein Wahrhaftiger, ein Befreier oder ein Bändiger – weil er wußte, daß er weder das eine noch das andre, sondern beides zugleich war. Diese Doppeldeutigkeit von Nietzsches philosophischer Existenz charakterisiert auch sein Verhältnis zur *Zeit:* er ist von »Heute und Ehedem«, aber auch von »Morgen und Übermorgen und Einstmals«. In diesem Wissen um Ehedem und Einstmals, vermochte er seine Gegenwart philosophisch zu deuten. Als ein »Fragment aus der Geschichte der (christlichen) Nachwelt« ist seine Philosophie zugleich ein Rudiment aus der griechischen Vorwelt. Dadurch ist Nietzsche der Philosoph, nicht nur der jüngsten Zeit, sondern auch einer ältesten Zeit und insofern eines Zeit-»Alters«.

2. Weil Nietzsche in seinem Verhältnis zur Zeit und zur zeitgenössischen Philosophie ein »Unzeitgemäßer« war und unzeitgemäß auch geblieben ist, war er und ist er auch »zeitgemäß«, ein philosophischer Maßstab der Zeit. So hat er wenigstens selbst die Zeitgemäßheit seiner

Unzeitgemäßheit verstanden. Das Vorwort zur zweiten *Unzeitgemäßen Betrachtung* schließt mit dem Satz, daß er nur als der »Zögling älterer Zeiten«, zumal der griechischen, in der die abendländische Philosophie ihren Ursprung nahm, als ein »Kind seiner jetzigen Zeit« zu so »unzeitgemäßen Erfahrungen« komme. Als klassischer Philologe wüßte er nicht, was die Kenntnis des griechischen Altertums für einen Sinn haben sollte, wenn nicht den: gegen die Zeit und dadurch auf die Zeit und so vielleicht zugunsten einer künftigen Zeit zu wirken.

In seiner letzten *Unzeitgemäßen Betrachtung* von 1888, im *Fall Wagner,* hat Nietzsche sein Verhältnis zur Zeit noch bestimmter als »Selbstüberwindung« der Zeit erläutert: »Was verlangt ein Philosoph am ersten und letzten von sich? Seine Zeit in sich zu überwinden, zeitlos zu werden. Womit also hat er seinen härtesten Strauß zu bestehen? Mit dem, worin gerade er das Kind seiner Zeit ist. Wohlan! Ich bin so gut wie Wagner das Kind dieser Zeit, will sagen, ein décadent: nur daß ich das begriff, nur daß ich mich dagegen wehrte. Der Philosoph in mir wehrte sich dagegen.« Er überwand in ihm den bloßen Zeitgenossen der Zeit und erst dadurch wird Nietzsche zum *Philosophen* der Zeit, der seine »Probe« bestand, als er sich »weder durch die große politische Bewegung Deutschlands, noch durch die künstlerische Wagners, noch durch die philosophische Schopenhauers« von seiner »Hauptsache« hat abbringen lassen[57]. Indem er den Aufgang und Niedergang in der Bildung des europäischen Menschen, von Äschylus bis zu Wagner und von Empedokles bis zu sich, im Ganzen der geschichtlichen Zeit übersah, vermochte er auch die eigene Zeit zu durchschauen.

Ein andres als diese unzeitgemäße Gemäßheit zur Zeit, die Nietzsche als der Philosoph seines Zeitalters hat, ist die *jeweilige Aktualität,* die er in der wechselnden Ansicht der literarischen Nachfolger hat. Überblickt man die verschiedenen Weisen der Aktualität, die Nietzsche in der Perspektive von P. Gast, von G. d'Annunzio und A. Gide, von R. Pannwitz und O. Spengler, von Th. Mann und R. Musil, von G. Benn und R. Thiel[58] im Laufe von vierzig Jahren erfahren hat, so ergibt sich

57 XIV, 348.

58 D'Annunzio, *Per la morte di un distruttore;* A. Gide, *Nietzsche,* in: Jahrbuch der Nietzsche-Gesellschaft, München 1925; R. Pannwitz, *Einführung in Nietzsche,* München-Feldafing 1920; G. Benn, *Nach dem Nihilismus,* Stuttgart 1932; R. Thiel, *Generation ohne Männer* (insbes. die Kap. über Th. Mann und St. George) Berlin 1932. – Siehe dazu G. Deesz, *Die Entwicklung des Nietzschebildes in Deutschland,* Bonner Diss. 1933.

ein sehr bezeichnendes Bild der geistigen Problematik der auf ihn folgenden Zeit. Derselbe Wandel spiegelt sich in der philosophischen Nietzsche-Literatur von Riehl bis Simmel und von Bertram bis Jaspers. Aber das alles ist schon nicht mehr ganz »zeitgemäß«, falls man darunter versteht, daß die Tendenzen der eigenen Zeit der gültige Maßstab für das Verständnis von philosophischen Absichten sind. Zeitgemäß wäre dann erst, gemäß dem unaufhaltsamen »Fortschritt« der jeweils entschwindenden Zeit, der Nietzsche der allerletzten und jüngsten Zeit, dessen Ausleger vorzüglich Klages und Baeumler sind. Wenn Klages, in seinem geistreichen Widerwillen gegen Wille und Geist, Nietzsche halbiert und den Nietzsche der dionysischen Philosophie auf Kosten des Willens zur Macht und zum Nichts als einen »orgiastischen« Philosophen des »Leibes« und der »Seele« erklärt, und wenn Baeumler, in seinem Willen zum Kampf, den Nietzsche des Willens zur Macht und zum Nichts auf Kosten der dionysischen Philosophie der ewigen Wiederkunft als einen »heroischen Realisten« und politischen Philosophen auslegt, so sind das nur zwei entgegengesetzte Spielarten ein und derselben Befangenheit im Geiste einer dem Geiste feindlichen Zeit, die beide gleichweit entfernt sind von Nietzsches *ganzer* Philosophie des Willens zum Nichts *und* zur Ewigkeit.

Noch entfernter von Nietzsches Kampf gegen seine und jede »Zeit« ist jene Auslegung Nietzsches, bei der er weder ein Philosoph des Willens zur Macht noch ein solcher der ewigen Wiederkunft ist, sondern eine beliebige Auswahl aus zeitansprechenden Sätzen. Weil aber Nietzsche seinen Gedanken in tausend Aphorismen entwickelt und nicht als System, kann man bei ihm im *einzelnen* finden, was immer man finden will: verblüffend Zeitgemäßes und erstaunlich Unzeitgemäßes. Einige Proben können das kurz verdeutlichen: Nietzsche spricht am Ende des *Ecce homo* davon, daß erst mit ihm der Krieg des Geistes eins werde mit der »großen Politik«; er sagt aber auch, gleich zu Beginn des *Ecce homo,* daß er der »letzte antipolitische Deutsche« sei und mehr deutsch als jeder jetzige »Reichs«-Deutsche. Beides scheint sich zu widersprechen, ist aber in Wahrheit ein und derselbe Gedanke; denn eben weil Nietzsche den Gedanken einer großen, europäischen Politik vertritt, kann er sich auch im Verhältnis zur zeitgenössischen Reichspolitik als den letzten antipolitischen Deutschen bezeichnen und sagen, man müsse das »erbärmliche Zeitgeschwätz von Politik und Völker-Selbstsucht« unter sich haben, um ihn überhaupt zu verstehen. – Nietzsche sagt, der Krieg und der Mut hätten mehr große Dinge in der Welt getan als die Nächstenliebe; er sagt aber auch: die »größten Ereignisse« seien nicht unsere lautesten, sondern unsre »stillsten Stunden«. – Er bekämpft den »pressefreien« Geist des Liberalismus, aber nicht weniger jedes »Parteigewissen«; schon die bloße Vorstellung, zu irgendeiner Partei zu gehören, »selbst wenn es die eigene wäre«, errege ihm Ekel. – Er kritisiert den demokratischen Geist der bürgerlichen Gesellschaft; er sagt aber auch unter dem Titel »Vom neuen Götzen«, der Staat sei das kälteste Ungeheuer und aus seinem Munde komme die Lüge: »Ich, der Staat, bin das Volk.« – Er glaubte an die Notwendigkeit einer Rückkehr zur Barbarei und an die »Vermännlichung« Europas und prägte dafür das Wort von der »blonden Bestie«; er charakterisiert aber auch Wagners Helden als Untiere mit einer verzückten Sinnlichkeit und seine »Germanen« mit: »Gehorsam und lange Beine«. – Er spricht zugunsten der rassischen Zucht und Züchtung, aber nicht minder gegen die verlogene Selbstbewunderung im antisemitischen Rassenwahn[59]. – Er persifliert das »Land der Bildung« und die »unbefleckte Erkenntnis« und gibt den »Gebildeten« preis; er konstatiert aber auch, als ein selber Gebildeter, die allgemeine »Verpöbelung des Geschmacks« und das Heraufkommen der Barbarei. – Er verlangt eine Rangordnung zwischen solchen, die »befehlen« und solchen, die »gehorchen«; er verneint es aber zugleich, »der Hirt und Hund einer Herde zu sein«, und er behauptet, es idealisiere sich in der soldatischen Tugend des unbedingten Gehorsams die »deutsche Bedientenseele«. – Er spricht von der Notwendigkeit einer »herrschenden Kaste«; er weiß aber auch, daß die »Dressierbarkeit« der Menschen ins Ungeheure gestiegen ist, weil sie sich selbst nichts zu sagen haben. – Er entwickelt schließlich den »Willen zur Wahrheit« als »Willen zur Macht«; er sagt aber auch, man

59 *Fröhl. Wiss.*, Aph. 377; vgl. Br. vom 24. III. 1887 an Overbeck: »Anbei ein komisches Faktum, das mir mehr und mehr zum Bewußtsein gebracht wird. Ich habe nachgerade einen ›Einfluß‹, sehr unterirdisch, wie sich von selbst versteht. Bei allen radikalen Parteien (Sozialisten, Nihilisten, Antisemiten, Christlich-Orthodoxen, Wagnerianern) genieße ich eines wunderlichen und fast mysteriösen Ansehens [...]. In der ›antisemitischen Korrespondenz‹ (die nur privatim versandt wird, nur an ›zuverlässige Parteigenossen‹) kommt mein Name in jeder Nummer vor. Zarathustra, der göttliche Mensch, hat es den Antisemiten angetan; es gibt eine eigene antisemitische Auslegung davon, die mich sehr hat lachen machen. Beiläufig: ich habe an ›zuständiger Stelle‹ den Vorschlag gemacht, ein sorgfältiges Verzeichnis der deutschen Gelehrten, Künstler, Schriftsteller, Schauspieler, Virtuosen von ganz- oder halbjüdischer Abkunft herzustellen: das gäbe einen guten Beitrag zur Geschichte der deutschen Kultur, auch zu deren *Kritik*.«

müsse nie fragen, ob einem die Wahrheit nützt oder zum Verhängnis wird, und der *Wille zur Macht* sei ausschließlich ein Buch für die, denen noch Denken Vergnügen macht; die Deutschen von heute seien aber keine Denker mehr, etwas anderes mache ihnen jetzt Eindruck und Vergnügen[60]. Wer sich zum Zweck einer Philosophie »unserer Zeit« auf Nietzsche stützen will, muß sich von Zarathustra sagen lassen: »Ich bin ein Geländer am Strom – fasse mich, wer mich fassen kann – eure Krücke aber bin ich nicht.« Um aber einen Philosophen zu fassen, muß man vor allem seinen Gedanken erfassen und dafür hat sich Nietzsche Leser gewünscht, die noch Zeit zum Denken haben[61].

3. Nietzsches eigentlicher Gedanke ist ein Gedanken-System, an dessen Anfang der *Tod Gottes*, in dessen Mitte der aus ihm hervorgegangene *Nihilismus* und an dessen Ende die Selbstüberwindung des Nihilismus zur *ewigen Wiederkehr* steht. Dem entspricht die dreifache Verwandlung des Geistes in der ersten Rede Zarathustras. Das *»Du sollst«* des christlichen Glaubens verwandelt sich zum freigewordenen Geist des *»Ich will«;* in der »Wüste seiner Freiheit« zum Nichts geschieht die letzte und schwerste Verwandlung vom »Ich will« zum ewig wiederkehrenden Dasein des kindlichen Spiels im Vernichten und Schaffen – vom »Ich will« zum »Ich bin«, nämlich im Ganzen des Seins. Mit dieser letzten Verwandlung der Freiheit zum Nichts in die freigewollte Notwendigkeit einer ewigen Wiederkehr des Gleichen erfüllt sich für Nietzsche sein zeitliches als ein *»ewiges* Schicksal«; sein *Ego* wird ihm zum *Fatum*. Und »Ecce homo«, dieser Zufall des Daseins, soll zeigen, daß man nur »wird«, was man schon »ist«, weil das höchste Gestirn des Seins die Notwendigkeit ist, in welcher Zufall und Selbstsein zusammenfallen.

Schild der Notwendigkeit!
Höchstes Gestirn des Seins!
– das kein Wunsch erreicht,
das kein Nein befleckt,
ewiges Ja des Seins,
ewig bin ich dein Ja:
denn ich liebe dich, o Ewigkeit!

60 XIV, 420; vgl. Ges. Br. I, 534.
61 Br. I, 515.

Unter dem »Schild der Notwendigkeit«, d.i. des antiken Fatums, ist der Zufall des Daseins wieder im Ganzen des Seins.

Welche Bedeutung in Nietzsches Philosophie der Ewigkeit zukommt und damit auch dem entscheidenden »Augenblick«, in dem sie sich einmal für immer zeigt, geht schon daraus hervor, daß der dritte und vierte Teil des *Zarathustra* mit einem Lied an die Ewigkeit schließt und auch *Ecce homo* mit dem Gedicht »Ruhm und Ewigkeit« abschließen sollte. Das *Problem* der Ewigkeit, wie sie die ewige Wiederkunft meint, ist aber auf dem *Wege* zu finden, auf dem Nietzsche zugleich mit dem »Menschen« die »Zeit« überstieg. Er ist ein Ausweg aus der Geschichte des Christentums und wird von Nietzsche als »Selbstüberwindung des Nihilismus« bezeichnet, der seinerseits aus dem Tode Gottes entspringt. Zarathustra ist der »Besieger Gottes und des Nichts«. Auf Grund dieses wesentlichen Zusammenhangs der »Wahrsagung« der ewigen Wiederkunft mit der »Wahrsagung« des Nihilismus[62] hat Nietzsches ganze Lehre ein Doppelgesicht: sie ist eine Selbstüberwindung des Nihilismus, in der »Überwinder und Überwundenes« eins sind[63]. Sie sind so eins wie der »doppelte Wille« des Zarathustra, der dionysische »Doppelblick« in die Welt und die dionysische »Doppelwelt« selber *ein* Wille, *ein* Blick und *eine* Welt sind[64]. Diese Einheit von Nihilismus und Wiederkehr ergibt sich daraus, daß Nietzsches Wille zur Ewigkeit die *Umkehrung* seines Willens zum Nichts ist.

Wie kann man aber mit der dem christlichen Dasein entsprungenen Freiheit des Wollens noch die antike Notwendigkeit des So-und-nicht-anders-Seins wollen – es sei denn durch ein *Wollen des Müssens*, das beides vereint? Doppelt ist dieser übermenschliche Wille in zeitlicher Hinsicht, weil er immer noch will, was er immer schon muß, weil er den Willen zur Zukunft mit dem zur Vergangenheit in paradoxer Weise zusammenzwingt. In diesem gedoppelten Willen, der gegen sich selbst will, ist das ganze Problem von Nietzsches »letztem« Willen systematisch und auch geschichtlich beschlossen. Von der Lösung dieses Problems handelt im *Zarathustra* das Kapitel »Von der Erlösung«, nämlich von der Vergangenheit.

Zarathustra sieht alles Vergangene preisgegeben, und zwar in zwei-

62 Siehe zum folgenden im Nietzschebuch des Verf., S. 36ff. (*Sämtliche Schriften* 6, S. 144ff.).
63 XVI, 422.
64 VI, 203ff., 210; XV, 80; XVI, 515 und 401f.

facher Art: die einen zwingen es herab zum wegbereitenden Vorzeichen für ihr verfallenes Heute, und für die andern hört die Zeit der Vergangenheit mit dem »Großvater« auf[65]. Beide erlösen nicht vom Vergangenen. »Die Vergangenen zu erlösen und alles ›Es war‹ umzuschaffen in ein ›So wollte ich es!‹ – das hieße mir erst Erlösung! – Wille, so heißt der Befreier und Freudebringer; also lehrte ich euch, meine Freunde! Aber nun lernt dies hinzu: der Wille selber ist noch ein Gefangener. – Wollen befreit; aber wie heißt das, was auch den Befreier noch in Ketten schlägt? ›Es war‹: also heißt des Willens Zähneknirschen und einsamste Trübsal. Ohnmächtig gegen das, was getan ist, ist er allem Vergangenen ein böser Zuschauer. Nicht zurück kann der Wille wollen; daß er die Zeit nicht brechen kann und der Zeit Begierde, – das ist des Willens einsamste Trübsal [...]. Daß die Zeit nicht zurückläuft, das ist sein Ingrimm; ›Das was war‹ – so heißt der Stein, den er nicht wälzen kann.« Weil aber der zukunftswillige Wille unfähig ist, sich an dem, was schon ist, gewollt und getan ist, zu rächen, wird sich das wollende Dasein – und der Mensch *ist* Wille, seitdem ihm kein Gott mehr sagt, was er »soll« – selber zur »Schuld« und zur »Strafe«. Das Dasein wird sich »ewig wieder Tat und Schuld«, gerade weil es *nicht* selber schuld ist am Zufall des Da-seins, das immer schon zufiel und da ist, bevor es sich wollte, aber als seiender Wille schuld daran sein *will* und es doch nicht sein *kann*. Und darum wälzt der Wille als Widerwille gegen die Last des ihm zugefallenen Daseins »Stein auf Stein«, bis endlich der Wahnsinn predigt: Alles vergeht, darum ist alles wert zu vergehen. Der Unwille über die schon vergangene Zeit der schon geschehenen Tat entwertet sie zur Vergänglichkeit – es sei denn, »daß der Wille sich endlich selber erlöste«, wie in Schopenhauers Metaphysik, und »Wollen zu Nichtwollen würde«. Dem entgegen sagt Zarathustras schaffender Wille zu dem Stein, der die Last des sich umsonst entwerfenden Daseins ist: *»Aber so wollte ich es«* und will es in alle Ewigkeit wieder! Aber wann sprach er schon so? und wann geschieht es, daß sich der schaffende Wille zur Zukunft für das Vergangene einsetzt? Und wer lehrte ihn das Zurückwollen an Stelle des Nichtwollens, und das Freudebringen an Stelle des Wehetuns? Diese Frage beantwortet Zarathustra als der Lehrer des ewigen Seins. Denn im Wollen des ewig wiederkehrenden Kreislaufs der Zeit und des Seins wird der Wille auch selber aus einer geraden Bewegung ins Endlos-Unendliche zum voraus wie zurückwollenden Kreis.

65 VI, 295 f.

Diesen doppelten Willen, der immer noch will was er immer schon muß, meint Nietzsches »amor fati«. In ihm schließt sich das Ganze der Zeit und des Seins zusammen zu der schon einmal gewesenen Zukunft eines noch immer werdenden Seins[66]. Zarathustras Seele ist so die »notwendigste«, welche »aus Lust in den Zufall sich stürzt«, was sie aber nur kann, weil in ihr als der »höchsten Art alles Seienden«[67] alle Dinge ihr Strömen und Widerströmen und Ebbe und Flut haben« – aber »das ist der Begriff des Dionysischen selbst«, und dessen Formel ist nicht schon der Wille zum Schicksal, sondern zum Schicksal selber als Fatum, »auf einem Schicksal ein Schicksal stehend«[68].

Demgemäß hat Nietzsche seine Lehre von der Erlösung von dem Glauben der Alten an das über Götter und Menschen mächtige Schicksal und von dem Glauben der Neuen an die Freiheit des Wollens geschieden: »Einst glaubte man an Wahrsager und Sterndeuter. Und darum glaubte man ›Alles ist Schicksal! du sollst, denn du mußt!‹ Dann wieder mißtraute man allen Wahrsagern und Sterndeutern: und darum glaubte man ›Alles ist Freiheit: du kannst, denn du willst!‹[69] Im Gegensatz zu dieser Alternative wollte Nietzsche das eigene Wollen mit dem kosmischen Müssen vereinen.

Wie sollte es aber möglich sein, mit der modernen Freiheit zum Wollen-Können noch einmal jene alte Vertrautheit mit dem, was sein-muß und nicht anders sein kann, wiederzuholen, damit sich das einst in den Sternen geschriebene Fatum durch ein Wollen des Müssens in ein eigenes Fatum verwandelt, um schließlich sagen zu können: »ich selber bin das Fatum und bedinge seit Ewigkeiten das Dasein«, »ich selber gehöre zu den Ursachen der ewigen Wiederkunft«? Müßte dazu die neue Wahrsagung nicht selber die Einheit sein, erstens von der aus den Sternen des Himmels und zweitens von der aus dem Nichts, welches die letzte Wahrheit in der Wüste der Freiheit des eigenen Könnens ist? Ist also das Ganze, welches sie aussagt, ein *»himmliches Nichts«?* Und entspricht dieser Verschränkung nicht auch der zweifache Weg, auf dem der doppelte Wille zu seiner doppelten Wahrheit kommt, nämlich durch einen *Entschluß* und eine *Inspiration,* von denen diese so wahr wie jener ist? Ein Willensentschluß, der am äußersten Ende der Freiheit

66 VI, 206f.; vgl. XVI, 201 und 409; XIV, 219; *Wille zur Macht,* Aph. 617 und 708.
67 VI, 18, 304; XV, 96.
68 XV, 48 und das Gedicht *Letzter Wille.*
69 VI, 294f.

noch lieber »das Nichts will als nicht will« und eine Eingebung, in der das Sein sich selber dem also Entschlossenen gibt – sie bilden zusammen den problematischen Zugang zu Nietzsches doppelter Wahrheit, die als eine Lehre von der Selbstüberwindung des Nihilismus sein »credo quia absurdum« ist[70] – Dies allein ist Nietzsches wahrhaft »unzeitgemäße«, weil die Zeit überhaupt übersteigende Lehre von der Zeit und vom Sein. Nach Nietzsche hat niemand mehr diesen äußersten Punkt des Umschlags erreicht. Die Wenigen, die noch nach der Ewigkeit fragten, haben sich zu den »ewigen« Wahrheiten der katholischen Kirche bekehrt, »vom Ewigen im Menschen« gesprochen, sich an verschollenen »Bildern« des kosmischen Lebens berauscht und »Chiffren« des Seins »beschworen«[71], während die Vielen den Forderungen der Zeit gehorchten, die ihnen die rassischen Dauerwaren einer politischen Zoologie zum Ersatz für die Ewigkeit bot.

Als Nietzsche »jenseits von Mensch und Zeit« die ganze »Tatsache Mensch« zugleich mit der Zeit übersteigen wollte, um sich zu entwerfen aus der modernen Geworfenheit, geschah genau das, was er selber erzählt von dem Leidenden, der »seine Asche zu Berge trug« und »mit *einem* Sprunge zum Letzten wollte«: »Der Leib wars, der am Leibe verzweifelte – der tastete mit den Fingern des betörten Geistes an die letzten Wände.«[72].

Ein Anderer, der nicht mit einem »Sprunge« zum Letzten wollte, sondern die »Folge« pries, hat die Ewigkeit nicht als eine »Möglichkeit« des Lebens entworfen[73], sondern sie in jedem Augenblick seines leiblichen Daseins als gegenwärtig erblickt. Goethe hat darum auch die Frage des Wollens und Müssens anders als Nietzsche gestellt. Indem er wirklich im Ganzen des Seienden lebte und nicht sich selbst überstieg, konnte er zu der Einsicht gelangen, daß der ganze Kreis des Erkennens in der Vereinigung des Wollens und Müssens beschlossen ist. »Lessing,

70 Vorrede zur *Morgenröte*, 3. und 4. Absatz; vgl. zu Nietzsches Wiederkunftslehre die merkwürdige Parallele bei dem russischen Philosophen Strachow, referiert in: Tschizewskij, *Hegel bei den Slaven*,, a. a. O., S. 327 ff.

71 Siehe H. Ball, *Die Flucht aus der Zeit,* München 1931; Th. Haecker, *Schöpfer und Schöpfung*,, Leipzig 1934; M. Scheler, *Vom Ewigen im Menschen,* Leipzig 1923; L. Klages, *Der Geist als Widersacher der Seele,* Leipzig 1929 ff.; K. Jaspers, *Philosophie,* Bd. III, Berlin 1932.

72 VI, 42 f.

73 X, 233 ff.; siehe dazu im Nietzschebuch des Verf. S. 83 ff. (*Sämtl. Schriften* 6, S. 206 ff.).

der mancherlei Beschränkung unwillig fühlte, läßt eine seiner Personen sagen: Niemand muß müssen. Ein geistreicher frohgesinnter Mann sagte: ›Wer will, der muß‹. Ein Dritter, freilich ein Gebildeter, fügte hinzu: ›Wer einsieht, der will auch‹[74] – nämlich das, was er muß. Der Einsicht des Denkers entsprach die Erfahrung des Lebens: als Goethe die Nachricht vom Tode seines einzigen Sohnes empfing und an der Last seines Alters doppelt zu tragen hatte, schrieb er an Zelter: »Ich habe keine Sorge, als mich physisch im Gleichgewicht zu bewegen; alles andere gibt sich von selbst. Der Körper muß, der Geist will, und wer seinem Wollen die notwendigste Bahn vorgeschrieben sieht, der braucht sich nicht viel zu besinnen.«[75]

Grundsätzlich ausgeführt hat Goethe den Gedanken mit Bezug auf das Christentum und die Antike. Er schreibt gelegentlich der Reformationsfeier an Zelter, der Grund und Boden des Luthertums sei der entschiedene Gegensatz von *Gesetz* und *Evangelium* und die Vermittlung dieser Extreme. Setze man statt dessen die Worte *Notwendigkeit* und *Freiheit* ein, mit ihrer Entfernung und Annäherung, so sehe man deutlich, daß in diesem Kreise »alles enthalten ist, was den Menschen interessieren kann«. Luther habe im Alten und Neuen Testament das Symbol des großen, sich immer wiederholenden Weltwesens erblickt: »Dort das Gesetz, das nach Liebe strebt, hier die Liebe, die gegen das Gesetz zurückstrebt und es erfüllt, nicht aber aus eigener Macht und Gewalt, sondern durch den Glauben, und nun hier durch den ausschließlichen Glauben an den allverkündigten und alles bewirkenden Messias.«[76] Aus diesem wenigen könne man sich überzeugen, daß das Luthertum der Vernunft nicht widerstrebt, wenn sich diese entschließt, die Bibel als Weltspiegel zu betrachten. Das von Goethe geplante Reformationsgedicht sollte daher mit dem *»Du sollst!«* des Donners auf Sinai anfangen und mit Christi Auferstehung und dem *»Du wirst!«* enden.

Frei von der Rücksicht auf den »ausschließlichen« Glauben an die dogmatische Wahrheit der Bibel hat Goethe in dem Aufsatz *Shakespeare und kein Ende* dasselbe Problem des Müssens und Wollens mit Bezug auf die Antike erläutert[77]. Er verzeichnet darin folgende Gegensätze

74 *Maximen und Reflexionen,* a.a.O., Nr. 542; vgl. dazu den Schluß und Anfang der beiden Briefe an Zelter vom 15. I. 1826 und 21. I. 1826.

75 Br. an Zelter vom 21. XI. 1830.

76 Br. an Zelter vom 14. XI. 1816.

77 Vgl. dazu auch die Shakespeare-Rede von 1772, worin es von Shakespeares Stücken heißt, sie »drehen sich alle um den geheimen Punkt, den noch kein

zwischen den Alten und Neuen: antik und modern; heidnisch und christlich; Notwendigkeit und Freiheit; Sollen und Müssen. Aus dem Mißverhältnis zwischen den beiden letzteren Gliedern erklären sich die größten und meisten Qualen, denen der Mensch ausgesetzt sein kann. Wenn die »Verlegenheit«, welche daraus entspringt, gering und auflösbar ist, so gibt sie die Anlage zu lächerlichen Situationen, ist sie die höchste und unauflösbar, so erzeugt sie die tragischen. Vorherrschend in den alten Dichtungen ist das Unverhältnis von *Sollen* und Vollbringen, in den neueren zwischen *Wollen* und Vollbringen. Das Sollen wird dem Menschen auferlegt, das Wollen legt er sich selbst auf; im einen Fall scheint alles *Schicksal*, im andern *Freiheit* zu sein. Das unausweichliche Sollen, das durch entgegenwirkendes Wollen nur geschärft und beschleunigt wird, verkörpert sich im antiken Stadt- und Sittengesetz, sowie in den Gesetzen des Kosmos; es zielt auf das Wohl des Ganzen. Das Wollen hingegen ist frei und begünstigt den Einzelnen. »Es ist der Gott der neuen Zeit«, und hier liegt der Grund, warum unsere Kunst und Sinnesart von der antiken ewig getrennt bleibt. Shakespeares Einzigkeit beruht aber darauf, daß er das Alte und Neue auf eine »überschwängliche« Weise verbindet, indem er das Sollen und Wollen im individuellen Charakter ins Gleichgewicht setzt. Die Persona seiner Dramen »soll« – als Mensch aber »will« sie. Diese Vereinigung gelingt ihm dadurch, daß er das maßlose Wollen nicht von innen entspringen, sondern durch äußere Veranlassung aufregen läßt. »Dadurch wird es zu einer Art von Sollen und nähert sich dem Antiken.« Shakespeare verknüpft in seinen Helden die alte und neue Welt zu unserm freudigen Erstaunen. Und dies sei auch der Punkt, den wir in seiner Schule studieren müßten: anstatt unsere »Romantik«, d.h. die Modernität, über Gebühr zu erheben, sollten wir suchen, jenen unvereinbar scheinenden Gegensatz um so mehr in uns zu vereinigen, als ein großer und einziger Meister dies Wunder schon wirklich geleistet hat.

Wie sehr Goethes Betrachtung über Shakespeare auch auf ihn selber anwendbar ist, kann man daraus entnehmen, daß selbst ein Romantiker Goethes Größe darin erblickte, daß er das »Wesentlich-Moderne« mit dem »Wesentlich-Antiken« verbinde[78]. Geirrt hat sich Schlegel nur

Philosoph gesehen und bestimmt hat – in dem das Eigentümliche unseres Ichs, die prätendierte Freiheit unseres Willens, mit dem notwendigen Gang des Ganzen zusammenstößt (Weimarer Ausg. I/37, S. 133).

78 F. Schlegels Brief an seinen Bruder vom 27. II. 1794.

darin, daß er Goethe als den ersten »einer ganz neuen Kunstperiode« beurteilte, der einen Anfang mache, sich diesem Ziele zu nähern. In der Geschichte des 19. Jahrhunderts ist er vielmehr der letzte gewesen, der den Unterschied zwischen Antik und Modern, sowie zwischen Heidnisch und Christlich noch nicht als ein Problem der »Entscheidung« empfand. Indem Nietzsche dies tat, war er genötigt, auf der Spitze der Modernität, »die nicht aus und nicht ein weiß«, die geschlossene Ansicht der griechischen Welt wiederholen zu wollen und sein Ich mit dem Fatum zusammen zu zwingen, während Goethes Natur die Antike im Umkreis des Neuen vergegenwärtigt. Goethe veranschaulichte sich den Gegensatz von Antik und Modern nicht nur an der großen Tragödie, sondern auch am alltäglichen Leben: »Betrachte man als eine Art Dichtung die Kartenspiele; auch diese bestehen aus jenen beiden Elementen. Die Form des Spiels, verbunden mit dem Zufalle, vertritt hier die Stelle des Sollens, gerade wie es die Alten unter der Form des Schicksals kannten; das Wollen, verbunden mit dem Zufalle, vertritt hier die Stelle des Sollens, gerade wie es die Alten unter der Form des Schicksals kannten; das Wollen, verbunden mit der Fähigkeit des Spielers, wirkt ihm entgegen. In diesem Sinn möchte ich das Whistspiel antik nennen. Die Form dieses Spiels beschränkt den Zufall, ja das Wollen selbst. Ich muß bei gegebenen Mit- und Gegenspielern, mit den Karten, die mir in die Hand kommen, eine lange Reihe von Zufällen lenken, ohne ihnen ausweichen zu können; beim l'Hombre und ähnlichen Spielen findet das Gegenteil statt. Hier sind meinem Wollen und Wagen gar viele Türen gelassen; ich kann die Karten, die mir zufallen, verleugnen, in verschiedenem Sinne gelten lassen, halb oder ganz verwerfen, vom Glück Hilfe rufen, ja durch ein umgekehrtes Verfahren aus den schlechtesten Blättern den größten Vorteil ziehen, und so gleichen diese Art Spiele vollkommen der modernen Denk- und Dichtart.« Es ist nicht vorstellbar, eine ähnlich »bequeme« Überlegung bei Nietzsche zu finden. Der Zauber, der für ihn kämpfte, war, wie er wußte, »*die Magie des Extrems,* die Verführung, die alles Äußerste übt«[79], aber nicht der mildere Zauber des Gleichgewichts, welcher unscheinbar ist. Für den Radikalen ist Goethe ein Kompromiß, weil der Radikale – dem Wortsinn entgegen – wurzellos ist.

Der »deutsche Geist«, dessen Geschichte wir von Hegel bis Nietz-

79 *Wille zur Macht,* Aph. 749; vgl. dazu Nietzsches Selbstkritik: Br. IV, 75 ff., 345, 355.

sche verfolgten, wurde von einer an Nietzsche geschulten Generation an dem bemessen, was dieser verneint und gewollt hat. Zahllos sind die Broschüren, Bücher und Reden, in denen das Dritte Reich als die »Erfüllung« von Nietzsche galt. Wer aber Nietzsches Werk nicht nur »deutet«, sondern es ernst nimmt, kann nicht verkennen, daß Nietzsche dem »Nationalen« und »Sozialen« ebenso fremd ist, wie andrerseits der Geist von »Bayreuth« den Instinkten nicht nur des Bismarckschen Reiches verwandt ist. Es genügt, Nietzsches Schriften gegen Wagner zu lesen und seine Bemerkungen zur Judenfrage, und zu der Gegenfrage was »deutsch« ist, ohne Abzug und Auswahl zu kennen, um den Abgrund zu sehen, der Nietzsche von seinen letzten Verkündern trennt. Dem widerspricht aber nicht die offensichtliche Tatsache, daß Nietzsche ein Ferment der »Bewegung« wurde und sie ideologisch in entscheidender Weise bestimmt hat. Der Versuch, Nietzsche von dieser geistigen »Schuld« zu entlasten oder ihn gar *gegen* das, was er wirkte, in Anspruch zu nehmen, ist ebenso grundlos wie das umgekehrte Bemühen, ihn zum Anwalt einer Sache zu machen, deren Richter er ist. Beides vergeht vor der geschichtlichen Einsicht, daß die »Wegbereiter« von jeher *andern* Wege bereiteten, die *sie selber* nicht gingen. – Wichtiger als die Frage, ob Nietzsches zeitliche Wirkung für oder gegen ihn spricht, ist die Unterscheidung der Geister nach ihrem Verhältnis zur Zeit überhaupt. So sehr Nietzsche die Zeit verewigen wollte, war er doch – von der Schrift gegen Strauß bis zu der gegen Wagner – seiner eigenen Zeit, mehr als er wollte, gemäß, gerade weil er sich zu ihr polemisch, als Unzeitgemäßer, verhielt. Als Gegenspieler von Bismarck und Wagner bewegte er sich im Umkreis *ihres* »Willens zur Macht«, und auch seine Zeitgemäßheit im Dritten Reich beruhte auf dem Umstand, daß dieses der Erbe des zweiten war.

Eine Ewigkeit, die der Zeit immanent ist, vermochte Nietzsche nicht zu erfassen, denn als er sie für einen Augenblick schaute, war er – »6000 Fuß jenseits von Mensch und Zeit«[80] – sich selber entrückt. Goethes *Werther* war gewiß zeitgemäß, aber schon die *Iphigenie* und der *Tasso* waren es nicht, und je dichter und weiter Goethes Lebenskreis wurde, desto mehr verwandelten sich ihm alle Bezüge zur Zeit in die konkreten Allgemeinheiten seines geistigen Blicks. Goethe kann niemals der Zeit gemäß oder ungemäß werden, weil er für immer eine reine Quelle der Wahrheit im Verhältnis des Menschen zu sich und zur Welt ist.

80 XV, 85.

V. DER GEIST DER ZEIT UND DIE FRAGE NACH DER EWIGKEIT

1. *Die Wandlung des Geistes der Zeiten zum Zeitgeist*

Die Redewendung vom »Geist der Zeit«, die in den 40er Jahren zur Parole des Fortschritts wurde, hatte ursprünglich keinen Bezug auf die eigene Zeit und ihre prätendierte Geschichtlichkeit. In Goethes *Faust* ist der »Geist der Zeiten« nur auf die alten Zeiten bezogen, mit der skeptischen Wendung, daß es der Herren (Historiker) eigener Geist sei, in dem die Zeiten sich bespiegeln. Aus derselben Epoche wie Goethes Entwurf zum Faust stammt Herders Aufsatz über Shakespeare, und hier wird Goethe am Schluß als der Freund genannt, der den Auftrag habe, den Genius Shakespeares, dessen Welt schon vergangen sei, in *unsere Sprache* und den *gegenwärtigen* Geist zu übersetzen. Wie jeder große Mann »im großen Sinne seiner Zeit« philosophiere, so müsse auch jedes Volk sich sein Drama aufs neue nach *seiner* Geschichte, »nach Zeitgeist, Sitte, Meinungen, Sprache« erfinden und nicht das Vergangene nachahmen. Im Gegensatz also zu einer abgestorbenen Tradition beruft sich Herder auf den je eigentümlichen Geist der Zeit, der Sprache oder des Volkes. Denn der »Boden der Zeit« könne nicht jederzeit dasselbe hervorbringen. Wenn aber ein großer Mensch zu einer »glücklich oder unglücklich veränderten Zeit« eine dramatische Schöpfung hervorbrächte, die auf ihre Weise ebenso groß und ursprünglich wäre wie die des Sophokles oder Shakespeare, dann wäre trotz der Veränderungen der Zeit dennoch dasselbe erreicht: eine Darstellung oder »Historia« aus dem großen Buch der Weltbegebenheiten.

Auf die eigene Zeit bezieht sich also der Geist der Zeit, sofern er das eigentümliche Recht der Gegenwart gegenüber einer nicht mehr wirksamen Überlieferung meint. Er ist aber kein an ihm selber zeitlicher Geist, sondern – in Analogie zum Geist des Volkes oder der Sprache – immer ein und derselbe Geist der »Sphäre der Menschheit«, die in verschiedenen Zeiten und bei verschiedenen Völkern auf je eigenartige Weise erscheint.

Erst die Französische Revolution hat durch die Zerstörung der Tradition auf das Bewußtsein der Zeitgenossen die historisierende Wirkung gehabt, daß sich von da ab die gegenwärtige Zeit, im Gegensatz zur ganzen »bisherigen«, nun ausdrücklich *zeit*-geschichtlich und im Blick auf die Zukunft begreift. Auch dafür, daß der Geist der Zeit problematisch wird, ist Herder eine vorzügliche Quelle. In der ersten und zweiten Sammlung der *Briefe zur Beförderung der Humanität* (1793) wird der Geist der Zeit zu einem reflektierten Bewußtsein gebracht. Diese Reflexion auf den Geist der Zeit setzt bezeichnenderweise ein mit einer *Kritik* der Zeit, d.h. mit einer kritischen Unterscheidung der eigenen, neuen Zeit von allen älteren, die ihr vorangingen. »Wie kommt es, [...] daß unsere Poesie, verglichen mit der Poesie älterer Zeiten, an öffentlichen Sachen so wenig teilnimmt? [...] Ist diese Muse jetzt entschlafen? oder hat sie [...] etwas anderes zu schaffen, daß sie, vom Geiste der Zeit nicht erweckt, das Geräusch um sich her nicht hört?«[1] Darum will Herder beachten, was uns »der göttliche Bote, die Zeit« darbringt, und nach dem Vorbild des Horaz, der in einer noch kritischeren Zeit gelebt habe, »die Blüte der Zeit« brechen. Die Poesie dürfe zwar nicht allzu nahe teilnehmen wollen an den »Händeln der Zeit«, denn in kurzem sei die »Situation der Zeit« vorbei; aber als eine »Stimme der Zeit« folgte sie doch dem Geist der Zeit[2] und oft wehe in ihr sogar ein »prophetischer Geist der Zeiten«. – Unsere Bücher- und Zeitschriftentitel wie *Die geistige Situation der Zeit, Stimmen der Zeit, Zeitwende, Zwischen den Zeiten* usw. haben ihren historischen Ursprung in dem bestimmten Zeitbewußtsein, das die Französische Revolution hervorgebracht hat: erst seitdem beruft man sich in letzter Instanz auf die Zeit.

Aber was ist dieser so viel berufene und beredete Geist der Zeit? »Ist er ein Genius, ein Dämon? [...] oder gar ein Lufthauch der Mode, ein Schall der Äolsharfe? Man hält ihn für eins und das andere. Woher kommt er? wohin will er? wo ist sein Regiment? wo seine Macht und Gewalt? Muß er herrschen? muß er dienen? kann man ihn lenken? Hat man Schriften darüber? Wie lernt man ihn aus der Erfahrung kennen? Ist er der Genius der *Humanität* selbst? oder dessen Freund, Vorbote, Diener?«[3] Er geht durch alle Geister hindurch, jedermann untersteht ihm handelnd wie leidend, er vermag alles, er sieht alles – gleich der Weisheit im biblischen Buche der Weisheit (7,22). Aber erst die Reformation, die Wissenschaften und Künste haben ihn frei gemacht und die Buchdruckerkunst hat ihm Flügel gegeben. Seine Mutter ist die »selbstdenkende Philosophie« und sein Vater der mühsame »Versuch«. Er ist das Ganze der geschichtlichen Folgen, er ist sehr alt und zugleich immer

1 *Briefe zur Beförderung der Humanität,* I, 11.
2 Vgl. Herders Aufsatz von 1795: *Homer ein Günstling der Zeit.*
3 *Briefe zur Beförderung der Humanität,* II, 14.

neu. »Er hat aus den vorigen Zeiten gesammelt, sammelt aus den jetzigen und dringt in die folgenden Zeiten. Seine Macht ist groß, aber unsichtbar; der Verständige bemerkt und nutzt sie; dem Unweisen wird sie, meistens zu spät, nur in erfolgten Wirkungen glaubhaft.«[4] Als Geist der *Geschichte* herrscht und dient er den Menschen zugleich, aber seine eigentlichen Lenker sind nicht die Vielen, sondern die Wenigen, die viel wagen und leiden. Die flüchtige Mode der Zeit ist seine unechte Schwester, mit der er zuweilen einen lehrreichen Umgang hat. Am besten lernt man ihn aus der eigenen Erfahrung und aus Geschichten kennen, die im Geist ihrer Zeiten geschrieben sind. Er ist nicht zuletzt als der Geist *unserer* Zeit ein Vorbote der Humanität, und Briefe zur Beförderung der Humanität waren ja überhaupt der Anlaß zu Herders Reflexion auf die Zeit. Als unser Zeitgeist ist der Geist der Zeit der »Gemeingeist« des »aufgeklärten oder sich aufklärenden« Europa, der gegenwärtige und zukunftsvolle »europäische Weltgeist«. Als *Geist* ist er eine strebende Bewegung, Kraft und Wirkung, die Leben erweckt, als Geist der *Zeit* ist er in die Aufeinanderfolge der geschichtlichen Zustände verflochten, und als Geist *unserer* Zeit auf den Gemeingeist des christlichen Europa bezogen.

Diese den Geist der Zeit bestimmende Humanität ist auch noch in den 40er Jahren wirksam gewesen, aber mit einer wesentlichen Veränderung. Der Geist der Zeit, von dem die Jungdeutschen und Junghegelianer reden, hat nicht mehr den geistigen Umriß der Herderschen Humantität, sondern er ist – über allen bestimmten Inhalt hinaus – eine zeitliche Bewegung des Fortschritts schlechthin. Der Zeiten *Geist* verwandelt sich, unter dem Einfluß von Hegels Gleichsetzung der Philosophie mit dem Gedanken der Zeit, zum *Zeit*geist im eigentlichen Sinn des Wortes. Dieser Bedeutungswandel ist in seinen Hauptmomenten zu betrachten.

Als aus dem »Geist der Zeit« geboren wird in Hegels theologischen Jugendschriften, also noch vor 1800, die Revolution im »Geisterreiche« begriffen[5], durch die das Christentum die heidnische Welt überwand, und diese große Veränderung im Geist der Zeit ist auch das historische Muster für das epochale Bewußtsein des 19. Jahrhunderts geworden. Doch bedeutet bei Hegel selber die Rede vom Geist der Zeit noch keine Verzeitlichung des Geistes als solchen. Diese wird trotz aller

4 Ebenda, II, 15.
5 *Theolog. Jugendschr.*, a. a. O., S. 220; vgl. 228 und 229.

apriorischen Konstruktion erst durch Fichtes Vorlesungen über *Die Grundzüge des gegenwärtigen Zeitalters* (1804/05) in die Wege geleitet, um durch Arndts *Geist der Zeit* (1805), worin sich der »Ekel an der Gegenwart« in den »Geist des Vergangenen« und die »Weissagung des Künftigen« flüchtet, zu einer populären Wirkung zu kommen. Mit dieser Schrift und Fichtes Vorlesungen beginnt jene Kette der Zeitkritik, die zunächst bis zu Marx und Kierkegaard und weiter zu Wagner und Nietzsche reicht. Doch ist auch für Fichte der »Geist der Zeit« im Grunde noch ein »ewiger« Geist und also gerade kein solcher der Zeit. Weil aber Fichte sein eigenes Zeitalter im Zeichen der vollendeten Sündhaftigkeit sah und aus diesem Gesichtspunkt seine Kritik unternahm, war er genötigt, innerhalb der gleichen chronologischen Zeit einen Unterschied aufzustellen: in ein und derselben Zeit können sich verschiedene Zeitalter kreuzen und nicht alle Genossen einer bestimmten Zeit sind ein »Produkt« des eigentlichen Charakters der Zeit[6]. Für seine eigenen Betrachtungen über die gegenwärtige Zeit beansprucht Fichte, daß sie *kein* bloßes Zeitprodukt sind, sondern über den Zeiten schwebend und jenseits von aller Zeit. Aber sind sie dann nicht ein leerer Traum, fallend in eine leere Zeit, ohne Bedeutung für die »wahre und wirkliche« Zeit? Was ist aber die wirkliche Zeit im Unterschied zur leeren Zeit des Zeitvertreibs? »In die wahre und wirkliche Zeit fällt etwas, wenn es Prinzip wird, notwendiger Grund und Ursache neuer und vorher nie dagewesener Erscheinungen der Zeit. Dann erst ist ein lebendiges Leben geworden, das anderes Leben aus sich erzeugt.«[7] Das Kriterium von Fichtes Kritik der gegenwärtigen Zeit ist also die *Zukunftsfülle* des gegenwärtigen Lebens und als die wahrhaft zukunftsvolle Tendenz der Gegenwart glaubt er am Schluß seiner Vorträge, die Erneuerung des religiösen Lebens erkennen zu können.

Von Fichte wandert das Wort vom Geist der Zeit zur Zeitkritik der Romantiker, um bei den Schriftstellern der 30er und 40er Jahre zum allverbreiteten Schlagwort zu werden. Indem man im Umbruch der Zeiten alles Geschehen immer bewußter auf den Geist der »Epoche« bezieht und sich an einer epochalen Wende zwischen den Zeiten fühlt, wird die *endliche Zeit als solche* zum *Schicksal des Geistes*[8]. Erst

6 Fichtes Werke in 6 Bd., hrsg. von Medicus, Bd. IV, 407f.

7 Ebenda, S. 639.

8 Zur Gleichsetzung der »allmächtigen Zeit« mit dem »ewigen Schicksal« siehe auch Goethes Prometheusfragment (1773) und Hegels Schrift über die Verfassung Deutschlands (1802), *Schr. zur Politik und Rechtsphilos.*, a.a.O.,

dadurch bekommt die Rede vom Geist der Zeit jenen zeitansprechenden Klang, der ihr auch heute noch eignet. »Es ist charakteristisch«, schreibt der Verfasser der *Epigonen*[9], »daß wir immer von der Zeit reden, von *unsrer* Zeit. Wo fängt sie denn an, und was hat sie eigentlich so Besonderes?« Der Lügner Münchhausen, in dem Gott der Herr alle »Winde des Zeitalters« einfing, verkörpert in Immermanns Werk den allgemeinen Geist seiner Zeit, dessen Kehrseite die Erwartung einer *neuen* Zeit war. Aber auch bei Immermann ist noch Hegels Bewußtsein lebendig, daß unter der bunten Oberfläche der Zeit ein *ewiger* Weltgeist pulsiert, der nur darauf wartet, die Rinde zu durchbrechen, um zu einem gegenwärtigen Dasein zu kommen. Der in Münchhausen verkörperte Zeitgeist ist nicht der Geist der Ewigkeit, der »in stillen Klüften sein geheimes Werk treibt«, sondern »der bunte Pickelhäring«, den »der schlaue Alte« – Hegels »List der Vernunft«[10] – »unter die unruhige Menge emporgeschickt hat«. Dieses zweideutige Zeitbewußtsein, das die Gegenwart nach Oberfläche und Tiefe als eine zeitliche und ewige unterscheidet, ging zugleich mit dem konservativen Zug in Immermanns revolutionärer Zeitkritik bei den Junghegelianern verloren. Die Stellung zur Zeit wird nun eindeutig festgemacht an den zwei Enden einer radikalen Kritik des Bestehenden und einer Bereitung der Zukunft, die nicht nur erhofft und erwartet, sondern aktiv gewollt wird. Der Geist der gegenwärtigen Zeit bekommt eine fortschrittliche Auslegung in die *Zukunft* hinein, als der wahren Bewegung der Zeit und damit des Geistes. Theoretische Kritik und praktische Veränderung verwandeln das beständige »Planen«, das Immermann noch als Charakter der Zeit beschreibt, zu einem theoretisch begründeten Handeln. Die Geschichte wird als Fortschritt in der Bewegung der Zeit zur obersten Instanz auch des Geistes erhoben und der Geist der Hegelschen Metaphysik folgerichtig verzeitlicht.

Zugleich mit dieser bewußten Verzeitlichung entstehen die *Ersatze der Ewigkeit,* die das Jahrhundert des verendlichten Geistes kennzeich-

S. 74. – Als den Geist des Menschen erweckend, noch mehr ihn aber erschütternd wird der »Gott der Zeit« in Hölderlins Gedicht *Zu lang schon waltest über dem Haupt mir…* (1799) genannt.

9 Immermann, *Die Epigonen*, I. Teil, 1. Buch, Kap. 8, und 2. Buch, Kap. 10; vgl. dazu F. Gundolfs Vortrag über Immermann in: *Romantiker. Neue Folge*, Berlin 1931 und K. Hecker, *Mensch und Masse,* a. a. O., S. 72 ff.

10 Siehe auch *Epigonen*, I. Teil, 2. Buch, Kap. 4 (»Die Weltgeschichte ist das Weltgericht«).

nen. Immermann hat in der Erinnerung der christlichen Erwartung eines tausendjährigen Reichs »chiliastische« Sonette gedichtet, deren Sprache wie eine Vorwegnahme von Versen Georges klingt und die auch innerlich mit dessen Verkündigung eines neuen »Reichs« verwandt sind. Ermattet vom Tragen des Joches der Zeit und satt der Verachtung ruft er den künftigen König an, um dessen Thron sich, was die Größten vereinzelt gewollt haben, als leichter Arabeskenkranz schlingt.

Ich schau in unsre Nacht und seh den Stern,
Nach dem die Zukunft wird ihr Steuer richten.
Bei dessen schönem Glanze sich die Pflichten
Besinnen werden auf den rechten Herrn.

Einst geht er auf. Noch aber ist er fern.
Es sollen unsres jetzigen Tags Geschichten
Zu Fabeln erst sich ganz und gar vernichten.
Dann wird gepflanzt der neuen Zeiten Kern.

Dieser künftige Herrscher in der Fülle der Zeit wird kein vom Krieg umwehter Held sein und auch kein Prophet, der die Menschen durch die Macht seines Wortes versklavt. Er predigt nicht und lehrt sie kein Gebet, »er gibt den Augen nichts und nichts den Ohren«. Er ist ein verleiblichter Gott und ein schöner Mensch.

Die Würdigung, die F. Engels[11] Immermann nach seinem Tode zuteil werden ließ, zeigt, wie sehr er auch bei den Radikalen als ein Sprecher der Zeit galt. Engels' Charakteristik der *Memorabilien* und *Epigonen* kommt zu dem Schluß, daß Immermann zwar die geschichtlichen Forderungen der Zeit erkannt habe und selber schon zu den »Modernen« gehöre, aber durch seine preußischen Sympathien gegen die Zeitentwicklung noch einigermaßen verstockt gewesen sei. Er beschließt seinen Aufsatz mit einem Hinweis auf den jugendbewegten Charakter der »neuen« Zeit, deren Prüfstein die »neue Philosophie« sei. Die Jugend von Heute habe im Unterschied zu der »vor fünfundzwanzig Jahren«, die Immermann schilderte, die Schule Hegels durchgemacht, manches Samenkorn sei schon herrlich aufgegangen aus der Fruchtkapsel des Systems, und so müsse man weiter für die Realisierung

11 Marx-Engels *Ges. Ausg.*, I. Abt., 2. Bd., S. 111 ff. und 126 ff. und die Aufsätze über Immermann in den *Hallischen Jahrbüchern*, 2. Jg., 1839 und 3. Jg., 1840.

der Freiheit kämpfen. Bei Marx verwandelt sich der Chiliasmus des Epigonen und das Freiheitspathos der Junghegelianer in die politische Eschatologie des kommunistischen Manifests. Am Ende der Dialektik des Kapitalismus steht das Insgesamt der vergesellschafteten Menschen, welche die Produktion unter ihre Kontrolle bringen. Aber auch dieser Zustand ist noch ein Reich der Lebensnot und Notwendigkeit, und erst jenseits von ihm beginnt das wahre »Reich der Freiheit«[12] – das »Reich Gottes« auf Erden, wie es der junge Hegel als das Ziel seines Tuns genannt hat[13].

Aus dem gleichen epochalen Bewußtsein ist Kierkegaards christliche Reaktion entsprungen. Die Zeit, deren Unglück die Zeitlichkeit ist, benötige etwas unbedingt Feststehendes, »denn je mehr man das Ewige entbehren zu können glaubt [...], desto mehr bedarf man im Grunde seiner«[14]. Im Gegensatz zu den »künstlichen Nachäffungen« der Ewigkeit in der Zeitlichkeit hat Kierkegaard in seinen religiösen Reden von der »Erwartung einer ewigen Seligkeit« und von der »Unveränderlichkeit Gottes«[15] gepredigt. Nimmt der dem beständigen Wechsel unterworfene Mensch diesen Gedanken vollkommen ernst, so versetzt er ihn in Angst und Verzweiflung, zugleich ist er aber auch beruhigend und beseligend. Denn vergeblich ist die Bemühung des Menschen einer ewigen Unverändlicherkeit zum Trotz er selbst sein zu wollen. Die für den Menschen maßgebliche Zeit ist aber nicht die Ewigkeit selbst, sondern der »Augenblick«, in dem die Zeit und die Ewigkeit einander berühren[16]. Er ist die eigentlich »entscheidende« Zeit, weil sich in ihm die unterschiedslos vorübereilende Zeit nach den Dimensionen der Zukunft, Vergangenheit und Gegenwart scheidet. Um sie aber so unterscheiden zu können, darf der Augenblick kein Atom der Zeit, sondern muß er ein Moment der Ewigkeit sein. Die Zeit als solche ist ohne wirkliche Gegnwart, nur im Augenblick ist sie da als der springende Punkt der Entscheidung. Von dieser Bedeutung des Augenblicks, der nicht nur das Verschwindende ist, konnten die Griechen noch keinen

12 *Kapital* III/2, 2. Aufl., S. 355.
13 Br. I, 13.
14 *Angriff auf die Christenheit*,, a. a. O., S. 458.
15 *Über die Geduld und die Erwartung des Ewigen. Religiöse Reden*, übers. von Th. Haecker, Leipzig 1938, S. 65 ff. und 181 ff.
16 V, 78 ff. und VII, 48; vgl. dazu im Nietzschebuch des Verf. S. 64 ff. und 153 f. über Nietzsches Begriff von »Mittag und Ewigkeit« (*Sämtliche Schriften* 6, S. 179 ff. und 318 f.).

Begriff haben[17], weil erst das Christentum mit dem Bewußtsein der Sündigkeit auch das der Zeitlichkeit und der Ewigkeit hervorgebracht hat. Christlich verstanden ist der Augenblick der Reflex des Ewigen in der Zeit, »ihr erster Versuch, gleichsam die Zeit zum Stehen zu bringen«. Damit beginnt die Geschichte des geistigen Selbstseins. Ein Augenblick im strengsten Sinn war es für Kierkegaard, als er die Kirche angriff und seine Zeit vor die Frage stellte, ob sie den Ernst der Ewigkeit wahrhaben wolle. Geschichtlich betrachtet hat aber sein Angriff auf das bestehende Christentum tiefere Wurzeln im Geiste der Zeit und größere Folgen für die Zukunft gehabt als sein Versuch, die Zeit vor Gott zum Stehen zu bringen.

Und so ist es kein Zufall, sondern in der Sache begründet, wenn Heidegger aus Kierkegaards protestantischer Christlichkeit rein weltliche Konsequenzen zog und seinem Paradox die Spitze abbog[18]. Indem er von Kierkegaards »Krankheit zum Tode« nur den Tod übrig behält und die Verzweiflung beseitigt, wird die Verzweiflung am In-der-Welt-Sein[19] zur Selbstbehauptung des Daseins und der Tod zur obersten Autorität des auf sich selber stehenden Seins[20]. Zugleich mit dieser Verendlichung des zeitlichen Daseins wird aber die Zeit selbst vermittelst des Todes zum Stillstand gebracht. Als der einzig gewisse und im voraus feststehende Punkt wird der Tod das eigentliche »nunc stans« des endlichen Daseins, so daß die vom Tod her bestimmte Zeit nun selbst den Schein einer Ewigkeit und Beständigkeit annimmt[21]. In der Erwartung des künftigen Nichts als der einzig gewissen Zukunft des Seins, das man selbst ist, verkehrt sich die christliche Eschatologie in ihr Gegenteil: der Tod dieser nicht mehr und doch noch christlichen Lehre vom Sein ist das jüngste Gericht des in der Welt existierenden Daseins, welches – es weiß nicht wozu – »zu sein« hat, indem es schlechterdings »da« ist. Der Tod übernimmt als das schon *immer* im voraus gesetzte

17 V, 79, Anm. und 84, Anm.

18 Siehe dazu G. Kuhlmann, *Zum theologischen Problem der Existenz,* in: Zeitschrift für Theologie und Kirche, 1929, S. 49 ff. und dazu vom Verf. *Grundzüge der Entwicklung der Phänomenologie zur Philosophie und ihr Verhältnis zur protestantischen Theologie,* in: Theol. Rundschau, 1930, H. 5, S. 333 ff. (jetzt in: *Sämtliche Schriften* 3. *Wissen, Glaube und Skepsis.* Stuttgart 1985, S. 68 ff.).

19 Siehe Kierkegaard III, 180.

20 Vgl. zu Heideggers Vorwegnahme des Todes: Kierkegaard VI, 242 ff.

21 Vgl. dazu J. Wahl, *Études Kierkegaardiennes,* a. a. O., S. 465, 468, 470.

Ziel die Rolle der Ewigkeit in einem zu allem wie nichts entschlossenen Dasein[22].

Was Goethe das »Allzuflüchtige« nennt und Hegel eine »Sandbank der Zeitlichkeit«, ist in Heideggers endlicher Metaphysik der Endlichkeit der Fels, an dem die Ewigkeit strandet. Weil diese Philosophie der Zeitlichkeit aber nicht nur einen theologischen »Hintergrund« hat, sondern ihrer Substanz nach eine Theologie ohne Gott ist, die dem Christentum im doppelten Sinne »entsprang«, vermochte sie auch mit aller Schärfe den *antiken* Bezug des Seins zur Zeit als *beständige Gegenwart* oder »Anwesenheit« zu erkennen[23]. Die Ewigkeit als beständige Gegenwart ist aber nicht nur der griechische, am Himmel erschaute Grundbegriff von der Zeit, sondern auch der von Hegel und Goethe.

2. *Zeit und Geschichte bei Hegel und Goethe*

a) Die Gegenwart als Ewigkeit

> »Glücklicher Weise ist Dein Talentcharakter auf den Ton, das heißt:
> auf den Augenblick angewiesen.
> Da nun eine Folge von konsequenten Augenblicken immer eine Art von Ewigkeit selbst ist, so war Dir gegeben,
> im Vorübergehenden stets beständig zu sein und also mir sowohl als Hegels Geist, insofern ich ihn verstehe, völlig genugzutun.«
>
> Goethe (letzter Brief an Zelter vom 11. III. 1832).

Hegels erste Analyse der Zeit[24] ist eine Paraphrase der Abhandlung des Aristoteles über die Zeit. In Übereinstimmung mit der griechischen Anschauung der Zeit bestimmt sie auch Hegel als »Jetzt« (νῦν). Das Jetzt hat ein »ungeheures Recht«, weil nur die Gegenwart wahrhaft »ist«, im Unterschied zu dem, was schon vorbei und noch nicht ist. Doch ist das einzelne endliche Jetzt nur ein Zeit-Punkt, der sich »aufspreizt« gegenüber dem unendlichen Ganzen der Zeit, das ein ewiger

22 *Sein und Zeit,* § 53.
23 *Kant und das Problem der Metaphysik,* Bonn 1929, S. 231 f.
24 *Jenenser Logik,* ed. Lasson, Leipzig 1923, S. 202 ff.

»Kreislauf« ist. In der dialektischen Bewegung der Zeit, worin die Zukunft zur Vergangenheit wird, während die je vergehende Gegenwart zugleich in die Zukunft vorrückt, reduziert sich die Differenz der Zeiten zu einer beständigen Gegenwart, welche Vergangenheit wie Zukunft in sich schließt. Die wahrhafte Gegenwart ist die Ewigkeit, die der Zeit immanent ist. »Nur die Gegenwart ist, das Vor und Nach ist nicht; die konkrete Gegenwart ist das Resultat der Vergangenheit und sie ist trächtig von der Zukunft. Die wahrhafte Gegenwart ist somit die Ewigkeit.«[25] Es kommt deshalb darauf an, »in dem Scheine des Zeitlichen und Vorübergehenden die Substanz, die immanent, und das Ewige, das gegenwärtig ist, zu erkennen«[26] – »Hic Rhodus, hic saltus!« Die Sorge um die Zukunft dagegen verschwebt im »Äther« des absolut freien Bewußtseins[27]. Und weil die Wahrheit des »alles gebärenden und seine Geburten zerstörenden Chronos« die ewige Gegenwart ist, und Hegel die Zeit nicht am Endlichen und Vergänglichen mißt, ist der »Begriff« die Macht der Zeit, und nicht die Zeit die Macht des Begriffs[28]. Das Ganze des zeitlichen Fortgangs ist nicht selber *im* Zeitprozeß, denn hineingerissen in ihn kann nur ein Moment des Prozesses werden, aber nie das prozeßlose Ganze der Zeit. In der unendlichen Dauer der Ewigkeit ist die Zeitlichkeit des Vergänglichen aufgehoben, d.h. erhoben, bewahrt und herabgesetzt.

Dasselbe was für die Zeit gilt, charakterisiert auch den *Geist* der Geschichte der Welt, er ist schlechthin »präsent«. Er ist nicht vorbei und ist nicht noch nicht, sondern er ist schlechterdings itzt.« »Der Geist hat alle Stufen der Vergangenheit noch an ihm, und das Leben des Geistes in der Geschichte ist, ein Kreislauf von verschiedenen Stufen zu sein [...]. Indem wir es mit der Idee des Geistes zu tun haben und in der Weltgeschichte alles nur als seine Erscheinung betrachten, so beschäftigen wir uns, wenn wir Vergangenheit, wie groß sie auch immer sei, durchlaufen, nur mit Gegenwärtigem. Die Philosophie hat es mit dem Gegenwärtigen, Wirklichen zu tun.«[29] Das Verhältnis des Geistes zur Zeit besteht nach Hegel nur darin, daß er sich in der Zeit wie im Raum

25 Enz. § 259, Zus.
26 Vorrede zur *Rechtsphilosophie*.
27 XI, 4.
28 Enz. § 258.
29 *Die Vernunft in der Geschichte*, ed. Lasson, a.a.O., S. 166.

»auslegen« muß, aber nicht etwa darin, daß er an ihm selbst das Zeitliche, das der Zeit Entspringende und Verfallende ist[30].

Diesen Begriff von der Zeit haben schon Hegels Schüler preisgegeben. Zerfallen mit ihrer eigenen Zeit und der bestehenden Wirklichkeit haben sie ihre Gegenwart auf die Zukunft entworfen und in Hegels Spekulation nicht mehr die philosophische Anschauung, sondern nur noch einen Abfall von der geschichtlichen Praxis gesehen. Die Frage der Ewigkeit wird der erledigten Theologie überlassen und die Philosophie dem Zeitbewußtsein verschrieben. Das Verhältnis des Geistes zur Zeit wird eindeutig im Sinne der Zeit entschieden. – Aus ähnlichen Motiven wie die Junghegelianer hat auch Heidegger in seiner Kritik der Hegelschen Zeitanalyse[31] die Ewigkeit als belanglos beiseite geschoben und alles auf die geschichtliche Existenz als solche gesetzt, die der Tod in absoluter Weise begrenzt. Der Reflex des Todes im endlichen Dasein ist der »Augenblick«. Von ihm aus beurteilt scheint Hegels »Jetzt« nichts weiter als ein »vorhandener« Punkt im Zeit*raum* zu sein, weit entfernt von einem existenzialen Verständnis der Zeit, die sich zeitigt. Hegels »vulgäres« Zeitverständnis versucht Heidegger geschichtlich aus dem »Einbruch« der *antiken* Ontologie zu erklären, welche die Zeit am Raum und der »Weltzeit« bemißt. Andrerseits ergibt sich daraus aber auch, daß der von Heidegger als »ursprünglich« beanspruchte Zeitbegriff ursprünglich in der *christlichen* Einschätzung des saeculum oder der »Weltzeit« beheimatet ist, wenngleich Heidegger selbst nur anmerkungsweise diese Herkunft seines Zeitbegriffs andeutet[32] und die geschichtliche Substanz der Existenzialontologie im Hintergrund läßt. Von da aus kann er dann sagen, daß es vergeblich sei, aus dem »nivellierten« Jetzt und der «vorhandenen« Gegenwart das »ekstatische« Phänomen des Augenblicks und den Vorrang der Zukunft erklären zu wollen. Die Frage ist aber, ob eine an Kierkegaards »Augenblick« orientierte Zeitanalyse, welche die Gegenwart zur bloß »vorhandenen« Zeit nivelliert, die Zeit eigentlicher als Hegel versteht, der noch aristotelisch das Ganze der Zeit auffaßte und als Philosoph von der Sorge um sein eigenes »Ganzsein-Können« befreit war. Nur wenn Hegel auch

30 Siehe Heideggers Umkehrung der Hegelschen These am Ende des § 82 von *Sein und Zeit.*
31 *Sein und Zeit,* § 82.
32 Ebenda, § 68 a und § 81, am Ende.

»augenblicklich« hätte sein wollen »für seine Zeit«[33], könnte man sagen, daß er das Jetzt nivelliert und der Weltzeit angepaßt habe[34].

Das wirkliche Kreuz in Hegels Analyse der Zeit ist nicht, daß er die Ewigkeit dachte, sondern daß er sie – trotz seiner Verarbeitung der *Physik* des Aristoteles – nicht mehr mit griechischer Ursprünglichkeit an den kreisenden Gestirnen des Himmels und dem wirklichen »Äther« erschaute, sondern einem Geist zusprach, in dessen Begriff sich die griechische und die christliche Tradition in unentwirrbarer Weise durchdringen. Indem Hegel als Philosoph der christlich-germanischen Welt den Geist als Wille und Freiheit begriff, bleibt das Verhältnis des Geistes zur Zeit, die er griechisch als immerwährende Gegenwart und als Kreislauf bestimmt, in der Tat ein Widerspruch und ein Rätsel, das erst Hegels Schüler zu Gunsten der Freiheit des Wollens, für das die Zukunft den Vorrang hat, aufgelöst haben. Aber auch für Hegel war die durch den Einbruch des Christentums bewirkte Befreiung des Geistes der absolut entscheidende Punkt in der Geschichte des Geistes. Dieser *geschichtliche Augenblick* im Werden des *christlichen* Geistes ist in Hegels Philosophie mit der *ewigen Gegenwart* in der *griechischen* Anschauung der Welt zusammen gedacht.

Goethes Anschauung der Zeit ist dem Wort nach mit Hegels Begriff identisch, aber der Weg, auf dem sie zu der Ansicht gelangten, daß das Ewige der Zeit immanent ist, ist so verschieden wie Goethes Natursinn von Hegels gedanklicher Spekulation. Zahllos sind die Bemerkungen, in denen Goethe die Gegenwart preist und den Augenblick – aber nicht den gewaltsam »entscheidenden«, sondern den, in welchem die Ewigkeit von sich aus erscheint. Nichts sei vorauszunehmen und zurückzusehnen. Als einmal ein Trinkspruch auf die Erinnerung ausgebracht wurde, erklärte er heftig, er statuiere keine Erinnerung, denn was uns Bedeutendes einmal begegnet sei, müsse von Anfang an in unser Inneres eingehen und ewig bildend in uns fortleben. Der Mensch müsse lernen, die Gegenwart und den augenblicklichen Zustand zu schätzen, weil jeder Zustand, ja jeder Augenblick von unendlichem Wert sei: »er ist

33 Ebenda, § 74.

34 Im Gegensatz zu Heideggers Terminologie bedeutet »Dasein« im deutschen Sprachgebrauch und so auch bei Hegel und Goethe gerade das, was es nach Heidegger nicht sein soll, nämlich Gegenwärtig- oder Anwesendsein.

der Repräsentant einer ganzen Ewigkeit«[35]. Das Original beständiger Gegenwart war für Goethe das Sein der Natur, deren Entstehen und Vergehen sich ihm als eine Metamorphose des Gleichen enthüllte. Die Morphologie besonders lehrte ihn das »Ewige im Vorübergehenden« schauen. Was Hegel vom Geist sagt, gilt von Goethes Natur: »Alles ist immer da in ihr. Vergangenheit und Zukunft kennt sie nicht. Gegenwart ist ihre Ewigkeit.«[36] »Die Natur ist immer Jehovah: was sie ist, was sie war, und was sie sein wird.« In dichterischer Vollkommenheit entfalten den gleichen Gedanken drei Gedichte aus »Gott und Welt«. »Das Ewige regt sich fort in allen: Denn Alles muß in Nichts zerfallen, wenn es im Sein beharren will« – endet das Gedicht »Eins und Alles«. – »Kein Wesen kann zu nichts zerfallen! Das Ewige regt sich fort in Allen, am Sein erhalte dich beglückt« – beginnt das »Vermächtnis«. – »Und keine Zeit und keine Macht zerstückelt geprägte Form die lebend sich entwickelt« – sagen die *Urworte*.

Diese Anschauung vom Ganzen der Zeit[37] gilt nicht nur für Gott und die Welt, sondern auch für das Leben der Menschen; auch in ihm ist die Gegenwart alles. »Alle Liebe bezieht sich auf Gegenwart; was mir in der Gegenwart angenehm ist, sich abwesend mir immer darstellt, den Wunsch des erneuerten Gegenwärtigseins immerfort erregt, bei Erfüllung dieses Wunsches von einem lebhaften Entzücken, bei Fortsetzung dieses Glücks von einer immer gleichen Anmut begleitet wird, das eigentlich lieben wir, und hieraus folgt, daß wir alles lieben können, was zu unserer Gegenwart gelangen kann; ja um das Letzte auszusprechen: die Liebe des Göttlichen strebt immer darnach, sich das Höchste zu vergegenwärtigen[38]. Eine solche höchste Vergegenwärtigung eines Menschen im Ganzen der Welt bringt das Gedicht zur Sprache, das »Gegenwart« heißt und mit der »Ewigkeit« endet[39].

Aber nicht nur die Gegenwart, in der die Ewigkeit da ist, auch der flüchtige Augenblick ist von unendlichem Wert[40]. Und selbst der Le-

35 *Gespräche* III, 36f.; vgl. zum folg. F. Rosenzweig, *Der Stern der Erlösung*, a.a.O., III. Teil, S. 36ff. und E. Staiger, *Die Zeit als Einbildungskraft des Dichters*, Zürich 1939, S. 101ff.
36 *Fragment über die Natur*.
37 Siehe das Gedicht *Vermächtnis*, Strophe 5.
38 *Maximen und Reflexionen*, Nr. 388.
39 Vgl. dazu Goethes Briefwechsel mit M. Willemer, hrsg. von Hecker, Leipzig 1915, S. 42f. und 312f.
40 Siehe dazu *Gespräche* III, 446; vgl. IV, 160f.

benswert der Vergangenheit beruht auf dem Ernstnehmen des gegenwärtigen Augenblicks, wodurch das Vergehende für künftig bewahrt wird. Darum empfahl Goethe Tagebücher und jegliche Art von Buchführung. »Wir schätzen ohnehin die Gegenwart zu wenig [...], tun die meisten Dinge nur fronweise ab, um ihrer los zu werden. Eine tägliche Übersicht des Geleisteten und Erlebten macht erst, daß man seines Tuns gewahr und froh werde, sie führt zur Gewissenhaftigkeit. Was ist die Tugend anderes als das wahrhaft Passende in jedem Zustande? Fehler und Irrtümer treten bei solcher täglichen Buchführung von selbst hervor, die Beleuchtung des Vergangenen wuchert für die Zukunft. Wir lernen den Moment würdigen, wenn wir ihn alsobald zu einem historischen machen.«[41] Eine Art von Ewigkeit ist es auch, wenn der Mensch den verschwindenden Augenblicken die Konsequenz einer »Folge« verleiht und so im Vorübergehenden stets beständig ist. Und mit dem Wunsch, daß sich seine Ansicht von der Ewigkeit in der Zeit mit der christlichen am Ende vereinigen könne, schrieb Goethe, nachdem er von einer tödlichen Krankheit ins Leben zurückgekehrt war, an die Gräfin Stolberg: »Lange leben heißt gar vieles überleben, geliebte, gehaßte, gleichgültige Menschen, Königreiche, Hauptstädte, ja Wälder und Bäume, die wir jugendlich gesäet und gepflanzt. Wir überleben uns selbst und erkennen durchaus noch dankbar, wenn uns auch nur einige Gaben des Leibes und Geistes übrig bleiben. Alles dieses Vorübergehende lassen wir uns gefallen; bleibt uns nur das Ewige jeden Augenblick gegenwärtig, so leiden wir nicht an der vergänglichen Zeit.«[42] Ein »höchster Augenblick«, in dem die Ewigkeit weilt, ist auch das letzte Wort des sterbenden Faust. In dieser Gesinnung glaubte sich Goethe einig mit dem Geist von Hegel, wie sein letzter Brief an Zelter bezeugt.

Daß sich jedoch die ewige Gegenwart dessen, »was ist«, ursprünglich in der Weltgeschichte und als Geist offenbare, diesen Glauben an die Vernunft der Geschichte hat Goethes Natursinn abgelehnt. Der tiefere Grund seines Unwillens gegen die Welt der Geschichte lag in der Einsicht, daß die natürliche Welt durch das Christentum von der »Idee« getrennt worden ist. »Das Ideale war bloß geistlich, christlich.«[43] Demgemäß unterscheidet sich auch beider Beurteilung der geschichtlichen Welt. Hegels Idee von der Weltgeschichte im Ausgang vom Geist,

41 *Gespräche* III, 421.
42 Brief vom 17. IV. 1823; vgl. 5. Strophe des *Vermächtnisses*.
43 *Gespräche* I, 495.

dessen Absolutheit im Christentum gründet, und Goethes Anschauung des Geschehens der Welt im Ausgang von der Natur, die schon selber Vernunft ist, sie offenbaren an Hand der Geschichte die Verschiedenheit ihres scheinbar gleichen Begriffs von der Zeit.

b) Hegels Philosophie der Geschichte und Goethes Anschauung des Geschehens der Welt

Geschichte bedeutet wortgeschichtlich soviel wie Geschehen, *historein* meint im Griechischen »sich nach etwas erkundigen« oder »etwas erforschen« und von dem Erkundeten und Erforschten durch Bericht und Darstellung Kunde geben. Diese beiden Grundbedeutungen von Geschichte und Historie haben sich durch viele Nebenbedeutungen überdeckt und vereint[44]. Der Sinn von Historie hat sich so weit von seinem Ursprung entfernt, daß bei den modernen Historikern die Reflexion auf die Geschichte des »Historismus« die Erkundung des Geschehenen beinahe verdrängt. Die ersten Historiker des Abendlandes haben nicht die »Entstehung des Historismus« studiert; sie waren Forschungsreisende mit offenen Augen und Ohren und haben uns das, was sie selber gesehen und durch andere erfahren haben, in vorbildlicher Weise erzählt. So konkret und naheliegend dieser ursprüngliche Sinn von »historia« ist, so entfernt und abstrakt ist das, was man seit Hegel unter der »Weltgeschichte« versteht. Weltgeschichte scheint seit Hegel, im Gegensatz zur historia, etwas zu sein, was man gerade *nicht* selbst gesehen und erfahren, erkundet und erforscht hat. Und doch zeigt uns schon das Geschehen eines jeden Tags, die Geschichte des Alltags, im Kleinen etwas von der Weltgeschichte im Großen. Vor aller Universalhistorie vermitteln die Tageszeitungen alltäglich das Geschehen der Welt und zumal unsere Zeit kann sich mit dem Bewußtsein schmeicheln, daß sie täglich Weltgeschichte im größten Ausmaß erlebt. – Zugleich mit der *Weltgeschichte im Großen und Ganzen,* die über unser aller Köpfe hinweggeht, gibt es aber auch noch ein anderes Geschehen, das zwar weniger auffällt, aber nicht minder real ist: das unscheinbare Geschehen im *Fortgang des alltäglichen Lebens der Menschen* und das immer gleiche im *Gang der natürlichen Welt.*

44 Siehe dazu J. Hennig, *Die Geschichte des Wortes Geschichte,* in: Deutsche Vierteljahrsschr. für Literaturwiss. und Geistesgesch., 1938, H. 4.

Ein trivialer Hinweis mag das verdeutlichen: Eine jede Zeitung enthält auf der ersten Seite in großer Aufmachung einen Bericht über die Weltgeschichte im Großen und Ganzen; einige Seiten weiter findet man kleine, dem Alltag näherliegende Geschichten berichtet, z.B. Nachrichten aus dem gesellschaftlichen Leben der Stadt. Und schließlich steht noch in einer unteren Ecke der tägliche Wetterbericht. Wer noch nicht abgestumpft ist durch die Gewohnheit des Zeitungslesens, wird sich die Frage vorlegen müssen: was haben diese drei Sphären des Lebens: die große Weltgeschichte, das kleine Geschehen des Alltags und die Natur, deren Gang weder kleinlich noch großspurig ist, miteinander zu tun? Die einfache Tatsache, daß der Mensch in der Natur, mit der Mitwelt und in der Weltgeschichte zu leben hat, bestimmt auch die philosophische Betrachtung des Geschehens der Welt.

Hegel hat seine Vorlesung über die *Philosophie der Geschichte* in den Jahren 1822/23–1830/31 vorgetragen. Die Einleitung dazu erklärt das Prinzip seiner Betrachtung, welches die stufenweise Entfaltung des Geistes und mithin der Freiheit ist. Der Geist, welcher als Weltgeist die Weltgeschichte beherrscht, ist gegenüber der Natur negativ, d.h. der Fortschritt in der Entwicklung des Geistes zur Freiheit ist ein solcher in der Befreiung von der Gebundenheit an die Natur. *Die Natur als solche* hat daher in Hegels Philosophie der Geschichte keine selbständige und positive Bedeutung. Sie ist nicht der Grund der Geschichte der Welt, sondern nur ihr geographischer Boden. Das naturgegebene Verhältnis von Land und Meer, die Gestaltung der Küsten, der Hochländer und Ebenen, der Lauf der Flüsse und die Form der Berge, Regen und Trockenheit, das heiße, kalte und gemäßigte Klima – das alles ist zwar immer von Einfluß auf das geschichtliche Leben der Menschen, aber es nie schlechtweg bestimmend. Dem »Naturtypus« einer bestimmten »Lokalität« entspricht Typus und Charakter des darin lebenden Volkes, weil sich der Geist überhaupt in Zeit *und* Raum auseinanderlegt. Diese Entsprechungen zwischen der natürlichen und der geistigen Welt hat Hegel oft bis ins Einzelne ausgeführt[45]. Im Prinzip galt ihm die

45 *Die Vernunft in der Geschichte,* ed. Lasson, a.a.O., S. 191, und dazu A. v. Humboldts ironische Bemerkung: »Ein Wald von Ideen ist freilich für mich in jenem Hegel [...], aber für einen Menschen, der wie ich insektenartig an den Boden und seine Naturverschiedenheit gebannt ist, wird ein abstraktes Behaupten rein falscher Tatsachen und Ansichten über Amerika und die indische Welt freiheitraubend und beängstigend [...]. Ich täte gern Verzicht auf das ›europäi-

Natur aber doch nur als der natürliche »Schauplatz« des geistigen Geschehens der Welt. Für Goethe ist die Natur der Schlüssel für dessen Verständnis.

Auch *das alltägliche Leben der Menschen* ist für Hegels Idee von der Weltgeschichte ohne substanzielle Bedeutung. Zwar hat ein jedes Individuum einen Wert, der unabhängig ist vom »Lärm der Weltgeschichte«, und die Interessen und Leidenschaften, welche die »kleinen Kreise« des menschlichen Lebens beherrschen, sind dieselben wie auf dem großen Theater der Welt. Aber die Weltgeschichte bewegt sich auf einem höheren Boden als dem des alltäglichen Lebens, dessen moralische Maßstäbe für das politische Geschehen ungültig sind. Es kann zwar vorkommen, daß ein einzelnes Individuum, welches dem welthistorischen Fortschritt einer allgemeinen Idee persönlich Widerstand leistet, moralisch höher steht als einer, der ein Verbrechen begeht, das in der welthistorischen Ordnung der Dinge als Mittel zum Zweck dient; aber bei solchen Konflikten stehen beide Parteien »innerhalb desselben Kreises«, nämlich des allgemeinen Geschehens, und grundsätzlich ist es widersinnig, an welthistorische Taten moralische Ansprüche zu stellen und die Moral gegen die Politik ins Feld zu führen[46]. Das absolute Recht des Weltgeistes geht über alle besonderen Berechtigungen hinaus, und innerhalb dieser Bewegung, welche das »Große und Ganze« betrifft, sind die Individuen nur *Mittel* zum Zweck dieses Ganzen.

Eigentlich wertvolle Individuen sind darum für Hegel nur die *»welthistorischen« Individuen,* welche die allgemeinen und großen Endzwecke der Weltgeschichte vollbringen, indem sie die Darsteller eines zur Herrschaft berufenen »Volksgeistes« und einer »Idee« sind. Ein solches Individuum war für Hegel z.B. Napoleon. Als dieser 1806 in Jena einrückte, schrieb Hegel in einem Brief: »Den Kaiser – diese Weltseele – sah ich durch die Stadt zum Recognoscieren hinausreiten; es ist in der Tat eine wunderbare Empfindung, ein solches Individuum zu sehen, das hier auf einen Punkt konzentriert, auf einem Pferde sitzend, über die Welt übergreift und sie beherrscht.« Auch Napoleons Untergang bestätigt ihm nur seine welthistorische Ansicht. Er schreibt 1816 an Niethammer: »Die allgemeineren Weltbegebenheiten [...]

sche Rindfleisch‹, das Hegel S. 77 so viel besser als das amerikanische fabelt, und lebte neben den schwachen, kraftlosen (leider 25 Fuß langen) Krokodilen.« A. v. Humboldts Briefe an Varnhagen von Ense, 1860, S. 44 f.

46 *Rechtsphilosophie* § 337, § 345.

veranlassen mich meist zu allgemeineren Betrachtungen, die mir das Einzelne und Nähere, so sehr es das Gefühl interessiert, im Gedanken weiterwegrücken. Ich halte mich daran, daß der Weltgeist der Zeit das Kommandowort, zu avancieren, gegeben; solchem Kommando wird pariert; dies Wesen schreitet wie eine gepanzerte, fest geschlossene Phalanx unwiderstehlich, und mit so unmerklicher Bewegung, als die Sonne schreitet, vorwärts, durch dick und dünne; unzählbare leichte Truppen gegen und für dasselbe flankieren darum herum, die meisten wissen gar nicht, um was es sich handelt und kriegen nur Stöße durch den Kopf wie von einer unsichtbaren Hand. Alles verweilerische Geflunkere [...] hilft nichts dagegen; es kann diesem Kolossen etwa bis an die Schuhriemen reichen und ein bißchen Schuhwichse oder Kot daran schmieren, aber vermag dieselben nicht zu lösen, viel weniger die Götterschuhe mit den [...] elastischen Schwungsohlen, oder gar die Siebenmeilenstiefel, wenn er diese anlegt, auszuziehen. Die sicherste (nämlich innerlich und äußerlich) Partie ist wohl, den Avanceriesen fest im Auge zu behalten, so kann man sogar hinstehen, und zur Erbauung gesamter vielgeschäftiger und eifriger Companschaft, selbst Schuhpech, das den Riesen festhalten soll, mit anschmieren helfen, und zur eigenen Gemütsergötzlichkeit dem ernsthaften Getreibe Vorschub leisten.« Von der Reaktion gegen Napoleon gelte das Jakobinerwort: »la vérité en la repussant, on l'embrasse«; sie stehe innerhalb derselben Sphäre, gegen welche sie reagiert, und im Grunde drücke sie dem Geschehen, gegen das sie den größten Haß zu haben vermeint, ihr Siegel auf. Was aber das Getue der »persönlichen Ameisen, Flöhe und Wanzen« anlangt, so sei es vom »gütigen Schöpfer« nur zu Späßen, Sarkasmen und zur Schadenfreude bestimmt, ohne im Guten und Bösen am Wesen etwas zu ändern. – Hegel begreift die Weltgeschichte pathetisch als eine Geschichte von Volksgeistern, Staaten und welthistorischen Individuen, welche den »Begriff« ihrer Zeit ausführen. Auch für Goethe war Napoleon ein »Kompendium der Welt«, aber weil er nicht aus der Idee konstruierte, sondern in der Anschauung lebte, hat er in Napoleon nicht einen bloßen »Geschäftsträger des Weltgeistes« gesehen, sondern ein unausdenkbares »Phänomen«, einen »Halb-Gott«, einen ganz außergewöhnlichen, dem »Abgrund« entstiegenen Menschen.

Wenn weder die Natur noch das alltägliche Leben der Menschen, sondern die »Idee« und der »Geist« das Prinzip des Geschehens der Welt ist, dann muß man sich fragen: wie begründet Hegel diese »Ideen«-geschichtliche Ansicht der Welt und in welchem Verhältnis steht sie bei ihm zur unmittelbaren Erfahrung und Anschauung des wirklichen Lebens?

Das Grundphänomen des geschichtlichen Lebens ist zunächst die *Veränderung,* der beständige Wechsel von Völkern, Staaten und Individuen, das Entstehen und Wiedervergehen, das Gedeihen und Verfallen, Begründen und Zerstören. Das Edelste wie das Gemeinste, Untaten wie Heldentaten, nichts ist beständig und in all diesem Geschehen erkennen wir überall »Unsriges«: menschliches Tun und Leiden, wobei die »Selbstsucht« von einzelnen Menschen wie ganzen Staaten und Reichen »das Gewaltigste« ist. Ungeheure Anstrengungen zerstäuben zu nichts, und aus kleinsten Ereignissen gehen die größten geschichtlichen Folgen hervor. Zeiten einer energischen Freiheit und des blühenden Reichtums wechseln ab mit solchen einer erbärmlichen Hörigkeit und der kläglichen Armut. Betrachtet man dieses Schauspiel der menschlichen Leidenschaften und Leiden, der Unvernunft und Gewalttätigkeit ohne Vorurteil, so läßt sich in der Geschichte der Welt weder eine Idee noch ein vernünftiger Endzweck absehen. Sie ist ein »verworrener Trümmerhaufen« und eine »Schlachtbank«, auf der das Glück der Völker, Staaten und Individuen geopfert wird. Gerade diese »nächste Ansicht von der Geschichte ruft aber bei Hegel die Frage hervor: *wozu, zu welchem Endzweck* das alles geschehe? Diese Frage glaubt Hegel als christlicher Philosoph beantworten zu können, indem er den christlichen Vorsehungsglauben verweltlicht und die Heilsgeschichte des Christentums zu einer weltlichen Theodizee verkehrt, für welche der göttliche Geist der Welt immanent und der Staat ein irdischer Gott und die Geschichte überhaupt etwas Göttliches ist.

Im Gegensatz zur geschichtlichen Empirie und der »gefühlvollen Reflexion« über sie sei es die Aufgabe der Geschichts*philosophie,* das »Prinzip« zu entdecken, das alle Veränderungen durchdringt. Indem sie das »Auge des Begriffs« mitbringt und mit Vernunft in die Welt sieht, erkennt sie – zwar nicht in allen einzelnen, »zufälligen« Existenzen, wohl aber im »Großen und Ganzen« – den vernünftigen Inhalt der Weltgeschichte, deren Vernunft nach Hegel darin besteht, daß sie ein beständiger »Fortschritt im Bewußtsein der Freiheit« ist, daß sich in ihr die Freiheit »zu einer Welt hervorbringt«. Diesen Prozeß hat Hegels Geschichtsphilosophie von der orientalischen Welt über die griechisch-römische bis zur christlich-germanischen folgerichtig entwickelt. An ihrem Ende steht die Befreiung, welche die Französische Revolution in Europa bewirkt hat.

Dieser metaphysische Historismus der Hegelschen Konstruktion ersetzt den entschwundenen Vorsehungsglauben der christlichen Religion, und noch heute ist der Historismus als Glaube an den Sinn der Geschichte die Religion der »Gebildeten«, deren Skepsis zu schwach ist, um jedes Glaubens entbehren zu können; er ist die billigste Art von Glaubensersatz. Denn was ist billiger als zu glauben, daß in der langen Zeit der Geschichte alles, was irgend einmal geschah und folgenreich war, einen Sinn und einen Zweck haben müsse! Auch wer gar nichts von Hegel weiß, denkt noch heute in seinem Geist, sofern er nur überhaupt seine Bewunderung für die Macht der Geschichte teilt und sich über die Forderungen und Miseren des Alltags »welthistorisch« hinwegsetzt. Nur ein so redlicher Geist wie Burckhardt war frei von der Faszination, die Hegel auf seine Nachfolger ausgeübt hat. Die eigentlichen Schüler Hegels haben aus seiner *Metaphysik* der Geschichte des Geistes einen *absoluten Historismus* gemacht, d.h. sie haben von der Absolutheit des sich geschichtlich entfaltenden Geistes bloß das Geschichtliche übrig behalten und aus dem Geschehen der Zeit die oberste Macht auch der Philosophie und des Geistes gemacht. Die »geschichtliche Idee einer Zeit« oder der »wahrhafte Zeitgeist« wird von Ruge zum obersten Herrn erhoben, der in jedem Fall recht hat. Denn – so wird aus Hegel gefolgert[47] – der »Geist« ist nur wirklich im Weltprozeß, der vom tätigen Menschen vollbracht wird. Der »geschichtliche Geist« oder das »Selbstbewußtsein der Zeit« gilt bei den Schülern von Hegel als das Kriterium des Wahren und Falschen, weil nur die Geschichte mit der Zeit offenbart, was die Wahrheit der Zeit ist, indem es Erfolg hat. Wenn aber »Alles in die Geschichte fällt«, dann ist die Geschichte der Welt und des Geistes prinzipiell aussichtsvoll, denn ihr Prinzip ist der Fortschritt in die Zukunft hinaus, die das Wesen der Zeit ist. Hegels rückwärtsgewandter und erinnernder *Historimus* verwandelt sich so bei den Junghegelianern in einen *historischen Futurismus;* sie wollen nicht nur ein Resultat der Geschichte sein, sondern selber Epoche machen und insofern »historisch« sein.

Dieser aktiv gewordene Historismus der Junghegelianer ist zwar infolge der politischen Reaktion auf die 40er Jahre wieder verebbt, und der Historismus von Haym bis Dilthey hat sich damit begnügt, Hegels Metaphysik der Geschichte des Geistes zu einer »Geistesgeschichte«

47 Siehe im Vorhergehenden II, 2, b.

ohne Metaphysik zu verdünnen. Aber mit der faschistischen Revolution, die aus dem Ersten Weltkrieg in Italien und Deutschland hervorging, ist auch der aktivistische Historismus der 40er Jahre zu einem neuen Leben erwacht. Er wurde zunächst von den historisch Gebildeten nur negativ, als »Anti-Historismus« empfunden[48]; er hat sich aber schon bei Nietzsche als ein Wille zur Zukunft enthüllt, und nur darum war er so kritisch gegenüber der »historischen« Bildung. Man will wieder, wie schon ein Jahrhundert zuvor, bewußtermaßen »geschichtlich« sein und nicht nur »antiquarisch« erinnern. Was immer heute von den führenden Staatsmännern getan und verkündet wird, geschieht in dem Willen und dem Bewußtsein *a priori* »historisch« zu sein! Man rechnet im voraus mit Jahrhunderten und Jahrtausenden. Es vergeht keine Woche, wo nicht irgendwer eine »historische« Rede hält, d.h. eine Rede, die – im Gegensatz zur Gedenkrede – der *Zukunft* gedenkt, weil man annimmt, daß erst die Jahrhunderte nach uns würdigen können, was gegenwärtig getan wird. Man rechnet damit, daß die Zukunft dem Tun und Geschehen der Gegenwart ein geschichtliches Recht und eine historische Rechtfertigung gibt, und ist mehr denn je davon überzeugt, daß die Weltgeschichte das Weltgericht ist. Auch in diesem pervertierten Gebrauch des Wortes »historisch« klingt noch das Pathos nach, welches ihm Hegel verlieh, und es macht keinen prinzipiellen Unterschied aus, ob man erinnernd oder erwartend, vergangenheitssatt oder zukunftsbegierig, im welthistorischen Sinne ausschweifend ist.

So extravagant Hegels Konstruktion der Geschichte als eines »Fortschritts im Bewußtsein der Freiheit« im Vergleich zu ihrer nächsten, emprischen Ansicht ist, so liegt doch der Grund, warum sie so populär werden konnte, in ihrem eigenen Kern, von dem die christlich-theologische Hülle abstreifbar ist.

Der Grundriß der Hegelschen Konstruktion besteht darin, daß sie den Gang der Geschichte überhaupt am zeitlichen Fortschritt bemißt, d.h. sie konstruiert von dem letzten Schritt die vorhergehenden als notwendig zu ihm führend zurück. Diese Orientierung an der zeitlichen *Folge* setzt voraus, daß in der Weltgeschichte nur gilt, was *folgenreich* ist, daß die Aufeinanderfolge der Weltereignisse nach der Vernunft des *Erfolges* zu bewerten ist. Der Erfolg ist aber nicht nur die oberste

48 B. Croce, *Ultimi saggi*, Bari 1935, S. 246ff. über »antistoricismo«.

Instanz von Hegels welthistorischer Ansicht, sondern er ist zugleich ein beständiger Maßstab des alltäglichen Lebens, wo man ebenfalls annimmt, daß der Erfolg von etwas dessen höheres Recht über das Erfolglose beweist. Der populäre Kern von Hegels Spekulation liegt also in der allverbreiteten Überzeugung, daß nur das Erfolgreiche auch das Berechtigte ist. Dieser Glaube hat im 19. Jahrhundert durch Darwins Entwicklungslehre auch an der Natur einen scheinbaren Rückhalt bekommen. Unter dem Eindruck der ökonomischen Konkurrenz hat Darwin das Gesetz der »natürlichen Zuchtwahl« entdeckt, wonach die jeweils höheren Tierarten dadurch entstehen sollen, daß im »Kampf ums Dasein« der Tüchtigste die weniger Tüchtigen überlebt. Hegels Geschichtsphilosophie und Darwins biologische Theorie[49], sie haben beide von dem faktisch Erfolgreichen aus die vermeintliche Notwendigkeit und das innere Recht seines Hervorgangs zurück demonstriert und ihre Bewunderung der historischen und biologischen Mächte hat zum Götzendienst der jeweils siegreichen Macht geführt[50]. Und was andrerseits dem historischen Gedächtnis entschwand, weil es vernichtet wurde oder erfolglos blieb, gilt nach Hegels Rezept als eine »unberechtigte Existenz«[51].

»Der Erfolg«, sagt ein Sprichwort, »krönt den Meister.« – »Der Erfolg«, sagt Nietzsche mit eben demselben Recht, »war immer der größte Lügner.«[52] Der Erfolg ist in der Tat ein unentbehrlicher Maßstab des menschlichen Lebens, aber er beweist alles und nichts: alles, weil in der Weltgeschichte wie im alltäglichen Leben nur gilt, was Erfolg hat, und nichts, weil selbst der größte Massenerfolg nichts für den inneren Wert und die wahre »historische Größe« des faktisch Erfolgten

49 Es ist für den geschichtlichen Zusammenhang beider Theorien sehr bezeichnend, daß ein Hegelianer wie Marx in Darwin einen materialistischen Dialektiker sah und ihm darum das *Kapital* widmen wollte.

50 Vgl. Nietzsche, I, 223 und 353f.; X, 273f. – Das größte Beispiel für die historische Erfolgstheorie ist der Sieg des Christentums über die alte Welt. Es gilt nicht nur bei Hegel, sondern bei fast allen Historikern als ausgemacht, daß der historische Erfolg des Christentums, seine Ausbreitung über die halbe Welt, seine Dauer und Macht, ein mindestens indirekter Beweis für seine geistige Überlegenheit sei. Siehe dagegen Nietzsche, I, 340 und 368, sowie X, 401; Kierkegaard VI, 140ff. – Beide haben, gerade weil sie das Christentum ernst nahmen, den »Beweis der Jahrhunderte« abgelehnt.

51 Siehe J. Burckhardt, VII, 26, 198, 205.

52 Siehe dazu L. Klages, *Die psychologischen Errungenschaften Nietzsches*, Leipzig 1926, Kap. 6.

beweist[53]. Es ist schon oft das Gemeine und Dumme, die Niedertracht und der Wahnsinn von größtem Erfolg gewesen, und es ist schon sehr viel, wenn eine siegreiche Macht auch den Ruhm und die Ehre der Besiegten verkündet, und nicht nur das scheinbare Recht ihrer eigenen, erfolgreichen Macht. Noch nie ist eine geschichtliche Macht ohne Gewalttaten, Rechtsbrüche und Verbrechen begründet worden, aber die verletzte Menschheit richtet sich wohl oder übel auf jede Veränderung ein, während die Weltgeschichte »auf unsere Kosten große Schätze sammelt«[54].

Wer ein Stück Weltgeschichte wirklich erfahren hat und sie nicht nur vom Hörensagen, aus Reden, Büchern und Zeitungen kennt, wird zu dem Resultat kommen müssen, daß Hegels Philosophie der Geschichte[55] eine pseudo-theologische Geschichtskonstruktion am Leitfaden der Idee des Fortschritts zur eschatologischen Erfüllung am Ende der Zeiten ist, der die sichtbare Wirklichkeit in keiner Weise entspricht. Das wahre »Pathos« der Weltgeschichte liegt nicht nur in den klangvollen und imponierenden »Größen«, mit denen sie es zu tun hat, sondern auch in dem lautlosen Leiden, welches sie über die Menschen bringt. Und wenn man etwas an der Weltgeschichte bewundern kann, dann ist es die Kraft, die Ausdauer und Zähigkeit, mit der sich die Menschheit aus allen Einbußen, Zerstörungen und Verwundungen immer neu wieder herstellt.

Die Art und Weise, wie Goethe die Geschichte ansah, ist sehr entfernt von der Hegelschen Konstruktion, aber nicht weil Goethe ein »Dichter« und Hegel ein »Denker« war, sondern weil Goethes reiner menschlicher Sinn der Natur und dem alltäglichen Leben der Menschen ebenso offen stand wie dem großen Geschehen der Welt. Er hat die Weltgeschichte durch seine Stellung am Weimarer Hof aus einer sehr viel größeren Nähe als Hegel erfahren. Die welthistorischen Ereignisse, von denen Goethe berührt wurde, waren die Kaiserkrönung Josephs II. in Frankfurt (1764), der Siebenjährige Krieg (1756–63) und der Tod

53 Siehe dazu in Burckhardts *Weltgeschichtlichen Betrachtungen* das Kap. über »Historische Größe«.

54 Goethe, *Gespräche* II, 159.

55 Siehe vom Verfasser: *Meaning in History: The Theological Implications of the Philosophy of History*. Chicago 1949. (deutsch erst 1953 unter dem Titel *Weltgeschichte und Heilsgeschehen. Die theologischen Voraussetzungen der Geschichtsphilosophie;* jetzt in *Sämtliche Schriften* 2. *Weltgeschichte und Heilsgeschehen. Zur Kritik der Geschichtsphilosophie*. Stuttgart 1983, S. 7ff.).

Friedrichs des Großen (1786), der Ausbruch der Französischen Revolution (1789), der Feldzug der deutschen Truppen in Frankreich (1792), die Schlacht bei Jena und das Ende des Heiligen Römischen Reiches Deutscher Nation (1806), die Fürstenversammlung in Erfurt und die Unterredung mit Napoleon (1808), der Brand von Moskau (1812), die preußischen Befreiungskriege (1813/14) und Napoleons Untergang (1815), Metternichs Herrschaft und schließlich die Pariser Julirevolution (1830). »Ich habe den großen Vorteil [...], daß ich zu einer Zeit geboren wurde, wo die größten Weltbegebenheiten an die Tagesordnung kamen und sich durch mein langes Leben fortsetzen, so daß ich vom Siebenjährigen Kriege, sodann von der Trennung Amerikas von England, ferner von der Französischen Revolution und endlich von der ganzen napoleonischen Zeit bis zum Untergange des Helden und den folgenden Ereignissen lebendiger Zeuge war. Hierdurch bin ich zu ganz andern Resultaten und Einsichten gekommen, als allen denen möglich sein wird, die jetzt geboren werden und die sich jene großen Begebenheiten durch Bücher aneignen müssen, die sie nicht verstehen.«[56]

Diejenige Weltgeschichte, von der Goethe nicht nur berührt wurde, sondern gegen die er sein ganzes Wesen behaupten mußte, war die Französische Revolution, deren Ausbruch ihn um so empfindlicher traf, als er eben aus Italien zurückgekehrt war, um sich in Weimar einzurichten. Wie sehr dieser welthistorische Umsturz alles Bestehenden durch seine fühlbare Einwirkung auf die menschlichen Zustände sein Innerstes aufgewühlt hat, verraten nur wenige Stellen in seinen Schriften und Briefen. »Daß die Französische Revolution auch für mich eine Revolution war, kannst Du denken. Übrigens studiere ich die Alten und folge ihrem Beispiel so gut es in Thüringen gehen will«, heißt es in einem Brief an F. H. Jacobi[57]. Er hielt sich in dieser Auflösung an seine Studien »wie an einen Balken im Schiffbruch« und versuchte, dieses »schrecklichste aller Ereignisse« auch dichterisch zu bewältigen, mit einer Bemühung, die er »grenzenlos« nannte. »Schau' ich in die vielen Jahre zurück, so seh' ich klar, wie die Anhänglichkeit an diesen unübersehlichen Gegenstand so lange Zeit her mein poetisches Vermögen fast unnützerweise aufgezehrt; und doch hat jener Eindruck so tief bei mir gewurzelt, daß ich nicht leugnen kann, wie ich noch immer an die Fortsetzung der

56 *Gespräche* III, 74.
57 Br. vom 3. III. 1790; vgl. *Annalen*, Bd. 27, a. a. O., S. 9 und 19 f.; *Gespräche* III, 61 f.

natürlichen Tochter denke, dieses wunderbare Erzeugnis in Gedanken ausbilde, ohne den Mut, mich im einzelnen der Ausführung zu widmen.«[58]

Noch vierzig Jahre später unterscheidet Goethe bei einem Rückblick auf das Geleistete sich selbst von der jüngeren Generation nach Maßgabe dieses Ereignisses, so entscheidend empfand er jenen welthistorischen Einschnitt in die Gesinnungen und das Tun der Menschen[59]. Wohlgelungen ist ihm keines der Revolutionsdramen, sondern nur die Beschreibung der *Campagne in Frankreich*.

Aus dieser klassischen Darstellung einer Kriegsepisode wird meist ein Satz zitiert, der sehr hegelisch klingt. Er bezieht sich auf die Kanonade bei Valmy und heißt: »Von hier und heute geht eine neue Epoche der Weltgeschichte aus und ihr könnt sagen, ihr seid dabei gewesen.« Der rechte Sinn dieses Satzes ist aber nur im Zusammenhang mit dem darauf folgenden zu verstehen, der den welthistorischen Akzent auf das ganze reale und banale Leben des Alltags verschiebt: »In diesen Augenblicken, wo niemand nichts zu essen hatte, reklamierte ich einen Bissen Brod von dem heute früh erworbenen, auch war von dem gestern reichlich verspendeten Weine noch der Inhalt eines Branntweinfläschchens übrig geblieben.«[60] Und an einer anderen Stelle, wo Goethe nochmals auf seinen Ausspruch zurückkommt, fährt er im selben Sinn fort: »Wie aber der Mensch überhaupt ist, besonders aber im Kriege, daß er sich das Unvermeidliche gefallen läßt, und die Intervalle zwischen Gefahr, Not und Verdruß mit Vergnügen und Lustbarkeit auszufüllen sucht: so ging es auch hier, die Hautboisten von Thadden spielten Ça ira und den Marseiller Marsch, wobei eine Flasche Champagner nach der andern geleert wurde.«[61]

Diese beiden Bemerkungen sind für die ganze Stimmung, den Ton und Gehalt der Schilderung sehr viel bezeichnender als der vereinzelte welthistorische Ausspruch. Die überzeugende Wahrheit von Goethes Bericht beruht auf der hohen Gerechtigkeit, mit der er Soldaten und Zivilisten, Bürgerliche und Adlige, Revolutionäre und Emigranten, Freunde und Feinde, Anführende und Mitmarschierende, Aufregung

58 Bd. 40, a. a. O., S. 446.

59 Br. an Zelter vom 2. I. 1829; siehe dazu Tieck, *Goethe und seine Zeit* (1828), und Gutzkow, *Über Goethe im Wendepunkte zweier Jahrhunderte* (1835).

60 Bd. 25, a. a. O., S. 61.

61 Ebenda, S. 225; vgl. Bd. 27, S. 46 und 226.

und Gleichgültigkeit, Anstrengung und Ermüdung, Hunger und Durst – daß er den ganzen Fortgang des wirklichen Lebens der Menschen inmitten der Wirren des Krieges in der ihnen zukommenden Mischung zur Darstellung bringt, daß er die Geschichte weder monumentalisch heroisiert noch kritisch trivialisiert, sondern wie ein Phänomen vorurteilslos ansieht.

Das Vorurteil, zu dem die Weltgeschichte als ein Großes und Ganzes verleitet, besteht darin, daß man sie unter Abstraktion von den menschlichen Realitäten und den eigenen Bezügen traktiert, als wäre sie eine Welt für sich, ohne Bezug auf die Menschen, die in ihr handelnd und leidend sind. Einer solchen philosophischen Abstraktion hat sich Goethe nicht schuldig gemacht. Er konstruiert keine »Volksgeister« als Verkörperung eines absoluten »Prinzips«, sondern er erzählt ganz anschaulich, wie sich in jenem welthistorischen Augenblick der Kanonade von Valmy bei ihm das Bedürfnis nach Essen regte. Und als während Goethes Rückreise von Böhmen das »Heilige Römische Reich Deutscher Nation« in die Brüche ging, gesteht er, daß ihn in diesem Augenblick ein Streit zwischen seinem Diener und Kutscher mehr erhitzt habe als jenes große, aber vage und ferne Geschehnis.

Desgleichen bekennt er in einem Brief an Zelter, daß ihm die »Jeremiaden« der Welt nach Napoleons Sieg in der Schlacht bei Jena nur als »hohle Phrasen« erschienen, obschon sie von großen Übeln veranlaßt waren. »Wenn jemand sich über das beklagt, was er und seine Umgebung gelitten, was er verloren hat und zu verlieren fürchtet, das hör' ich mit Teilnahme und spreche gern darüber und tröste gern. Wenn aber die Menschen über ein Ganzes jammern, das verloren sein soll, das denn doch in Deutschland kein Mensch sein Lebtag gesehen noch viel weniger sich darum bekümmert hat, so muß ich meine Ungeduld verbergen, um nicht unhöflich zu werden oder als Egoist zu erscheinen.«[62] Als einige Zeit vor der Schlacht Goethes Freunde begeistert waren und an nichts als Kriegslieder dachten, fragte ihn Wieland, warum er so schweigsam sei. Da erwiderte Goethe, er habe auch ein Kriegslied gemacht und rezitierte zum widerwilligen Erstaunen der andern sein Lied: Vanitas! Vanitatum Vanitas[63]!

Während Napoleons Feldzug in Rußland schreibt er an C. F. von Reinhard: »Die Welt ist größer und kleiner als man denkt [...]. Wer

62 Br. an Zelter vom 27. VII. 1807; vgl. *Gespräche* I, 491 ff.
63 *Gespräche* I, 449.

sich bewegt, berührt die Welt, und wer ruht, den berührt sie. Deswegen müssen wir immer bereit sein, zu berühren oder berührt zu werden. Daß Moskau verbrannt ist, tut mir gar nichts. Die Weltgeschichte will künftig auch was zu erzählen haben. Dehli ging auch erst nach der Eroberung zu Grunde, aber durch die ... der Eroberer, Moskau geht zu Grunde nach der Eroberung, aber durch die ... der Eroberten. Einen solchen Gegensatz durchzuführen würde mir außerordentlichen Spaß machen, wenn ich ein Redner wäre. Wenn wir nun aber auf uns selbst zurückkehren und Sie in einem so ungeheuren, unübersehbaren Unglück Bruder und Schwester und ich auch Freunde vermisse, die mir am Herzen liegen, so fühlen wir denn freilich, in welcher Zeit wir leben und wie hoch ernst wir sein müssen, um nach alter Weise heiter sein zu können.«[64] Die Bemerkung über Moskau mag zynisch erscheinen, aber der Zynismus ist meist nur die gröbere Form einer Wahrheit und diese liegt darin, daß die Weltgeschichte jede wahre Bedeutung verliert, wenn wir von ihr nicht auf uns selber und das Nächste zurückkommen.

Wo Goethe aber die Weltgeschichte in ihrer eigenen, über den Menschen hinwegschreitenden Macht betrachtet, da erscheint sie ihm nicht als »Vernunft«, sondern wie ein Naturereignis. Er schreibt 1802, gelegentlich der Lektüre eines historisch-politischen Werkes an Schiller: »Im ganzen ist es der ungeheure Anblick von Bächen und Strömen, die sich, nach Naturnotwendigkeit, von vielen Höhen und aus vielen Tälern gegeneinander stürzen und endlich das Übersteigen eines großen Flusses und eine Überschwemmung veranlassen, in der zugrunde geht, wer sie vorgesehen hat so gut, als der sie nicht ahnte. Man sieht in dieser ungeheuren Empirie nichts als Natur und nichts von dem, was wir Philosophen so gern Freiheit nennen möchten. Wir wollen erwarten, ob uns Bonapartes Persönlichkeit noch ferner mit dieser herrlichen und herrschenden Erscheinung erfreuen wird.«[65] Aber auch Napoleon sah Goethe nicht als einen Fortschritt zur Freiheit an, sondern als ein Naturphänomen, das nicht nur mit Fürsten und Völkern, sondern mit den Elementen selber im Kampfe steht und alles beseitigt, was seinem großen Plan widersteht: »Er verfolgt jedesmal einen Zweck; was ihm in den Weg tritt, wird niedergemacht, aus dem Wege geräumt, und wenn es sein leiblicher Sohn wäre. Wenn die anderen Fürsten und Großen sich

64 Br. an den Grafen Reinhard vom 14. XI. 1812; vgl. an Ch. L. F. Schultz vom 31. V. 1825; *Gespräche* III, 489.
65 Br. an Schiller vom 9. III. 1802; vgl. *Gespräche* I, 494f.

gar vielen Abneigungen und Zuneigungen überlassen, so liebt er alles, was ihm zu seinem Zweck dienen kann, so sehr es auch von seiner individuellsten Gemütsstimmung abweicht, wie ein tüchtiger Konzertmeister, der, wenn jeder Liebhaber sein Instrument hat, dem er den Vorzug gibt, ohne Liebe wie ohne Haß sie alle für sein Orchester zu benutzen weiß. Daher kommt es auch auf eins heraus und bringt schlechterdings dem Individuum keinen Vorteil, ob man von ihm gehaßt oder geliebt wird. Er liebt den Herzog von Weimar gewiß nicht, ohne daß derselbe sichtlichen Nachteil davon verspürt, und denen, die er liebt, wird ebenso wenig Vorteil daraus erwachsen. Er lebt jedesmal in einer Idee, in einem Zweck, in einem Plan, und nur diesem muß man sich in acht nehmen, in den Weg zu treten, weil er in diesem Punkt keine Schonung kennt. – Kurz, Goethe gab zu verstehen, daß Napoleon ungefähr die Welt nach den nämlichen Grundsätzen dirigiere wie er das Theater.«[66]

Er bewunderte an Napoleon den »größten Verstand der Welt« und einen mehr als menschlichen Willen, der immer klar und entschieden alles seinem politischen Zweck unterstellt. Napoleon verkörperte ihm die zwei großen Mächte, durch die alles geschieht, was in der Welt erfolgreich und dauerhaft ist: *»Gewalt und Folge«*. Die Folge, als konsequentes Verfolgen des Zwecks, vertritt bei Goethe im Bereich der menschlichen Willkür, was bei Hegel die allgemeine »Vernunft« ist[67]. »Folge aber, beharrliche, strenge, kann auch vom Kleinsten angewendet werden und wird selten ihr Ziel verfehlen, da ihre stille Macht im Laufe der Zeit unaufhaltsam wächst. Wo ich nun nicht mit Folge wirken, fortgesetzt Einfluß üben kann, ist es geratener, gar nicht wirken zu wollen, indem man außerdem nur den natürlichen Entwicklungsgang der Dinge, der in sich selbst Heilmittel mit sich führt, stört, ohne für die bessere Richtung Gewähr leisten zu können.« Gewalt jedoch »wird leicht verhaßt, reizt zu Gegenwirkung auf und ist überhaupt nur wenigen Begünstigten verliehen«[68]. Er wußte, daß »unbedingte Tätig-

66 *Gespräche* I, 546f.; vgl. III, 491ff. und IV, 94f., sowie *Timur* im *Westöstlichen Diwan*.

67 Vgl. dazu Hegels Ausspruch: »Bist du aber wach, so siehst du alles und sagst zu allem, was es ist. Dieses aber ist die Vernunft und das Beherrschen der Welt« (Rosenkranz, *Hegels Leben,* a. a. O., S. 540).

68 *Gespräche* IV, 476; vgl. II, 49; III, 96f. und 492; Brief an Beulwitz vom 18. VII. 1828.

keit«, ganz gleich welcher Art, »bankerott« machen muß, während »Nachgiebigkeit bei großem Willen« am Ende über die bloße Gewalttätigkeit siegt.

»Den Frieden kann das Wollen nicht bereiten:
Wer Alles will, will sich vor allen mächtig,
Indem er siegt, lehrt er die andern streiten;
Bedenkend macht er seinen Feind bedächtig;
So wachsen Kraft und List nach allen Seiten,
Der Weltkreis ruht von Ungeheuern trächtig.
Und der Geburten zahlenlose Plage
Droht jeden Tag als mit dem jüngsten Tage.«[69]

Die menschliche Summe und letzte Wahrheit der Weltgeschichte zeigt sich aber ebenso sehr wie im Frieden im Krieg, weil der menschliche Zustand als solcher in allem Wechsel derselbe bleibt. In dem aufreizenden Gespräch, welches Goethe mit dem Historiker Luden hatte, sagt er: »Und wenn Sie nun auch alle Quellen zu klären und zu durchforschen vermöchten: was würden Sie finden? Nichts anderes als eine große Wahrheit, die längst entdeckt ist, und deren Bestätigung man nicht weit zu suchen braucht; die Wahrheit nämlich, daß es zu allen Zeiten und in allen Ländern miserabel gewesen ist. Die Menschen haben sich stets geängstigt und geplagt; sie haben sich untereinander gequält und gemartert; sie haben sich und anderen das bißchen Leben sauer gemacht, und die Schönheit der Welt und die Süßigkeit des Daseins, welche die schöne Welt ihnen darbietet, weder zu achten noch zu genießen vermocht. Nur wenigen ist es bequem und erfreulich geworden. Die meisten haben wohl, wenn sie das Leben eine Zeitlang mitgemacht hatten, lieber hinausscheiden als von neuem beginnen mögen. Was ihnen noch etwa einige Anhänglichkeit an das Leben gab oder gibt, das war und ist die Furcht vor dem Sterben. So ist es; so ist es gewesen; so wird es wohl auch bleiben. Das ist nun einmal das Los der Menschen. Was brauchen wir weiter Zeugnis?«[70] Als ihm Luden entgegnete, daß das Leben der einzelnen Menschen doch nicht das geschichtliche Leben der Völker sei, antwortete ihm Goethe: »Es ist mit den Völkern wie mit den Menschen. Die Völker bestehen ja aus Menschen. Auch sie treten ins Leben wie die Menschen, treibens, etwas länger, in gleich wunderli-

69 *Des Epimenides Erwachen,* Motto.
70 *Gespräche* I, 434f.

cher Weise, und sterben gleichfalls entweder eines gewaltsamen Todes, oder eines Todes vor Alter und Gebrechlichkeit. Die Gesamtnot und die Gesamtplage der Menschen ist eben die Not und die Plage der Völker.«[71]

Es ist für Goethe äußerst bezeichnend, daß er diese ungewöhnliche *Humanität* seines geschichtlichen Blicks, der eher streng als mitleidend war, nicht dem Studium der Geschichte des Geistes, sondern dem der *Natur* verdankt, die er in jedem Phänomen als »wahr«, »solid« und »gesetzlich« empfand. Im Umgang mit Pflanzen und Knochen, mit Steinen und Farben erzog er sich zu jener Geduld und Aufmerksamkeit, die nicht konstruiert und die Erkenntnis des Wesens erzwingt, sondern die Phänomene sich selbst offenbaren läßt und zu Worte bringt. Es ist keine bloße Flucht aus der Politik und dem Weltgeschehen, sondern in Goethes positivem Wesen begründet, wenn er sich während der Französischen Revolution mit der Metamorphose der Pflanzen, in der Campagne in Frankreich mit den Phänomenen der Farben und während der Julirevolution mit der Morphologie beschäftigte, und daß ihn der naturwissenschaftliche Streit zwischen Cuvier und Geoffroy Saint-Hilaire mehr anging als der politische Umsturz[72].

In der Natur erkannte er ein *Gesetz* der Veränderung, wie es im Fortgang der Weltgeschichte nicht aufweisbar ist, und die »Urphänomene« schienen ihm darum eher in der Natur als in der Geschichte erkennbar zu sein. Während Hegel gemäß seiner Herkunft von der christlichen Theologie die Geschichte »geistig« begriff und in der Natur nur das »Anderssein« der Idee sah, hat Goethe in der Natur als solcher Vernunft und Ideen geschaut und von ihr aus einen Zugang auch zum Verständnis des Menschen und der Geschichte gefunden: »Ohne meine Bemühungen in den Naturwissenschaften hätte ich [...] die Menschen nie kennen gelernt wie sie sind. In allen anderen Dingen kann man dem reinen Anschauen und Denken, den Irrtümern der Sinne wie des Verstandes, den Charakter-Schwächen und -Stärken nicht so nachkommen, es ist alles mehr oder weniger biegsam und schwankend und läßt alles mehr oder weniger mit sich handeln; aber die Natur versteht gar keinen Spaß, sie ist immer wahr, immer ernst, immer strenge, sie hat immer recht, und die Fehler und Irrtümer sind immer des Menschen.

71 *Gespräche* I, 435; vgl. Br. an Zelter vom 4. IV. 1831 und an Reinhard vom 7. IX. 1831.
72 *Gespräche* IV, 290; V, 175; Gespräch mit Eckermann vom 2. VIII. 1830.

Den Unzulänglichen verschmäht sie, und nur dem Zulänglichen, Wahren und Reinen ergibt sie sich und offenbart ihm ihre Geheimnisse.«[73]

Als sich der Kanzler Müller verwunderte, daß ein Schüler Hegels von der Jurisprudenz zur Naturwissenschaft überging, erwiderte ihm Goethe lakonisch: »Er hat eben aus dem Studium der Gesetze nichts weiter als die Einsicht in den üblen Zustand der Menschen gewinnen können, und sich darum zur Natur gewendet.«[74] Grundsätzlich heißt es ein andermal: »Schon fast seit einem Jahrhundert wirken Humaniora nicht mehr auf das Gemüt dessen, der sie treibt, und es ist ein rechtes Glück, daß die Natur dazwischen getreten ist, das Innerste an sich gezogen und uns von ihrer Seite den Weg zur Humanität geöffnet hat.«[75]

Auf diesem Weg von der Natur, die individuell und gesetzlich zugleich ist, zu dem Reich der menschlichen Willkür hielt Goethe fest an seiner naturwissenschaftlichen Einsicht in das Gesetz der Veränderung: daß sich in allem Lebendigen ein beständiger Formenwechsel vollzieht, eine Metamorphose des Gleichen: »Wenn man das Treiben und Tun der Menschen seit Jahrtausenden erblickt, so lassen sich einige allgemeine Formeln erkennen, die je und immer eine Zauberkraft über ganze Nationen wie über die einzelnen ausgeübt haben, und diese Formeln, ewig wiederkehrend, ewig unter tausend bunten Verbrämungen dieselben, sind die geheimnisvolle Mitgabe einer höhern Macht ins Leben. Wohl übersetzt sich jeder diese Formeln in die ihm eigentümliche Sprache, paßt sie auf mannigfache Weise seinen beengten individuellen Zuständen an und mischt dadurch oft so viel Unlauteres darunter, daß sie kaum mehr in ihrer ursprünglichen Bedeutung zu erkennen sind. Aber diese letztere taucht doch immer unversehens wieder auf, bald in diesem, bald in jenem Volke, und der aufmerksame Forscher setzt sich aus solchen Formeln eine Art Alphabet des Weltgeistes zusammen.«[76]

Dieses Alphabet des Weltgeistes hat Goethe nicht als ein »Prinzip« der geistigen Welt statuiert, sondern in den Urphänomenen der natürlichen Welt geschaut und auch an der Weltgeschichte erprobt, so weit es sich an ihr erproben ließ. Denn er wußte, daß Wirkung und Gegenwir-

73 *Gespräche* IV, 69; vgl. II, 40.

74 *Gespräche* II, 572.

75 *Gespräche* II, 6.

76 *Gespräche* II, 419; vgl. 416; III, 155; IV, 275; Br. an F. Mendelssohn-Bartholdy vom 9. IX. 1831.

kung der Menschen, woraus die Weltgeschichte besteht, für den Begriff etwas »Incommensurables« haben, weil Gesetz und Zufall einander durchkreuzen, während Hegel den Zufall ausschalten mußte, um seine philosophisch-theologische Konstruktion behaupten zu können. Die Möglichkeit einer solchen Zurechtlegung sah Goethe darin begründet, daß sich der Historiker gerade der Unsicherheit, die allem Geschichtlichen einwohnt, zu seinem Vorteil bedient[77]. Trotz des unabsehbaren Gangs alles geschichtlichen Handelns und Treibens ist aber auch in ihm eine allgemeine Regel bemerkbar. Die Weltgeschichte bewegt sich im Großen und Ganzen in spiralig ansteigenden Kreisen, wobei das Vergangene wiederkehrt und die Situationen sich gleichen: »Der Kreis, den die Menschheit auszulaufen hat, ist bestimmt genug, und ungeachtet des großen Stillstandes, den die Barbarei machte, hat sie ihre Laufbahn schon mehr als einmal zurückgelegt. Will man ihr auch eine Spiralbewegung zuschreiben, so kehrt sie doch immer wieder in jene Gegend, wo sie schon einmal durchgegangen. Auf diesem Wege wiederholen sich alle wahren Ansichten und alle Irrtümer.«[78]

An Goethes Anschauung des Geschehens der Welt hat sich Burckhardts Betrachtung der Weltgeschichte gebildet, und darum ist er auch unter allen modernen Historikern der einzige, der sie so sieht, wie sie ist. Im Vergleich zu Goethe ist aber selbst Burckhardt ein Hegelianer geblieben, weil er die Natur nicht unmittelbar, sondern in der Vermittlung der Kunst anschaute und die durch Hegel, Ranke und Droysen üblich gewordene Abscheidung der »Natur« vom »Geist« und der Naturkunde von der Geschichtskunde zur Voraussetzung nahm. Die ganzen historischen Wissenschaften vom Geiste kranken an diesem Bruch zwischen der Natur und dem Geiste[79], der in Descartes seinen Ursprung hat. Goethes erbittertem Kampf gegen Newtons *Naturwissenschaft* entspricht darum seine bis zur Satire gesteigerte Ironie gegenüber der offiziellen *Geschichtswissenschaft,* die keinem bloßen »Mißvergnügen« entsprang[80], sondern der tief begründeten Überzeugung, daß die

77 *Geschichte der Farbenlehre,* Bd. 39, a. a. O., S. 59.

78 Ebenda, S. 1; vgl. *Gespräche* II, 632 und IV, 51.

79 Siehe dazu Burckhardts charakteristisches Bedauern von Goethes »botanischen Präokkupationen« auf Kosten der Nausikaa-Tragödie (XIV, 176) und seine Abgrenzung der Natur vom Geiste (VII, 18); vgl. dazu Dilthey, *Ges. Schr.* VII, 88 ff.

80 F. Meinecke, *Goethes Mißvergnügen an der Geschichte.* Berliner Sitzungsberichte 1933; *Die Entstehung des Historismus,* 1936, Bd. II, S. 480 ff. Daß

Weltgeschichte, rein historisch betrachtet, das »Absurdeste« ist, was es gibt[81], »ein Gewebe von Unsinn für den höhern Denker«[82]. Die Arbeit des Historikers ist nicht nur ungewiß, undankbar und gefährlich[83], sondern ein »Mischmasch von Irrtum und Gewalt«, ein »Kehrichtfaß und eine Rumpelkammer. Und höchstens eine Haupt- und Staatsaktion.« Was die Historie überliefert, ist, wie schon jeder Zeitungsbericht, eine Entstellung der Wahrheit, zusammengesetzt aus Wunsch und Absicht, Parteisucht und Dummheit, Feigheit und Lüge. Wie wenig vermittelt selbst das beste Geschichtswerk vom wirklichen Leben eines Volkes und wie viel ist von diesem Wenigen wahr und von dem Wahren gewiß[84]?

Zur Überwindung dieser historischen Skepsis hat man in unserer Zeit zwei Auswege beschritten, die der Wirkung nach beide zusammengehen und Goethes Einsicht in den Ernst der Problematik der historischen Erkenntnis umgehen. Die einen haben von vornherein auf eine Erkenntnis der geschichtlichen Wahrheit verzichtet, indem sie sich dichterisch an den »Heroen« begeistern und das wirkliche Weltgeschehen zu einem »Mythos« oder einer »Legende« verdichten[85]; die andern haben aus der Not eine Tugend gemacht, indem sie die Subjektivität

Meinecke Goethe in die Entstehung des »Historismus« einzubeziehen vermag, ist nur daraus verständlich, daß er im Grunde gar nicht den aus Hegel entsprungenen Historismus, sondern die Individualisierung der Lebensauffassung zum Thema macht. Vgl. zum folgenden: E. Cassirer, *Goethe und die geschichtliche Welt,* Berlin 1932; H. Cysarz, *Goethe und das geschichtliche Weltbild,* Brünn 1932; A. Schweitzer, *Goethe,* München 1932.

81 *Gespräche* III, 489.

82 *Gespräche* III, 137.

83 Br. an Zelter vom 27. III. 1824; vgl. *Gespräche* II, 571; *Maximen und Reflexionen,* Nr. 271; Br. an F. H. Jacobi vom 7. VII. 1793.

84 *Gespräche* I, 433 ff.

85 Vgl. dazu in Gundolfs *Goethe* den Abschnitt über »Geschichte und Politik«. Danach hätte die Geschichte für Goethe nur »symbolische Wahrheit« gehabt und bloß insoweit gegolten, als sie »Bilder« des Geschehens entwirft, die Phantasie anregt und den Charakter an großen Taten und Gestalten zu steigern vermag – ohne Rücksicht auf die »empirische Richtigkeit« und unter Mißbilligung der historisch-philologischen Kritik. Es bedarf aber nur eines Hinweises auf Goethes Gespräche mit Luden, auf sein Verhältnis zu F. A. Wolf und seine Schätzung Niebuhrs (Br. an Niebuhr vom 4. IV. 1827; Gespräche IV, 317 und 353), um zu erkennen, daß diese Zurechtlegung der Geschichte nach Maßgabe der »Dichter und Helden« dem Goetheschen Ernst und Sinn für die Wirklichkeit in keiner Weise gemäß ist.

ihres Standpunktes zum Dogma versteiften und ihren Unwillen zu einer objektiven Erkenntis in den Willen des Sich-»Entscheidens« und »Wertens« verkehrten. Im Unterschied zu diesen modernen Ausflüchten aus den Schwierigkeiten des historischen Wissens hat Goethe darauf bestanden, die physischen und sittlichen Phänomene möglichst rein, d.h. so wie sie sind, zu erkennen. Infolgedessen hat auch der so viel beanspruchte Satz vom *»Umschreiben der Geschichte«* bei Goethe einen ganz andern Sinn gehabt, als man mit ihm verbindet.

Die Rede vom »Umschreiben« der Geschichte stammt von Goethe, der sie aber seinerseits als schon »irgendwo gesagt« gebraucht. Die betreffende Briefstelle bezieht sich auf ein historisches Werk von Sartorius über die Regierung der Ostgoten in Italien und lautet im Zusammenhang: »Es ist irgendwo gesagt, daß die Weltgeschichte von Zeit zu Zeit umgeschrieben werden müsse, und wann war wohl eine Epoche, die dies so notwendig machte, als die gegenwärtige. Sie haben ein treffliches Beispiel gegeben, wie das zu leisten ist. Der Haß der Römer gegen den selbst milden Sieger, die Einbildung auf abgestorbene Vorzüge, der Wunsch eines andern Zustandes, ohne einen bessern im Auge zu haben, Hoffnungen ohne Grund, Unternehmungen auf geratewohl, Verbindungen, von denen kein Heil zu erhoffen, und wie das unselige Gefolge solcher Zeiten nur immer heißen mag, das alles haben Sie trefflich geschildert und belegen uns, daß das alles wirklich in jenen Zeiten so ergangen.«[86]

Das Umschreiben der Vergangenheit hat also bei Goethe keineswegs den jetzt gebräuchlich gewordenen Sinn einer *Selbstbehauptung der Gegenwart,* sondern im Gegenteil einer *Rechtfertigung der Vergangenheit:* es beschreibt alles so wie es »wirklich« in jenen Zeiten erging. Diesem Anspruch auf historische Objektivität widerspricht nur scheinbar der Umstand, daß Goethes Zustimmung zu des Sartorius Beschreibung einer längst vergangenen Zeit eine unausgesprochene Beziehung auf die von ihm selbst erlebte enthält, indem Goethe bei den Siegern und Besiegten von damals in seinem 1811 geschriebenen Brief zugleich an die ohnmächtige Reaktion der Deutschen auf Napoleons Herrschaft denkt. Die Erfahrungen der »gegenwärtigen Epoche«, welche das Umschreiben so nötig macht, sie beeinträchtigen nicht, sondern ermöglichen erst die rechte Erkenntnis auch von dem, was damals geschah,

86 Weimarer Ausg. IV/22, S. 28; vgl. *Tagebücher* IV, 183f. und Brief an Zelter vom 11. X. 1826.

denn was jetzt geschieht, erinnert an das, was schon einmal war. Die Geschichte wiederholt bestimmte Grundformen menschlicher Schicksale »unter tausend bunten Verbrämungen«, und neu geschrieben werden muß sie deshalb »von Zeit zu Zeit«, weil nur unter analogen Verhältnissen auch die Einbildungen, Wünsche, Hoffnungen und Unternehmungen vergangener Zeiten so erscheinen, wie sie wirklich gewesen sein werden. Eine polemische Wendung gegen die objektive Erkenntnis der geschichtlichen Wahrheit zugunsten der wertenden Subjektivität lag Goethes gegenständlichem Denken so fern, daß er die Geschichtsschreibung gerade dort verwarf, wo sie ihm »unredlich«, weil subjektiv zurechtgelegt schien. – Noch deutlicher als in dem Brief an Sartorius hat sich Goethe in der Geschichte der Farbenlehre (am Ende der dritten Abteilung) über den Sinn des Umschreibens geäußert: »Daß die Weltgeschichte von Zeit zu Zeit umgeschrieben werden müsse, darüber ist in unsern Tagen wohl kein Zweifel übrig geblieben. Eine solche Notwendigkeit entsteht aber nicht etwa daher, weil viel Geschehenes nachentdeckt worden, sondern weil neue Ansichten gegeben werden, weil der Genosse einer fortschreitenden Zeit auf Standpunkte geführt wird, von welchen sich das Vergangene auf eine neue Weise überschauen und beurteilen läßt. Ebenso ist es in den Wissenschaften.« Besonders das 18. Jahrhundert, das man das »selbstkluge« nennen könne, sei in diesem Sinne zu kontrollieren, *weil es den vorhergehenden gar mannigfaltiges Unrecht tat!* »Zweifelsucht und entscheidendes Absprechen« haben in dieser Epoche die gleiche Wirkung gehabt: »eine dünkelhafte Selbstgenügsamkeit«, ein Ablehnen alles dessen, was sich nicht sogleich überschauen läßt und einen bedenklichen Mangel an Nachsicht gegen »kühnes, mißlungenes Bestreben«. Es ist der Mangel an »Gründlichkeit und Billigkeit« in der Beurteilung anderer Menschen und Zeiten, den Goethe der Geschichtsschreibung des 18. Jahrhunderts zur Last legt, und darum hielt er es für nötig, die Überlieferung dieser Zeit einer Umschreibung zu unterziehen. Es ist der »Exorcismus« der Aufklärung, der zugleich mit den »Gespenstern« den »Geist« vertrieb, gegen den sich Goethes Gerechtigkeit auflehnt, aber keineswegs – wie bei den Exorzisten der Umschreibung – die historische und menschliche Gerechtigkeit selbst gegenüber andern Menschen und Zeiten[87].

87 Musterbeispiele für das Umschreiben der deutschen Geschichte sind (außer den Veröffentlichungen des Reichsinstituts für die Geschichte des neuen Deutschlands): H. Schwarz, *Grundzüge einer Geschichte der artdeutschen Phi-*

Erst durch Nietzsches Frage nach dem Wert der Wahrheit überhaupt und dem Nutzen der historischen insbesondere hat der Satz vom Umschreiben der Geschichte jenen aktivistischen Sinn bekommen, der ihn zur bequemen Rechtfertigung jeder willkürlichen Zurechtlegung der Vergangenheit macht. Aber auch Nietzsches Satz: »Nur aus der höchsten Kraft der Gegenwart dürft ihr das Vergangene deuten: nur in der stärksten Anspannung eurer edelsten Eigenschaften werdet ihr erraten, was in dem Vergangenen wissens- und bewahrungswürdig und groß ist«[88], will keine selbstgerechte Überlegenheit der Gegenwart als solcher befürworten, sondern an die Stelle einer problematisch gewordenen, weil alles in gleicher Weise tolerierenden »Objektivität« eine höhere setzen, nämlich die Gerechtigkeit, welche richtet[89]. – Von diesem Sinn für Gerechtigkeit sind Nietzsches Nachfolger weit entfernt gewesen. Sich als »Baumeister der Zukunft« fühlend, glaubten sie ohne weiteres im Besitz jener edelsten Eigenschaften zu sein, ohne die man den Spruch der Vergangenheit nicht enträtseln kann. Sie meinten, durch indiskutable »Wertungen«, durch »Einsatz«, »Umbruch«, »Aufbruch« und existenzielle »Entscheidung« einen leer gewordenen Wissenschaftsbetrieb in Betrieb halten und eine fade gewordene Bildung ersetzen zu können. Die deutsche Geschichte von Karl dem Großen bis Bismarck, die christliche Religionsgeschichte, die Philosophie-, Kunst- und Literaturgeschichte, alles wurde »umgeschrieben«, d.h. so geschrieben, wie es zwar nicht gewesen sein wird, aber dem »geschichtlichen Selbstbewußtsein des 20. Jahrhunderts« entspricht[90].

Derselbe Goethe, der sich über die Unzulänglichkeiten der historischen Wissenschaft so unwillig und sarkastisch geäußert hat, hat aber auch auf dem Gebiet der Geschichte neue und fördernde Wege gewiesen. Er hat im historischen Teil seiner Farbenlehre ein Muster für die Behandlung der »Geistesgeschichte« gegeben, indem er eine Folge von wissenschaftlichen Entdeckungen und Verdeckungen mit Rücksicht auf den Charakter und die Denkweise der Menschen behandelte, aber nicht abstrakt als eine Geschichte von bloßen Ideen und Meinungen.

losophie, Berlin 1937; E. Seeberg, *Meister Eckhart,* Tübingen 1934; H. Mandel, *Deutscher Gottglaube von der deutschen Mystik bis zur Gegenwart,* Leipzig 1930 usw.

88 I, 336.

89 I, 330ff.

90 Siehe dazu den symptomatischen Vortrag von H. Freyer, *Das geschichtliche Selbstbewußtsein des 20. Jahrhunderts,* Leipzig 1937.

Denn die eigentliche Geschichte der Wissenschaften verstand er als den Konflikt des Individuums mit der unmittelbaren Erfahrung und der mittelbaren Überlieferung, weil es am Ende doch nur das »Individuum« ist, das »einer breiteren Natur und einer breiteren Überlieferung Brust und Stirn bieten kann«[91]. Er hat ferner in der Skizze über Winckelmann auf wunderbare Weise gezeigt, wie man auch die Kunst menschengeschichtlich behandeln kann, und er hat vor allem in *Dichtung und Wahrheit* dargestellt, wie sich ein einzelner Mensch unter der Wirkung und Gegenwirkung seiner geschichtlichen Umwelt zu einem Menschen entwickelt, dessen Leben welthaltig ist.

Laßt fahren hin das allzu Flüchtige!
Ihr sucht bei ihm vergebens Rat;
In dem Vergangnen lebt das Tüchtige,
Verewigt sich in schöner Tat.

Und so gewinnt sich das Lebendige
Durch Folg' aus Folge neue Kraft,
Denn die Gesinnung, die beständige,
Sie macht allein den Menschen dauerhaft.

So löst sich jene große Frage
Nach unserm zweiten Vaterland;
Denn das Beständige der ird'schen Tage
Verbürgt uns ewigen Bestand.

In diesen Versen ist der »historische Sinn« enthalten, welchen Goethe besaß. Als er im hohen Alter nach Abschluß der *Wanderjahre* und vierzig Jahre nach der Französischen Revolution auf das vor sich Gebrachte zurücksah, mußte er aber feststellen, daß die jüngere Generation infolge des damals erfolgten Umsturzes alles Bestehenden unfähig war, ein Lebenswerk zu begründen, das in sich selbst Bestand hat und Folge. Er schreibt an Zelter: »Überhaupt muß ich nun versuchen, Tag für Tag, Stunde für Stunde zu sehen, was noch zu leisten ist, um das Gegründete rein aufzurichten und praktisch zu befestigen. Es gibt sehr vorzügliche junge Leute, aber die Hansnarren wollen alle von vornen anfangen und unabhängig [...], eigenmächtig, uneingreifend, grade vor sich hin [...] wirken und dem Unerreichbaren genug tun. Ich sehe diesem Gange seit 1789 zu und weiß, was hätte geschehen können,

91 *Geschichte der Farbenlehre,* Bd. 39, a. a. O., S. 4 und 61.

wenn irgendeiner rein eingegriffen und nicht jeder ein peculium für sich vorbehalten hätte. Mir ziemt jetzt, 1829, über das Vorliegende klar zu werden, es vielleicht auszusprechen, und, wenn mir das auch gelingt, wird's doch nicht helfen; denn das Wahre ist einfach und gibt wenig zu tun, das Falsche gibt Gelegenheit, Zeit und Kräfte zu zersplittern.«[92]

Daß das Wahre, soweit es im letzten Jahrhundert im Deutschen Sprache gewann, in Goethe anschaubar ist und nicht in den Neueren, ist aber leicht zu verkennen, weil man geheimhin nicht zu verstehen vermag, daß die *Ausnahme* vom Gewöhnlichen nicht das durch Übermaß und Mangel Hervorstechende ist, sondern das *völlig Normale*.

In Goethes Weimarer Haus hat sich sein zeitliches Dasein sichtbar und greifbar verräumlicht. Gehörig entfernt davon steht das Nietzsche-Archiv, dem eine Prunkhalle angebaut wurde, die dem Jugendstil Zarathustras in gewisser Weise gemäß ist. Sie sollte der Ausbreitung der »Nietzsche-Bewegungen« dienen, der Pflege des »Zarathustrawesens« und den »irgendwie« damit in Zusammenhang stehenden schöpferischen Kräften des jungen Deutschlands[93]. Die Nietzschehalle des Dritten Reichs ist Nietzsches »Bayreuth«, durch das Wagner an Nietzsche gerächt wird. Das andere, den Jahren nach ältere Deutschland ist in dem bürgerlichen Hause Goethes zu sehen[94].

92 Br. an Zelter vom 2. I. 1829; vgl. dazu den Brief vom 23. bis 29. III. 1827.
93 R. Oehler, *Die Zukunft der Nietzschebewegung*, Leipzig 1938.
94 Immermann, *Memorabilien. Fränkische Reise: Goethes Haus.*

»A Jove principium, in Jove finis.«

»An einem freien Platze, den ein Brunnen lebendig macht, zeigt sich in graurötlicher Tünche, die Fenster mit schwarzen Einfassungen umgeben, ein zweistöckiges Haus, geräumig dem Ansehn nach, aber durch nichts über das Maß der Wohnung eines wohlhabenden Bürgers hinausgestellt. Wir treten über die Schwelle und befinden uns in einem Hausflur, den eine gelbliche Steinfarbe hell und heiter erscheinen läßt. Wir steigen die mit massiv gemauerten Wangen versehene Treppe hinan, die sich mit breiten Stufen in der sachtesten Hebung emporschwingt. [...]

Im obern Vestibüle blicken uns auch Mauernischen die Gestalten des Schlafes und des Todes und das kolossale Haupt der Juno entgegen. Auch römische Prospekte, die über der Treppe hängen, erinnern an jenes Land, nach dessen Verlassen er, wie er zu sagen pflegte, nie wieder recht glücklich geworden ist.

Ein längliches, gelbes Sälchen thut sich auf. Darin speiste er mit seinen Gästen. Meyer'sche Zeichnungen antiker oder Poussin'scher Gegenstände bedecken die Wände; hinter einem grünen Vorhange verwahrte er die Aquarellcopie der Aldobrandini'schen Hochzeit von Meyer, die er für seinen köstlichsten Schatz hielt. Auch die Nebenräume rechts und links zeigen nur Dinge, die dieser

Richtung und Periode der Kunst angehören. Da ist [...] nichts, was nicht in die Periode seiner Bildung verschlungen wäre, und allem Spätern war der Zugang streng versagt. Gerührt überblicken wir die geringen und armen Sachen, an denen der große Mann sich aufzuerbauen wußte.

Rechts von diesem Sälchen sehen wir in das sogenannte Deckenzimmer [...]. Links liegt sein blaues Empfangszimmer und dahinter das sogenannte Urbinozimmer, nach dem Bilde eines Herzogs von Urbino, welches er aus Italien mitbrachte, getauft [...]. Auf der Schwelle des Empfangszimmers begrüßt uns sein freundliches »Salve!« [...]

Dies sind nun die Räume, welche Andern bei seinen Lebzeiten zugänglich waren. In sein Arbeitszimmer ließ er, mit Ausnahme der Intimsten, Coudray, Riemer, Müller, Eckermann, – Niemand [...].

Der Tod hat den vom Meister gesetzten Bann gebrochen; frei gingen wir durch kleine Communicationsgemächer quer durch das Haus dem Studier- und Arbeitszimmer zu. In einem der kleinen Gemächer machten wir auf einen Augenblick Halt; es ist das, in welchem er speiste, wenn er mit seinen Kindern allein war. Ein Laubdach vor diesem Zimmerchen wirft einen grünen Schein hinein; mit einem Schritte ist man im Garten, in welchem Goethe in freien Stunden jeden hellen Sonnenblick zu genießen pflegte. In der Ecke steht ein Gartenhäuschen, worin er seinen physikalischen Apparat aufbewahrte.

Im Vorzimmer des Museums sah ich in Schränken und unter Glaskästen an den Wänden umher Stufen, Steine, Conchylien, Petrefacten, – überhaupt alles, was Gegenstand seiner naturwissenschaftlichen Betrachtungen geworden war. Alles fand ich sehr sauber gehalten und mit einer gewissen Eleganz arrangiert. Eine Tür rechts ward geöffnet, da blickte ich in die Bibliothek. Sie konnte für solche Mittel, wie hier zu Gebote gestanden hatten, klein erscheinen. Goethe sammelte absichtlich nicht viel Bücher, da ihm die Bibliotheken von Weimar und Jena zur Disposition standen; ja, um alles Anhäufen derartiger Schätze, die ihm unnötig vorkommen mochten, zu verhindern, schenkte er das Meiste, was ihm von fern und nah verehrt wurde, nach der Lesung wieder weg.

Jetzt tat der Bibliotheksekretär Kräuter, der frühere Schreiber Goethes, [...] die Tür des Arbeitszimmers auf, und da wurde mir ein rührender Augenblick. [...] Dieses kleine, niedrige, schmucklose grüne Zimmerchen mit den dunklen Rouleaux von Rasch, den abgeschabten Fensterbrettern, den zum Teil morsch gewordenen Rahmen war also der Ort, von dem aus sich eine solche Fülle des glänzendsten Lichtes ergossen hatte! Ich fühlte mich tief bewegt; ich mußte mich zusammennehmen, um nicht in eine Weichheit zu geraten, die mir die Kraft zur Anschauung geraubt hätte.

Nichts ist von seiner Stelle gerückt; Kräuter hält mit frommer Strenge darauf, daß jedes Blättchen, jedes Federschnitzel am Orte bleibe, wo es lag, da der Meister entschlief. [...]

Hier ist jeder Fleck heiliger Boden, und tausend Gegenstände, von denen das Zimmerchen erfüllt ist, reden von dem Wesen und Weben des Geistes. Rings umher an den Wänden laufen niedrige Schränke mit Schubfächern, in denen Scripturen aufbewahrt wurden. Darüber befinden sich Repositorien, worein Goethe die Sachen stellte, mit denen er sich eben beschäftigte [...]. Er las stehend, er schrieb stehend, er verzehrte selbst sein Frühstück an einem hohen

Tisch stehend. Ein gleiches Verhalten empfahl er Jedem, für den er sich interessierte, als Leben erhaltend angelegentlich, sowie, daß die Hände auf dem Rücken gehalten würden, wodurch, wie er sagte, die Brust vor jeder Verengung und Zusammenpressung bewahrt werde.

Sehen wir uns in dieser ehrwürdigen Werkstatt noch etwas genauer um! Da hängt an der Türe links eine Art von historischem Conduitenzettel. Goethe ließ für das eine Jahr in der ersten Columne die Weltcharaktere und Corporationen verzeichnen, welche nach seiner Meinung politischen Ertrag verhießen, und in den folgenden Columnen bemerken, ob und inwiefern sie in den Jahren darauf die erwartete Ausbeute gewährten. Von Jackson hatte er sich viel versprochen; sein Benehmen gegen die Indianer aber war in der Folge schwarz markiert worden.

Ein Triangel von Pappe, welchen er selbst verfertigt hat, und der im Repositorio zunächst steht, ist als Denkmal eines psychologischen Gedankenspiels merkwürdig. Goethe wollte sich das Verhältnis der Seelenkräfte verdeutlichen. Sinnlichkeit erschien ihm als Grundlage alles Übrigen; er wies ihr daher die Grundfläche des Dreiecks an und färbte dieselbe grün. Phantasie erhielt eine dunkelrote, Vernunft eine gelbe, Verstand eine blaue Seitenfläche eingeräumt.

Daneben liegt eine schwarzgefärbte Halbkugel aus Pappe, aus welcher Goethe mittelst einer gläsernen Kugel voll Wasser bei hellem Sonnenschein alle Regenbogenfarben zu entzünden liebte. Damit hat er sich stundenlang, besonders nach dem Tode seines Sohnes, beschäftigen können, und seine größte Freude ist gewesen, wenn der bunte Schein sich so recht energisch hervorlocken ließ.

Wie er denn überhaupt glückselig war, wenn ihm ein Naturphänomen begegnete. Dort steht die kleine Büste Napoleons aus Opalfluß, welche ihm Eckermann aus der Schweiz mitgebracht, die ihm Sachen der Farbenlehre bestätigte und ihm zum wahren Entzücken gereichte. Über jene Flasche, die uns da auf dem andern Tisch gezeigt wird, jauchzte er wie ein Kind. Es war roter Wein darin gewesen; sie hatte auf der einen Seite umgelegen, und als Goethe sie zufällig gegen das Licht hielt, sah er darin die allerschönsten Kristallisationen des Weinsteins in Blätter- und Blumenform abgesetzt. Begeistert rief er seine Nächsten zusammen, zeigte ihnen dieses Schauspiel, ließ eine brennende Kerze bringen und drückte mit Feierlichkeit sein Wappen in Siegellack auf den Pfropfen, damit kein Zufall diese Erscheinung zerstören möge. Die Flasche ist nachmals immer in seinem Zimmer geblieben.

Napoleon gab ihm im Gebiete des Lichts Aufschlüsse; er ward ihm aber auch zum Dämon in jener dunkeln Region, in die kein Lichtstrahl der Oberwelt dringt. Seine Gipspaste fiel am Tage der Schlacht von Leipzig vom Nagel herab; ein Stück des Randes brach aus, ohne daß gleichwohl das Antlitz des Helden verletzt wurde. Da in jener Schranknische hängt der Verstümmelte noch; Goethe hat, Lucan parodierend, um das Bild mit roten Buchstaben den Vers setzen lassen:

Scilicet immenso superest ex nomine multum.

Hier findet man auch das Originalmanuscript der Römischen Elegien [...] ferner den Götz in der ersten Gestalt [...].

Reinlich war Goethe über alle Maßen. Es verdroß ihn, daß der kleine Comptoirkalender, den er zu gebrauchen pflegte, sich das Jahr hindurch nicht sauber halten wollte. Da machte er eigenhändig ein pappenes Futteral dazu.

In der Mitte des Zimmers steht ein großer runder Tisch. Daran saß der Copist, dem Goethe dictierte, während er den Tisch unaufhörlich umwandelte. Die Arbeit begann um 8 Uhr morgens und dauerte oft bis 2 Uhr nachmittags ohne Unterbrechung.

Abends, wenn Goethe sich wieder, wie er in den letzten Jahren immer tat, in dieses stille Zimmer zurückgezogen hatte, sah ihm der Bediente nach den Augen, ob diese freundlich und aufgeweckt waren. Ließ sich darin ein Begehren nach Mitteilung und Gesellschaft verspüren, so rückte er stillschweigend den Lehnsessel zum Tisch, bereitete ihm ein Polster auf denselben, setzte einen Korb zur Seite, in den Goethe sein Tuch legte, und dann nahm Goethe Platz, harrend, ob ihn ein Freund besuchen möge. Den Nächsten war unterdessen Nachricht gegeben worden, und wer wäre nicht gern, wenn er konnte, gekommen! – Dann saß er mit seinem kleinen Zirkel bis gegen Elf in traulicher Unterhaltung, ließ ihnen Wein und kalte Küche geben; er selbst genoß schon seit Jahren am Abend nichts mehr.

Nun sollte ich auch noch seine letzte Lagerstatt sehen. Zwar er ist nicht liegend gestorben, sondern, wenn auch nicht, wie dem Imperator ziemt, stehend, doch wenigstens sitzend. Links an das Arbeitszimmer stößt das Schlafzimmer. Es ist auch ganz klein, schmucklos, noch abgenutzter als das Arbeitszimmer. Nur in seinen höheren Jahren sorgte Goethe in der Art für sich und sein Lager, daß er zwischen dem Bette und den daranstoßenden Wänden eine wollene Decke an Ringen aufziehen ließ, um die Kälte der Wand von sich abzuhalten. Außer dieser Vorrichtung und einem schmalen Teppich vor dem Bette ist auch nichts von Weichlichkeit oder bequemem Wesen hier sichtbar. Das Bett selbst ist niedrig, mit einer alten rotseidenen Decke überlegt, so schmal, daß ich nicht begreife, wie sein großer Körper darin Platz haben konnte.

Bis in diese Kleinigkeiten hin prägt sich uns das Bild eines weisen, eines großen Mannes aus, der Schmuck und Zier an ihrem Orte gelten läßt, aber um sich her in seiner unmittelbarsten Nähe nur das Einfachste sehen will, weil er sich selbst die größte Zierde ist.

Da, zu Häupten des Bettes, steht nun der Lehnstuhl, in dem dieses majestätische Leben ausatmete. Alle Stimmen sind hier völlig einig darin, daß der Tod ohne Kampf, ohne Schmerz, ohne Gefühl der Annäherung eingetreten sei, ja, daß Niemand den eigentlichen Zeitpunkt seines Eintritts gemerkt habe. [...]

Hierher soll man junge Leute führen, damit sie den Eindruck eines soliden, redlich verwandten Daseins gewinnen. Hier soll man sie drei Gelübde ablegen lassen, das des Fleißes, der Wahrhaftigkeit, der Konsequenz.«

II. TEIL

Studien zur Geschichte der bürgerlich-christlichen Welt

I. DAS PROBLEM DER BÜRGERLICHEN GESELLSCHAFT

> »Derselbe sorgt für sich und seine Familie [...] und ebenso arbeitet er auch für das Allgemeine. [...] Nach jener Seite heißt er bourgeois, nach dieser citoyen. Spieß- und Reichsbürger, einer so sehr formaler Spießbürger als der andere.« Hegel

Rousseaus Schriften enthalten die erste und deutlichste Charakteristik der menschlichen Problematik der bürgerlichen Gesellschaft. Sie besteht darin, daß der Mensch der bürgerlichen Gesellschaft nichts Einheitliches und Ganzes ist. Er ist einerseits *Privatmensch* und andrerseits *Staatsbürger,* weil die bürgerliche *Gesellschaft* in einem problematischen Verhältnis zum *Staat* existiert. Das Mißverhältnis von beiden ist seit Rousseau ein Grundproblem aller modernen Staats- und Gesellschaftslehren, und die totalitären Staaten der Gegenwart sind der Versuch einer Antwort auf Rousseaus Fragestellung: wie läßt sich der Mensch, der doch von Natur aus schon selbst etwas Ganzes ist, in Übereinstimmung bringen mit der ganz andersartigen Ganzheit der »société politique«? Es scheint, daß eine wahre Übereinstimmung zwischen beiden nicht möglich ist, und man muß sich deshalb bei der Erziehung eines Menschen entscheiden, ob man einen *»homme«* oder einen *»citoyen«* heranbilden will, einen Menschen oder einen Staatsbürger: *»Celui qui dans l'ordre civil veut conserver la primauté des sentiments de la nature ne sait ce qu'il veut. Toujours en contradiction avec lui-même, toujours flottant entre ses penchants et ses devoirs, il ne sera jamais ni homme ni citoyen; il ne sera bon ni pour lui ni pour les autres. Ce sera un de ces hommes de nos jours, un François, un Anglois, un bourgeois: ce ne sera rien.«*[1] Die Problematik des Menschen »unserer Tage« besteht also darin, daß der moderne Bourgeois weder ein Staatsbürger im Sinn der antiken Polis noch ein ganzer Mensch ist. Er ist in einer Person zweierlei, er gehört einerseits sich selbst, und andrerseits dem »ordre civil« an. Daß dieser Unterschied aber seinen Ursprung im Christentum hat, drückt sich darin aus, daß sich Rousseaus Appell an die unverdorbene »Natur« des Menschen in der christlichen Vorstellung vom Paradies und Sündenfall bewegt. Der *Émile* beginnt mit der

1 *Émile,* cap. 1.

Unterscheidung, wie der Mensch war, als er aus den Händen des Schöpfers aller Dinge hervorging, und was aus ihm wurde, seitdem er aus dieser ursprünglichen Ordnung heraus und in die Sozietät eintrat.

1. Rousseau: Bourgeois und Citoyen

»Le patriotisme et l'humanité sont deux vertus incompatibles . . .«
(Lettres de la Montagne)

Rousseau verlangt im *Contrat Social* eine »aliénation totale de chaque associé avec tous ses droits à toute la communauté«, eine völlige Entäußerung des Individuums an das Gemeinwesen, als dessen Vorbild ihm die antike Polis gilt. Derselbe Rousseau bekennt sich aber zu seiner höchsteigenen Person in Konfessionen nach dem Vorbild von Augustin. Dieser für die ganze europäische Kultur charakteristische Gegensatz zwischen der christlichen und antiken Überlieferung äußert sich bei Rousseau in dem Entweder-Oder von (christlicher) »humanité« und (antikem) »patriotisme«, in dem für den modernen Bourgeois charakteristischen Widerspruch zwischen dem »homme« und dem »citoyen«.

Der erste und zweite *Discours*[2] von 1750 und 1754 sind zwar beide eine Kritik der modernen Zivilisation, in der positiven Zielsetzung aber einander völlig entgegengesetzt. Die erste Abhandlung entwirft das Bild eines vollen und ganzen Bürgertums, nach dem Vorbild des spartanischen und römischen Patriotismus; die zweite das Bild eines goldnen Zeitalters, in Analogie zum christlichen Mythos vom Paradies. Die eine verherrlicht den echten citoyen, die andre den ursprünglichen homme als die beiden Urbilder eines nicht-bourgeoisen Menschentums. Den ersten Versuch zur Auflösung dieser Antinomie enthält der *Discours sur l'Economie.* Aber auch hier sind die Rechte des Menschen noch nicht identisch mit den Pflichten des Bürgers. Die Möglichkeit ihrer Übereinstimmung ist das Problem des *Contrat Social* und des *Émile*

2 Vgl. im 1. *Discours* besonders die Rede des Fabricius zum Preis der römischen Tugenden; der 2. *Discours* skizziert schon das Problem des *Contrat social*, obgleich er ein Lobpreis des vorpolitischen status ist. Rousseau widmete ihn dem Rat von Genf als den Lenkern einer wahrhaften Polis, deren Konsequenzen er sich selbst unterwarf, indem er um der politischen Zugehörigkeit willen wieder protestantisch wurde.

(1762). Zur Herstellung der Übereinstimmung müßte der Eigenwille aller Einzelnen (volonté de tous) identisch werden mit dem Gemeinwillen des Ganzen (volonté générale), der etwas anderes ist als ein bloßer Majoritätswille. Zugleich muß aber auch die »volonté genérale« identisch werden mit der »conscience divine«, dem religiösen Gewissen des Einzelnen. Die Einheit des politischen Gemeinwesens mit der christlichen Religion und des Patriotismus mit der Humanität soll schließlich durch eine »religion civile« verbürgt werden[3].

Die Schärfe, mit der Rousseau das Problem von Anfang an antinomisch entwickelt, zwingt ihn, die Auflösung dort zu suchen, wo es entspringt: im Verhältnis des Staates zur Religion. Er führt im *Contrat Social*[4] folgendes aus: Ursprünglich begründet sich jede politische Herrschaft religiös, und jede bestimmte Religion ist ihrerseits auf den Staat beschränkt, in dessen Grenzen ihr Kultus lebt. Das Schicksal des Staates steht und fällt mit dem seiner Götter. Dieses Verhältnis der Übereinstimmung änderte sich mit dem Eintritt des Christentums in die antike Welt. Es trennte die Religion von der Politik und verkündete über jeder irdischen Herrschaft ein himmlisches Königtum. Und seitdem das Christentum in der Gestalt der römisch-katholischen Kirche selber politisch wurde, lebt Europa im Zwiespalt von Staat und Kirche, von Kaiser und Papsttum. Der einer christlichen Kirche angehörige Mensch kann kein voller und ganzer Staatsbürger sein, denn sein religiöses Gewissen widerstreitet dem bürgerlichen. Demnach unterscheidet Rousseau zwei Arten von Religion: erstens die Religion des »Menschen«, welche ohne nationale Begrenzung und ohne besonderen Kult ist und dem Glaubensbekenntnis des *Émile* entspricht, und zweitens die nationalen, polytheistischen Staatsreligionen. Als einen Kompromiß zwischen beiden beurteilt er die katholische Kirche, wogegen die Religion des Menschen der wahre Protestantismus sein soll. Die Beziehung des Staates zur Religion entscheidet sich nach ihrer Nützlichkeit, die des Menschen jedoch nach der Wahrheit. Das Ergebnis ist: die universale Religion des Menschen ist wahr, aber unnütz; die partikularen heidnischen Staatsreligionen sind nützlich, aber unwahr. Diesen Widerspruch versucht Rousseau in der *religion civile* aufzulösen. Sie ist weder im dogmatischen Sinn

3 Siehe zum folgenden die Marburger Diss. von K.D. Erdmann: *Das Verhältnis von Staat und Religion nach der Sozialphilosophie Rousseaus,* 1935.

4 IV, 8; eine Zusammenfassung des *Contrat social* enthält das 5. Buch des *Émile* und der 6. Brief der *Lettres de la montagne.*

christliche Offenbarungsreligion noch eine heidnische Staatsreligion, sondern die Religion des menschlichen Bürgers oder des bürgerlichen Menschen. Doch gelingt Rousseau die Vereinigung auch hier nur scheinbar. Er befürwortet einmal die Religion der Menschheit, die sich über alle völkischen Eigenarten hinwegsetzt, und ein andermal die exklusivste Nationalerziehung und Nationalreligion. Die religion civile, welche beider Vorzüge vereinigen soll, bleibt ein bloßes Programm und ein Kompromiß. Und als Rousseau wegen seiner Stellung zum Christentum angegriffen und genötigt wurde, in den *Lettres de la Montagne* seine Position zu verteidigen, mußte er notwendig scheitern: »Le patriotisme et l'humanité sont deux vertues incompatibles dans leur énergie et surtout chez un peuple entier.« Wer sie beide zugleich will, der erreicht weder die eine noch die andere. Desgleichen verzweifelt er am Ende an der Möglichkeit einer »conformité« zwischen der »volonté générale« und der öffentlichen Gewalt. Er vergleicht die Lösung dieser Frage mit der Quadratur des Kreises und bezeichnet sie als den »abîme de la politique dans la constitution de l'état«.

In seinen Verfassungsentwürfen für Korsika und Polen wendet sich Rousseau dann wieder der Idee eines vollen antiken Bürgertums zu, wobei die Polis alles und der Einzelne nichts ist. Er empfiehlt diesen jungen Randvölkern nicht den contrat social und die religion civile, sondern antiken Bürgersinn. Wo er aber auf die alten europäischen Großstaaaten zu sprechen kommt, geschieht es in der Stimmung der Resignation, und die Ausgangsfrage des *Émile:* wie läßt sich aus dem modernen Bourgeois wieder etwas Rechtes und Ganzes machen, bleibt ungelöst. Während er in dem Entwurf für Polen seiner Sehnsucht nach einem heilen Menschentum Ausdruck gibt, versinkt er selbst in die Abgründe seiner privaten Existenz, um schließlich mit den verzweifelten *Rêveries d'un Promeneur Solitaire* zu enden.

Schon elf Jahre nach seinem Tod hat Rousseau wie kein andrer Schriftsteller Schule gemacht: in der Französischen Revolution, die er vorhersah, aber nicht begünstigen wollte. Denn wozu seine Schriften anderen Mut machten, davor hat er selber Angst gehabt. Seine Wahrheiten schienen ihm verhängnisvoll, weil es vergeblich sei, die Quellen des Übels verstopfen und die Menschen zu der ursprünglichen Gleichheit zurückführen zu wollen, wenn ihre Herzen ein für allemal korrumpiert sind. Er schreibt an den König von Polen: »Es gibt kein Heilmittel mehr, wenn nicht durch einen großen Umsturz, der beinahe ebenso zu befürchten wäre wie das Übel, das er heilen könnte, und bei dem es strafbar wäre, ihn herbeizuwünschen.« Und im *Émile* heißt es: »Ihr verlaßt euch auf die gegenwärtige Ordnung der Gesellschaft, ohne zu bedenken, daß diese Ordnung unvermeidlichen Revolutionen unterworfen ist [...]. Wir nähern uns einem kritischen Zustand und dem Jahrhundert der Revolutionen. Ich halte es für unmöglich, daß die großen Monarchien Europas noch von langer Dauer sein werden.« Diese Befürchtung konnte jedoch nicht verhindern, daß sich Robespierre in dem Hause, welches Rousseau bewohnt hatte, zu seiner großen Rede vorbereitete, worin er die im *Émile* beschriebene Religion der bürgerlichen Humanität zur Nationalreligion erklärte. Ebenso hat Marat schon 1788 in einem öffentlichen Garten von Paris den *Contrat Social* erklärt, der dann zur Bibel des Konvents wurde. »C'est la faute à Rousseau«, hat Napoleon von der Französischen Revolution gesagt, deren Abgrund er schließen wollte[5].

Unmittelbar voraus geht der Revolution die Kampfschrift von Sieyès mit dem herausfordernden Titel: *Qu'est-ce que le tiers état?* (1789). Der Ausdruck »Dritter Stand« deutet die Problematik der aus ihm hervorgegangenen Gesellschaft schon an: es fehlt dieser numerischen Bezeichnung jeder eigenartige Gehalt im Vergleich zu den beiden ersten Ständen des Adels und der Geistlichkeit. Er ist zunächst nur eine Negation der privilegierten Stände des Feudalsystems. Ein kritischer Zeitgenosse von Sieyès definierte ihn darum als »die Nation weniger Adel und Geistlichkeit!« Das positive Ziel der Negation der ganzen bisherigen Tradition war die Herstellung einer Verfassung, die auf dem gemeinschaftlichen und souveränen Willen gleichberechtigter Bürger beruht. Im Unterschied zu Rousseau wollte Sieyès aber keine absolute, sondern eine repräsentative Demokratie, mit Majoritätsprinzip und einer einzigen gesetzgebenden Versammlung der Vertreter des Volkes. Die »volonté générale« wird bei ihm zur »volonté commune«. Zum erstenmal wird damit der Masse des Mittelstandes, dem auch Sieyès angehörte, die ganze politische Macht zugesprochen.

Seine Schrift beginnt mit drei Fragen, auf die er drei kurze Antworten gibt: 1. Was ist der dritte Stand? – Alles! 2. Was ist er bisher gewesen? – Nichts! 3. Was verlangt er? – Etwas zu werden! – Sodann werden die revolutionären Mittel erörtert, welche man ergreifen muß, damit aus diesem Nichts Alles wird. Ein Recht darauf hat der dritte

5 Siehe dazu Napoleons Gespräche, hrsg. von Kircheisen, Stuttgart 1913, Bd. III, 195 f., 256, 262.

Stand, weil er alle »nützlichen Arbeiten« verrichtet, wogegen Geistlichkeit und Adel nichtsnutzige Nutznießer der von ihm geleisteten Arbeit sind. Er umfaßt die Feldarbeit der Bauern, die Verarbeitung der Rohprodukte durch die Handwerker, die den Gebrauch und Verbrauch vermittelnde Arbeit der Kaufleute und die höheren Bildungszweige (Lehrer, Beamte, Advokaten usw.). Er ist bereits eine »vollständige Nation«, wobei Sieyès unter »la nation« dasselbe versteht, was Rousseau »le peuple« nannte. Die Gemeinsamkeit der im dritten Stand vereinigten Menschen beruht auf der Gemeinsamkeit ihrer »Interessen«, welche auch die gleichen politischen Rechte begründen. Damit ist der ökonomische Charakter der bürgerlichen Gesellschaft bezeichnet, welcher von da ab – bei Stein, Hegel und Marx – bis zur Gegenwart ihren Begriff bestimmt.

Im gleichen Jahr erfolgte die *»déclaration des droits de l'homme et du citoyen«*. Sie ist noch heute die Grundlage aller demokratischen Staaten. Auffallend ist schon im Titel wieder die Unterscheidung von homme und citoyen. Sie besagt, daß der Mensch im Unterschied zu seinem staatsbürgerlichen Verhältnis gedacht ist, und daß es sich weniger um Pflichten des Staatsbürgers als um Rechte des Menschen gegenüber dem Staat handelt. Die Erklärung der Menschenrechte ist also viel liberaler als der contrat social, der eine völlige Entäußerung aller Rechte des Menschen an das Gemeinwesen verlangt. Das Vorbild dieser Festlegung der Menschenrechte auf Freiheit und Gleichheit ist – wie G. Jellinek nachwies[6] – die christliche Idee, daß alle Menschen als Geschöpfe Gottes gleich geboren sind und daß niemand als ein Ebenbild Gottes über seinesgleichen ein Vorrecht hat. Die Französische Revolution ist eine entfernte Folge der Reformation und ihres Kampfes um die Freiheit des Glaubens. Die Civitas Dei auf Erden wird zum Gesellschaftsvertrag, das Christentum zur Humanitätsreligion, die christliche Kreatur zum natürlichen Menschen, die Freiheit eines jeden Christenmenschen zur bürgerlichen Freiheit im Staat und das religiöse Gewissen zur »libre communication des pensées et des opinions«. Infolge dieser christlichen Herkunft ist schon der erste Grundsatz (»Les hommes naissent et demeurent libres et égaux en droits«) gänzlich unvereinbar mit der heidnischen Staatslehre, welche voraussetzt, daß es »von Natur

6 G. Jellinek, *Die Erklärung der Menschen- und Bürgerrechte,* 4. Aufl. München 1927.

aus« Freie und Sklaven gibt. Und andrerseits muß jetzt der totale Staat zur Durchsetzung seines Anspruchs auf die Formung des Menschen zugleich mit den Menschenrechten auch das Christentum konsequenterweise bekämpfen, weil es ein Hemmnis ist für die Ineinssetzung des homme mit dem citoyen. Faktisch war aber schon durch Napoleons Diktatur von dem Recht auf Freiheit und Gleichheit nur die gesetzliche Gleichheit übrig geblieben, und die bürgerliche Gesellschaft hat sehr bald eine neue Ungleichheit zwischen dem dritten und dem vierten Stande gezeitigt.

2. *Hegel: Bürgerliche Gesellschaft und absoluter Staat*

> »Das Prinzip der modernen Staaten hat diese ungeheure Stärke und Tiefe, das Prinzip der Subjektivität sich zum selbständigen Extrem der persönlichen Besonderheit vollenden zu lassen, und zugleich es in die substanzielle Einheit zurückzuführen und so in ihm selbst diese zu erhalten.«
>
> (Rechtsphilosophie § 260)

Hegel hat drei große politische Ereignisse erlebt: in seiner Jugend die Französische Revolution, als reifer Mann Napoleons Weltherrschaft und schließlich die preußischen Befreiungskriege. Diese Ereignisse bestimmen auch die Wandlungen seines politischen Denkens: von einer radikalen Kritik des Bestehenden, über die Anerkennung Napoleons zur Rechtfertigung des preußischen Beamtenstaats. Seine *Rechtsphilosophie* von 1821, die eine Lehre von der bürgerlichen Gesellschaft (homme als bourgeois) und vom Staat (citoyen als Staatsbürger) enthält, beruht ebenso wie Rousseaus *Contrat Social* auf den zwei Überlieferungen: der antiken Polis und der Freiheitsidee des protestantischen Christentums. Platos Staat und Rousseaus Gesellschaftsvertrag (an dem Hegel nur die Idee der Menschenrechte, aber nicht die der Bürgerpflichten beachtet hat) sind die zwei Voraussetzungen, auf denen Hegel die Wirklichkeit des preußischen Staates zu einer philosophischen Existenz erhebt. Das Mittel, mit dem er diese Vereinigung vollzieht, ist die dialektische Vermittlung des individualistischen Prinzips der bürgerlichen Gesellschaft mit dem totalen Prinzip des Staats, der je eigenen Besonderheit mit der politischen Allgemeinheit.

Das Prinzip der Französischen Revolution ist nach Hegel die Freiheit des vernünftigen Wollens, das sich die Welt als die seine erbaut. In der *Philosophie der Geschichte*[7] charakterisiert er die revolutionierende Macht der Ideen der Französischen Revolution mit den pathetischen Sätzen: »Solange die Sonne am Firmament steht und die Planeten um sie herumkreisen, war das nicht gesehen worden, daß der Mensch sich auf den Kopf, d.i. auf den Gedanken stellt und die Wirklichkeit nach diesem erbaut. Anaxagoras hatte zuerst gesagt, daß der νοῦς die Welt regiert; nun aber ist der Mensch dazu gekommen, zu erkennen, daß der Gedanke die geistige Wirklichkeit regieren soll. Es war dies somit ein herrlicher Sonnenaufgang. Eine erhabene Rührung hat in jener Zeit geherrscht, ein Enthusiasmus des Geistes hat die Welt durchschauert, als sei es zur wirklichen Versöhnung des Göttlichen mit der Welt erst gekommen.« Und auch noch als preußischer Staatsphilosoph feierte Hegel alljährlich das Ereignis der Revolution.

In der *Rechtsphilosophie* analysiert er die Schranken ihrer Versöhnung: Rousseau habe zwar das große Verdienst, das vernünftige Wollen zum Prinzip des Staats gemacht zu haben, das wahre Verhältnis von Staat und Gesellschaft habe er aber dennoch verkannt. Er vermochte nicht den Widerspruch zwischen der »volonté de tous« und der »volonté générale« positiv aufzuheben, weil er den Gemeinwillen nur als gemeinschaftlichen Willen der einzelnen Bürger, aber nicht als wahrhaft allgemeinen verstand[8]. Infolgedessen wurde aus der Vereinigung im Staat ein bloßer Gesellschaftsvertrag, dessen Grundlage die willkürliche Einwilligung der Einzelnen blieb. Daraus ergaben sich zerstörende Konsequenzen für die selbständige Totalität des an und für sich vernünftigen Staats. So hatte zwar die Französische Revolution einen Staat, der nicht mehr dem Bewußtsein der Freiheit entsprach, mit Recht zertrümmert, ihm aber keine neue Basis gegeben; sie hatte auf Grund ihres mangelhaften Prinzips einen ungeheuren Umsturz bewirkt, aber kein neues Gemeinwesen organisiert. Sie verwechselte den Staat mit der bürgerlichen Gesellschaft, indem sie seine Bestimmung in den bloßen Schutz des privaten Eigentums und der persönlichen Sicherheit setzte. Zum letzten Zweck des Staates wird das besondere Interesse seiner einzelnen Mitglieder, aber nicht das wahrhaft allgemeine des Staates

7 IX, 438ff. vgl. XV, 534f.; *Phänomenologie,* ed. Lasson a.a.O., S. 378ff.
8 Enz. § 163, Zus. 1.

selbst. Es scheint dann im Belieben des Bourgeois zu liegen, ein Mitglied des Staates zu sein.

Hegels Kritik der bürgerlichen Gesellschaft betrifft daher die liberale Auffassung des Staats als eines bloßen Mittels zum Zweck, wie sie in Deutschland W. v. Humboldt in klassischer Weise vertrat. In der bürgerlichen Gesellschaft, die ein wechselseitiger Zusammenhang oder ein »System« von »Bedürfnissen« und deren Prinzip der Individualismus ist, ist zunächst jeder Bürger sich selbst Zweck. Alles andere ist ihm nichts, sofern es nicht Mittel zu *seinem* Zweck werden kann. Jeder ist frei und zugleich von allen andern abhängig, denn das Wohl und Wehe eines jeden ist in das aller andern mitverflochten und nur in diesem wirtschaftlichen Zusammenhang gesichert. Für die bürgerliche Gesellschaft ist der Staat ein bloßer »Not-« oder »Verstandesstaat«, d. h. er ist ohne eigene substanzielle Bedeutung; er ist nur eine »formelle« Einheit und Allgemeinheit *über* den Sonderinteressen der Einzelnen.

Trotzdem scheint das Wesen des Staates auch in die Verfassung der bürgerlichen Gesellschaft hinein, weil diese schon um ihrer partikularen Zwecke willen angewiesen ist auf den Zusammenhang mit dem allgemeinen Ganzen des Staats[9]. Ohne es zu wissen und zu wollen, wird das Individuum der bürgerlichen Gesellschaft hinter seinem Rücken zur Allgemeinheit seiner persönlichen Interessen heraufgebildet. Das, wozu sich die in ihre Extreme (z.B. von Armut und Reichtum) verlorene, bürgerliche Gesellschaft wider Willen heraufbildet, ist der wahre Staat als unbedingtes Gemeinwesen. Und weil der Staat schon selber das Substanzielle, objektiv Geistvolle und Sittliche ist, hat auch das Individuum nur Substanz, Objektivität und Sittlichkeit, sofern es ein »allgemeines«, d.i. politisches Leben führt[10].

Diese Staatsidee, welche der kritische Maßstab für Hegels Analyse der bürgerlichen Gesellschaft ist, ist aber nur scheinbar das Resultat einer dialektischen Entwicklung der modernen Gesellschaft[11]. Sie stammt in Wirklichkeit aus einer ganz andern Quelle: es ist die *Polis der Antike,* welche Hegel als Vorbild dient, weil in ihr das öffentliche Gemeinwesen in der Tat auch die Substanz des persönlichen Lebens und Schicksals war. Diese Einarbeitung der antiken Polisidee in das moderne Gesellschaftswesen führt Hegel nun aber nicht etwa zu einer

9 *Rechtsphilosophie* § 184.
10 Ebenda, Vorrede (2. Aufl. S. 7), § 268, Zus.
11 Vgl. dazu H. Freyer, *Einleitung in die Soziologie,* Leipzig 1931, S. 63 ff.

Verneinung des Prinzips der bürgerlichen Gesellschaft, sondern zu dessen »Aufhebung«. Die antike Staatsidee dient ihm als Maßstab für die Kritik der bürgerlichen Gesellschaft, aber das individualistische Prinzip dieser Gesellschaft auch als Kriterium für die bloße Substanzialität des antiken Gemeinwesens. Hegel will prinzipiell *beide* Momente der Freiheit – das unbestimmte »ich will« und das es beschränkende Wollen »von etwas« Bestimmten[12], ihre Willkür und ihre Substanz, vereinen. *Seiner Kritik an Rousseaus Gesellschaftsvertrag entspricht daher eine umgekehrte an Platos Staat.* Der antike Staat hat zwar gegenüber der modernen Gesellschaft den Vorzug der substanziellen Allgemeinheit, aber er ist ein »nur« substanzieller Staat, in dem die einzelne Person noch nicht »losgebunden« und »freigelassen« oder emanzipiert ist[13]. Die Idee des platonischen Staats enthält das Unrecht gegen die »Person«, der sie keinerlei Freiheit läßt[14], weil Plato zur Aufrechterhaltung der alten Sitten jede private Besonderheit aus dem Staate ausschließt.

Das neue Prinzip, dem der platonische Staat als dem höheren nicht widerstehen konnte und dem der antike Staat unterlag, ist *christlichen* Ursprungs. Es ist das Prinzip der »unendlich freien Persönlichkeit« eines jeden Menschen als solchen, welches erst das Christentum zur weltgeschichtlichen Geltung brachte, indem es jeden Menschen in gleicher Weise in ein Verhältnis zu Gott gesetzt hat[15]. Auf diesem christlichen Prinzip beruht nach Hegel auch die »unwiderstehliche Stärke« der Freiheitsidee der Französischen Revolution. »Von keiner Idee weiß man so allgemein, daß sie [...] der größten Mißverständnisse fähig und ihnen deshalb wirklich unterworfen ist, wie von der Idee der ›Freiheit‹, und keine ist mit so wenigem Bewußtsein geläufig. Indem der ›freie Geist‹ der ›wirkliche‹ Geist ist, so sind die Mißverständnisse über denselben von den ungeheuersten praktischen Folgen [...]. Ganze Weltteile, Afrika und der Orient haben diese Idee nie gehabt und haben sie noch nicht; die Griechen und Römer, Plato und Aristoteles, auch die Stoiker haben sie nicht gehabt; sie wußten im Gegenteil nur, daß der Mensch durch Geburt [...] oder durch Charakterstärke, Bildung, Phi-

12 *Rechtsphilosophie* § 4 bis § 7 und dazu die Anwendung der Analyse des Wollens auf Rousseau und die Französische Revolution, § 258.

13 Ebenda, § 260, Zus.

14 Ebenda, § 185; vgl. Vorrede (2. Aufl., S. 16); § 46; § 260, Zus. § 260, Zus. – Siehe auch F. Rosenzweig, *Hegel und der Staat,* München 1920, Bd. II, 77 ff.

15 *Rechtsphilosophie* § 185 und Zus.

losophie [...] wirklich frei sei. Diese Idee ist durch das Christentum in die Welt gekommen, nach welchem das Individuum als solches einen unendlichen Wert hat, indem es Gegenstand und Zweck der Liebe Gottes und somit dazu bestimmt ist, zu Gott als Geist sein absolutes Verhältnis, diesen Geist in sich wohnen zu haben.«[16]

Die politische Folge dieses Prinzips ist der moderne europäische Staat, dessen Aufgabe es ist, das Prinzip der Polis – die substanzielle Allgemeinheit – mit dem Prinzip der christlichen Religion – der subjektiven Einzelheit – zu versöhnen. In dieser dialektischen Vereinigung von zwei entgegengesetzten Mächten sieht Hegel aber nicht etwa die eigentümliche Schwäche, sondern die Stärke der modernen Staaten! Das Allgemeine der Polis gilt nichts ohne das besondere Wollen und Wissen der Einzelnen, und die Individuen gelten nichts, wenn sie nicht selbst das Allgemeine wollen. Der moderne Staat kann es sich leisten, die Subjektivität bis zum selbständigen Extrem der Besonderheit sich entwickeln zu lassen, weil er sie andrerseits auch in die substanzielle Einheit des Staats zurückzuführen vermag (§ 260). Diese Synthesis hielt Hegel nicht nur für möglich, sondern im damaligen preußischen Staate für wirklich. Der Gegensatz zwischen dem bürgerlichen und politischen Leben sowie zwischen dem bourgeois und dem citoyen schien ihm im »allgemeinen Stand« zu einem von der Totalität umgriffenen Unterschied herabgesetzt und aufgehoben.

Besitz, Eigentum, Familie und Ehe glaubte Hegel noch im Sinn der bürgerlichen Gesellschaft gesichert. Nur am Rande der *Rechtsphilosophie* tauchen auch schon die Probleme auf, welche die künftige Entwicklung der bürgerlichen Gesellschaft bestimmten: die Frage, wie der durch den Reichtum erzeugten Armut zu steuern sei (§ 244 ff.), die fortschreitende Teilung der Arbeit (§ 198), die Notwendigkeit einer Organisation der von unten heraufdrängenden Massen (§ 290 und § 301 ff.) und – »nach der fünfzehnjährigen Farce« der Restauration der französischen Monarchie – die Kollision mit dem »Liberalismus«, mit dem steigenden Anspruch des Willens »der Vielen« und seiner empirischen Allgemeinheit, die nun als solche regieren will.

Hegels Schüler und Nachfolger schieden wieder, was er so kunstvoll vereint hat, und drängten auf Entscheidungen gegen seine Vermittlungen. Während Hegel überall eine Mitte suchte, wurden die Junghegelianer radikal und extrem. Die Extreme der bürgerlichen Gesellschaft, die

16 Enz. § 482; vgl. § 163, Zus. 1 und XIV, 272 ff.

in Hegels System der Bedürfnisse noch zu Momenten des Ganzen herabgesetzt sind, werden selbständig und treiben zu einer Dialektik, die sich nicht mehr im Rahmen der Hegelschen hält. Marx entscheidet sich gegen den Staat der bürgerlichen Gesellschaft und für ein kommunistisches Gemeinwesen; Kierkegaard gegen das bestehende Verhältnis von Kirche und Staat und für eine Wiederherstellung des ursprünglichen Christentums; Proudhon gegen den bestehenden Staat und für eine neue demokratische Ordnung; Donoso Cortes gegen die atheistische Demokratie und für eine christliche Staatsdiktatur; Stirner gegen die ganze bisherige Geschichte der Menschheit und für den »Verein« der Egoisten.

In der Mitte zwischen Hegel und Marx steht Lorenz von Stein, dessen Lehre von der bürgerlichen Gesellschaft eine historische Analyse ohne geschichtliche Ursprünglichkeit ist. Sein Staatsbegriff ist noch ganz an Hegel orientiert, sein Gesellschaftsbegriff aber schon durch den Aufstieg der industriellen Massen bestimmt. Seitdem der Staat in der Französischen Revolution seine legitimen Autoritäten eingebüßt hat, kann er auch seine eigenen Zwecke, Macht und Freiheit, nur erreichen durch Beförderung der auf Erwerb gegründeten gesellschaftlichen Zwecke. Er wird dadurch in die soziale Bewegung hineingezogen und muß versuchen, das Staatsbürgertum auf die Arbeiterklasse auszudehnen. Sein eigentlicher Zweck ist zwar die Entwicklung aller Bürger zu freien und gleichen Personen; weil aber der Anteil an der Staatsverwaltung durch Besitz und Bildung bedingt ist, wird der Staat selbst zu einer Erscheinung der herrschenden Gesellschaftsordnung, die ihrerseits der »Quell aller Freiheit und Unfreiheit« ist. Er ist zwar immer noch die politische Einheit, aber nicht über, sondern inmitten der ihn erfüllenden bürgerlichen Gesellschaft. Sein Leben besteht in der beständig fortschreitenden Entwicklung und Aufhebung des Widerspruchs zwischen den sozialen und staatlichen Kräften. Die vorerst letzte Stufe dieser Dialektik ist, nach der »staatsbürgerlichen Gesellschaft« zur Zeit der Restauration, die »industrielle Gesellschaft« seit 1840. Weil aber Stein einerseits an Hegels Idee festhält, daß die Geschichte ein Fortschritt zur Freiheit ist, und andrerseits anerkennt, daß das Prinzip der modernen, in ungleiche Klassen geteilten Gesellschaft die gegenseitige Abhängigkeit ist, endet er mit der Frage, ob die Freiheit etwa überhaupt im Widerspruch mit Staat und Gesellschaft ist[17].

17 L. v. Stein, *Der Begriff der Gesellschaft,* hrsg. von G. Salomon, München

3. *Marx: Bourgeoisie und Proletariat*

»Die Abstraktion des Staates als solchen gehört erst der modernen Zeit, weil die Abstraktion des Privatlebens erst der modernen Zeit gehört.«

(W. I, 1, 437.)

Marx und Hegel analysieren beide die bürgerliche Gesellschaft als ein System der Bedürfnisse, dessen Sittlichkeit in die Extreme verloren und dessen Prinzip der Egoismus ist. Der Unterschied ihrer kritischen Analyse besteht darin, daß Hegel die Differenz zwischen den besonderen und allgemeinen Interessen in der Aufhebung aufrecht erhält, während sie Marx im Sinne der *Beseitigung* aufheben will, zur Herstellung eines absoluten Gemeinwesens mit Gemeinwirtschaft und Gemeinbesitz. Infolgedessen richtet sich seine Kritik an Hegels *Rechtsphilosophie* vorzüglich auf das Verhältnis von Staat und Gesellschaft. Hegel habe recht, wenn er die Trennung der bürgerlichen von der politischen Existenz als einen Widerspruch empfindet, aber unrecht, wenn er meint, den Widerspruch wirklich aufgehoben, d.i. beseitigt zu haben. Seine Vermittlungen verdecken nur den bestehenden Gegensatz zwischen der privategoistischen und der öffentlich-staatlichen Existenz des Bourgeois. Als Bourgeois ist der moderne Staatsbürger kein »zoon politikon«, und als Staatsbürger abstrahiert er von sich als Privatperson. Indem Marx in Hegels *Rechtsphilosophie* überall diesen Widerspruch aufweist und das in ihm enthaltene Problem auf die Spitze treibt, greift er einerseits über Hegel hinaus und andrerseits wieder auf Rousseaus Unterscheidung (von homme und citoyen) zurück. Er ist ein durch Hegel geschulter Nachfolger Rousseaus, für den der allgemeine Stand weder der Kleinbürger (Rousseau) noch der beamtete Staatsbürger (Hegel), sondern der Proletarier ist[18].

1921, S. 52 und 502f.; siehe dazu S. Landshut, *Kritik der Soziologie,* München 1929, S. 82ff.

18 Rousseaus vorzüglicher »Mensch« war nicht der Proletarier, sondern der roturier, den er gleichsam geadelt hat. Er hebt ihn gegen die oberen Stände der Reichen und Vornehmen ab. Le peuple, d.i. der mittlere Stand der kleinen Handwerker und Bauern am Genfer See, der einfache, gemeine Mann, der sich durch seiner Hände Arbeit ernährt und als dessen Ideal ihm sein Vater galt. Gerade als Sohn eines kleinen Handwerkers hatte er das stolze Bewußtsein, wohlgeboren zu sein (Widmung des 2. *Discours* und Brief an D. Hume vom 4. VIII. 1766). So hat ihn auch der Konvent verstanden, der bei der Prozession,

Marx entdeckt auf Grund der seit der Französischen Revolution erfolgten sozialen Bewegungen, daß die »droits de l'homme« gar keine allgemeinen Menschenrechte, sondern bürgerliche Privilegien sind. »Die *droits de l'homme,* die Menschenrechte, werden als *solche* unterschieden von den *droits du citoyen,* von den Staatsbürgerrechten. Wer ist der vom *citoyen* unterschiedene *homme?* Niemand anders als das *Mitglied der bürgerlichen Gesellschaft.* Warum wird das Mitglied der bürgerlichen Gesellschaft Mensch, Mensch schlechthin, warum werden seine Rechte *Menschenrechte* genannt? Woraus erklären wir dies Faktum? Aus dem Verhältnis des politischen Staats zur bürgerlichen Gesellschaft, aus dem Wesen der (sc. nur) politischen Emanzipation.«[19] Die Erklärung der Menschenrechte setzt den Privatmenschen der bürgerlichen Gesellschaft, d.i. den bourgeois, als den eigentlichen und wahren homme voraus, weil sie noch befangen ist im Kampf gegen die feudale Ordnung. »Weit entfernt, daß der Mensch in ihnen als Gattungswesen aufgefaßt würde, erscheint vielmehr das Gattungsleben selbst, die Gesellschaft, als ein den Individuen äußerlicher Rahmen, als Beschränkung ihrer ursprünglichen Selbständigkeit. Das einzige Band, das sie zusammenhält, ist [...] das Bedürfnis und das Privatinteresse.«[20] Die »politische« Emanzipation der Französischen Revolution ist darum noch durch eine »menschliche« zu vollenden. Diese muß bewirken, daß der individuelle Mensch als solcher zum gesellschaftlichen Gattungswesen wird. Dann verschwindet zugleich mit dem vom Menschen abstrahierenden und darum abstrakten Staat auch die vom Staat abstrahierende Privatperson der bürgerlichen Gesellschaft, und Hegels Satz könnte zur Wahrheit werden, daß die »höchste Freiheit« die »höchste Gemeinschaft« ist.

die Rousseaus Gebeine ins Pantheon brachte, Repräsentanten des Handwerks aufmarschieren ließ mit einer Tafel, auf der geschrieben stand: »Ihm, der die Ehre der gemeinnützigen Gewerbe wieder hergestellt hat.« Gerade dieser »natürliche« und »gute« Mensch, dessen soziale Realität der Kleinbürger war, ist das beständige Angriffsobjekt von Marx, der dem »Bourgeois-Sozialismus« nachweisen wollte, daß dieser Mittelstand keineswegs die ganze Nation und auch nicht ihr bester Teil sei, sondern die reaktionäre Masse des mittelmäßigen petitbourgeois. – Siehe dazu E. Seillière, *Der demokratische Imperialismus,* 2. Aufl. Berlin 1911, S. 357 ff., 119 und 163 f.

19 I/1, 593.

20 I/1, 595 ff.; vgl. V, 175 ff. und 388 ff.; *Das kommunistische Manifest,* 9. Aufl., Berlin 1930, S. 28.

Der Träger dieser Emanzipation ist der vierte Stand, von dem Marx genau dasselbe behauptet, was Sieyès für den dritten gefordert hat: er ist Nichts und muß Alles werden. Seine Nichtigkeit bezieht sich aber nicht mehr auf den Adel, sondern auf die zur Herrschaft gekommene Bourgeoisie, welche »Chef der industriellen Armeen« ist. Ihr gegenüber ist die Masse des Proletariats der schlechthin »allgemeine Stand«, der keine besonderen Interessen hat, sondern die universellen vertritt. Was also für Hegel noch der Teil des Volkes war, der »nicht weiß, was er will«, und den er ausdrücklich als »die Vielen« von »Allen« unterschied, eben diesem gibt Marx das Selbstbewußtsein, ein Ganzes werden zu wollen. Vom Standpunkt des Proletariats aus charakterisiert er sodann den Bourgeois als den Vertreter von Klasseninteressen, als den kapitalistischen Unternehmer und Eigentümer der Produktionsmittel, womit er den Lohnarbeiter in Abhängigkeit hält. Zugleich betont Marx aber auch die revolutionierende Stoßkraft der unternehmenden Bourgeoisie[21]. Sie allein hat in einem Jahrhundert massenhaftere und kolossalere Produktionskräfte geschaffen als alle vorangegangenen Generationen zusammen. Durch Ausbeutung der Natur, Maschinentechnik, Eisenbahnen, Schiffahrt, Industrie, Physik und Chemie hat sie ganze Weltteile erschlossen und zivilisiert und eine ungeheure Vermehrung der Bevölkerung bewirkt. Dagegen glaubte Marx, daß der untere Mittelstand des Kleinbürgertums notwendig ins Proletariat absinken müsse, weil er mit der großkapitalistischen Produktion nicht Schritt halten könne[22]. Vor der Großbourgeoisie hatte er einen entschiedenen Respekt, das Kleinbürgertum verachtete er als utopisch und reaktionär.

21 Vgl. dazu G. Sorel, *Réflexions sur la violence,* 7. Aufl., Paris 1930, S. 114; *Les illusions du progrès,* 4. Aufl. Paris 1927, S. 65.
22 *Das kommunistische Manifest,* a. a. O., S. 33, 35, 47.

4. Stirner: Das einzige Ich als Indifferenzpunkt des bürgerlichen und proletarischen Menschen

> »Prinzip des Bürgertums ist weder die vornehme Geburt noch die gemeine Arbeit, sondern die Mittelmäßigkeit: ein bißchen Geburt und ein bißchen Arbeit, d.h. ein sich verzinsender Besitz.«
>
> *(Der Einzige und sein Eigentum)*

Wie weit zur Zeit von Marx die Erklärung der Menschenrechte in Deutschland bereits entwertet war, zeigt am deutlichsten Stirners Buch *Der Einzige und sein Eigentum* (1844). In ihm kommt nicht nur der Mensch der bürgerlichen Gesellschaft und des Proletariats auf den Nullpunkt, sondern der Mensch als solcher verliert jeden Wert. Stirner reduziert die Idee der bürgerlichen Humanität auf das Ich, dem alles zum Eigentum wird, was es sich aneignen kann. Die Französische Revolution hat nicht die bürgerliche Gesellschaft befreit, sondern im Gegenteil einen gehorsamen und schutzbedürftigen Staatsbürger erzeugt. Dieser mittelmäßige Bürger lebt von der Sekurität und von der gesetzlichen Rechtlichkeit. Ebenso beschränkt wie dieser »politische Liberalismus« des Bürgertums ist aber auch der »soziale Liberalismus« des proletarischen Arbeitertums. Der Unterschied ist nur, daß sich der eine dem Staat und Besitz und der andere der Gesellschaft und Arbeit unterwirft. Die letzte Form des Glaubens an die Menschheit ist der »humane Liberalismus«, wie ihn Bruno Bauer vertrat. Dieser erkennt weder das Bürgertum noch das Arbeitertum an, er kritisiert nur unentwegt jede Fixierung auf irgend eine Besonderheit. Der Mensch dieses kritischen Bewußtseins ist zwar nur in Lumpen gekleidet, aber noch keineswegs nackt wie das von allem los und ledige Ich.

Mit diesem seinem einzigen »Ich« glaubte sich Stirner über jede gesellschaftliche Bestimmtheit, die proletarische wie die bürgerliche, erhaben. Marx hat ihm jedoch in der *Deutschen Ideologie* demonstriert, daß die soziale Wahrheit seines Einzigen das dekadente Bürgertum ist. »Sein einziges Verdienst hat er wider seinen Willen und ohne es zu wissen: das Verdienst, der Ausdruck der deutschen Kleinbürger von heute zu sein, die danach trachten, Bourgeois zu werden. Es war ganz in der Ordnung, daß, so kleinlich, zaghaft und befangen diese Bürger praktisch auftreten, ebenso marktschreierisch, bramarbasierend und vorwitzig ›der Einzige‹ unter ihren philosophischen Repräsentanten in die Welt hinaus renommierte; es paßt ganz zu den Verhältnissen dieser Bürger, daß sie von ihren theoretischen Maulhelden nichts wissen wollen und er nichts von ihnen weiß, daß sie miteinander uneinig sind und er den mit sich einigen Egoismus predigen muß: Sancho sieht jetzt vielleicht, durch welche Nabelschnur *sein* ›Verein‹ mit dem Zollverein zusammenhängt.«[23] Stirner verabsolutiert den Bourgeois-Egoismus, den Privatmenschen und das Privateigentum zur »Kategorie« *des* Egoismus, *des* Einzigen und *des* Eigentums. Er ist, soziologisch betrachtet, der radikalste Ideologe der bürgerlichen Gesellschaft, die als solche eine Gesellschaft von »vereinzelten Einzelnen« ist. Wovon sich Stirner befreit, das sind keine wirklichen Daseinsverhältnisse, sondern bloße Bewußtseinsverhältnisse, die er selber jedoch nicht durchschaut, weil er befangen ist im privaten Egoismus als dem Prinzip der bürgerlichen Gesellschaft. Sein Gedanke steht ebenso wie seine faktische Existenz am äußersten Rande seiner substanzlos gewordenen und ernüchterten Welt.

5. *Kierkegaard: Das bürgerlich-christliche Selbst*

> »Kaiser, Könige, Päpste, Jesuiten, Generäle, Diplomaten haben bisher in einem entscheidenden Augenblick die Welt regieren können; aber von der Zeit an, da der vierte Stand eingesetzt wird, wird es sich zeigen, daß nur Märtyrer die Welt regieren können.«
>
> (Das Eine, was not tut.)

Kierkegaard begegnet sich mit Stirner als Antipode von Marx: er reduziert wie jener die ganze soziale Welt auf sein »Selbst«. Zugleich befindet er sich zu Stirner aber auch im äußersten Gegensatz, denn er stellt den Einzelnen statt auf das schöpferische Nichts »vor Gott« als den Schöpfer der Welt. Seine Kritik der Gegenwart, die im selben Jahr wie das kommunistische Manifest erschien, richtet sich daher ebensosehr gegen die von Marx zum Prinzip erhobene, emanzipierte »Menschheit« wie gegen die von der Nachfolge Christi emanzipierte »Christenheit«. Sein Grundbegriff vom Einzelnen ist ein Korrektiv gegen die

23 V, 389.

sozialdemokratische »Menschheit« und gegen die liberal-gebildete »Christenheit«. Denn das Assoziationsprinzip ist nicht positiv, sondern negativ, weil es den einzelnen Menschen durch massenhaften Zusammenschluß schwächt. Nur als einzelnes Selbst kann der Mensch jetzt das Allgemeinmenschliche realisieren, aber nicht dadurch, daß er ein Gattungswesen (Marx) wird, oder umgekehrt von seiner ganzen Konkretion abstrahiert (Stirner). Im einen Fall, sagt Kierkegaard, würden die Menschen alle zu gleichen Arbeitern in einer Fabrik, gleich gekleidet und das Gleiche aus einem Topfe essend, im andern Fall verliert der Mensch überhaupt jede Konkretion, indem er sich bis zur völligen Nacktheit entblößt[24]. In keiner der beiden Weisen der Existenz realisiert er als Einzelner selbst das allgemeine Wesen des Menschen.

Kierkegaard hat dieses »Allgemeine« des menschlichen Selbst als Forderung aufgestellt, ohne es selbst realisieren zu können. Er ist zeitlebens ein Sonderling am Rande der bürgerlichen Gesellschaft geblieben, weil er sich nicht entschließen konnte, einen Beruf zu ergreifen und sich durch die Ehe »in der Endlichkeit anzubringen«. Nur literarisch hat er der Innerlichkeit des Selbst eine gesellschaftliche Existenz gegeben, in der Figur des »Assessor Wilhelm«, welcher das »Ethische« repräsentiert. Diesem Ethiker wird die Aufgabe zuteil, die menschliche Allgemeinheit des normalen Lebens vor einem Ästhetiker zu rechtfertigen. Das konkrete Selbst des Asssessor Wilhelm wird dabei ausdrücklich als ein bürgerliches bestimmt. »Obschon aber er selbst sein Ziel ist, so ist dieses Ziel doch zugleich ein anderes, denn das Selbst, das das Ziel ist, ist nicht ein abstraktes Selbst, das überall paßte und darum nirgends, sondern ein konkretes Selbst, das in lebendiger Wechselwirkung steht mit dieser bestimmten Umgebung, diesen Lebensverhältnissen, dieser Weltordnung: es ist nicht bloß ein persönliches, sondern ein soziales, ein bürgerliches Selbst.«[25] Dieses mit der Welt verbundene Selbst verwirklicht sich in einem bürgerlichen Beruf und in der bürgerlichen Ehe, aber so, daß alle äußerlichen Verhältnisse verinnerlicht werden sollen. Auf den Einwand des ästhetischen Partners, daß es für eine solche Verinnerlichung an den äußeren Verhältnissen objektive Grenzen gebe, an denen sie scheitern müsse, wird ihm geantwortet, daß auch Not und Armut dem Ethiker nichts anhaben können, – »und wenn er auch in drei kleinen Zimmern wohnte«. »So Gott hilft«, gelingt es dem Men-

24 *Das eine was not tut,* a. a. O., S. 5; II, 224; vgl. VI, 204 und 208.
25 II, 225.

schen auch in dieser Beschränkung (auf ein immerhin bürgerliches Existenzminimum) das Äußere in ein Inneres zu verwandeln und, wie Luther richtig gesagt habe, sei noch kein Christenmensch Hungers gestorben.

Die zwischen ethischem Ernst und ästhetischer Ironie schwebende Rechtfertigung einer bürgerlich-christlichen Existenz wird jedoch relativiert durch Kierkegaards kritische Einsicht in die Auflösung sowohl der bürgerlichen wie der christlichen Welt. Die Schuld an dem ganzen gegenwärtigen Zustand (1848) der europäischen Welt trage eine »eingebildete, halbstudierte, durch Presseschmeicheleien demoralisierte Bourgeoisie«, die als »Publikum« meint regieren zu können. »Aber vielleicht niemals ist es in der Geschichte gesehen worden, daß die Nemesis so hurtig kam; denn in demselben Nu, auf denselben Glockenschlag, wie die Bourgeoisie entscheidend nach der Macht griff, erhob sich der vierte Stand. Nun wird es gewiß heißen, daß er der Schuldige sei, aber das ist unwahr: er ist nur das unschuldige Opfer, über das es hergehen wird, das niedergeschossen, verflucht wird – und das soll Notwehr sein, ist es auch in einem gewissen Sinn: es ist Notwehr, weil die Bourgeoisie den Staat umstieß.«[26] Während in älteren Zeiten anerkannte Autoritäten die Welt regieren konnten, ist es von der Zeit an, wo *alle* einander gleich sein wollen, unmöglich geworden, mit weltlichen Mitteln noch im wahren Sinn zu regieren. Was Kierkegaard politisch fordert, ist darum einzig und allein, daß überhaupt mit unbedingter Autorität regiert werde. Die eigentliche Regierung der Welt geschieht in solchen Augenblicken aber nicht mehr durch weltliche Ministerien, sondern durch Märtyrer, welche siegen, indem sie sich für die Wahrheit totschlagen lassen. Das Ur- und Vorbild des christlichen Märtyrers ist der von der Menge gekreuzigte Christus, dieser wahrhaft »einzelne« Gottmensch. Nur vor ihm läßt sich auch das Problem der menschlichen Gleichheit lösen, aber nicht in der Welt, deren Wesen das Mehr oder Minder an Verschiedenheit ist.

26 *Das eine was not tut,* a. a. O., S. 7; vgl. *Kritik der Gegenwart,* a. a. O., S. 57; *Tagebücher,* a. a. O., I, 327; *Angriff auf die Christenheit,* a. a. O., S. 15.

6. *Donoso Cortes und Proudhon: Die christliche Diktatur von oben und die atheistische Neuordnung der Gesellschaft von unten*

»Proudhon [...] ist das Gegenteil von dem, was er scheint: er tritt ein für die Freiheit und Gleichheit und begründet in Wirlichkeit einen Despotismus.«
(Cortes, *Der Staat Gottes.*)

»L'homme est destiné à vivre sans religion.«
(Proudhon, *De la Création de l'Ordre dans l'Humanité.)*

Der radikal protestantischen Reaktion von Kierekgaard auf die nivellierende Massendemokratie entspricht zur selben Zeit in Spanien die radikal katholische Reaktion von Donoso Cortes auf die sozialistischen Bewegungen in Frankreich. Cortes, der selbst ein bedeutender Staatsmann aus altem katholischem Adel war, charakterisiert die bürgerliche Gesellschaft ganz ebenso wie Kierkegaard und Marx: als eine unentschiedene »clasa discutidora« ohne Wahrheit, Leidenschaft und Heldentum. Sie schafft den Geburtsadel ab, tut aber nichts gegen die neue Geldaristokratie; sie will weder die Souveränität des Königs noch die des Volkes. Aus Haß gegen die Aristokratie wird sie nach links getrieben, und aus Angst vor dem radikalen Sozialismus nach rechts. Der Gegensatz zu ihrer diskutierenden Unentschiedenheit ist der entschiedene atheistische Sozialismus Proudhons. Ihm gegenüber vertritt Cortes die politische Theologie der Gegenrevolution, der die Französische Revolution, die den Menschen und das Volk für souverän erklärte, als ein Aufstand gegen die Schöpfungsordnung erschien. Weil aber die Zeit der christlichen Könige zu Ende geht und niemand mehr den Mut hat, anders als durch den Willen des Volkes zu regieren, gibt es nur noch *ein* Heilmittel: die Diktatur der Regierung von oben zur Verhinderung der des Aufruhrs von unten. »Wenn es sich darum handelte, zu wählen zwischen der Freiheit einerseits und der Diktatur andrerseits, so gäbe es keine Meinungsverschiedenheit [...]. Aber das ist nicht die Frage. Die Freiheit existiert in Wirklichkeit nicht in Europa [...]. Es handelt sich zu wählen zwischen der Diktatur des Aufruhrs und der Diktatur der Regierung.«[27] Cortes wählt die Diktatur der Regierung, weil sie weni-

27 Rede vom 4. I. 1849 über die Diktatur, zitiert in dem Aufsatz von H. Barth über D. Cortes, in: Schweizerische Rundschau, August 1935, S. 401.

ger drückend und schändlich sei und aus reineren Sphären komme und weil der Diktatur des Dolches die des Säbels als die edlere vorzuziehen sei. Er faßt die Erfahrung der Revolution folgendermaßen zusammen: »Ich hatte Umschau gehalten und ich sah die bürgerlichen Gesellschaften krank und gebrechlich geworden, alle menschlichen Verhältnisse verwickelt und verworren; ich sah die Völker vom Weine der Empörung berauscht und die Freiheit von der Erde verschwunden. Ich sah gekrönte Tribunen und entthronte Könige. Niemals gab es ein Schauspiel von solch gewaltigen Umbildungen und Umwälzungen, von solchen Erhöhungen und Erniedrigungen. Da habe ich mir die Frage vorgelegt: kommt diese Verwirrung vielleicht daher, daß man die Grundprinzipien von Sitte und Ordnung, welche die Kirche Christi behütet und allein besitzt, in Vergessenheit geraten ließ? Mein Zweifel wurde zur Gewißheit, als ich erkannte, daß heutzutage nur noch die Kirche das Bild einer geordneten Gesellschaft bietet, daß sie allein das beruhigende Element in der allgemeinen Aufregung ist, daß sie allein innerlich frei ist, daß nur bei ihr der Untergebene der rechtmäßigen Autorität mit Liebe gehorcht und sich die Autorität ihrerseits in ihren Befehlen voll der Gerechtigkeit und Milde erweist, daß sie allein die Schule ist, aus der große Staatsbürger hervorgehen, da sie die Kunst des Lebens und die Kunst des Todes besitzt, des Lebens, das Heilige hervorbringt und des Todes, der Märtyrer erzeugt.«[28]

Auch Proudhon war ein Gegner der Bourgeoisie, aber aus anderen Gründen als Cortes: er haßte sie mit der Wut des Emporkömmlings, der die Welt neu gestalten wollte; Cortes verachtete sie mit der Leidenschaft dessen, für den sie der Totengräber aller ehrwürdigen Überlieferung war. Proudhon erklärte, die Zeit der Theologie und des Christentums sei vorbei, Cortes, es gebe kein soziales und politisches Heil außerhalb der katholischen Kirche, weil nur der christliche Gott den Menschen universell offenbart, und damit auch eine menschliche Gesellschaft begründet[29].

Andrerseits konnte aber auch nur eine *christlich* begründete Welt radikal *atheistisch* werden und den Versuch machen, sich aus eigener Kraft zu verfassen und sich selbst zu regieren. Eine solche Selbstüberhebung des Menschen sah Cortes in der Französischen Revolution und ihrer »philosophischen Zivilisation«, und dagegen empfahl er die Dik-

28 *Der Staat Gottes*, hrsg. von L. Fischer, Karlsruhe, 1935, Einleitung, S. 58.
29 Ebenda, Kap. 4.

tatur von oben. In anderer Weise hat aber auch sein großer Gegner Proudhon die christliche Geschichtskonstruktion bestätigt. Am Schluß seiner Religionskritik[30] von 1843 erinnert er sich in dieser »letzten Stunde« der christlichen Religion ihrer Wohltaten und hohen Inspirationen. Sie habe das Fundament der menschlichen Gesellschaft gemauert, den modernen Nationen ihre Einheit und Persönlichkeit gegeben, die Gesetze des Staats sanktioniert und noch im 19. Jahrhundert großherzige Seelen mit dem Eifer für die Wahrheit und Gerechtigkeit erfüllt. Und als Proudhon 1860 die »dissolution sociale« konstatierte, begriff er diese unvergleichliche Krise der europäischen Geschichte als eine solche, die dem Ereignis des Christentums ein Ende setzt: »Toutes les traditions sont usées, toutes les croyances abolies; en revanche, le nouveau programme n'est pas fait, je veux dire qu'il n'est pas entré dans la conscience des masses; de là ce que j'appelle *la dissolution*. C'est le moment le plus atroce de l'existence des sociétés. Tout se réunit pour désoler les hommes de bien: prostitution des consciences, triomphe des médiocrités, confusion du vrai et du faux, agiotage des principes, bassesse des passions, lâcheté des mœurs, oppression de la vérité, récompense au mensonge [...]. Je me fais peu d'illusions et je ne m'attends pas, pour demain, à voir renaître dans notre pays, comme par un coup de baguette, la liberté, le respect du droit, l'honnêteté publique, la franchise de l'opinion, la bonne foi des journeaux, la moralité du gouvernement, la raison chez le bourgeois et le sens commun chez le plébien«; »*Les tueries viendront et la prostration qui suivra ces bains de sang sera effroyable.* Nous ne verrons pas l'œuvre du nouvel âge; nous combattrons dans la nuit; il faut nous arranger pour supporter cette vie sans trop de tristesse en faisant notre devoir. Aidons-nous les uns et les autres; appelons-nous dans l'ombre et chaque fois que l'occasion s'en présente, faisons justice.«[31]

30 *De la création de l'ordre dans l'humanité,* Oeuvres compl., nouvelle ed., Paris 1927, S. 73 f.
31 Tome X, 205 f. und 187 f.

7. A. von Tocqueville: Die Entwicklung der bürgerlichen Demokratie zur demokratischen Despotie

»Drei Menschen sind es, mit denen ich täglich ein wenig zusammen bin: Pascal, Montesquieu und Rousseau.«

Tocqueville, dessen Werk über die amerikanische Demokratie von 1830 bis 1840 und dessen historische Analyse des alten Staatswesens und der Französischen Revolution 1856 erschien, war persönlich gegenüber dem Geschehen der Zeit in einem vollkommenen Gleichgewicht. »Ich kam am Ende einer langen Revolution zur Welt, die den alten Staat zerstört und nichts Dauerhaftes begründet hatte. Als ich anfing zu leben, war die Aristokratie schon gestorben und die Demokratie noch nicht geboren. Mein Instinkt konnte mich also nicht blind bestimmen, die eine oder die andere zu ergreifen [...]. Da ich selbst der alten Aristokratie meines Vaterlandes angehörte, haßte oder beneidete ich sie nicht und liebte sie auch nicht mehr besonders, als sie zerstört wurde; denn nur dem Lebendigen verbindet man sich gern. Ich war ihr nahe genug, um sie gut zu kennen, und stand ihr genügend fern, um sie ohne Leidenschaft beurteilen zu können. Über die Demokratie kann ich das Gleiche sagen.« Auf Grund dieser neutralen Stellung zwischen den Zeiten hatte er für die demokratischen Institutionen einen »goût de tête« und zugleich gegen sie einen »instinct aristocratique«[32]. Er war weder, wie Burke und Gentz, ein entschiedener Gegner der Französischen Revolution, noch ihr Freund. Und weil er am ancien régime noch einen Maßstab zu ihrer Beurteilung hatte, konnte er ihr gegenüber von einer ungewöhnlichen Klarheit sein.

Das große Problem seiner Untersuchungen ist *das Mißverhältnis von Freiheit und Gleichheit.* Die Emanzipation des dritten Standes hat nivelliert und gleichgemacht; die Frage ist aber, ob die bürgerliche Demokratie auch frei macht. Unter Freiheit versteht Tocqueville nicht bloße Unabhängigkeit, sondern die Würde des sich selbst verantwortenden Menschen, ohne die es weder wahre Herrschaft noch wahren Dienst gibt. Die Französische Revolution hat sich ursprünglich nicht nur für Gleichheit, sondern auch für freie Institutionen begeistert, aber sehr bald verlor sich die Leidenschaft für die Freiheit, und übrig blieb

32 Tocqueville, *Autorität und Freiheit,* hrsg. von A. Salomon, Zürich, 1935, S. 193 f. und 15; vgl. 51 und 207.

die für die Gleichheit. Beide sind nicht vom gleichen Alter und haben nicht immer nach demselben Ziele gestrebt, obgleich sie für einen Augenblick gleich aufrichtig und kräftig erschienen. Älter und beständiger ist das Streben nach Gleichheit. Auf die Gleichmachung haben schon lange zuvor die christliche Kirche, der Handel und Verkehr, die Geldwirtschaft, die Erfindung des Buchdrucks und der Feuerwaffen, die Kolonisation von Amerika und schließlich die literarische Aufklärung hingewirkt. Jünger und unbeständiger ist der Glaube, daß man nur durch Freiheit auch gleich werden könne. Als sich Napoleon zum Herrn der Revolution machte, dankte die Freiheit zu Gunsten der Gleichheit ab. Er hatte es mit einer Nation zu tun, in der alle Gesetze, Gebräuche und Sitten aufgelöst waren. Das erlaubte ihm den Despotismus in einer viel rationelleren Form durchzuführen, als es je vorher möglich gewesen wäre. »Nachdem er alle Gesetze, die die tausend Beziehungen der Bürger unter sich und mit dem Staate zu ordnen hatten, in einem gleichen Geist verabschiedet hatte, konnte er zugleich alle Exekutivgewalten schaffen und sie so subordinieren, daß sie alle zusammen nur eine große und einfache Regierungsmaschine darstellten, deren Triebkraft er einzig und allein war.« Während jeder Einzelne seinen Wert und seine Unabhängigkeit überschätzte, strebte die Öffentlichkeit einem »politischen Pantheismus« zu, der dem Individuum seine Existenz nahm. Eine hervorragende Administration sicherte Napoleon die Macht nach innen und sein militärisches Genie die nach außen. Die Menschen aber wurden gegen ihr Schicksal gleichgültig, fern von allem großen Bürgersinn, wie er die antiken Stadtdemokratien ausgezeichnet hatte, weil dort gerade der Zwang der Polis die extremsten Individualitäten hervortrieb. Sowohl in den antiken Poleis wie in den mittelalterlichen Ständestaaten mit ihren vielfachen Korporationen und Rechten, und ebenso in den Tyrannien der italienischen Renaissance, lebte mehr persönlich und politische Freiheit als in der modernen, »despotischen Demokratie«. Eine Demokratie verliert aber jeden Wert, wenn sie nur gleich macht, ohne Freiheit hervorzubringen. Denn in einer Demokratie ist die Freiheit das einzige Gegengewicht gegen die Nivellierung, Uniformierung und Zentralisierung. In Amerika und England ist es der Demokratie gelungen, wirklich freie Institutionen zu schaffen[33], die Demokratien des europäischen Kontinents verstanden wegen ihres

33 Ebenda, S. 132, 130, 58 f.; vgl. 232, 213, 134; 44, 230; *Das alte Staatswesen und die Revolution,* übersetzt von A. Boscowitz, Leipzig, 1857, S. 94 und 318.

ganz andern Ursprungs von der Freiheit keinen Gebrauch zu machen; ihr Schicksal war, daß sie ihrer eigenen Herkunft gemäß zur Despotie drängten[34]. Die alte Aristokratie hatte aus den Staatsbürgern eine große Kette geschmiedet, deren mannigfache Glieder vom Bauern bis zum König reichten. Die Demokratie zerriß dieses legitime Gefüge von besonderen Ständen und Rechten, isolierte einen jeden vom andern, machte sie alle gleich und damit reif zur Unterwerfung unter *eine* despotische Zentralgewalt. So brachte es die Revolution fertig, aus dem »freien« citoyen »etwas Geringeres als einen Menschen zu machen«.

Zugleich mit der Zusammenfassung aller sozialen Kräfte wirkt der aus der bürgerlichen Demokratie hervorgegangene Despotismus aber auch wieder verstärkend zurück auf die Isolation der Individuen. Er verhindert jedes freie Zusammenwirken und -denken. »Da in solchen Gesellschaften die Menschen nicht durch Klassen, Kasten, Gilden oder durch Geschlechter aneinandergekettet sind, so sind sie zu sehr geneigt, nur für ihre eigenen Angelegenheiten Sorge zu tragen [...] und sich in einem dumpfen Egoismus einzuengen, in welchem jedwede öffentliche Tugend erstickt. Der Despotismus, weit entfernt, wider diese Neigung zu kämpfen, macht sie vielmehr unwiderstehlich; denn er beraubt die Bürger alles gemeinsamen Strebens, alles Wechselbezuges, aller Notwendigkeit gemeinsamer Beratung, aller Gelegenheit gemeinschaftlich zu handeln. Sie waren bereits geneigt sich abzusondern: er vereinsamt sie, er mauert sie in das Privatleben ein.«[35] Das größte Übel der demokratischen Despotie ist aber nicht schon die Unterwerfung unter eine nivellierende Zentralgewalt, sondern die Unaufrichtigkeit dieser Unterwerfung. Denn die Menschen sind durch die Französische Revolution viel zu unabhängig, aufgeklärt und skeptisch geworden, um noch an das *Recht* einer absoluten, aber illegitimen Gewalt glauben zu können. Was Sieyès nicht begriff, war, daß der Kampf gegen Adel und Kirche nicht nur deren besondere Vorrechte zerstörte, sondern die Tradition überhaupt, diese »Mutter des Rechts«. Die Folge dieser Zerstörung der Tradition ist die »Doktrin der Notwendigkeit«, welche die Einheit der Nation allzu hoch und den einzelnen Menschen allzu niedrig schätzt.

Gegen Ende seines Lebens hatte der Aristokrat Tocqueville das Gefühl, ein »veralteter Verehrer der Freiheit« geblieben zu sein, während seine demokratischen Zeitgenossen einen Herrn haben wollten

34 Vgl. Goethe, *Gespräche* II, 20: »Der reine wahre Despotismus entwickelt sich aus dem Freiheitssinn; ja er ist selbst der Freiheitssinn mit dem Gelingen.«
35 *Das alte Staatswesen*, a.a.O., S. XI.

und aus der »Bereitschaft zur Sklaverei« einen »Grundbestandteil der Tugend« machten. In Deutschland hat J. Burckhardt Tocquevilles Gedanken über die Demokratie im selben Sinne weiter geführt und die Linien noch um einiges schärfer gezogen, um *seine Zeitgenossen* zu veranlassen, »wenigstens ihre Subordination noch kritisch zu durchdenken«.

Tocqueville war der Meinung, daß die bürgerliche Demokratie wesentlich auf Sicherheit und Wohlleben, auf einen mittleren Zustand ohne menschliche Größe abziele. Um 1830, stellt er in seinen Memoiren fest, war der Sieg der Mittelklasse unter Ausschluß des Adels und des niederen Volkes bereits vollständig und endgültig. Sie drang in alle Ämter ein und gewöhnte sich daran, von Gewerbefleiß und öffentlichen Geldern zu leben. Die Folge war eine rasche Entwicklung der durchschnittlichen Wohlhabenheit. Die Eigenart der Mittelklasse wurde auch zur geistigen Haltung der Regierung des ersten Bürgerkönigs. »Es war ein regsamer, fleißiger, oft unredlicher Geist, zuweilen aus Eitelkeit und Egoismus, kühn mit furchtsamem Temperament, in allen Dingen mäßig, außer in der Lust des Wohllebens – mittelmäßig mit einem Wort; ein Geist, der mit dem des Volkes oder des Adels vermengt wohl Wunderdinge verrichten könnte, allein jedoch niemals etwas andres hervorbringen wird als eine Regierung ohne Mannhaftigkeit und Größe. Herrin der Gesamtheit, wie es nie zuvor der Adel gewesen war [...], nahm bald die Mittelklasse, als sie die Regierung übernommen hatte, das Aussehen eines Privatunternehmens an. Sie verschanzte sich in ihrer Macht und bald danach auch in ihrem eigenen Egoismus. Ihre Vertreter kümmerten sich mehr um ihre Privatangelegenheiten als um die Staatsgeschäfte, mehr um ihre persönlichen Bequemlichkeiten als um die Größe der Nation.«[36] Zugleich mit dieser Privatisierung geschieht eine energische Nivellierung auf eine mittlere Ebene hin, worin sich der Eigennutz mit dem Gemeinnutz in unentwirrbarer Weise vermengt: wenig Glanz und wenig Elend, aber ein mittlerer Wohlstand; wenig originelles Wissen und wenig grobe Unwissenheit, aber ein allgemeines Halbwissen; wenig Haß und wenig Liebe, aber relativ dauerhafte Gewohnheiten – so schildert Tocqueville, Goethes Voraussage vom Allgemeinwerden einer mittleren Kultur bewährend, jene ordentlichen, aber durchschnittlichen, ängstlichen und egoistischen Menschen des zur

36 *Autorität und Freiheit,* a. a. O., S. 154.

politischen Herrschaft gekommenen Mittelstands[37]. In einer solchen Welt könne ein Zwerg, wenn er nur von der Woge der demokratischen Masse hochgetragen wird, den Gipfel eines Berges erreichen, den ein Riese, der trockenen Fußes am Ufer steht, nie erklimmen könnte. Der mittlere Zustand der bürgerlichen Demokratie macht eine wahrhaft historische Größe unmöglich. Und darum sei in einer solchen Zeit alles gesund, was die Idee der Individualität, der sich selbst verantwortenden Person, erhöht, und alles gefährlich, was die Macht des Allgemeinen, der Gattung und Art, vergrößert[38].

In diesem durch Tocqueville vorgezeichneten Sinn wollte am Ende des 19. Jahrhunderts auch Sorel innerhalb der Demokratie, aber gegen ihren bürgerlichen Charakter, auf die Arbeiterschaft einwirken. Während Tocqueville unter dem Eindruck Amerikas der Ansicht war, daß der Demokratie die männlichen Leidenschaften und kriegerischen Tugenden notwendig fehlen, wollte Sorel gerade sie mit der sozialen Demokratie verbinden. Die Gesamtabsicht seiner historischen und sozialphilosophischen Arbeiten läßt sich durch die Frage bezeichnen: wie kann man nach dem Verfall der bürgerlichen Ideale und Illusionen die moderne Gesellschaft erneuern?

8. G. Sorel: Die unbürgerliche Demokratie der Arbeiterschaft

> »Plus je réfléchis à ces questions, plus je me persuade que le travail peut servir de base à une culture qui ne ferait pas regretter la civilisation bourgeoise. La guerre que le prolétariat doit conduire contre ses maîtres est propre [...] à développer en lui des sentiments de sublime qui font aujourd'hui complètement défaut à la bourgeoisie.«
>
> *(Les Illusions du Progrès)*

Sorel beschließt die *Réflexions sur la Violence*, durch die er zum Lehrer von Mussolini wurde, mit einem »Pour Lenin«. Ihre letzten Sätze sind: »Ich bin nur noch ein Greis, dessen Existenz an kleinsten

37 *Das alte Staatswesen*,, a. a. O., S. 138; vgl. Goethes Brief an Zelter vom 6. VI. 1825.

38 *Autorität und Freiheit*, a. a. O., S. 197; vgl. dazu M. Webers *Polit. Schr.*, München 1921, S. 152.

Zufällen hängt; aber könnte ich doch, ehe ich ins Grab steige, noch die stolzen bürgerlichen Demokratien, welche heute (1919) so zynisch triumphieren, gedemütigt sehen« – so groß war seine Verachtung für die bürgerliche Gesellschaft der modernen Demokratie. Im Gegensatz zu ihr achtete er das alte Bürgertum, welches in Übereinstimmung mit seinen realen Lebensbedingungen produktive Arbeit verrichtete. Weil aber aus dem produzierenden Mittelstand eine konsumierende Oberschicht hervor und zur Herrschaft kam, die statt der männlichen Tugenden der Disziplin und Entsagung humanitäre Illusionen und intellektuelle Ausschweifungen kultivierte, sprach er der Bourgeoisie alle Tugenden ab, die er dem klassenbewußten Arbeitertum zutraute.

Vier Stufen lassen sich in der Entwicklung der Bourgeoisie in Sorels Darlegungen unterscheiden: 1. Die vorrevolutionäre Bourgeoisie des 18. Jahrhunderts: sie befindet sich in einer abhängigen Stellung, weil sie vorzüglich aus königlichen Beamten und Funktionären besteht; als ein untergeordneter Stand hat er keine Eignung zum Herrschen entwickelt. Sorel bezeichnet ihn als eine »classe de commis«. 2. Die revolutionäre Bourgeoisie am Ende des 18. Jahrhunderts: sie vertritt die »illusions du progrès« und besteht aus Dilettanten, die nichts Rechtes gelernt haben und können. Ihre Wortführer sind politisierende Literaten und Enzyklopädisten, die über alles und nichts reden können, weil sie keine geistigen Arbeiter und Forscher sind. Ihr Charakter ist »arbitraire« und ihre Kühnheit (audace) eine verantwortungslose Verwegenheit (témérité). Sie haben keinen Respekt vor der geschichtlichen Überlieferung, sie sind ohne geistige Zucht und im Grunde sentimental. 3. Die ernüchterte Bourgeoisie nach 1850 unter Napoleon III. und Bismarck. Ihr revolutionärer Mythos ist verklungen, die neuen Industriekapitäne sind realistisch und großkapitalistisch, sie übernehmen die Führung in dieser industriellen Epoche der erobernden Bourgeoisie. 4. Die »gebildete« Bourgeoisie am Ausgang des 19. Jahrhunderts. Ihre Repräsentanten sind Epigonen der revolutionären Literatur: politische Dichter die P. Claudel, G. d'Annunzio und M. Barrès. Dieselbe überbildete Bourgeoisie, welche »ultra-policée« ist und in Frieden zu leben verlangt, kann sich auch literarisch für den Krieg begeistern. »Les cochonneries viennent tout naturellement sous la plume des écrivains qui prétendent introduire des imitations de la tragédie et de l'épopée mythologiques dans les aventures de la vie bourgeoise.«[39] Als Artisten sind sie weder in

39 Brief an B. Croce, in: La Critica XXVIII (1930), S. 44.

ihren politischen Aktionen noch in ihren religiösen Konversionen ernst zu nehmen. Gegenüber dieser dekadenten Bourgeoisie ohne kapitalistische Energie sprach Sorel der revolutionären Energie der klassenbewußten Arbeiterverbände die geschichtliche Aufgabe zu, welche jene nicht mehr erfüllt. Er sah das Proletariat nicht mitleidig oder empört als eine Klasse von Ausgebeuteten an, sondern als ein Reservoir gesunder Instinkte und schaffender Kräfte, die nur einer rechten Auswahl und Führung bedürfen, um zur Begründung freier Institutionen und zur Herrschaft befähigt zu werden und eine »classe de maîtres« zu bilden. Nietzsches Ideen zur Herrenmoral[40], auf Marx und Proudhon angewandt, bezeichnen historisch seinen Gedanken. Er wollte den revolutionären Arbeiterverbänden soldatische Tugenden geben an Stelle der Illusionen des Fortschritts des dritten Stands. Kriegerisch sind die Tugenden des modernen Arbeiterheeres, weil sie wie der Krieg eine Zusammenfassung aller Kräfte, höchste Anspannung, Ausdauer und Opferbereitschaft verlangen. Die Elite der Arbeiter schafft eine »civilisation de producteurs«. Sie ist das Heldentum unserer Epoche im Fortschritt zur rationellen Beherrschung der Welt, nichts Gemeines, sondern etwas Sublimes[41], weil sie Schmerz und Anstrengung kennt, wogegen der Bourgeois ein schmerzloses Vergnügen will. Sein Intellekt schwebt beziehungslos über den materiellen Bedingungen des Lebens; der Geist des Produzenten dagegen ist, wie der Geist einer guten Architektur, technisch verbunden mit den Zwecken und Forderungen des wirklichen Lebens.

In den Betrachtungen über die Gewalt spricht Sorel die Überzeugung aus, daß nur ein großer, alle Energien belebender Krieg, der Männer zur Macht bringt, die den Willen zur Herrschaft und die Fähigkeit zum Regieren haben, oder aber eine große Ausdehnung der proletarischen Gewalt, die »platitudes humanitaires« der Bourgeoisie wie auch des parlamentarischen Sozialismus werde beseitigen können. Als jedoch von 1914 bis 1918 die Philosophie der Gewalt in der Wirklichkeit triumphierte, sah Sorel im Krieg keine Bestätigung seiner Betrachtungen, sondern einen Sieg der demokratischen Ideale, der Industrie und Plutokratie. »Jamais on ne vit une telle soif de carnage chez les gouvernements et autant de servilisme chez les peuples qui se laissent entraîner dans des guerres, dont la fin s'éloigne chaque jour«, schreibt

40 *Réflexions sur la violence,* a. a. O., S. 355 ff.
41 Ebenda, S. 345 ff.; *Les illusions du progrès,* a. a. O., S. 285.

er 1915 an B. Croce. Und was den bürgerlichen Geist betrifft, so sei er unbesiegbar, weil er sich an beinahe alles hefte, was es Niedriges in den Instinkten der Menschen gibt. Als Sorel 1922 starb, resignierte er wie schon Flaubert und Proudhon vor dem »Triumph der Mediokrität«[42] und der Niedrigkeit der Leidenschaften, tief überzeugt, daß die natürliche Bewegung aller Geschichte der Verfall ist und daß die umgekehrte Bewegung zur menschlichen Größe hin eine erzwungene und der Verfallsbewegung abgerungene ist. Nicht minder als die Demokratie hat er aber auch den in eine »Kirche« verwandelten Staat bekämpft, der mit öffentlicher Gewalt die Gewissen lenkt, den Geist überwacht und den Menschen einebnet[43].

9. *Nietzsche: Der Herdenmensch und das Führertier*

> »Dieselben neuen Bedingungen, unter denen im Durchschnitt eine [...] Vermittelmäßigung des Menschen sich herausbilden wird, ein nützliches, arbeitsames [...] anstelliges Herdentier, sind im höchsten Grade dazu angetan, Ausnahmemenschen der gefährlichsten und anziehendsten Qualität den Ursprung zu geben [...] Die Demokratisierung Europas ist zugleich eine freiwillige Veranstaltung zur Züchtung von Tyrannen.« (VII, 207)

Als Kritiker der bestehenden Welt bedeutet Nietzsche für das 19. Jahrhundert, was Rousseau im 18. war. Er ist ein umgekehrter Rousseau: ein Rousseau durch seine ebenso eindringliche Kritik der europäischen Zivilisation und ein umgekehrter, weil seine kritischen Maßstäbe genau entgegengesetzt zu Rousseaus Idee vom Menschen sind. Im Bewußtsein dieses Zusammenhangs erkannte Nietzsche in

42 *Les illusions du progrès,* S. 336, Anm. 2 und 378 ff.

43 Dasselbe Problem stellt schon Sorels erste Schrift, *Le procès de Socrate* (1889), worin er sich gegen Sokrates und Plato auf die Seite des Aristophanes stellt. Denn Sokrates habe die alte Gesellschaft zerstört, ohne das Fundament für eine neue zu schaffen, und im Idealstaat seines Schülers sei der Staat zur Kirche geworden, indem er von sich aus, wie in der Französischen Revolution, eine Weltanschauung vertritt.

Rousseaus Bild vom Menschen »die größte revolutionierende Kraft der Neuzeit« an, die auch den deutschen Geist in Kant, Fichte und Schiller in entscheidender Weise geprägt hat[44]; zugleich bezeichnet er ihn aber auch als eine »Mißgeburt an der Schwelle der neuen Zeit«, als »Idealist und Canaille« in einer Person. Sein Begriff von der Gleichheit habe Ungleiches gleichgemacht und eine Sklavenmoral zur Herrschaft gebracht. Seine demokratisch-humanitären Ideen verfälschten die wahre Natur des Menschen, die nicht human, sondern ein »Wille zur Macht« sei.

Die bürgerliche Demokratie hat keine Substanz, sie ist die »historische Form vom Verfall des Staates«, während der radikale Sozialismus den Despotismus befördert. Beide Bewegungen bewirken zusammen eine Verkleinerung des Menschen zum Herdentier. Sowohl die Gebildeten der besitzenden Stände wie die ungebildete Klasse der besitzlosen Arbeiter sind von dieser Nivellierung erfaßt und darum kein Fundament mehr zur Erneuerung der Kultur. Eine kurze Notiz aus dem Jahre 1873 beleuchtet grell die Situation, wie sie Nietzsche inmitten des nationalen Aufschwungs nach dem Sieg über Frankreich ansah: die gebildeten und gelehrten Stände seien preiszugeben, denn niedrig und verächtlich sei die Geld- und Genußwirtschaft der besitzenden Klassen geworden; gedankenlos und dumm, seien sie ahnungslos, welche Gefahr ihnen von seiten der arbeitenden Klasse drohe. Andrerseits seien aber auch schon die ungebildeten Klassen mit der Hefe der jetzigen Allgemeinbildung angesteckt und sehr fern von einer echten Volkskultur. Wenn die Arbeiterstände die Überzeugung gewännen, daß sie die Gebildeten und Besitzenden jetzt leicht an Tüchtigkeit übertreffen könnten, dann, sagt Nietzsche, »ist es mit uns vorbei«, und er fährt fort: »Aber wenn das nicht eintritt, ist es erst recht mit uns vorbei.«[45]

Im *Zarathustra* hat Nietzsche diese ganze Welt einer verfallenen Humanität verhöhnt und das Bild vom »letzten Menschen« geprägt. Sein Gegenbild ist der Übermensch. Als eine philosophische Konzeption zur Überwindung des Nihilismus hat diese Idee zwar keinen unmittelbar sozialen Gehalt und politischen Sinn, aber mittelbar wird sie konkret in Nietzsches historischen Reflexionen auf überragende »Aus-

44 Siehe dazu G. Gurwitsch, *Kant und Fichte als Rousseau-Interpreten,* in: Kantstudien XXVII (1929), S. 138 ff.; E. Cassirer, *Das Problem J. J. Rousseau,* in: Archiv für Geschichte der Philosophie 1932, S. 177 ff. und 479 ff.
45 X, 290.

nahmemenschen«, und in seiner Idee von künftigen »Herrenmenschen«, welche die Aufgabe haben, dem Herdenmenschen der Demokratie ein Ziel seines Daseins zu geben.

Beides: die demokratische Nivellierung der Massen, die eine Verkleinerung des Menschen bewirkt, sowie die Züchtung einer Herrenkaste, die zur Erhöhung einzelner Menschen führt, gehört wie Vorder- und Rückseite zusammen. Eine Nachlaßnotiz sagt, daß Zarathustras Haß auf das demokratische Nivellierungssystem »nur ein Vordergrund« ist. Eigentlich ist er froh, daß es endlich »so weit ist«, denn nun erst kann er seine Aufgabe lösen, nämlich die Erziehung einer Herrenkaste, die für sich selber auf das Glück und Behagen verzichtet, welches sie den Niedrigsten auf der Stufe der neuen Rangordnung zugesteht[46]. Die »Mittelmäßigkeit« der Meisten ist die erste Bedingung dafür, daß es »Ausnahmen« geben kann, und mit dem *»Herdentier«* entsteht auch das *»Führertier«*. »Und wäre es für die demokratische Bewegung nicht selber erst eine Art Ziel, Erlösung und Rechtfertigung, wenn jemand käme, der sich ihrer *bediente* – dadurch daß endlich sich zu ihrer neuen [...] Ausgestaltung der Sklaverei [...] jene höhere Art herrschaftlicher und cäsarischer Geister hinzufände, welche sich auf sie stellte, sich an ihr hielte, sich durch sie emporhübe? [...] Der Anblick des jetzigen Europäers gibt mir viele Hoffnung: es bildet sich da eine verwegene herrschende Rasse auf der Breite einer äußerst intelligenten Herdenmasse [...]. Dieselben Bedingungen, welche die Entwicklung des Herdentieres vorwärtstreiben, treiben auch die Entwicklung des Führertiers.«[47] Und mit Bezug auf Napoleon und Bismarck heißt es: »Wer sich einen *starken* Willen bewahrt und anerzogen hat, zugleich mit einem weiten Geiste, hat günstigere Chancen als je. Denn die *Dressierbarkeit* der Menschen ist in diesem demokratischen Europas sehr groß geworden; Menschen, welche leicht lernen, leicht sich fügen, sind die Regel: das Herdentier, sogar höchst intelligent, ist präpariert. Wer befehlen kann, findet die, welche gehorchen *müssen.«*[48] Die Demokratie erzeugt eine gefügige Masse in der Hand der »großen Politik«. Darunter verstand Nietzsche eine gesamteuropäische Planung auf weiteste Sicht, die von der Frage nach den künftigen Herren der Erde geleitet ist. Dabei dachte er vorzüglich an Rußland und Deutschland, aber nicht an die

46 XII, 417; vgl. XIV, 411.
47 XVI, 336f.
48 XV, 234.

englisch-amerikanische Welt. Die neuen Herren der Erde sollen den ungläubig gewordenen Massen »Gott ersetzen«. Sie werden wie Napoleon Männer des Volkes sein und zugleich in vollkommener Selbstsicherheit über ihm stehen, als Gesetzgeber und Gewaltmenschen zugleich. Die Arbeitermassen werden unter ihrer Führung soldatisch empfinden lernen und ausführen, was man ihnen befiehlt.

Nicht weniger aufschlußreich als diese Idee von den künftigen Herren der Erde, die sich der Nivellierung als eines Mittels zum Zweck bedienen, ist aber auch die ganze andere Voraussicht: daß die Weltregierung in die Hände der »Mittelmäßigen« fällt, weil diese in einem »mesquinen Zeitalter« die überlebenden Menschen der Zukunft sind. »Bei einer solchen extremen Bewegung in Hinsicht auf Tempo und Mittel, wie sie unsere Zivilisation darstellt, verlegt sich das Schwergewicht der Menschen [...]. Das Schwergewicht fällt unter solchen Umständen notwendig den *Mediokren* zu: gegen die Herrschaft des Pöbels und der Exzentrischen (beide meist verbündet) konsolidiert sich die Mediokrität, als die Bürgschaft und Trägerin der Zukunft. Daraus erwächst für die Ausnahmemenschen ein neuer Gegner – oder aber eine neue Verführung. Gesetzt, daß sie sich nicht dem Pöbel anpassen und dem Instinkte der Enterbten zu Gefallen Lieder singen, werden sie nötig haben, ›mittelmäßig‹ und ›gediegen‹ zu sein [...]. Und noch einmal gewinnt [...] die ganze *verlebte* Welt des Ideals eine begabte Fürsprecherschaft [...]. Resultat: die Mediokrität bekommt Geist, Witz, Genie, sie wird unterhaltend, sie verführt.«[49]

49 XVI, 283; vgl. XIV, 204; XV, 349 f.; XVI, 420.

II. DAS PROBLEM DER ARBEIT

Arbeit und Bildung sind im 19. Jahrhundert zur Substanz des Lebens der bürgerlichen Gesellschaft geworden. Kein Jahrhundert zuvor hat eine solche Masse von allgemeiner Bildung verbreitet und zugleich eine solche Energie der Arbeit entwickelt wie das, welches Burckhardt ironisch das »Jahrhundert der Bildung« nannte und dessen Arbeitsprozeß Marx der Kritik unterzog. Die Arbeit ist zur Existenzform des »Lohnarbeiters« und der »Besitz« der Bildung zum Vorrecht des »Gebildeten« geworden. Doch kommt auch in dieser Verteilung von Arbeit und Bildung auf zwei verschiedene Klassen ihr wesentlicher Zusammenhang noch insofern zum Vorschein, als es das Bestreben der Arbeiter wurde, sich die Privilegien der bürgerlichen Bildung zu eigen zu machen, während die Gebildeten nicht umhin konnten, sich als »geistige Arbeiter« zu bezeichnen, um ihr Vorrecht nicht als Unrecht erscheinen zu lassen. Die Ratlosigkeit der bürgerlichen Intelligenz hat sich in Deutschland am deutlichsten nach dem Kriege gezeigt, als sie – nach dem Vorbild der russischen Arbeiterräte – einen »geistigen« Arbeiterrat gründete, der sich die Aufgabe stellte, den Bruch zwischen der proletarischen Arbeit und der bürgerlichen Bildung zu heilen. Ihren Gegensatz einzuebnen ist aber auch eine der vorzüglichsten Aufgaben des Nationalsozialismus geworden, der die studierende Jugend in Arbeitslagern mit dem Volk in Verbindung brachte und die Masse der Lohnarbeiter mit politischer »Weltanschauung«, einem Derivat der bürgerlichen Bildung, durchdrang. Sowohl die Zuspitzung von Arbeit und Bildung zu zwei Extremen, die sich gegenseitig bedingen, wie ihre Einebnung auf eine mittlere »Volkskultur« bezeugen von zwei verschiedenen Seiten, daß sich die Arbeit in einem Zustand befindet, wo sie den Menschen als solchen nicht bildet.

Die Selbstverständlichkeit, mit der heute ein jeder – er mag Kaufmann, Arzt, oder Schriftsteller sein – seine Tätigkeit als »Arbeit« bezeichnet, hat es nicht immer gegeben. Die Arbeit hat sich nur sehr allmählich soziale Geltung verschafft. Sie ist nach christlicher Auffassung ursprünglich keine an ihr selber verdienstvolle Leistung, sondern der Sünden Lohn und Strafe[1]. Der Mensch muß im Schweiße seines

1 Vgl. dazu M. Weber, *Wirtschaft und Gesellschaft,* Tübingen 1925, S. 800: »Es ist einfach eine Fabel, daß ihr (der Arbeit) z. B. im Neuen Testament irgend etwas an neuer Würde hinzugefügt wurde.«

Angesichts arbeiten, seitdem er durch seine Schuld zur Arbeit verdammt ist. Als ein hartes, verfluchtes Muß ist die Arbeit wesentlich Not, Mühsal und Leiden. Der biblische Mensch genießt nicht die »Früchte« des »Segens« der Arbeit, sondern er büßt mit ihr ab, daß sich der Mensch an den Früchten des Paradieses vergriff. Noch Pascal hielt daran fest, daß die Arbeit nur die Leere des weltlichen Treibens beweist, das sich mit ihr zum Scheine betriebsam erfüllt und mittels dieser Zerstreuung über die Misere des Daseins hinwegtäuscht[2]. Erst im Protestantismus entstand jene christliche Wertschätzung der weltlichen Arbeit, wie sie B. Franklin in klassischer Weise vertrat. Aber auch die entschiedene Verweltlichung der christlichen Überlieferung, wie sie im 18. Jahrhundert erfolgte, geschah noch im Widerspruch zu den kirchlichen Lehren. Sie hat die seitdem herrschende bürgerliche Bewertung der Arbeit als einer das menschliche Leben sinnvoll erfüllenden Leistung zur Geltung gebracht. Man genießt nun mit Wissen und Wollen die Früchte der geleisteten Arbeit[3]. Sie wird zum vorzüglichen Weg, der zu Befriedigung und Erfolg, Ansehen, Genuß und Reichtum führt[4]. Der Mensch der bürgerlichen Epoche muß nicht nur, sondern will arbeiten, denn ein Leben ohne Arbeit schiene ihm gar nicht lebenswert, sondern »umsonst« gelebt. Die Arbeit gilt ihm nicht bloß als ein asketisches Tun, das von den Lastern des Müßiggangs und der Ausschweifung abhält, indem sie zu einer geregelten Tätigkeit zwingt, sondern sie bekommt als eine folgen- und erfolgreiche Arbeit eine selbständige und konstruktive Bedeutung. Sie wird zur Quelle aller irdischen Tüchtigkeit, Tugend und Freude. In dieser rein weltlichen Schätzung der Arbeit kommt die christliche Einschätzung nur noch insofern zum Vorschein, als in der Betonung ihrer verdienstvollen Härte noch immer die Vorstellung eines Verfluchtseins hindurchscheint, so wie die Befreiung von ihr als ein quasi paradiesischer Zustand gilt, obgleich der *dauernde* Müßiggang in dem auf Arbeit angewiesenen Menschen den Zustand tödlicher Langeweile hervorbringt. – Die beiden Grundbedeutungen der Arbeit, als Not und Mühsal (molestia), und zugleich Leistung (opus, opera), zeigen sich auch in der Geschichte ihrer Wortbedeutung. »Labor« bezeichnet ursprünglich vor allem die harte Arbeit des Ackerbestellens

2 *Pensées*, ed. L. Brunschvigg, Paris 1909, S. 390 ff.

3 Siehe dazu B. Groethuysen, *Die Entstehung der bürgerlichen Welt- und Lebensanschauung in Frankreich*, Halle 1930, Bd. II, 80 ff.

4 Siehe dazu in Voltaires *Dictionnaire Philosophique* den Artikel »Travail«.

und also ein Arbeiten in höriger Knechtschaft. Zugleich ist aber die auf dem Knechte lastende und um Taglohn gewerkte Arbeit auch eine werkschaffende Leistung, gleich derjenigen, die andere Werke hervorbringt[5].

Diese Doppelbedeutung ist aber nicht für ihr ganzes Wesen bezeichnend. Arbeit ist vielmehr schlechthin zum Sein des Menschen gehörig, sofern es nur überhaupt ein Tätigsein in der Welt ist. In diesem vollen und ursprünglichen Sinn hat sie zuletzt noch Hegel begriffen. Nach ihm ist die Arbeit keine einzelne wirtschaftliche Tätigkeit[6], im Unterschied etwa zum Müßiggang oder Spiel, sondern die grundlegende Art und Weise, wie der Mensch sein Leben hervorbringt und dabei weltbildend ist. Und weil Hegel diese Bewegung zwischen dem Selbstsein und Anderssein unter dem ganz allgemeinen Begriff des Geistes begreift, ist die Arbeit für ihn weder eine körperliche noch geistige im besonderen Sinn, sondern geistvoll im absolut-ontologischen Sinne. Andrerseits kann aber auch nur von Hegels Philosophie des Geistes aus einsichtig werden, wieso Marx und Engels in der Auseinandersetzung mit ihm bei der paradoxen Behauptung anlangen konnten, die deutsche Arbeiterbewegung sei die Erbin der klassischen deutschen Philosophie.

5 »Während in der älteren Sprache die Bedeutung von molestia und schwerer Arbeit vorherrschte, die von opus, opera zurücktrat, tritt umgekehrt in der heutigen diese vor und jene erscheint seltener. Jede derselben war aber in dem Wort selbst begründet; seitdem allmählich die Tätigkeit der Menschen unknechtischer und freier wurde, war es natürlich, den Begriff der Arbeit auf leichtere und edle Geschäfte auszudehnen.« Grimm, *Deutsches Wörterbuch.*

6 Siehe dazu H. Marcuse, *Über die philosophischen Grundlagen des wirtschaftswissenschaftlichen Arbeitsbegriffs,* in: Archiv für Sozialwiss. und Sozialpol. 1933, H. 3.

1. *Hegel: Die Arbeit als Entäußerung seiner selbst im Formieren der Welt*

> »Ora et labora! Bete und fluche! Fluchen ist sonst, wenn einer Sakrament sagt, aber in der Religion fallen alle diese Dinge, die sonst außereinander, zusammen. Die Erde sei verflucht und im Schweiße deines Angesichts sollst du dein Brot essen! *Arbeiten heißt* die Welt *vernichten oder fluchen.*«
>
> Hegel (Rosenkranz, *Hegels Leben*, 543)

Hegel hat die Arbeit dreimal zum Thema gemacht: in den *Jenenser Vorlesungen,* in der *Phänomenologie* und in der *Rechtsphilosophie.* In den Vorlesungen von 1803/04[7] bestimmt er ihren geistigen Chrakter zunächst als »negatives Verhalten« gegenüber der Natur. Die Arbeit ist kein Instinkt, sondern eine »Vernünftigkeit«, eine »Weise des Geistes«. Das Tier arbeitet nicht im Schweiße seines Angesichts, es befriedigt seine Bedürfnisse unmittelbar durch die Natur, wogegen der Mensch dadurch ausgezeichnet ist, daß er sein Brot mittelbar selbst hervorbringt und die Natur nur als Mittel benutzt[8]. Diese »Vermittlung« zwischen den Bedürfnissen und ihrer Befriedigung geschieht mittels der Arbeit, die ihrerseits durch das Mittel der Werkzeuge und Maschinen vermittelt ist. Die Arbeit ist eine »Mitte« zwischen dem Menschen und seiner Welt[9]. Als eine Bewegung der Vermittlung ist sie nicht im bloß destruktiven Sinn negativ, sondern ein bearbeitendes oder »formierendes« und also positives Vernichten der von Natur aus vorhandenen Welt. Im Unterschied zum tierischen Trieb, der seine Begierde einfach dadurch befriedigt, daß er den Gegenstand aufzehrt und so zum Verschwinden bringt, und der darum auch immer wieder »von vorne anfangen« muß, ohne etwas Bleibendes – ein Werk – zustande zu bringen, ist die menschlich-geistige Arbeit mittels des Werkzeugs bildend

7 *Jenenser Realphilosophie,* hrsg. von J. Hoffmeister, Leipzig 1932, Bd. I, 197 ff., 220 ff., 236 ff.; Bd. II, 197 ff., 213 ff.; vgl. *Schr. zur Politik und Rechtsphilos.*, a. a. O., S. 422 ff. und 478.
8 Vgl. XII, 218.
9 *Jenenser Realphilosophie* I, 203 ff., 221.

und durch Formung Beständiges, d.i. auf sich selber Stehendes wirkend[10].

Um solche Arbeit leisten zu können, genügt nicht eine natürliche, individuelle Geschicklichkeit, sondern zum Arbeiten geschickt wird der Einzelne erst durch das Erlernen allgemeiner Arbeitsregeln, wodurch er seine »natürliche Ungeschicklichkeit« überwindet. Die Arbeit macht aus der subjektiven Tätigkeit des Einzelnen »etwas anderes«, als sie zunächst dem Anschein nach ist, nämlich ein »Allgemeines«, weil nach allgemeinen Regeln Gelerntes. Auch jede neue Erfindung besserer Werkzeuge und geschickterer Arbeitsweisen geschieht nicht nur gegen die schon bestehenden Gewohnheiten und Regeln, sondern erzeugt ein neues Allgemeingut, das allen zugute kommt. So sehr die Arbeit aber zum ausgezeichneten Wesen des Menschen gehört, so sehr entwickelt sie auch als ein vielfach vermitteltes und geteiltes Tun eine nur dem Geiste eigentümliche Problematik.

10 Ebenso unterscheidet Hegel in der *Phänomenologie* bei der Analyse des Bewußtseins von »Herr und Knecht« die Arbeit von der Begierde als eine »gehemmte Begierde«, welche das Verschwinden des begehrten Gegenstandes aufhält, indem sie ihn bildet oder in Form bringt. Der Arbeitende anerkennt den bearbeiteten Gegenstand, gerade indem er gegen ihn negativ ist. In diesem formierenden Tun, das eine »negative Mitte« ist, weil es das Selbstsein mit dem Anderssein durch positives Negieren vermittelt, wird das Bewußtsein des Knechts ein »reines Fürsichsein«, das an dem für seinen Herrn bearbeiteten Gegenstand außer es in das Element des Bleibens tritt. »Das arbeitende Bewußtsein kommt also hierdurch zur Anschauung des selbständigen Seins als seiner selbst«, d.h. indem der Knecht etwas bearbeitet, vergegenständlicht er sein eigenes Selbst in etwas Anderem, was standhält und um so selbständiger wird, je mehr sich der Arbeitende in die bearbeitete Sache hineinlegt. Im Bilden eines Objekts wird das Fürsichsein des Subjekts objektiv für es selbst. Und indem der Knecht im Unterschied zu seinem Herrn, der nur die fertigen Früchte der Arbeit des andern genießt, weltbildend ist, gewinnt er durch dieses Wiederfinden seiner selbst im Gegenstand seiner Arbeit einen eigenen, selbstischen Sinn, einen »Eigensinn«, und also eine Art Freiheit innerhalb seiner Knechtschaft. Das knechtische Bewußtsein wird »selbstbewußt«, es kommt durch dienende Arbeit am Schluß zu sich selbst, obwohl es sich den Gegenstand seiner Arbeit nie völlig aneignen kann und ihn seinem Herrn zum Genuß überläßt. Andrerseits wird zwar der Herr mit dem Gegenstand »fertig«, aber auch nur auf unvollkommene Weise, weil er sich im Genuß nur mit der Unselbständigkeit des Dinges zusammenschließt und die Seite seiner Selbständigkeit dem das Ding bearbeitenden Knecht überläßt. Genuß und Arbeit sind auf dieser Bewußtseinsstufe noch unvollständig vermittelt.

Schon das *Werkzeug,* mit dem der Mensch gegen anderes tätig ist und das als eine »existierende, vernünftige Mitte« zwischen dem Arbeitenden und dem Bearbeiteten das im Arbeitsprozeß Bleibende ist, hat die Funktion, den Menschen von dem lebendigen Zusammenhang mit der Natur zu entfernen, indem es ihn vom unmittelbaren Vernichten des Gegenstands abhält. Das Werkzeug ist aber noch selber ein träges Ding, mit dem ich nur formal tätig bin und mich selbst »zum Dinge« mache[11]. Erst die *Maschine,* die ein selbständiges Werkzeug ist, vermittelt die Arbeit vollständig. Durch sie wird die Natur vom Menschen betrogen, indem er sie für sich arbeiten läßt. Doch rächt sich dieser Betrug am Betrügenden selbst, und je mehr er die Natur unterjocht, desto niedriger wird er selbst. »Indem er die Natur durch [...] Maschinen bearbeiten läßt, so hebt er die Notwendigkeit seines Arbeitens nicht auf, sondern schiebt es nur hinaus, entfernt es von der Natur, und richtet sich nicht lebendig auf sie als eine lebendige; sondern es entflieht diese negative Lebendigkeit, und das Arbeiten, das ihm übrig bleibt, wird selbst *maschinenmäßiger;* er vermindert sie nur fürs Ganze, aber nicht für den Einzelnen, sondern vergrößert sie vielmehr, denn je maschinenmäßiger die Arbeit wird, desto weniger Wert hat sie, und desto mehr muß er auf diese Weise arbeiten.«[12] Diese durch Maschinen vermittelte Arbeit ist im 19. Jahrhundert zum allgemeinen Schicksal geworden. Sie steigert zugleich mit der *Vereinzelung* der Arbeiten die *Menge* des Bearbeiteten, während sich der Wert der Arbeit im gleichen Maße verringert, wie sich die produzierte Menge vermehrt. »Die Arbeit wird um so absolut toter, [...] die Geschicklichkeit des Einzelnen um so unendlich beschränkter, und das Bewußtsein der Fabrikarbeiter wird zur letzten Stumpfheit herabgesetzt; und der Zusammenhang der einzelnen Art von Arbeit mit der ganzen unendlichen Masse der Bedürfnisse wird ganz unübersehbar und eine blinde Abhängigkeit, so daß eine entfernte Operation oft die Arbeit einer ganzen Klasse von Menschen, die ihre Bedürfnisse damit befriedigte, plötzlich hemmt, überflüssig und unbrauchbar macht. So, wie die Assimilation der Natur sich durch das Einschieben der Zwischenglieder größere Bequemlichkeit wird, so sind diese Stufen der Assimilation ins Unendliche teilbar; und die Menge der Bequemlichkeiten macht sie wieder ebenso absolut unbequem.«[13]

11 *Jenenser Realphilosophie* II, 197f.
12 Ebenda, I, 237; vgl. Enz. § 526.
13 Ebenda, I, 239, unter Berufung auf das bekannte Beispiel der Stecknadelfa-

Die Arbeit, welche zunächst dem unmittelbaren Bedarf des Einzelnen dient, wird zu einer *abstrakt-allgemeinen,* d.h. niemand bearbeitet mehr das, dessen er selber bedarf, sondern jeder arbeitet statt an der Wirlichkeit der Befriedigung seiner bestimmten Bedürfnisse nur noch an der allgemeinen Möglichkeit der Befriedigung überhaupt. Ein jeder kann seine eigenen Bedürfnisse nur noch auf die Weise befriedigen, daß er zum Mitarbeiter an der Totailität der Befriedigung der Bedürfnisse aller anderen wird, unter Abstraktion von seinen je eigenen. Er arbeitet z.B. an einem Luxusartikel, um seinen notwendigsten Bedarf an Nahrung und Kleidung zu decken, er arbeitet nicht für seinen konkreten Bedarf, sondern für die »Abstraktion« eines Bedürfnisses überhaupt. Der Wert der Arbeit liegt dann nicht mehr unmittelbar in ihrer Hervorbringung, sondern darin, daß sie mittelbar, durch die allgemeine Abhängigkeit aller Arbeiten untereinander, auch die eigenen Bedürfnisse zu befriedigen erlaubt. Die dialektische Kehrseite dieser Verallgemeinerung der Arbeiten zu einem Arbeitssystem ist ihre Spezialisierung, so wie die Vereinfachung der Arbeiten auf je eine besondere zu ihrer Vervielfältigung führt. Die Arbeit wird einfacher, eintöniger und spezieller, weil jeder nur noch eine einzige Einzelheit fabriziert, und komplizierter, weil gerade dies Auseinanderlegen des Konkreten und Ganzen in einen vielfach geteilten Arbeitsprozeß zu einer Unendlichkeit von Besonderungen führt. Je mehr sich der Mensch von der natürlichen Konkretion befreit und sich die Natur unterwirft, desto abhängiger wird er von ihr, denn je mehr ein jeder nur noch eine abstrakte Einzelheit zu bearbeiten weiß, desto unfähiger muß er für die Befriedigung aller übrigen Bedürfnisse werden[14].

brikation bei A. Smith; vgl. *Rechtsphilosophie* § 190, Zus.: »Das Bedürfnis der Wohnung und Kleidung, die Notwendigkeit die Nahrung nicht mehr roh zu lassen, sondern sie sich adäquat zu machen und ihre natürliche Unmittelbarkeit zu zerstören, macht, daß es der Mensch nicht so bequem hat wie das Tier, und es als Geist auch nicht so bequem haben darf. Der Verstand, der die Unterschiede auffaßt, bringt Vervielfältigung in diese Bedürfnisse und indem Geschmack und Nützlichkeit zu Kriterien der Beurteilung werden, sind auch die Bedürfnisse selbst davon ergriffen. Es ist zuletzt nicht mehr der Bedarf, sondern die Meinung, die befriedigt werden muß, und es gehört eben zur Bildung, das Konkrete in seine Besonderheiten zu zerlegen.« – Vgl. § 191, Zus.

14 Vgl. *Rechtsphilosophie* § 192, Zus. – Selbst ein so natürliches Bedürfnis wie das nach Nahrung kann in dem »System« der Bedürfnisse nicht mehr beliebig befriedigt werden, sondern nur zu bestimmten, allgemein üblichen Essenszeiten, und mit Rücksicht auf die Geschäftszeiten. Ein jeder wird dem andern in diesem

Die dingliche Realität, der »materiell existierende Begriff«, der immer abstrakter und allgemeiner, d.h. aber zugleich auch *»geistiger«* werdenden Arbeit ist das *Geld* – »eine große Erfindung«. Es ist die »Möglichkeit aller Dinge des Bedürfnisses«, worin der abstrakte Wert aller Waren wirklich ist. Das Geld hat die Bedeutung aller Bedürfnisse, weil es eine Abstraktion von allen Besonderheiten ist, weil es kraft seiner geistiger Einheit und Allgemeinheit schlechthin nivelliert. »Das Bedürfnis und die Arbeit in diese Allgemeinheit erhoben, bildet so für sich [...] ein ungeheures System von Gemeinschaftlichkeit und gegenseitiger Abhängigkeit, ein sich in sich bewegendes Leben des Toten, das in seiner Bewegung blind und elementarisch sich hin- und herbewegt, und als ein wildes Tier einer beständigen strengen Beherrschung und Bezähmung bedarf.«[15]

Je nach der Art der Arbeit unterscheidet sich auch die *Gesittung und Gesinnung* der arbeitenden Stände, deren Hegel drei unterscheidet: den Bauern-, Handwerker- und Kaufmannsstand[16]. Die Arbeit des Bauern ist noch keine geistig-abstrakte, sondern im Elementaren und Konkreten versenkt. Sie ist verwachsen mit den natürlichen Bedingungen der elementaren Bedürfnisse des Lebens. Obgleich die Arbeit des Bauern, wie jede Arbeit, ein negatives Verhalten ist, ist sie dies doch nur bedingt; denn der Bauer läßt noch unmittelbar die Natur für sich arbeiten, indem er Himmel und Erde, Wärme und Kälte, Regen und Trockenheit als Naturgegebene Hilfsmittel der Bearbeitung des Bodens hinnimmt. Seine Gesinnung ist demgemäß mehr durch das Vertrauen in die Natur und zu den Arbeitskräften seiner Familie bedingt als durch das Zutrauen zu den rechtlichen Institutionen der bürgerlichen Gesellschaft. Weil das Gedeihen seiner Arbeit von den Gaben und Zufällen der Natur

Zusammenhang gleichgemacht und zugleich erzeugt sich dadurch das Bestreben, sich durch Besonderheit auszuzeichnen, wodurch sich die Arbeit für die Bedürfnisbefriedigung abermals partikularisiert und abstrakter, d.h. geistiger wird.

15 *Jenenser Realphilosopie* I, 239f.; vgl. *Rechtsphilosophie* § 63, Zus. – Eine philosophische Analyse des Geldes hat nach Hegel und Marx nur noch G. Simmel geleistet: *Philosophie des Geldes,* Leipzig 1900.

16 A.a.O., II, 254ff.: In der *Rechtsphilosophie* § 201ff. faßt Hegel den Handwerker-, Fabrikanten- und Handelsstand im »Stand des Gewerbes« zusammen; seine Basis ist der »substanzielle« Stand des Bauern und seine Spitze der »allgemeine« Stand, der sich den allgemeinen Interessen des Staates widmet und der Arbeit für seine Bedürfnisse durch Privatvermögen oder Entschädigung von seiten des Staats enthoben sein muß.

wesentlich abhängig ist, schafft seiner Hände Arbeit kein selbständiges Werk, wie es das des Handwerkers ist. Dessen bürgerliches Gewerbe bildet den Übergang zur abstrakten Arbeit und zum »Wissen des Allgemeinen«. Indem der Handwerker die Natur formiert, verändert er sie zum auf sich selber stehenden Werk, dessen Form durch das Werk seiner Hände eine Selbständigkeit hat, die auf dem Selbst der es formenden Arbeit beruht. Was der Gegenstand seiner Arbeit von Natur aus ist, beschränkt sich auf das natürliche Material, das mehr oder minder brauchbar und werkgerecht ist. Durch seine Selbständigkeit gegenüber der natürlichen Welt entwickelt sich im Handwerkerstand ein Rechtsbewußtsein, das im Unterschied zu dem des Bauern, der durch das Recht nur nicht gestört sein will, positiv ist. Noch entfernter von der Natur der Dinge ist der Kaufmannsstand, der überhaupt nichts formiert, sondern das schon von andern Formierte mit dem abstrakten Mittel des Geldes tauscht. In dieser Bewegung des Tausches von fertigen Waren kommt das »Geistige« der Arbeit am reinsten zum Ausdruck. Die Art der Arbeit des Handelsstandes ist von jedem unmittelbaren Zusammenhang mit dem Bedarf und Gebrauch befreit. Der Gegenstand seiner Arbeit ist entzweit in die zwei geistigen Abstraktionen von Handelsartikel und Geld. Der Gegenstand gilt ihm nicht mehr an ihm selbst, sondern nur noch an der »Bedeutung«, die er für jemand haben kann, nach seinem abgezogenen Wert, der »klingende Münze« ist. Das Tauschmittel des Geldes ist noch mehr als die Mitte der Arbeit ein »formales Prinzip der Vernunft«, etwas Geistiges, weil abstrakt Allgemeines, denn das Wesen des Geistes ist, von allem, was unmittelbar ist – selbst vom eigenen Sein – abstrahieren zu können[17]. Die Gesinnung des Kaufmanns ist daher diese »Härte des Geistes«, deren rechtlicher Ausdruck das strikte Wechselrecht ist. Er gründet Fabriken auf das Elend einer ganzen Klasse, mag darüber zugrundegehen, was will.

Was Hegel in diesen nicht zur Veröffentlichung bestimmt gewesenen Manuskripten an ursprünglichen Einsichten in das Wesen und die Problematik der Arbeit skizziert hat, wurde dann zum Teil in den späteren Werken begrifflich fixiert. Die *Rechtsphilosophie* behandelt die Arbeit als das erste Moment im »System der Bedürfnisse«. Den vielfach zerteilten und abstrakten Bedürfnissen ebenso partikularisierte Mittel zu ihrer Befriedigung zu bereiten, ist die Arbeit der bürgerlichen

17 Siehe dazu *Rechtsphilosophie* § 4 und § 5, Zus., sowie die dazugehörigen »Randbemerkungen« (ed. Lasson, Leipzig 1930) S. 7f.

Gesellschaft[18]. In ihr wird deutlich, was schon immer im Wesen der Arbeit lag: daß der Mensch nur »ist«, indem er sich produziert, daß er sich selbst und seine Welt hervorbringen muß, weil seine ganze Existenz eine von Grund aus vermittelnde und vermittelte ist. In diesem produktiven Arbeitsprozeß entwickelt sich sowohl die theoretische wie praktische *»Bildung«:* mannigfache Kenntnisse, Beweglichkeit des Vorstellens der zu bestimmten Zwecken geeigneten Mittel, das Auffassen verwickelter und allgemeiner Beziehungen – das alles entsteht im Gefolge der differenzierten Bedürfnisse, Mittel und Arbeiten. Das Arbeiten bildet schon durch die Gewöhnung an Beschäftigung überhaupt[19] und die Rücksicht auf den Willen der anderen. Es erzieht zu objektiver sachlicher Tätigkeit, und zu allgemeinen Geschicklichkeiten; es nimmt den Menschen in Zucht und bildet ihn zum Allgemeinen des Geistes herauf. *Der Arbeitende* ist im Unterschied zum Barbaren, der wesentlich faul ist, *zugleich der Gebildete* und seine Bedürfnisse produktiv Ausbildende. Den Menschen bildend kann die Arbeit aber nur sein, weil sie als ein formierendes oder bildendes Tun schon selbst von geistiger Art ist und zu abstrahieren vermag.

Im Unterschied zu den *Jenenser Vorlesungen* hat Hegel in der zwanzig Jahre später verfaßten *Rechtsphilosophie*[20] die eigentümliche Problematik der Arbeit, die sie besonders in der maschinellen Vermittlung bekommt, nicht mehr als ein ungelöstes Problem der Zeit exponiert, sondern nur noch im positiven Zusammenhang mit dem geistigen Fortschritt berührt, den das Abstraktwerden der geteilten Arbeit mit sich führt. Desgleichen hat er das Problem einer Organisation der neu entstandenen »Massen«[21] und die Frage, wie den Extremen der Armut und des Reichtums[22] zu steuern sei, zwar als kritische »Knotenpunkte« in der Entwicklung der modernen Gesellschaft erkannt, aber mit dem Hinweis auf die damals noch vielversprechenden Möglichkeiten der Auswanderung nach Amerika[23] an den Rand der Erörterungen verwiesen.

18 *Rechtsphilosophie* § 196.
19 Ebenda, § 197, Zus.; vgl. Enz. § 525.
20 Ebenda, § 198; vgl. Enz. § 526.
21 Ebenda, § 290, Zus.; § 301 bis § 303.
22 Ebenda, § 195 und § 240 bis § 245.
23 Ebenda, § 246 bis § 248.

Wie außerordentlich realistisch und weitblickend Hegel aber auch innerhalb seiner die Widersprüche vermittelnden Absicht geblieben ist, zeigt der erste Paragraph des Systems der Bedürfnisse, worin er die neuentstandene Wissenschaft der Staatsökonomie philosophisch so ernst nimmt, wie sonst nur noch Marx. Ebenso wie in der Geschichtsphilosophie anerkennt Hegel auch in der Wissenschaft der Ökonomie, daß sie in dem scheinbar zufälligen Gewimmel von Willkür und bloßer Bedürftigkeit die vernünftigen Notwendigkeiten erkennt. Sie sei darum eine Wissenschaft, die dem Gedanken Ehre macht. Und wenn Marx die kritischen Darlegungen in den Jenenser Vorlesungen und den Kommentar zu Stewarts Staatswirtschaft[24] hätte einsehen können, er hätte noch viel unmittelbarer als in der Auseinandersetzung mit der *Phänomenologie* aus Hegels Problemstellung die seine entwickeln können. Eine Zwischenstellung zwischen dem ökonomischen, aber prinzipiell philosophisch begründeten Arbeitsbegriff von Marx und dem spekulativen von Hegel nehmen die Hegelianer Rößler und Ruge ein.

2. *C. Rößler und A. Ruge: Die Arbeit als Aneignung der Welt und Befreiung des Menschen*

Rößler[25] faßt die Arbeit im Anschluß an Hegel als einen Prozeß der »Aneignung« auf, welcher der Freiheit des tätigen Geistes entspringt; sie gehört zur sittlichen Bestimmung des sich Zwecke setzenden Menschen. Er unterscheidet eine zweifache Aneignungsart. Die eine anverwandelt sich die Natur unmittelbar, wie in der Assimilation der Nahrung; sie ist auf das je einzelne Lebewesen beschränkt, aber nicht allgemein mitteilbar. Diese Art der Aneignung hat der Mensch mit dem Tier gemein. Die andere ist mittelbar, weil vermittelt durch Organe zweiter Potenz, durch Werkzeuge und Maschinen. Die mittelbaren Organe der Aneignung können von jedem Individuum in gleicher Weise verwendet werden, sie sind austausch- und mitteilbar. Sie verwandeln

24 Siehe dazu Rosenkranz, *Hegels Leben,* a. a. O., S. 86.

25 Constantin Rößler, *System der Staatslehre,* 1857, S. 155 ff., und dazu die Besprechung von Rosenkranz, *Neue Studien* IV, 353 ff. Vgl. zum Problem der Arbeit auch L. v. Stein, *Gesellschaftslehre,* 1856, S. 99 und: *Der Begriff der Gesellschaft,* neu hrsg. von G. Salomon, München 1921, S. 17 ff. – F. Lassalle, *Ges. Reden und Schriften,* neu hrsg. von E. Bernstein, Berlin 1919, Bd. V, 31 ff.

die Natur in eine dem Menschen zu eigene, gegenständliche Welt. Die Hervorbringung der Mittel zu dieser Aneignung der Welt nennt Rößler vorzüglich Arbeit. Sie geht über alle individuellen Bedürfnisse hinaus, und ihre Energie liegt in der beständigen Überwindung des natürlichen Triebs, im Verhältnis zu dem die Arbeit wesentlich Disziplin ist. Ihre Befriedigung besteht nicht in einem von ihr getrennten Genuß, sondern in der Realisierung der Aneignungskraft selbst, deren freie Tätigkeit jeden erreichten Zweck und jede Stufe in der Beherrschung der Welt transzendiert. – Die geschichtliche Entfaltung der Arbeit als einer geistig-sittlichen Aneignungskraft geschieht erst im Christentum; alle vorchristlichen Religionen haben die Arbeit nur als untergeordnetes Mittel zu anderweitigen Zwecken gekannt, aber nicht als sich selber bezweckend. Doch hat auch im Christentum erst der Protestantismus die Arbeit zu einer »unendlich fortschreitenden Produktivität« befreit und sie zu einem sittlichen und ehrenvollen Moment im Ganzen des menschlichen Lebens gemacht. Ihre volle Entfaltung geschieht in der »Gemeinschaft der Arbeit«, welche die bürgerliche Gesellschaft ist. Das Resultat ihrer freien und gemeinschaftlichen Arbeit sind die »allgemeinen Gebrauchswerte«, die trotz ihres materiellen Charakters in keinem Widerspruch zur geistigen Bestimmung des Menschen stehen, denn diese beweist sich gerade darin, daß sie auch das Materielle durchdringt[26]. Im Unterschied zum individuellen Lebenszusammenhang der Familie begründet die bürgerliche Gesellschaft mittels der Arbeit auch eine »Aneignung der Persönlichkeit«, d.h. sie bestimmt einen jeden, wenn schon nicht in seiner Totalität, zum Mitarbeiter an den gemeinschaftlichen Zwecken der gesellschaftlichen Produktion. Von ihr erwartete sich Rößler, trotz seiner Polemik gegen die »lächerliche Verirrung des Sozialismus«, eine auf gegenseitiger Arbeit begründete »allgemeine Freiheit und Bildung«.

Noch entschiedener hat Ruge in seiner Darstellung der Geschichte der Philosophie[27] die Arbeit zum Resultut der Geschichte des Geistes gemacht. Plato, Aristoteles und Hegel haben zwar die größten Revolutionen bewirkt, aber aus Angst vor den praktischen Konsequenzen ihrer Befreiung des Geistes der fortschrittlichen Dialektik des Denkens in den

26 Vgl. dazu L. v. Stein, *Der Begriff der Gesellschaft,* a. a. O., S. 88 ff., über den Zusammenhang von materieller Güterproduktion und Bildung.
27 *Aus früherer Zeit*, a. a. O., Bd. IV, S. 70 ff., 101 ff., 359 ff. – Siehe auch Ruges Briefe an Rößler: Br. I, 426 f., 440; II, 6, 12.

sozialen Kasten, Wächtern und Ständen einen Damm entgegengesetzt. Die tatsächliche Geschichte des Geistes und der Befreiung hat diese Schranken aufgelöst und die Arbeit zum allgemeinen Prinzip gemacht. Sie ist eins mit der Bildung, weil sie selbst ihrem Wesen nach bildend ist. »Wir wissen jetzt, daß keine Arbeit entehrt, daß sie allein die Menschheit fördert und befreit; und Hegel hat selbst [...] gezeigt, wie der Sklave durch die Arbeit zum Herrn seines Herrn wird. Um alle Arbeit zu adeln, ist es nur nötig, die Begriffe zu entwickeln und einzusehen, was Arbeit ist und leistet. Sie schafft die Menschheit alle Tage von neuem.« Sie ist ein »sich selbst gebärender Gott«, der »den Menschen zum Menschen« macht[28]. Vom Standpunkt der allgemein gewordenen Arbeit aus legt sich Ruge die Geschichte der Philosophie zurecht: das Höchste, was sie erreicht hat, ist die aristotelische Politie, aber verstanden als demokratisch organisierte, bürgerliche Gesellschaft. Die Republik der Vereinigten Staaten von Nordamerika bedeutet ihm die letzte Verwirklichung dieser Idee einer Polis, in der jeder Bürger als Arbeiter selbsttätig ist. Diesen schöpferischen Charakter der Arbeit hatte Hegel nur sehr beschränkt und Aristoteles gar nicht erfaßt: »Obgleich Aristoteles die Notwendigkeit der Arbeit für den Staat wohl einsieht, so verkennt er doch ihren schöpferischen Charakter und ihren weltbildenden und weltbefreienden Adel. Er verkennt, daß sie die Überwindung und Gestaltung der äußeren und der Menschenwelt vollbringt, und daß sie dies nicht als bloßes Leben, sondern mit denkendem Geist und als Selbstbefreierin tut. Der Arbeiter ist kein Tier, sondern denkender Mensch. Der Begriff des Gemeinen klebt der Arbeit nicht mehr an, sobald man sie nur in ihrer schöpferischen, alles durchdringenden Tätigkeit auffaßt und begreift. Durch die Arbeit der Handwerker und Künstler kommt der Geist in seinem Andern zu sich selbst, durch die Wissenschaft in seinem eignen Element. Für den Staat läßt nun aber Aristoteles beides ausfallen; die Arbeit der bürgerlichen Gesellschaft ist ihm *unter,* die Arbeit der Philosophie *über* dem Staat, während in Wahrheit die Einen sein Herz, die Andern sein Kopf sind.«[29] Bei Aristoteles ist noch nicht jeder Mensch, sondern nur der Vollbürger Staatsbürger und damit im wahren Sinn Mensch. »Der aristotelische Staat ist noch nicht die sich die Freiheit erarbeitende Gemeinschaft aller seiner Angehörigen, er ist nur der Oberbau der Vollbürger, die nicht arbeiten,

28 A. a. O., S. 84 f.
29 A. a. O., S. 101; vgl. 356 ff.

sondern alle andern für sich arbeiten lassen, um Krieg, Kunst, Wissenschaft und Staatsgeschäfte zu treiben. *Sklaverei* und *Arbeit* sind ihm noch synonym; der hohe zivilisierende, ehrende Begriff der naturüberwindenden *Arbeit* fehlt noch. Den hat die Zeit erzeugt, obwohl noch nicht durchgesetzt. Die große Schwierigkeit ist nämlich, den Notstaat der bürgerlichen Gesellschaft als Freiheitsstaat zu konstituieren und den Unterbau selbst zum Oberbau, d.h. zum einzigen Bau zu erheben. Solange der Staat noch, als Gebiet der Freiheit, dem Notstaat, als der Sklaverei des Erarbeitens und Erwerbs, gegenübersteht, fehlt allerdings noch dem Ganzen das Prinzip: daß eines jeden Arbeit das Ganze und das Ganze jeden Arbeiter zum Zweck hat, daß es also nur noch Arbeiter und keine Drohnen mehr gibt; denn ›nur das Tätige ist das Freie‹[30]. Als befreiende Tätigkeit des denkenden Menschen ist die Arbeit die wesentlichste Bestätigung des dem Menschen eigentümlichen Seins, sie ist »das einzig Erlösende und Beseligende«. Auf sie gründet sich besonders die moderne Gesellschaft, die darum auch die eigentlich »menschliche« ist. »Der Arbeiter bringt die bürgerliche als menschliche Gesellschaft erst hervor, alle Kultur der Natur und des Geistes ist sein Werk, er ist der *Vater des Menschen.*«[31] Eine Arbeit ist aber auch die des Begriffs oder des Denkens, worin der Mensch am meisten bei sich ist.

Diese universale Bedeutung der Arbeit betont Ruge im Gegensatz zu der Verengerung des ökonomischen Arbeitsbegriffs. Denn das Prinzip der Ökonomie sei nur der Wert und dessen abstrakte Form das Geld, das Prinzip der Arbeitsgesellschaft aber nicht die bloße Hervorbringung des Wertes allein, sondern eben dadurch *»die Hervorbringung des Menschen* und seiner *eigenen* in der *natürlichen* Welt«. »Aller Wert, den der Arbeiter hervorbringt, wird nur hervorgebracht, um den Menschen hervorzubringen [...], körperlich und geistig.« Der berechtigte Sinn des Sozialismus liegt deshalb gegenüber der Nationalökonomie darin, daß diese bei dem System der egoistischen Bedürfnisse stehen bleibt, während jener die besonderen mit den allgemeinen Interessen vermittelt und sich den Gemeingeist zum Ziel setzt. Die Ökonomie vernachlässigt die geistige und humane Seite der bürgerlichen Gesellschaft, weil sie nur die äußeren Beziehungen entwickelt, welche zwischen Kapitalisten und Arbeitern stattfinden. Ebenso verkennt aber auch Hegel den Geist der bürgerlichen Gesellschaft, wenn er in seiner

30 A.a.O., S. 105f.
31 A.a.O., S. 360.

Lehre von den drei Ständen ihren eigentlichen und allgemeinen Stand ausläßt. Der Arbeiterstand umfaßt sowohl den ersten wie dritten Stand, »weil sowohl die Wissenschaft als der Ackerbau unter den Begriff der Arbeit fallen«.

3. Marx: Die Arbeit als Selbstentfremdung des Menschen in einer ihm nicht zu eigenen Welt

Marx hat die Analyse der Arbeit auf die Probleme der *Ökonomie* als dem Ausdruck der wirklichen Existenzverhältnisse konzentriert und sie zugleich kritisch in dem universellen Arbeitsbegriff der Hegelschen *Philosophie* fundiert. Daraus ergibt sich eine zweifache Kritik: an der klassischen Nationalökonomie und an der Hegelschen Philosophie. Was bei Ruge ein humanitäres Programm bleibt, wird von Marx mit wissenschaftlicher Gründlichkeit ausgeführt. Die vorzügliche Quelle für die Einsicht in den ursprünglichen Zusammenhang seiner ökonomischen Theorie mit der Hegelschen Philosophie ist das Manuskript von 1844 über Nationalökonomie und Philosophie[32]. Es ist, zusammen mit der *Deutschen Ideologie,* das bedeutendste Ereignis in der Geschichte der nachhegelschen Philosophie.

a) Die Kritik des abstrakten Arbeitsbegriffs der klassischen Nationalökonomie

Marxens Kritik der klassischen Nationalökonomie (A. Smith, J. B. Say, Ricardo, Mill)[33] setzt ein mit der These, daß diese neue Wissenschaft von der Ökonomie der theoretische Ausdruck der tatsächlichen Bewegung und Energie des Kapitals und der modernen Industrie ist. Andrerseits beschleunigt und rechtfertigt sie aber auch die Entwicklung der Industrie, indem sie dieselbe ihrer selber bewußt macht. Die große Entdeckung von Smith, dieses »Luthers der Nationalökonomie«, ist, daß das Wesen des scheinbar objektiven Privateigentums die menschliche Arbeit als Schöpferin allen Reichtums ist. Je radikaler und zynischer sie aber alle Werte auf die wertschaffende Arbeit zurückführt und die

32 III, 33–172.
33 A. a. O., S. 139 ff.

Lohnarbeit vom Standpunkt des arbeitenden und sich verwertenden Kapitals aus analysiert, desto notwendiger führt sie auch zu einer Kritik, deren Maßstab an Stelle des eigenständigen Kapitals und des Arbeiters der gesellschaftlich arbeitende Mensch ist. Auf dem Feuerbachschen Standpunkt des Menschen[34], den Marx als ein von Grund aus gesellschaftlich existierendes und produzierendes Wesen interpretiert[35], zeigt sich, daß im System des Kapitalismus der Arbeiter nur als ein sich abhanden gekommener und sich selbst entfremdeter Mensch, daß er selbst nur als Ware und Kapital existiert. Sobald es dem Kapital, z.B. wegen verminderter Nachfrage, einfällt, nicht mehr »für den Arbeiter« zu sein, ist dieser auch selber nicht mehr »für sich«, er ist dann ohne Arbeit und Lohn, weil er überhaupt nur als Arbeiter da ist. »Das Dasein des Kapitals ist *sein* Dasein, sein *Leben,* wie es den Inhalt seines Lebens auf eine ihm gleichgültige Weise bestimmt.«[36] Anstatt in der von ihm geleisteten Arbeit seine eigene Existenz zu gewinnen, produziert der sich selbst entfremdete Arbeiter zugleich mit den Waren auch sich selbst in der Form der Verdinglichung. Es ist aber das notwendige Paradox der kapitalistischen Welt, daß sie proportional zur Verwertung der Sachenwelt eine Entwertung der Menschenwelt produziert, wobei sie den größten Teil der Menschheit auf das abstrakte Arbeitersein reduziert. »Abstrakt« ist bei Marx die Arbeit also nicht mehr im Hegelschen Sinn einer positiven Allgemeinheit des Geistes, sondern im negativen Sinn einer Abstraktion von der Totalität des konkreten Menschen, der sich in der Arbeit als ganzer betätigen will. Das Extrem dieser Abstraktion ist, daß der Arbeiter, anstatt sein Leben in produktiver Weise zu *äußern,* gezwungen ist, um nur überhaupt eine Arbeit zu finden, sich in ihr zu *veräußern*[37]. Sein ganzes Leben wird zum Lebens-

34 A.a.O., S. 151 ff. – Feuerbachs Thesen und Grundsätze bedingen die ganze Abhandlung von Marx, ihr eigentliches Problem ist aber durch die Auseinandersetzung mit Hegel bestimmt.
35 A.a.O., S. 116 f.
36 A.a.O., S. 97. – Daß auch noch das Kapital ein »System der Arbeit« ist, und zwar das einzige seiner Art, darauf hat K. Dunkmann in seiner *Soziologie der Arbeit* (Halle 1935, S. 71 ff.) nachdrücklich hingewiesen. Um so mehr hätte Dunkmann bei seiner Kritik des »abstrakten« Arbeitsbegriffs dessen *ursprünglichen* Sinn berücksichtigen müssen, um ihn recht verstehen zu können.
37 Siehe dazu im vorhergehenden I. Teil S. 74 ff. – Im *Kommunistischen Manifest,* II. Teil, heißt es: »In der bürgerlichen Gesellschaft ist die lebendige Arbeit nur ein Mittel, die aufgehäufte Arbeit zu vermehren. In der kommunistischen Gesellschaft ist die aufgehäufte Arbeit nur ein Mittel, um den Lebensprozeß der Arbeiter zu erweitern, zu bereichern, zu befördern.«

mittel verkehrt, wenn die Arbeit nur noch den Verlust der nackten Existenz abwehrt. Während das Tier unmittelbar seine ganze Lebenstätigkeit ist, wird der mit Wollen und Wissen eine Welt hervorbringende Mensch unter die Stufe des Menschseins gedrückt, wenn er sich nur noch in den tierischen Funktionen des Essens, Trinkens und Zeugens als Mensch fühlt, und als Tier, sofern er zur Arbeit gezwungen ist[38]. Sein geistiges Wesen, die freie Selbsttätigkeit, wird als Erwerbstätigkeit zu einem bloßen Mittel zur Befriedigung der elementaren Bedürfnisse der physischen Existenz herabgesetzt. Anstatt in der Arbeit an etwas bei sich selber zu sein, ist der Arbeiter nur bei sich selbst oder frei, sofern er nicht im Verhältnis der Arbeit ist.

Was der Arbeiter außerhalb seiner Arbeit ist, wird von der Nationalökonomie ignoriert; sie überläßt diesen menschlichen Rest den Ärzten und Gerichten, der Religion und der Politik. Die Bedürfnisse des Arbeiters sind für sie nur das Bedürfnis, ihn arbeitsfähig zu erhalten, damit er Waren produziert. Der Arbeitslohn gehört daher zu den nötigen Kosten des Kapitals und darf dessen Bedürfnis nicht überschreiten. Die Nationalökonomie, diese Wissenschaft des Reichtums, ist zugleich eine Wissenschaft des Ersparens, oder kurz gesagt der »Ökonomie«. Ihr asketischer Hauptlehrsatz ist, allen Bedürfnissen zu entsagen, die nicht der Vermehrung des Kapitals dienen. Sie ersetzt das, was der Mensch in concreto *ist* und *vermag*, durch das abstrakte *»Vermögen«*[39] und *»Haben«*[40], das im System des Privateigentums als die einzige Art der Aneignung gilt. Diese Ärmlichkeit der Bedürfnisse ist die Folge des entfremdeten Reichtums der Ökonomie, die das menschliche Wesen herabsetzt, indem sie Bedürfnisse steigert, die wesenlos sind. Doch zeigt sich dieser verkehrte Sinn, den die Produktion für den Habenden hat, offensichtlich nur in bezug auf den, welcher nichts hat, denn nach oben hin ist die Äußerung stets ebenso fein, zweideutig und verhüllt, wie sie nach unten hin grob, geradezu und unverhüllt ist. Tatsächlich spekuliert aber die Industrie auf die Verfeinerung der Bedürfnisse, indem sie zugleich deren Verrohung bewirkt. Sie erzeugt innerhalb der fortschreitenden Zivilisation eine fortschreitende Barbarei[41]. – Den Zusammenhang zwischen Arbeit und Kapital, sowie zwischen Armut und Reich-

38 A.a.O., S. 85.
39 A.a.O., S. 129f.; vgl. M. Heß, *Sozialistische Aufsätze,* a.a.O., S. 140ff.
40 A.a.O., S. 118.
41 A.a.O., S. 132f.

tum, bestätigt auch die Kontroverse zwischen den beiden Parteien der Nationalökonomie, von denen die eine (Malthus) den Luxus empfiehlt und das Sparen verwünscht, während die andere (Ricardo) anstatt des Luxus Sparsamkeit will. Dieser Widerspruch löst sich auf, indem jene gesteht, daß sie den Luxus nur will, um die *Arbeit* zu fördern, und die andere, daß sie für Sparsamkeit ist, um den *Reichtum* zu steigern. Im Grunde beweisen beide, daß Kapital und Arbeit wie feindliche Brüder zusammengehören. Und wenn der Arbeiter selber ein Kapital darstellt, so ist auch der Kapitalist ein Knecht seiner Arbeit, die der Vermehrung des Erworbenen dient. Die Moral der Nationalökonomie ist nach beiden Seiten die Nützlichkeit des unbedingten Erwerbens und Produzierens und ihre Tugend asketische Arbeit.

Ihre volle Konsequenz zeigt die kapitalistische Weise der Hervorbringung des Lebens am *Geld*[42]. Indem dieses die Eigenschaft hat, ein universelles Mittel der Aneignung alles dessen zu sein, was man nicht schon zu eigen hat, ist es der gleichgültige Kuppler zwischen den Bedürfnissen und ihrer Befriedigung, zwischen dem Leben und den Mitteln dazu, der Vermittler schlechthin. Weil es aber *das* Mittel zum Leben ist, wird es aus einem Mittel zum Zweck. Das Geld ist für nichts zu gut und für nichts zu schlecht, es vertauscht und verwechselt alle natürlichen Verhältnisse, indem es sie auf ihren Geldeswert festsetzt. »Das Geld ist der *wirkliche* Geist aller Dinge«, während Hegels *Logik* nur das »Geld des Geistes«[43], den Gedankenwert alles Seienden zur Darstellung bringt. Es ist als das entäußerte Vermögen der Menschheit, das allgemeinste Binde- und Scheidemittel einer sich selbst entfremdeten Welt. Anstatt die menschlichen Wesenskräfte frei zu betätigen und zu bereichern, spekuliert jedermann darauf, den andern durch Erzeugung neuer Bedürfnisse zum ökonomischen Ruin zu verleiten. Jedes neue Produkt ist eine neue Potenz des wechselseitigen Betrugs und der Ausplünderung. Je ärmer der Mensch aber als Mensch wird, desto mehr bedarf er des Geldes, um sich des entäußerten Wesens bemächtigen zu können. Das Bedürfnis des Geldes ist das wahre und einzige, welches die Nationalökonomie produziert[44]. Und diese Bewegung der Produktion ist notwendig maßlos, weil die einzige Qualität des Geldes seine Quantität ist, die ihrem Wesen nach keine Grenzen kennt. Was sich so

42 A. a. O., S. 145 ff.; vgl. *Kapital* I[6], 59 ff.; II, 1 ff.; III/[1], 250 ff.; III[2], 1–153.
43 A. a. O., S. 154.
44 A. a. O., S. 127.

am deutlichsten an dem seiner Natur nach abstrakten Gelde zeigt, liegt aber auch schon der für Geld geleisteten Arbeit zugrunde: als eine vom Menschen abstrahierende Tätigkeit verkehrt sie die Lebensäußerung zur Entäußerung, die Vergegenständlichung zur Entgegenständlichung und die Verwirklichung zur Entwirklichung. Sie pervertiert alle menschlichen Sinne.

Die Aufgabe, die sich aus diesem System des Kapitals und der Arbeit ergibt, ist die Wiederaneignung des menschlichen Wesens durch die *Aufhebung der Selbstentfremdung,* deren zwei Seiten die gegenständliche Welt und der sich in der Arbeit objektivierende Mensch ist. Sie betrifft nicht nur das Wirtschaften, sondern das allseitige Leben des Menschen – sein Sehen und Hören, sein Fühlen und Denken, sein Wollen und Lieben – weil jedes Verhalten des Menschen zu etwas eine geschichtlich bestimmte Weise der Aneignung der menschlichen Welt ist[45]. Marxens Entwurf zu einer Lösung dieses Problems ist ganz und gar durch seine Auseinandersetzung mit Hegel bestimmt.

b) Die Kritik des abstrakten Arbeitsbegriffs der Hegelschen Philosophie

Hegel konnte das Problem der Entfremdung nicht lösen, weil er von der *bestimmten Weise* der Produktion abstrahiert und sich damit begnügt hat, ganz allgemein vom gemeinen »Bedürfnis« zu reden. Die Philosophie des Geistes hat, gemäß ihrer theologischen Herkunft, von den Naturwissenschaften und der durch sie vermittelten Industrie keine Kenntnis genommen und nicht erkannt, daß sich der Mensch in der industriellen Arbeit verdinglicht, aber nicht positiv äußert. Und doch ist gerade die Industrie das »aufgeschlagene Buch« der gegenständlich gewordenen und sich selbst entfremdeten Wesenskräfte des Menschen, die sinnfälligste Anthropologie und der zugänglichste Bereich der Geschichte, die bisher nur äußerlich aufgefaßt wurde, weil ohne Zusammenhang mit dem wirklichen Wesen des Menschen[46]. Weil Hegel den Menschen als »Geist« und die Natur als das bloße Anderssein der Idee faßt, konnte er auch die Arbeit nur als formelles und geistiges Verhalten bestimmen[47]. Seiner idealistischen Abstraktion vom leibhaftig arbei-

45 A. a. O., S. 118.
46 A. a. O., S. 121.
47 A. a. O., S. 155 f. und 170 ff.

tenden Menschen entspricht auf der anderen Seite die materialistische Abstraktion der Nationalökonomie, die vom Menschen das bloße Arbeitersein abzieht. Beide ignorieren die totale Humanität des sinnlich-natürlichen Menschen.

Indem Hegel von der absoluten Tätigkeit des Logos ausgeht, sind auch die Kategorien der besonderen Teile seines Systems ontologische Kategorien, welche das allgemeine Wesen, z. B. der Arbeit, auf Kosten seiner wirklichen Existenzform bestimmen. Als schlechthin allgemeine Kategorien sind sie gleichgültig gegen jeden bestimmten Inhalt und darum auf alles anwendbar[48]. Zentral ist für das Verständnis des Standpunktes, auf dem Hegel die Arbeit begreift, die *Phänomenologie,* in deren verschiedenen Gestalten immer ein und dieselbe Bewegung erscheint: die Dialektik von Bewußtsein und Selbstbewußtsein. Vermittels dieser »Gedankenwesen«, deren Bewegungsprinzip die doppelte Negation ist, vermag Hegel die wirkliche menschliche Äußerung und Entäußerung, Vergegenständlichung und Entfremdung geistreich zu überspringen. Die Bewegung der *Phänomenologie* endet daher mit dem absoluten Wissen. »Die ganze Entäußerungsgeschichte und die ganze Zurücknahme der Entäußerung ist daher nichts als die Produktionsgeschichte des abstrakten, i. e. absoluten Denkens[49]. Die Entfremdung, die doch das eigentliche Interesse der Entäußerung und ihrer Aufhebung bildet, wird als der Unterschied von »an sich« und »für sich«, von Bewußtsein und Selbst-Bewußtsein, von Objekt und Subjekt begriffen, worin die wirklichen, sinnlichen Gegensätze verschwinden. »Alle anderen Gegensätze und Bewegungen dieser Gegensätze sind nur der *Schein,* die *Hülle,* die *exoterische* Gestalt dieser einzig interessanten Gegensätze, welche den *Sinn* der anderen, profanen Gegensätze bilden. Nicht, daß das menschliche Wesen *unmenschlich,* im Gegensatz zu sich selbst, sich *vergegenständlicht,* sondern, daß es im *Unterschied* vom und im *Gegensatz* zum abstrakten Denken sich *vergegenständlicht,* gilt als das gesetzte und als das aufzuhebende Wesen der Entfremdung.« Die Gegenständlichkeit als solche gilt auf dem Standpunkt des Geistes als ein dem geistigen Wesen des Menschen ungemäßes Verhalten[50].

Und ebenso wie die Entfremdung ist auch die *Aneignung* der zu fremden Gegenständen gewordenen Wesenskräfte des Menschen eine

48 A. a. O., S. 168.
49 A. a. O., S. 154.
50 A. a. O., S. 155 und 157.

bloße Gedankenbewegung. Die Wiederaneignung des unter der Bestimmung der Entfremdung erzeugten gegenständlichen Wesens des Menschen hebt nur die Gegenständlichkeit auf, aber nicht die Entfremdung. »Die Vindizierung der gegenständlichen Welt für den Menschen [...] diese Aneignung, oder die Einsicht in diesen Prozeß, erscheint daher bei Hegel so, daß die Sinnlichkeit, Religion, Staatsmacht etc. *geistige* Wesen sind – denn nur der Geist ist das wahre Wesen des Menschen und die wahre Form des Geistes ist der denkende Geist.«[51]

Entsprechend dieser Entwirklichung oder Vergeistigung der Aneignung wie der Entfremdung ist auch das, *was* sich der Mensch durch Arbeit aneignet und *woran* er sich selber fremd wird, kein wirkliches und selbständiges Ding, sondern die von allen bestimmten Gegenständen abstrahierende und ihnen gegenüber gleichgültige Dingheit, welche das Selbstbewußtsein aus sich selber heraussetzt. Was dieses weiß, ist die Nichtigkeit der dem Menschen positiv gegenüberstehenden Welt von auf sich selber stehenden Dingen. In diesem Negieren der Positivität beweist sich das Selbstbewußtsein die Ungegenständlichkeit seines eigenen Wesens. Der Mensch gilt als ein nicht-gegenständliches, spiritualistisches Wesen. Anstatt unsere geschichtlich bestimmte Welt von wirklichen Gegenständen dem Menschen wieder als selbsterzeugte zu eigen zu geben, setzt Hegel den Gegenstand des Bewußtseins mit dem Selbstbewußtsein dialektisch in eins. Das Selbstbewußtsein gilt ihm als das wahre Wesen des Menschen, und darum erscheint die Wiederaneignung des entfremdeten gegenständlichen Wesens als eine Rückkehr des Selbst zu sich selbst, die ohne große Unkosten vor sich gehen kann, nachdem die »feindselige Entfremdung« der gegenständlichen Welt zu einer »gleichgültigen Fremdheit« herabgesetzt ist. Das Hegelsche Selbstbewußtsein schmeichelt sich mit der Illusion, schon durch tätiges Wissen im Anderssein bei sich selbst zu sein, weil es eine wirkliche Äußerlichkeit gar nicht kennt, sondern nur eine zurücknehmbare Entäußerung seiner selbst[52]. Daß aber das Selbstbewußtsein in *seinem*

51 A.a.O., S. 155.

52 Die Aufhebung des Gegenstandes des Bewußtseins im darübergreifenden Selbstbewußtsein geht in folgenden Momenten vor sich: »1. daß der Gegenstand als solcher sich dem Bewußtsein als verschwindend darstellt; 2. daß die Entäußerung des Selbstbewußtseins es ist, welche die Dingheit setzt; 3. daß diese Entäußerung nicht nur negative, sondern positive Bedeutung hat; 4. sie nicht nur für uns oder an sich, sondern für es selbst hat. 5. Für es hat das

Anderssein bei sich selbst ist, besagt, daß der Mensch im bestehenden Recht, in der Politik und Ökonomie sein wahres menschliches Wesen besitzt, weil die bloß theoretische Aufhebung der Entäußerung die entäußerte gegenständliche Welt praktisch so läßt, wie sie ist. Hegels scheinbarer Kritizismus, der die bestehenden Mächte zwar der Form nach negiert, dem Inhalt nach aber poniert, ist in Wahrheit ein falscher Positivismus[53], eine philosophische Auflösung und Wiederherstellung der vorhandenen Empirie. Hegel kann den Prozeß der Selbstentfremdung als Selbstgewinnung begreifen, weil er den ganzen Prozeß der Negation der Negation nur formell nimmt und die Bewegung des Aus-sich-Herausgehens und Zu-sich-Zurückkehrens als eine sich selbst bezweckende im Kreise verlaufen läßt. Was er darstellt, ist überhaupt kein menschlicher, sondern ein göttlicher Prozeß im Menschen, dessen eigentliches Subjekt die absolute Idee ist[54].

Daß ein leibhaftiger, »alle Naturkräfte aus- und einatmender« Mensch sich zu einer Welt von wirklichen Gegenständen verhält, diese »materialistische« Ansicht von der Geschichte als der wahren »Naturgeschichte« hat Marx auf dem Boden dieser Kritik des Hegelschen »Spiritualismus« entwickelt. Der Begriff »materiell« meint hier noch keine »ökonomische Basis«, sondern das *gegenständliche* Dasein wirklicher Menschen und Dinge[55]. Die erste Formulierung des historischen Materialismus als eines »naturalistischen Humanismus« ist durch die Kritik bestimmt, die an Stelle des absoluten Geistes die »anthropologische Natur« zum Ausgangspunkt nimmt[56]. Innerhalb dieser Welt unserer natürlichen Sinne ist auch der Mensch ein gegenständliches Wesen. Und nur als ein leiblich-natürliches Wesen hat er auch wirkliche sinnliche Gegenstände zum Gegenstand seines Wesens, um an ihnen sein

Negative des Gegenstandes oder dessen sich selbst Aufheben dadurch die positive Bedeutung, oder es weiß diese Nichtigkeit desselben dadurch, daß es sich selbst entäußert, denn in dieser Entäußerung setzt es sich als Gegenstand oder den Gegenstand um der untrennbaren Einheit des Fürsichseins willen an sich selbst. 6. Andrerseits liegt hierin zugleich dies andere Moment, daß es diese Entäußerung und Gegenständlichkeit ebensosehr auch aufgehoben und in sich zurückgenommen hat, also in seinem Anderssein als solchem bei sich ist« (a.a.O., S. 158f.).

53 A.a.O., S. 155 und 164.

54 Siehe a.a.O., S. 169ff., die Kritik des Hegelschen Übergangs von der »Idee« zur »Natur« und vom »Abstrahieren« zum »Anschauen«.

55 A.a.O., S. 159f.

56 A.a.O., S. 121ff., 160ff.

Leben zu äußern. »Ein Wesen, welches seine Natur nicht außer sich hat, ist kein *natürliches* Wesen, nimmt nicht teil am Wesen der Natur. Ein Wesen, welches keinen Gegenstand außer sich hat, ist kein gegenständliches Wesen. Ein Wesen, welches nicht selbst Gegenstand für ein drittes Wesen ist, hat kein Wesen zu seinem *Gegenstand*, d.h. verhält sich nicht gegenständlich, sein Sein ist kein gegenständliches. Ein ungegenständliches Wesen ist ein *Unwesen*.«[57] Wenn also der Mensch seine natürlichen Lebenskräfte vergegenständlicht und außer sich setzt, so ist er doch ebensosehr durch die vorhandene gegenständliche Welt und deren Kräfte schon immer gesetzt. Und darum kann auch eine wirkliche Aufhebung der Selbstentfremdung nicht auf ungegenständliche oder spiritualistische Weise erfolgen, sondern nur durch eine »gegenständliche Aktion«, welche die bestehenden Existenzverhältnisse ändert.

Trotz dieser prinzipiellen Verwerfung des »Standpunktes« der *Phänomenologie* ist aber Marxens Kritik eine positive, welche Hegels Unterscheidungen anerkennt, festhält und in der Tendenz zur Verwirklichung weiterführt. »Die Phänomenologie ist [...] die verborgene, sich selbst noch unklare [...] Kritik; aber sofern sie die *Entfremdung* des Menschen – wenn auch der Mensch nur in der Gestalt des Geistes erscheint – festhält, liegen in ihr *alle* Elemente der Kritik verborgen und oft schon in einer weit den Hegelschen Standpunkt überragenden Weise *vorbereitet* und *ausgearbeitet*. Das ›unglückliche Bewußtsein‹, das ›ehrliche Bewußtsein‹, der Kampf des ›edelmütigen und niederträchtigen Bewußtseins‹ etc., diese einzelnen Abschnitte enthalten die *kritischen* Elemente – aber noch in einer entfremdeten Form – ganzer Sphären, wie der Religion, des Staats, des bürgerlichen Lebens etc.«[58] Das Große an Hegels *Phänomenologie* ist, daß sie überhaupt die »Selbsterzeugung des Menschen«[59] als einen Prozeß erfaßt, daß sie die Vergegenständlichung als Entäußerung und die Aneignung als Aufhebung dieser Entäußerung, kurz daß sie das allgemeine Wesen der Arbeit begreift und die menschliche Welt als ihr Resultat. »Hegel steht auf dem Standpunkt der modernen Nationalökonomie. Er erfaßt die *Arbeit* als das *Wesen* [...] des Menschen[60], wenngleich er nur die positive Seite der Entäußerung

57 A.a.O., S. 161.
58 A.a.O., S. 156.
59 A.a.O., S. 156; vgl. S. 124f. die daraus folgende Kritik der Schöpfungstheorie.
60 A.a.O., S. 157.

kennt und ihre negative idealistisch zur Aufhebung bringt. Die Arbeit erscheint so bei Hegel als das »Fürsichwerden« des Menschen, aber innerhalb der Entfremdung. Abgesehen von diesem Positivismus der idealistischen Spekulation hat Hegel aber das wesentliche Tun des sich in der Welt hervorbringenden Menschen begrifflich erfaßt und innerhalb der Spekulation »die Sache ergreifende Distinktionen« gemacht[61]. Er hat die »entfremdete Einsicht« in die wirkliche Vergegenständlichung, Entfremdung und Wiederaneignung des Menschen gehabt. Eine wirkliche Wiederaneignung kann aber nur erfolgen durch die »Vernichtung«[62] der entfremdeten Bestimmungen unserer gegenständlichen Welt. Durch diese beiläufige Modifikation des »Aufhebens« in ein Vernichten unterscheidet sich Marx auch methodisch von Hegel und insofern prinzipiell, während er im übrigen seine Kategorien übernimmt und sie in versinnlichter Form bis ins *Kapital* hinein festhält[63].

Auch der »Kommunismus« ist mit den Begriffen der Hegelschen Philosophie konstruiert. Er soll die Verwirklichung der dialektischen Einheit von *Selbsttätigkeit* und *Vergegenständlichung* sein, die das Resultat von Hegels Geschichte der Philosophie ist[64]. Er ist die praktische Weise, wie der gesellschaftlich existierende Mensch die gesamte Gegenständlichkeit als selbsterzeugte in seiner Gewalt behält und im Anderssein bei sich selbst ist. Er ist in der Idee von Marx also nicht nur die Enteignung des Privateigentums, sondern die »Vindikation des wirklichen menschlichen Lebens als seines Eigentums«[65], ein totales Sichwiedergewinnen des sich fremd gewordenen Menschen in der von ihm erzeugten gegenständlichen Welt. Die Enteignung des Privateigentums ist nur eine Konsequenz der allseitigen Aneignung der Welt. Marx

61 V, 531.
62 A.a.O., S. 166. – Diese Vereinseitigung der dialektischen Negation zur simplen Vernichtung kennzeichnet den Radikalismus aller Linkshegelianer. Dieselbe Vereinfachung geschieht im Verhältnis zu Nietzsche, wenn man aus seiner »Überwindung« des Nihilismus dessen Beseitigung macht, während bei Nietzsche selbst der Nihilismus auch als überwundener wahr bleibt.
63 Vgl. die Analyse des Arbeitsprozesses im *Kapital* I[6], 139 ff.
64 Hegel XV, 689.
65 A.a.O., S. 16; vgl. dazu den II. Teil des *Kommunistischen Manifestes* und *Der Bürgerkrieg in Frankreich*, Berlin 1931, S. 69, wo von der Pariser Kommune gesagt wird, sie habe mit der Enteignung das individuelle Eigentum zu einer »Wahrheit« machen wollen, indem sie die Produktionsmittel, den Erdboden und das Kapital zu bloßen Werkzeugen der freien und assoziierten Arbeit verwandle.

unterscheidet daher einen falschen und einen wahren Kommunismus[66]. Er kritisiert die Theorien (Proudhon usw.)[67], welche die bestehenden Besitzverhältnisse in der Weise angreifen, daß sie deren Unterschiede durch Erhöhung des Arbeitslohns ausgleichen oder durch gleiche Verteilung allgemein machen wollen. Eine solche partielle Reform ändere aber nichts am prinzipiellen Verhalten des Menschen zur Welt, an der Entwertung der Menschenwelt durch die Verwertung der Sachenwelt. Vielmehr würde eine solche Theorie alles vernichten, was nicht fähig ist, als Privateigentum von allen in gleicher Weise besessen zu werden. Die Bestimmung des Menschen als eines »Arbeiters« würde dadurch nicht nur nicht aufgehoben, sondern auf alle Menschen ausgedehnt und das Kapital bliebe die allgemeine Macht über die Gesellschaft. Dagegen ist der wahre Kommunismus, wie ihn sich Marx als Hegelianer denkt, eine Wiederaneignung des menschlichen Wesens auf der Entwicklungsstufe, welche die Zivilisation im Kapitalismus erreicht hat. Innerhalb ihrer ist er die »wahrhafte Auflösung des Widerstreites zwischen [...] Existenz und Wesen, zwischen Vergegenständlichung und Selbstbetätigung, zwischen Freiheit und Notwendigkeit, zwischen Individuum und Gattung. Er ist das aufgelöste Rätsel der Geschichte«[68]. Der total verstandene Kommunismus verändert daher nicht nur die sozialen und ökonomischen Verhältnisse, sondern ebensosehr die politischen, rechtlichen, religiösen, moralischen und wissenschaftlichen Verhaltungsweisen des Menschen. Der als Gemeinwesen existierende Mensch besitzt die gegenständliche Wirklichkeit nicht in der Form des privatkapitalistischen Habens, sondern dadurch, daß ihm alle Gegenstände eine positive Vergegenständlichung seiner selbst sind. Er ist der Mensch, dem die Welt in der Tat zu der seinen wird, weil ihn seine Produktionsweise nicht veräußert, sondern bestätigt[69].

66 A.a.O., S. 111ff.; vgl. dazu M. Heß, *Sozialistische Aufsätze,* a.a.O., S. 150ff. und 200ff.

67 Vgl. III, 212f. gegen Proudhons Idee einer Aufhebung des ungleichen Besitzes »innerhalb der nationalökonomischen Entfremdung«, so daß die Wiederaneignung der gegenständlichen Welt selbst noch unter der Form des Besitzes erfolgt und also die Art und Weise der Aneignung selbst nicht verändert.

68 A.a.O., S. 114.

69 A.a.O., S. 119; vgl. dazu den bewußten Verzicht auf eine mögliche Lösung des von Marx gestellten Problems bei G. Simmel, *Der Begriff und die Tragödie der Kultur,* in: *Philosophische Kultur,* Potsdam 1923, S. 236ff. und: M. Weber, *Der Sozialismus,* in: *Ges. Aufsätze zur Soziologie und Sozialpol.,* Tübingen 1924, S. 492ff. und *Ges. politische Schriften*, München 1921, S. 139ff. – Siehe

Diese Gedanken, welche Marx in dem Manuskript von 1844 entwickelt hat, sind zu ihrer Zeit unveröffentlicht und auch in der Form des *Kapitals* auf die deutsche Philosophie ohne Einfluß geblieben. Nichtsdestoweniger haben sie, wie noch keine Theorie, Geschichte gemacht: der Marxismus Lenins und der russische Arbeiterstaat beruhen geistig auf Marxens Auseinandersetzung mit Hegel. Im weiteren Ausbau der Analyse der Aneignung und Entfremdung hat Marx das Problem der Arbeit immer ausschließlicher ökonomisch gefaßt und die Arbeit im Zusammenhang mit Lohn und Profit[70] als die gesellschaftliche Substanz der Ware definiert. Dieser ökonomisch fixierte und spezialisierte Arbeitsbegriff[71], der die »Arbeitsmengen« berechnet und aus ihrem Verhältnis zum Kapital den »Mehrwert« bestimmt, darf aber nicht verkennen lassen, daß das ursprüngliche Fundament dieser so viel diskutierten ökonomischen Theorie die viel zu wenig beachtete Auseinandersetzung mit Hegels Philosophie des Geistes ist.

Nach Hegel und Marx hat die deutsche Philosophie das Problem der Arbeit nicht mehr in seiner vollen und ganzen Bedeutung zum Thema gemacht. Die Analyse der Arbeit wurde zu einem Vorrecht zunächst der Nationalökonomie und dann der Soziologie, die uferlos die speziellen Beziehungen der Arbeit zu allen möglichen Phänomenen, z.B. dem Wissen[72], durchsuchte und trotz ihrer Bindung an Marx die Verbindung mit Hegel aus den Augen verlor. Außer E. Dühring hat niemand mehr den Versuch gemacht, das ökonomische und soziale Problem der Arbeit auf philosophischen Grund und Boden zu stellen. Zuletzt hat noch Engels, im *Anti-Dühring* und am Schluß seiner Schrift über Feuerbach, aus Hegel und Marx gefolgert, daß der rechtmäßige Erbe der deutschen Philosophie die Arbeiterbewegung sei, weil nur sie begriffen habe, daß die Arbeit die »Schöpferin aller Kultur und Bildung« und ihre Geschichte der Schlüssel zur gesamten Geschichte der

dazu vom Verf.: *M. Weber und K. Marx,* in: Archiv f. Sozialwiss. und Sozialpol. 1932, H. 1 und 2 (jetzt in: *Sämtliche Schriften 5. Hegel und die Aufhebung der Philosophie im 19. Jahrhundert – Max Weber*. Stuttgart 1988, S. 324 ff.).

70 *Lohn, Preis und Profit,* hrsg. von H. Duncker, Berlin 1930.

71 Vgl. dazu F. Engels, *Anti-Dühring* II, 6, über »Einfache und zusammengesetzte Arbeit« und III, 3, über die Teilung der Arbeit.

72 M. Scheler, *Schriften zur Soziologie und Weltanschauungslehre,* 1923/4; *Versuche zu einer Soziologie des Wissens,* 1924; *Die Wissensformen und die Gesellschaft,* 1926; K. Mannheim, *Wissenssoziologie,* im *Handwörterbuch der Soziologie*, hrsg. von A. Vierkandt; K. Dunkmann, *Soziologie der Arbeit,* 1933.

Menschheit sei. So anstößig der bürgerlichen Philosophie diese Behauptung vorkommen mußte, entbehrte sie doch nicht des Fundaments; denn es ist in der Tat die wesentliche Schwäche der bürgerlichen Bildung vom Ende des Jahrhunderts gewesen, daß sie als eine Bildung von Gebildeten zugleich mit der sozialen Trennung von der Arbeiterschaft auch den geistigen Horizont für das universale Problem der Arbeit verlor[73].

4. *Kierkegaard: Die Bedeutung der Arbeit für das Selbstwerden*

Gleichzeitig mit Marx hat Kierkegaard die Arbeit in Frage gestellt, aber so, daß er ihre Fragwürdigkeit im Rahmen der bürgerlich-christlichen Ethik hält. Er behandelt die Arbeit im Zusammenhang mit dem Werden der »Persönlichkeit«, doch dürfe man diesen Individualismus des Selbstseins nicht mißverstehen. Denn wenn auch jeder als Einzelner seine Teleologie in sich selbst habe, so sei das Individuum doch nicht von seinem Verhältnis zum bürgerlichen Leben zu trennen, als sollte und könnte es im »abstrakten Sinne« sich selbst genügen. Sein Selbst ist vielmehr absolut konkret und darum kann es sich, indem es sich auf sich selbst hin bewegt, nicht negativ gegen die Umwelt verhalten. Es bewegt sich »von sich selbst weg, durch die Welt hindurch, zu sich selbst zurück«[74]. Die christliche Wirklichkeit dieser hegelisch definierten Bewegung der Entäußerung und Erinnerung liegt darin, daß sie eine »Tat der Freiheit« ist, durch welche das Individuum *über* den Verhältnissen, z. B. der Ehe und Arbeit, steht, *in* denen es sich dennoch befindet. Als ein konkretes Individuum muß aber jeder Mensch vor allem essen und trinken, sich kleiden und wohnen, oder mit einem Wort gesagt: »existieren«. Zum Existieren braucht man aber pro Jahr so und so viel Geld, diesen »nervus rerum gerendarum«. »Geld ist und bleibt nun einmal die absolute Bedingung des Lebens«, wird vom Ästhetiker gegenüber dem »Ethiker« argumentiert. Doch gibt sich dieser damit nicht zufrieden; denn angenommen, man hat weder Rente noch Kapital, ja kaum einen

73 Eine Art Äquivalent für den Arbeitsbegriff ist in Heideggers *Sein und Zeit* die Sorge, in der zweifachen Bedeutung von Sich-sorgen und Etwas-besorgen. Doch hat diese existenzial-ontologische »Sorge« gemäß ihrer theologischen Herkunft von Augustins Begriff der »cura« keinen weltformierenden Sinn.

74 II, 236.

Hut – was dann? Der Ästhetiker zuckt die Schultern und sagt: »das ist freilich was anderes; da bleibt schließlich nichts übrig, als daß man arbeitet.« Aber welchen Sinn hat es, ein zur Herrschaft über die Welt bestimmtes Geschöpf ins Dasein zu setzen, wenn es sich mit der Arbeit ums tägliche Brot abschinden muß? »Heißt das einen Menschen als Menschen behandeln?« Lebt man denn nur, um sich sein notdürftiges Auskommen zu sichern und es dann zu verbessern und so immer fort, um schließlich zu sterben – kurz bevor man ein reichliches Auskommen hat? »Diese Betrachtung ließe sich zu einem Beweis für die Unsterblichkeit des Menschen ausspinnen. Nämlich so: es ist jedes Menschen Bestimmung, zu einem reichlichen Auskommen zu gelangen; stirbt er vorher, so hat er seine Bestimmung nicht erreicht und muß sie also (das sagt jedem sein innerstes Ahnen) in einer anderen Welt erreichen; hat er dagegen ein reichliches Auskommen, also seine Bestimmung erreicht, so kann seine Bestimmung doch nicht sein, von seinem reichlichen Auskommen wegzusterben, muß vielmehr sein, daß er es auch reichlich genieße: ergo ist der Mensch unsterblich. Diesen Beweis könnte man den populären Beweis nennen oder den Beweis aus dem Ein- und Auskommen.«[75]

Im Gegensatz zu dieser Ironie des Ästhetikers meint der Ethiker: Arbeiten ist Menschenpflicht und als solche keine bloße Last, sondern ein ethisches Gewicht. Sie ist weder ein lästiger Zwang, noch Verdienst und Vergnügen, sie ist auch keine Unvollkommenheit der menschlichen Existenz, sondern eine dem Menschen eigentümliche Art der Vollkommenheit gegenüber Tieren und Pflanzen, die weder arbeiten müssen noch können. »Je tiefer das Menschenleben steht, desto weniger Notwendigkeit zu arbeiten ist da; je höher es steht, desto mehr stellt sie sich ein. Die Pflicht für das Leben zu arbeiten drückt das allgemein Menschliche aus – auch in dem Sinne, daß sie eine Manifestation der Freiheit ist. Durch Arbeit macht sich der Mensch frei; durch Arbeit wird er Herr der Natur; durch Arbeit zeigt er, daß er mehr ist als Natur.«[76] Schöner als eine Lilie auf dem Felde wachsen zu sehen[77], ist der Anblick des Mannes, der sich durch eigene Arbeit seinen Bedarf erwirbt und gerade auch

75 A. a. O., S. 241; vgl. I, 255 ff. über die »Wechselwirtschaft« zwischen Arbeit und Langeweile.

76 A. a. O., S. 243.

77 Vgl. dazu *Drei fromme Reden*, hrsg. von A. Bärthold, Halle, S. 8 ff., und *Ausgewählte christliche Reden*, hrsg. von Reincke, Gießen 1909, S. 19 ff.

in den Nahrungssorgen seine Menschenwürde bewährt. »Was diesem Kampf einen so hohen Bildungswert gibt, ist, daß ihm ein so geringer, ja eigentlich gar kein Siegespreis winkt: da kämpft man ja nur um die Möglichkeit, den Kampf fortzusetzen. Je größer und je äußerlicher die Belohnung für den Kämpfer ist, desto sicherer darf er sich auf all die zweideutigen Leidenschaften verlassen, die in dem Menschen hausen: Ehrgeiz, Eitelkeit, Stolz: das sind Motive von ungeheurer Kraft, die den Menschen weit treiben können. Wer mit Nahrungssorgen kämpft, merkt bald, daß diese Leidenschaften ihn im Stiche lassen: [...] wie soll ihn der Lohn reizen, daß er mit aller Mühe sich gerade nur das Nötige erwirbt, sich weiter abmühen zu können? Stehen ihm also keine anderen Kräfte zur Verfügung, so ist er verloren. Sieh, darum bilden und veredeln die Nahrungssorgen den Menschen, weil sie ihm keine Möglichkeit lassen, sich über sich selbst zu täuschen. Sieht er nichts Höheres in diesem Kampf, so ist es auch wirklich eine elende, kümmerliche Sache, sich darum abkämpfen zu müssen, daß man sein Brot im Schweiße seines Angesichts essen darf. Aber darum zwingt auch dieser Kampf den Menschen, etwas anderes darin zu sehen. Wer sich in ihm nicht wegwerfen will, muß in ihm den Kampf um die Ehre sehen, der um so größere Ehre bringt, je geringer die Belohnung ist. So kämpft man wohl um sein Auskommen und kämpft doch eigentlich um sich selbst.«[78] Es ist also nicht die bloße Lebensnot, die den Menschen zum Arbeiten zwingt, sondern er tut die notwendige Arbeit, weil er als Mensch arbeiten will. Er sucht deshalb nach einem »edleren Namen« für seine Arbeit, der ihr Verhältnis zu seinem Leben und dem der andern bestimmt und sie zugleich als seine Würde und Freude kennzeichnet.

So aufgefaßt und getan hat die Arbeit, die einen ernährt, zugleich eine tiefere Bedeutung für die Persönlichkeit: sie ist des Menschen Beruf, dessen Erfüllung Befriedigung gibt und durch den er ein wesentliches Verhältnis zu seinen Mitmenschen gewinnt. Die allen Menschen gemeinsame Arbeit und ihr allgemeinmenschlicher Sinn läßt die Unterschiede zwischen den verschiedenen Talenten verschwinden, denn der Größte wie der Geringste kann sich treu in seinem Beruf bewähren. Die Berufsarbeit normiert das Leben des Menschen, sie verhindert ihn, sich vom Allgemeinen zu emanzipieren und sie enthebt ihn der Anstrengung, sich wie der Berufslose immer von Neuem selbst zu bestimmen. Der regelmäßig arbeitende Mensch ist nicht auf ein besonderes Talent

78 A. a. O., S. 245 f.

angewiesen, um in der Welt etwas auszurichten. Jedermann kann das Seine tun und insofern gilt, daß »wesentlich jeder Mensch gleichviel ausrichtet«[79]. Wer auf solche Weise auch seelisch und geistig von seiner Arbeit lebt, ist weit entfernt von der ästhetischen Ansicht, die »den Pegasus nicht ins Joch spannen« will, sondern die Arbeit durch Ausbildung eines besonderen Talents zum Vergnügen erheben möchte. Der Ästhetiker, der in der Arbeit nur das triviale Schicksal der Menge sieht, ist blind für ihren menschlich bildenden Sinn.

Kierkegaard, der von ererbtem Vermögen lebte, war sich klar über die dadurch bedingte Problematik seiner ausgenommenen Existenz. »Du freilich brauchst nicht zu klagen, da du es nicht nötig hast, für dein Auskommen zu arbeiten; ich möchte dir auch nicht raten, dein Vermögen wegzuwerfen, um dich in diese Notwendigkeit zu versetzen: alles Experimentieren ist eine bloße Torheit und führt zu nichts. Indessen bist du m. E. in anderem Sinn darauf angewiesen, dir die Bedingungen des Lebens erst zu erwerben. Um leben zu können, mußt du Herr werden über deine angeborene Schwermut. Insofern kann ich auch auf dich das Wort jenes alten Mannes anwenden: du bist beizeiten in die Schule gebracht worden, worin zu lernen mußtest, um dein Leben zu arbeiten.«[80] So wenig der Mensch vom bloßen Gelde zu leben vermag, so wenig kann man aber auch von der Schwermut allein existieren, und Kierkegaard wußte bei seiner »Existierkunst« sehr wohl, daß die Innerlichkeit seiner schwermütigen »Geistesexistenz« an etwas so Äußerliches gebunden war wie das Geld: »Daß es Verleger gibt, daß es Menschen gibt, deren ganze wesentliche Existenz ausdrückt, daß Bücher Ware sind und ein Verfasser Kaufmann, ist ein ganz unsittliches Verhältnis. Insoweit in einem Geistesverhältnis (wie Verfasser zu sein) das Pekuniäre dazutritt, daß er [...] Honorar bekommt usw., muß der, welcher das Geistesverhältnis konstituiert, wesentlich auch selber das Geldverhältnis konstitutieren, selbst das Pekuniäre übernehmen, keineswegs um eines möglicherweise größeren pekuniären Vorteils willen, [...] aber damit doch etwas Scham dabei sein kann. Konstitutiert sich das Geldverhältnis so, daß es die Erwerbsquelle eines ganz andern Menschen ist, so wird es leicht zur Frechheit [...]. Das Freche liegt darin, ganz unvorbehalten bis zum äußersten die geistige Produktion als Ware zu betrachten. Das Publikum bekommt so wieder durch das

79 A. a. O., S. 255 und 264.
80 A. a. O., S. 249; vgl. *Buch des Richters*, a. a. O., S. 97.

Geld die Macht über den Verleger, der Verleger durch das Geldverhältnis über den Verfasser.«[81] Dank dieser Einsicht in den Zusammenhang von Geist und Geld konnte Kierkegaard von sich selber die ebenso ernste wie paradoxe Bemerkung machen: »Daß ich Schriftsteller wurde, daran ist wesentlich Schuld meine Schwermut und mein Geld.«[82] Seine angeborene Schwermut hat ihn vereinzelt, verinnerlicht und an die Grenze des Religiösen gestellt – sein Geld aber hat ihm die Existenz eines privatisierenden Partikuliers ermöglicht[83]. Noch kurz vor seinem Tode machte er sich die merkwürdige Übereinstimmung klar, die zwischen dem Verbrauch seiner geistigen Existenz und dem ihrer materiellen Mittel bestand, denn weniger Monate, bevor er auf der Straße zusammenbrach, hatte er von der Bank die letzte Rate seines zinsenlos deponierten Vermögens geholt[84]. So bewährt selbst dieser Antipode von Marx dessen Einsicht in den Zusammenhang des Kapitals und der Arbeit mit dem Ganzen der menschlichen Existenz.

5. *Nietzsche: Die Arbeit als Auflösung der Andacht und Kontemplation*

In Nietzsches gelegentlichen Gedanken über die Stellung der Arbeit im Leben der Menschen ist sie nicht mehr eine weltformierende und menschenbildende Macht, sondern nur noch empfunden als Hast und als Last. Wenn aber der wesentliche Charakter der Arbeit die Schwere ist und sie trotz des Willens zur Leistung keinen Zweck in sich selber hat, dann wird sich der Mensch von der Last und dem Ernst der Arbeit dadurch erleichtern, daß er sich in das leichte Vergnügen stürzt, so oft er nicht mehr zu arbeiten hat. In der Flucht von der Arbeit in das Vergnügen ist der Arbeitsmensch auf Erholung aus; Arbeitshast und Vergnügungssucht sind nur zwei Seiten ein und desselben Sachverhalts. Demgegenüber verteidigt Nietzsche die Kontemplation, die sich Zeit läßt und Muße hat. »Es ist eine indianerhafte [...] Wildheit in der Art, wie die Amerikaner nach Geld trachten: und ihre atemlose Hast der Arbeit – das eigentliche Laster der neuen Welt – beginnt bereits durch Anstek-

81 *Tagebücher,* a. a. O., I, 248.
82 *Tagebücher,* a. a. O., I, 373; vgl. *Buch des Richters,* a. a. O., S. 85.
83 Zur soziologischen Auslegung von Kierkegaards »Innerlichkeit« siehe Th. Wiesengrund, *Kierkegaard,* Tübingen 1933, S. 44 ff.
84 Siehe dazu *Tagebücher,* ed. Ulrich, a. a. O., S. 23 f.

kung das alte Europa wild zu machen und eine ganz wunderliche Geistlosigkeit darüber zu breiten. Man schämt sich jetzt schon der Ruhe; das lange Nachsinnen macht beinahe Gewissensbisse. Man denkt mit der Uhr in der Hand, wie man zu Mittag ißt, das Auge auf das Börsenblatt gerichtet, – man lebt wie einer, der fortwährend etwas versäumen könnte. Lieber irgend etwas tun als nichts – auch dieser Grundsatz ist eine Schnur, um aller Bildung und allem höheren Geschmack den Garaus zu machen. Und so wie sichtlich alle Formen an dieser Hast der Arbeitenden zu Grunde gehen: so geht auch das Gefühl für die Form selber [...] zu Grunde [...]. Man hat keine Zeit und keine Kraft mehr für die Zeremonie, für die Verbindlichkeit mit Umwegen, für allen esprit der Unterhaltung und überhaupt für alles otium. Denn das Leben auf der Jagd nach Gewinn zwingt fortwährend dazu, seinen Geist bis zur Erschöpfung auszugeben, in beständigem Sich-Verstellen oder Überlisten oder Zuvorkommen: die eigentliche Tugend ist jetzt, etwas in weniger Zeit zu tun als ein anderer. Und so gibt es nur selten Stunden der *erlaubten* Redlichkeit: in diesen aber ist man müde und möchte sich nicht nur gehen lassen, sondern lang und breit und plump sich *hinstrecken*. Gemäß diesem Hange schreibt man jetzt seine Briefe; deren Stil und Geist immer das eigentliche Zeichen der Zeit sein werden. Gibt es noch ein Vergnügen an Gesellschaft und an Künsten, so ist es ein Vergnügen, wie es müdegearbeitete Sklaven sich zurecht machen. Oh über diese Genügsamkeit der Freude bei unsern Gebildeten und Ungebildeten! Die *Arbeit* bekommt immer mehr alles gute Gewissen auf ihre Seite: der Hang zur Freude nennt sich bereits Bedürfnis der Erholung und fängt an, sich vor sich selber zu schämen. Man ist es seiner Gesundheit schuldig – so redet man, wenn man auf einer Landpartie ertappt wird. Ja es könnte bald soweit kommen, daß man einem Hange zur vita contemplativa [...] nicht ohne Selbstverachtung und schlechtes Gewissen nachgäbe.«[85] Die Neigung zur Kontemplation hat ihre Wurzeln im antiken sowohl wie im christlichen Ethos gehabt. In der Antike galt es als menschenwürdig und edel, Muße zu pflegen, und solange die Kirche die Schätzung des Lebens bestimmte, war die vita contemplativa in dem Vorrang begründet, welchen die Meditation und Andacht vor allem weltlichen Tun hat. Erst die rastlos betriebene Arbeitsamkeit der modernen Welt hat die Rangordnung zwischen otium und labor und zwischen christlicher Sammlung und irdischem

85 *Fröhliche Wiss.*, Aph. 329; vgl. Aph. 42 und 280; I, 229 f. und 344 f.

Treiben bis zu dem Punkte aufgelöst, daß der Sonntag zum Tag der Langweile wurde, weil man an ihm nichts zu tun hat. Die moderne »zeitauskaufende« und »dumm-stolze« Arbeitsamkeit hat mehr als alles Übrige zum Unglauben erzogen und das religiöse Leben aufgelöst. »Unter denen, welche z. B. jetzt in Deutschland abseits von der Religion leben, finde ich Menschen von vielerlei Art [...], vor allem aber eine Mehrzahl solcher, denen Arbeitsamkeit, von Geschlecht zu Geschlecht, die religiösen Instinkte aufgelöst hat: so daß sie gar nicht mehr wissen, wozu Religionen nütze sind, und nur mit einer Art stumpfen Erstaunens ihr Vorhandensein in der Welt [...] registrieren. Sie fühlen sich schon reichlich in Anspruch genommen [...], sei es von ihren Geschäften, sei es von ihren Vergnügungen, gar nicht zu reden vom Vaterlande und den Zeitungen.«[86] Dasselbe, was von den Vielbeschäftigten gilt, ist aber auch von den Gelehrten zu sagen[87], denn auch die wissenschaftliche Forschung ist zu einem Glied im Betrieb der rastlosen Arbeit geworden.

Die Arbeit hat den Charakter des Fluchs verloren, seitdem die bürgerlich-christliche Welt – mit dem Titel einer viel gelesenen Anthologie aus Carlyle gesagt – »Arbeit« verrichtet, um »nicht verzweifeln« zu müssen und vom »Segen der Arbeit« spricht. »Bei der Verherrlichung der Arbeit, bei dem unermüdlichen Reden vom ›Segen der Arbeit‹ sehe ich denselben Hintergedanken, wie bei dem Lob der gemeinnützigen unpersönlichen Handlungen: den der Furcht vor allem Individuellen. Im Grunde fühlt man jetzt [...], daß eine solche Arbeit die beste Polizei ist, daß sie jeden im Zaume hält und die Entwicklung der Vernunft, der Begehrlichkeit, des Unabhängigkeitsgelüstes kräftig zu hindern versteht.«[88]

Ein klassischer Lobredner der Arbeit ist in den 90er Jahren E. Zola gewesen, der in einer Rede an die Jugend verkündete: »Ich hatte nur einen Glauben, eine Kraft: die Arbeit. Mich hielt nur jene ungeheure Arbeit aufrecht, die ich mir aufgegeben hatte. [...] Die Arbeit, von der ich zu Ihnen spreche, ist eine regelmäßige Arbeit, eine Lektion, eine Pflicht, die ich mir gestellt habe, um in meinem Werk täglich, wenn auch nur um einen Schritt, vorwärts zu kommen [...] Arbeit! Gedenken Sie, meine Herren, daß sie das einzige Gesetz der Welt ausmacht. Das Leben hat keinen anderen Zweck, keinen anderen Existenzgrund, wir

86 *Jenseits von Gut und Böse,* Aph. 58.
87 *Fröhl. Wiss.,* Aph. 348, 349, 373.
88 *Morgenröte,* Aph. 173; vgl. *Zur Genealogie der Moral,* III, Aph. 18.

alle entstehen nur dazu, um unsern Anteil an der Arbeit zu verrichten und dann zu verschwinden.« Nur seltene Geister wie Nietzsche und Tolstoi haben das falsche Pathos und den verborgenen Nihilismus erkannt, der diese Schätzung der Arbeit kennzeichnet[89].

Die im 19. Jahrhundert zum Selbstzweck erhobene Arbeit charakterisiert aber keineswegs nur die »industrielle Gesellschaft« der bürgerlichen Epoche, sondern erst recht und noch mehr das »Volk« des totalen Staats, der ihr ein scheinbares Ziel vorhielt, das in Wirklichkeit nur der Krieg sein konnte. Die deutsche »Arbeitsfront«, die auch noch die Freizeit mit »Kraft durch Freude« zum Zwecke der Arbeitskraft anspannte, hat eine Organisation der gesamten Arbeit geschaffen, mit der sich nur die des Heeres vergleichen läßt. Der politische Zweck dieser Arbeits-»Front« war der Aufbau einer totalen Wehrmacht durch eine völlige Militarisierung des Lebens. Auch diese Entwicklung hat der Verfasser des *Willens zur Macht* im voraus kommen sehen: »Aus der Zukunft des Arbeiters: Arbeiter sollten wie *Soldaten* empfinden lernen: ein Honorar, ein Gehalt, aber keine Bezahlung.«[90] Weil Nietzsche aber die »Dressur« der Massen nur als ein Mittel für höhere Zwecke verstand, konnte er auch in bezug auf die »Sklaverei der Gegenwart« fragen: »Wo sind die, *für* welche sie arbeiten?«

89 Siehe dazu Tolstois Antwort an Zola in dem Tolstoi-Heft der »Neuen Bücherschau« vom Sept. 1928 und *Was sollen wir denn tun*, Kap. 38.
90 XVI, 197 und 196.

III. DAS PROBLEM DER BILDUNG

> »Davon, daß es noch möglich wäre, daß ein Mensch sich rein aus seinen eigenen Antrieben heraus bildete, davon ist längst keine Rede mehr. Die Not der Zeit ist zu groß, man kann die Menschen nicht mehr machen lassen, sie bedürfen eines allgemeinen Stempels, damit jeder in das Ungetüm, welches man das moderne Leben nennt, auf jeden Fall hineinpasse.«
>
> Burckhardt (an Kinkel, 1846)

Das humanistische Bildungsideal wurde in Deutschland von W. v. Humboldt entworfen und an den Universitäten verwirklicht. Es ist heute nicht einmal mehr in Verteidigungsstellung. Selbst die so viel diskutiert gewesene Frage, ob humanistische oder politische Bildung, hat ihre Aktualität längst verloren. Die Gebildeten haben zu spüren bekommen, daß ihre unpolitische Bildung dem Angriff des Staats nicht standhalten konnte, und der Staat rühmte sich, auf die »Intellektuellen« verzichten zu können, was freilich nicht hinderte, daß die von ihm propagierte politische Reichsbildung als »Bildung« von den Resten der alten zehrte, wie jeder Satz und das ganze Vokabular ihrer Manifeste, Reden und Schriften beweisen. – Für Hegel hat das Problem einer Wahl zwischen humanistischer und politischer Zielsetzung überhaupt nicht bestanden, weil es sich für ihn noch von selber verstand, daß gerade »humanistische« Bildung das Individuum zur Polis heranbildet.

1. *Hegels politischer Humanismus*

Die fünf Gymnasialreden, die Hegel als Rektor des Nürnberger Gymnasiums von 1809 bis 1815 gehalten hat, geben in Kürze und Einfachheit eine vollständige Vorstellung seiner Bildungsidee[1]. Sie steht einer von außen erzwungenen Politisierung der Bildung ebenso fern wie dem aristokratischen Bildungsindividualismus von Humboldt. Daß sich der

1 W. XVI, 133 ff.; vgl. dazu *Philosophische Propädeutik* § 41 ff.; *Rechtsphilosophie* § 187 und § 268, Zus. – Vgl. zu Hegels Bildungsidee: G. Thaulow, *Hegels Ansichten über Erziehung und Unterricht,* Kiel 1853 ff., und K. Rosenkranz, *Die Pädagogik als System,* Königsberg 1848.

Mensch immer nur *selbst* bilden kann, war ihm die Voraussetzung dafür, daß er sich bilden muß zu der Teilhabe am *Gemeinwesen*, im Zusammenhang mit der überlieferten Sprache und Sitte, die nicht nur meine sind, sondern allgemeine. Sichbilden ist ein Sichheraufbilden des Individuums zum allgemeinen Wesen des Geistes. Dieser Grundsatz bestimmt alle fünf Reden. Die erste handelt besonders vom Studium der Antike und von der Bedeutung der grammatischen und sprachlichen Studien für die Bildung als solche; die zweite entwickelt den Begriff der Disziplin und handelt vom Zusammenhang der sittlichen mit der wissenschaftlichen Bildung; die dritte stellt die Schule in die Mitte zwischen dem Familienleben des Kindes und dem öffentlichen des Mannes; die vierte beleuchtet das Studium der Antike im Hinblick auf die Bildung des Menschen zur Ganzheit; die fünfte charakterisiert die problematische Lage der gegenwärtigen Bildung durch den Kampf des Alten und Überlieferten mit dem Neuen.

Als eine Aufgabe der höheren Schule beschränkt sich die Bildung zunächst auf das gelehrte Studium. Echtes Studieren ist unterschieden vom bloß passiven Lernen und vom eigenwilligen Räsonieren. Der Lehrer muß den Schüler dazu heranbilden, daß er im Erlernen von etwas *anderem* selbst denken lernt. »Das Geschwätz zurückzuhalten ist eine wesentliche Bedingung für jede Bildung und jedes Lernen. Man muß damit anfangen, Gedanken Anderer auffassen zu können und auf eigene Vorstellungen Verzicht zu leisten.« Diese Vereinigung des Lernens mit dem Selbstdenken macht das erstere zu einem Studieren. Ob aber einer etwas selbsttätig im Lernen ergriffen hat, das zeigt sich darin, daß er es auf neue und andersartige Fälle anwenden kann[2]. Dies zu erreichen ist die pädagogische Aufgabe des Unterrichts, der schon in sich selbst erzieherisch sein muß und daher auch keiner von außen kommenden Pädagogik bedarf.

Den Vorzug, an einer *neuen* Lehranstalt Rektor geworden zu sein, erläutert Hegel damit, daß sie sich auf *ältere* gründe und also eine Tradition fortsetze, die Dauer verbürge. Das Prinzip der älteren Anstalten, auf das sich das Zutrauen zur neuen gründet, sei aber die humanistische Bildung. »Seit einigen Jahrtausenden ist dies der Boden, auf dem alle Kultur gestanden, aus dem sie hervorgesproßt und mit dem sie in beständigem Zusammenhang gewesen ist.« »So wichtig aber die Erhal-

2 XVI, 153f. und dazu die Anwendung dieses Grundsatzes auf den philosophischen Unterricht: XVII, 342f. und 353.

tung dieses Bodens ist, so wesentlich ist die Abänderung des Verhältnisses, in welchem er ehemals gestanden.« Das Alte muß in ein neues Verhältnis zu dem Ganzen gesetzt werden, um sein Wesentliches durch Erneuerung zu erhalten. Hegel exemplifiziert dies am Lateinunterricht. Er ist in Mißkredit verfallen, weil er wichtige Sachkenntnisse des bürgerlichen Lebens vernachlässigen ließ; aber daraus folgt nicht, daß bloße Gegenwartskunde das Studium der Griechen und Römer ersetzen kann. Denn bildend ist überhaupt nicht das Stoffliche, weder beim bloßen Lateinlernen noch bei der Beschäftigung mit alltäglichen Dingen, sondern nur das an ihm selbst Gebildete, das schon in sich gehaltvoll und vortrefflich ist. »Lassen wir es aber gelten, daß überhaupt vom Vortrefflichen auszugehen ist, so hat für das höhere Studium die Literatur der Griechen vornehmlich, und dann die der Römer, die Grundlage zu sein und zu bleiben.« Nur im Studium ihrer vollendeten Werke empfängt der Mensch die »profane Taufe«, »welche der Seele den ersten und unverlierbaren Ton und Tinktur für Geschmack und Wissenschaft« gibt. Man muß sich aber den Alten »in Kosten und Wohnung« geben, um ihre Luft, ihre Vorstellungen und Sitten, selbst ihre Irrtümer und Vorurteile einzusaugen und in dieser Welt heimisch zu werden, welche die schönste ist, die je gewesen[3]. Die alte Welt bietet der Bildung edelste Nahrung in edelster Form, und kein Volk hat so viel Ursprüngliches, Vortreffliches und Vielseitiges hervorgebracht wie die Griechen, deren plastische Tugend frei war von der »moralischen Zweideutigkeit« der christlichen Welt.

Ihr Reichtum ist hineingebildet in ihre Sprache, und so muß das Studium der Alten vorzüglich Sprachstudium sein. Eine wirkliche Aneignung von fremden Sprachen kann aber nicht geradezu vor sich gehen. Die *Aneignung von etwas Fremdem* erfordert eine *Entfremdung vom Eigenen*. Man muß sich von sich selber entfernen können, um sich das Fremde und Andere als solches nahe zu bringen. Die Bildung bedarf nicht nur überhaupt eines Gegenstandes, den sie bildet oder formiert, sondern dieser muß etwas Fremdartiges haben, das uns gegenübertritt. »Für die Entfremdung, welche Bedingung der theoretischen Bildung ist, fordert diese [...] sich mit einem Nicht-Unmittelbaren, einem Fremdartigen [...] zu beschäftigen.«[4] Diese »Forderung der Trennung« äußert

3 A. a. O., S. 134–139.
4 A. a. O., S. 142; vgl. *Philos. Propädeutik* § 42.

sich in dem Trieb, der besonders der Jugend zu eigen ist: von dem Einheimischen loszukommen und sich selbst in der Ferne zu suchen, weil gerade das Ferne und Fremde für die eigene Aneignungskraft das Anziehende ist. »Auf diesen Zentrifugaltrieb der Seele gründet sich [...] die Notwendigkeit, die Scheidung, die sie von ihrem natürlichen Wesen und Zustand sucht, ihr selbst darreichen, und eine ferne, fremde Welt in den jungen Geist hineinstellen zu müssen. Die Scheidewand aber, wodurch diese Trennung für die Bildung [...] bewerkstelligt wird, ist die Welt und Sprache der Alten; aber sie, die von uns trennt, enthält zugleich alle Anfangspunkte und Fäden der Rückkehr zu uns selbst, der Befreundung mit ihr, und des Wiederfindens unserer selbst, aber unserer nach dem wahrhaften allgemeinen Wesen des Geistes.«[5] Die wahre Aneignung ist also keine Assimilation, die sich das Fremde abstandslos angleicht, sondern sie verlangt ein Herausgehen aus sich selbst, und gebildet ist nur, wer sich das Andere *in seiner Andersheit* aneignet. Daraus folgt, daß auch das »Mechanische« beim Erlernen einer uns fremden Sprache mehr als ein notwendiges Übel ist. »Denn das Mechanische ist das dem Geiste Fremde, für den es Interesse hat, das in ihn hineingelegte Unverdaute zu verdauen, das in ihm noch Leblose zu verständigen und zu seinem Eigentume zu machen.« Dasselbe gilt für die grammatischen Studien, die gerade wegen ihrer Abstraktheit ein vorzügliches Mittel zur Bildung des Geistes sind. Wie der Begriff des »Seins« überhaupt schon enthalten ist in jedem grammatischen »ist«, so enthalten Sprachformen überhaupt schon den Logos der Sachen[6]. Der Gebildete muß konkret denken können; wahrhaft konkret denkt aber nur, wer innerhalb der massiven Vorstellungen unterscheiden und vom empirischen Material abstrahieren kann[7]. Das grammatische Studium ist eine »elementarische Philosophie«, weil es uns mit den einfachen abstrakten Wesenheiten, den »Vokalen des Geistigen« bekannt macht. – Diese drei Fremdheiten, der alten Welt, ihrer Sprache und der grammatischen Konstruktion, machen die bildende Kraft der humanistischen Studien aus, indem sie den menschlichen Geist von sich selber scheiden und so zu sich selber befreien. Das Prinzip der wissenschaftlichen Bildung ist aber zugleich das Prinzip eines menschenwürdigen Handelns, weil dieses nicht minder verlangt, daß man sich von sich

5 A. a. O., S. 143.
6 A. a. O., S. 143 f.; vgl. Vorrede zur 2. Ausgabe der *Logik*.
7 Vgl. Hegels Aufsatz *Wer denkt abstrakt*, XVII, 400 ff.

selber abtrennen kann. »Die wissenschaftliche Bildung hat überhaupt die Wirkung auf den Geist, ihn von sich selbst zu trennen, aus seinem unmittelbaren natürlichen Dasein, aus der unfreien Sphäre des Gefühls und des Triebs herauszuheben, und in den Gedanken zu stellen, wodurch er ein Bewußtsein über die sonst nur notwendige instinktartige Rückwirkung auf äußere Eindrücke erlangt, und durch diese Befreiung die Macht über die unmittelbaren Vorstellungen und Empfindungen wird, welche Befreiung die formelle Grundlage der moralischen Handlungsweise überhaupt ausmacht.«[8] Den Geist bildend sind darum auch die militärischen Übungen, weil sie der natürlichen Zerstreutheit und Trägheit entgegen sind und einen zwingen, fremde Befehle mit Genauigkeit auszuführen und geistesgegenwärtig zu sein. Die Bildung ist überhaupt nicht beschränkt auf dieses und jenes, sondern ein »sonst gebildeter Mensch« hat die Fähigkeit, in jede ihm fremde Wissenschaft oder Geschicklichkeit hineinzukommen, sie ist eine Bildung zum Allgemeinen, gerade weil sie keine Allgemeinbildung im Sinne der oberflächlichen Vereinigung von vielen Besonderheiten ist[9].

Weil sie aber die Wirksamkeit der bürgerlichen Unterrichtsanstalten nicht auf den ganzen Umfang der menschlichen Existenz, sondern auf den Menschen als Schüler beschränkt, ist es die Aufgabe der Schule, zu vermitteln zwischen der privaten Besonderheit und der öffentlichen Allgemeinheit des Lebens. Sie setzt voraus, daß an den Schüler schon von Hause aus etwas herangebracht ist, und andrerseits, daß er sich später außerhalb der Schule in der Welt zu bewähren hat; sie vermittelt zwischen dem Leben in der Familie und dem in der allen gemeinsamen Welt[10]. Die Welt, zu der sich der Schüler heranbilden muß, ist keine Privatwelt, sondern eine res publica oder polis. In ihr gilt der Mensch nicht nach seiner individuellen Besonderheit, sondern nach seiner Tauglichkeit für eine ihrer objektiven Sphären. Die Bildung zielt also darauf ab, das Individuum durch Verzicht auf seine Eigenheiten heraufzubilden und einzubilden in das »Element der Sache«, das die gemeinsame Welt ist, im Unterschied zum besonderen Personenverhältnis in der Familie, aus welcher die Mittelsphäre der Schule herausführt. Die Welt, worin der gebildete Mensch ein »allgemeines Selbstsein« gewinnt, charakterisiert Hegel als ein »System der Allgemeinheit«, in dem die Einzel-

8 A.a.O., S. 170.
9 A.a.O., S. 151f.
10 A.a.O., S. 171f.

nen nur gelten, soweit sie sich ihm gemäß machen, und was durch die Schule zustande kommt, ist die Fähigkeit der Einzelnen, dem öffentlichen Leben anzugehören[11]. Dies war der Zweck der Menschenbildung, nach deren Vorbild wir die unsere eine humanistische nennen. Was nach der Verfassung der neueren Zeit unserer Anschauung und Teilnahme entrückt ist, nämlich die großen und öffentlichen Verhältnisse, auf denen der Zusammenhalt der bürgerlichen und moralischen Ordnung beruht, das war in der Polis gegenwärtig, weil hier die Absolutheit des Staates auf der selbsttätigen Teilnahme der Einzelnen beruhte. In unserem modernen, durch Überbildung abgesonderten Zustand ist dagegen das »innige Leben des Ganzen« als ein abstrakter Geist aus dem Gemüte der Individuen herausgetreten. »Jeder Einzelne erhält nur einen zerstückelten entfernten Anteil daran, eine beschränkte Sphäre zugemessen, *über* welcher die, alle diese [...] besonderen Bewegungen [...] zur Einheit leitende Seele ist; sie haben nicht das Gefühl und die tätige Vorstellung des Ganzen.«[12] Der berufliche Stand, dem wir uns widmen, ist ein Ausschließenderes als bei den Alten; umso wichtiger ist es aber für uns, wenigstens die Vorstellung und den Begriff eines »vollständigen Lebens« zu erhalten und darin leiten uns vorzüglich die humanistischen Studien ein. »Sie geben die *vertrauliche* Vorstellung des menschlichen Ganzen; die Art und Weise der Freiheit der alten Staaten, die innige Verbindung des öffentlichen und Privat-Lebens, des allgemeinen Sinnes und der Privat-Gesinnung, bringt es mit sich, daß die großen Interessen der individuellen Humanität, die wichtigsten Pfeiler der öffentlichen und der Privat-Tätigkeit, die Mächte, welche Völker stürzen und erheben, – sich als Gedanken eines beständigen Umgangs darstellen, als einfache natürliche Betrachtungen alltäglicher Gegenstände einer gewöhnlichen Gegenwart – Gedanken, die in unserer Bildung nicht in den Kreis unseres Lebens und Tuns eintreten; – daß uns daher auch Gesetze und Pflichten sich in lebendiger Gestalt als *Sitten* und *Tugenden* zeigen: nicht in der Form von Reflexionen und Grundsätzen, nach denen wir uns als entfernten und auferlegten Vorschriften richten.«[13] Um sich diese Grundvorstellung eines edlen Lebens im Ganzen gegenwärtig zu erhalten und sich einen »inneren Ort« zu befestigen, in den man aus der Vereinzelung unseres wirklichen Lebens

11 A. a. O., S. 174 f.
12 A. a. O., S. 188.
13 A. a. O., S. 188 f.

zurückkehren kann, dazu muß man Gymnasialstudien treiben und sich an den Griechen und Römern bilden.

Doch überwog in Hegels sachlicher Stellung zur Welt die Anerkennung dessen, »was ist«, die Kritik des Bestehenden nach Maßgabe der Bildung der Alten. Sein Sinn für die Wirklichkeit verwarf die »ewigen Jünglinge«, die die bestehende Ordnung umstürzen wollen und ihre »Bildungslosigkeit« dadurch bekunden, daß sie sich nicht ihrer Selbstheit entäußern und in die Wirklichkeit einlassen wollen. Gehören sie zu den höheren Ständen, sagt Hegel, als hätte er schon seine revolutionären Schüler im voraus gesehen, so schließen sie sich zusammen, machen leere Programme, wie die Welt nach ihrer Meinung sein sollte, um ein »Loch in die Ordnung der Dinge« zu stoßen.

2. *Die Junghegelianer*

a) Ruges Politisierung der ästhetischen Bildung

Die Konsequenzen, die sich aus dem »Politischwerden der Zeit« für die Bildung ergaben, hat am bestimmtesten Ruge gezogen, und zwar in der praktischen Anwendung von Hegels politischer Bildungsidee auf eine sich selbst genügende Bildung, die sich dem öffentlichen Leben entzog. Sein Gedanke ist folgender: Die Politisierung der Bildung scheint zwar zunächst eine Zerstörung der freien Wissenschaften und der schönen Künste zu sein. Die Griechen waren jedoch durch und durch »politische« Menschen und dabei im höchsten Grade poetisch, philosophisch und frei. Aber es gab bei ihnen nicht die unseren Zuständen eigentümliche »Unverfänglichkeit« der Wissenschaften und Künste, deren scheinbare Freiheit auf der privaten Absonderung vom öffentlich gemeinsamen Leben beruht[14]. Die »Überbildung«, welche aus dieser Trennung hervorging und eine »alexandrinische« Wissenschaft schuf, ist von Grund aus zu reformieren. Auszunehmen sind nur die Naturwissenschaften, weil sie überhaupt keine »historischen Existenzen des Geistes« zum Gegenstand haben. Dagegen wird die fortschreitende Zeit zum Tode der bestehenden Philosophie, Theologie und Jurisprudenz,

14 Vgl. zur Reform der Kunst aus dem politischen Prinzip der öffentlichen Gemeinsamkeit R. Wagners Schrift von 1849: *Die Kunst und die Revolution*.

indem ihnen die Geschichte selbst ihren bisherigen Gegenstand nimmt. »Mit den griechischen Göttern stirbt die griechische Theologie, mit ihrem Staat ihre Jurisprudenz, mit dem heiligen römischen Reich ging eine ungeheure juristische Welt, ein wahres Paradies [...] der Rechtsgelehrten zu Grunde.« Ebenso verschwindet nun das poetische »Genre« der Natur-, Liebes-, Familien- und Spießbürgerszenen, sobald der neu erwachte politische Sinn der Dichtung geschichtliche Themen gibt. Zur überlebten Bildung gehört auch die Kehrseite der spießbürgerlichen Literatur, d.i. die romantische, und mit ihr verfällt auch die klassische dem Gericht der Zeit. Denn auch Goethe und Schiller haben sich infolge ihrer Beschränkung durch die historisch-politischen, deutschen Verhältnisse auf ihre Innerlichkeit »egoistisch« zurückgezogen, Goethe entsagend und Schiller fordernd, aber beide außerstande, ihren dichterischen Idealen eine politische Realität zu verleihen[15]. – Was für Ruge nach seiner radikalen Kritik der »bisherigen« Bildung zur »neuen« Dichtung gehört, beschränkt sich auf die Namen einiger politischer Dichter wie Herwegh und Hoffmann von Fallersleben.

Noch um einen Grad deutlicher wird im letzten Jahrgang der *Jahrbücher*[16] gesagt, daß die Zeit der »blasierten Theoretiker« und die Illusion der abstrakten Philosophie vorbei sei. Glauben, Wissen und Dichten, diese »absoluten« Sphären in Hegels System, sie schweben nicht über dem Staat, sie sind vielmehr selbst eine öffentliche Angelegenheit und ein notwendiger Bestandteil in der geistigen Organisation der politischen Freiheit. Die wahrhaft religiöse Frage besteht nicht in dem Reservat des »Gewissens« und im »guten Willen« – der ebenso schätzenswert wie ohnmächtig ist – sondern in der Verweltlichung der Religion, der Wissenschaft und der Kunst durch den Staat als dem öffentlichen Ganzen unseres gemeinsamen Lebens. Der blasierten Bildung fehlt es an großen geschichtlichen Zwecken, sie begnügt sich daher mit sich selbst. »Die Philosophie, die ihren radikalen Zweck aus dem Sinne verliert, läuft ebenso wie die allgemeine Weltbildung der reinen Privatmenschen immer Gefahr, an Selbstbespiegelung und eitler Bewegung in ihrer eigenen Subjektivität sich zu Grunde zu richten. Der Witz und der schale Humor großer Städte, der immer auf der Lauer

15 Echtermeyer und Ruge: *Der Protestantismus und die Romantik. Zur Verständigung über die Zeit und ihre Gegensätze.* In: *Hallische Jahrbücher,* a. a. O., II, Jg. 1839, S. 1953 ff.; vgl. zur Kritik an Goethe S. 65 ff., 153 ff., 2313 ff.

16 *Deutsche Jahrbücher,* V. Jg. 1843: »Eine Selbstkritik des Liberalismus.«

liegt, wo er passend hervorbrechen und glänzen kann, die Vergötterung jedes Genies und jeder Berühmtheit, der hohle Enthusiasmus für Tänzerinnen, Gladiatoren, Musiker, Athleten, was beweist dies alles? Nichts als die blasierte Bildung, der es an reeller Arbeit für große Zwecke fehlt [...], nichts als die Frivolität des bloßen Formverstandes und Formtalents; und man muß es dahin gebracht haben, all diese Gaben und alle diese Gescheitheit zu verachten, um nicht in denselben hohlen, saft- und kraftlosen Strudel hineingerissen zu werden. Spielt mit eurer Superklugheit und ennuyiert euch, wenn ihr es dahin gebracht habt, daß ihr mitglänzen und mitspielen könnt, reflektiert dann auf dieses Dandylöwen-Bewußtsein, in dem ihr alles und auch die Einsicht erreicht habt, daß ihr es nun höher als zu dieser Übersättigung und Blasiertheit nicht bringen könnt; aber denkt nicht, daß ihr ganze Menschen seid und wenn ihr euch aus Blasiertheit erschießen ließt. Dieselben Phänomene, die das hauptstädtische Leben der Überbildung hervorbringt, entspringen auch aus der selbstgenügsamen Philosophie. Ihre Illusion ist dieselbe wie die der Weltbildung, daß ein formelles Theoretisieren schon Geist und Selbstzweck sei.« Ruges Kennzeichnung des blasierten Bewußtseins vereinfacht Hegels Analyse der Welt der »entfremdeten Bildung«[17], aber ohne die »geistverlassene Oberfläche« dieser schlechtweg geistreich gewordenen Bildung über sich selber hinaus zum absoluten Wissen zu führen. Er hebt sie nicht auf, sondern er will sie politisch vernichten. Um zu Grunde zu gehen, müsse sie in die praktischen Probleme der politischen Bewegtheit verwickelt werden, die jedes Individuum beim Schopfe fassen und es aus seiner Überbildung herausreißen. Diese Reform des Bewußtseins verderbe nicht die Künste und Wissenschaften, sondern verwurzele sie im Volk. Sie erzeuge allererst eine »wirkliche und mächtige« Wissenschaft. Der wissenschaftliche Geist müsse im öffentlichen Leben einen wahrhaft lebendigen Inhalt bekommen, so daß sich das Selbstbewußtsein zum Weltbewußtsein erweitert und der Liberalismus zum »Demokratismus«, welcher die Trennung zwischen Gebildeten und Ungebildeten beseitigt. »Die Probleme der Zeit müssen im Besitz des Volkes und für das Volk sein, um ein wirkliches Leben in dieser Welt zu führen. Der Begriff des Volkes ist die Aufhebung der Kaste und der Standesschranken, nicht nur der illusorischen zwischen Adel und Bauern, vornehm und bürgerlich [...], sondern auch der wirklichen Schranken zwischen Wissenden und Un-

17 *Phänomenologie,* ed. Lasson, a. a. O., S. 316 ff.

wissenden, worin sich viel mehr leisten läßt, als es auf den ersten Blick den Anschein hat.« An die Stelle der aparten Geisteswelt einer abgestorbenen Bildung, der über dem bürgerlichen Leben stehenden Polizei, der geheim darüber schwebenden Justiz und eines vom Volksleben abgesonderten Militärwesens habe eine ebenso geistige wie politische Gemeinschaft zu treten, in der alle Widersprüche des überlebten Liberalismus verschwinden. Die praktischen Probleme, die sich daraus ergeben, sind: »1. Die Kirche in die Schule zu verwandeln und eine wirkliche, allen Pöbel absorbierende Volkserziehung daraus zu organisieren. 2. Das Militärwesen damit völlig zu verschmelzen. 3. Das gebildete und organisierte Volk sich selbst regieren und selbst Justiz handhaben zu lassen im öffentlichen Leben und im öffentlichen Gericht.«

Wenn diese Reform geleistet ist, wird auch die Willkür der in Heine verkörperten Frivolität[18] zu einem bloßen Moment des reellen Geistes herabgesetzt sein. Denn die wahre Freiheit ist nicht die dem Protestantismus und der Romantik entsprungene »Geistesfreiheit«, sondern die politische Freiheit, welche auch die des Geistes und der Bildung in sich schließt. »Der Geist ist Staatsgeist und alle Menschen [...] sind politische Wesen.« Der Staat ist keine Privatsache, sondern eine res publica, und zwar »*die* Angelegenheit, der *Alles* an sich gelegen ist«.

Ruge verstand sein Programm als die deutsche Erfüllung der Französischen Revolution. Seine Hoffnung hat er auch noch während der Reaktion auf Preußen gesetzt, als dessen europäische Mission er die Bildung einer germanischen Großmacht ansah. Er prophezeite, daß die von ihm propagierte politische Bildung zur »Gesinnung« und weiterhin zum »Charakter« und schließlich zur politischen »Tat« führen werde.

b) Stirners Reduktion der humanistischen und realistischen Bildung auf die Selbstoffenbarung des Einzelnen

Gleichzeitig mit Ruge hat Stirner in einem Aufsatz über Humanismus und Realismus das unwahre Prinzip unserer Bildung zum Thema gemacht[19]. Sein Gesichtspunkt ist nicht die politische Freiheit, sondern die absolut »persönliche« des einzelnen Ich. Denn die Wahrheit, formu-

18 *Hallische Jahrbücher*, Jg. I, S. 193 ff. und V. Jg., S. 61 ff.
19 *Das unwahre Prinzip unserer Erziehung oder der Humanismus und Realismus* (1842) in: *Kleinere Schriften*, a. a. O., S. 237 ff.

liert Stirner wie Kierkegaard, ist nichts anderes als das »Offenbaren seiner selbst« und dazu gehört das »Auffinden seiner selbst«, welches Selbstwerden er aber umgekehrt zu Kierkegaard als eine »äußerste Abstraktion oder Entledigung von aller Autorität«[20] versteht. Innerhalb der Bildung hat sich das Autoritätswesen darin geäußert, daß die höhere Bildung bis zur Aufklärung im ausschließlichen Besitz der Gelehrten und Priester war. Sie befand sich in den Händen der Humanisten und der Geistlichkeit, weil als eigentlich bildend nur die Klassiker und die Bibel galten. Mit der lateinischen und griechischen Bildung war man ein Herr über die Masse der ungebildeten Laien. Seit der Französischen Revolution und der Erklärung der Menschenrechte stieß diese *ausschließliche* Bildung mit der Forderung einer *allgemeinen* zusammen. Man wollte eine reelle, in das bürgerliche Leben eingreifende Bildung, die den humanistischen Unterschied von Gelehrten und Laien aufheben sollte. »Indes das Vergangene zu fassen, wie der Humanismus lehrt, und das Gegenwärtige zu ergreifen, worauf es der Realismus absieht, führt beides nur zur Macht über das *Zeitliche*. *Ewig* ist nur der Geist, welcher *sich* erfaßt«, d.h. die Einheit und Allmacht des für sich und aus sich selber gebildeten Ich. Von dieser Freiheit hatte aber weder der alte Humanismus noch der moderne Realismus eine Vorstellung. Der höher Gebildete verwandelte sich durch die Ausbreitung der allgemeinen Bildung in einen einseitig Gebildeten, und der realistisch Gebildete ergab einen ideenlosen Praktiker, einen »geschmacklosen Industriellen«. Die Kehrseite dieses gebildeten Industrialismus ist der Dandysmus. Um über diese Gegensätze hinauszukommen, muß das Bildungswesen als solches sterben, um als »Wille« aufzuerstehen. Denn wer das Wissen bewahren will, der wird es verlieren, wer es aber aufgibt, der wird es gewinnen. Das Ende und zugleich die Ewigkeit des Wissens besteht darin, daß es wieder »einfach und unmittelbar« wird, indem es sich als Trieb und Wille in jeder Handlung von neuem erzeugt. Es ist dann nicht mehr ein äußerer Wissens-Besitz, sondern ein mit mir selber zusammengegangenes, persönlich existierendes Wissen. Anstatt sich ein Wissen anzubilden, soll die Person zur Selbstoffenbarung kommen: »Das Wissen, so gelehrt und tief, oder so breit und faßlich es auch sei, bleibt solange doch nur ein Besitz und Eigentum, als es nicht in dem unsichtbaren Punkt des Ichs zusammengeschwunden ist, um von da als Wille [...] hervorzubrechen. Das Wissen erfährt diese Umwandlung

20 A.a.O., S. 249.

dann, wenn es aufhört, nur an Objekten zu haften, wenn es ein Wissen von sich selbst, oder, falls dies deutlicher scheint, ein [...] Selbstbewußtsein des Geistes geworden ist. Dann verkehrt es sich, sozusagen, in den Trieb, den Instinkt des Geistes, in ein *bewußtloses Wissen,* von dem sich jeder wenigstens eine Vorstellung zu machen vermag, wenn er es damit vergleicht, wie so viele und umfassende Erfahrungen bei ihm selbst in das einfache Gefühl sublimiert wurden, das man Takt nennt: alles aus jenen Erfahrungen gezogene weitläufige Wissen ist in ein *augenblickliches* Wissen konzentriert, wodurch es im Nu seine Handlungen bestimmt.«[21] Diesem augenblicklichen und unmittelbar lebendig gewordenen, oder, wie man jetzt sagen würde, »existenziellen« Wissen, in dem die ganze entfremdete Bildung »zusammengeschwunden« ist, entspricht die existenzielle Konzentration der ganzen Welt auf das je eigene Ich.

c) B. Bauers Kritik der Teilnahme an der Phrase des Allgemeinen

Als ein scharfer Beobachter, der sich außerhalb der »Bewegung« hielt, hat Bauer von Anfang an die Hohlheit sowohl dieser persönlichen wie jener politischen Anschließung der Bildung und Wissenschaft an das »Leben« durchschaut und zum Gegenstand einer kritisch-historischen Darstellung gemacht[22]. Die Flut von philosophischen Zeitschriften[23], Schriften und Vorlesungen über die Reform der Universitäten und die Notwendigkeit einer politischen Bildung, welche von 1842 bis 1846 über die deutschen Katheder ging, hat er auf die treffende Formel des *»Pauperismus«* und der daraus folgenden *»Vereinfachung der Begriffe«* gebracht[24]. Denn mit diesen zwei Worten lasse sich alles sagen, »worauf es (nach Gutzkow) ankam«. Die Formeln, in denen sich der Pauperismus selber zum Ausdruck brachte, hießen: »Organisation« der Bildung, der Mensch als politisches »Gattungswesen«, »Teilnahme am Staat«. Diese Teilnahme an der »Phrase des Allgemeinen« habe aber Ruge nicht richtig eingeschätzt. Denn seine pathetische Forderung hatte der deutsche Bürger durch die »Kraft der endlosen Wiederholung«

21 A. a. O., S. 253; vgl. S. 369.
22 *Vollständige Geschichte der Parteikämpfe in Deutschland,* a. a. O.
23 Siehe über die damals begründete *Zeitschrift für Wissenschaft und Leben,* a. a. O., Bd. III, S. 111 ff.
24 A. a. O., Bd. III, 13 ff., 88, 123.

bereits in die Praxis umgesetzt. Was Ruge »mit *einem* Strom über die sündhafte Welt ergießen wollte«, das hat der Bürger »tropfenweise auf den Stein des Bestehenden herabfallen« lassen, um ihn desto sicherer auszuhöhlen[25].

Während alle verkündeten, daß die Philosophie und die theoretische Bildung nun endlich die Praxis des Lebens durchdringe, stellte Bauer fest, daß die so »lebendig« gewordene wissenschaftliche Bildung überhaupt keine mehr war. Die Universitäten hatten längst aufgehört, der Schauplatz geschichtlicher Kämpfe zu sein, während die Radikalen – mit nichts weniger bekannt als mit der Geschichte der Wissenschaft – das Erscheinen einer oberflächlichen Kompilation für ein entscheidendes Ereignis ausschrien und über die geschraubten Worte jubelten, die ein politisch bewegter Professor bei einem Fackelzug zu den Studenten sprach, um den Sieg der »Volkssache« zu verkünden[26]. Die Reduktion, zumal der Geschichte, auf die »Interessen der Gegenwart« lieferte durch grobe Verstöße gegen die dokumentale Geschichtsüberlieferung den Beweis, bis zu welcher Überlegenheit gegen den »spröden Stoff« der Geschichte diese einfachen Begriffe dem neuen »Volksphilosophen« verhalfen[27]. »Die Studierenden sprachen von einer ›Bestimmung‹ der Universitäten, als dieselbe *erfüllt* war, vom ›Strom der Zeit‹, als derselbe in dem Kanal der Universitäten nicht mehr floß [...], von einer Wissenschaft, als dieselbe [...] aufgelöst und ihr Wesen [...] zu einem *unbestimmten Gas* geworden war.«[28] Man redete nur noch vom »Ganzen«, dem jeder dienen müsse und von dem »politischen Wissen«, dem sich niemand entziehen könne. Man forderte, um die Wissenschaft lebendig zu machen, einen geistigen Verkehr zwischen Lehrer und Lernenden, ahnungslos, daß das Verkehrsmittel, die Wissenschaft, nicht mehr vorhanden war[29]. »Die Scholastiker [...] waren klar gegen diese Lehre von der Teilnahme am Staat, alle philosophischen Systeme waren populär im Vergleich mit diesem Universitätsvortrag über die Natur des Untertans [...]; die kunstreichsten Mystiker müssen diese Transzendenz der Hingebungstheorie staunend als ein Meisterwerk anerkennen, welches den Dombau *ihrer* Lehre von der Erhebung zum Allgemeinen weit überragt.«[30]

25 A. a. O., Bd. III, 173.
26 A. a. O., Bd. III, 128.
27 A. a. O., Bd. III, 119.
28 A. a. O., Bd. III, 83.
29 A. a. O., Bd. III, 132f.
30 A. a. O., Bd. III, 87.

In der Wirklichkeit hatte es den »politischen Mönchen« nichts geholfen, daß sie dem Staate die Kunst und die Wissenschaft zum Opfer anboten und ihm zu Gefallen die politische als die »einzig menschliche« Bildung bezeichneten: »der Staat kehrte sich nicht an ihre Versicherungen, erklärte es für seine Pflicht, sich und die Seinigen gegen die Übergriffe der Wissenschaft sicherzustellen und hütete sich, der allgemeinen Bildung sich als Gemeingut zu übergeben.« Darauf bestürmte die radikale Intelligenz den Staat mit noch größeren Forderungen, um ihn womöglich in Verlegenheit zu setzen. »An diesem Punkte aber, wo die Ansprüche an den Staat bis zur höchsten Spitze getrieben waren und die Unselbständigkeit des Einzelnen zum reinen Prinzip erhoben war, wurde der Radikalismus endlich vom wirklichen Staat abgelöst und auf ein neues Gebiet versetzt, wo er die Unbestimmtheit, die seine politischen Forderungen zur Unfruchtbarkeit verurteilt hatte, ausschließlich und ohne Rücksicht auf politische Erfolge pflegen, die Allmacht des Ganzen [...] interesselos verehren und die Selbstlosigkeit mit größerem Glück als auf dem politischen Gebiete predigen konnte.«[31]

Bauers Versuch, den Ursprung und das Schicksal der modernen liberalen Bestrebungen in einer Reihe von Geschichtsstudien aufzuklären, blieb ein vereinzeltes Unternehmen, das nicht nur bei Marx, sondern allgemein auf die heftigste Abneigung stieß. Eine solche Kritik, hieß es damals wie heute, sei »steril«, »abstrakt« und »verzwickt«, weil sie sich nicht in das »wirkliche Leben« begebe. Der Hochmut von Bauers Kritik verfalle einer Sophistik, durch die er sich der Sache des Volkes entfremde. Überhaupt handle es sich jetzt nicht um Kritik, sondern um einen »Neubau«, in dem die Summe alles dessen, was die Geschichte gewollt hat, verwirklicht wird[32].

3. *J. Burckhardt über das Jahrhundert der Bildung und G. Flaubert über die Widersprüche des Wissens*

Im gleichen Jahr 1846, als Bauer seine kritische Geschichte der deutschen Zustände schrieb, äußerte Burckhardt in einem Brief an G. Kinkel, der selbst eine nicht unbeträchtliche Rolle in der radikalen Bewegung spielte, das 19. Jahrhundert werde einst das »gebildete« heißen,

31 A. a. O., Bd. II, 78f.
32 A. a. O., Bd. III, 182f.

denn einem jeden flögen heutzutage, er sei so dumm wie er wolle, so viele Funken der allgemein verbreiteten Bildung zu, daß nur ein Herkules dieser Hyder alle Köpfe abschlagen könnte. »Vor Zeiten war jeder ein Esel auf seine Faust und ließ die Welt in Frieden; jetzt dagegen hält man sich für gebildet, flickt eine ›Weltanschauung‹ zusammen und predigt auf die Nebenmenschen los. Lernen will niemand mehr, schweigen noch weniger, einen andern in seiner Entwicklung anerkennen am allerwenigsten. Es ist um des Teufels zu werden.« Diese allverbreitete Bildung baue tagtäglich ein Gehäuse von konventionellen Meinungen, d.h. Täuschungen, auf, in denen sich dann ganze Schichten der Gesellschaft in falschem Enthusiasmus bewegen[33]. Im Gefühl der Heillosigkeit seiner Zeit entschloß sich Burckhardt zur Flucht in den Süden, um ihnen allen zu entweichen: »den Radikalen, Kommunisten, Industriellen, Hochgebildeten, Anspruchsvollen, Reflektierenden, Abstrakten, Absoluten, Sophisten, Staatsfanatikern, Idealisten, aner und iten aller Art.«[34] Vierzig Jahre später sah er seine damals gewonnene Überzeugung, daß die moderne Großstadtbildung nur »heraufgeschraubte Mediokritäten« heranzüchte, bestätigt in den allgemeinen Zuständen der immer breiter und gemeiner werdenden Bildung[35]. Im Widerstand gegen diese »Zwangsnivellierung« verteidigte er den seit der Auflösung des Mittelalters stammenden Riß zwischen Gebildeten und Ungebildeten[36] als das relativ kleinere Übel.

Das eigentliche Kompendium der Problematik der Bildung ist Flauberts unvollendetes Meisterwerk *Bouvard und Pécuchet*[37]. Während in Deutschland die Epigonen der klassischen Bildung nach dem Vorbild des *Wilhelm Meister* Bildungsromane schrieben, faßte Flaubert um 1850 den Plan, ein »dictionnaire des idées reçues«[38] anzulegen, eine Aktensammlung der menschlichen Dummheit, die eine ironische »glo-

33 Briefe an G. und J. Kinkel, Basel 1921, S. 81 f.

34 Briefe an Schauenburg vom 28. II. 1846; vgl. Briefe an Kinkel, a.a.O., S. 137 f.

35 Siehe dazu im Burckhardtbuch des Verf. S. 233 ff. (jetzt in: *Sämtliche Schriften* 7. *Jacob Burckhardt*. Stuttgart 1984, S. 246 ff.).

36 Ges. Ausg. V, 125.

37 Die erste Veröffentlichung erfolgte nach Flauberts Tod 1881. – *Oeuvres compl.* Paris 1923.

38 Siehe dazu den Brief an L. Colet vom Dez. 1852: *Correspondence* II, 185. – Vgl. aus derselben Zeit (1851) Baudelaires *Fusées* und seinen Plan, »Das Ende der Welt« zu dichten.

rification historique de tout de qu'on approuve« werden sollte. Nachdem er die *Versuchung des heiligen Antonius* beendet hatte, worin diesen Heiligen aller Glaube und Aberglaube versucht, der je die Menschen verwirrt hat, begann er mit der Ordnung und Analyse des wissenschaftlichen Bildungschaos der Gegenwart. Zwei ehrlich um ihre höhere Bildung bemühte, gutartige und verständige Spießbürger, die zuvor Bureauschreiber waren, durchwandern auf ihrem glücklich erworbenen Landsitz den ganzen Irrgarten des angesammelten Wissens – von der Gartenkunst, Chemie und Medizin zur Geschichte, Archäologie, Politik, Pädagogik und Philosophie –, um sich schließlich wieder an ihre Schreibarbeit zu begeben und aus den vergeblich studierten Büchern Auszüge herzustellen. Das ganze Werk bewegt sich im Stil einer »haute comédie« durch das Reich der entfremdeten Bildung, um bei dem absoluten Wissen zu enden, daß unsere ganze Bildung bodenlos ist. »Doktrinen von jahrhundertelangem Bestand werden in zehn Zeilen erläutert, entwickelt und durch die Gegenüberstellung mit andern Doktrinen abgetan, die mit ebenso viel Schärfe und Lebhaftigkeit klargelegt und vernichtet werden. Von Seite zu Seite, von Zeile zu Zeile steht eine Erkenntnis auf, und sogleich erhebt sich eine andere, schlägt die erste zu Boden und fällt ihrerseits von ihrer Nachbarin getroffen.«[39] In der Skizze zum Abschluß des Werkes entwirft Pécuchet ein finsteres und Bouvard ein rosiges Bild von der Zukunft der Menschen. Nach dem einen naht das Ende des minderwertig gewordenen Menschengeschlechts in einer allgemeinen Verluderung. Drei Möglichkeiten bestehen: »1. Der pantheistische Radikalismus zerreißt jede Verbindung mit der Vergangenheit, woraus ein unmenschlicher Despotismus erfolgt. 2. Falls der theistische Absolutismus siegt, wird der Liberalismus, von dem die Menschheit seit der Revolution erfüllt ist, untergehen und eine Umwälzung entstehen. 3. Dauern die Zuckungen an, die seit 1789 statthaben; ohne zwischen diesen beiden Auswegen herauszufinden, werden ihre Wellenbewegungen uns durch ihre eigenen Kräfte mitreißen. Dann wird es weder Ideal, noch Religion, noch Moral mehr geben. Dann hat Amerika die Welt erobert.« Nach der Ansicht des andern wird Europa durch Asien erneuert werden, eine ungeahnte Verkehrstechnik wird sich entwickeln, mit Unterseebooten und Luftballons, neue Wissenschaften werden entstehen, die den Menschen befähigen,

39 Guy de Maupassant, *G. Flaubert,* enthalten in: *In Memoriam G. F.*, Leipzig 1913.

die Kräfte des Weltalls in den Dienst der Zivilisation zu stellen und, wenn die Erde verbraucht ist, auf andere Gestirne auszuwandern. Zugleich mit der Not wird das Böse aufhören, und die Philosophie wird zur Religion werden.

4. *Nietzsches Kritik der ehemaligen und gegenwärtigen Bildung*

Die Erfahrungen, die Burckhardt am Beginn der *sozialen* Bewegungen machte, hat Nietzsche nach 1870 im *nationalen* Machtstaat erworben. Im Abstand von dreißig Jahren sahen sie beide die Heraufkunft einer »zivilisierten Barbarei« vor sich, welche mit der Vereinigung dieser beiden Tendenzen des 19. Jahrhunderts[40] ihre volle Entfaltung erreicht hat. Auch der »Bildungsphilister«, den Nietzsche in Strauß bekämpfte, ist ja keineswegs ausgestorben, er ist vielmehr als der politisch formierte Mensch mit vorgeschriebener Weltanschauung eine massenhafte Erscheinung geworden[41].

Unter dem Titel »Die ehemalige deutsche Bildung« beschreibt Nietzsche den »matten Glanz«, der um die »edel verstellten Gebärden« der Bildung leuchtete, wie sie in Deutschland besonders durch Schiller, Humboldt und Schleiermacher, aber auch Schelling und Hegel, verkörpert gewesen sei. Doch habe man den »Milchstraßen-Glanz« dieser Bildung alsbald von sich abgestreift. »Als die Deutschen den andern Völkern Europas anfingen interessant zu werden [...] geschah es vermöge einer Bildung, die sie jetzt nicht mehr besitzen, ja die sie mit einem blinden Eifer abgeschüttelt haben, wie als ob sie eine Krankheit gewesen sei: und doch wußten sie nichts Besseres dagegen einzutauschen als den politischen und nationalen Wahnsinn. Freilich haben sie mit ihm erreicht, daß sie den andern Völkern noch weit interessanter geworden sind, als die es damals durch ihre Bildung waren: und so mögen sie ihre Zufriedenheit haben!«[42]

40 Siehe dazu Burckhardt, VII, 476 und 478 f.
41 Bezeichnend für die Herkunft der nationalsozialistischen Bildung ist, daß H. St. Chamberlains *Grundlagen des 19. Jahrhunderts* durch A. Rosenberg in einer Volksausgabe neu aufgelegt wurden. Zur Charakteristik Chamberlains siehe F. Overbeck, *Christentum und Kultur*, Basel 1919, S. 198: er sei ein »seltenes Prachtexemplar des Typus Bildungsphilister«.
42 *Morgenröte*, Aph. 190.

Der Bismarcksche Staat galt ihm als eine »Exstirpation des deutschen Geistes zu Gunsten des deutschen Reiches«, Bismarck selbst als ein »Korpsstudent« und die »Ära Bismarcks« als eine solche der »deutschen Verdummung«. Bismarck habe den deutschen Geist ins Nationale verengt, die Deutschen zur großen Politik gezwungen, ihnen ein Ungeheuer an Reich und Macht aufgetürmt und das deutsche Volk veranlaßt, seine alten Tugenden zu opfern, um ihm dafür eine »Reichstagsbildung« zu geben und seinen Ruf als eines Volkes von Denkern in Verruf zu bringen[43]. Trotzdem war Bismarck im Urteil von Nietzsche innerhalb der gegebenen deutschen Verhältnisse relativ »groß«, gerade weil er sich nicht an die deutsche Bildung hielt, aber auf seine Art geistiger war als die gleichzeitigen deutschen Gebildeten. Das Deutschland, welches er schuf, stellt zwar keine hohe Kultur und keinen Geschmack, aber »ein großes Quantum vererbter und angeschulter Tüchtigkeit« dar, viel Arbeitsamkeit, Ausdauer und Willigkeit zum Gehorchen, was freilich nicht ausschließt, daß die politische Macht die Deutschen verbildet. »Die Deutschen – man hieß sie einst das Volk der Denker: denken sie heute überhaupt noch? die Deutschen langweilen sich jetzt am Geiste, die Deutschen mißtrauen jetzt dem Geiste, die Politik verschlingt allen Ernst für wirklich geistige Dinge – ›Deutschland, Deutschland über alles‹, ich fürchte, das war das Ende der deutschen Philosophie [...]. ›Gibt es deutsche Philosophen? gibt es deutsche Dichter? gibt es *gute* deutsche Bücher?‹ – fragt man mich im Ausland. Ich erröte, aber mit der Tapferkeit, die mir auch in verzweifelten Fällen zu eigen ist, antworte ich: *›Ja, Bismarck!‹*«[44] So zweideutig mußte Nietzsches Stellung zu Bismarck sein[45], weil er selber den »Geist« mit der »Politik« und dem Willen zur Macht vereinigen wollte, um schließlich beim Ausbruch des Wahnsinns die führenden Staatsmänner Euro-

43 *Jenseits von Gut und Böse*, Aph. 241; vgl. XIII, 347 ff. – Aus derselben Zeit stammt die Bemerkung von K. Rosenkranz, man habe sich zu Unrecht an die Vorstellung gewöhnt, als sei bei uns die Philosophie ein populäres Element der Bildung gewesen, ein nationales Studium von allgemeinem Interesse, während in Wirklichkeit die Epoche der deutschen Philosophie von sehr kurzer Dauer war und man uns bis auf Leibniz und Wolff gewiß nicht für ein philosophisches Volk, »sondern nur für ein kriegerisches, fleißiges und religiöses« halten konnte (*Neue Studien* II, 567 ff.).

44 VIII, 109; vgl. IV, 163 f.; VII, 205 f.; XVI, 297 f.

45 Siehe dazu H. Fischer, *Nietzsche Apostata*, a. a. O., S. 18 ff., und A. Baeumler, *Nietzsche, der Philosoph und Politiker*, a. a. O., S. 134 ff.

pas nach Rom zu einer Konferenz einzuladen. Der Begriff der Politik sollte in einem »Geisterkrieg« aufgehen und andrerseits sollte der Maßstab für den Ernst einer Philosophie sein, daß sich Staatsmänner zu ihr bekennen könnten[46]. Solange aber der Geist nur Bildung und die Politik gedankenlos ist, sind die relativ besten Philosophen solche, die, wie Schopenhauer, abseits vom Staate denken, und die relativ besten Staatsmänner solche, die, wie Bismarck, von der Philosophie nichts verstehen.

Was Nietzsche um 1873 vor sich sah, waren »Symptome eines Absterbens der Bildung« durch die zersplitternde Wissenschaft, die nationalen Machtkämpfe und die Geld- und Genußwirtschaft gerade auch der gebildeten Stände. »Alles dient der kommenden Barbarei, die Kunst sowohl wie die Wissenschaft – wohin sollen wir blicken? [...] Da wir eigentlich nichts zur Verteidigung haben und alle mit darin stehen – was ist zu machen? – Versuch, die wirklich vorhandenen Kräfte noch zu warnen, sich mit ihnen zu verbinden und die Schichten, aus denen die Gefahr der Barbarei droht, noch beizeiten zu bändigen. Nur ist jeder Bund mit den ›Gebildeten‹ abzuweisen. Das ist der größte Feind, weil er den Ärzten hinderlich ist und die Krankheit weglügen will.«[47] Die gelehrten Stände, heißt es an weiterer Stelle, sind preiszugeben, am ehesten werden noch die Menschen, welche wissen, was Not ist, auch fühlen, was ihnen Weisheit sein kann. Die Gefahr ist aber, daß die ungebildeten Klassen mit der Hefe der jetzigen Bildung angesteckt werden und die Scheinbildung allgemein machen. Denn niemand vermag die Entartung der Bildung zu einer *gelehrten Fachbildung* einerseits und einer *journalistischen Allgemeinbildung* andrerseits wahrhaft zu überwinden[48]. Beide ergänzen einander zu ein und derselben Unbildung und die wissenschaftliche Strenge verträgt sich sehr wohl mit der Urteilslosigkeit und der Barbarei des Geschmacks in allen übrigen Dingen. Beide Standpunkte sind aber auch gewissermaßen im Recht,

46 XV, 117; vgl. I, 491 f.
47 X, 288 ff.
48 In den Grundzügen geht Nietzsches Bildungskritik bis auf Herder und Fichte zurück. Siehe dazu Herders *Briefe zur Beförderung der Humanität*, 8. Sammlung, 7. Fragment (1796) über »Schrift und Buchdruckerei«; Fichte, *Die Grundzüge des gegenwärtigen Zeitalters* (1804/05), 6. und 7. Vorlesung. – Vgl. Goethe, *Gespräche* III, 57 (1824), Brief an Zelter vom 6. VI. 1825 und das Gespräch mit Eckermann vom 12. III. 1828.

weil niemand imstande ist, den Ort zu erreichen, wo sie beide zum Unrecht werden. »Die Bildung wird täglich geringer, weil die Hast täglich größer wird«, ist das Thema der Vorträge über die *Zukunft der deutschen Bildungsanstalten* (1871/72)[49], die ein Versuch sind, den Ort zu bezeichnen, von dem aus sich das Problem der Bildung, jenseits von Journalismus und Fachwissenschaft, zurechtstellen läßt. Die These, mit der Nietzsche seine Fragestellung entwickelt, lautet: »Zwei scheinbar entgegengesetzte, in ihrem Wirken gleich verderbliche und in ihren Resultaten endlich zusammenfließende Strömungen beherrschen in der Gegenwart unsere ursprünglich auf ganz anderen Fundamenten gegründeten Bildungsanstalten: einmal der Trieb nach möglichster *Erweiterung der Bildung*, andererseits der Trieb nach *Verminderung und Abschwächung* derselben. Dem ersten Triebe gemäß soll die Bildung in immer weitere Kreise getragen werden, im Sinne der andern Tendenz wird der Bildung zugemutet, ihre höchsten selbstherrlichen Ansprüche aufzugeben und sich dienend einer andern Lebensform, nämlich der des Staates, unterzuordnen. Im Hinblick auf diese verhängnisvollen Tendenzen der Erweiterung und der Verminderung wäre hoffnungslos zu verzweifeln, wenn es nicht irgendwann einmal möglich ist, zweien entgegengesetzten wahrhaft deutschen [...] Tendenzen zum Siege zu verhelfen, das heißt dem Triebe nach *Verengerung* und *Konzentration* der Bildung, als dem Gegenstück einer möglichst großen Erweiterung, und dem Triebe nach *Stärkung* und *Selbstgenügsamkeit* der Bildung, als dem Gegenstück ihrer Verminderung.«[50] Eine Anwendung dieser These ist auch die zweite unzeitgemäße Betrachtung über die grenzenlose Erweiterung und Abschwächung der Bildung durch das historische Wissen. Ein Nachklang dieser ersten Bildungskritik sind die Kapitel des *Zarathustra:* »Vom Lande der Bildung«, »Von der unbefleckten Erkenntnis« und »Von den Gelehrten«: »ohne Glauben und Aberglauben sind sie bunte Gemälde von allem, was je geglaubt wurde; gleich Mühlwerken arbeiten sie, um das Korn kleinzumahlen, das andere gesät haben.« – Zwischen dieser gegenwärtigen und jener ehemaligen

49 Eine ebenso konkrete wie radikale Kritik der Bildungs-*Anstalten*, von denen bei Nietzsche nur im Titel die Rede ist, enthalten die beiden Abhandlungen (1878 und 1881) von P. de Lagarde zum Unterrichtsgesetz: *Deutsche Schriften*, Göttingen 1892, S. 168ff. und 264ff.

50 IX, 301f.

Bildung suchte Nietzsche nach einem Weg, zurück zu den wahren Bedürfnissen einer ursprünglichen Bildung, d.h. einer solchen, die den Menschen im Ganzen seiner leibhaftigen Menschlichkeit formt oder bildet[51]. Seine Kritik der bestehenden Bildung ist so zuerst und zuletzt eine Kritik der bestehenden Humanität.

51 Vgl. zum ursprünglichen Begriff der »Bildung« P. de Lagarde, a.a.O., S. 171.

IV. DAS PROBLEM DER HUMANITÄT

> »Ein Tier, welches reden konnte, sagte: ›Menschlichkeit ist ein Vorurteil, an dem wenigstens wir Tiere nicht leiden‹.«
>
> Nietzsche

1. *Hegel: Der absolute Geist als das allgemeine Wesen des Menschen*

Hegels Prinzip ist der Geist[1]. Dieser ist als das »Absolute« auch das wahre und allgemeine Wesen des Menschen. Und nur unter Voraussetzung der »inneren Allgemeinheit«, welche der Geist ist, lassen sich auch die äußerlichen Besonderheiten der Menschen erkennen[2]. Die »allmächtige Zeit und ihre Kultur«, d.i. die Epoche der Aufklärung, habe aber dazu geführt, daß man darauf verzichte, »Gott oder das Absolute« zu erkennen. Ihr absoluter Standpunkt sei vielmehr »der Mensch und die Menschheit«. Die Philosophie könne jedoch bei dieser empirischen Menschheit und ihrer gehaltlosen Idealität nicht stehen bleiben und »um der beliebten Menschheit willen« auf das Absolute verzichten. Was man geheimhin den Menschen nennt, sei nur eine »fixierte Endlichkeit«, aber nicht »der geistige Focus des Universums«. Infolge der Trennung der sinnlichen und übersinnlichen Welt ist die letztere nur »die Flucht aus der ersteren« und der Mensch eine Sinnlichkeit, die sich mit einer ihr fremden Übersinnlichkeit antüncht. »Wie wenn die Kunst [...] ihr Idealisches darin hätte, daß sie ins Auge eines gemeinen Gesichts noch eine Sehnsucht, in seinen Mund noch ein demütiges Lächeln brächte, aber ihr die über Sehnsucht und Wehmut erhabenen Götter schlechthin untersagt wäre, darzustellen [...]: so soll die Philosophie nicht die Idee des Menschen, sondern das Abstraktum der mit Beschränktheit vermischten empirischen Menschheit darstellen, und den Pfahl des absoluten Gegensatzes unbeweglich in sich eingeschlagen tragen, und indem sie sich ihre Eingeschränktheit auf das Sinnliche deutlich macht [...]; sich zugleich mit der oberflächlichen Farbe eines Übersinnlichen schmücken, indem sie im Glauben auf ein Höheres verweist.«[3] Das empirische und das absolute Wesen des Menschen

1 Enz. § 384.
2 Enz. § 377.
3 I², 15; vgl. 31, 48, 75; XVI, 46, 205.

»sollen« zwar übereinstimmen, sie *können* es aber nicht, solange die Philosophie des aufgeklärten Verstandes die spekulative Idee der Vernunft in eine »humane Form« umgießt. Das »perennierende Angedenken an den Menschen« bewirkt, daß das Wort Humanität die Bedeutung von dem bekommt, »was überhaupt platt ist«. Demgegenüber betont Hegel, daß es ausschließlich der Geist ist, »wodurch der Mensch Mensch ist«[4]. Dieser Satz steht auf der ersten Seite der *Religionsphilosophie,* was schon äußerlich darauf hinweist, daß Hegels Begriff vom Geist nicht anthropologisch, sondern theologisch, als christlicher Logos und mithin »übermenschlich«[5] gemeint ist.

Hegels Kritik an der bloß humanen Bestimmung des Menschen hat zur positiven Voraussetzung, daß erst die christliche Religion als die absolute Religion auch die die absolute, d.i. geistige Bestimmung des Menschen hervorgebracht hat, nämlich durch ihre Lehre von der Menschwerdung Gottes[6]. Und weil Christus als »Gottessohn« und zugleich »Menschensohn« dem Menschengeschlecht überhaupt angehört und »keinem besondern Stamm«, gibt es seitdem auch den allgemeinen und wahren, den geistigen Begriff vom Menschen. »Die sonst so hochgebildeten Griechen haben weder Gott in seiner wahren Allgemeinheit gewußt, noch auch den Menschen; die Götter der Griechen waren nur die besonderen Mächte des Geistes und der allgemeine Gott [...] war für die Athener noch der verborgene Gott. So bestand denn auch für die Griechen zwischen ihnen selbst und den Barbaren eine absolute Kluft, und der Mensch als solcher war noch nicht anerkannt in seinem unendlichen Werte und seiner unendlichen Berechtigung [...]. Die christliche Religion ist die Religion der absoluten Freiheit und nur für den Christen gilt der Mensch als solcher in seiner Unendlichkeit und Allgemeinheit.«[7] So ergibt sich aus Hegels Bestimmung des Menschen, daß ihm der endliche Mensch noch keineswegs ein Problem war, weil die oberste Instanz seiner absoluten Philosophie eine mehr als bloß endliche und menschliche war. Erst »bei dem Namen des Unendlichen geht dem Geiste sein Licht auf«. Er nahm noch in Anspruch, mit absoluter Gewißheit zu wissen, was den Menschen zum Menschen macht, weil in seinem Begriff vom absoluten Geist der christliche Gott,

4 XI, 3.
5 Siehe auch *Theolog. Jugendschr.*, a.a.O., S. 57.
6 Enz. § 377, Zus.
7 Enz. § 163, Zus.; vgl. § 482.

welcher Geist ist, auf spekulative Weise inbegriffen war. Hegel beschließt die eigentlich *metaphysischen* Bestimmungen des Menschen, die ihn noch auf dem Standpunkt von etwas Unbedingtem bestimmen, und nicht, wie von Feuerbach an, *anthropologisch* auf dem bedingten Standpunkt des endlichen Menschen. Erst mit diesem *auf sich selber* bezogenen Menschen entsteht die eigentliche *Problematik* des Menschen.

Wenn aber der Mensch seinem allgemeinen Wesen nach göttlicher Geist ist, welche Bedeutung kann dann für Hegel die gewöhnliche, humanitäre Vorstellung haben, wonach er nichts als ein Mensch ist? Hegel verweist auf sie an einer Stelle der *Rechtsphilosophie* im Zusammenhang mit der Analyse des Geistes der bürgerlichen Gesellschaft. »Im Recht ist der Gegenstand die *Person,* im moralischen Standpunkte das *Subjekt,* in der Familie das *Familienglied,* in der bürgerlichen Gesellschaft überhaupt der *Bürger* (als bourgeois) – hier auf dem Standpunkte der Bedürfnisse ist es das Konkretum der *Vorstellung,* das man *Mensch* nennt; es ist also erst hier und auch eigentlich nur hier vom *Menschen* in diesem Sinn die Rede.«[8] Ein Mensch im eigentlichen Sinn ist also nur der Bourgeois, das Subjekt der Bedürfnisse, diese bloße Besonderheit im Vergleich zu seiner inneren Allgemeinheit. *Vom Menschen im Sinne der nachfolgenden Philosophie – von Feuerbach, Ruge, Marx, Stirner und Kierkegaard – ist bei Hegel nur auf dem Standpunkt der bürgerlichen Gesellschaft die Rede!* Zwar hat Hegel den Begriff »Mensch überhaupt« und »als solcher« auch auf dem Gebiete des Rechts und der Gesellschaft nicht schlechtweg negiert, aber eigentlich anerkannt doch nur mit Rücksicht auf den Menschen von bürgerlicher Berechtigung, und gerade darin zeigt sich sein eminent realistischer Blick. Er sagt, es sei zwar jeder Mensch zu allererst Mensch, wenn auch von verschiedener Rasse, Nationalität, Glauben, Stand, Beruf, und dieses sein bloßes Menschsein sei keineswegs eine »flache, abstrakte« Qualität. Das eigentlich Gehaltvolle dieser Qualität bestehe aber darin, »daß durch die zugestandenen bürgerlichen Rechte [...] das Selbstgefühl, als *rechtliche* Personen in der *bürgerlichen Gesellschaft* zu gelten«, zustande komme, und auch die »verlangte Ausgleichung der Denkungsart und Gesinnung«[9]. Er verwahrt sich jedoch ausdrücklich gegen eine

8 VIII, § 190.
9 VIII, § 209 und § 270 Anm.

Verabsolutierung dieser Bestimmung, welche den Menschen als Menschen betrifft. Denn wenn auch ein jeder dem andern gleichstehe, sofern er nur überhaupt als »Mensch« gilt (und nicht nur als Italiener oder Deutscher, als Katholik oder Protestant), so werde doch dieses Selbstbewußtsein »mangelhaft«, wenn es sich – »etwa als Kosmopolitismus« – fixiere und dem öffentlichen staatlichen Leben wie etwas Selbständiges und Grundlegendes gegenübertrete. – Die allgemeine Wesensbestimmung des Menschen ist und bleibt also in Hegels philosophischer Theologie, daß der Mensch christlich verstandener Geist (Logos) ist und nicht bloß irdisch bedürftiger Mensch[10]. Dieser im christlichen Sinne onto-»logischen« Bestimmung des Menschen, die sein »Begriff« ist, wird untergeordnet, daß er als bürgerlich-berechtigtes Subjekt von irdischen Bedürfnissen der »Vorstellung« nach »Mensch« ist.

Auf Grund dieses traditionellen Zusammenhangs der Idee des Menschen mit der christlichen Lehre vom Gottmenschen hat sich andrerseits aber auch die *Verselbständigung* des Menschen im *Gegensatz zur christlichen Religion* entwickelt. Wenn aber der Begriff des Menschen und der Humanität in einer ursprünglichen Verbindung mit dem Christentum stand, dann wird die bloße Menschlichkeit notwendig fragwürdig, sobald der christliche Gehalt aus ihr schwindet. Zunächst hat man zwar im 19. Jahrhundert das Christentum durch Humanität zu ersetzen geglaubt (Feuerbach, Ruge, Marx) – aber mit dem Ergebnis, daß man schließlich auch der Humanität mißtraut (Stirner, Kierkegaard, Nietzsche). Eine weitere Folge des Fraglichwerdens der vom Christentum emanzipierten Humanität ist jetzt die »Dehumanisierung« des Menschen[11]. Die innere Konsequenz dieser Entwicklung läßt sich an der geschichtlichen Bewegung des 19. Jahrhunderts an charakteristischen Vertretern Schritt für Schritt verfolgen. Ihr eigentlicher Urheber ist Feuerbach.

10 In der *Religionsphilosophie* (XII, 217) bezeichnet Hegel den Menschensohn Christus als »zweiten Adam«, und unter dem »ersten Menschen« versteht er »den Menschen als Menschen« oder »seinem Begriffe nach«, im Unterschied zu einem zufällig ersten vor vielen andern.

11 Siehe N. Berdiajew, *Das Schicksal des Menschen in unserer Zeit,* Luzern 1935.

2. *Feuerbach: Der leibhaftige Mensch als das höchste Wesen des Menschen*

Feuerbachs ganzes Bestreben war es, die absolute Philosophie des Geistes in eine menschliche Philosophie des Menschen zu verwandeln. Doch handle es sich gegenwärtig (1843) noch nicht darum, den Menschen positiv »darzustellen«, sondern ihn erst einmal aus der idealistischen Verhüllung »herauszuziehen«. Die Aufgabe sei: »aus der Philosophie des Absoluten, d.i. der (philosophischen) *Theologie,* die Notwendigkeit der Philosophie des Menschen, d.i. der *Anthropologie,* abzuleiten und durch die Kritik der göttlichen Philosophie die Kritik der menschlichen zu begründen.«[12] Es komme jetzt darauf an, den Menschen zur Sache der Philosophie und die Philosophie zur Sache der Menschheit zu machen[13].

Im Gegensatz zur philosophischen Theologie, deren Prinzip das *Un*endliche war, fordert Feuerbach für die Philosophie der Zukunft die »wahre *Position«* der Endlichkeit. Der Anfang der wahren Philosophie sei darum nicht mehr Gott oder das Absolute, sondern der endliche, sterbliche Mensch. »Alle Spekulation über das Recht, den Willen, die Freiheit, die Persönlichkeit ohne den Menschen, außer dem oder gar über dem Menschen ist eine Spekulation ohne Einheit, ohne Notwendigkeit, ohne Substanz, ohne Grund, ohne Realität. Der Mensch ist die Existenz der Freiheit, die Existenz der Persönlichkeit, die Existenz des Rechts. Nur der Mensch ist der Grund und Boden des Fichteschen Ichs, der Grund und Boden der Leibnizschen Monade, der Grund und Boden des Absoluten.«[14] Der Name »Mensch« bedeute zwar insgemein nur den Menschen mit seinen Bedürfnissen, Empfindungen und Gesinnungen, den Menschen als Person im Unterschied von seinem Geist, und man unterscheide daher, was jemand »als Mensch« ist von dem, was er z.B. als Denker, Künstler, Richter und dergleichen, überhaupt seinen öffentlichen Qualitäten nach ist. Indem aber Hegel diese Absonderung der Eigenschaften des Menschen vom Menschsein als solchem theoretisch fixierte, hat er abstrakte Qualitäten verabsolutiert. Der fundamentalen Bedeutung des Menschseins entsprechend kritisiert Feuerbach Hegels partikulare Bestimmung des Menschen. Er greift die vor-

12 Vorwort zu den *Grundsätzen der Philosophie der Zukunft.*
13 II, 413.
14 II, 267.

hin zitierte Definition aus der *Rechtsphilosophie* auf und an der Stelle, wo Hegel sagt, es sei eigentlich erst innerhalb der bürgerlichen Gesellschaft vom Menschen »in diesem Sinn« die Rede, fährt er polemisch fort: also handle es sich doch auch dort, wo die Rede ist von der rechtlichen »Person«, vom moralischen »Subjekt« und vom »Familienglied«, in Wahrheit immer um ein und denselben Menschen, nur in einem jeweils veränderten Sinn. Denn es sei doch eine wesentliche Eigenschaft *des Menschen,* daß er als dieser und jener bestimmt sein kann. Das Subjekt aller nur möglichen Prädikate ist und bleibt der Mensch, wie er leibt und lebt[15].

Mit dieser Vermenschlichung der Philosophie weiß sich Feuerbach in der Linie des Protestantismus, weil dieser auf religiöse Weise Gottes Vermenschlichung durchgesetzt hat. Er selbst geht noch einen Schritt weiter, indem er als das wahre Wesen der christlichen Religion auch nicht mehr den Gottmenschen, sondern den Menschen als solchen erklärt. Von da aus ergab sich für Feuerbach die vollständige Auflösung der religiösen und philosophischen Theologie in die »Universalwissenschaft« der Anthropologie. An die Stelle des christlichen Dogmas von der Dreieinigkeit und von Hegels dialektischer Trinität tritt der Grundsatz von der Wesensgleichheit von Ich und Du, von Mensch und Mitmensch[16].

Was aber diesen Menschen zum Menschen macht, was den Gehalt der emanzipierten und verselbständigten Humanität eigentlich ausmacht, das vermochte Feuerbach mit seinem abstrakten Prinzip vom konkreten Menschen über sentimentale Redensarten hinaus nicht zu entwickeln. Mit Recht hat F. Engels in seiner Schrift über Feuerbach die Bemerkung gemacht: »Derselbe Feuerbach, der auf jeder Seite [...] Versenkung ins Konkrete [...] predigt, er wird durch und durch abstrakt, sowie er auf einen weiteren als den bloß geschlechtlichen Verkehr zwischen den Menschen zu sprechen kommt. Dieser Verkehr bietet ihm nur eine Seite: die Moral. Und hier frappiert uns wieder die erstaunliche Armut Feuerbachs verglichen mit Hegel. Dessen Ethik oder Lehre von der Sittlichkeit ist die Rechtsphilosophie und umfaßt: 1. das abstrakte Recht, 2. die Moralität, 3. die Sittlichkeit, unter welcher wieder zusammengefaßt sind: die Familie, die bürgerliche Gesellschaft, der Staat. So idealistisch die Form, so realistisch ist hier der Inhalt. Das

15 II, 266.
16 Grundsatz 54 und 63.

ganze Gebiet des Rechts, der Ökonomie, der Politik ist neben der Moral hier mit einbegriffen. Bei Feuerbach gerade umgekehrt. Er ist der Form nach realistisch, er geht vom Menschen aus; aber von der Welt, worin dieser Mensch lebt, ist absolut nicht die Rede, und so bleibt dieser Mensch stets derselbe abstrakte Mensch, der in der Religionsphilosophie das Wort führte.«

Was besagt dann aber die von Feuerbach proklamierte Tendenz auf den Menschen »als Menschen«, wenn nicht nur dies, daß der zum Prinzip der Philosophie erhobene Mensch über sich keine Instanz mehr hat, von der her er sich noch bestimmen könnte? Der Mensch wird notwendig relativ auf den Menschen, wenn das Absolute nur noch in ihm seinen »Grund und Boden« hat. Die nächsten Schritte zu einer Philosophie auf dem Standpunkt von Feuerbach haben Ruge und Marx gemacht.

A. Ruge hat auf Feuerbachs Grundlage den sentimentalen Restbestand der christlichen Humanität in ein ebenso populäres wie anspruchsvolles »System« gebracht und damit die Notwendigkeit der destruktiven Kritik von Stirner und der konstruktiven von Marx deutlich gemacht[17]. Anstatt in Hegels partikularer Bestimmung des Menschen die darin enthaltene Kritik an der bloßen Humanität zu erkennen, zieht Ruge umgekehrt in seiner Kritik des § 190 der *Rechtsphilosophie* den Schluß, daß »allerdings« erst die bürgerliche Gesellschaft die »menschliche« sei, weil in ihr jeder Bürger ein *Arbeiter* sei[18]. Dies sei nunmehr der eigentliche und allgemeine Stand des Menschen. In der allgemein gewordenen Arbeit sieht Ruge den entscheidenden »Fortschritt« unserer Welt über die antike Polis hinaus. Die sentimental-private Humanität von Feuerbach bekommt bei ihm einen sozial-politischen Inhalt. »Philosophie und Revolution« sollen zusammen das System des »Humanismus« erzeugen. »Die Philosophie entwickelte aus der himmlischen ›Geistesphilosophie‹ die irdische Freiheit des lebendigen Menschen.« Der befreite Mensch und die humanisierte Welt sind die verwirklichte Philosophie des Geistes und der Freiheit von Hegel. Die politische Form der wahren Humanität ist der sozial-demokratische Staat, weil er die Einheit und Gleichheit der Menschen, zwar nicht mehr vor Gott, aber vor dem Gesetz zur Voraussetzung hat. Die Probe

17 *Unser System, oder die Weltweisheit und Weltbewegung unserer Zeit,* 1850, a.a.O.

18 *Aus früherer Zeit,* a.a.O., IV, 359ff. und: *Unser System,* 3.H., 1ff.

auf das System des Humanismus wäre, daß auch die Neger Menschen sind! »Glaubt ihr, daß die Neger Menschen sind? Ihr werdet es in Deutschland glauben, denn ihr habt keine Neger; aber es gibt noch Menschen genug, die es leugnen, solche, die Neger haben.«[19]

3. Marx: Das Proletariat als die Möglichkeit des Gattungsmenschen

Marx, der anfangs ein Mitarbeiter von Ruge war, hat sich in einem Brief an ihn zu der Aufgabe bekannt, »den Menschen zum Menschen zu machen«. Denn der Mensch, wie er »geht und steht«, sei ein von Grund aus sich selbst entfremdeter Warenproduzent. Bei diesem Plan zur Wiedergewinnung des »wahren Menschen« identifiziert sich Marx zunächst mit dem »realen Humanismus« von Feuerbach[20]. Demgemäß enthält auch das *Kapital* eine mit Feuerbach und Ruge gleichgerichtete, wenn auch nur beiläufige Polemik gegen Hegels partikulare Bestimmung des Menschen[21]. Marx vergleicht den Menschen der bürgerlichen Gesellschaft mit der Ware. Wie diese habe er einen fragwürdigen »Doppelcharakter«: eine »Wertform« und eine »Naturalform«. Als Ware ist etwas so und so viel Geld wert; was es seiner natürlichen Geschaffenheit nach ist, ist im Verhältnis zum Warenwert gleichgültig. Beliebige Waren können als Waren einen ganz verschiedenen Wert und doch die gleiche natürliche Beschaffenheit haben. Ebenso spiele auch der Mensch dieser Warenwelt in seiner bürgerlichen Wertform stehend – etwa »als General oder Bankier«, überhaupt als ein durch seine gegenständliche Tätigkeit fixierter und geteilter Mensch – vor andern wie vor sich selbst eine große Rolle, der Mensch als solcher und »schlechthin« – sozusagen in Naturalform – aber eine sehr »schäbige«. Hier verweist Marx in einer Anmerkung lakonisch auf den § 190 der Hegelschen *Rechtsphilosophie*. Dieser Hinweis ist folgendermaßen zu interpretieren: Wenn Hegel den Menschen *als solchen* zu einer so besonderen Sache macht, wie es das bürgerlich-berechtigte Subjekt der Bedürfnisse ist, so spiegelt sich in dieser theoretischen Beschränkung eine tatsächliche Geistlosigkeit bzw. Unmenschlichkeit der bestehenden Existenzverhältnisse der gegenwärtigen Menschheit. Denn es entspricht dieser

19 *Unser System*, 3. H., 85 f.
20 III, 151 f.; V, 535 ff.
21 I[6], 11.

theoretischen Vereinzelung eine tatsächliche Abstraktion vom Menschen als solchem[22]. Solche abstrakten, weil vom Menschen »schlechthin« abstrahierenden Weisen des Menschseins sind für Marx vor allem der bürgerliche und proletarische *Klassenmensch,* der geistige und körperliche *Arbeitsmensch* und die ganz allgemeine Geteiltheit des Menschen der bürgerlichen Gesellschaft in die zwei zusammengehörigen und sich widersprechenden Existenzweisen: *den Privatmenschen* mit seiner Privatmoral einerseits und den *öffentlichen Staatsbürger* mit seiner öffentlichen Moral andrerseits. In all diesen teilweisen Ausprägungen des Menschseins fehlt der Mensch als solcher und im Ganzen. Und indem er wesentlich nur durch eine Partikularität etwas ist, ist er auch diese nur mit Rücksicht auf eine jeweils andere: er ist Berufsmensch im Unterschied zu seinem Familienleben, Privatmensch im Unterschied zu den massenhaften Verhältnissen. Der Mensch »schlechthin« spielt dagegen in einer solchen Gesellschaft keine fundamentale Rolle, wohl aber das je fixierte Etwas, das einer seiner sozialen Stellung und Leistung nach ist. Und weil diese wesentlich bedingt sind durch die wirtschaftlichen Verhältnisse, welche Hegel »Bedürfnisse« nennt, so ist dessen Definition, wonach der Mensch in concreto eigentlich ein Bourgeois ist, der sachgemäße theoretische Ausdruck für eine tatsächliche »Unmenschlichkeit« in den bestehenden Existenzverhältnissen der modernen bürgerlich-kapitalistischen Welt, ein Anzeichen für die Selbstentfremdung des Menschen.

Gemeinsam ist also Feuerbach und Marx die Feststellung, daß Hegels Philosophie des Geistes den Menschen überhaupt nur als eine Partikularität enthält, aber nicht als das menschlich und philosophisch grundlegende Ganze. Aber auch der Feuerbachsche »Mensch« ist in Wirklichkeit nur ein Bourgeois, ein Privatmensch ohne öffentliche Gemeinsamkeit. Im Gegensatz zu Feuerbach *und* Hegel versucht Marx die volle und ganze Bedeutung jener bürgerlichen Besonderheit aufzudekken, die in Hegels Philosophie des Geistes ebensosehr schon entdeckt wie andrerseits noch verdeckt ist. Er will die scheinbare Selbstverständlichkeit aufklären, welche – für den Menschen der bürgerlichen Gesellschaft – darin liegt, daß der Bourgeois überhaupt als »Mensch« gilt,

22 Vgl. dazu Ruges Brief an Marx (I/1, 558), wo Ruge als »Motto seiner Stimmung« Hölderlins *Hyperion* zitiert: »Handwerker siehst du, aber keine Menschen, Denker, aber keine Menschen, Herren und Knechte, aber keine Menschen«, und Marxens zustimmende Antwort darauf.

während er in Wirklichkeit nur ein Bourgeois ist. Um diesen bestimmten geschichtlichen Menschen von seiner Partikularität zu befreien und die Entfremdung des Menschen aufzuheben, verlangt Marx eine nicht nur ökonomische und politische, sondern »menschliche« Emanzipation des Menschen. Diese bezieht sich aber nicht auf den Menschen als »ego« und »alter ego« (Feuerbach), sondern auf die *Welt* des Menschen, denn er selbst *ist* seine menschliche Welt, weil er wesentlich ein »gesellschaftliches Gattungswesen« oder »zoon politikon« ist. Deshalb erfolgt Marxens Kritik des bürgerlichen Menschen als Kritik seiner Gesellschaft und Wirtschaft, ohne damit ihren grundsätzlich anthropologischen Sinn zu verlieren[23]. Solange jedoch das Individuum kein gesellschaftliches Gattungswesen oder zoon politikon ist und also am Staat nicht als *seiner* res publica teil hat, kann es so scheinen, als sei der bürgerliche Privatmensch der wahre Mensch. Damit die Aufhebung der bloßen Privatperson zugleich mit dem bloßen Staatsbürger möglich wird, ist es nötig, die ganze Struktur des privaten und öffentlichen Lebens von Grund aus zu revolutionieren. »Erst wenn der wirkliche individuelle Mensch den abstrakten Staatsbürger in sich zurücknimmt, und als individueller Mensch in seinem empirischen Leben, in seiner individuellen Arbeit, in seinen individuellen Verhältnissen *Gattungswesen* geworden ist, erst wenn der Mensch seine ›forces propres‹ als *gesellschaftliche* Kräfte erkannt und organisiert hat und daher die gesellschaftliche Kraft nicht mehr in der Gestalt der *politischen* Kraft von sich trennt, erst dann ist die menschliche Emanzipation vollbracht.«[24]

Zum Vollzug dieser letzten Befreiung des Menschen vom bloß politischen Staat der bürgerlichen Gesellschaft und zum kommunistischen Menschen, der sein Gemeinwesen selber ist, wendet sich Marx an das Proletariat, weil dieses eine Gesellschaft ist, die durch ihren *totalen* Gegensatz zum Bestehenden auch eine totale Aufgabe hat. Allein das Proletariat kann als der völlige Verlust des Menschen auch fähig sein zu einer totalen Wiedergewinnung der Einheit und Ganzheit des Menschen. Gerade aus dieser Ausnahme von der bürgerlichen Gesellschaft schöpft Marx seine Idee von einem neuen und allgemeinen, schlechthin menschlichen Menschen[25].

23 Zum Begriff des »Gattungswesens« siehe vor allem III, 21, 116 f., 307 f.; *Zur Kritik der polit. Ökonomie,* a. a. O., S. XIV; 10. These über Feuerbach.
24 I/1, 599; vgl. 591 und 595; III, 112.
25 I/1, 619 ff.; III, 206 f.

Schon die Einleitung zur *Kritik der Hegelschen Rechtsphilosophie* enthält den Satz: »Die Auflösung der Gesellschaft als ein besonderer Stand ist das Proletariat.« Ein besonderer Stand ist es, aber nicht als eine Klasse innerhalb der bürgerlichen Gesellschaft, sondern sofern es eine Gesellschaft außerhalb der bestehenden ist. Nur dadurch vermag es die Auflösung auch in positiver Weise zu wenden. Mit dem so verstandenen Proletariat hat Marxens Philosophie ihre natürliche Waffe gefunden, während das Proletariat am Marxismus seine geistige hat. »Der Kopf dieser Emanzipation ist die Philosophie, ihr Herz das Proletariat.«

An und für sich stellen zwar das Proletariat und die besitzende Bourgeoisie ein und dieselbe Entfremdung dar, aber die eine Klasse weiß sich in ihr wohl und bestätigt, ohne von ihr ein Bewußtsein zu haben, die andere ist die ihrer selber bewußte und sich darum aufhebende Selbstentfremdung. Nur das Proletariat entwickelt ein kritisch-revolutionäres Klassenbewußtsein von dem, was allgemein ist. Eben dadurch ist die proletarische Klasse aber auch weniger als die bürgerliche entmenscht; sie ist es offensichtlich und nicht in einer ihr selbst verborgenen Form[26]. Und weil das Proletariat in seinen eigenen Lebensverhältnissen auch die der übrigen gesellschaftlichen Sphären »in ihrer unmenschlichen Spitze zusammenfaßt«, ist es der Schlüssel für das Problem der *ganzen* bestehenden Sozietät, die es zugleich mit sich selber befreien muß. Die universale Bedeutung des Proletariats wird in der *Deutschen Ideologie* im Zusammenhang mit der Ausbreitung des modernen Weltverkehrs näher entwickelt. »Nur die von aller Selbstbetätigung vollständig ausgeschlossenen Proletarier der Gegenwart sind imstande, ihre vollständige, nicht mehr bornierte Selbstbetätigung, die in der Aneignung einer Totalität von Produktivkräften [...] besteht, durchzusetzen [...]. Bei allen bisherigen Aneignungen blieb eine Masse von Individuen unter ein einziges Produktionsinstrument subsumiert; bei der Aneignung der Proletarier müssen eine Massen von Produktionsinstrumenten unter jedes Individuum und das Eigentum unter alle subsumiert werden. Der moderne universelle Verkehr kann nicht anders unter die Individuen subsumiert werden, als dadurch, daß er unter alle subsumiert wird.«[27]

26 Siehe dazu G. Lukács, *Geschichte und Klassenbewußtsein*, Berlin 1923, S. 188 ff.
27 V, 57 f.

Also nicht, weil die Proletarier »Götter« wären, sondern weil sie das Gattungswesen des Menschen im Extrem der Entfremdung verkörpern, hat das Proletariat eine weltgeschichtliche Rolle und eine fundamentale Bedeutung für den Prozeß des gesamten Geschehens. Indem der Lohnarbeiter ganz und gar durch die »irdische Frage in Lebensgröße« veräußerlicht und überhaupt kein »Mensch« sondern ein Verkäufer seiner Arbeitskraft ist, hat dieser besondere Stand eine universale Funktion. In dem »Selbstbewußtsein der Ware«, welches der Proletarier ist, zeigt sich die *Wirtschaft* als *menschliches* Schicksal, und darum wird die Ökonomie zur »Anatomie« der bürgerlichen Gesellschaft. Mit der Selbstbefreiung des Proletariats als dem schlechthin *»Allgemeinen* Stand«, der kein besonderes und beschränktes Interesse vertritt, löst sich zugleich mit der *privaten Menschlichkeit* des Bourgeois auch das private *Eigentum* und die privat-kapitalistische *Wirtschaft* auf, überhaupt der Grundcharakter der von der Öffentlichkeit getrennten Privatheit. Sie soll sich positiv aufheben in der Allgemeinheit des allen gemeinsamen Wesens, eines Gemeinwesens mit Gemeinbesitz und Gemeinwirtschaft. Die wahre »Demokratie« in der Idee von Marx ist die zur Kosmopolis vollendete Polis, eine Gemeinschaft der Freien, deren Individuum kein Bourgeois, sondern ein zoon politikon ist.

Fragt man sich aber, *was* denn nun diesen Menschen zum Menschen macht, so zeigt sich auch hier kein neuer humaner Gehalt, sondern nur eine radikale Durchführung des Prinzips der bürgerlichen Gesellschaft. Er ist die Produktion rein als solche, wenngleich in antikapitalistischer Art, die den Menschen gemeinhin zum Menschen macht, wenn sein allgemeines Wesen nur noch darin besteht, daß er ein »Subjekt der Bedürfnisse« ist[28]. Gegenüber dieser ganzen, bürgerlich-proletarischen Welt hat Stirners verzweifelter Leichtsinn »sein ›Sach‹ auf Nichts gestellt«, um den sich noch immer wesenhaft vorkommenden Menschen überhaupt durch sein blankes Ich zu ersetzen.

28 Das »Reich der Freiheit« beginnt bei Marx erst jenseits der materiellen Produktion, deren Prinzip auch im vergesellschafteten Zustand die Lebensnot und Notwendigkeit bleibt (*Kapital* III/2, 315 f.).

4. Stirner: Das einzige Ich als der Eigner des Menschen

Stirner will grundsätzlich zeigen, daß die Erhebung des Menschen zum höchsten Wesen auch nur eine letzte Verkleidung des christlichen Glaubens an ein Gottmenschentum ist. »Der Mensch ist dem Menschen das höchste Wesen – sagt Feuerbach. Der Mensch ist nun erst gefunden – sagt Bruno Bauer. Sehen wir uns dieses höchste Wesen und diesen neuen Fund genauer an«, heißt das Motto zum ersten Abschnitt: »Der Mensch«, während der zweite vom »Ich« handelt.

Zwar hat sich der christliche Gott, welcher Geist ist, allmählich verflüchtigt, nämlich zum »Geist der Menschheit«. In Wirklichkeit kehrt aber in diesem völlig vermenschlichten Christentum sein ursprünglicher Anfang wieder, nämlich *der* Mensch schlechthin, welcher als Christus der übermenschliche Anfang und das Ziel der Geschichte war. Je mehr sich aber der Anspruch auf ein höchstes Wesen in den Menschen als solchen verlegt, desto mehr muß »Ich« entdecken, daß *mir* dieser absolute Mensch ebenso fremd bleibt wie einst der absolute Gott oder Geist.

Was tut aber das Ich, seitdem auch der Mensch gestorben ist? Sein Tun ist nichts anderes als ein jeweiliges »Vertun« und Verwerten seiner selbst und der ihm zu eigenen Welt. Denn »meine« Aufgabe ist nicht, das Allgemein-Menschliche zu realisieren, sondern mir selbst zu genügen. Als Ich hat der Mensch überhaupt keinen »Beruf« und keine »Bestimmung« mehr, sondern er *»ist«*, was er jeweils sein *kann*, nicht weniger und nicht mehr[29]. Im Einzigen kehrt der Eigner in sein »schöpferisches Nichts« zurück, aus welchem er geboren wird. »Stell' ich auf mich, den Einzigen, meine Sache, dann steht sie auf dem vergänglichen [...] Schöpfer seiner, der sich selbst verzehrt.«

Feuerbach, Bauer und Marx haben *den* Menschen herstellen wollen und den wirklichen ignoriert – denn wirklich ist nur der einzelne Mensch, wie er leibt und lebt, hier und jetzt, als dieser und jener. Sie alle glaubten noch wie die Pfaffen der Französischen Revolution an die Wahrheit *des* Menschen und handelten daher nach dem Grundsatz, *den* Menschen die Köpfe abzuschneiden, um *dem* Menschen als solchem zu dienen. Der Geist, von dem diese Kritiker des Geistes besessen sind, ist zwar kein absoluter und heiliger mehr, sondern der Geist der Humani-

29 *Der Einzige und sein Eigentum,* a. a. O., S. 196 ff., 217 ff., 420, 423, 428 und: *Kleinere Schriften,*, a. a. O., S. 366 ff.

tät, aber diese höchst allgemeine Humanität ist vom wirklichen Ich so verschieden wie die allgemeine Idee von der einzelnen, nichtigen Existenz, die ich selbst bin.

Dieses nihilistische Ich muß zwar den Vertretern des allgemeinen Menschen als ein egoistischer »Un-mensch« erscheinen, in Wahrheit ist aber gerade der je eigene Egoist auch *jedermann,* weil jeder sich selbst über alles geht. Stirner »träumt« nicht mehr von der Freiheit und Emanzipation, sondern er »entschließt« sich zur Eigenheit[30]. Als je eigenes Ich lebt es weder im bürgerlichen Staat noch in der kommunistischen Gesellschaft – es ist weder durch dicke Bluts- noch durch dünne Menschheitsbande gebunden – sondern im »Verein« der Egoisten. Nur sie sind, gerade durch ihre Unvergleichlichkeit, seinesgleichen. Das »Ich« ist das nichtige Ende der christlichen Humanität, deren letzter Mensch ein »Unmensch« ist, so wie ihr erster ein »Übermensch« war. Das Ich »lebt sich aus«, unbesorgt um die »fixe Idee« von Gott und der Menschheit.

5. Kierkegaard: Das einzelne Selbst als die absolute Humanität

Stirners These vom Einzigen begegnet sich zeitgeschichtlich mit Kierkegaards Grundbegriff vom »Einzelnen«, der sich *»vor Gott* mit sich selbst begnügt«. Beide glauben nicht mehr an das Menschsein der gegenwärtigen Menschheit und an das Christsein in der modernen Christenheit. Während aber Stirners auf Nichts gestelltes Ich ein Versuch ist, den christlichen Kreis zu durchbrechen, der mit der Predigt von Christus begann und mit dem Gerede vom Menschen sich schloß, versucht Kierkegaard wieder den Anfang zurückzuholen, als hätte es die 1800 Jahre Christenheit gar nicht gegeben, um wieder gleichzeitig zu werden mit der »absoluten Humanität« des ursprünglichen Christentums, das – human angesehen – »unmenschlich« ist.

Für Ruge war die »Vollendung« des Christentums der Humanismus, für Stirner der Humanismus die letzte Form und das Ende des Christentums, für Kierkegaard ist das wahre Christentum das Gegenteil von dem, wozu es im Laufe der Zeit geworden ist, nämlich Humanität und Bildung. »Einst war der Einwand gegen das Christentum (und es war gerade in der Zeit, als es am klarsten war, was Christentum ist, und

30 *Der Einzige und sein Eigentum,* a. a. O., S. 193.

der Einwand wurde von den sinnlich am schärfsten sehenden Heiden gemacht), daß es menschenfeindlich sei – und nun ist das Christentum – Humanität! Einst war das Christentum den Juden ein Ärgernis und den Griechen eine Torheit und nun ist es – Bildung!«

Und weil Kierkegaards Begriff vom »Einzelnen« sowohl sein humaner wie sein christlicher Grundbegriff ist, gilt seine Kritik der Gegenwart ebensosehr der von Feuerbach, Ruge und Marx zum Prinzip erhobenen, emanzipierten »*Menschheit*« wie der von Gott emanzipierten »*Christenheit*«. Sein Einzelner ist ein »Korrektiv« gegen die sozialdemokratische Menschheit und die liberal-gebildete Christenheit. Entgegen der Weltbewegung der Zeit, die auf eine unterschiedslose Nivellierung abzielt, bedarf es nun der entschiedenen Herausnahme der Einzelnen, der Hervorhebung der Einzelheit aus der bestehenden, sozialen und christlichen Allgemeinheit.

Das allgemeine »System« – sei es des Geistes (Hegel) oder der Menschheit (Marx) – hat in weltgeschichtlicher Zerstreutheit vergessen, »was es heißt: Mensch zu sein. Nicht Mensch überhaupt, sondern was es heißt, daß du und ich und er, wir jeder für sich, Menschen sind«[31]. Die »reine Menschheit« ist dagegen eine rein »negative Gemeinschaft«, welche der Einebnung der selbstseienden Einzelnen in den uniformen Massenbetrieb dient. »Es kann keine Rede davon sein, daß die Idee des Sozialismus und der Gemeinschaft die Rettung der Zeit werden wird [...]. Das Assoziationsprinzip [...] ist in unserer Zeit nicht affirmativ, sondern negativ, eine Ausflucht, eine Zerstreuung, ein Sinnesbetrug, dessen Dialektik ist: indem es die Individuen stärkt, enerviert es dieselben; es stärkt durch das Numerische im Zusammenschluß, aber das ist, ethisch, eine Schwächung.«[32]

So sehr jedoch Kierkegaard von Grund aus polemisch ist gegen Hegels »System« und den Zusammenhang in der »Menschheit«, so wenig verfiel er andrerseits Stirners Idee eines nackten Ich, das zugleich mit der Menschheit im allgemeinen auch das Allgemein-Menschliche los wird. »Ist der allgemeine Mensch außerhalb meiner selbst, so kann ich in meinem Leben nur die eine Methode befolgen, mich meiner ganzen Konkretion zu entkleiden. Diese zügellose Leidenschaft der Abstraktion von sich selbst ist nicht so ganz selten. Eine gewisse Sekte unter den Hussiten meinte, der normale Mensch werde man dadurch,

31 VI, 204; vgl. 208.
32 *Kritik der Gegenwart*, a. a. O., S. 54 und 56f.

daß man nackt gehe wie Adam und Eva im Paradies. Heutzutage finden sich nicht wenige, die in geistiger Hinsicht dasselbe lehren: daß man der normale Mensch werde, indem man sich seiner ganzen Konkretion sozusagen bis zur völligen Nacktheit entkleide. Aber so verhält es sich nicht.«[33] Die Aufgabe, die er sich stellt – ohne sie selbst erfüllen zu können – ist vielmehr die: gerade als *einzelnes Selbst* das *»Allgemeine«* des Menschseins zu realisieren[34].

Das zum Selbst gewordene Ich ist kein abstrakt vereinzeltes, sondern es drückt in seinem ganzen Leben konkret das Allgemein-Menschliche aus. Es macht sich selbst zu einem scheinbar ganz gewöhnlichen Menschen, der in Ehe, Beruf und Arbeit das »Allgemeine« realisiert. Der wahrhaft existierende Mensch ist ein »durchaus individueller Mensch ohne seinesgleichen und zugleich der allgemeine Mensch«[35]. Er ist *»Autodidakt«* und *»Theodidakt«* in einem.

Als ein vor Gott existierender Mensch, der das Allgemeine verwirklicht, unterscheidet er sich auch von dem, wie *»man«* gemeinhin lebt. »Das wäre eine Vergötterung der trivialsten Mittelmäßigkeit, daß man das Allgemein-Menschliche darin sähe, zu leben, wie man eben lebt. Da steht jene Ausnahme doch viel höher, die das Allgemeine auf den Punkten, wo sie es realisieren kann, mit gesteigerter Intensität verwirklicht [...]. Wer aber ein ungewöhnlicher Mensch im edleren Sinne geworden ist [...], der wird doch immer zugestehen, daß es das Höhere wäre, das Allgemeine vollständig in sein Leben aufzunehmen.«[36]

Was man jedoch zumeist für einen ungewöhnlichen Menschen hält, ist nur eine billige Ausnahme von der herrschenden Regel, ein Mensch, der sein Selbstbewußtsein darin hat, daß er vor andern irgend etwas voraus hat. »Daß einer über den Kanal schwimmen und ein anderer 24 Sprachen reden und ein dritter auf dem Kopf gehen kann usw.: das kann man, si placet, bewundern; wenn dagegen der, welcher dargestellt wird, nach dem Allgemeinen hin groß sein soll [...], dann ist Bewunderung ein trügerisches Verhältnis.«[37] Und deshalb wendet sich Kierkegaard zwar an *jeden,* aber *als Einzelnen* – so wie auch Nietzsche an »Alle und Keinen«.

33 II, 224.
34 II, 285 ff.; III, 199 f.; *Tagebücher* I, 334.
35 II, 220.
36 II, 288 f.
37 VII, 51.

Entsprechend der Doppelbedeutung des »Einzelnen« bestimmt sich auch das Problem der menschlichen *Gleichheit* nach zwei verschiedenen Seiten. Die Menschen sind gleich vor dem außerweltlichen Gott, und ungleich in der allen gemeinsamen Welt als dem Element der Verschiedenheit. In der Welt wird einer dem andern vorgezogen, vor Gott ist einer dem andern der Nächste[38].

So sind es charakteristischerweise drei *»Ausnahmen«*, die im Zerfall des Bestehenden noch das *allgemeine Wesen* des Menschen bezeichnen: die von der bürgerlichen Gesellschaft ausgenommene Masse des Proletariats (Marx), das sich von jeder Gemeinschaft ausschließende Ich (Stirner) und das sich von der Christenheit ausnehmende Selbst (Kierkegaard). Diese drei Ausnahmen bezeichnen im Zerfall der bürgerlich-christlichen Humanität noch das allgemeine Wesen des Menschen.

Die Schwierigkeiten, die sich jedoch einer Wiederherstellung, sei es des *»wahren Menschen«* (in der Idee von Marx), oder des *nackten Ich* (in der Idee von Stirner), oder des *wahren Christen* (in der Idee von Kierkegaard) entgegenstellen, sind in dem Maße gestiegen, als jetzt ein jeder Mensch glauben kann, er sei schon ohne weiteres ein »Mensch« – obwohl er nur ein Bourgeois ist; oder er sei schon ohne weiteres ein »Ich« – obwohl er nur ein vom Geiste der Menschheit Besessener ist; oder er sei schon ohne weiteres ein »Christ« – obwohl er nur ein weltliches Mitglied der Christenheit ist. In der Antike, sagt Marx, war es noch offenkundig, ob man ein Freier war, weil es noch Sklaven gab; im ursprünglichen Christentum, sagt Kierkegaard, war es noch klar, ob man ein Nachfolger Christi sein wollte, weil es noch Juden und Heiden gab, die sich gegen das Christentum wehrten. Marx postuliert zur Wiederherstellung des Menschen den extrem gesellschaftlichen Gattungsmenschen, Stirner das extrem egoistische Ich und Kierkegaard ein religiös vereinzeltes Selbst, das sowohl gegenüber dem Assoziationsprinzip von Marx wie gegenüber dem Isolationsprinzip von Stirner die »absolute Humanität« sein soll. Marx endet beim *kommunistischen Menschen,* der privatim nichts mehr zu eigen hat, Stirner beim *Unmenschen,* der auch noch das Menschsein wie eine Eigenschaft unter andern hat, und Kierkegaard wieder bei *Christus,* an dem der Mensch für alle Zeiten sein übermenschliches Maß hat. Damit reißt die an Hegel ge-

38 *Vom Leben und Walten der Liebe,* Jena 1924, S. 19 ff., 48 ff.

knüpfte Kette von radikalen Versuchen zur Neubestimmung des Menschen ab. Dem Versanden der radikalen Bewegung des Geistes entsprach nach 1850 die politische Reaktion, während welcher Schopenhauer zur Wirkung kam. Erst Nietzsche hat sich dann wieder, unter andern Voraussetzungen, erneut die Frage gestellt: was ist dieses »unfestgestellte« Wesen »Mensch«?

6. *Nietzsche: Der Übermensch als die Überwindung des Menschen*

»Dies ist unser Mißtrauen, das immer wieder kommt, [...] unsere Frage, welche niemand [...] hören mag, unsre Sphinx, neben der nicht nur *ein* Abgrund ist [...]: ich glaube, daß alles, was wir in Europa heute als die Werte aller jener verehrten Dinge, welche ›Humanität‹, ›Menschlichkeit‹, ›Mitgefühl‹, ›Mitleid‹ heißen, zu verehren gewohnt sind, zwar als Schwächung und Milderung gewisser gefährlicher und mächtiger Grundtriebe einen Vordergrunds-Wert haben mag, aber auf die Länge hin trotzdem nichts anderes ist, als die Verkleinerung des ganzen Typus ›Mensch‹ – seine *Vermittelmäßigung.«*[39]

Im Protest gegen diese das »Maß des Menschen« verrückende Humanität eines verweltlichten Christentums entwickelte Nietzsche seine Kritik des modernen Menschen. Ihre Schlußfolgerung war die Forderung einer das Ganze der christlichen Humanität annullierenden »Überwindung des Menschen«, und überwunden schien ihm der Mensch im »Übermenschen«. Er ist die Antwort auf den Notschrei des »häßlichsten« Menschen, welcher der Mörder Gottes ist, und der »höheren« Menschen, deren höheres Menschtum darin besteht, daß sie sich noch verachten können, wogegen der »letzte«, humanitäre Gegenwartsmensch sich nicht mehr verachten kann und eben darum verächtlich ist. Er ist der Antipode des Übermenschen, den Nietzsche »zugleich« mit jenem schuf. »Die Erde ist dann klein geworden, und auf ihr hüpft der letzte Mensch, der alles klein macht. Sein Geschlecht ist unaustilgbar wie der Erdfloh; der letzte Mensch lebt am längsten [...]. Man wird nicht mehr arm und reich: beides ist zu beschwerlich. Wer will noch regieren? Wer noch gehorchen? Beides ist zu beschwerlich. Kein Hirt und Eine Herde! Jeder will das Gleiche, Jeder ist gleich: wer anders fühlt, geht freiwillig ins Irrenhaus.«

39 XIV, 66.

Warum bedarf der Mensch aber überhaupt einer Überwindung des Menschen? Die Antwort darauf ergibt sich – analog wie bei Stirner – aus dem traditionellen Zusammenhang von Christentum und Humanität, von Gott und Mensch. Das einzige Ich von Stirner, das sich selbst aus Nichts erschafft, und der Übermensch Nietzsches, der sich zur Überwindung des ziellos gewordenen Daseins der Menschen den Hammer der Wiederkunftslehre schafft, – das sind die beiden äußersten Konsequenzen aus der Problematik der christlichen Humanität.

Der innere Zusammenhang von Christentum und Humanität spricht sich bei Nietzsche darin aus, daß der Übermensch auftritt, als Gott tot ist. Dieser Tod verlangt vom sich selber wollenden Menschen, dem kein Gott mehr sagt, was er soll, zugleich mit dem Loswerden Gottes auch eine Überwindung des Menschen. Der Mensch verliert damit seine traditionelle Stellung als ein zwischen Gottsein und Tiersein gestelltes Wesen. Auf sich gestellt ist er wie auf einem Seil, gespannt über den Abgrund des Nichts und hineingestellt in die Leere. Sein Dasein ist – wie das des Seiltänzers aus der Vorrede des *Zarathustra* – wesentlich in Gefahr und die Gefahr sein »Beruf«; nur noch in ihr liegt die zum Problem gewordene »Bestimmung« des Menschen! Glück, Vernunft, Tugend, Gerechtigkeit, Bildung, Mitleiden[40] – der ganze Inbegriff der überlieferten Humanität ist nicht mehr verbindlich für Nietzsches Neubestimmung des Menschen.

Trotz dieser Kritik an der Humanität als einer »schlaffen Instinktentartung« war Nietzsche weit entfernt von der Mißachtung des Menschen zum Zweck der politischen Züchtung. »Jetzt wird fast alles auf Erden nur noch durch die gröbsten und bösesten Kräfte bestimmt, durch den Egoismus der Erwerbenden und die militärischen Gewaltherrscher. Der Staat, in den Händen dieser letzteren, macht wohl, ebenso wie der Egoismus der Erwerbenden, den Versuch, alles aus sich heraus neu zu organisieren und Band und Druck für alle jene feindseligen Kräfte zu sein: das heißt, er wünscht, daß die Menschen mit ihm denselben Götzendienst treiben möchten, den sie mit der Kirche getrieben haben. Mit welchem Erfolg? Wir werden es noch erleben; jedenfalls befinden wir uns auch jetzt noch im eistreibenden Strome des Mittelalters; er ist aufgetaut und in gewaltige verheerende Bewegung geraten. Scholle türmt sich auf Scholle, alle Ufer sind überschwemmt und gefährdet [...]. Es ist kein Zweifel, daß beim Herannahen solcher Perio-

40 VI, 14 f. (*Zarathustra,* Vorrede).

den das Menschliche fast noch mehr in Gefahr ist als während des Einsturzes und des chaotischen Wirbels selbst; und daß die angstvolle Erwartung und die gierige Ausbeutung der Minute alle Feigheiten und selbstsüchtigen Triebe der Seele hervorlockt [...]. Wer wird nun, bei solchen Gefahren unserer Periode, der *Menschlichkeit,* dem unantastbaren, heiligen Tempelschatze, welchen die verschiedensten Geschlechter allmählich angesammelt haben, seine Wächter- und Ritterdienste widmen? Wer wird das *Bild des Menschen* aufrichten, während alle nur den selbstsüchtigen Wurm und die hündische Angst in sich fühlen und dergestalt von jenem Bilde abgefallen sind, hinab ins Tierische oder gar in das Starr-Mechanische?«[41]

Ein solches Bild des Menschen hat Nietzsche aufzurichten versucht, indem er zur radikalen Bekämpfung der christlichen Humanität und ihrer Idee von der Einheit und Gleichheit der Menschen auf die *Antike* zurückgriff, für die der Unterschied der Geburt von Freien und Sklaven noch »von Natur aus« zu Recht bestand. Weil es aber unmöglich ist, die geschichtliche Auswirkung des Christentums durch einen Rücksprung zunichte zu machen, bleibt – gerade auf Grund von Nietzsches Kritik der Humanität – die Frage, die er gestellt hat, bestehen[42].

Haben wir aber überhaupt noch ein Maß für die Einheit und Gleichheit der Menschen, das nicht nur relative Gemeinsamkeiten bemißt an den verschiedenen Rassen, Nationen und Menschen? Fehlt uns nicht jeglicher Horizont für eine noch allgemeine und nicht bloß »je eigene« oder der »eigenen Art« gemäße Bestimmung des Menschen? Das exzentrische Maß der christlichen Humanität, das den griechischen Kosmos zerstörte, scheint einer neuen Maßregelung und Uniformierung der Menschen zu weichen, vor deren konkreter Gewalt die übriggebliebene Humanität nun den Anschein erweckt, als sei sie ein »Mann ohne Eigenschaften«[43]. Und doch ist die Humanität kein »Vorurteil«, das man ableben könnte, sondern zur Natur des Menschen gehörig, wenngleich die humanitäre »Menschlichkeit« und ihr reaktionäres Gegenstück, die sich heroisch dünkende Intoleranz, die wahre Natur des Menschen: sein Elend und seine Größe, seine Hinfälligkeit und Standhaftigkeit, gleichermaßen verkennen.

41 I, 423f.
42 Siehe dazu Goethe, *Gespräche* I, 456 und 409.
43 R. Musil, *Der Mann ohne Eigenschaften,* Berlin 1930.

Goethe sagt von der Toleranz, sie sei eine Gesinnung, die vorübergehen müsse, um zur »Anerkennung« zu werden, und in dieser bestehe die »wahre Liberalität«[44]. Er selbst hat sich wie kaum ein anderer Deutscher bis zu dieser Reife des Anerkennens gebildet, welche gleichweit entfernt ist von der gewaltsamen Aneignung und von der Abstoßung des Fremden. Seiner selber gewiß ließ er auch anders Denkende und Geartete gelten. Eine Maxime über den Umgang mit Menschen lautet: »Es geht uns mit Büchern wie mit neuen Bekanntschaften. Die erste Zeit sind wir hoch vergnügt, wenn wir im Allgemeinen Übereinstimmung finden, wenn wir uns an irgend einer Hauptseite unserer Existenz freundlich berührt fühlen; bei näherer Bekanntschaft treten alsdann erst die Differenzen hervor, und da ist denn die Hauptsache eines vernünftigen Betrages, daß man nicht, wie etwa in der Jugend geschieht, sogleich zurückschaudere, sondern daß man gerade das Übereinstimmende recht festhalte und sich über die Differenzen vollkommen aufkläre, ohne sich deshalb vereinigen zu wollen.«[45] Als einen vorzüglichen Lehrer im Anerkennen des Menschlichen hat Goethe den Engländer L. Sterne gewürdigt. »Diese hohe wohlwollende Ironie, diese Billigkeit bei aller Übersicht, diese Sanftmut bei aller Widerwärtigkeit, diese Gleichheit bei allem Wechsel und wie alle verwandte Tugenden heißen mögen, erzogen mich aufs löblichste, und am Ende sind es denn doch diese Gesinnungen, die uns von allen Irrschritten des Lebens endlich wieder zurückführen.«[46] Das Menschliche erkennen und anerkennen hieß ihm ein Drittes zwischen den Irrtümern und Wahrheiten beachten, die unter den Menschen »hin- und herschwanken«; man könne es »Eigenheiten« benennen. »Sie sind das, was das Individuum konstituiert, das Allgemeine wird dadurch spezifiziert und in dem Allerwunderlichsten blickt immer noch etwas Verstand, Vernunft und Wohlwollen hindurch, das uns anzieht und fesselt.«[47] Dieses »Menschliche im Menschen« habe Sterne auf das zarteste entdeckt und erweckt. – An dem

44 *Maximen und Reflexionen,* a.a.O., Nr. 875 f.; vgl. Nr. 216–219. – Siehe dazu Hegels Grundbegriff von der Anerkennung: *Jenenser Realphilosophie* I, 226 ff.; 209 ff.; *Phänomenologie,*, ed. Lasson, a.a.O., S. 432 ff. und über das noch ungleiche Sich-im-Andern-Erkennen im Verhältnis von Herr und Knecht, S. 128 f.

45 *Maximen und Reflexionen,* a.a.O., Nr. 272; vgl. Bd. 25, a.a.O., S. 169.

46 Brief an Zelter vom 25. XII. 1829.

47 Weimarer Ausg. I. Abtl., 41/2, S. 252.

Anblick seiner »freien Seele«[48] hat sich Goethe dankbar erbaut, wohl wissend, daß es nicht angeht, Sternes Shandeism unverwandelt ins Deutsche zu übernehmen[49]. Aber auch sein eigenes letztes Wort über Sinn und Bedeutung seiner Schriften und seines Lebens ist *»der Triumph des Reinmenschlichen«,* was freilich der ungesunde Enthusiasmus der überschwänglichen Dichter des deutschen Volkes, die ihn »mit Phrasen ersticken«, nicht einsehen könne. Im deutschen Volk, bemerkt Goethe in dem Gespräch mit dem russischen Grafen Stroganoff, walte ein Geist »sensueller Exaltation«, der ihn fremdartig anwehe; und darum habe sein Gesprächspartner nicht so Unrecht, wenn er behaupte, Deutschland habe nicht verstanden, was er mit seinem Leben und seinen Schriften gewollt habe: das Menschliche im Menschen zur Anerkennung zu bringen, frei von den Verzerrungen, die es, zumal in Deutschland, entstellen[50].

»Also wollen wir bei dem Wort Humanität bleiben, an welches unter Alten und Neuern die besten Schriftsteller so würdige Begriffe geknüpft haben. Humanität ist der *Charakter unseres Geschlechts;* er ist uns aber nur in Anlagen angeboren und muß uns eigentlich angebildet werden. Wir bringen ihn nicht fertig auf die Welt mit [...]. Humanität ist der Schatz und die Ausbeute aller menschlichen Bemühungen, gleichsam die *Kunst unseres Geschlechts.* Die Bildung zu ihr ist ein Werk, das unablässig fortgesetzt werden muß, oder wir sinken [...] zur [...] *Brutalität* zurück. Sollte das Wort Humanität also unsere Sprache verunzieren? Alle gebildeten Nationen haben es in ihre Mundart aufgenommen; und wenn unsere Briefe einem Fremden in die Hand kämen, müßten sie ihm wenigstens unverfänglich scheinen; denn Briefe zur Beförderung der Brutalität wird doch kein ehrliebender Mensch wollen geschrieben haben.«[51]

48 Vgl. Nietzsche III, 62ff.

49 *Maximen und Reflexionen,* a.a.O., Nr. 773ff.

50 *Gespräche* IV, 410; vgl. Brief an Carlyle vom 20. VII. 1827; *Maximen und Reflexionen,* a.a.O., Nr. 214; zur Auslegung von Goethes Humanität siehe Hegel X/2, 235 und G. Simmel, *Goethe,* 5. Aufl. 1923, S. 263.

51 Herder, *Briefe zur Beförderung der Humanität,* 3. Sammlung.

V. DAS PROBLEM DER CHRISTLICHKEIT

> »Alle Möglichkeiten des christlichen Lebens, die ernstesten und lässigsten, die [...] gedankenlosesten und die reflektiertesten sind durchprobiert, es ist Zeit zur Erfindung von etwas Neuem.«
>
> Nietzsche.

Die geschichtliche Welt, in der sich das »Vorurteil« bilden konnte, daß jeder, der ein menschliches Antlitz hat, schon als solcher die »Würde« und die »Bestimmung« Mensch-zu-sein hat, ist ursprünglich nicht die jetzt verebbende Welt der bloßen Humanität, die ihre Quelle im »uomo universale«, aber auch »terribile« der Renaissance gehabt hat, sondern die Welt des *Christentums*, in welcher der Mensch seine Stellung zu sich und zum Nächsten durch den Gottmenschen Christus bemessen hat. Das Bild, welches den homo der europäischen Welt überhaupt erst zum Menschen macht, ist von Grund aus bestimmt durch die Vorstellung, die sich der Christ von sich selbst als einem Ebenbild Gottes macht. Der Satz, daß »wir alle« Menschen sind, begrenzt sich somit auf diejenige Humanität, welche das Christentum im Verein mit der Stoa hervorgebracht hat. Dieser geschichtliche Umstand in bezug auf das einfache Menschsein wird indirekt daraus ersichtlich, daß erst mit dem Schwinden des Christentums auch die Humanität problematisch wird. Der Schwund des Christentums in der europäischen Welt ist aber nicht zuletzt ein Werk der *Kritik*, die im letzten Jahrhundert ihre äußersten Konsequenzen zog.

Die philosophische Kritik der christlichen Religion hat im 19. Jahrhundert von Hegel ihren Ausgang genommen und in Nietzsche ein Ende gefunden. Sie ist ein spezifisch deutsches, weil *protestantisches* Ereignis, und zwar sowohl von seiten der Kritik wie von seiten der Religion. Unsere philosophischen Kritiker sind alle theologisch gebildete Protestanten gewesen, und ihre Kritik des Christentums setzt dessen protestantische Form voraus. Kritik, d.h. Unterscheidung, kann vollzogen werden im Hinblick auf das Verbindende oder das Trennende. Diese beiden formellen Möglichkeiten der kritischen Unterscheidung kennzeichnen auch das konkrete Verhältnis der Philosophie und der Religion in dieser letzten Phase der philosophischen Kritik der christlichen Religion. Die zwei Enden der Verbindung und Trennung stellen sich dar in Hegels philosophischer Theologie und in Nietzsches antichristlicher Philosophie. Der entscheidende Wendepunkt aber von Hegels Versöhnung zu Nietzsches Bruch mit dem Christentum ist durch die Religionskritik der Linkshegelianer bezeichnet. Um diese Wende geschichtlich verstehen zu können, bedarf es vor allem einer Vergegenwärtigung der Zweideutigkeit ihres Ausgangs von Hegel.

1. Hegels Aufhebung der Religion in die Philosophie

Hegels *philosophische* Arbeit begann mit *theologischen* Jugendschriften über »Volksreligion und Christentum«, das »Leben Jesu«, die »Positivität der christlichen Religion«, den »Geist des Christentums und sein Schicksal«. Diese für Hegels philosophische Entwicklung besonders aufschlußreichen Arbeiten aus dem letzten Jahrzehnt des 18. Jahrhunderts blieben zu ihrer Zeit unveröffentlicht und sind erst auf Veranlassung von W. Diltheys Abhandlung zur *Jugendgeschichte Hegels* (1905) von H. Nohl nach den Handschriften (1907) herausgegeben und von Th. Häring (1929 und 1938) kommentiert worden. Den Junghegelianern waren sie unbekannt. Um so merkwürdiger ist es nachträglich einzusehen, wie weit der junge Hegel schon selber die Kritik der Junghegelianer vorwegnahm[1]. Der Inhalt dieser Fragmente ist eine Auslegung des Christentums, und nur als eine Übersetzung des Christentums aus der positiv-religiösen in die philosophische Form ist Hegels *Interpretation* ihrer eignen Absicht nach auch schon eine *Kritik* der christlichen Religion.

Der leitende Gesichtspunkt für die kritisch-unterscheidende Auslegung der christlichen Religion ist die Frage nach der möglichen Wiederherstellung einer *»Totalität«* des in sich entzweiten *»Lebens«*. Als die weltgeschichtliche Aufgabe von Jesus sieht Hegel an, daß er im Gegensatz zur »Positivität« oder Gesetztheit der jüdischen Gesetzesreligion die Ganzheit innerlich wiederhergestellt habe, durch eine das »Gesetz« überwindende Religion der »Liebe«[2]. In der »lebendigen Beziehung« der Liebe von Mensch zu Gott, aber auch von Mensch zu Mensch oder

1 Siehe dazu im vorhergehenden, I. Teil, Kap. III, 4; vgl. J. Wahl, *Études Kierkegaardiennes,* a. a. O., S. 151 ff.

2 *Theolog. Jugendschriften,* a. a. O., S. 378 ff. – Schon Spinoza stellte der »fleischlichen« Gesinnung der Furcht die »geistliche« Gesinnung der Liebe entgegen, die Unvereinbarkeit von Gottesfurcht und Gottesliebe. Siehe dazu Leo Strauss, *Die Religionskritik Spinozas,* Berlin 1930, S. 199 ff.

von Ich und Du, hebt sich auf ihr gesetzlich geregeltes Gegeneinandersein, das Getrenntsein des einen und ganzen Lebens in feindliche Gegensätze. Nur dieses eine und mit sich selber einig gewordene Leben ist ein wahres, weil ganzes Sein oder Leben, in sich getrenntes Leben ein unwahres Sein. Wahrhaftes Sein ist stets Vereinigtsein, und die Vereinigung wird gestiftet durch die lebendige Beziehung der Liebe, worin jeder nur durch den andern er selbst ist. »Vereinigung und Sein sind gleichbedeutend«, und so viele Arten von Vereinigung es gibt, so viele Arten auch von Sein. Der sprachliche Ausdruck für diesen spezifisch Hegelschen Seinsbegriff ist das »Ist« der Kopula als Bindewort[3]. Die Methode von Hegels »Leben Jesu« ist daher: am Begriff der lebendigen Liebesbeziehung, als einem Vorbegriff für die vermittelnde Bewegung des Geistes, *die Aufhebbarkeit jeder »Positivität«*, d.i. jeder bloß äußerlich-objektiven Gesetztheit erweisen zu wollen. So hat Hegel die Wundergeschichten des Neuen Testaments philosophisch interpretiert, indem er sie in ihrer positiven Verwunderlichkeit aufhob, z.B. das Wunderbare der Abendmahlslehre. Objektiv oder von außen betrachtet, also abgesehen von einer lebendigen Beziehung dazu, ist das von Jesus ausgeteilte Brot »bloßes Brot« und der gereichte Wein »bloßer Wein«, aber »beide sind auch mehr«. Ihr Mehrsein besteht aber nicht in einer bloß gleichnishaften Zutat zum wirklichen Brot und Wein, sondern Jesu Leib und Blut sind überhaupt nicht wirklich verschieden vom Brot und Wein. Beides ist nicht nur gleichsam dasselbe und miteinander vergleichbar, sondern was zunächst so verschieden erscheint, ist »aufs Innigste« verknüpft. Nur für den äußerlich hinzutretenden »Verstand« und die sinnliche »Vorstellung« sind Brot und Leib, oder Wein und Blut, ein vergleichbar Verschiedenes, aber nicht für die geistige Empfindung von Brot und Wein, für diese innere Beziehung dazu. Wenn beides nicht nur leiblich, sondern im Beisein und Namen Jesu *geistig* und *geistlich* genossen wird, dann sind diese Objekte ihrem Sein nach keine nur physisch genießbaren Objekte, sondern eine gegenständlich gewordene Gemeinschaft im Geiste. Diese »objektiv gemachte Liebe, dies zur Sache gewordene Subjektive [...] wird im Essen wieder subjektiv«. Wenn also der Geist wirklich lebendig ist im Genuß von Brot und Wein, dann »verschwinden« die Objekte in ihrer bloßen Gegenständlichkeit

3 *Theolog. Jugendschriften*, 383f.; vgl. dazu das Fragment von Novalis: »Der Logiker geht vom Prädikat, der Mathematiker vom Subjekt, der Philosoph von der Kopula aus.«

dem Subjekt gegenüber. Als Objekte sind sie »mystische« Objekte, sinnlich-übersinnliche Dinge.

Das Verschwinden der Objekte in ihrer bloßen »Positivität« bedeutet eine Rückkehr zu der sie ursprünglich konstituierenden »Subjektivität« oder »Idealität«. Die rückläufige Bewegung in den Ursprung zurück hat Hegel späterhin prinzipiell als *»Subjektivität«* der *»Substanzialität«* entwickelt. Diesen beiden Grundbegriffen von Hegels Philosophie des Geistes entspricht in den theologischen Jugendschriften der Gegensatz von »Idealität« und »Positivität«, die Aufhebung der bloßen Positivität in ihre subjektive Idealität. Also nicht als »positive« Religion ist die Religion geistig da und philosophisch begriffen, sondern erst in der Aufhebung ihrer »bloßen« Positivität. Jede starre Positivität dagegen sei »empörend«, handle es sich um religiöse Objekte und Gesetze oder auch – wie bei Kant – um moralische Gesetze. Was Hegel in jedem Fall will, ist »tote Gegensätze« in »lebendige Beziehungen« verwandeln, zur Wiederherstellung einer ursprünglichen Totalität. Und so bedeutet für ihn Jesus einen »Mann, der den Menschen in seiner Ganzheit wiederherstellen wollte«, indem er, als Gott-Mensch, den Menschen mit Gott vereinigen wollte.

Im selben Sinn wie in den theologischen Jugendschriften hat Hegel auch in der Abhandlung über *Glauben und Wissen* (1802) gegen Kant, Jacobi und Fichte den »positiven« Gegensatz von Glauben und Wissen in einer höheren und zugleich ursprünglicheren Einheit aufzuheben versucht. Denn wenn wir von Gott nichts wissen und nur an ihn glauben können, wenn die Vernunft nicht fähig ist, »Gott zu erkennen«, dann gibt es weder echten Glauben noch wahres Wissen, sondern nur den toten Gegensatz der Aufklärung von Glauben und Wissen. Auf diesem unzureichenden Standpunkt der Aufklärung blieb nach Hegels Meinung die von Kant bestimmte »Reflexionsphilosophie« stehen: »Über den alten Gegensatz der *Vernunft* und des *Glaubens,* von Philosophie und positiver Religion, hat die Kultur die letzte Zeit so erhoben, daß diese Entgegensetzung von Glauben und Wissen einen ganz anderen Sinn gewonnen hat und nun innerhalb der Philosophie selbst verlegt worden ist. Daß die Vernunft eine Magd des Glaubens sei, wie man sich in älteren Zeiten ausdrückte, und wogegen die Philosophie unüberwindlich ihre absolute Autonomie behauptete, diese Vorstellungen oder Ausdrücke sind verschwunden. Und die Vernunft, wenn es anders Vernunft ist, was sich diesen Namen gibt, hat sich in der positiven Religion so geltend gemacht, daß selbst ein Streit der Philosophie gegen

Positives, Wunder und dergleichen für etwas Abgetanes und Obskures gehalten wird: und daß Kant mit seinem Versuche, die positive Form der Religion mit einer Bedeutung aus seiner Philosophie zu beleben, nicht deswegen kein Glück machte, weil der eigentümliche Sinn jener Formen dadurch verändert würde, sondern weil dieselben auch dieser Ehre nicht mehr wert schienen.«[4]

Hegel kritisiert die Religion also nicht durch eine unterscheidende Scheidung des religiösen Glaubens vom philosophischen Wissen, sondern was er kritisiert, ist nur die »positive Form«, welche die Religion auch noch innerhalb der Reflexionsphilosophie hat. Das Ziel dieser Kritik ist die grundsätzliche Aufhebung der positiven Form, durch eine philosophische Umformung der »positiv«-christlichen Religion. Das Resultat dieser Aufhebung der Religion in der Philosophie ist Hegels Religionsphilosophie. Religion und Philosophie fallen in seinen Vorlesungen ausdrücklich in eins zusammen. Die wahre Philosophie ist selber schon »Gottesdienst«: »Man kann [...] häufig hören, daß es eine Vermessenheit sei, den Plan der Vorsehung einsehen zu wollen. Darin ist ein Resultat der Vorstellung zu sehen, die jetzt fast allgemein zum Axiom geworden ist, daß man Gott nicht erkennen könne. Und wenn die Theologie selbst es ist, die zu dieser Verzweiflung gekommen ist, dann muß man sich eben in die Philosophie flüchten, wenn man Gott erkennen will [...]. Soll nämlich Gott nicht erkannt werden, so bleibt dem Geiste als etwas, das ihn interessieren könnte, nur das Ungöttliche, Beschränkte, Endliche übrig. Freilich muß sich der Mensch notwendig mit dem Endlichen abgeben; aber es ist eine höhere Notwendigkeit, daß der Mensch einen Sonntag des Lebens habe, wo er sich über die Werktagsgeschäfte erhebt, wo er sich mit dem Wahrhaftigen abgibt und dieses sich zum Bewußtsein bringt.«[5]

Hegel bemerkte deshalb gleich zu Beginn seiner Vorlesungen über »Religionsphilosophie«, daß dieser Ausdruck etwas Irreführendes habe, weil er ein gegenständliches Verhältnis vortäuscht, als wäre die Religion nicht anders Gegenstand der Philosophie wie etwa der Raum Gegenstand der Geometrie. »Der Inhalt, das Bedürfnis, das Interesse« der Philosophie sei aber mit der Theologie ein durchaus »gemeinschaftliches«: »Der Gegenstand der Religion, wie der Philosophie, ist die ewige Wahrheit in ihrer Objektivität selbst, Gott und Nichts als

4 I², 3.
5 *Die Vernunft in der Geschichte,* ed. Lasson, a. a. O., S. 18 f.

Gott und die Explikation Gottes. Die Philosophie expliziert nur sich, indem sie die Religion expliziert, und indem sie sich expliziert, expliziert sie die Religion. Sie ist, wie die Religion, Beschäftigung mit diesem Gegenstande, sie ist der denkende Geist, der diesen Gegenstand, die Wahrheit durchdringt. Lebendigkeit und Genuß, Wahrheit und Reinigung des subjektiven Selbstbewußtseins in und durch diese Beschäftigung.«[6]

Die »Schwierigkeiten« und Bedenken gegen diese Ineinssetzung beruhen nach Hegel nur darauf, daß Religion und Philosophie auf *je eigentümlich verschiedene Weise* Gottesdienst sind, so daß es scheinen kann, als seien sie überhaupt verschieden. Geschichtlich sanktioniert sei dagegen ihre Verbindung von jeher. Die Kirchenvater, führt Hegel aus, sind Neuplatoniker und Aristoteliker gewesen, zum Teil sind sie sogar auf Veranlassung der Philosophie zum Christentum übergegangen. Umgekehrt ist erst durch die Aufnahme der Philosophie auch eine christliche Dogmatik zustande gekommen. Die ganze scholastische Philosophie ist ein und dasselbe gewesen mit der Theologie, und noch die »theologia naturalis« war ein rechtmäßiger Gegenstand der Wolffschen Philosophie. Das Problem des Unterschieds reduziert sich vom *Inhalt,* der für beide derselbe ist, auf dessen verschiedene *Form.*

Hegel unterscheidet drei Formen. Derselbe geistige Inhalt kann in der Form des bloß zufälligen, subjektiven *Gefühls* auftreten, ferner in der bereits objektiveren und sachgemäßeren Form der sinnlichen *Vorstellung* und schließlich in der einem »geistigen« Inhalt eigentlich angemessenen, philosophischen Form des seiner Natur nach »allgemeinen« Gedankens. Erst in dieser Form ist der Inhalt: Gott oder das Absolute, ein wahrhaft begriffener und zu seiner eigensten Form gelangter. *»Gott ist wesentlich im Denken.«* Eine Theologie dagegen, die, wie die Schleiermachersche, das Gefühl als den Grund des gläubigen Wissens von Gott angibt und »nur Gefühle beschreibt«, bleibt notwendig im Zufälligen der empirischen Historie stecken. Diese Form ist die »schlechteste« Form, in der ein Inhalt gegeben sein kann: »Wohl muß alles Geistige, jeder Inhalt des Bewußtseins, das, was Produkt und Gegenstand des Denkens ist, vor allem Religion und Sittlichkeit, auch in der Weise des Gefühls in dem Menschen sein und ist es zunächst. Aber das Gefühl ist nicht die Quelle, aus der dem Menschen dieser Inhalt zuströmt, sondern nur die Art und Weise, wie er sich in ihm findet, und ist die schlechteste

6 XI, 5.

Form, eine Form, die er mit dem Tiere gemein hat [...]. Sowie ein Inhalt ins Gefühl kommt, ist jedermann auf seinen subjektiven Standpunkt reduziert [...]. Sagt jemand, er habe Religion im Gefühl, und ein anderer, er finde im Gefühl keinen Gott, so hat jeder Recht. Wenn man auf diese Weise den göttlichen Inhalt – die Offenbarung Gottes, das Verhältnis des Menschen zu Gott, das Sein Gottes für den Menschen – auf das bloße Gefühl reduziert, so beschränkt man es auf den Standpunkt der besonderen Subjektivität, der Willkür, des Beliebens. In der Tat hat man sich damit die an und für sich seiende Wahrheit vom Halse geschafft.«[7]

Aber auch sinnlich und bildhaft gemeint wäre der Inhalt noch nicht wahrhaft in Form, sondern nur sinnbildlich vorgestellt, statt durchdacht und begriffen. Erst in der Religionsphilosophie verwandelt sich die Form des bloßen Gefühls und der Vorstellung in die des Begriffs. Die unverständigen Vorwürfe gegen diese notwendige Verwandlung der positiven Religion in Philosophie reduzieren sich mithin darauf, »daß die Philosophie die Formen abstreift, die der Vorstellung angehören. Das gewöhnliche Denken hat kein Bewußtsein über diesen Unterschied; weil ihm an diese Bestimmungen die Wahrheit geknüpft ist, meint es, der Inhalt werde überhaupt weggenommen.«[8]

Diese »Übersetzung« des religiösen Inhalts in eine andere Form bedeutet aber in Wirklichkeit nicht seine Zerstörung, sondern ein Anderswerden im Sinne des Besserwerdens. Es gereicht der Religion selber zum Besten, wenn sie auf solche Weise in ihren geistigen Gehalt zurückübersetzt wird. Ein Gipfelpunkt solcher Erhebung der Religion zu einer »philosophischen Existenz« sind die letzten Sätze von »Glauben und Wissen« die den *Tod Gottes* in einen *»spekulativen Karfreitag«* umformen. Denn das historisch-empirische »Gefühl«, daß Gott selber tot ist, dieser unendliche Schmerz, »worauf die Religion der neuen Zeit beruht«, müsse als ein »Moment« der »höchsten Idee« begriffen werden, nämlich als ein Moment der absoluten Freiheit[9]!

Mittels dieser Unterscheidung und Erhebung der Religion aus der Form des Gefühls und der Vorstellung in die des Begriffs geschieht bei Hegel die positive *Rechtfertigung* der christlichen Religion und *zugleich* auch ihre *Kritik*. An die Zweideutigkeit dieser kritischen Unterschei-

7 *Die Vernunft in der Geschichte*, ed. Lasson a. a. O., S. 20f.
8 XI, 80.
9 I² 153; vgl. XII, 235 und *Phänomenologie*, ed. Lasson, a. a. O., S. 483.

dung knüpft alle nachhegelsche Religionskritik an, und auch die Spaltung der Hegelschen Schule in eine Linke und Rechte ging daraus hervor. Die Fragen, um die in den 30er Jahren der Streit ging, betrafen noch nicht Hegels Verhältnis zum Staat und zur Weltgeschichte, sondern zur Religion: ob er *Gott* als Person oder als Weltprozeß und die *Unsterblichkeit* allgemein oder persönlich gefaßt habe[10]. Die kirchliche Orthodoxie hat Hegels Übersetzung für unchristlich erklärt, weil sie den positiven Glaubens*inhalt* zerstöre, die Junghegelianer nahmen umgekehrt daran Anstoß, daß Hegel auch noch in der *Form* des Begriffs am dogmatischen Christentum festhalte. Aus diesem Gegensatz glaubte Rosenkranz[11] folgern zu können, daß die Wahrheit in Hegels Vermittlung liege und daß seine Philosophie gerade durch ihr Verhältnis zum Christentum »eine ganz besondere Zukunft« habe – was in der Tat, aber in andrer Weise als Rosenkranz meinte, der Fall war. Denn was aus Hegels zweideutiger »Aufhebung« geschichtlich hervorging, war eine *entschiedene Destruktion* der *christlichen Philosophie* und der *christlichen Religion.*

2. *Strauß' Zurückführung des Christentums auf den Mythos*

Das *Leben Jesu* (1835)[12] von Strauß ging, unter dem Einfluß von Schleiermacher, aus der Hegelschen Religionsphilosophie hervor, als deren Anwendung auf die Theologie, während Hegel umgekehrt von der Theologie und einem »Leben Jesu« zur Philosophie gekommen war. Im Mittelpunkt des theologischen Denkens von Strauß stand Hegels These: was die Religion selber nur in der Form der Vorstellung habe, das erhebe die Philosophie in die Form des Begriffs. Das christliche Dogma enthalte zwar Wahrheit, aber in einer ihr selbst noch unangemessenen Form; eben darum sei es aber auch nicht ohne weiteres aus seiner kirchlich-historischen Fassung in den Begriff überzusetzen. Wer dagegen wie die Hegelsche Rechte über das historische Faktum zur Idee nur hinausführe, um von dieser zu jenem zurückzuführen, der spiegele

10 Siehe dazu Michelet, *Geschichte der letzten Systeme der Philosophie,* a. a. O., II, 638 ff.

11 *Hegel als deutscher Nationalphilosoph,* a. a. O., S. 331.

12 Siehe zum folgenden Th. Ziegler, *D. F. Strauß,* I/II, Straßburg 1908; E. Zeller, *Über das Wesen der Religion,* 1845.

die kritische Freiheit bloß vor. Zugleich mit dieser Abwehr der orthodoxen Spekulation will Strauß aus Hegel erweisen, daß dieser selbst einer Kritik der evangelischen Geschichte keineswegs abgeneigt war. Vielmehr enthalte Hegels Religionsphilosophie schon selbst eine solche Kritik, indem sie das historische Faktum der Form der Vorstellung preisgibt[13]. Der methodische Gegensatz zwischen Hegel und Strauß besteht darin, daß Hegel die religiöse »Vorstellung« zum *Begriff* erhebt, während Strauß sie auf einen frei geschaffenen *Mythos* zurückführt. Das letzte Resultat seiner mythischen[14] Ausdeutung der christlichen Glaubenslehre war: »der Gottmensch ist die Menschheit«, – ein Satz, der schon bei Hegel angelegt ist, sofern auch er den Gottmenschen nicht als ein vereinzeltes geschichtliches Faktum kennt, sondern als eine Erscheinung des absoluten begreift, welches der Geist überhaupt ist. Die Zurückführung der Religion auf eine unbewußte mythenschaffende Phantasie sollte zugleich mit den biblischen Wundergeschichten den Glauben erklären, denn dieser ist wesentlich Wunderglaube, für Strauß sowohl wie für Feuerbach, aber nicht minder für Kierkegaard[15].

In seinem letzten Werk, *Der alte und der neue Glaube* (1872), hat Strauß unter dem Eindruck des naturwissenschaftlichen Positivismus die letzten Konsequenzen gezogen, indem er mit der Hegelschen Philosophie auch das Christentum aufgab. Sein »neuer« Glaube ist eine religiös angehauchte »Sittenlehre« des »modernen« Menschen. Die erste Frage an den alten Glauben: »Sind wir noch Christen?«, wird mit

13 Siehe *Streitschriften zur Verteidigung meiner Schrift über das Leben Jesu*, Tübingen 1838, III. Heft, S. 57 ff., 76 ff. Strauß beruft sich für seine Auflösung der »sinnlichen Gewißheit« der »theologischen Phänomenologie« auf folgende Stellen in Hegels Werken: XII, 246–250, 253–256; 260 f.; 263–266; XI, 82; XV, 249 f. – Th. Ziegler bemerkt dazu sehr richtig, daß sich Straußens Radikalisierung von Hegels Ansicht über die historische Wahrheit der Evangelien jetzt noch besser begründen ließe aus Hegels *Theolog. Jugendschriften* (Th. Ziegler, *Strauß*, a. a. O., S. 249).

14 Siehe dazu E. Volhard, *Zwischen Hegel und Nietzsche. Der Ästhetiker F. Th. Vischer*, Frankfurt a. M. 1932.

15 Siehe dazu Feuerbach, VII[4], 189 ff. und I, 1 ff.; Kierkegaard, IX, 82 ff., Pap. VIII/1, 320 f. – Vgl. dazu die Auseinandersetzung mit dem Begriff des Wunders bei dem Hegelianer K. Daub, bei dem Feuerbach Vorlesungen gehört hatte und dessen Schrift *Die Form der christlichen Dogmen- und Kirchenhistorie* (1836/37) Kierkegaard studiert hatte (E. Hirsch, *Kierkegaard-Studien* II, 97). – Zum Problem der Wunderkritik siehe Leo Strauss, *Die Religionskritik Spinozas*, a. a. O., S. 204 ff.

Nein beantwortet. Die zweite: »Haben wir noch Religion?«, mit einem halben Ja. Die dritte und vierte: »Wie ergreifen wir die Welt?« und »Wie ordnen wir unser Leben?«, werden im Geiste des wissenschaftlichen Fortschritts »modern« und mit zwei charakteristischen »Zugaben« (»Von unsern großen Dichtern und Musikern«) beantwortet. Der »neue« Glaube besteht in einer »Fortbildung« des Christentums zum »Humanismus«. Nachdem sich Strauß ein ganzes und wenig glückliches Leben lang abgemüht hatte, ein *Leben Jesu* zu schreiben, endigt er gegenüber dieser unlösbaren Aufgabe mit einem skeptischen Behagen in der Kultur[16]. An die Stelle von »Gott« tritt das »All« oder »Universum«. Es ist charakteristisch für die Entwicklung von Strauß von der Theologie zur Philosophie und von da zum Positivismus, daß er sich im ersten Band seines Werkes noch als Doktor der Philosophie und Repetenten am evangelisch-theologischen Seminar bezeichnete, bereits im zweiten Band aber nur noch als Doktor der Philosophie, obwohl er sich schon beim ersten dessen bewußt war, daß alles, was er in der Theologie tun möchte, »nur solche halsbrechende Arbeit« sein konnte.

Man kann sich heute nur noch schwer eine Vorstellung machen von dem leidenschaftlichen Für und Wider um Strauß' »Theologie«, so entfernt scheint bereits diese Selbstauflösung der protestantischen Theologie mit Hilfe der Hegelschen Philosophie von derjenigen zu sein, die gegenwärtig vor sich geht. Zu seiner Zeit hat aber der »alte und neue Glaube« nach dem Zeugnis der Zeitgenossen »wie ein Funken ins Pulverfaß« eingeschlagen und eine ebenso große wie befreiende Wirkung hervorgebracht.

3. Feuerbachs Reduktion der christlichen Religion auf das natürliche Wesen des Menschen

Dasselbe gilt auch von Feuerbachs *Wesen des Christentums* (1841). F. Engels berichtet in seiner Schrift über Feuerbach: »Man muß die befreiende Wirkung dieses Buches selbst erlebt haben, um sich eine Vorstellung davon zu machen. Die Begeisterung war allgemein: wir waren alle momentan Feuerbachianer. Wie enthusiastisch Marx die neue Auffas-

16 Vgl. damit S. Freuds *Unbehagen in der Kultur* (1930) und *Die Zukunft einer Illusion* (1927): der Mensch sei eine Art »Prothesengott« geworden.

sung begrüßte und wie sehr er [...] von ihr beeinflußt wurde, kann man in der ›Heiligen Familie‹ lesen.«[17]

Im Unterschied zur Religionskritik von B. Bauer und Strauß ist Feuerbachs »Wesen« des Christentums keine kritische Destruktion der christlichen Theologie und des Christentums, sondern ein Versuch, das Wesentliche am Christentum zu erhalten, nämlich in der Form einer religiösen »Anthropologie«. Dem entspricht Feuerbachs Abgrenzung gegen die vorhin Genannten: »Was aber mein Verhältnis betrifft zu Strauß und Bruno Bauer, in Gemeinschaft mit welchen ich stets genannt werde, so mache ich [...] darauf aufmerksam, daß schon in dem Unterschiede des Gegenstandes [...] der Unterschied unserer Werke angedeutet ist. B. hat zum Gegenstand seiner Kritik die evangelische Geschichte, d.i. das biblische Christentum oder vielmehr biblische Theologie, Str. die christliche Glaubenslehre und das Leben Jesu, das man aber auch unter dem Titel der christlichen Glaubenslehre subsumieren kann, also das dogmatische Christentum oder vielmehr die dogmatische Theologie, ich das Christentum überhaupt, d.h. die christliche Religion und als Konsequenz nur die christliche Philosophie oder Theologie. Daher zitiere ich hauptsächlich auch nur solche Männer, in welchen das Christentum nicht nur ein theoretisches oder dogmatisches Objekt, nicht nur Theologie, sondern Religion war. Mein hauptsächlicher Gegenstand ist das Christentum, ist die Religion, wie sie [...] *unmittelbares Wesen des Menschen ist.*«[18]

Der Unterschied zu Bauer ist aber doch größer als der zu Strauß, denn nur Bauer war auch als Kritiker Hegelianer geblieben. Strauß und Feuerbach waren aus Hegelianern zu humanen »Materialisten« geworden und hatten damit die Philosophie im bisherigen Verstande aufgegeben. Ihre Kritik führt zurück auf eine mehr oder weniger begriffslose Anthropologie.

Die Aufhebung des »theologischen Wesens« der Religion in ihr wahres, anthropologisches Wesen geschieht bei Feuerbach im Rückgang auf eben jene geistlose Form, welche Hegel als bloßes »Gefühl« persifliert hat. Gerade sie wollte Feuerbach als die wesentliche, weil unmittelbar-sinnliche wiederherstellen. Die Transzendenz der Religion

17 Vgl. Strauß, *Ges. Schriften*, hrsg. von E. Zeller, 1878, Bd. V, 181f. – Aber nicht nur die Junghegelianer, sondern auch J.E. Erdmann, R. Haym, K. Fischer und F. Th. Vischer bewegen sich auf dem Standpunkt von Feuerbach.

18 VII^4, 29 und I, 248 mit Bezug auf Bauer.

beruht für ihn auf der immanenten Transzendenz des Gefühls: »Das Gefühl ist das menschliche Wesen der Religion.« »Das Gefühl ist Deine innigste und doch zugleich eine von Dir unterschiedene, unabhängige Macht, es ist *in* Dir *über* Dir: es ist Dein eigenstes Wesen, das Dich aber *als* und *wie ein anderes Wesen* ergreift, kurz Dein *Gott* – wie willst Du also von diesem Wesen in Dir noch ein anderes gegenständliches Wesen unterscheiden? wie über Dein Gefühl hinaus?«[19] Demgemäß unterscheidet sich Feuerbach von Hegels Kritik der Gefühlstheologie: »Ich tadle Schleiermacher nicht deswegen [...], daß er die Religion zu einer Gefühlssache machte, sondern nur deswegen, daß er aus theologischer Befangenheit nicht dazu kam und kommen konnte, die notwendigen Konsequenzen seines Standpunkts zu ziehen, daß er nicht den Mut hatte, einzusehen und einzugestehen, daß *objektiv* Gott selbst nichts anderes ist als das *Wesen des Gefühls,* wenn subjektiv das Gefühl die Hauptsache der Religion ist. Ich bin in dieser Beziehung so wenig gegen Schleiermacher, daß er mir vielmehr zur tatsächlichen Bestätigung meiner aus der Natur des Gefühls gefolgerten Behauptungen dient. Hegel ist eben deswegen nicht in das eigentümliche Wesen der Religion eingedrungen, weil er als abstrakter Denker nicht in das Wesen des Gefühls eingedrungen ist.«[20]

Der allgemeinste Grundsatz von Feuerbachs Religionskritik ist: *»das Geheimnis der Theologie ist die Anthropologie«,* d.h. das ursprüngliche Wesen der Religion ist das *menschliche* Wesen. Sie ist eine »Vergegenständlichung« ursprünglicher Wesensbedürfnisse des Menschen, sie hat aber keinen besonderen und eigenen Inhalt. Recht verstanden ist die Erkenntnis Gottes daher eine Selbsterkenntnis des Menschen, aber eine solche, die noch nicht weiß, daß sie es ist. »Die Religion ist das *erste* und zwar *indirekte Selbstbewußtsein* des Menschen«, ein Umweg des Menschen auf dem Weg zu sich selbst. Denn der Mensch verlegt sein eigenes Wesen zuerst *außer* sich, ehe er es in sich findet. »Die Religion, wenigstens die christliche, ist das *Verhalten des Menschen zu sich selbst,* oder richtiger: *zu seinem Wesen,* aber das Verhalten zu seinem Wesen *als zu einem andern Wesen. Das göttliche Wesen ist nichts anderes als das menschliche Wesen* oder besser: *das Wesen des Menschen,* abgesondert von den Schranken des individuellen, d.h. wirklichen, leiblichen Menschen, vergegenständlicht, d.h. *angeschaut*

19 Ebenda, 47.
20 I, 249.

und *verehrt als ein anderes, von ihm unterschiedenes, eigenes Wesen* – alle Bestimmungen des göttlichen Wesens sind darum Bestimmungen des menschlichen Wesens.«[21] Der göttliche Geist, der vernommen oder geglaubt wird, ist derselbe wie der vernehmende – heißt es bei Hegel.

Die »Entwicklung« der Religion besteht deshalb positiv darin, daß der Mensch »immer mehr *Gott ab-,* immer mehr *sich zu*spricht.« Auf dem Wege dazu befindet sich der Protestantismus, weil er die religiöse Weise der Vermenschlichung Gottes ist: »Der Gott, welcher Mensch ist, der menschliche Gott also: Christus – dieser nur ist der Gott des Protestantismus. Protestantismus kümmert sich nicht mehr, wie der Katholizismus, darum, was Gott *an sich selber* ist, sondern nur darum, was er *für den Menschen* ist; er hat deshalb keine spekulative oder kontemplative Tendenz mehr, wie jener; er ist nicht mehr *Theologie* – er ist wesentlich nur *Christologie,* d.i. religiöse Anthropologie.«[22]

Die kritische *Differenz* von Religion und Philosophie als Anthropologie begründet ausschließlich der »Bild«-Charakter. Das heißt: von der Religion selber werden die gegenständlichen Bilder, die sich die Menschen vormachen, unbildlich, wie selbständige »Sachen« genommen – von der Hegelschen Philosophie umgekehrt als bloße Vorstellungen oder Bilder, die als solche noch ohne Wahrheit sind; Feuerbach aber will die Bilder weder mit Hegel in »Gedanken« übersetzen (und damit die religiösen Dogmen philosophisch rechtfertigen), noch will er sie unübersetzt bildhafte Sachen sein lassen, sondern er will diese »Bilder *als Bilder*« menschlicher Wesensäußerung betrachtet wissen. Die Theologie verwandelt sich damit in »psychische Pathologie«. Alle religiösen Vorstellungen werden zurückübersetzt in ihre sinnliche Gewißheit, aus der sie auch ursprünglich hervorgingen: das sinnbildliche Brot in sinnfälliges Brot, der sinnbildliche Wein in wirklichen Wein. »Ich setze in der Tat und Wahrheit an die Stelle des unfruchtbaren Taufwassers die Wohltat des wirklichen Wassers.« Diese »Simplifizierung« der religiösen Vorstellungen »auf ihre einfachsten, dem Menschen immanenten Elemente« sei zwar »trivial«, aber warum sollte die Wahrheit der Religion und die Wahrheit überhaupt nicht am Ende eine höchste Trivialität sein? Während es Hegel noch darum zu tun war, die innere Übereinstimmung der christlichen Dogmen mit der Philosophie zu

21 Feuerbach VII[4], 50; Hegel XIII, 88f. – Vgl. dazu Bauers *Posaune*, Kap. XI, und J. Schaller, a.a.O., S. 165.
22 *Grundsätze der Philosophie der Zukunft,* 2.

erweisen, will Feuerbach mehr und weniger zeigen, nämlich, daß die Philosophie schon an und für sich Religion ist, wenn beide auf Anthropologie reduziert sind. »Daher [...] die neue Philosophie nicht mehr, wie die alte katholische und moderne protestantische Scholastik, in Versuchung geraten kann [...], ihre Übereinstimmung mit der Religion durch ihre Übereinstimmung mit der christlichen Dogmatik zu beweisen; sie hat vielmehr, als erzeugt aus dem Wesen der Religion, das wahre Wesen der Religion in sich, ist an und für sich, als Philosophie, Religion.«[23]

Dagegen stand die *historische* Auflösung der christlichen Religion für Feuerbach bereits ebenso fest wie später für Nietzsche, denn sie widerspricht sämtlichen Tatbeständen der modernen Welt. Das Christentum ist negiert, selbst von denen, die noch an ihm festhalten und sich zugleich darüber hinwegtäuschen, daß weder die Bibel noch die symbolischen Bücher und Kirchenväter mehr als das Maß des Christlichen gelten. Es ist negiert im Leben und in der Wissenschaft, in der Kunst und Industrie, »weil die Menschen sich das Menschliche angeeignet haben, so daß dem Christentum alle Oppositionskraft genommen ist.«[24] Ist aber praktisch der Mensch und die Arbeit an die Stelle des Christen und des Gebetes getreten, so muß auch theoretisch das menschliche Wesen an die Stelle des Göttlichen treten. Das Christentum ist aus dem alltäglichen Leben der Menschen, reduziert auf den Sonntag, verschwunden, weil es nichts weiter mehr als »eine fixe Idee« ist, »welche mit unsern Feuer- und Lebensversicherungsanstalten, unsern Eisenbahnen und Dampfwagen, unsern Pinakotheken und Glyptotheken, unsern Kriegs- und Gewerbeschulen, unsern Theatern und Naturalienkabinetten im schreiendsten Widerspruch steht.«[25] Diesen Widerspruch hat Feuerbach nicht anders empfunden wie Kierkegaard, der im Gegensatz zu ihm, aber mit der gleichen Konsequenz, eben deshalb die Wissenschaften, und zumal die Naturwissenschaften, als schlechthin belanglos für das religiöse Verhältnis erklärte[26]. Beide stimmen

23 VII^4, 31.
24 Br. I, 408.
25 VII^4, 32.
26 »Der Konflikt mit den Einwendungen der Naturwissenschaften und der Kampf darüber wird übrigens eine Analogie zu dem mit dem (Hegelschen) System haben. An und für sich haben die Einwendungen nicht viel zu bedeuten, aber eine mächtige Opinion, eine weltliche Bildung wird die Theologen genieren, so daß sie nicht anders dürfen als sich den Anschein geben, auch ein wenig

darin überein, daß sie den Widerspruch des Christentums zu den wissenschaftlichen, politischen und sozialen Interessen der Welt als unversöhnbar erkannten[27].

Doch hat die »Heuchelei«, die das Christentum innerhalb der modernen Welt darstellt, für Feuerbach nicht dieselbe erregende Bedeutung gehabt wie für Nietzsche und Kierkegaard. Sein Angriff auf das Christentum ist sehr viel harmloser[28]. Er gleicht keinem Todesstoß, sondern einer gutgemeinten Behütung im »Menschentum« mittels jener kritischen »Reduktion«, durch welche die Philosophie nun selber zur Religion wird: »weit gefehlt, daß ich der Anthropologie eine [...] nur untergeordnete Bedeutung gebe – eine Bedeutung, die ihr gerade nur solange zukommt, als über ihr und ihr entgegen eine Theologie steht, – indem ich die Theologie zur Anthropologie erniedrige, erhebe ich vielmehr die Anthropologie zur Theologie, [...] – nehme daher auch das Wort: Anthropologie [...] nicht im Sinne der Hegelschen oder bisherigen Philosophie überhaupt, sondern in einem unendlich höheren und allgemeineren Sinne.«[29]

Hegel gehört noch in das »Alte Testament« der Philosophie, denn seine Philosophie ist noch eine solche auf dem Standpunkt der Theologie. Seine Religionsphilosophie ist der letzte große Versuch, der gemacht wurde, um den Gegensatz von Christentum und Heidentum, von christlicher Theologie und griechischer Philosophie, doppelsinnig »aufzuheben«. In Hegel kulminiert die Zweideutigkeit der neueren Zeit, welche die Negation des Christentums mit dem Christentum gleich-

naturwissenschaftlich usw. zu sein, sie werden Angst haben, hierin schwarzer Peter zu sein, ganz wie seinerzeit im Verhältnis zum System [...]. Der Streit zwischen Gott und ›dem Menschen‹ wird darum wohl darin kulminieren, daß sich ›der Mensch‹ hinter die Naturwissenschaft zurückzieht [...]. Von den Naturwissenschaften wird sich die traurigste Differenz zwischen Einfältigen, welche einfältig glauben, und Gelehrten und Halbstudierten, die durch das Mikroskop gesehen haben, ausbreiten. Man darf sich nicht mehr wie in alten Tagen in seiner Rede vom einfältigen Höchsten freimütig an alle [...] Menschen wenden, gleichgültig, ob sie schwarz oder grün sind, ob sie große oder kleine Köpfe haben: man muß erst zusehen, ob sie Gehirn genug haben – um an Gott zu glauben. Wenn Christus etwas vom Mikroskop gewußt hätte, hätte er die Apostel erst untersucht (Kierkegaard, *Buch des Richters*, a. a. O., S. 123 ff.).

27 I, 253.

28 Vgl. dazu J. Ebbinghaus, *L. Feuerbach*, in: Deutsche Vierteljahrsschr. f. Literaturwiss. und Geistesgesch., Jg. VIII, H. 2, S. 283 ff.

29 VII[4], 24.

setzt. »Die bisherige Philosophie fällt in die Periode des Untergangs des Christentums, der Negation desselben, die aber zugleich noch die Position desselben sein wollte. Die Hegelsche Philosophie verdeckte die Negation des Christentums unter dem Widerspruch zwischen Vorstellung und Gedanke, d.h. sie negierte dasselbe, indem sie es ponierte, und hinter dem Widerspruch zwischen dem anfangenden und fertigen Christentum [...] Allein eine Religion erhält sich nur, wenn sie in ihrem [...] ursprünglichen Sinn erhalten wird. Anfangs ist die Religion Feuer, Energie, Wahrheit; jede Religion ist anfänglich [...] unbedingt rigoros; mit der Zeit aber ermattet sie, wird lax [...] verfällt dem Schicksal der Gewohnheit. Um diesen Widerspruch der Praxis des Abfalls von der Religion mit der Religion zu vermitteln, nimmt man zur Tradition oder zur Modifikation [...] seine Zuflucht.«[30] Im Gegensatz zu dieser halben Negation ist jetzt eine ganze und bewußte zu setzen. Sie begründet eine neue Zeit und die Notwendigkeit einer entschieden unchristlichen Philosophie, die ihrerseits Religion ist.

Indem aber Feuerbach die Philosophie als solche zur Religion erklärt, ist sein »Atheismus« – wie ihm Stirner vorhielt – selbst noch ein »frommer«. Durch diesen Vorwurf fühlte er sich aber nicht getroffen. Denn er wollte ja nur das *»Subjekt«* der religiösen Prädikate, Gott, beseitigen, aber keineswegs die *Prädikate selbst* in ihrer menschlichen Eigenbedeutung.

»Ein wahrer Atheist, d.h. ein Atheist im gewöhnlichen Sinne, ist daher auch nur Der, welchem die Prädikate des göttlichen Wesens, wie z.B. die Liebe, die Weisheit, die Gerechtigkeit Nichts sind, aber nicht Der, welchem nur das Subjekt dieser Prädikate Nichts ist. Und keineswegs ist die Verneinung des Subjekts auch notwendig zugleich die Verneinung der Prädikate an sich selbst. Die Prädikate haben eine *eigene, selbständige Bedeutung;* sie dringen durch ihren Inhalt dem Menschen ihre Anerkennung auf: sie erweisen sich ihm unmittelbar durch sich selbst als wahr; sie bestätigen, *bezeugen* sich selbst. Güte, Gerechtigkeit, Weisheit sind dadurch keine Chimären, daß die Existenz Gottes ein Chimäre, noch dadurch Wahrheiten, daß diese eine Wahrheit ist. Der Begriff Gottes ist abhängig vom Begriffe der Gerechtigkeit, der Güte, der Weisheit, – ein Gott, der *nicht* gütig, *nicht* gerecht, *nicht* weise, ist *kein Gott* –, aber nicht umgekehrt.«[31]

30 Br. I, 408.
31 VII^{4}, 60.

Feuerbach war also kein »gewöhnlicher« Atheist, bzw. er war es, nämlich sofern der Atheismus für gewöhnlich gerade das ist, als was ihn Feuerbach angibt: ein Bestehenlassen der christlichen Prädikate, unter Abstraktion von ihrem Subjekt!

Daß seine Religionskritik den Vorwurf der Frömmigkeit auf sich nehmen mußte, kennzeichnet die ganze, sich selbst überschlagende Bewegung nach Hegel: was dem Einen als Atheismus erschien, hat schon der Nächste als immer noch theologisch, religiös und christlich entdeckt. Strauß galt Bauer als »Pfaffe«, Feuerbach Stirner als »frommer Atheist«, Bauer galt Marx als ein Kritiker, der nur als Theologe kritisch ist. Stirner aber, der alle zu übertrumpfen glaubte, wird – zusammen mit der »heiligen Familie« (Bauer) – von Marx als »Kirchenvater« und »Sankt Max« persifliert, während Feuerbach in Stirners »Nichts« noch ein »göttliches Prädikat« und in seinem einzigen Ich die »christliche Individualseligkeit« zum Vorschein kommen sieht[32]. Ein jeder will dem andern einen Rest von Christlichkeit nachweisen, was in der Tat für jede Kritik des Christentums zutrifft, die noch polemisch durch ihren Gegner bedingt ist. Feuerbach hat die Möglichkeit dieser Vertauschung geschichtlich auf die Unterscheidung des Evangeliums von der jüdischen Gesetzesreligion zurückgeführt. Die christliche Religion sei im Gegensatz zur jüdischen Positivität bereits eine »Religion der Kritik und Freiheit«. »Dem Israeliten gegenüber ist der Christ [...] ein Freigeist. So ändern sich die Dinge. Was gestern noch Religion war, ist es heute nicht mehr, und was heute für Atheismus, gilt morgen für Religion.«[33]

Daß Feuerbachs Vermenschlichung der Theologie in die Geschichte des *Protestantismus* gehört, geht daraus hervor, daß er die Grundsätze seiner Religionskritik aus Luther abzuleiten vermochte. Im 14. Kapitel vom *Wesen des Christentums*[34], welches vom Glauben handelt, zitiert er Luthers Satz: »Wie du von Gott gläubest also hast du ihn. – Gläubst du es, so hast du es; gläubst du es aber nicht, so hast du nichts davon.«

32 I, 342ff. und dazu Stirners Entgegnung, *Kleinere Schriften*, a.a.O., S. 343ff.; vgl. dazu in Barnikols Neuausgabe von Bauers *Entdecktem Christentum*, a.a.O., S. 74, Anm.

33 VII^4, 73f. – Zur Frage des Zusammenhanges der Religionskritik überhaupt mit dem Unterschied von Judentum und Christentum siehe Leo Strauss, a.a.O., S. 199.

34 Vgl. dazu die 20. Vorlesung über das Wesen der Religion und Br. II, 236ff. über Zinzendorf.

»Darum wie wir glauben, so geschieht uns. Halten wir ihn für unsern Gott, so wird er freilich nicht unser Teufel sein. Halten wir ihn aber nicht für unsern Gott, so wird er freilich auch nicht unser Gott [...] sein.« Feuerbach fährt interpretierend fort: »Wenn ich also einen Gott *glaube,* so *habe* ich einen Gott, d.h.: der Glaube an Gott ist der Gott des Menschen.« Denn »wenn Gott *Das* und *so* ist, was ich und wie ich glaube, was ist das *Wesen Gottes* anders als das *Wesen des Glaubens?*« Im Glauben an Gott glaubt der Mensch an sich selbst, an die göttliche Macht seines Glaubens. Gott ist ein Wesen *für* den Menschen, er ist wesentlich *unser* Gott[35] und der Glaube an ihn ist somit ein religiöser Ausdruck für die »Selbstgewißheit des Menschen«. Die Welt des Glaubens ist eine Welt der »unbeschränkten Subjektivität«! – In einer besonderen Abhandlung über »das Wesen des Glaubens im Sinne Luthers« (1844) hat Feuerbach geradezu die *Identität* von Luthers Glaubensbegriff mit – dem »Wesen des Christentums« nachzuweisen versucht. Denn die Hauptsache an Luthers Gottesbegriff sei die Verneinung der katholischen Positivität und positiv die Behauptung, daß Christus nur ist, indem er *für uns ist,* daß er nur da ist für unsern Glauben. »Wenn Gott *allein für sich* im Himmel säße« – zitiert Feuerbach aus Luther – »wie ein Klotz, so wäre er *nicht* Gott« und er fährt fort: »Gott ist ein Wort, dessen *Sinn* nur der Mensch ist.« »Im Glauben ist Gott das Du des Menschen.« Auf diese Weise gelangt Feuerbach von Luthers Verinnerlichung oder Existenzialisierung des Glaubens zur Befestigung der lutherischen »Korrelation« von dem »was Gottes« und »was des Menschen« ist an *dem* Ende, welches der Mensch ist, und zu der These, daß Gott den Menschen »voraussetzt«, weil das theologische Wesen der Religion überhaupt ihr anthropologisches ist[36]. Im Prinzip ist Feuerbachs Auslegung schon in Hegel enthalten, denn auch nach diesem besteht die befreiende Tat der Reformation darin, daß Luther siegreich festgestellt habe, daß die Bestimmung des Menschen *»in ihm selber«* vorgehen müsse, wenngleich er ihren Inhalt noch als einen von außen,

35 In Luthers Predigt über Jes. 9,5 heißt es: »Mache die drei Buchsten ›Uns‹ so groß als Himmel und Erden.«

36 Siehe dazu K. Barths Feuerbachkritik in: *Zwischen den Zeiten,* 1927, H. 1 und dazu vom Verf.: *Grundzüge der Entwicklung der Phänomenologie zur Philosophie und ihr Verhältnis zur protestantischen Theologie,* in: Theol. Rundschau 1930, H. 5, S. 341 ff. (jetzt in: *Sämtliche Schriften* 3. *Wissen, Glauben und Skepsis. Zur Kritik von Religion und Theologie.* Stuttgart 1985, S. 76 ff.).

durch Offenbarung gegebenen aufnahm[37]. A. Ruge hat in seiner Abhandlung über den *Protestantismus und die Romantik* (1839/40) die Gefahr formuliert, welche daraus hervorgehen mußte: »Das Prinzip der Romantik [...] besteht darin, daß das Subjekt in dem protestantischen Prozeß des Sich-*Aneignens* bloß das *Eigene*, das Ich, welches das Aneignen vollzieht, festhält, also in der Negation gegen das Allgemeine und Objektive stehen bleibt.« – Feuerbachs Religionskritik konnte und wollte nicht etwas Abschließendes, sondern nur etwas Vorläufiges sein, dessen Konsequenzen jedoch nicht ausbleiben würden. Ihre Grundgedanken, meinte er, würden bestehen bleiben, aber »nicht in der Weise, in welcher sie hier ausgesprochen sind und unter den gegenwärtigen Zeitverhältnissen ausgesprochen werden konnten«.

4. *Ruges Ersatz des Christentums durch Humanität*

A. Ruges Religionskritik bewegt sich im Ausgang von Hegel auf dem Boden von Feuerbach. Bei Hegel habe man noch den Kampf mit einem anerzogenen Glauben vor sich, den er einmal rechtfertigt und dann wieder verwirft; er betone zwar, daß im Christentum der absolute Geist *als Mensch* gewußt wird, vergesse aber seine eigene Einsicht, indem er der christlichen Dogmatik und dem Gott der Juden eine philosophische Existenz gibt[38]. Das einzig richtige Verfahren habe Feuerbach eingeschlagen, als er nachwies, daß die Theologie »nichts anderes als« Anthropologie sei. Erst die »humane Religion«[39] löst alle Rätsel der Vergangenheit und erfüllt die Entwicklung vom Griechentum bis zum Christentum. »Das Papsttum und die Lutherische Dogmatik verderben die Idee des Christentums. Die Religiosität der Reformation, der ethische Enthusiasmus der Revolution, der Ernst der Aufklärung, die Philo-

37 IX, 437 und XV, 253 ff. – In einer katholischen Streitschrift von G. Müglich gegen *Die Hegelweisheit und ihre Früchte oder A. Ruge mit seinen Genossen* (Regensburg 1849) heißt es: Gott kam in Luther zum Bewußtsein, in Hegel zum Selbstbewußtsein – vor 1517 hatte man noch keine Ahnung vom »Geist« – erst im protestantischen Zeitalter ist er als Zeitgeist aufgetaucht, um seit Hegel präsent zu sein.
38 *Aus früherer Zeit*, a.a.O., IV, 121 ff. Zum Beweis dieses Widerspruchs beruft sich Ruge auf Hegel XV, 114–117.
39 *Die Akademie*, a.a.O., S. 1 ff., wieder abgedruckt im 2. Heft von *Unser System.*

sophie und der Sozialismus sind hingegen wirkliche Fortbildungen des christlichen Humanitätsprinzips.«[40] Dieses ist immanent und universal, wogegen Christus noch transzendent und einzig blieb. Das letzte Ziel der religiösen Entwicklung ist: das Christentum durch Humanität zu ersetzen.

Ruges populäres »System der Religion unserer Zeit«, das eine Ableitung der Religion des Humanismus aus den geschichtlichen Religionen sein will, ist dem Stil wie dem Inhalt nach ein Vorläufer des »neuen Glaubens« von Strauß. Aber auch noch in dieser humanen Verdünnung ist Ruges Programm eine direkte Folge von Hegels Vergeistigung der christlichen Vorstellungen durch ihre Erhebung in den Begriff. Und nicht nur der politische Journalismus der Linken, sondern auch ein so gelehrter Althegelianer wie Rosenkranz hat noch zehn Jahre nach Ruges Schrift die Ansicht vertreten, daß sich das durch Hegel vergeistigte Christentum nun »vollende« in der modernen Humanität und Zivilisation[41]!

5. Bauers Destruktion der Theologie und des Christentums

Bruno Bauers charaktervolle und bedeutende Persönlichkeit war der geistige Mittelpunkt der Berliner »Freien«[42]. Auch Marx und Stirner standen zunächst im Banne seiner radikalen Kritik. Er war ein Asket und Stoiker. Seine letzten Werke entstanden in einer Stube, die er sich bei Berlin auf dem Lande als »der Einsiedler von Rixdorf« aus einem Stall zurechtgebaut hatte.

40 *Unser System,* a. a. O., H. 2, S. 13.

41 *Neue Studien* I, Leipzig 1875, S. 317 ff. – In seiner Betrachtung des »religiösen Weltprozesses« der Gegenwart erklärt Rosenkranz die universelle Bedeutung des Christentums im modernen Weltverkehr als das Produkt der Bildung, die es durch Wissenschaft erworben habe. Das heutige Christentum sei die Religion der selbstbewußten Vernunft und Humanität, und es könne kein Zweifel bestehen, daß gerade in unserer Epoche der technischen Zivilisation der religiöse Prozeß überall mit tätig sei, um die Welt auch im Innersten umzugestalten.

42 Zur Charakteristik von Bauers Persönlichkeit siehe K. Rosenkranz, *Aus einem Tagebuch,* Leipzig 1854, S. 113; J. H. Mackay, *M. Stirner,* 2. Aufl. Treptow bei Berlin 1910, S. 221; Th. Fontane, *Briefe, 2. Sammlung,* Berlin 1909, Bd. II, S. 392; P. Gast, *Briefe an Nietzsche,* München 1924, II, S. 162; E. Barnikol, *Bauers Entdecktes Christentum,* a. a. O., S. 67 f.

Seine theologische Arbeit, die hier nicht zu beurteilen ist, verfiel von Anfang an dem öffentlichen Verdikt; noch Overbeck sah sich veranlaßt, ihn dagegen in Schutz zu nehmen. A. Schweitzer hat seinen Eindruck von Bauers Leistung folgendermaßen zusammengefaßt: »Groß sind für uns nicht die, welche die Probleme einebneten, sondern die, welche sie entdeckten. Bauers Kritik der evangelischen Geschichte ist ein Dutzend gute Leben-Jesu wert, weil sie, wie wir erst jetzt, nach einem halben Jahrhundert erkennen können, das genialste und vollständigste Repertorium der Schwierigkeiten des Lebens Jesu ist, das überhaupt existiert. Leider hat er selbst, durch die souveräne, allzu souveräne Art, wie er die Probleme entwickelte, seine Gedanken für die zeitgenössische Theologie unwirksam gemacht. Er verschüttete den Gang, den er in den Berg getrieben, so daß eine ganze Generation damit zu tun hatte, die Adern wieder bloßzulegen, auf welche er schon gestoßen war. Sie konnten nicht ahnen, daß die Abnormität seiner Lösungen in der Intensität begründet war, mit der er die Fragen erfaßt hatte, und daß er für die Geschichte blind geworden war, weil er zu scharf beobachtet hatte. So war er für die Zeitgenossen nur ein Phantast. – Aber in seiner Phantasterei liegt zuletzt doch eine tiefe Erkenntnis verborgen. In dieser grandiosen Art war es noch niemand aufgegangen, daß das Ur- und Frühchristentum nicht das einfache Resultat der Predigt Jesu war, daß es mehr war als eine in Praxis gesetzte Lehre, viel mehr, indem mit dem Erleben jener Persönlichkeit das Erleben der Weltseele sich verband, als ihr Leib, die Menschheit des römischen Imperiums, in Todeszuckungen lag. Seit Paulus hatte niemand die Mystik des überpersönlichen σωνα χϱιστοῦ so gewaltig erfaßt. Bauer übersetzte sie in Geschichte und machte das römische Imperium zum ›Leib Christi‹.«[43]

Bauer studierte zunächst in Berlin unter Marheineke (dem ersten Herausgeber der Hegelschen *Religionsphilosophie*)[44], Schleiermacher und Hegel Philosophie und Theologie. Seine literarische Laufbahn begann mit einer Kritik von Strauß' *Leben Jesu*. Als Herausgeber einer Zeitschrift für spekulative Theologie vertrat er zunächst die Hegelsche Orthodoxie. Seine kritische Stellung zu Hegel bekunden erst seine anonym erschienenen Schriften *Die Posaune des Jüngsten Gerichts über Hegel den Atheisten und Antichristen. Ein Ultimatum* (1841) und

43 *Geschichte der Leben-Jesu-Forschung*, Tübingen 1921, S. 161; vgl. W. Nigg, *Geschichte des religiösen Liberalismus*, Zürich 1937, S. 166 ff.
44 Die 2. Aufl. ist von Bauer bearbeitet worden; siehe dazu *Posaune*, S. 149.

Hegels Lehre von der Religion und Kunst, die er gemeinschaftlich mit Ruge schrieb (1842). Auch für Bauers Kritik der christlichen Theologie ist das schlechthin Bezeichnende die Art und Weise seiner Anknüpfung an Hegel. Radikaler als Strauß und Feuerbach hat er sich mit Hegels Religionsphilosophie auseinandergesetzt. Das Ergebnis wird von ihm ironisch verhüllt und dadurch um so wirksamer aufgedeckt. Im Gewande eines orthodoxen Pietisten zeigt er, »vom Standpunkt des Glaubens aus«, mit zahllosen Bibel- und Hegelzitaten, daß keineswegs erst die radikalen Junghegelianer, sondern schon ihr Vater ein »Atheist« war, unter dem Deckmantel einer philosophischen Rechtfertigung der Dogmatik. »O, die Armen und Unglückseligen, die sich haben täuschen lassen, wenn ihnen zugeflüstert wurde: der Gegenstand der Religion wie der Philosophie sei die ewige Wahrheit in ihrer Objektivität selbst, *Gott und nichts als Gott* und die Explikation Gottes; die Armen, die es gern hörten, daß Religion und Philosophie zusammenfallen, die ihren Gott noch zu behalten meinten, wenn sie hörten und annahmen, die Religion sei das Selbstbewußtsein des absoluten Geistes.« Diese Armen haben Ohren, ohne zu hören, und Augen, ohne zu sehen. Denn was ist klarer als die Tatsache, daß Hegels *Erklärung* der Religion ihre *Zerstörung* bezweckt, obschon die christliche Hülle seiner Zerstörung den Anschein erweckt, als rede auch er von dem einen lebendigen Gott, der da war, ehe die Welt war und der in Christus seine Liebe zu den Menschen offenbarte. Hegels kalter Verstand kennt nur das Allgemeine des Weltgeistes, der sich im Menschen seiner selbst bewußt wird. Harmlose Schüler wie Strauß haben darin einen »Pantheismus« gesehen; es ist aber der entschiedenste Atheismus, der das Selbstbewußtsein an die Stelle von Gott setzt. Zwar redet Hegel von der Substanz als Subjekt, aber er meint kein einzelnes, bestimmtes Subjekt, das Himmel und Erde schuf – im Gegenteil: er benötigt ein ganzes Geisterreich, zahllose Subjekte, damit die Substanz im Laufe der Zeit ihrer selbst schließlich in Hegel bewußt wird[45]. Der Schluß seiner Gedankenbewegung ist nicht die Substanz, sondern das »Selbstbewußtsein«, das die Allgemeinheit der Substanz als *sein* Wesen in sich hat. Diesem gottlosen

45 Eben diese These vom sich in der Geschichte verwirklichenden »Selbstbewußtsein« als der »einzig schöpferischen Macht des Universums« hat Bauer im *Entdeckten Christentum* (a. a. O., S. 156) selber gegen das Christentum vertreten. Gegen das Hegel-Bauersche Prinzip des »Selbstbewußtseins« richtet sich Marxens Kritik in der *Heiligen Familie.*

Selbstbewußtsein verleiht Hegel die Attribute des Göttlichen. Die Gutgläubigen haben aber seine teuflische Hinterlist nicht durchschaut und verkannt, daß Hegel ein Revolutionär ist, und zwar ein größerer als alle seine Schüler zusammen: er vollzieht eine *radikale Auflösung aller Substanzialitätsverhältnisse*[46].

Darüber täusche hinweg – das will Bauer den »Gläubigen« zu Gemüte führen – Hegels Polemik gegen Schleiermachers »Gefühlstheologie«. In Wirklichkeit wollte Hegel mit der Kritik des Gefühls aber keineswegs die Subjektivität als solche treffen, sondern nur eine unzureichende Form derselben. Auch für Hegel ist die Religion, nicht anders wie die Kunst und die Wissenschaft, ein Produkt des geistigen Selbstbewußtseins. Deshalb warnt Bauer die »Wohlgesinnten« vor Hegels Zauberwort von der »Versöhnung« des denkenden Geistes mit der Religion: »wie viele sind durch dies Zauberwort, welches vor einigen Jahren ordentlich Mode [...] war, bezaubert, von dem wahrhaften Gott abgezogen und dem Atheismus entgegengeführt worden! Welche Spiegelfechterei! Das ist nach Hegel die Versöhnung der Vernunft mit der Religion, daß man einsieht, es gebe keinen Gott und das Ich habe es in der Religion immer nur mit sich zu tun, während es [...] meint, es habe es mit einem lebendigen, persönlichen Gott zu tun. Das realisierte Selbstbewußtsein ist jenes Kunststück, daß das Ich sich einerseits wie in einem Spiegel verdoppelt und endlich nachher, wenn es sein Spiegelbild Jahrtausende lang für Gott gehalten hat, dahinterkommt, daß jenes Bild im Spiegel es selber sei. Der Zorn und die strafende Gerechtigkeit Gottes ist demnach nichts anderes, als daß das Ich selbst die Faust ballt und im Spiegel sich selber droht; die Gnade und das Erbarmen Gottes ist wiederum nichts anderes, als daß das Ich seinem Spiegelbilde die Hand gibt. Die Religion hält jenes Spiegelbild für Gott, die Philosophie hebt die Illusion auf und zeigt dem Menschen, daß hinter dem Spiegel niemand steckt, daß es also nur der Widerschein des Ich sei, mit welchem bis dahin dasselbe verhandelt [...] habe.«[47] Noch erheblich weiter wagt sich Bauer in seiner nächsten, mit der *Posaune* zum Teil identischen Schrift über *Hegels Lehre von der Religion und Kunst* vor, worin er die »Gläubigen« mit allen Mitteln des Stils und der Drucktechnik (Sperrungen, Fettdruck und das Bild eines Zeigefingers) aufreizt

46 Vgl. dazu die Besprechung von Bauers *Posaune* in den *Hallischen Jahrbücher*, Jg. 1841, II. Teil, S. 594.
47 *Die Posaune,* a. a. O., S. 148.

und die Ironie seines Angriffs auf Hegel mit einer Warnung vor seinen eigenen theologischen Schriften verstärkt.

Philosophie und Religion lassen sich nicht vereinen, vielmehr muß der Glaube den Hochmut des Begriffs austreiben, um nicht selber von ihm vertrieben zu werden. Der Unterschied zwischen Voltaires Angriff auf die Bibel und Hegels Auflösung der Religion ist nur ein scheinbarer, im Grunde tun und sagen beide das gleiche: der Franzose mit geistreichem Witz, der Deutsche mit dozierendem Ernst. Hegel hat sein Vorbild sogar übertroffen, weil er seine Lästerungen gelassen vorträgt und ihnen durch allgemeine, philosophische Bestimmungen eine nachhaltigere Kraft verleiht. Er ist unerschütterlich, weil er den Glauben gar nicht mehr kennt. »Voltaire empfindet noch die erste Hitze [...] des Hasses und wütet, wenn er [...] die Männer nach dem Herzen Gottes angreift, Hegel dagegen macht die Sache in aller Seelenruhe gewöhnlich mit einer philosophischen Kategorie ab, seine Vergehen kosten ihn nicht mehr Mühe als wenn er ein Glas Wasser tränke.«[48] In Voltaires Schule hat Hegel auch gelernt, daß die Juden ein Volk der Zerrissenheit und Verworfenheit seien, der Mythos der Griechen scheint ihm viel menschlicher, freier und schöner als die Bibel zu sein. Dasselbe, was Hegel vom Alten Testament sagt, denkt er auch über das Neue und Jehova, der »als der Eine Alles sein will«, kommt nach ihm über die »Beschränktheit« nicht hinaus zur geistigen Allgemeinheit. Hegel verachtet zugleich mit der *orientalischen* Religion auch die *christliche* Offenbarung, weil sie noch nicht bei der atheistischen Selbständigkeit des Subjekts angelangt ist. Ja, er wagt zu behaupten, es sei die »Ehre« großer Charaktere, schuldig zu werden, weil er statt an die christlichen Heiligen an die Heroen Griechenlands denkt und an Stelle des Martyriums die »atheistische Tragödie« preist, deren Hauptgegensatz der keineswegs christliche von Familie und Staat ist. Die Orientalen wußten nach Hegel noch nicht, daß der Geist oder der Mensch als solcher frei ist – gewiß, aber sie taten sehr wohl daran, und wenn nach Hegel alle Gläubigen Orientalen, Syrer und Galiläer sind, »so tun sie noch jetzt daran Recht, wenn sie nicht in diesem atheistischen Sinn frei sein wollen. Nicht *bei uns* selber wollen wir sein, sondern *bei Gott*«[49]. Der Geist muß sich sehnen, hoffen, trauern und klagen, Hegel aber sagt: »hic Rhodus, hic saltus«, d.h. er will tanzen und zwar hier, auf dieser

48 *Hegels Lehre von der Religion und Kunst,* a.a.O., S. 100.
49 Ebenda, S. 163.

irdischen Welt! Am deutlichsten offenbart Hegel seinen Haß gegen das Christentum in seiner Ästhetik – wie er ja überhaupt die heilige Geschichte von der ästhetischen Seite her angreift –, wo er unverblümt eingesteht, daß er die Knie vor Christus und Maria nicht beuge. Er verachtet überhaupt jedes Sichbeugen, er will stets das »Selbstbewußtsein« verbreiten und die ganze Welt in *seinen* Besitz verwandeln. Das Selbstbewußtsein und die Vernunft ist ihm Alles, und alles Übrige negiert er als eine »fremde«, weil noch nicht zum Begriff befreite Macht. Die Freiheit des Beisichselbstseins ist ihm Mittel und Zweck der Geschichte. Für den Christen gibt es aber nur *eine* geschichtliche Macht: die Macht Gottes und nur *einen* Zweck: die Herrlichkeit des Herrn, und darum auch nur *ein* Mittel zu seiner Ausführung: Christus, den *einen* Mittler zwischen Gott und dem Menschen.

Was will Hegels Vermittlung gegen diesen einzigen, wahrhaft befreienden Mittler? Er muß, um ihn auszuschalten, die Heilige Schrift *mythisch* erklären. Im Grund ist er sogar radikaler als Strauß, denn dieser nimmt im Neuen Testament nur einzelne Mythen an, nach Hegel ist aber das Ganze mythisch, einfach weil es Religion in religiöser Vorstellung und Darstellung ist[50]. Und nicht genug damit: er findet im griechischen Mythos und Epos ein Werk der schöpferischen Individualität, die sich das Überlieferte frei zu eigen macht, und in den Berichten der Evangelien die unfreie Ausarbeitung einer gegebenen Tradition, ein »äußerliches Formieren«.

Wenn aber die Mythologie die Kunst ist, welche das Göttliche menschlich gestaltet und dem Menschen seine freie Humanität läßt, so ist die heilige Geschichte in andrer Hinsicht auch *nicht mythisch,* weil sie nur von den Taten Gottes und von der Knechtschaft des Menschen weiß. Die heilige Geschichtsschreibung kann es daher nach Hegel auch nicht zur Form des Kunstwerks bringen, weil ihr bei der Nichtigkeit und Verworfenheit des Menschen und bei dem Einerlei der Tätigkeit des Einen die Möglichkeit aller geistigen Bewegung, wirklicher Kollisionen und einer menschlichen freien Aufhebung derselben fehlt. »*Wo der Eine Alles ist, die andern Knechte sind, ist im Grunde die Möglichkeit aller Geschichte und Geschichtsanschauung aufgehoben.*«[51] Andrerseits ist die heilige Geschichte aber auch *nicht symbolisch* zu verstehen, weil das Göttliche in strenger Individualität festgehalten wird und

50 Ebenda S. 180.
51 Ebenda, S. 206.

Jehova bis zum Tode menschliches Schicksal erfährt. Symbolisch ist sie nur insoweit, als alle natürlichen und menschlichen Erscheinungen in der Bibel nicht durch sich selbst ihre Bedeutung finden, sondern nur durch ihren Bezug auf den Herrn. Die heilige Geschichte ist also, von Hegel aus interpretiert, ein Zwitter von morgenländischen und abendländischen Vorstellungen, *ein trübes Gemisch von Symbolik und Mythologie.* Wollte man aber fragen, ob sie in dem trivialen Sinne von Strauß mythisch zu nehmen ist[52], weil dem Berichteten nicht immer der prätendierte Hergang entspricht, so würde der Meister nur lachen über die Jämmerlichkeit solcher Fragestellung – er, dieser große Jongleur, welcher mit dem »zweischneidigen Schwert« (Hebr. 4, 12) des Wortes Gottes spielt, das er sich scheinbar in die Kehle steckt, damit es niemand mehr scheue!

Auf diese Weise läßt Bauer seine eigene Destruktion der Theologie in die Auslegung Hegels hineinscheinen, um sie als die einzig rechtmäßige Konsequenz seiner Religionsphilosophie zu erweisen. Er macht selbst die »Gläubigen« darauf aufmerksam, daß *er* ein sehr viel gefährlicherer Schüler Hegels als Strauß sei. Denn dieser habe der heiligen Geschichte noch viele Zugeständnisse gemacht, indem er vom reinen Mythos den Mythos an der Geschichte unterschied und als Grundlage des letzteren wirkliche Tatsachen anerkannte; Bauer geht in seiner »Raserei« noch viel weiter: er behauptet, daß die Evangelien selber schon ein *theologisches Kunstprodukt* sind[53]. »Strauß fragt und untersucht, ob die evangelischen Berichte *sagenhaft* sind [...], Bauer sucht in ihnen die Spuren der *absichtlichen Reflexion* und des *theologischen Pragmatismus* auf. Strauß sieht sich wegen der Schwäche seines Prinzips, und da er immer noch sehr viel geschichtliche Data in den Evangelien anerkennt, [...] zuletzt gezwungen, zu fragen, ob das *Wunder,* von dem ein Bericht erzählt, *möglich* sei [...]. Bauer dagegen wirft die Frage [...] niemals auf und glaubt sie gar nicht nötig zu haben, weil er die Berichte [...] dadurch auflöst, daß er sie als *Werk der Reflexion* nachweist. *Seiner Sache ist er dabei so sicher, daß er sogar noch viel mehr Wunder in den Evangelien anerkennt als Strauß:* es sind jene *schriftstellerischen Wunder,* die er mit besonderer Vorliebe behandelt, weil er mit

52 Im Prinzip, wenngleich unter andern Voraussetzungen, hat Bauer schon vor seiner Konversion zur Hegelschen Linken die mythische Ansicht von Strauß verworfen. Siehe dazu Th. Ziegler, *Strauß,* a. a. O., S. 356.
53 A. a. O., S. 190, 204.

ihnen als bloßen Geschöpfen des unbedachtsamen Pragmatismus leicht fertig zu werden [...] hofft.«[54]

Für Bauer, der damals ein »Journal für den Atheismus und die Sterblichkeit der endlichen Subjekte« plante[55], war selbst Strauß noch »ein Hengstenberg« (d.i. ein orthodoxer Reaktionär) »innerhalb der Kritik«. Dagegen war *er* in der Tat jener durch Hegel geschulte »Atheist und Antichrist«, als welchen er seinen Lehrer den Gläubigen vorstellt. Er beschreibt sich ironisch in dem Bilde des Gottesgelehrten aus Sirach (14,22–24): wie dieser schleicht er der Weisheit nach, er guckt zu ihrem Fenster hinein, horcht an ihrer Tür, richtet an ihrer Wand seine Hütte auf und bringt seine Kinder auch unter ihr Dächlein – um schließlich das innerste Heiligtum umzustürzen und das ganze Gebäude der Gottesweisheit als ein profanes zu kompromittieren. Er behauptet sogar, daß die theologische Auslegung der Bibel »jesuitisch« sein *muß*, weil die Ausleger einerseits die ewige Wahrheit der Schrift voraussetzen und andrerseits in ihrer eigenen Zeitbildung und Menschlichkeit Voraussetzungen haben, die sie entgegen den ersteren durchsetzen müssen, obwohl sie den biblischen widersprechen. Der Theologe hat neben seiner modernen Bildung apologetische Interessen, er muß die altertümliche Bibel und seine modern-barbarische Bildung in Einklang bringen, was aber nur möglich ist, indem er beide verfälscht.

Bauers Gedanken sind für die zeitgenössische Theologie und Philosophie ohne Wirkung geblieben, und selbst bei Overbeck ist es fraglich, ob für seine Stellung zur Theologie Bauers Analyse des »theologischen Bewußtseins« von unmittelbarem Einfluß gewesen ist. Nur für einen kritischen Augenblick hat Bauers Radikalismus auf seine nächsten Zeitgenossen gewirkt. Strauß zog sich nach Bauers überscharfer Kritik seines *Leben Jesu* für dauernd von ihm zurück; Feuerbach, dem man zuerst die Verfasserschaft der *Posaune* zuschrieb, hat Bauers Schrift schon deshalb abgelehnt, weil sie ihm *für* Hegel zu sein schien, wogegen sie ihm Ruge gerade als den entschiedensten Bruch mit dem Hegelianismus empfahl[56]. Während Feuerbach den »Berliner Sophisten« von Anfang an fern stand, hat Ruge Bauers kritische Leistung mit der von Voltaire und Rousseau verglichen. Er sei ein »Messias des Atheismus«

54 A.a.O., S.59.
55 Ruge, Br. I, 243; vgl. 239.
56 Feuerbach, Br. I, 330 und 364; vgl. 337.

und der »Robespierre der Theologie«[57]. Aber schon bald darauf regten sich auch bei ihm Bedenken, denn Bauer sei doch nur stark im Negieren, weil er den gemeinschaftlichen oder politischen Charakter des menschlichen Daseins verkenne. Historisch und politisch sei mit seinem »System der Frivolität« nichts anzufangen. Später versuchte Ruge, in den *Anekdota* Bauers »Negativität« genauer zu bestimmen. Es sei ihm zwar gelungen, durch das Heraustreiben der atheistischen Konsequenz Hegels eigene Inkonsequenz deutlich zu machen, aber ohne das Neue begründen zu können. »Es genügt nicht, den Fortschritt der Zeit in der Vergangenheit nachzuweisen; das Neue muß sich auf seine eigenen Füße stellen; denn alle Exegese eines Neuen aus dem Alten ist schief, ist eben der Fehler der Hegelschen Zweideutigkeit und seines Doppelsinnes, der Fehler der Philosophie, welche sich in die überschrittene christliche [...] Weltansicht hineinlegt und bei diesem Geschäft sowohl sich als jene Geistesstufen falsch auslegt.«[58] Bauers *Posaune* sei eigentlich eine Konsequenz Feuerbachs, aber eine solche, welche um des polemischen Zwecks willen scheinbar einen Schritt zurückgeht. Ruges abschließendes Urteil aus dem Jahre 1846 ist im Grunde identisch mit dem von Marx und Stirner: Bauer sei der »letzte Theologe«, ein totaler Ketzer, der die Theologie mit theologischem Fanatismus verfolge, und eben darum nicht frei von dem Glauben, den er bekämpft[59].

Bauers *direkte* Kritik der christlichen Religion enthält das *Entdeckte Christentum. Eine Erinnerung an das achtzehnte Jahrhundert und ein Beitrag zur Krise des neunzehnten* (1843)[60]. Seine Entdeckung weist durch ihre These vom Hervorgang des Christentums aus dem Zerfall der politischen Freiheit der römischen Welt auf den *jungen Hegel* zurück und voraus auf Nietzsches Genealogie der Moral. Er will nicht mehr das »Wesen« des Christentums humanisieren, sondern seine *»Unmenschlichkeit«* nachweisen, seinen paradoxen Kontrast zu allem, was dem Menschen natürlich ist[61]. Das Christentum ist für ihn schlechthin

57 Ruge, Br. I, 247; vgl. 255, 281, 290f.
58 *Anekdota,* Zürich und Winterthur, 1843, Bd. II, 8.
59 Ruge, *Zwei Jahre in Paris. Studien und Erinnerungen,* Leipzig 1846, S. 59ff.
60 Barnikol, *Das entdeckte Christentum im Vormärz,* a. a. O., – Von Barnikols wohldokumentiertem Material wird im folgenden dankbar Gebrauch gemacht. Zur Erklärung des Titels von Bauers Schrift siehe Barnikols Einleitung § 78ff. – Über Bauers Beziehung zu Edelmann, auf den sich der Untertitel bezieht, vgl. seine *Geschichte der Politik, Kultur und Aufklärung,* a. a. O., I, 204–236.
61 *Hegels Lehre von der Religion und Kunst,* a. a. O., S. 215.

das »Unglück der Welt«. Es trat auf, als sich die alte Welt nicht mehr halten konnte, es hat dieses Unglück zum Wesen des Menschen erhoben und ihn im Leiden fixiert. Der Mensch ist aber seinem Wesen nach frei, er kann und muß auch gegenüber dem Tod seine Freiheit beweisen; er ist selbst dann noch sein eigener Gesetzgeber, wenn er sich selber glauben macht, er müsse sich einem fremden Gesetz unterwerfen. Gott, das ist der dem Menschen entfremdete Mensch, aber nicht mehr im selben Sinn wie bei Feuerbach. Für diesen bedeutete die Entfremdung nur eine aufhebbare Vergegenständlichung des menschlichen Wesens im Bilde der Religion, für Bauer einen völligen Selbstverlust, der nur durch eine totale Entchristlichung wieder aufhebbar ist. Die vollständige Befreiung von der Religion ist daher mehr als eine bloße Befreiung: sie ist ein Los- und Lediggewordensein, ein seiner selbst gewiß gewordenes Freisein von aller Religion. Diese Freiheit äußert sich nicht zuletzt in der Selbstaufhebung auch der Kritik der Religion. »Die Französische Revolution fehlte noch darin, daß sie sich [...] dazu fortreißen ließ, gegen die Religion und Kirche die polizeiliche Gewalt zu gebrauchen, welche das Privilegium vorher gegen seine Widersacher angewandt hatte [...]. Jetzt aber ist es anders: das Selbstbewußtsein ist zur Gewißheit seiner Freiheit gelangt und wird im entscheidenden Augenblick auch den Unfreien die Freiheit lassen, unfrei zu sein. Es wird ihnen die Freiheit nicht aufzwingen. Es wird mit der Freiheit die Welt überwinden. Die Geschichte wird nach der Krisis nicht mehr religiös, nicht mehr christlich sein; aber gegen diejenigen, die am Saume der zivilisierten Welt stehen bleiben und ihre Götter behalten wollen, wird sie die Milde der Verachtung ausüben. Als den Fabius nach der Einnahme von Tarent seine Soldaten fragten, was mit den erbeuteten Götterbildern geschehen solle, antwortete er: lassen wir den Tarentinern die erzürnten Götter. [...] Lassen wir den Christen ihre erzürnten Götter!«[62]

62 E. Barnikol, a. a. O., S. 164.

6. *Marx' Erklärung des Christentums als einer verkehrten Welt*

Dis bisher betrachtete Religionskritik bekam eine neue Wendung mit Marx und einen Abschluß mit Stirner. Marx wendet sich gegen seinen früheren Mitarbeiter Bauer in der gemeinsam mit Engels verfaßten *Heiligen Familie, oder Kritik der kritischen Kritik, gegen B. Bauer und Consorten* (1844/45). In dieser Kampfschrift stellt er sich noch ganz auf die Seite des »realen Humanismus« von Feuerbach, in dessen Kommunismus von »Ich und Du« er den wirklichen Menschen gesichtet sieht, wenn auch noch nicht als soziales Gattungswesen in seiner »Praxis« erkannt. Dagegen gilt ihm Bauers Antithese von »Selbstbewußtsein« und »Masse« als ein schlechter Hegelianismus auf Feuerbachscher Basis. Denn das »Selbstbewußtsein«, von dem aus Bauer die »Masse« kritisiert, ist ja nicht mehr das totale und absolute Subjekt der Hegelschen Philosophie, sondern eine endliche, anthropologische Subjektivität, mit dem Anspruch auf absolute Bedeutng. Für Marx bleibt Bauer ein »Theologe« und »Hegelianer«, der schon in der Abhandlung zur Judenfrage nur insoweit kritisch war, als diese Frage noch eine theologische war, aber unkritisch wurde, wo sie politisch zu werden begann. Der sozialen und politischen Wirklichkeit nach ist Bauers absolutes »Selbstbewußtsein« wie Stirners »Einziger« eine ideologische Verabsolutierung des Prinzips der bürgerlichen Gesellschaft, deren wesentlicher Stand der »Privatstand« und deren faktisches Prinzip der »Egoismus« ist. Was Marx an Bauer und noch eindringlicher an Stirner bekämpft, sind deshalb die sozial-politischen *Voraussetzungen* und *Konsequenzen* des »Selbstbewußtseins«. Diese treten aber in Bauers Antithese schon deutlich heraus; denn seine Opposition gegen die »Masse« ist konstitutiv für sein »Selbstbewußtsein«, so wie die »Menge« für Kierkegaards »Selbstsein«[63].

»Die absolute Kritik spricht von ›Wahrheiten, die sich von *vornherein* von selbst verstehen‹. In ihrer kritischen Naivität erfindet sie ein absolutes, ›von vornherein‹ und eine abstrakte, unveränderliche ›Masse‹. Das ›von vornherein‹ der Masse des 16. Jahrhunderts und das ›von vornherein‹ der Masse des 19. Jahrhunderts sind vor den Augen der absoluten Kritik ebensowenig unterschieden als diese Massen selbst [...]. Weil *die* Wahrheit, wie die Geschichte, ein ätherisches, von der

63 Vgl. dazu die existenzphilosophische Alternative von Selbstsein und »Man-sein« bei Heidegger, von Selbstsein und »Massendasein« bei Jaspers.

materiellen Masse getrenntes Subjekt ist, adressiert sie sich nicht an die empirischen Menschen, sondern an das ›*Innerste der Seele*‹, rückt sie [...] dem Menschen nicht auf seinen *groben* [...] *Leib*, sondern ›zieht‹ sich ›durch und durch‹ durch seine idealistischen Darmkanäle.« »Auf der einen Seite steht *die* Masse als das passive, geistlose, geschichtslose, *materielle* Element der Geschichte; auf der anderen Seite steht: *der* Geist, *die* Kritik, Herr Bruno & Comp. als das aktive Element, von welchem alle *geschichtliche* Handlung ausgeht. Der Umgestaltungsakt der Gesellschaft reduziert sich auf die *Hirntätigkeit* der kritischen Kritik.«[64].

Mit einer ausdrücklichen Polemik gegen Bauers »jüngstes Gericht« über Hegel beschließt Marx seine Kritik an Bauer mit einem »Kritischen jüngsten Gericht« im Stil der *Posaune* und mit der »historischen Nachrede«: »Wie wir nachträglich erfahren haben, ist nicht die Welt, sondern die kritische Literaturzeitung untergegangen.« Was Bauers sich selbst genügende, bloß »kritische« Kritik wirklich geleistet hat, ist nach Marx nur das eine: daß sie den idealistischen Charakter des Hegelschen »Selbstbewußtseins« durch empirische Anwendung deutlich macht.

Für die Kritik der Religion entscheidender als die Polemik gegen Bauer ist die Auseinandersetzung mit Feuerbachs Zurückführung der Theologie auf Anthropologie. Für Marx bedeutet sie nur die *Voraussetzung* für die *weitere Kritik* der menschlichen Lebensverhältnisse selber. Im Hinblick darauf gilt ihm Feuerbachs Religionskritik als ein unumstößliches »Resultat«. »Für Deutschland ist *die Kritik der Religion* im wesentlichen beendigt und die Kritik der Religion ist die Voraussetzung aller Kritik«, heißt der erste Satz der Einleitung zur *Kritik der Hegelschen Rechtsphilosophie*. Trotzdem läßt Marxens Schritt zur Kritik der politischen Welt die schon geleistete Religionskritik nicht einfach hinter sich, sondern in diesem Fortschritt zur Kritik der irdischen Welt gewinnt er zugleich einen neuen Standpunkt auch für die der »himmlischen« Welt, welche die Religion ist. Die Religion wird zu einem Bestandteil der Lehre von den »Ideologien«[65]. Als Ideologie aber kann sich die Religion erst erweisen, wenn die Welt als solche schon weltlich ist. Gerade dann bedarf es aber auch einer *Kritik der bestehenden Welt als solcher*, d.h. einer Unterscheidung der Welt nach dem, wie sie ist

64 III, 251 f. und 257 f.; vgl. V, 75 ff.
65 V, 531 ff.

und sein soll. »Der Mensch, der in der phantastischen Wirklichkeit des Himmels [...] nur den *Widerschein* seiner selbst gefunden hat, wird nicht mehr geneigt sein, nur den *Schein* seiner selbst, nur den Unmenschen zu finden, wo er seine wahre Wirklichkeit sucht und suchen muß.«[66] Andrerseits ist aber der Bestand einer das Diesseits überschreitenden Welt auch nur zu verstehen aus den realen Mängeln *dieser* wirklichen Welt.

Nimmt man mit Feuerbach an, die religiöse Welt sei nur eine Schale um den irdischen Kern der Menschenwelt, so muß doch gefragt werden: warum umgibt sich denn dieser Kern mit einer ihm fremden Schale, wie kommt es überhaupt zu dem Überbau einer religiösen, ideologischen Welt? Mit dieser Frage geht Marx über Feuerbachs Religionskritik nicht nur *hinaus,* sondern zugleich hinter sie *zurück.* Alle Religionskritik, die nicht so fragt, ist nach ihm unkritisch. Denn »es ist in der Tat viel leichter, durch Analyse den irdischen Kern der religiösen Nebelbildungen zu finden, als *umgekehrt* aus den jedesmaligen wirklichen (d.h. gesellschaftlich-geschichtlichen) Lebensverhältnissen ihre verhimmelten Formen zu entwickeln. Die letztere ist die einzig materialistische und daher wissenschaftliche Methode«, im Unterschied nämlich zum abstrakt naturwissenschaftlichen Materialismus, der den geschichtlichen Prozeß ausschließt[67]. Während also Feuerbach nur den sog. irdischen Kern der Religion aufdecken wollte, kommt es für Marx darauf an, in umgekehrter Richtung aus einer geschichtlichen Analyse der irdischen Lebensverhältnisse zu entwickeln, welche Nöte und Widersprüche innerhalb der diesseitigen Verhältnisse Religion ermöglichen und benötigen. Es gilt zu erklären, warum sich die irdische Grundlage überhaupt von sich abhebt, hinauf und hinein in eine andere als diese irdische Welt. Feuerbach konnte das nicht erklären, denn für ihn stand noch fest, daß es das menschliche »Wesen« sei, ein Wesentliches im Menschen, das sich in der Religion, wenngleich »indirekt« ausdrückt. Gerade dies, was für Feuerbach noch gar keine Frage war, mußte Marx beantworten können, wenn anders das Diesseits in jedem Falle grundlegend und Religion unwesentlich ist. Daraus ergibt sich folgende Kritik: »Feuerbach geht von dem Faktum der religiösen Selbstentfremdung, der Verdoppelung der Welt in eine religiöse und

66 I/1, 607.
67 *Kapital* I[6], 336 Anm.; vgl. K. Korsch, *Marxismus und Philosophie,* Leipzig 1930, S. 98.

eine weltliche aus. Seine Arbeit besteht darin, die religiöse Welt in ihre weltliche Grundlage aufzulösen. Aber daß die weltliche Grundlage sich von sich selbst abhebt und sich ein selbständiges Reich in den Wolken fixiert, ist nur aus der Selbstzerrissenheit und dem Sichselbstwidersprechen dieser weltlichen Grundlage zu erklären. Diese selbst muß also in sich selbst sowohl in ihrem Widerspruch verstanden, als praktisch revolutioniert werden. Also nachdem z.B. die irdische Familie als das Geheimnis der heiligen Familie entdeckt ist, muß nun erstere selbst theoretisch und praktisch vernichtet werden.«[68]

Infolgedessen sagt Marx nicht nur wie Feuerbach: »Der Mensch macht die Religion«, aber nicht umgekehrt, sondern er geht darüber hinaus, mit der Fortsetzung: »und zwar ist die Religion das Selbstbewußtsein [...] *des* Menschen, der sich selbst entweder noch nicht erworben oder schon wieder verloren hat«. »Sich selbst«, d.h. aber sich selbst in seinen weltlichen und sozialen Verhältnissen. Die Religion bedeutet für Marx deshalb keine bloße »Vergegenständlichung« des menschlichen Wesens, sondern eine Verdinglichung im Sinne der »Selbstentfremdung«. Die *Religion* ist eine *»verkehrte« – Welt*[69], und diese Verkehrung findet notwendig solange statt, als das menschliche Wesen als Gemeinwesen noch keine wahre Wirklichkeit hat. Der Kampf gegen die jenseitige Religion ist deshalb mittelbar ein Kampf gegen jene diesseitige Welt, die so ist, daß sie zu ihrer Ergänzung und Verklärung überhaupt noch der Religion bedarf. Und umgekehrt ist das »religiöse Elend« (d.h. Elend im religiösen Sinn) »in einem der *Ausdruck* des wirklichen Elends und [...] die *Protestation* dagegen«. Die Religion ist »das Gemüt einer herzlosen Welt«, der »Geist geistloser Zustände« und »die illusorische Sonne, die sich um den Menschen bewegt, solange er sich nicht um sich selbst bewegt«. Die *Aufhebung ihrer illusorischen »Seligkeit«* ist daher positiv die *Forderung des irdischen »Glücks«*[70]. Der marxistische Sozialismus führt durch den Willen zum Glück zum »Absterben« der Religion, er läßt sich aber nicht in das »Abenteuer eines politischen Krieges gegen die Religion« ein[71].

68 V, 534 (4. These über Feuerbach).
69 I/1, 607; vgl. Bauers *Entdecktes Christentum*, § 13.
70 I/1, 607f.; vgl. Feuerbach III^3, 364ff.
71 Vgl. III, 125; vgl. Lenin, *Über Religion*, Wien 1926, S. 24, und als ausgeführtes Beispiel einer marxistischen Religionskritik: Lenin und Plechanow, *Tolstoi im Spiegel des Marxismus*, Wien 1928.

Das »Positive« der Marxschen Religionskritik besteht also nicht in der Humanisierung der Religion (Strauß und Feuerbach), und auch nicht in ihrer bloßen Verwerfung (Bauer), sondern in der kritischen Forderung: einen Zustand aufzugeben, der überhaupt noch Religion aus sich hervorgehen läßt. Dieser Zustand ist aber ein gesellschaftlich-allgemeiner. »Es ist die Aufgabe der Geschichte, nachdem das *Jenseits der Wahrheit* verschwunden ist, die *Wahrheit des Diesseits* zu etablieren.« Nachdem die »Heiligengestalt der menschlichen Selbstentfremdung« entlarvt ist, kommt es darauf an, *dieselbe* Selbstentfremdung in ihrer unheiligen, profanen, wirtschaftlichen und gesellschaftlichen Gestalt durch Kritik zu entlarven und durch Revolution zu verändern. Erst damit verwandelt sich die bisher geübte Kritik der *Religion* und *Theologie* in eine Kritik des *Rechts* und der *Politik,* d.h. des menschlichen Gemeinwesens oder der Polis.

Desgleichen verändert sich der Sinn des *»Atheismus«*. Er wird aus einer theologischen Angelegenheit zu einer wirklich atheistischen, d.h. er löst sich auf in der diesseitigen Gestaltung der irdischen Existenz. Der marxistische Atheist glaubt nicht an keinen Gott, sondern er glaubt an den Menschen. Was er bekämpft, sind nicht mehr *Götter,* sondern *Götzen.* Als einen solchen Götzen der modernen, kapitalistischen Welt hat Marx im *Kapital* den »Fetischcharakter« der Waren, die Warenform aller modernen Gebrauchsgegenstände herausgestellt. Im Fetisch der Ware erweist sich die Übermacht der »Sachen« über den sie produzierenden »Menschen«, die Abhängigkeit des schaffenden Menschen von seinen eigenen Geschöpfen. *Diese* Übermacht gilt es nun zu entmächtigen, aber nicht mehr eine religiöse Macht über den Menschen. »Wie der Mensch in der Religion vom Machwerk seines eigenen Kopfes, so wird er in der kapitalistischen Produktion vom Machwerk seiner eigenen Hand beherrscht.« Seine eigene Werkwelt ist dem modernen Menschen nicht mehr zuhanden, sondern mit einer Art Eigenmächtigkeit nur noch vorhanden, weil ihm das Werk seine eigenen Hände – durch die privatwirtschaftliche Art und Weise des Produzierens – abhanden gekommen ist. Das Werk seines eigenen Kopfes und seiner eigenen Hände ist ihm über den Kopf gewachsen und seinen Händen entwachsen. Und nicht nur das, sondern gerade die moderne, ganz irdisch gewordene Menschenwelt ist selbst auch wiederum mythenbildend. »Man hat bisher geglaubt, die christliche Mythenbildung unter dem römischen Kaiserreich sei nur möglich gewesen, weil die Druckerei noch nicht erfunden war. Gerade umgekehrt. Die Tagespresse und der

Telegraph, der ihre Erfindungen im Nu über den ganzen Erdboden ausstreut, fabrizieren mehr Mythen [...] in einem Tag als früher in einem Jahrhundert fertiggebracht werden konnten.«[72] Es genügt also nicht die bloß theoretische Zurückführung der Theologie auf das »Selbstbewußtsein« oder den »Menschen«, sondern es bedarf einer stets zu erneuernden Kritik der menschlichen Verhältnisse selber.

7. *Stirners systematische Destruktion des Göttlichen und des Menschlichen*

Stirner bemerkt in seiner Anzeige von Bauers *Posaune,* daß Hegels Schüler nichts wirklich Neues aufgestellt haben. Sie hätten nur – »schamlos genug« – den durchsichtigen Schleier hinweggezogen, in welchen der Meister zuweilen seine Behauptungen einhüllte[73]. Als eine solche Enthüllung hat Stirner Bauers Schrift gewürdigt, deren Radikalismus aber auch nichts Vereinzeltes sei, sondern ein allgemeiner Grundcharakter der Deutschen: »Der Deutsche erst und er allein bekundet den weltgeschichtlichen Beruf des *Radikalismus;* nur er allein ist radikal und er allein ist es – ohne Unrecht. So unerbittlich und rücksichtslos wie er ist keiner; denn er stürzt nicht allein die bestehende Welt, um selber stehen zu bleiben, er stürzt – sich selbst. Wo der Deutsche umreißt, da muß ein *Gott* fallen und eine *Welt* vergehen. Bei dem Deutschen ist das Vernichten – Schaffen und das Zermalmen des Zeitlichen – seine Ewigkeit.«[74] In dieser Weise destruiert Bauer den Hegelschen Weltgeist, den christlichen Gott, die Kirche und Theologie. Er ist so »frei und intelligent«, wie nie ein Gottesfürchtiger sein kann.

Stirner will Hegels Schüler noch überbieten, indem er in dem, worauf Feuerbach, Bauer und Marx das Wesen der Religion zurückführen: im Menschen, im Selbstbewußtsein und in der Menschheit, abermals etwas »Religiöses« entdeckt, das über den Menschen hinausgeht, nämlich so wie eine fixe Idee über den wirklichen einzelnen Menschen, der jeweils ich selbst bin.

Der positive Teil seines Buches, welcher vom »Ich« und seiner »Eigenheit« handelt, hat zum Motto: »An dem Eingange der neuen Zeit

72 Marx, Brief an Kugelmann vom 27. VII. 1871.
73 *Kleinere Schriften,* a. a. O., S. 16 und 23.
74 Ebenda, S. 19.

steht der Gottmensch. Wird sich an ihrem Ausgange nur der Gott am Gottmenschen verflüchtigen, und kann der Gottmensch wirklich sterben, wenn nur der Gott an ihm stirbt? Man hat an diese Frage nicht gedacht und fertig zu sein gemeint, als man das Werk der Aufklärung, die Überwindung des Gottes, in unsern Tagen zu einem siegreichen Ende führte; man hat nicht gemerkt, daß der Mensch den Gott getötet hat, um nun – alleiniger Gott in der Höhe zu werden. Das *Jenseits außer Uns* ist allerdings weggefegt, und das große Unternehmen der Aufklärer vollbracht; allein das *Jenseits in Uns* ist ein neuer Himmel geworden [...]: der Gott hat Platz machen müssen, aber nicht uns, sondern – dem Menschen. Wie mögt Ihr glauben, daß der Gottmensch gestorben sei, ehe an ihm außer dem Gott auch der Mensch gestorben ist?«

Die durch die Religionskritik von Strauß, Feuerbach und Bauer geleistete Überwindung Gottes erfordert also noch eine solche des Menschen, weil jener bisher bestimmt hat, was dieser zu sein hat. Meine Sache ist aber weder das Göttliche noch das Menschliche, überhaupt keine allgemeine, sondern ausschließlich je meine, weil Ich immer ein »Einziger« mit meinem jeweiligen »Eigentum« bin. Ich mag Christ oder Jude, Deutscher oder Russe sein, ein »Bürger«-, »Arbeiter«- oder auch ein bloß »humanes« Bewußtsein haben – als Ich bin ich immer auch mehr als dies alles, weil nur Ich es mir selber zueignen kann[75].

In Hegels philosophischer Theologie bedeutet die Menschwerdung Gottes die *Einheit der menschlichen und göttlichen Natur;* Feuerbach reduziert das göttliche Wesen auf den *Menschen als höchstes Wesen;* für Marx ist das Christentum eine *verkehrte Welt,* bis endlich Stirner erkennt, daß die zum höchsten Wesen erhobene Menschheit eine letzte Verdünnung des Gottmenschen ist, an dem nur der Gott, aber nicht auch der Mensch gestorben ist.

Die kritische Unterscheidung von Theologie und Anthropologie, welche für Strauß, Feuerbach, Bauer und Marx grundlegend war, verlegt sich bei Stirner in die darübergreifende Unterscheidung der allgemeinen (theologischen wie anthropologischen) *Wesens*-Bestimmungen des Menschen, von dem *je eigenen Können.* Denn der prinzipielle Unterschied sei nicht, ob einem dies oder jenes als wesenhaft gilt, sondern ob sich der Mensch auf *nichts* als sich *selbst* stellt. »Was als das höchste Wesen verehrt wird, darüber kann begreiflicherweise nur so-

75 *Der Einzige und sein Eigentum,* a.a.O., S. 147ff.; *Kleinere Schriften,* S. 343ff.

lange der Streit bedeutungsvoll sein, als selbst die erbittertsten Gegner einander den Hauptsatz einräumen, daß es ein höchstes Wesen gebe, dem Kultus oder Dienst gebühre. Lächelte einer mitleidig über den ganzen Kampf um ein höchstes Wesen, wie etwa ein Christ bei dem Wortgefecht eines Schiiten mit einem Sunniten [...], so gälte ihm die Hypothese von einem höchsten Wesen für nichtig und der Streit auf dieser Basis für ein eitles Spiel. Ob dann der einige oder dreieinige Gott, ob der Lutherische Gott oder das être suprême oder Gott gar nicht, sondern der Mensch das höchste Wesen vorstellen mag, das macht für den durchaus keinen Unterschied, der das höchste Wesen selbst negiert, denn in seinen Augen sind jene Diener eines höchsten Wesens insgesamt – fromme Leute: der wütendste Atheist nicht weniger als der gläubigste Christ.«[76]

Feuerbach habe noch mit der Kraft der Verzweiflung nach dem gesamten Inhalt des Christentums gegriffen, »nicht, um ihn wegzuwerfen, nein, um ihn an sich zu reißen, um ihn [...] mit einer letzten Anstrengung aus seinem Himmel zu ziehen und auf ewig bei sich zu behalten. Ist das nicht ein Griff der letzten Verzweiflung, ein Griff auf Leben und Tod, und ist es nicht zugleich die christliche Sehnsucht [...] nach dem Jenseits? Der Heros will nicht in das Jenseits eingehen, sondern das Jenseits an sich heranziehen und zwingen, daß es zum Diesseits werde! Und schreit seitdem nicht alle Welt [...] aufs Diesseits komme es an, und der Himmel müsse auf die Erde kommen und schon hier erlebt werden?«[77]

Im politischen, sozialen und humanen »Liberalismus« hat sich die Reduktion auf den diesseitigen Menschen vollendet, aber dieses Ende ist für Stirner nur der Ausgangspunkt für die Überwindung der Unterscheidung des ganzen Menschen nach dem, was er wesentlich sein soll und faktisch ist. Für die antike Welt, sagt er, war noch die »Welt« eine Wahrheit, für die christliche war es der »Geist«, und diese vergeistigte Welt beschließen die Linkshegelianer mit ihrem Glauben an den Geist der »Menschheit«. Für die künftige Welt aber ist, mit Nietzsche gesagt, »nichts wahr«, sondern »alles erlaubt«, weil in ihr nur noch wahr ist, was sich einer zueignen kann, ohne sich dabei fremd zu werden. Menschlich-»wahr« ist auf dem Standpunkt des Ich nicht mehr und

76 *Der Einzige und sein Eigentum,* S. 50 f.; vgl. Bauers Kritik der »Religion der Menschheit«: *Vollständige Geschichte der Parteikämpfe,* a. a. O., Bd. II, 170 ff.
77 *Der Einzige und sein Eigentum,* S. 43.

nicht weniger als was einer faktisch sein kann. Daraus ergibt sich auch Stirners Stellung zur christlichen Religion: er bekämpft sie nicht und verteidigt sie nicht, sondern er überläßt es dem Einzelnen, ob und wieweit er sich so etwas zueignen und für sich selber »verwerten« kann.

Feuerbach hatte in seiner Erwiderung auf Stirners Angriff[78] nachzuweisen versucht, daß es unmöglich sei, ein »Mensch« zu sein und irgend etwas vom Menschen auszusagen, ohne ihn in sich selber zu unterscheiden – nach wesentlich und unwesentlich, notwendig und zufällig, möglich und wirklich. Denn niemals sei der Mensch ein vollkommen einfaches Sein, sondern immer in sich selbst unterschieden. Der religiöse Unterschied von Gott und Mensch führe zurück auf »innerhalb des Menschen selbst stattfindende Unterschiede«. Schon indem wir uns mit andern vergleichen, unterscheiden wir uns auch in uns selbst. Der Mensch geht jederzeit *in sich* selbst *über sich* selber hinaus. Jeder Augenblick des Lebens hat auch schon etwas Menschliches über sich, »daher die Menschen immer mehr sein und haben wollen, als sie sind und haben«. Und so gebe es auch einen wesentlichen Unterschied zwischen mein und mein: »anders ist das Meinige, welches weg sein kann, ohne daß Ich weg bin, anders das Meinige, welches nicht weg sein kann, ohne daß Ich zugleich weg bin.«

Stirner hat in seiner Entgegnung[79] deutlich zu machen versucht, daß sein vollkommener »Egoist« kein *inhaltlich* bestimmtes »Individuum« ist und ebensowenig ein absolutes Prinzip, sondern inhaltlich genommen eine *»absolute Phrase«*, und richtig verstanden das *»Ende aller Phrasen«*. Er ist eine formale Bezeichnung für die *Möglichkeiten der je eigensten Aneignung*, seiner selbst wie der Welt. So verstanden ist aber der Unterschied zwischen dem, was einem wesentlich und unwesentlich und also auf ungleiche Weise zu eigen ist, selbst nicht mehr wesentlich. Denn er kann nur solange als ein wesentlicher erscheinen, als der Mensch noch auf eine allgemeine Idee vom Menschen fixiert ist. Nur mit Rücksicht auf sie lassen sich auch die stattfindenden Unterschiede zwischen Meinsein und Meinsein als wesentlich oder unwesentlich unterscheiden. Wenn also Feuerbach die Liebe zu einer »Geliebten« eo ipso für höher und menschlicher hält, als die Liebe zu einer »Hetäre«,

78 I, 342ff.
79 *Kleinere Schriften*, a.a.O., S. 343ff.; siehe dazu vom Verf.: *Das Individuum in der Rolle des Mitmenschen*, § 45. (jetzt in: *Sämtliche Schriften* 1. *Mensch und Menschenwelt. Beiträge zur Anthropologie*. Stuttgart 1981, S. 194ff.).

mit der Begründung, daß der Mensch nur mit einer Geliebten sein »volles und ganzes« Wesen befriedige, so geht er nicht von den jeweiligen Zueignungsmöglichkeiten des Einzelnen aus, sondern von einer vorgefaßten und fixen Idee: von der »wahren« Liebe, vom »Wesen« der Liebe, auf Grund deren dann dieses von jenem Weib allgemein unterschieden wird, als Hetäre oder Geliebte. Im Verhältnis der Einzigkeit, als dieser Mann mit dieser Frau, kann sich der Mensch aber ebensosehr und ebensowenig bei einer sog. Hetäre wie bei einer sog. Geliebten zu eigen sein und befriedigen. Was wirklich jeweils mein Eigen sein kann, das läßt sich überhaupt nicht an Hand einer allgemeinen Idee von vornherein unterscheiden, sondern nur durch faktische Zueignung bezeugen. Was immer aber einem Menschen wirklich zu eigen sein kann, das gehört ihm weder wesentlich noch zufällig an, sondern auf ursprüngliche, weil jeweils eigene Weise.

Mit dieser Verneinung der Wesentlichkeit jeder Selbstunterscheidung hat Stirner nicht nur die theologische Unterscheidung von dem, was menschlich und göttlich ist, sondern auch die anthropologische von dem, was ich »eigentlich« und »un-eigentlich« bin, beseitigt. Was er seinerseits als »Idee« voraussetzt, ist nichts als die »absolute Phrase« des Ich.

8. Kierkegaards paradoxer Glaubensbegriff und sein Angriff auf die bestehende Christenheit

Stirners Phrase vom »Einzigen« und Kierkegaards Begriff vom »Einzelnen« bezeichnen beide dieselbe Frage, religiös und profan gestellt. Das Problem des ihnen gemeinsamen Radikalismus ist der aus der extremen *Vereinzelung* entspringende *Nihilismus* – bei Stirner der leichtfertige des »ich hab' mein Sach' auf Nichts gestellt« – nämlich auf nichts als mich selbst –, bei Kierkegaard der schwermütige der Ironie und Langeweile, der Angst und Verzweiflung[80]. Die Analysen, welche Kierkegaard von diesen Phänomenen gibt, haben alle dieselbe Funktion: den Menschen ganz *auf sich selbst* zu stellen, ihn damit *vor das Nichts* zu stellen, und ihn auf diese Weise überhaupt *zu stellen,* nämlich vor die

80 Siehe dazu vom Verf.: *Kierkegaard und Nietzsche,* in: Deutsche Vierteljahrsschr. für Literaturwiss. und Geistesgesch. 1933, H. 1, S. 53 ff. (jetzt in: *Sämtliche Schriften* 6. *Nietzsche.* Stuttgart 1987, S. 85 ff.).

Entscheidung: »Entweder« zu verzweifeln (aktiv im Selbstmord und passiv im Wahnsinn) – »Oder« den Sprung in den Glauben zu wagen. In diesem »salto mortale« kommt der Mensch statt vor das Nichts vor Gott als den Schöpfer des Seins aus dem Nichts zu stehen, wogegen Stirner sich selbst als das Nichts erklärt, welches schöpferisch ist.

Auf jemanden wie Stirner ließe sich die Stelle in *Entweder-Oder*[81] beziehen, wo Kierkegaard sagt, daß sich heutzutage (1843) nicht wenige finden, die sich mit einer zügellosen Leidenschaft der Abstraktion bis zur völligen Nacktheit entblößen, um ein normaler Mensch zu werden. Ob Kierkegaard Stirners Buch gekannt hat, scheint jedoch ungewiß. Auch Bauer wird nicht in den Werken erwähnt. Trotzdem ist es sehr unwahrscheinlich, daß Kierkegaard von ihm und seinem Kreis nichts gewußt haben sollte, zumal die Linkshegelianer während Kierkegaards Aufenthalt in Berlin die Auseinandersetzung mit Schelling betrieben, die damals auch sein eigenes Anliegen war[82]. Faßbar ist nur sein Verhältnis zu Feuerbach.

Kierkegaard war sich darüber klar, daß Feuerbachs Auflösung der Theologie eine rechtmäßige Konsequenz aus Hegels Einbeziehung des Christentums in die Geistesgeschichte der Welt war. Er zitiert Feuerbachs Satz aus dem *Wesen des Christentums,* daß das Geheimnis der Theologie die Anthropologie sei, gelegentlich einer Polemik gegen Hegels Verwandlung der christlichen »Existenzmitteilung« in eine metaphysische Doktrin[83], und er stellt sich dabei auf die Seite von Feuerbach. Gleich diesem ist er der Überzeugung, daß Hegels Ineinssetzung des Göttlichen und des Menschlichen der Widerspruch der neueren Zeit sei, welche den Unglauben mit dem Glauben und das Christentum mit dem Heidentum geistreich versöhnt. »Die moderne Spekulation scheint beinahe das Kunststück vollbracht zu haben, *auf der anderen* Seite des Christentums *weiter* zu gehen oder im Verständnis des Christentums so weit gegangen zu sein, daß sie ungefähr zum Heidentum zurückgekehrt

81 II, 224; vgl. VI, 204, 208.
82 Kierkegaards *Begriff der Ironie* wurde im 5. Jg. der *Hallischen Jahrbücher* (1842/43), S. 885 ff. ausführlich angezeigt. – Eine Bekanntschaft Kierkegaards mit Bauers Schriften ist schon deshalb anzunehmen, weil die von ihm studierte Abhandlung von Daub (siehe Anm. 15 dieses Kap.) in Bauers *Zeitschrift für spekulative Theologie* erschienen war (siehe *Tagebücher*, ed. Ulrich, a. a. O., S. 261 und 270). Desgleichen kannte er Michelets *Geschichte der letzten Systeme*, wo von Bauer wiederholt die Rede ist (siehe VI, 322, Anm.).
83 VII, 259.

ist. Daß jemand das Heidentum dem Christentum vorzieht, ist durchaus nicht verwirrend, aber das Heidentum als das Höchste, was es innerhalb des Christentums gibt, herauszubekommen ist eine Ungerechtigkeit, sowohl gegen das Christentum, das etwas anderes wird, als es war, als auch gegen das Heidentum, das gar nicht zu etwas wird, was es doch war. Die Spekulation, die das Christentum ganz verstanden hat und sich selbst zugleich für die höchste Entwicklung innerhalb des Christentums erklärt, hat so merkwürdigerweise die Entdeckung gemacht, daß es kein Jenseits gibt, daß ›droben‹, ›jenseits‹ und dergleichen die dialektische Borniertheit eines endlichen Verstandes ist.«[84] Kierkegaards Verhältnis zu Feuerbach ist aber nicht nur durch den gemeinsamen Gegensatz zu Hegel bestimmt, sondern auch unmittelbar durch eine Art Sympathie für Feuerbachs Angriff auf das bestehende Christentum. »Überhaupt haben Börne, Heine, Feuerbach und ähnliche Schriftsteller für den Experimentierenden ein großes Interessse. Sie wissen oft sehr gut Bescheid über das Religiöse; das heißt: sie wissen mit Bestimmtheit, daß sie damit nichts zu tun haben wollen. Dadurch zeichnen sie sich sehr zu ihrem Vorteil vor den Systematikern aus, die ohne Verständnis für das Religiöse sich [...] immer unglücklich mit dessen Erklärung befassen.«[85] Dagegen lasse sich von einem entschieden widerchristlichen Standpunkt aus das, was Christentum ist, nicht weniger klar erkennen als von einem entschieden christlichen aus. Zur Veranschaulichung dieser These beruft sich Kierkegaard auf Pascal und Feuerbach. »So habe ich das Religiöse experimentierend verstanden. Daß ich es aber richtig verstanden habe, erkenne ich daraus, daß zwei Sachverständige von entgegengesetztem Standpunkt aus das Verhältnis des Religiösen zum Leiden ebenso auffassen. Feuerbach, der dem Gesundheitsprinzip huldigt, sagt, daß die religiöse Existenz (speziell die christliche) eine beständige Leidensgeschichte sei; man dürfe nur das Leben Pascals betrachten, und man wisse genug. Pascal sagt genau dasselbe: ›Leiden ist des Christen natürlicher Zustand‹ (wie des sinnlichen Menschen natürlicher Zustand die Gesundheit ist).«[86] Prinzipiel-

84 VII, 57.
85 IV, 418f.; über Börne vgl. IV, 444. – Welche Bedeutung Börne für die philosophisch-politische Bewegung der 40er Jahre gehabt hat, zeigt die Behauptung von Engels, daß es die Aufgabe der Zeit sei, Hegel mit Börne zu durchdringen (Marx-Engels, *Ges. Ausg.* II, 102f.).
86 IV, 426.

ler gefaßt heißt es in den Tagebüchern, daß Schriftsteller wie Feuerbach, welche eine »letzte Formation von Freidenkern« sind, dem Christentum durchaus nützlich sein können; denn im Grunde verteidigen sie es gegen die Christen von heute, die nicht mehr wissen, daß es nicht Humanität und Fortschritt, sondern eine verkehrte Welt ist. »Et ab hoste consilium«, schließt ein Hinweis auf Feuerbachs Bedeutung für das Verständnis des Christentums in einer Welt, die sich christlich nennt und eine Negation des Christentums ist[87].

Wesentlicher als Kierkegaards taktische Würdigung Feuerbachs ist beider Rückgriff auf Luthers Kritik der katholischen Positivität vom Standpunkt der je eigenen Aneignung aus. Genau so wie Feuerbach seine *Auflösung* des christlichen Glaubens unter Berufung auf Luther vollzieht, entwickelt auch Kierkegaard seine *»Einübung«* und »Wiederholung« aus ihm. »Nimm die Aneignung vom Christlichen weg, was ist dann Luthers Verdienst? Aber schlage ihn auf und fühle in jeder Zeile den starken Pulsschlag der Aneignung [...]. Hatte das Papsttum nicht Objektivität und objektive Bestimmungen und das Objektive [...] im Überfluß? Was fehlte ihm? Aneignung, Innerlichkeit.«[88] Luthers »pro me« und »pro nobis«, aus dem Feuerbach folgert, daß das Wesen des Glaubens der sich selbst vertrauende Mensch ist, übersetzt sich Kierkegaard mit »Aneignung« und »Subjektivität«. Und ebenso wie Feuerbach den Protestantismus als die religiöse Weise der Vermenschlichung Gottes begreift, sagt Kierkegaard, es sei die Gefahr des Protestantismus, daß er zu einem Christentum »im Interesse des Menschen« und zu einer »Reaktion des Menschlichen gegen das Christliche« wird, sobald er für sich selber bestehen will und aus einem »Korrektiv« zur Norm gemacht wird[89]. Indem Kierkegaard diese Gefahr vermeiden will, während er das Prinzip der Aneignung doch selbst auf die Spitze treibt, ist er gezwungen, die »christliche Idealität« als »Paradox« zu entwickeln, d.h. innerhalb der extremen Spannung eines Gottesverhältnisses, in dem das je eigene Verhalten der Aneignung das Unverhältnismäßige seines fremden Gegenstandes festhält[90]. Der Akzent in dem paradoxen

87 Pap. X², 129.

88 VII, 61 f.; siehe dazu Ruttenbeck, *Kierkegaard*, Berlin 1929, S. 236 ff.

89 *Tagebücher* II, 285 ff., 331 f., 336 ff., 388, 404.

90 Die Bewußtseinsstruktur dieses Verhältnisses ist das Thema von Hegels Analyse des »unglücklichen Bewußtseins«; vgl. zum folgenden Ruttenbeck, a. a. O., S. 230 ff. und J. Wahl, a. a. O., S. 159 ff. und 320.

Verhältnis zwischen dem Göttlichen und dem Menschlichen liegt aber doch auf der Aneignung von seiten der subjektiven Innerlichkeit. Gott ist die Wahrheit, aber sie ist nur da für den Glauben eines vor ihm Existierenden. »Wenn ein Existierender nicht den Glauben hat, so *ist* weder Gott, noch auch *ist* Gott *da*, unerachtet Gott doch ewig verstanden ewig ist.«[91] Hegels Satz, *daß Gott wesentlich nur »im Denken«* ist, weil der vernommene Geist derselbe wie der vernehmende ist, verwandelt sich so über Feuerbachs Grundsatz vom *anthropologischen Wesen der christlichen Wahrheit* bei Kierkegaard zu der *existenziellen These, daß Gott nur da ist in der Subjektivität und für die Subjektivität eines je eigenen »Gottes-Verhältnisses«*.

Von diesem existenztheologischen Grundbegriff aus hat Kierkegaard die Objektivität des geschichtlichen Christentums destruiert. Seine Kritik der in Kirche und Staat, Theologie und Philosophie verweltlichten Christenheit ist eine Kritik des »positiv« gewordenen und darum entfremdeten Christentums am Maßstab der Innerlichkeit der je eigenen Aneignung durch eine existierende Subjektivität. Mit dieser seiner These von der »Subjektivität der Wahrheit« – subjektiviert bis zur völligen Negation jeder gegenständlichen Existenz und zugleich wahr in einem schlechthin eigenständigen Sinn – steht Kierkegaard genau auf der Grenzscheide jener Korrelation zwischen Gott und dem Menschen, die Feuerbach im Menschen festgemacht hat[92]. Geschichtlich betrachtet ist daher Feuerbachs Zurückführung der christlichen Religion auf das »Gefühl« des sinnlichen Menschen nur das sinnliche Vorspiel zu dem existenziellen Experiment Kierkegaards, durch das er den historischen Abstand in der inneren »Gleichzeitigkeit« tilgen und das ursprüngliche Christentum am Ende seines Verfalls in die je eigene Existenz zurückholen will[93]. Er potenziert mit seiner geistigen Kraft das religiöse Gefühl zur antivernünftigen »Leidenschaft«[94]. »Für die objek-

91 *Tagebücher* I, 284.

92 Siehe dazu die Kritik von Th. Haecker: *Der Begriff der Wahrheit bei Kierkegaard,* in: Hochland 1928/29, H. 11, und *Christentum und Kultur*, München 1927, S. 66ff.

93 Vgl. zu Kierkegaards Destruktion der objektiven Geschichte des Christentums (in den *Philos. Brocken*) Feuerbachs 27. Vorlesung über das Wesen der Religion: »Das Geschichtliche ist nichts Religiöses und das Religiöse nichts Geschichtliches« (VIII, 319).

94 Von diesem existenziellen Glaubensbegriff aus beurteilt Kierkegaard sowohl Schleiermachers Gefühlsreligion wie Hegels spekulativen Glaubensbegriff:

tive Betrachtung ist das Christentum eine res in facto posita, nach deren Wahrheit gefragt wird, doch rein objektiv, denn das bescheidene Subjekt ist allzu objektiv, als daß es sich selbst nicht draußen ließe oder doch sich selbst nicht ohne weiteres als einen jedenfalls Gläubigen mitnähme. Wahrheit kann so objektiv verstanden bedeuten: 1. die geschichtliche Wahrheit, 2. die philosophische Wahrheit. Als geschichtliche Wahrheit betrachtet muß die Wahrheit durch eine kritische Erwägung der verschiedenen Nachrichten usw. gefunden werden, kurz auf dieselbe Weise, wie sonst die geschichtliche Wahrheit gefunden wird. Fragt man nach der philosophischen Wahrheit, dann fragt man nach dem Verhältnis der geschichtlich gegebenen und für gültig erkannten Lehre zur ewigen Wahrheit. Das forschende, das spekulierende, das erkennende Subjekt fragt so wohl nach der Wahrheit, aber nicht nach der subjektiven Wahrheit, nach der Wahrheit der Aneignung. Das forschende Subjekt ist so wohl interessiert, aber nicht unendlich persönlich, in Leidenschaft.«[95]

Trotz dieser Betonung der »Leidenschaft« liegt der entscheidende Gegensatz zwischen Hegel und Kierkegaard nicht schon in der polemischen Stellung der leidenschaftlichen Subjektivität gegen die objektive Vernunft, sondern in ihrer Auffassung des Verhältnisses der *Geschichte* zum *Christentum*. Kierkegaard hat das Verhältnis der ewigen Wahrheit zum Prozeß der Geschichte als ein Dilemma empfunden, das er paradox-dialektisch zu lösen versuchte. Hegel hat das Absolute des Christentums in die allgemeine Geschichte des Geistes gesetzt, so daß ein Bruch zwischen beiden nicht aufkommen konnte. Indem Kierkegaard dagegen den Widerspruch denkt, daß eine »ewige Seligkeit« auf ein geschichtliches Wissen gebaut werden soll, muß er die Subjektivität der Aneignung des Christentums *im Gegensatz* zu seiner geschichtlichen Ausbreitung wollen und einen Geschichtsbegriff aufstellen, der die objektive Macht des Geschehens ignoriert und den historischen Sinn pervertiert. Von dieser zum Zwecke der Aneignung subjektivierten Geschichte leitet sich der existenzialontologische (Heidegger) und existenzphilosophische (Jaspers) Begriff der »Geschichtlichkeit« ab.

»Das, was Schleiermacher ›Religion‹ nennt, die Hegelschen Dogmatiker ›Glaube‹ ist im Grunde nichts anderes als die erste unmittelbare Bedingung für alles – das vitale Fluidum – die Atmosphäre, die wir in geistigem Verstand einatmen – und die darum nicht mit Recht mit diesen Worten sich bezeichnen läßt.« (Tagebücher I, 54)

95 VI, 118.

Kierkegaards Aneignung hat die Aufgabe, »die 1800 Jahre wegzuschaffen, als habe sie es gar nicht gegeben«, innerlich »gleichzeitig« zu werden mit dem ursprünglichen Christentum. Das ist aber nur möglich, wenn das seit Jahrhunderten bestehende Christentum aus einer allgemeinen geschichtlichen *Wirklichkeit* zu einer je eigenen *Möglichkeit* wird und also zu einer Art »Postulat«. »Auf diese Weise wird Gott freilich ein Postulat, aber nicht in der müßigen Bedeutung, worin man dies Wort sonst nimmt. Vielmehr wird deutlich, daß die einzige Weise, auf welche ein Existierender in ein Verhältnis zu Gott kommt, die ist, daß der dialektische Widerspruch die Leidenschaft zur Verzweiflung bringt und mit der Kategorie der Verzweiflung (dem Glauben) Gott ergreifen hilft. So ist das Postulat keineswegs das Willkürliche, sondern gerade *Notwehr,* so daß Gott nicht ein Postulat, sondern das, daß der Existierende Gott postuliert – eine Notwendigkeit ist.«[96]

Der im wörtlichen Sinn »absoluten«, losgelöst-objektiven Wahrheit des Christentums ist dagegen nicht habhaft zu werden, denn der »Knotenpunkt« seiner Absolutheit liegt gerade im »absoluten Verhalten« zu ihm. Der objektive Bestand des Christentums durch 1800 Jahre hindurch ist dagegen »als Beweis pro« im Augenblick der Entscheidung »gleich Null«, als »Abschreckung contra« jedoch ganz »vortrefflich«. Denn wenn die Wahrheit in der Aneignung liegt, dann bedeutet die objektive Gültigkeit des Christentums nur seine Gleichgültigkeit gegenüber dem Subjekt, das ich selbst bin.

Wie soll man aber innerhalb einer solchen Bestimmung der Wahrheit überhaupt noch unterscheiden zwischen *Wahnsinn* und *Wahrheit,* wenn doch beide die gleiche »Innerlichkeit« aufweisen können[97]? Ein leidenschaftlicher Antichrist wäre dann nicht mehr und nicht weniger »wahr« als ein leidenschaftlicher Christ, aber auch jedes andere Pathos der Existenz hätte als Pathos auch schon seine Wahrheit[98]. Dieses Dilemma hat Kierkegaard wohl bemerkt, aber nur anmerkungsweise zur Sprache gebracht. Er versichert seine These durch die Einschränkung, daß man die leidenschaftliche Innerlichkeit »der Unendlichkeit« von der Innerlichkeit bloßer »Endlichkeit« unterscheiden müsse. Läßt sich aber wirklich die Innerlichkeit *als solche* danach unterscheiden? Die »Unendlichkeit« der christlichen Innerlichkeit begründet sich doch

96 VI, 275, Anm.
97 VI, 269.
98 VI, 272 ff.

nicht von selbst, auf Grund ihrer Subjektivität, sondern durch ihren *Gegenstand:* durch Gottes Unendlichkeit. Dann ist aber die Innerlichkeit »der« Unendlichkeit, d.h. das leidenschaftliche Verhalten zu Gott, von einem solchen zu etwas Endlichem, das als leidenschaftliches Verhalten ein wahnsinniges wäre, doch nur unterscheidbar im Hinblick auf *Gott* und also *entgegen* der eigenen, in jedem Fall endlichen Leidenschaft. Wenn dagegen das Existieren in Leidenschaft wirklich das »Letzte« und das Objektive das »Verschwindende« wäre, dann verschwände auch notwendig die Möglichkeit, überhaupt noch zu unterscheiden zwischen endlicher und unendlicher Innerlichkeit und damit auch zwischen Wahnsinn und Wahrheit. In der Tat hat Kierkegaard diese Konsequenz gezogen, indem er die Wahrheit in die Innerlichkeit setzt: »Wenn objektiv nach der Wahrheit gefragt wird, so wird objektiv auf die Wahrheit als einen Gegenstand reflektiert, zu dem der Erkennende sich verhält. Es wird nicht auf das Verhältnis reflektiert, sondern darauf, daß es die Wahrheit, das Wahre ist, wozu er sich verhält. Wenn das, wozu er sich verhält, nur die Wahrheit, das Wahre ist, so ist das Subjekt in der Wahrheit. Wenn subjektiv nach der Wahrheit gefragt wird, so wird subjektiv auf das Verhältnis des Individuums reflektiert; wenn nur das Wie dieses Verhältnisses in Wahrheit ist, so ist das Individuum in Wahrheit, *selbst wenn es sich so zur Unwahrheit verhält.*«[99]

Ob ein Gott existiert, bleibt notwendig gleichgültig, wenn es »nur« darauf ankommt, daß sich das Individuum »zu Etwas« so verhält, »daß sein Verhältnis in Wahrheit (d.i. subjektiv) ein Gottesverhältnis ist«. Das Äußerste, was auf diesem Weg zur Wahrheit, wo der Weg selbst schon die Wahrheit ist[100], an Objektivität erreicht werden kann, ist die »objektive Ungewißheit«. Denn ob das eigene Gottesverhältnis objektiv, d.h. von Gott her gesehen, ein wahres ist, dessen kann sich der Mensch nicht selbst vergewissern. Für einen im Glauben »Existierenden« ist die »höchste« Wahrheit gerade die objektive Ungewißheit in der je eigenen Aneignung. Es kann einer daher nach Kierkegaard »in Wahrheit« zu Gott beten, obgleich er tatsächlich einen heidnischen Götzen anbetet, und es kann einer umgekehrt »in Wahrheit« zu einem

99 VI, 274. Die ganze Stelle ist von Kierkegaard hervorgehoben, der letzte Satz von uns kursiviert.
100 Vgl. dagegen die Einschränkung dieser These im *Begriff der Ironie,* a.a.O., S. 274.

Götzen beten, obgleich er in einem christlichen Gotteshaus den wahren christlichen Gott anbetet. Denn die Wahrheit ist das »innerliche« *Wie,* aber nicht das »äußerliche« *Was.* Weil es der christlichen Subjektivität aber doch nicht auf *irgend* »Etwas«, sondern auf wahres Christentum ankommt und es ihr darauf ankommen muß, wenn anders die Wahrheit kein Wahnwitz sein soll, so besteht die Wahrheit des Glaubens doch nicht *nur* in der subjektiven Aneignung, sondern darin, daß diese die »objektive Ungewißheit« *als solche* »festhält«. Die Objektivität des Glaubens ist also zwar nicht an ihr selbst, aber doch als eine abstoßende konstitutiv für die Wahrheit der eigenen Zueignung. Beides zusammen macht den Glauben zum »Paradox«. »Wenn die Subjektivität der Innerlichkeit die Wahrheit ist, so ist diese, objektiv bestimmt, das Paradox, und daß die Wahrheit, objektiv, das Paradox ist, zeigt gerade, daß die Subjektivität die Wahrheit ist, denn die Objektivität stößt ab, und dieses ihr Abstoßen oder sein Ausdruck ist die Spannung und der Kraftmesser der Innerlichkeit.«[101] Die Subjektivität ist also der wahre Weg zu der an ihr selber ewigen Wahrheit, diese ist aber im Verhältnis zu einem Existierenden notwendig paradox und nur in der Weise des Von-sich-Abstoßens an-sich-ziehend.

Eine Konsequenz der Subjektivität der christlichen Wahrheit ist die Form ihrer *Mitteilung.* »Als ich dies begriffen hatte, wurde mir zugleich klar, daß, wenn ich darüber etwas mitteilen wolle, meine Darstellung vor allem in *indirekter* Form bleiben müsse. Wenn nämlich die Innerlichkeit die Wahrheit ist, so ist ein Resultat nur Plunder, mit dem man sich gegenseitig nicht belasten soll, und die Mitteilung eines Resultats ein unnatürlicher Verkehr zwischen Mensch und Mensch, insofern als jeder Mensch Geist und die Wahrheit gerade die Selbsttätigkeit der Aneignung ist, welche ein Resultat verhindert.«[102] Weil das, was im Christentum Wahrheit ist, ein existierendes Wunder oder ein Paradox ist – ein Mensch, der zugleich Gott ist – kann diese Wahrheit in Wahrheit auch wiederum nur paradox mitgeteilt werden, nicht jedoch direkt. Sie muß so mitgeteilt werden, daß der Andere in ein eigenes Verhältnis der Aneignung zum Mitgeteilten gebracht wird, aber nicht zu dem, der es ihm mitteilt. Die Wahrheit der »christlichen Mäeutik« beruht auf der existierenden Subjektivität, sie geht aus und zielt ab auf

101 VI, 279; siehe dazu Ruttenbeck, a. a. O., S. 230 ff.

102 VI, 314; siehe dazu VII, 47 ff. und IX, 119 ff.; *Angriff auf die Christenheit,* a. a. O., S. 5 ff. und 11.

eine nur indirekt übermittelbare, weil nur selbsttätig anzueignende Wahrheit. Die Mitteilung reduziert sich auf ein bloßes »Aufmerksammachen«, um auf diese Weise einem jeden als Einzelnen die Aneignung möglich zu machen. »*Ohne Autorität* auf das Religiöse, das Christliche, *aufmerksam zu machen:* das ist die Kategorie für meine ganze schriftstellerische Tätigkeit, als Ganzes betrachtet.«

Daß auch in der Indirektheit der Mitteilung derselbe Widerspruch liegt wie in der Existenzialisierung einer dennoch im voraus gesetzten Wahrheit[103], hat Kierkegaard eingesehen; er läßt die indirekte Mitteilung letztlich in einer Direktheit enden, nämlich im *»Zeugen«* für die Wahrheit. »Die Mitteilung des Christlichen muß doch zuletzt mit dem Zeugen enden, das Mäeutische kann nicht die letzte Form sein. Denn, christlich verstanden, liegt die Wahrheit doch nicht im Subjekt (wie Sokrates es verstand), sondern ist eine Offenbarung, die verkündigt werden muß. In der Christenheit kann ganz richtig das Mäeutische zu gebrauchen sein, just weil die meisten eigentlich in der Einbildung leben, Christen zu sein. Aber da das Christentum doch Christentum ist, so muß der Mäeutiker der Zeuge werden.«[104]

Kierkegaard selbst ist nicht als »Wahrheitszeuge« aufgetreten, obgleich es sein innerstes Anliegen war, sich »für die Wahrheit totschlagen« lassen zu dürfen – was aber nur einem »Apostel« und keinem »Genie« erlaubt sei[105]. Seine eigene christliche Kategorie war deshalb, ein »religiöser Schriftsteller« zu sein auf der »Grenzscheide« zwischen einer dichterischen und einer religiösen Existenz. Und so verstand er auch seine religiösen Reden unter eigenem Namen nicht als Predigten, sondern als christliche »Reden« im »erbaulichen Stil«[106]. Darum ist auch sein Angriff auf die bestehende Christenheit nicht schon als eine

103 Vgl. Jaspers, *Philosophie*, 1932, Bd. I, S. 317, und in umgekehrter Tendenz, Th. Haecker, a. a. O., S. 477: »Die Beantwortung seiner Hauptfrage: Wie werde ich Christ? liegt nicht, wie er meinte, einseitig in dem Wie des Glaubens, und nicht bloß in der Welt des Glaubens, sondern auch in der *Verfassung der Welt*, die dem Glauben vorausgeht [...]. Der gewaltige Irrtum Kierkegaards ist, daß der Ausgangspunkt und schließlich alles das Wie sei, denn der Anfang für den Menschen ist das Was, in einem noch schwächlichen, gleichsam fernen Wie das feststehende, das dogmatische Was des Glaubens. Vgl. dazu Jean Wahl, *Études Kierkegaardiennes*, a. a. O., S. 440 ff.

104 *Tagebücher* I, 407.

105 *Der Begriff des Auserwählten*, a. a. O., S. 273 ff. und 313 ff.

106 *Tagebücher* I, 312.

Konsequenz seiner religiösen Verfasserschaft zu verstehen, sondern als der Ausbruch eines Willens zur Zeugenschaft. In einem eklatanten Skandal sprach er den Vertretern der dänischen Kirche das Recht ab, als Wahrheitszeugen zu gelten, ohne selber die christliche Wahrheit mit apostolischer Autorität zu vertreten. Aufgetreten ist Kierkegaard nur im Namen der »menschlichen Redlichkeit«: »Für diese Redlichkeit will ich wagen. Dagegen sage ich nicht, daß ich für das Christentum etwas wage. Nimm es an, nimm an, ich würde ganz buchstäblich ein Opfer, so würde ich doch nicht ein Opfer für das Christentum, sondern bloß dafür, daß ich Redlichkeit wollte.«[107]

Dieser Angriff bleibt, ebenso wie der auf den Pfarrer Adler[108], zutiefst zweideutig. Denn er erfolgte von einem Standpunkt *innerhalb* des Christentums aus, das er »ohne Autorität«, wie er stets versichert, dennoch im Angriff als das wahre vertrat. Die Idee zu diesem zweideutigen Angriff hat Kierkegaard bereits in seiner inquisitorischen Schrift gegen Adler konstruiert, im bewußten Gegensatz zu andern, harmloseren Möglichkeiten des Angriffs, wie z.B. von Feuerbach. Ein Kritiker wie dieser sei nämlich »im totalen Sinn« »etwas dumm« gewesen. Solche Geärgerten greifen das Christentum an, »aber sie stellen sich selbst außerhalb desselben und gerade deshalb richten sie keinen Schaden an«. »Nein, der Geärgerte muß sehen, dem Christentum ganz anders auf den Leib zu rücken, muß sehen, daß er, wie ein Maulwurf, mitten im Christentum aufschießt. Gesetzt, Feuerbach wäre, anstatt das Christentum anzugreifen, hinterlistiger zu Werk gegangen; gesetzt, er hätte in dämonischem Schweigen seinen Plan angelegt, und wäre danach hervorgetreten und hätte verkündigt, daß er eine Offenbarung gehabt habe; und gesetzt nun, er hätte, wie ein Verbrecher eine Lüge festzuhalten vermag, dies unerschütterlich festgehalten, während er zugleich klug der Orthodoxie alle ihre schwachen Seiten abgelauert hätte, die anzugreifen er doch weit entfernt war, sondern die er nur mit einer gewissen treuherzigen Naivität vors Licht zu halten verstand; gesetzt, er hätte dies so klug gemacht, daß keiner hinter seine List gekommen wäre: er würde die Orthodoxie in die ärgste Verlegenheit gebracht haben. Die Orthodoxie kämpft im Interesse des Bestehenden

107 *Angriff auf die Christenheit*, a.a.O., S. 149.

108 *Der Begriff des Auserwählten*, a.a.O., S. 5ff. – Adler gehörte ursprünglich zur Hegelschen Rechten. Zur Problematik von Kierkegaards Angriff vgl. *Tagebücher*, ed. Ulrich, S. 130ff.

dafür, den Schein aufrecht zu erhalten, daß wir so alle Christen sind, daß das Land christlich ist und die Gemeinden aus Christen bestehen. Wenn dann einer sich außerhalb stellt und das Christentum angreift, so müßte ja, wenn er siegte, die Gemeinde sich herausbemühen aus ihrem behaglichen Schlendrian, [...] sie müßte hinaus in die Entscheidung, das Christentum aufzugeben.«[109] Und – »so sonderbar es scheinen mag« – hat Kierkegaard von sich selber bekannt, daß er mit einem leidenschaftlichen Aufruhr *gegen* das Christentum mitgehen könnte, aber nicht mit der offiziellen Halbheit[110]. – Diese Beurteilung Feuerbachs spiegelt die ganze Fragwürdigkeit von Kierkegaards eigenem Angriff, der sich zwar nicht auf eine persönliche Offenbarung berief, aber deshalb betrügerisch ist, weil er das bestehende Christentum scheinbar wie von außerhalb angriff und es doch nur auf die Weise angreifen konnte, weil er sich innerhalb seiner hineingestellt hatte – auf der Grenze zwischen dem Ärgernis und der Apologie.

Von diesem Angriff auf das bestehende Christentum her ist auch Kierkegaards eigene Christlichkeit in Frage zu stellen. Sie ist so zweideutig wie die Überlegung, ob der Mensch, wenn er leidet, »Tropfen nehmen« soll oder »glauben«![111] Das Phänomen, welches Kierkegaard dazu trieb, sich für die christliche Leidensinterpretation zu entschließen, war seine angeborene »Schwermut«, von der er wußte, daß sie ein »unglückliches Leiden« war, bedingt durch ein Mißverhältnis zwischen dem »Psychischen und Somatischen«, die sich an einer Grenze dialektisch berühren. »Ich habe deshalb mit meinem Arzt gesprochen, ob er glaubte, daß jenes Mißverhältnis in meinem Bau zwischen dem Leiblichen und dem Psychischen sich heben ließe, so daß ich das Allgemeine realisieren könnte. Das hat er bezweifelt; ich habe ihn gefragt, ob er glaubte, daß der Geist imstande wäre, durch den Willen ein solches Grundmißverhältnis umzuschaffen oder umzubilden; er bezweifelte es; er wollte mir nicht einmal zuraten, meine ganze Willenskraft in Bewegung zu setzen, von der er eine Vorstellung hat, da ich das Ganze sprengen könnte. Von dem Augenblick ab habe ich gewählt. Jenes traurige Mißverhältnis mitsamt seinen Leiden (die zweifellos die meisten von denen zu Selbstmördern gemacht haben würden, von denen,

109 *Der Begriff des Auserwählten*, a.a.O., S. 102f.; vgl. *Angriff auf die Christenheit*, a.a.O., S. 401.
110 *Angriff auf die Christenheit*, a.a.O., S. 148.
111 *Tagebücher* I, 300.

die wieder Geist genug hätten, die ganze Qual des Elends zu fassen) habe ich für meinen Pfahl im Fleisch angesehen, meine Grenze, mein Kreuz [...]. Mit Hilfe dieses Dorns im Fuß springe ich höher als irgendeiner mit gesunden Füßen.«[112] Durch dieses gespannte Verhältnis zwischen Seele und Leib hat Kierkegaards Geist die ungewöhnliche Spannkraft bekommen, mit der er seine Natur übersprang. Sein Christentum war ein Ausweg aus der Verzweiflung, »akkurat wie das Christentum ein verzweifelter Ausweg war, als es in die Welt kam und ein solcher zu allen Zeiten für jeden bleibt, der es wirklich annimmt«[113].

Wie sehr Kierkegaard aber seine »Entscheidung« als ein *Problem* empfand, zeigt die Bemerkung: »Wenn meine Schwermut mich irgendwie irregeführt hat, so muß es darin sein, daß ich als Schuld und Sünde ansah, was doch vielleicht nur unglückliches Leiden, Anfechtung war. Dies ist das furchtbarste Mißverständnis, das Signal zu fast wahnsinniger Qual; aber wenn ich auch darin zu weit gegangen bin, so hat es mir doch zum Guten gedient.«[114] Genau an diesem problematischen Punkt der Wahl und Entscheidung hat Nietzsches Kritik des Christentums eingesetzt, mit der These von der christlich-moralischen »Wertinterpretation« des Leidens.

9. *Nietzsches Kritik der christlichen Moral und Kultur*

Sünde und Schuld sind nach Nietzsche nicht Phänomene, die zum menschlichen Dasein als solchem gehören, sondern sie *sind* nur, was sie *bedeuten*. Sie haben selber nur Existenz im Sünden- und Schuld*bewußtsein;* ihr Sein ist eine Bewußtseinsverfassung und als solche ein Seins*verständnis,* das wahr sein kann oder täuschend. Es gibt sehr verschiedene »Leidens-Kausalitäten« je nach der eingeübten Bewußtseinsstellung, die der Mensch zu sich einnehmen kann. Der Christ legt sich sein Leiden auf Sünde hin aus, d.h. er sucht nach einem sinnvollen Grund seines Mißbefindens, denn »Gründe erleichtern«, und »hat man sein Warum des Lebens, so verträgt man sich mit jedem Wie«. Das Christentum hat nach Maßgabe einer solchen Begründung des Leidens

112 *Tagebücher* I, 276f. und 333.
113 VI, 191.
114 *Buch des Richters,* a.a.O., S. 94f.; vgl. 85f.

aus einer Welt ohne Sündengefühle eine Welt der Sünde hervorgebracht; es hat den »Kranken« zum schuldigen »Sünder« gemacht. »Die Heraufkunft des christlichen Gottes [...] hat [...] das Maximum des Schuldgefühls auf Erden zur Erscheinung gebracht. Angenommen, daß wir nachgerade in die *umgekehrte* Bewegung eingetreten sind, so dürfte man [...] aus dem unaufhaltsamen Niedergang des Glaubens an den christlichen Gott ableiten, daß es jetzt bereits auch schon einen erheblichen Niedergang des menschlichen Schuldbewußtseins gäbe; ja die Aussicht ist nicht abzuweisen, daß der vollkommene und endgültige Sieg des Atheismus die Menschheit von diesem ganzen Gefühl, Schulden gegen ihren Anfang, ihre causa prima zu haben, lösen dürfte. Atheismus und eine Art *zweiter Unschuld* gehören zueinander.«[115] Indem Nietzsche die Umwertung, die das Christentum gegenüber der heidnischen Welt vollzog, abermals umkehrt, wird ihm das Sündenbewußtsein zum »größten Ereignis in der Geschichte der kranken Seele« und zum »verhängnisvollsten Kunstgriff religiöser Interpretation«. Ihr entgegen wollte er dem Dasein seine »Unschuld« zurückgewinnen und jenseits von Gut und Böse die exzentrisch gewordene Existenz wieder dem natürlichen Kosmos des ewig wiederkehrenden Lebens verbinden. Entwickeln konnte er aber die »dionysische« Ansicht des Lebens nur in der polemischen Form einer Kritik des Christentums, dessen Moral er als »Widernatur« auslegte. Und um diese Kritik *geschichtlich* begründen zu können, hat er den paradoxen Versuch gemacht, auf der Spitze der Modernität die Antike wieder zu holen. Das antichristliche Ziel seiner Griechenverehrung ist eine Konsequenz seiner Herkunft von der klassischen Philologie und schon angelegt in dem Entwurf *Wir Philologen*.

Betrachtet man den *Antichrist* im Zusammenhang mit Nietzsches ganzer Entwicklung, so ist er kein ursprüngliches »Skandalon« und noch weniger eine »Wiederentdeckung des ursprünglichen Christentums«[116], sondern das Ende einer Kritik, die schon mit den *Unzeitge-*

115 *Zur Genealogie der Moral,* II, Aph. 20.
116 E. Benz, *Nietzsches Ideen zur Geschichte des Christentums,* in: Ztschr. für Kirchengeschichte, 1937, H. 2/3, bes. S. 194 und 291. – Danach würde Nietzsche eine »genuin deutsche Entwicklung der Frömmigkeit« fortsetzen und im Verein mit Strauß, B. Bauer, Lagarde und Overbeck der Wiederherstellung des ursprünglichen Christentums dienen! – Zur Kritik dieser Nietzschedeutung siehe W. Nigg, *Overbeck,* München 1931, S. 58.

mäßen Betrachtungen einsetzte. Daß Nietzsche in seinem letzten Angriff so viel beteiligter ist als in jener ersten Betrachtung, beruht darauf, daß er sich in seiner Vereinsamung immer mehr in eine Rolle hineingespielt hatte, bei der er sich übernahm.

Nietzsches persönliche Christlichkeit war ihm aufgeprägt von seiner pietistischen Umgebung. E. Podach[117] hat in seinen aufschlußreichen Beiträgen zur Nietzsche-Forschung den entscheidenden Einfluß der Mutter auf Nietzsches spätere Stellung zum Christentum glaubhaft gemacht und festgestellt, was schon die Aufsätze und Gedichte des jungen Nietzsche bekunden, daß seine Religiosität von Anfang an etwas Anempfundenes und Forciertes hatte. Was ihm zuerst an Christentum in seiner Familie begegnete, war zu schwach, als daß es mehr in ihm hätte erwecken können als Antipathie und Verdacht – ein Mißtrauen, wie es sich später verschärft gegen Richard Wagners »Parsifal-Christentum« ausgedrückt hat. Es war die *»Homöopathie des Christentums«*, sein bescheiden gewordener »Moralismus«, den er ursprünglich in Frage gestellt und bekämpft hat. Denn gegenwärtig war ihm das Christentum überhaupt nicht mehr als ein die Welt überwindender und dennoch weltbeherrschender Glaube, sondern nur noch als christliche *Kultur* und *Moral*. Er formulierte einmal seine Kritik mit fünf »Nein«, deren zweites auch alle anderen umfaßt: »Mein Wiedererkennen und Herausziehen des überlieferten Ideals, des christlichen, auch wo man mit der dogmatischen Form des Christentums abgewirtschaftet hat. Die Gefährlichkeit des christlichen Ideals steckt in seinen Wertgefühlen, indem, was des begrifflichen Ausdrucks entbehren kann: mein Kampf gegen das latente Christentum (z.B. in der Musik, im Sozialismus).«[118] Er sah die christliche Religion im Bilde »abflutender Gewässer« nach einer ungeheuren Überschwemmung. »Alle Möglichkeiten des christlichen Lebens, die ernstesten und die lässigsten, die [...] gedankenlosesten und die reflektiertesten sind durchprobiert, es ist Zeit zur Erfindung von etwas Neuem oder man muß immer wieder in den alten Kreislauf geraten: freilich ist es schwer, aus dem Wirbel herauszukommen, nachdem er uns ein paar Jahrtausende herumgedreht hat. Selbst der Spott, der Zynismus, die Feindschaft gegen das Christentum ist

117 Siehe: *Nietzsches Zusammenbruch*, Heidelberg 1930; *Gestalten um Nietzsche*, Weimar 1932; *Nietzsche und Lou Salomé*, Zürich 1938. – Zu Nietzsches »Christlichkeit« vgl. Bernoulli, *Overbeck und Nietzsche*, I, 217.
118 *Wille zur Macht*, Aph. 1021.

abgespielt; man sieht eine Eisfläche bei erwärmtem Wetter, überall ist das Eis zerrissen, schmutzig, ohne Glanz, mit Wasserpfützen, gefährlich. Da scheint mir nur eine rücksichtsvolle, ganz und gar ziemliche Enthaltung am Platze: ich ehre durch sie die Religion, ob es schon eine absterbende ist [...]. Das Christentum ist sehr bald für die kritische Historie, d.h. für die Sektion, reif.«[119] Der »Tod Gottes« war für Nietzsches Bewußtsein ein Faktum, dessen Bedeutung weniger in ihm selbst als in seinen nihilistischen Folgen lag. Die wesentlichen Momente seiner Kritik an diesem gottlos gewordenen Christentum enthalten schon die Einleitungssätze eines Aufsatzes von 1862, der sich im übrigen noch ganz in den traditionellen Bahnen einer Humanisierung des »Wesens« des Christentums bewegt[120]. Auch die Art von Nietzsches Interesse an Strauß ist charakteristisch für seine Stellung zum Christentum. Was seine Kritik anreizt und aufregt, ist nicht das Christentum der Kirche und Theologie, sondern seine weltlichen Metamorphosen, die »witzige Verlogenheit«, welche das altertümliche Christentum innerhalb der modernen Welt darstellt: »[...] ich gehe durch die Irrenhaus-Welt ganzer Jahrtausende, heiße sie nun Christentum, christlicher Glaube, christliche Kirche, mit einer düsteren Vorsicht hindurch, – ich hüte mich, die Menschheit für ihre Geisteskrankheiten verantwortlich zu machen. Aber mein Gefühl schlägt um, bricht heraus, sobald ich in die neuere Zeit, in *unsere* Zeit eintrete. Unsere Zeit ist *wissend [...]*. Was ehemals bloß krank war, heute wird es unanständig, – es ist unanständig, heute Christ zu sein. *Und hier beginnt mein Ekel.* – Ich sehe mich um: es ist kein Wort von dem mehr übrig geblieben, was ehemals ›Wahrheit‹ hieß, wir halten es nicht mehr aus, wenn ein Priester das Wort ›Wahrheit‹ auch nur in den Mund nimmt. Selbst bei dem bescheidensten Anspruch auf Rechtschaffenheit *muß* man heute wissen, daß ein Theologe, ein Priester, ein Papst mit jedem Satz, den er spricht, nicht nur irrt, sondern *lügt,* daß es ihm nicht mehr freisteht, aus ›Unschuld‹, aus ›Unwissenheit‹ zu lügen [...]. Jedermann weiß das: *und trotzdem bleibt alles beim Alten.* Wohin kam das letzte Gefühl von Stand, von Achtung vor sich selbst, wenn unsere Staatsmänner sogar, eine sonst sehr unbefangene Art Mensch und Antichristen der Tat durch und durch, sich heute noch Christen nennen und zum Abendmahl gehen? [...] *Wen* verneint denn das Christentum? *was* heißt es

119 X, 289; vgl. I, 341, wo N. offenbar einen Gedanken Overbecks aufnimmt.
120 Musarionausg. I, 70f.

›Welt‹? Daß man Soldat, daß man Richter, daß man Patriot ist; daß man sich wehrt; daß man auf seine Ehre hält; daß man seinen Vorteil will; daß man *stolz* ist [...]. Jede Praktik jedes Augenblicks, jeder Instinkt, jede zur *Tat* werdende Wertschätzung ist heute antichristlich: was für eine *Mißgeburt von Falschheit* muß der moderne Mensch sein, daß er sich trotzdem *nicht schämt,* Christ noch zu heißen!«[121]

Die letzte große Rechtfertigung dieser Unvereinbarkeit unserer weltlich gewordenen Welt mit dem christlichen Glauben hat Nietzsche, wie Feuerbach und Kierkegaard, an Hegel bekämpft. Denn in ihm kulminiere beides: die Tendenz zur *radikalen Kritik* der Theologie, welche von Lessing stammt, und zugleich der Wille zu seiner *romantischen Konservation.* Hegel sei deshalb *der* große Verzögerer des »aufrichtigen Atheismus« geworden, »gemäß dem grandiosen Versuche, den er machte, uns zur Göttlichkeit des Daseins zu allerletzt noch mit Hilfe unseres sechsten Sinnes, des ›historischen Sinnes‹, zu überreden«[122]. Im Gegensatz zu dieser Verzögerung eines aufrichtigen Atheismus sah es Nietzsche als seine Aufgabe an, *»eine Art Krisis und höchste Entscheidung im Problem des Atheismus herbeizuführen«*[123]. Diesen zukunftsvollen Atheismus hat er zuerst in Schopenhauers »Pessimismus« vorgebildet geglaubt, um ihn dann mit steigender Eindringlichkeit und Ausführlichkeit als das Problem einer Selbstüberwindung des europäischen »Nihilismus« zu entwickeln.

Die Tendenz zu einem »unbedingt redlichen« Atheismus bestimmt auch Nietzsches Kritik der *deutschen Philosophie* als einer *halben Theologie.* Kant, Fichte, Schelling, Hegel, aber auch Feuerbach und Strauß, das sind nach ihm alles noch »Theologen«, »Halbpriester« und »Kirchenväter«. »Unter den Deutschen versteht man sofort, wenn ich sage, daß die Philosophie durch Theologenblut verderbt ist. Der protestantische Pfarrer ist Großvater der deutschen Philosophie, der Protestantismus selbst ihr peccatum originale [...]. Man hat nur das Wort ›Tübinger Stift‹ auszusprechen, um zu begreifen, *was* die deutsche Philosophie im Grunde ist, – eine *hinterlistige* Theologie.«[124]

121 *Antichrist,* 38.
122 *Fröhl. Wissenschaft,* Aph. 357; vgl. I, 340.
123 XV, 70.
124 *Antichrist,* 10; vgl. XIII, 14. – Vgl. dazu E. Dührings Unterscheidung der Theologie und Philosophie als »Priester erster und zweiter Klasse« und seine Ansicht von der Aufgabe der vorpositivistischen Philosophie als einer Rückzugsdeckung der Theologie (*Der Wert des Lebens,* Kap. 3).

Die Kehrseite von Nietzsches Einsicht in den *Protestantismus der deutschen Philosophie* war sein Scharfblick für den *philosophischen Atheismus der protestantischen Theologie.* Sie hat den wissenschaftlichen Atheismus der Philosophie in sich aufgenommen, jedoch nur zur Hälfte, so daß sie halbwegs noch Theologie und halbwegs schon Philosophie ist. Daher der »Niedergang des Protestantismus«: »theoretisch und historisch als Halbheit begriffen. Tatsächliches Übergewicht des Katholizismus [...]. Bismarck hat begriffen, daß es einen Protestantismus gar nicht mehr gibt.«[125] Als Kinder von protestantischen Predigern, sagt Nietzsche, und er kennzeichnet damit auch sich selbst, haben allzuviele von den deutschen Philosophen und Gelehrten ihren Vätern zugesehen – »und glauben *folglich* nicht mehr an Gott«, »und insofern mag die deutsche Philosophie eine Fortsetzung des Protestantismus sein«.

Als eine Fortsetzung der christlich-protestantischen Tradition hat Nietzsche auch seinen eigenen »Immoralismus« empfunden; auch er ist noch eine letzte Frucht am Baume der christlichen Moral. »Sie *selbst* zwingt als Redlichkeit zur Moralverneinung« – die philosophische Selbstvernichtung der christlichen Moral ist noch ein Stück ihrer eigensten Kraft. Zuerst ging das Christentum in der Reformation als katholisches *Dogma* zugrunde, jetzt geht es auch als *Moral* zugrunde und *wir* stehen an der Schwelle *dieses* Ereignisses. Aber schließlich erhebt sich als letzte Frage der Wahrhaftigkeit: »Was bedeutet überhaupt aller Wille zur Wahrheit?«[126] Die vorerst letzte Form, in der nach der Wahrheit in Wahrheit gefragt worden ist, ist der »unbedingt redliche Atheismus«. »Überall sonst, wo der Geist heute streng, mächtig und ohne Falschmünzerei am Werke ist, entbehrt er jetzt überhaupt des Ideals – der populäre Ausdruck für diese Abstinenz ist ›Atheismus‹ –: *abgerechnet seines Willens zur Wahrheit.* Dieser Wille aber, dieser Rest von Ideal, ist [...] jenes Ideal selbst in seiner strengsten, geistigsten Formulierung, esoterisch ganz und gar, alles Außenwerks entkleidet, somit nicht sowohl sein Rest, als sein Kern. Der unbedingt redliche Atheismus [...] steht demgemäß *nicht* im Gegensatz zu jenem Ideale [...]; er ist vielmehr nur eine seiner letzten Entwicklungsphasen, eine seiner Schlußformen und inneren Folgerichtigkeiten, – er ist die Ehrfurcht gebietende *Katastrophe* einer zweitausendjährigen Zucht zur Wahr-

125 *Wille zur Macht,* Aph. 87.
126 *Genealogie der Moral,* III, Aph. 24.

heit, welche am Schluß sich die *Lüge im Glauben an Gott verbietet.*«[127] An dem Sich-bewußt-Werden des Willens zur Wahrheit gehe von nun an – daran sei kein Zweifel – auch die Moral zugrunde: »jenes große Schauspiel in hundert Akten, das den nächsten zwei Jahrhunderten Europas aufgespart bleibt, das furchtbarste, fragwürdigste und vielleicht auch hoffnungsreichste aller Schauspiele.«

Der Mensch wird in diesem Zusammenbruch der bisherigen Werte ins »Unerprobte« und »Unentdeckte« hinausgestoßen, nachdem er kein Land mehr hat, wo er heimisch sein könnte. Unsere angebliche Kultur hat keinen Bestand, weil sie sich auf schon fast verschwundene Zustände und Meinungen aufbaut. »Wie vermöchten wir auch in diesem Heute zuhause zu sein! Wir sind allen Idealen abgünstig, auf welche hin einer sich sogar in dieser zerbrechlichen [...] Übergangszeit noch heimisch fühlen könnte; was aber deren ›Realitäten‹ betrifft, so glauben wir nicht daran, daß sie *Dauer* haben. Das Eis, das heute noch trägt, ist schon sehr dünn geworden: der Tauwind weht, wir selbst, wir Heimatlosen, sind etwas, das Eis und andere allzu dünne ›Realitäten‹ aufbricht. [...] Wir ›konservieren‹ nichts, wir wollen auch in keine Vergangenheit zurück, wir sind durchaus nicht ›liberal‹, wir arbeiten nicht für den ›Fortschritt‹, wir brauchen unser Ohr nicht erst gegen die Zukunftssirenen des Marktes zu verstopfen. [...] Wir sind der Rasse und Abkunft nach zu vielfach und gemischt, als ›moderne Menschen‹, und folglich wenig versucht, an jener verlogenen Rassen-Selbstbewunderung [...] teilzunehmen [...]. Wir sind mit einem Worte [...] *gute Europäer,* die Erben Europas, die [...] überhäuften aber auch überreich verpflichteten Erben von Jahrtausenden des europäischen Geistes: als solche auch dem Christentum entwachsen.«[128]

Wie wenig Nietzsche dem Christentum entwachsen war, zeigt aber nicht nur sein *Antichrist,* sondern noch mehr dessen Gegenstück: die Lehre von der ewigen Wiederkunft. Sie ist ein ausgesprochener Religionsersatz und nicht weniger als Kierkegaards christliches Paradox ein Ausweg aus der Verzweiflung: ein Versuch, aus dem »Nichts« in »Etwas« zu kommen[129].

127 Ebenda, Aph. 27.
128 *Fröhl. Wiss.*, Aph. 377.
129 Brief an Rohde vom 23. V. 1887.

10. Lagardes politische Kritik des kirchlichen Christentums

Gleichzeitig mit Nietzsche haben Lagarde und Overbeck eine Kritik des Christentums durchgeführt, die zwar weniger auffällig, aber nicht minder eindringlich ist: Lagarde mit Rücksicht auf die Politik, Overbeck mit Bezug auf die Theologie.

Im selben Jahr 1873 wie Nietzsches erste *Unzeitgemäße Betrachtung* erschien Lagardes theologisch-politischer Traktat *Über das Verhältnis des deutschen Staates zu Theologie, Kirche und Religion,* dessen Grundzüge von 1859 datieren. Wie alle »Deutschen Schriften« Lagardes zeichnet auch diese Abhandlung der scharfe Blick für den inneren Zusammenhang der Theologie mit der Politik aus. Seine Abrechnung mit dem bestehenden Christentum ist so belehrt wie entschieden und übertrifft an radikaler Gründlichkeit Strauß, dessen »aus ehrlichem Wissensdrang« hervorgegangenes Werk über das Leben Jesu von Lagarde ausdrücklich anerkannt wird[130].

Lagardes Kritik spricht beiden christlichen Kirchen die evangelische Christlichkeit schlechterdings ab; zunächst und vor allem ist sie aber gegen den deutschen Protestantismus gerichtet, dessen geschichtliche Hinfälligkeit schon im Wesen der bloßen Reformation der katholischen Glaubenslehre beruht. »Die katholische Kirchenlehre blieb in allem, was sie von Gott, Christo und dem heiligen Geiste aussagte, also in allem, was dem modernen Bewußtsein am anstößigsten ist, von der Reformation unangetastet. Der Streit zwischen den Protestanten und der Kirche drehte sich lediglich um die Art und Weise, in welcher die durch Jesum Christum [...] vollzogene Erlösung des Menschengeschlechts von der Sünde und deren Strafen angeeignet wird, und um gewisse Einrichtungen, durch welche die den Reformatoren für die richtige geltende Aneignung dieser Erlösung erschwert wurde, und die man daher protestantischerseits abzuschaffen sich gedrungen fühlte.«[131] Auch das »Gewissen«, das der Protestantismus in Anspruch nimmt, ist nur im Zusammenhang mit den geschichtlich gewordenen Zuständen der katholischen Kirche begründet, die von Luther in einzelnen Punkten bekämpft und im Ganzen dabei vorausgesetzt wurde. Als aber der Protestantismus 1648 durch den Westfälischen Frieden endgültig anerkannt wurde, verlor er die letzte Spur der inneren Kraft, die

130 P. de Lagarde, *Deutsche Schriften,* Göttingen 1892, S. 60.
131 Ebenda, S. 39.

er nur durch seinen Gegensatz zur herrschenden Kirche gehabt hat: »dadurch, daß ihm die feierliche Erlaubnis zu leben gegeben wurde, ward ihm der letzte Vorwand zu leben genommen.« Was man heutzutage noch Protestantismus nennt, ist weder evangelisch noch reformatorisch, sondern ein abgestandener Rest[132]. Die »Befreiung«, die er nach allgemeiner Meinung hervorgebracht hat, beruht nicht in seiner Vortrefflichkeit, sondern in seiner inneren »Löslichkeit«. Andrerseits hat aber der Zersetzungsprozeß, dem er verfiel, bewirkt, daß das sich protestantisch nennende Deutschland von all den Hindernissen seiner natürlichen Entwicklung befreit wurde, die in dem katholischen System und den vom Protestantismus bewahrten Teilen enthalten waren. Auch die politische Neugestaltung Deutschlands ist kein Werk der Reformation, sondern allein dem Umstand zuzuschreiben, daß die Hohenzollern in Brandenburg und Preußen einen auf eigenen Füßen stehenden Staat begründeten, dessen »Notexistenz« – »das Muß, irgendwie zu sein« – notgedrungen über sich selber hinaustrieb[133]. Desgleichen sind unsere Klassiker keineswegs protestantisch, wenn man darunter die Glaubenslehre der Reformation versteht[134]. Völlig preiszugeben ist nicht zuletzt die protestantische Geistlichkeit, wiel sie keinen Sinn für das »Geistliche« – Nietzsche sagt: für das »Heilige« – hat. Sie ist eine »theologisch angefärbte Projektion politischer Velleitäten«. Der Protestantismus hat es durch die Aufhebung des Zölibats und die Leugnung des Priestertums den Söhnen guter Familien und feineren Gemütern unmöglich gemacht, Geistliche zu werden und der Kirche zu dienen[135].

Das Grundübel der Kirche ist, daß sie das jüdische Prinzip[136] in sich aufgenommen hat, einmal Geschehenes, d.i. Vergangenes, statt des immer von Neuem Geschehenden, d.i. ewig Gegenwärtigen, zum Zielpunkt ihres religiösen Lebens zu machen. Aber in ihrer älteren Gestalt hat die Kirche dieses Übel »mit bewundernswert richtigem Instinkt« verbessert, nämlich im Meßopfer, worin sich das historische Faktum

132 Ebenda, S. 25.
133 Ebenda, S. 6.
134 Ebenda, S. 47.
135 Ebenda, S. 11f.
136 Lagarde unterscheidet zwischen Israel und Judäa; das erstere sei ein naives Volk gewesen, das keinerlei Antipathie eingeflößt habe, das letztere aber ein »Kunstprodukt« und ein »odium generis humani«, nur vergleichbar den Jesuiten und den Deutschen des 2. Reiches, die ebenfalls und nicht mit Unrecht die am meisten gehaßte Nation Europas seien (a.a.O., S. 237f.).

stets neu wiederholt. »Das Meßopfer ist die Stärke des Katholizismus, weil erst durch das Meßopfer das Christentum (ich sage nicht: das Evangelium) Religion wird, und nur Religion, nicht aber Surrogat der Religion, Menschenherzen an sich fesseln kann. Der ewige Menschengeist wird von einmal Geschehenem nicht befriedigt. Es ist nicht Religion, sondern Sentimentalität, sich in Gewesenes zu versenken, und das Bewußtsein von dem immanenten Leben ewiger Gestalten in der Zeit schwindet in dem Maße, in welchem die von Jahr zu Jahr schwächer werdende Erinnerung an uralte, sich nicht erneuernde Tatsachen als Religion angepriesen wird. Daher ist uns die Religion ein Meinen, ein Dafürhalten, ein Glauben, ein Vorstellen, statt ein Leben zu sein, und ehe wir diese grundgiftige Anschauung nicht aufgeben, ist irgend eine Besserung unsrer Zustände gar nicht möglich. Wir brauchen die Gegenwart Gottes und des Göttlichen, nicht seine Vergangenheit, und darum kann vom Protestantismus und, bei der Unannehmbarkeit der katholischen Meßopferlehre, auch vom Katholizismus, darum kann vom Christentume für uns nicht mehr die Rede sein.«[137] Beide Kirchen sind eine Entstellung des Evangeliums, und alle jetzt vorhandenen religiösen Gemeinschaften stehen dem Staat gegenüber auf dem Aussterbeetat: »je früher man sie auf denselben setzt, desto eher werden sie aussterben, denn ihr Leben ist durchaus, wenn auch in verschiedener Art, ein künstliches, durch die Beachtung, die man ihnen widmet, und durch ihren Gegensatz unter einander erhaltenes.«[138] Und in einer späteren Abhandlung von 1878 prophezeite Lagarde, daß die Zukunft zeigen werde, daß alles, was seit der Reformation auf protestantischem Gebiete geschah, keine Entwicklung des Christentums ist, sondern ein Versuch zu Neubildungen, »sofern es nicht auf den Gesetzen der Trägheit und des Verfalls einer-, auf der vom Druck der römischen Kirche frei gewordenen nationalen Kraft der germanischen Völker andrerseits beruhte«. Ursprüngliches Christentum ist der Protestantismus so wenig wie der Jesuitismus. Der künftige Weg beider Mächte ist klar vorgezeichnet. »Der Jesuitismus muß die Kirche, deren Firma er führt, und die an der germanischen Nationalität zu Grunde gegangen ist, aus einer römisch-katholischen zu einer universal-katholischen machen wollen [...] Die germanischen Völker hingegen haben die Religion mit ihrer Nationalität in Beziehung zu setzen: denn der Protestantismus hat, was

137 Ebenda, S. 62.
138 Ebenda, S. 64.

er erreicht, nur durch die germanische Naturanlage der ihm Zugefallenen erreicht, und die Stellung gegen Rom ist die natürliche, wenn nicht Christen, sondern Germanen kämpfen wollen. Weltreligion im Singular und nationale Religionen im Plural, das sind die Programmworte der beiden Gegner.«[139]

Die historische Kritik der christlichen Kirchen und ihrer Theologie wird von Lagarde mit dem Entwurf einer *»Religion der Zukunft«* ergänzt. Der Inhalt der zur Bildung einer nationalen Religion berufenen Bewegung soll ein doppelter sein: sie wird die ethische und religiöse Anschauung des Christentums, und zwar der katholischen Kirche benützen und die »nationalen Eigenschaften des deutschen Volkes« für sich mit Beschlag belegen. Um die kirchlichen Dogmen »religös verwendbar« zu machen, muß man das »jüdische Gift« von ihnen entfernen. Dagegen sind die Dogmen in der löslichen Form der Sakramente nicht zu entbehren, weil im Sakrament göttliche Kraft in der Hülle irdischer Dinge auf geheime Weise Heil bewirkt[140]. Es wird aber auch auf eine leibhaftige Stätte der Sakramente zu sinnen sein, in der sie zu wirken imstande sind. Dieser Leib, meint Lagarde, baut sich von selbst, wenn man den Geist nicht am Bauen verhindert. Vorläufig kommt es nur auf eine Wegbereitung durch Wegräumung der Hindernisse an.

Negativ bestimmter äußert er sich über die »germanische Naturanlage«, die sich in der nationalen Kirche der Zukunft verwirklichen soll. Sie sei wesentlich antijüdisch, aber nicht antichristlich, sofern man unter der Lehre Christi das reine Evangelium versteht. Zu finden sei das reine Deutschtum aber nicht in den gebildeten Kreisen der Gegenwart, denn das amtlich anerkannte Deutschland sei zu undeutsch wie die auf den Schulen gepflegte klassische Literatur, welche einerseits kosmopolitisch und andrerseits von griechischen und römischen Vorbildern bestimmt ist. Deutsch sei, im Gegensatz zu der durch Hegel scholastisierten Bildung, Grimms *Deutsche Mythologie*, die Unabhängigkeit des Geistes, die Liebe zur Einsamkeit und die Eigenartigkeit der Individuen. »Wer die Signatur des neuen deutschen Reiches kennt, wird, wenn er dies gelesen, mit Tränen im Auge wissen, wie deutsch dieses Reich ist.«[141] Deutsch sei auch nicht der Begriff des »Guten«, sondern des »Echten« – aber wer vermag noch durch die Fülle des Kulturmaterials

139 Ebenda, S. 233.
140 Ebenda, S. 234.
141 Ebenda, S. 240.

hindurchzudringen, um das Ursprüngliche zu erfassen, seitdem das Leben der Indivduen immer mehr von Amts wegen bestimmt wird und sich der Despotismus als Freiheit maskiert?

Das Deutschland, welches Lagarde zu sehen begehrt, »hat nie existiert«, es ist wie das Ideal zugleich nichtig und mächtig. Um ihm nahe zu kommen, muß man allen Schein vernichten und aus den »jüdisch-keltischen Theoremen« über Deutschland herauskommen. »Will man in Deutschland Religion haben, so muß man, weil Religion zur unumgänglichen Vorbedingung ihrer Existenz Ehrlichkeit und Wahrhaftigkeit hat, all den fremden Plunder abtun, in welchen Deutschland vermummt ist, und durch welchen es mehr als durch individuelle Selbsttäuschung vor seiner eigensten Seele zum Lügner wird. Palästina und Belgien, 1518 und 1789 und 1848 gehen uns schlechterdings nichts an. Wir sind endlich stark genug, vor Fremden die Türe des Hauses zuzuhalten: werfen wir auch einmal das Fremde hinaus, welches wir innerhalb unseres Hauses haben. Ist das geschehen, so kann die eigentliche Arbeit beginnen.«[142] Diese Arbeit erfordere aber eine »Heroentat in der Epoche des Papiergeldes, der Börsenjobberei, der Parteipresse, der allgemeinen Bildung«. Und die Frage sei, ob 1878 ausgeführt werden kann, was . . .878 hätte geschehen müssen!

Lagarde bezeichnet die Religion der Zukunft als deutsche »Frömmigkeit«, und für sie fordert er als »Pfadfinderin« neben der schon bestehenden Theologie eine zweite, welche allgemeine Religionsgeschichte lehren soll. »Sie gibt ein Wissen von der Religion, sofern sie eine Geschichte der Religionen gibt.«[143] Was sie ausfindig machen soll, ist eine nationale Religion, und diese kann weder katholisch noch protestantisch sein, sondern ausschließlich deutsch: »ein Leben auf Du und Du mit dem allmächtigen Schöpfer und Erlöser, Königsherrlichkeit und Herrschermacht gegenüber allem, was nicht göttlichen Geschlechts ist.« »Nicht human sollen wir sein, sondern Kinder Gottes: nicht liberal, sondern frei: nicht konservativ, sondern deutsch: nicht gläubig, sondern fromm: nicht Christen, sondern evangelisch: das Göttliche in jedem von uns leibhaftig lebend, und wir Alle vereint zu einem sich ergänzenden Kreise.«[144] Diese national-deutsche Religion entspricht dem »von Gott gewollten Wesen der deutschen Nation«.

142 Ebenda, S. 247.
143 Ebenda, S. 68.
144 Ebenda, S. 76; vgl. 97.

Lagardes Kritik des Christentums hat zu ihrer Zeit nur in einem engen Kreise gewirkt, sie ist aber nachträglich wirksam geworden in den Religionsgemächten des Dritten Reiches, welche ebenfalls 1000 Jahre deutscher Geschichte durchstreichen und das Christentum auf eine spezifisch deutsche »Frömmigkeit« reduzieren wollten.

11. Overbecks historische Analyse des ursprünglichen und vergehenden Christentums

Overbeck hat sich wegen seines Zusammenhanges mit der historischen Kritik von F. Chr. Baur noch selbst zur »Tübinger Schule« gerechnet, obschon nur in einem »allegorischen« Sinn. Mit Rücksicht auf die Entwicklung der deutschen Religionskritik von Hegel bis Nietzsche lassen sich aus seinen Schriften folgende Stellungnahmen herausheben: zu Nietzsche, im Verein mit dessen erster *Unzeitgemäßer Betrachtung* die *Christlichkeit der Theologie* (1873) entstand, zu Lagarde und Strauß, zu B. Bauer und Kierkegaard und mittelbar auch zu Hegel.

Das erste Kapitel der *Christlichkeit der Theologie* behandelt das Verhältnis der Theologie zum Christentum überhaupt. Es will im Gegensatz zu Hegel nachweisen, daß nicht erst die moderne Theologie, sondern die theologische *Wissenschaft* überhaupt von Anfang an in einem fundamentalen Mißverhältnis zum ursprünglichen Sinn des christlichen *Glaubens* stand. Als das, was das Christentum ursprünglich war: eine gläubige Erwartung des Endes der Welt und der Wiederkunft Christi, hat es die »unzweideutigste Abneigung« gegen alle Wissenschaft gehabt, und dieser Antagonismus zwischen Glauben und Wissen ist nicht hegelisch zu versöhnen, sondern »ein durchaus unversöhnlicher«. »Daher ist denn auch das Tun jeder Theologie, sofern sie den Glauben mit dem Wissen in Berührung bringt, an sich selbst und seiner Zusammensetzung nach ein *irreligiöses,* und kann keine Theologie jemals entstehen, wo nicht neben das religiöse Interesse sich diesem fremde stellen.«[145] Am allerwenigsten aber können einen die Schicksale des Christentums veranlassen, das Verhältnis von Glauben und Wissen versöhnlicher zu denken; denn eine Religion, die wesentlich in der Erwartung der Parusie lebte, konnte – solange sie sich treu blieb – keine

145 *Über die Christlichkeit unserer heutigen Theologie,* 2. Aufl., Leipzig 1903, S. 25.

theologische Wissenschaft und keine Kirche ausbilden wollen. Daß dies dennoch so rasch geschah, erklärt sich nicht aus dem Christentum selbst, sondern aus seinem Eintritt in die heidnische Bildungswelt, die es nicht vernichten konnte und an der es deshalb eine Stütze suchte, wenngleich es bis zur Reformation nie das Bewußtsein seines Gegensatzes zur Welt und zum Staate verlor.

Der Kampf zwischen Glaube und Wissen wurde schon an der Wiege des Christentums einmal gekämpft, als der Gnostizismus alle Voraussetzungen des jungen Glaubens vernichtete und ihn in Metaphysik verwandelte. Aber auch die Niederwerfung des Gnostizismus war nur ein neuer Vertrag mit der im Alexandrinismus allgewaltig vertretenen Wissenschaft der Welt. »Statt daß der einfache Glaube an die Erlösung durch Christus nur um so energischer sich in sich selbst zurückgezogen hätte, wurde neben die [...] für falsch erklärte Gnosis eine christliche Theologie als wahre Gnosis gestellt, in welcher zwar, besonders vermittelst des nun begründeten christlichen Kanons, wenigstens eine gewisse Summe christlicher Tradition unter den Schutz des Glaubens gegen die Angriffe des Wissens sicher gestellt wurde, während man übrigens vom Standpunkte des Glaubens zu dem des Wissens sich zu erheben für durchaus geboten hielt. Zum sicheren Beweis aber für den Gegensatz des Wissens gegen die rein religiösen Interessen des Glaubens vermochte auch in dieser temperierten Gestalt die Wissenschaft nur mit einer Art Gewalt in die Kirche zu dringen und sich darin nur unter der eifersüchtigsten Überwachung und der Gefahr zu behaupten, bei jeder freieren Regung der Ketzerei bezichtigt zu werden, bewährte sich auch in der Tat nur als die Brutstätte unaufhörlicher Konflikte mit dem Glauben der Gemeinde. Ganz charakteristisch für die ganze Entwicklung ist schon ihr Anfang, wie um die Wende des zweiten auf das dritte Jahrhundert Clemens von Alexandrien und nach ihm Origines darstellen.«[146] Vollends hervortreten mußte aber der ursprüngliche Gegensatz des christlichen Glaubens zum theologischen Wissen, als in späteren Zeiten auch die das Mittelalter beherrschende Illusion hinwegfiel, daß sich die Theologie zum christlichen Glauben nur positiv-apologetisch verhalte. Von dem Augenblick an, wo die protestantische Theologie von den profanen Wissenschaften die Methode der historisch-philosophischen Kritik übernahm, mußte die Theologie zum Totengräber

146 Ebenda, S. 28 f.

des Christentums werden, und wer die Theologie nicht bloß zu ihrer Selbstbehauptung betreibt, muß erkennen, daß sie nichts anderes ist als »ein Stück der Verweltlichung des Christentums, ein Luxus, den es sich gestattete, der aber, wie jeder Luxus, nicht umsonst zu haben ist«[147]. Die einzig wirkliche Aufgabe der Theologie ist, daß sie das Christentum als Religion problematisch macht – möge sie kritisch oder auch apologetisch und liberal sein. Denn das historisch-kritische Wissen kann wohl die Religion zu Grunde richten, aber sie nicht wieder als solche aufbauen. Nichts lag Overbeck darum ferner als Hegels »Erhebung« der christlichen Religion zu einer begriffenen Existenz. Durch seine grundlegende Unterscheidung der »Ursprungs«- von der »Verfalls«-Geschichte befindet er sich bezüglich der »Entwicklung« des Christentums im äußersten Gegensatz zu Hegels fortschrittlich-optimistischer Konstruktion. Der Protestantismus bedeutet ihm, wie Lagarde, keine Vollendung des Christentums, sondern den Anfang seiner Zersetzung. Die Produktivität der christlichen Kirche hört auf mit der Reformation, die überhaupt keine selbständige religiöse Bedeutung hat, sondern ganz und gar durch den Protest gegen die katholische Kirche bedingt ist. Und »absurd« sei die Konsequenz der Mißachtung des weltabgewandten Charakters des Christentums, die dazu führt, daß man die ersten 1500 Jahre christlichen Glaubens als eine Verhüllung seines eigentlichen Wesens erklärt[148]. Eben dies ist aber die Konsequenz der Hegelschen Konstruktion, wonach sich das Christentum in der Welt fortschreitend zu »verwirklichen«, d.i. zu verweltlichen hat. Der letzte wirkliche Christ innerhalb der modernen Welt ist für Overbeck Pascal, wogegen er Luther ähnlich wie Nietzsche und Denifle beurteilt.

Ebenso ablehnend wie Overbecks Stellung zu Hegel ist sein Verhältnis zu denjenigen, die sich im Namen des Christentums gegen das bestehende kehren, wie Vinet, Lagarde und Kierkegaard. Indem er der Theologie das Recht absprach, das Christentum zu vertreten, verzichtete er zugleich auch für sich selber darauf. »So stehe ich insbesondere ganz anders zu den Dingen als etwa Kierkegaard, der das Christentum angriff, wiewohl er es vertritt, während ich es unangegriffen lasse, trotzdem ich mich abseits stelle und dabei zugleich als Theologe rede, obwohl ich gerade dies nicht sein will. Kierkegaard redet unter einem paradoxen Aushängeschild als Reformator des Christentums, ich den-

147 Ebenda, S. 34.
148 Ebenda, S. 84; vgl. Nietzsche I, 340.

ke daran am wenigsten, aber auch nicht daran, die Theologie zu reformieren, die ich für mich in Anspruch nehme. Ich bekenne ihre *Nichtigkeit* schon an und für sich und bestreite nicht nur ihre zeitweilige komplette Baufälligkeit und ihre Fundamente. Das Christentum lasse ich ohne jeden Vorbehalt fürs nächste auf sich beruhen.«[149] Als den »schwachen Punkt« in Kierkegaards Stellung zum Christentum erkannte er »die falsche, rhetorisch-paradoxe Etikette seines Angriffs« angesichts der bloßen »Affektation der Angreifermaske«. »Es sieht dabei so aus, wie wenn sich Kierkegaard auf sich selbst stellte und nun gegen das Christentum losführe – das tut er doch erst, nachdem er zuvor innerhalb des Christentums Fuß gefaßt hat. Er jedenfalls darf das Christentum nicht angreifen, und das in gewissem Sinne noch weniger als die von ihm Angegriffenen. Ein schlechter Vertreter des Christentums ist zu dessen Kritik immer noch besser legitimiert als ein unanfechtbarer, selbst in seinen eigenen Augen unanfechtbarer.«[150]

Overbecks Stellung zu B. Bauer geht aus der Rezension von dessen Schrift über *Christus und die Cäsaren* hervor[151]. Nachdem er auf vier langen Spalten die »Unglaublichkeiten« geprüft hat, die Bauer nach 35 Jahren dem Publikum ohne die geringste Milderung wieder vorgelegt habe, mit einer Standhaftigkeit, die imponieren könnte, wenn sie nicht mangels jeder wissenschaftlichen Begründung so hinfällig wäre, heißt es am Schluß, daß mit all der Kritik an Bauers These, daß Christentum und Stoizismus ein und derselben Wurzel entstammten, nicht bestritten werden solle, daß es oft »gar keine üble Sache« sei, die Bauer vertrete! Um so mehr sei das gänzlich Verfehlte seiner Arbeit zu bedauern. In der Tat sei der Anteil des griechisch-römischen Heidentums an der Entstehung der Kirche sehr unterschätzt worden, wie überhaupt der Geschichte der alten Kirche »nur durch eine gute Menge von Paradoxien: zu helfen wäre. Doch müsse, wer solche Paradoxien vertritt, ihnen eine Gestalt geben, die es fähig macht, allmählich in den Strom wohlbegründeter Überzeugung einzumünden, anstatt im Gebiet des bloß Extravaganten zu bleiben. Abgesehen von diesen Einwänden solle jedoch die Lektüre den Theologen »nicht gerade abgeraten« werden. Denn wenn es auch ein sehr zufällig zusammengeraffter Stoff sei, den der

149 *Christentum und Kultur,* hrsg. von C. A. Bernoulli, Basel 1919, S. 291.
150 Ebenda, S. 279; vgl. Overbecks Urteil über Feuerbach, in W. Nigg, *Overbeck,* a. a. O., S. 136.
151 Theol. Lit. Zeitung 1878, Sp. 314 ff.

Verfasser vorgelegt habe, so sei es doch Stoff, der oft genug zu fruchtbarer Betrachtung anregen könne. Der Parallelismus zwischen Stoizismus und Christentum lasse sich tausendmal reicher, feiner und tiefer verfolgen, als es bei Bauer geschehe, und es würden sich dann Beobachtungen und Fragen ergeben, von denen dieser keine Ahnung verrate.

Vergleicht man mit diesen kritischen Ausführungen, wie Overbeck selber vom Verhältnis des Christentums zur Antike gedacht hat, so verstärkt sich noch der prinzipiell zustimmende Schlußakzent seiner im einzelnen so überaus scharfen Kritik. Hat doch Overbeck selbst immer wieder den »antiken« Charakter des Christentums betont, seine absolute »Neuheit« bestritten und darum Antike *und* Christentum der Moderne entgegengestellt[152]. Er hat die »Stammverwandtschaft« des Christentums und der antiken Welt indirekt durch die These behauptet, daß sich mit dem Verschwinden des Altertums aus unserem Leben auch das Verständnis des Christentums im gleichen Maße vermindere[153]. Das Christentum, heißt es schon in der *Christlichkeit der Theologie,* sei die Einbalsamierung, in der das Altertum bis auf unsere Zeiten gekommen ist, und weil das Christentum selber noch ein Stück Altertum ist, ist ein »modernes« Christentum ein Widerspruch in sich selbst. Die Verwandtschaft von Overbeck mit Bauers theologischer Position geht aber noch weiter, als ihm selber bewußt war, denn niemand anderer als Bauer hat vor ihm den notwendigen »Jesuitismus« des »theologischen Bewußtseins«[154], den Widerspruch zwischen den beiden Voraussetzungen, der Bibel und Zeitbildung, in einer ebenso radikalen Weise entdeckt.

Die kritische Theologie von Strauß hat Overbeck wiederholt verteidigt gegen die Anmaßungen und Illusionen der apologetischen und liberalen Theologie. Seine Behauptung der Unvereinbarkeit von Weltbildung und Christentum sei unwiderleglich und unabhängig von der scheinbaren Weltbürgerlichkeit und wirklichen Spießbürgerlichkeit jener Bildung, die Strauß im Alter als »neuen Glauben« vertrat. Unbe-

152 W. Nigg, a. a. O., S. 138.

153 *Studien zur Geschichte der alten Kirche,* I, 1875, S. 159; vgl. dazu die Parallelen in Nietzsches *Wir Philologen* (X, 404 ff.) und desgl. bei Nigg, a. a. O., S. 44, Anm. – Dieselbe Bedeutung wie für Overbeck die Frage nach der Christlichkeit der Theologie hatte für Nietzsche die nach dem Griechentum der klassischen Philologie.

154 *Hegels Lehre von der Religion und Kunst,* a. a. O., S. 41 ff., und *Entdecktes Christentum,* § 16.

dingt Recht habe Strauß auch darin, daß er die verhängnisvolle Bedeutung erkannte, welche dem Gedanken eines »Leben Jesu« innewohnt. Ein Irrtum sei es aber zu meinen, daß eine wahrhaft kritische Theologie notwendig zu einer Negation des Christentums führe. Sie könne vielmehr das Christentum, ohne es zu vertreten, beschützen, nämlich »gegen alle Theologien, welche es zu vertreten meinen, indem sie es der Welt akkomodieren, und, durch Gleichgültigkeit gegen seine Lebensbetrachtung, entweder es zu einer toten Orthodoxie ausdörren, welche es aus der Welt schafft, oder zur Weltlichkeit herabziehen und darin verschwinden lassen. Solchen Theologien wird es die kritische zu wehren haben, daß sie unter dem Namen des Christentums ein unwirkliches Wesen durch die Welt schleppen, dem man genommen hat, was jedenfalls seine Seele ist, nämlich die Weltverneinung.«[155] Strauß verkennt die exzessive Humanität des Christentums und will es sich ganz aus dem Sinne schlagen, was ihm aber nur dadurch gelingt, daß er über dem »Menschheits«- und »Nationalgefühl« die »Kleinigkeit« vergißt, »daß wir Menschen sind«![156] Vergleicht man, was Strauß über Staat und Krieg, politische Strafgewalt und Arbeiterstand ausführt, mit den christlichen Parallelen etwa bei Augustin, so ist kein Zweifel, daß man dort alles ungleich tiefsinniger und zugleich menschlicher und darum wahrer findet. Dagegen ist das Christentum mit einer Kultur wie der von Strauß vertretenen schon einmal fertig geworden. Um gegen das Christentum Recht zu behalten, müßte der Standpunkt der Bildung höher, aber nicht niedriger sein als es der war, über den das Christentum Herr wurde. – Diese Kritik an Straußens »Bekenntnis« faßt in wenigen nüchternen Sätzen zusammen, was Nietzsche in seiner *Unzeitgemäßen Betrachtung* mit jugendlichem Überschwang ohne gerechte Berücksichtigung von Straußens geschichtlicher Leistung ausgeführt hat.

Der Theologie als Wissenschaft habe Strauß durch sein Jugendwerk einen erheblichen Dienst geleistet. Irrig sei aber die Meinung, das Christentum bestehe in einer Summe von Dogmen und Mythen, die man entweder anzunehmen oder, halb oder ganz, zu verwerfen habe, während doch seine Seele der Glaube an Christus und seine Wiederkehr

155 *Christlichkeit der Theologie*, S. 110.
156 Ebenda, S. 114. – Aus Overbecks Exemplar des alten und neuen Glaubens hatte Nietzsche diese Schrift kennengelernt und, wie Overbeck darin notierte, »bei seiner Exekution benutzt«.

und an das Ende der bestehenden Weltgestalt war. »Entsprechend den Beobachtungen, die wir in dieser Beziehung bei apologetischen und liberalen Theologen machten, meint auch Strauß mit dem Christentum fertig zu sein, wenn er eine Reihe seiner Grunddogmen und insbesondere die kirchliche Auffassung seiner Urgeschichte kritisch vernichtet hat, über die asketische Lebensansicht des Christentums aber mit zwei oder drei wegwerfenden und sehr beiläufigen Bemerkungen hinweggeht.«[157] Nur wenn man sich über den eschatologischen und darum asketischen Charakter des Christentums klar ist, kann man auch den rechten Standpunkt für die Beurteilung jener »Lebenseinrichtung« gewinnen, die Strauß nach Beseitigung des Christentums vorschlägt.

Mit Lagardes Schrift hat sich Overbeck sogleich nach ihrem Erscheinen auseinandergesetzt. Beiden eignet dasselbe kühle Gelehrtentum, das bei Lagarde von einem rhetorischen Wirkungswillen durchsetzt ist, wogegen es Overbeck mit einer fast mehr als menschlichen Nüchternheit hielt. Er konnte und wollte kein Erzieher der Deutschen sein, wohl aber mit sich selber ins klare kommen in bezug auf die Theologie und das Christentum.

Overbeck diskutiert Lagardes Vorschlag, die bestehenden theologischen Fakultäten zu konfessionellen Seminaren herabzudrücken und sie an den Universitäten durch eine Theologie zu ersetzen, die Religionsgeschichte zu lehren hat, um einer deutschen Religion den Weg zu bereiten. Er erhebt dagegen den Einwand, daß eine solche rein historische Betrachtung der Geschichte der Religionen überhaupt nicht mehr Theologie sei und konsequenterweise der philosophischen Disziplin zufallen müßte. Wenn aber Lagarde seine neue Theologie dennoch eine besondere Stellung einnehmen läßt, so könnte das nur mit Rücksicht auf ihre praktische Aufgabe begründet werden, die sie aber mit den konfessionellen Theologien teilt. »Allein was eben bezweifelt werden muß, ist, daß eine Aufgabe dieser Art sich für Lagardes Theologie wirklich finden läßt. Er bezeichnet uns zwar selbst eine solche, indem er uns sagt, die neue Theologie solle sein ›die Pfadfinderin der deutschen Religion‹. Indessen Theologien sind immer ihren Religionen nachgefolgt, und zwar um so später, je energischer und unumstrittener die ursprünglichen Triebe dieser Religionen waren. Daß sie einer Religion je vorangegangen wären, ist unerhört, und daß etwas der Art noch

157 Ebenda, S. 111.

geschehen könnte, kaum zu erwarten.«[158] In Wirklichkeit wird Lagardes Theologie keine neue Religion bereiten, sondern bei der Aussichtslosigkeit ihres letzten Trachtens und der Übermächtigkeit der historischen Richtung in allen gelehrten Studien der Gegenwart sehr bald ihr Ziel aus den Augen und sich selbst an den historischen Stoff verlieren – eine Voraussage, die sich inzwischen selbst innerhalb der konfessionell gebundenen Theologie überall dort bewährt hat, wo unter dem Titel »Dogmatik« faktisch nichts anderes gelehrt wird als vergleichende Religionsgeschichte in protestantischer Färbung.

Über sein Verhältnis zu Nietzsche hat sich Overbeck dreißig Jahre nach seiner *Christlichkeit der Theologie* in der Einleitung zu deren zweiter Ausgabe Rechenschaft gegeben. Er bezeichnet dort Nietzsches Einfluß als den stärksten, der ihn auf seiner Wanderschaft durch das Leben getroffen habe, und Nietzsche selbst als einen »außerordentlichen, auch im Tragen von Unglück außerordentlichen Menschen«. Und in der Tat kann nichts Nietzsches Außerordentlichkeit besser beweisen als die Freundschaft, die ihm ein so besonnener und zurückhaltender Mensch wie Overbeck hielt, der von sich sagt, er könne zwar nicht behaupten, daß er schon damals, in Basel, aus Nietzsche »klug geworden« wäre, aber ebensowenig, daß er, der sieben Jahre Ältere, ihm bedingungslos auf seiner »Entdeckungsreise« gefolgt wäre und sich durch ihn aus seiner eigenen Bahn hätte werfen lassen. Doch sei seine Freundschaft zu Nietzsche mit dabei gewesen, als er sich seine Absage an die Zunftgenossen von der Seele schrieb. Dem entspricht die Widmung, mit der Nietzsche seine erste *Unzeitgemäße Betrachtung* Overbeck überreichte. Auch in den späteren Jahren hat Overbeck Nietzsches Entdeckungsreise, unbeirrt von dem Erschreckenden und auch Abstoßenden, welches sie für ihn haben mußte, mit treuer Aufmerksamkeit zu Ende verfolgt. Seine nachgelassenen Aufzeichnungen und der Briefwechsel mit Nietzsche bezeugen, daß er Nietzsches Kampf gegen das Christentum, wenn schon nicht mitgemacht, so doch auf seine Weise begleitet, indem er seinem Freund gelegentlich gelehrte Hinweise für die Kritik des Christentums gab. Daß Nietzsches Versuch einer »Überwindung Gottes und des Nichts« gescheitert ist, hat Overbeck nie als ein Argument gegen ihn anerkannt, wohl aber habe Nietzsche bei seiner Fahrt die Verzweiflung gepackt, so daß er sein Fahrzeug selbst preisgab,

158 Ebenda, S. 129; siehe auch Overbecks Urteil über Lagardes Person. Bernoulli, *Overbeck und Nietzsche,* I, 133.

und zwar schon lange vor dem Ausbruch des Wahnsinns. »Ans Ziel gelangt ist auf der Fahrt, die ich hier meine, noch niemand, und insofern ist auch Nietzsche darauf nicht mehr mißlungen als anderen. Was sich ihm versagte, war das Glück, das anderen Glücklicheren, dergleichen ich kannte, günstig gewesen ist. Gescheitert ist er freilich, aber doch nur so, daß er gegen die unternommene Fahrt als Argument so gut und so schlecht dienen kann, wie die Schiffbrüchigen gegen das Beschiffen des Meeres. Wie, wer einen Hafen erreicht hat, seinen schiffbrüchigen Vorgänger als einen Schicksalsgenossen anzuerkennen sich am allerwenigsten weigern wird, so auch nicht die glücklicheren Meerfahrer, die sich auf ihrer ziellosen Fahrt wenigstens mit ihrem Fahrzeug zu behaupten vermocht haben, mit Beziehung auf Nietzsche.«[159]

Die Frage, welche Overbeck *selbst* mit Bezug auf das Christentum stellte, betraf nicht die christliche »Moral«, deren asketischen Charakter er im Gegensatz zu Nietzsche als eine ausgezeichnete Art der Humanität verstand, sondern das Verhältnis des ursprünglich *weltentsagenden Christentums* zur *Geschichte der Welt.* Denn das Interessanteste am Christentum sei seine Ohnmacht, »die Tatsache, daß es die Welt nicht beherrschen kann«, weil seine Lebensweisheit in einer »Todesweisheit« besteht[160]. Betrachtet man das Christentum wirklich und ernsthaft historisch, so läßt sich nur der allmähliche Verfall seines »unhistorischen« Ursprungs feststellen, wenngleich sich der Verfall mit dem »Fortschritt« in der geschichtlichen Dauer verschlingt. Und wie die Dauer neben der Vergänglichkeit ein Grundbegriff jeder Geschichtskunde ist, so gilt für alles geschichtliche Leben auch notwendig, daß es alt oder jung ist. Die zweitausend Jahre Christentum lassen sich trotz Kierkegaards Willen zur »Gleichzeitigkeit« in keiner Weise durchstreichen und am allerwenigsten von einer Theologie, die selbst als Wissenschaft ganz durchdrungen ist von der historischen Denkweise. »Das Christentum, das so lange gelebt hat, kann gar nicht mehr in der Welt so stehen, wie es am Anfang darin stand, nach allen Erfahrungen, die es damals noch *vor sich* hatte und jetzt *hinter sich* hat!«[161] Ursprünglich hat das Christentum als Evangelium unter Negation aller Geschichte und unter Voraussetzung einer »hyperhistorischen« Welt existiert –

159 *Christentum und Kultur,* a.a.O., S. 136; vgl. 286f. und: Bernoulli, *Overbeck und Nietzsche,* I, 273ff.; II, 161.
160 *Christentum und Kultur,* S. 279.
161 Ebenda, S. 268f.

»weder Christus für sich noch der Glaube, den er gefunden, haben wenigstens unter dem Namen Christentum historisches Dasein gehabt«[162] – aber dieser »prähistorische Embryo« hat sich in der Geschichte der mit der Welt verbundenen Kirche ausgelebt. Die Welt ließ sich nicht überzeugen, daß Gott die Menschen liebt[163]. »Mit dem Glauben an die Parusie hat das alte Christentum eben den Glauben an seine Jugend verloren«, und dieser Widerspruch der altchristlichen Eschatologie und der Zukunftsstimmung der Gegenwart ist ein fundamentaler »und vielleicht die Grundursache der Zerfallenheit der Gegenwart mit dem Christentum«. Denn nichts liegt unserer sich selbst vorantreibenden Gegenwart ferner als der Glaube an ein nahes Weltende. Und nun, wo das Christentum alt geworden ist im Sinne der Hinfälligkeit, ist sein Alter nicht mehr ein Argument für seine Dauer, sondern seine bedenklichste Seite[164]. Denn der »ewige« Bestand des Christentums läßt sich nur sub specie aeterni vertreten, d.h. von einem Standpunkt aus, der überhaupt von der *Zeit* der Geschichte nichts weiß; aber niemals läßt sich dem Christentum die Ewigkeit mit der Historie sichern. Rein historisch läßt sich für das Christentum nur der Nachweis erbringen, daß es abgebraucht ist[165]. Sein Alter ist für eine ernsthafte historische Ansicht ein »tödliches« Argument. Das Christentum vermag die Bewegung der Geschichte nicht zu bändigen, sondern diese wächst überall zu seinen Grenzen hinaus. Und darum ist die Geschichte ein »Schlund, in den sich das Christentum nur ganz wider Willen geschleudert hat«[166]. Im vorkonstantinischen Zeitalter sah es so aus, »als ob das Christentum die Kultur überdauern sollte, heute doch wohl umgekehrt«. »Prometheus scheint Recht zu behalten und das Feuer, das er vom Himmel geholt, nicht das, das er sich schenken lassen sollte«[167].

Die letzte Konsequenz von Overbecks geschichtlicher Betrachtung ist seine Bestreitung der christlichen Zeitrechnung. Indem er ihre Be-

162 Ebenda, S. 9f.
163 Ebenda, S. 64f.
164 Ebenda, S. 69f.
165 Overbeck zitiert aus Treitschkes *Deutscher Geschichte* (3. Aufl. III, 401), daß man sich schon in den 20er Jahren am Tisch des preußischen Ministers Altenstein davon unterhielt, ob das Christentum nur noch zwanzig Jahre oder fünfzig Jahre dauern werde – eine Geschichte, die ein interessantes Licht auf Hegel und seine Schüler zurückwirft.
166 *Christentum und Kultur*, S. 7.
167 Ebenda, S. 10.

deutung verneint, steht er im Gegensatz zu Hegel, der sie als letzter noch im Ernste aufrecht erhielt, und doch nicht auf der Seite von Nietzsche, dessen *Ecce homo* den Anspruch erhob, mit dem 30. September 1888 »der falschen Zeitrechnung« als dem »ersten Tage des Jahres Eins« neu zu beginnen[168]. Wirklich begründet wäre nach Overbeck die christliche Zeitrechnung nur dann, wenn das Christentum eine »neue« Zeit herbeigeführt hätte. Aber eben dies sei nicht der Fall, »denn es hat von einer neuen Zeit selbst ursprünglich nur unter einer Voraussetzung geredet, die nicht eingetroffen ist, der, daß die bestehende Welt untergehen und einer neuen Platz machen sollte. Dies ist ein Moment lang eine ernste Erwartung gewesen und ist als solche Erwartung auch immer wieder, aber nur flüchtig, aufgetaucht, nie aber eine Tatsache von historischer Permanenz geworden, welche allein die reale Grundlage zu einer durchschlagenden und den Tatsachen der Wirklichkeit entsprechenden Zeitrechnung hätte abgeben können. Die Welt ist es, die sich behauptet hat, nicht die christliche Erwartung von ihr.«[169] Nur die aus der einstigen Existenz einer eschatologischen Enderwartung gezeigte Möglichkeit, diesen Moment als Wendepunkt der Zeit aufzufassen, hat die christliche Zeitrechnung ernst nehmen lassen. In Wahrheit ist aber weder das Alte vergangen, noch das Neue eingetroffen, und es bleibt darum ein Hauptproblem in der Geschichte des Christentums, wie es sich mit der Enttäuschung seiner ursprünglichen Erwartung abfand. Overbeck versucht diese Frage zu beantworten mit der Verwandlung der urchristlichen Erwartung der Wiederkunft Chrsti in die »asketische Betrachtung und Führung des Lebens«, »welche in der Tat eine Metamorphose des urchristlichen Glaubens an die Wiederkehr Christi ist, sofern sie auf der fortwährenden Erwartung dieser Wiederkehr beruht, die Welt daher als zum Untergange reif zu betrachten fortfährt und den Gläubigen bewegt sich ihr zu entziehen, um auf die stündlich drohende Erscheinung Christi bereit zu sein. Die Erwartung der Wiederkunft Christi, unhaltbar geworden in ihrer ursprünglichen Form, [...] verwandelt sich in den Todesgedanken, der schon nach Irenäus den Christen stets begleiten soll, in das memento mori, womit der Karthäusergruß die Grundweisheit des Christentums jedenfalls tiefer zusammenfaßt als etwa die moderne Formel, es solle ›sich nichts Störendes drängen zwischen den Menschen und seinen Urquell‹, worin eine schale [...] Negation liegt, so

168 Kritisch-historische Gesamtausg. I, S. XLIX.
169 *Christentum und Kultur*, S. 72.

lange man vergißt, daß zu diesem ›Störenden‹ nach der Ansicht des Christentums die Welt überhaupt gehört.«[170]

Desgleichen hat der mit der staatlichen Anerkennung des Christentums eingetretene Verlust des Märtyrertums im martyrium quotidianum des Mönchtums einen Ersatz gefunden, und was immer vom 4. Jahrhundert an bis zur Reformation Großes in der Kirche geschah und lebendig war, ist aus dem Kloster hervorgegangen. Zur rechten Würdigung der Bedeutung des Mönchtums hat aber die katholische Theologie die Reinheit des Verständnisses längst verloren und die protestantische nie besessen.

Eine im weiteren Sinn asketische Lebensführung und Todesweisheit ist auch der innerste Kern von Overbecks eigener theologischer Existenz, deren letzte Absicht der wissenschaftliche Nachweis des »finis Christianismi« am modernen Christentum war[171]. Auch für ihn trat an die Stelle einer Erwartung der Zukunft die Weisheit des Todes, der für uns Menschen das empfindlichste Rätsel sei, aber deshalb noch lange nicht der Schlüssel zu seiner Lösung. »Gerade weil der Tod uns Menschen die Rätsel der Welt am empfindlichsten macht, sollte er das Letzte auf ihr sein, das uns dazu dienen dürfte, uns das Leben gegenseitig zu erschweren. Respektieren wir vielmehr im Tode das unzweideutigste Symbol unserer Gemeinschaft im Schweigen, das er als gemeinsames Los über uns Alle unausweichlich verhängt.«[172] Er zog der christlichen Todesbetrachtung die von Montaigne und Spinoza vor, weil sie weniger affektiere, und sehr wohl lasse sich ein memento mori denken, das dem Leben im Lichte des Tages zugute kommt, indem es den Trug zu tilgen und die Schatten zu zerstreuen vermag, die sich gemeinhin über das Leben lagern und es entstellen. Der *freiwillige* Tod aber schien ihm an der Grenze dessen zu liegen, »worüber sich noch unter Menschen vernünftig reden läßt«. Verworfen hat ihn Overbeck nicht. So unchristlich seine Überlegungen ausklingen, so nahe lag es ihm doch, sich die rechte Stimmung im Gedanken an den Tod mit dem Hinweis auf die Ergebungsworte des 39. Psalms zu verdeutlichen.

170 *Christlichkeit der Theologie*, S. 87.
171 *Christentum und Kultur*, S. 289; vgl. E. v. Hartmann, *Die Selbstzersetzung des Christentums und die Religion der Zukunft*, 1874, wo auch auf Lagarde und Overbeck mehrfach verwiesen wird.
172 Ebenda, 298.

Overbeck hat sich weder gegen das Christentum noch für die Weltbildung oder »Kultur« entschieden[173], und wer das Entweder-Oder um seiner selbst willen schätzt und das Radikalsein mit dem Extremsein verwechselt, der wird in seiner Stellung zur Welt und zum Christentum nur eine Unentschiedenheit finden. Und doch liegt in dieser äußeren Zweideutigkeit eine radikalere Eindeutigkeit als in Nietzsches entschiedenem Angriff, der so umkehrbar ist wie Dionysos in den Gekreuzigten. Overbeck lebte in dem klaren Bewußtsein, daß die religiösen Probleme überhaupt auf ganz neue Grundlagen zu stellen sind, »eventuell auf Kosten dessen, was bisher Religion geheißen hat«[174], weil »die bisherige religiöse Entwicklung der Menschen eine heillose und darum stillzustellende Verirrung darstellt«: »wenigstens solange die Lösung der religiösen Wirren unserer Zeit auf dem Boden der Bibel und des theologischen Streites über sie gesucht wird und wir uns nicht entschließen, für jene Lösung von ihr überhaupt abzusehen! Was nicht geschehen wird, solange nicht erkannt ist, daß wir Menschen überhaupt nur vorwärts kommen, indem wir uns von Zeit zu Zeit in die Luft stellen und daß unser Leben unter Bedingungen verläuft, die uns nicht gestatten, uns dieses Experiment zu ersparen. Selbst zu dieser Erkenntnis wäre übrigens die Bibel eine Erzieherin. Ihre eigene Geschichte liefert uns das großartigste Vorbild auf der Bahn dazu, sofern der Übergang vom Alten Testament zum Neuen einst von solchem Sich-in-die-Luft-Stellen im Grunde verschieden nicht gewesen ist und sich denn, wenn auch mit schließlichem Erfolge, doch nur mit entsprechender Langsamkeit und Mühseligkeit durchgesetzt hat.«[175] Von diesem Standpunkt aus, der ein Sich-in-die-Luft-Stellen ist, hat Overbeck seine Stellung zwischen der Kultur und dem Christentum eingenommen. Es fehlte ihm zu seiner Aufgabe einer Kritik der Theologie und des Christentums »jeder Stachel eines ernsten Christen- oder Religionshasses«, es fehlte ihm aber ebensosehr die unbedingte Bejahung der Weltlichkeit, die den Atheismus von Strauß, Feuerbach und Bauer leichtfertig macht. Dieser doppelte Mangel ist Overbecks menschlicher und wissenschaftlicher Vorzug, der ihn vor allen Angreifern und Apologeten, wie Nietzsche und Kierkegaard, auszeichnet. Seine »Vorsicht« gegenüber dem Chri-

173 Vgl. dazu Wellhausens Vorbehalt: F. Boschwitz, *J. Wellhausen*, Marburger Diss. 1938, S. 75 ff.
174 *Christentum und Kultur*, 270.
175 Ebenda, 77.

stentum bestand im Vermeiden der »doppelten Gefahr« eines öden Gewohnheitsverhältnisses oder eines unüberlegten Ausrottungskampfes. »Beidem ist auszuweichen und dem Christentum ein Ende zu bereiten, das ihm ehrenvoller und weniger verderblich sei.«[176] Und wenn er sich zu den Ungläubigen zählte, indem er die Theologie der Wissenschaft freigab und den Kampf mit ihrer Christlichkeit aufnahm, so hat er das in dem Bewußtsein getan, daß sich der Mut und die Ausdauer dazu immer noch am besten aus einer Lebensbetrachtung schöpfen lasse, wie es die des Christentums ist, welches die Anforderungen an Ehrlichkeit »wahrscheinlich ebenso gesteigert, als es ihr tatsächliches Vorhandensein unter Menschen gemindert hat«[177]. Schon in seiner Jugendschrift lehnte er die Hast und Rücksichtslosigkeit ab, mit der Strauß die Bande des alten Glaubens zerriß, zumal die Gegenwart keinen Anlaß habe, von der Lebensbetrachtung des Christentums gering zu denken, oder sich ihm gar überlegen zu dünken. Vielmehr sei es von unschätzbarem Wert, »wenn über dieser ganzen unheilvollen Auflösung mindestens der Christenname als eine Art kategorischen Imperativs, der sie verurteilt, schwebt«[178].

Und so ist es auch zu verstehen, wenn Overbeck bei seinem Urteilsspruch über das Ende des Christentums, und besonders des deutschen[179], weder Genugtuung noch Bedauern empfand, sondern diesen Prozeß der Gegenwart protokollarisch aufnahm[180]. Seine historische Stellungnahme ist darin begründet, daß die europäische Kultur ohne Christentum und dieses ohne seine Verbindung mit der Kultur nicht wären, was sie geworden sind[181]. In die Geschichte ihrer Verbindung und ihres Konflikts gehört Overbeck nicht weniger, sondern mehr hinein als diejenigen, welche die Problematik des Christentums durch eine simple »Entscheidung« aufzulösen vermeinen. Der wirklich entscheidende Gegensatz zu ihrer bloßen Entschiedenheit ist die kritische Auseinandersetzung, die weder einfach bejaht noch einfach verneint. »Das Eigenartige und Bedeutungsvolle an Overbecks Durchleuchtung

176 Ebenda, 69.
177 Ebenda, 64.
178 *Christlichkeit der Theologie*, 119.
179 *Christentum und Kultur*, 101 ff.
180 W. Nigg, a. a. O., S. 153.
181 Vgl. *Christentum und Kultur*, 247; vgl. dazu Burckhardts Briefe an Beyschlag vom 14. und 30. I. 1844 und die reife Darstellung des Verhältnisses des Christentums zur Kultur VII, 111 ff.

der Beziehung von Christentum und Kultur ist, daß sie überhaupt keine Lösung darstellt. Jede Lösung müßte mit seinem Grundaxiom in Kollision geraten. Overbecks Verdienst besteht gerade darin, daß er die Unmöglichkeit einer Lösung nachwies, wenigstens einer solchen, die der heutige Mensch von sich aus bewerkstelligen könnte.«[182] Er hat auch an Nietzsche nicht dessen apodiktische Thesen bewundert, sondern daß er den »Mut zum Problem« aufrecht erhalte, dessen Aufrichtigkeit aber nicht denkbar sei ohne den »Skeptizismus«, der dem geschichtlichen Wissen gemäß ist[183]. Andrerseits hat Nietzsche an Overbeck dessen »milde Festigkeit« und sein Gleichgewicht zu schätzen gewußt.

Wer nicht die Mühe scheut, die Gedanken Overbecks nachzudenken, wird in dem Labyrinth seiner vorbehaltvollen Sätze die gerade und kühne Linie eines unbedingt redlichen Geistes erkennen. Er hat das Problem, welches das Christentum für uns ist, klargestellt und die Kluft zwischen ihm und uns an den repräsentativen Charakteren des 19. Jahrhunderts deutlich gemacht[184]. Daß es mit dem Christentum dieser bürgerlich-christlichen Welt schon seit Hegel und besonders durch Marx und Kierkegaard zu Ende ist, besagt freilich nicht, daß ein Glaube, der einst die Welt überwand, mit der letzten seiner verweltlichten Gestalten hinfällig wird. Denn wie sollte die christliche Pilgerschaft *in hoc saeculo* jemals dort heimatlos werden können, wo sie gar nie zuhause ist?

182 W. Nigg, a. a. O., S. 165 f.
183 *Christentum und Kultur,* S. 11, 147, 294 ff.; vgl. Burckhardt, VII, 7.
184 Ebenda, Kap. 5.

Schriftennachweis

Folgende Abhandlungen des Verfassers wurden zum Teil mitverarbeitet:

L. Feuerbach und der Ausgang der klassischen deutschen Philosophie, in: Logos, 1928, H. 3 (jetzt in: Sämtliche Schriften 5, S. 1 ff.)

Max Weber und Karl Marx, in: Archiv für Sozialwissenschaft und Sozialpolitik, 1932, H. 1/2 (jetzt in: Sämtliche Schriften 5, S. 324 ff.)

Kierkegaard und Nietzsche, in: Deutsche Vierteljahrsschrift f. Literaturwissenschaft und Geistesgeschichte, 1933, H. 1 (jetzt in: Sämtliche Schriften 6, S. 75 ff.)

L'achèvement de la philosophie classique par Hegel et sa dissolution chez Marx et Kierkegaard, in: Recherches philosophiques, Paris, 1934/35 und 1935/36 (jetzt in diesem Band der Sämtlichen Schriften)

Zur Problematik der Humanität in der Philosophie nach Hegel, in: Festschrift für F. Toennies (Reine und angewandte Soziologie), Leipzig 1936.

Die Geschehnisse der Zeit, die den Verfasser auswandern ließen, machten eine vollständige Kenntnisnahme der einschlägigen Literatur unmöglich. Die meisten Schriften der Junghegelianer sind seit ihrem ersten Erscheinen nicht mehr neu aufgelegt worden, und so mußte sich der Verfasser in der Hauptsache auf diejenigen Werke und Zeitschriften der 40er Jahre beschränken, die er bereits während seiner Marburger Dozentur gesammelt und exzerpiert hatte. Besonderen Dank für die Beschaffung wichtiger Werke schuldet er dem freundlichen Entgegenkommen der Herren Professoren K. Ishiwara und S. Takahashi an der Kaiserlichen Tohoku-Universität in Sendai.

Zitiert wird
nach folgenden *Gesamtausgaben*:

Hegel, Original-Ausgabe, soweit nicht anders vermerkt.
Goethe, 40bändige Cotta-Ausgabe, 1840
Goethes Gespräche in 5 Bänden, herausgegeben von Biedermann, 2. Aufl., Leipzig 1909

Goethe, Maximen und Reflexionen, hrsg. von M. Hecker, Weimar 1907
Feuerbach, Sämtliche Werke, Band 1-10, Leipzig 1846 ff.
Marx, Marx-Engels-Gesamtausgabe, 1. Abt. Band 1-5, 1927-1932
Kierkegaard, Werke, Band 1-12, Jena 1909 ff.
Nietzsche, Werke, 16bändige Groß- und Kleinoktav-Ausgabe

nach folgenden *Einzelausgaben*:

Hegel, Theologische Jugendschriften, hrsg. von H. Nohl, Tübingen 1907
– Briefe von und an Hegel, 2 Teile, hrsg. von K. Hegel, Leipzig 1887
Feuerbach, Grundsätze der Philosophie der Zukunft, hrsg. von H. Ehrenberg, Stuttgart 1922 (Frommanns Philos. Taschenbücher)
– Briefwechsel und Nachlaß (= Br.), hrsg. von K. Grün, 2 Teile, Heidelberg 1874
Ausgewählte Briefe von und an L. Feuerbach, hrsg. von W. Bolin, 2 Teile, Leipzig 1904
Briefwechsel zwischen L. Feuerbach und Ch. Kapp 1832-1848, hrsg. von A. Kapp, Leipzig 1876
F. *Engels,* Feuerbach und der Ausgang der klassischen deutschen Philosophie, 5. Aufl., Stuttgart 1910
A. *Ruge,* Briefwechsel und Tagebuchblätter (= Br.), hrsg. von P. Nerrlich, 2 Bände, Berlin 1886
– Aus früherer Zeit, Band IV, Berlin 1867
– Die Akademie, Philos. Taschenbuch, Band I, Leipzig 1848
– Unser System, 3 Hefte, Leipzig 1850; neu hrsg. von Clair I. Grece, Frankfurt 1903
M. *Heß,* Sozialist. Aufsätze 1841-47, hrsg. von Th. Zlocisti, Berlin 1921
K. *Marx,* Das Kapital, Band I-III, 6. Aufl., Hamburg 1909
– Zur Kritik der politischen Ökonomie, hrsg. von K. Kautsky, Berlin 1930
– Der 18. Brumaire des Louis Bonaparte, hrsg. von Rjazanov, Berlin 1927
M. *Stirner,* Der Einzige und sein Eigentum, Leipzig, Reclam-Ausg.
– Kleinere Schriften, hrsg. von H. Mackay, Treptow bei Berlin, 1914.
B. *Bauer,* Die Posaune des jüngsten Gerichts über Hegel den Atheisten und Antichristen. Ein Ultimatum (anonym), Leipzig 1841

– und *A. Ruge*, Hegels Lehre von der Religion und Kunst, vom Standpunkt des Glaubens aus beurteilt (anonym), Leipzig 1842
– Das entdeckte Christentum, eine Erinnerung an das 18. Jahrhundert und ein Beitrag zur Krisis des 19., Zürich 1843; neu hrsg. von E. Barnikol, Jena 1927
– Vollständige Geschichte der Parteikämpfe in Deutschland während der Jahre 1842-46, Band I-III, Charlottenburg 1847
– und *E. Bauer*, Briefwechsel 1839-42, Charlottenburg 1844
S. Kierkegaard, Angriff auf die Christenheit, hrsg. von Dorner und Schrempf, Stuttgart 1896
– Der Begriff des Auserwählten, übers. von Th. Haecker, Hellerau 1917
– Über den Begriff der Ironie, übers. von H. Schaeder, München 1929
– Kritik der Gegenwart, übers. von Th. Haecker, Innsbruck 1914
– Das Eine was not tut, übers. von H. Ulrich, Zeitwende, H. 1, München 1927
– Die Tagebücher, übers. von Th. Haecker, Band I und II, Innsbruck 1923
– Tagebücher (1832–39), hrsg. von H. Ulrich, Berlin 1930
– Das Buch des Richters, übers. von H. Gottsched, Jena 1905
D. Tschizewskij, Hegel bei den Slaven, Reichenberg 1934
W. Kühne, Cieszkowski, ein Schüler Hegels und des deutschen Geistes, Leipzig 1938

Allgemeine Werke zur Geschichte des 19. Jahrhunderts

H. Treitschke, Deutsche Geschichte im 19. Jahrhundert, 8. Aufl., Leipzig 1919
F. Schnabel, Deutsche Geschichte im 19. Jahrhundert, Bd. I-IV, Freiburg 1937
B. Croce, Storia d'Europa nel Secolo Decimonono, Bari 1932 (deutsche Übersetzung, Zürich 1935)
E. Friedell, Kulturgeschichte der Neuzeit, Band I-III, München 1931

Spezielle Schriften zur Geschichte des deutschen Geistes im 19. Jahrhundert

K. Hecker, Mensch und Masse, Situation und Handeln der Epigonen, Berlin 1933

H. Pleßner, Das Schicksal deutschen Geistes im Ausgang seiner bürgerlichen Epoche, Zürich 1935

D. Sternberger, Panorama oder Ansichten vom 19. Jahrhundert, Hamburg 1938

U. von Balthasar, Apokalypse der deutschen Seele, 3 Bände, München 1937 ff.

Seit dem ersten Erscheinen unseres Buches sind noch folgende Werke zum Thema erschienen:

H. Marcuse, Reason and Revolution, New York 1941

H. de Lubac, Le drame de l'humanisme athéé, Paris 1945

A. Kojève, Introduction à la lecture de Hegel, Paris 1947

G. Lukács, Der junge Hegel, Zürich 1948

M. Carrouges, La mystique du surhomme, Paris 1948

Moses Hess, Philosophische und sozialistische Schriften, hrsg. und eingeleitet von A. Cornu und W. Mönke, Berlin 1961

K. Löwith, Die Hegelsche Linke, Texte und Einleitung, Stuttgart-Bad Cannstatt 1962

E. Rambaldi, Le origini della sinistra Hegeliana, Florenz 1966

K. Löwith, Vorträge und Abhandlungen. Zur Kritik der christlichen Überlieferung, insbes. Kap. X, Stuttgart 1966 (Vermittlung und Unmittelbarkeit bei Hegel, Marx und Feuerbach; jetzt in: Sämtliche Schriften 5, S. 186 ff.)

L. Feuerbach, Anthropologischer Materialismus, Ausgewählte Schriften I und II, eingeleitet von A. Schmidt, Frankfurt a. M. 1967

Cahiers de Royaumont, Nietzsche, Paris 1967

Bruno Bauer, Feldzüge der reinen Kritik, Einleitung von H. M. Sass, Frankfurt a. M. 1968

Zeittafel

Goethe 1749–1832
Hegel 1770–1831
Schelling 1775–1854
Schopenhauer 1788–1860
Nietzsche 1844–1900

Hegel-Schüler

L. Michelet 1801–1893
K. Rosenkranz 1805–1879
A. Ruge 1802–1880
L. Feuerbach 1804–1872
M. Stirner 1806–1856
D. F. Strauß 1808–1874
B. Bauer 1809–1882
S. Kierkegaard 1813–1855
K. Marx 1818–1883

1806 *Goethe* Faust I und *Hegel* Phänomenologie.
1831 *Goethe* Faust II und *Hegel* Vorrede zur 2. Ausg. der Logik.
1841 *Marx* Dissertation über Demokrit und Epicur.
Kierkegaard Magisterthese über den Begriff der Ironie.
1842 *Feuerbach* Wesen des Christentums.
Comte Cours de Philosophie Positive.
1843 *Feuerbach* Grundsätze der Philosophie der Zukunft.
B. Bauer Das entdeckte Christentum.
Kierkegaard Entweder-Oder.
Marx Kritik der Hegelschen Rechtsphilosopie.
Proudhon De la création de l'ordre dans l'humanité.
1844 *Stirner* Der Einzige und sein Eigentum.
Kierkegaard Der Begriff der Angst.
1846 *Marx* Deutsche Ideologie.
Kierkegaard Abschließende unwissenschaftliche Nachschrift.
1847 *Marx* Das kommunistische Manifest.
Kierkegaard Darf ein Mensch für die Wahrheit sich totschlagen lassen?
1867 *Marx* Kapital I.
1868 *Burckhardt* Weltgeschichtliche Betrachtungen.
1880 *Dostojewski* Die Brüder Karamasoff (XI, 4: Die Hymne und das Geheimnis).
1881 *Nietzsche* Eingebung zum Zarathustra (IV, Das trunkne Lied).

L'achèvement de la philosophie classique par Hegel et sa dissolution chez Marx et Kierkegaard

1934/35

Hegel termine son *Histoire de la philosophie,* qui représentait pour lui »le centre de l'histoire universelle«, par les phrases suivantes: »Voilà donc jusqu'où est arrivé l'esprit universel. La dernière philosophie est le résultat de toutes celles qui l'ont précédée; rien n'est perdu, tous les principes sont maintenus. Cette idée concrète est le résultat des efforts de l'esprit à travers presque 2500 ans (Thalès est né en 640 a. J.-C.), de son travail le plus sérieux pour s'objectiver, pour se reconnaître – *Tantae molis erat se ipsam cognoscere mentem* –. Il lui a fallu un laps de temps aussi étendu pour produire la philosophie de notre époque; tant est grande la nonchalance et la lenteur avec laquelle il travaille, pour parvenir à ce but[1]. »Après la mort de Hegel un ›esprit de l'époque‹[2] différent s'est efforcé de créer la philosophie d'une nouvelle époque en dissolvant énergiquement le résultat de Hegel. Mais, de même que la philosophie de Hegel pouvait être un résultat achevé dans »la maturité de la réalité«, de même l'effort philosophique de l'époque suivante devait nécessairement être aussi dénué de résultat que sa réalité était inachevée. Au monde du XIXe siècle, en totale transformation, correspond un changement radical de l'esprit philosophique. Au lieu d'un seul »résultat« étendu, ce fut une dispersion, une pluralité d'»expériences« de principe. La plus grande tentative de cet ordre fut la »psychologie expérimentale« de Kierkegaard et la révolutionnaire philosophie de

1 XV, 685.

2 XIII, 66; XIV, 275. On se rapporte pour la première fois et expressément à »l'esprit de l'époque« dans l'ouvrage d'E. M. Arndt (1805) ainsi intitulé. L'accord de la philosophie avec l'esprit de l'époque devint, après la mort de Hegel, un programme général grâce à l'influence d'A. Ruge.

la pratique de Marx, qui restent toutes deux encore entièrement dans l'horizon de Hegel. A l'expérience politique de Marx répond l'expérience religieuse de Kierkegaard qui se nomme lui-même un »homme échantillon, tel qu'il pourrait devenir nécessairement dans une crise«, un »cobaye de l'existence«. C'est dans la conscience expresse qu'il risquait un essai de »philosophie expérimentale« que Nietzsche s'est aussi compris, et tout ce qui justement, depuis lors, a été essayé par des penseurs sérieux de notre temps et risqué par des hommes d'action ne sont, plus ou moins, que des expériences, dans la meilleure et la pire acception de ce mot.

Cet esprit expérimental du temps a son origine, du point de vue de l'histoire de l'esprit, dans l'époque dont l'achèvement par Hegel fut la fin irrémédiable et, par suite, le début d'une autre période. Dans une seule et même année, en 1843, parurent les *Principes de la philosophie de l'avenir* de Feuerbach, la *Critique de la philosophie politique de Hegel* par Marx et l' *Alternative* de Kierkegaard. Cependant la puissance et la profondeur de l'esprit compréhensif de Hegel peuvent s'évaluer par ce fait que même ses adversaires les plus étrangers et les plus opposés les uns aux autres, ceux qu'il apparaît quasi-absurde de réunir, ont été des hégéliens et le sont restés plus qu'ils ne voulaient: Marx et Kierkegaard, l'un dialecticien »matérialiste«, l'autre »existentiel«. Sur la base de la conversion de principe exécutée par Feuerbach qui passe de l'»esprit« absolu á l'»homme«[3] en chair et en os et limité, ils transforment tous deux la philosophie une et absolue de l'esprit, aussi bien subjectif qu'objectif, de Hegel, en une analyse dichotomée de l'existence *interne* de l'*individu* et des conditions *extérieures* de vie de la *masse*. Pour si éloignés qu'ils soient l'un de l'autre, ils sont pourtant proches parents dans l'attaque menée en commun contre ce qu'ils trouvent avant eux et dans leur origine hégélienne. De deux côtés différents, mais dans la même mesure, ils divisent tous deux l'empire un et uni de l'esprit historique de Hegel et tous deux ils dissolvent le monde bourgeois-chrétien, dont Hegel avait encore l'intention de »maîtriser« des »extrêmes perdus« dans l'État bourgeois et chrétien. L'achèvement de l'histoire spirituelle de Hegel est pour tous deux une préhistoire, précédant une

3 Voyez de l'auteur: *M. Weber et K. Marx,* dans: Archiv für Sozialwissenschaft und Sozialpolitik, 1932, vol. LXVII, n° I et II, p. 175 sqq. (jetzt in: *Sämtliche Schriften 5. Hegel und die Aufhebung der Philosophie im 19. Jahrhundert – Max Weber.* Stuttgart 1988, S. 324ff.

révolution extensive et une réforme intensive[4]. Tout ce qui les sépare, confirme aussi leur communauté dans la même considération de ce *dualisme total* des choses terrestres et divines, de l'homme et du monde, dualisme dont le jeune Hegel avait fait lui-même son point de départ à la fin du XVIIIe siècle pour rétablir l'absolu, conçu comme une réunion suprême de la dualité. Or, si »la séparation est infinie, la constatation de l'objectif ou du subjectif« du terrestre ou du divin, est »indifférente«, car le dualisme en tant que tel reste des deux points de vue le même‹ »Fini absolu contre infini absolu«, trouvons-nous dans le premier fragment du système de Hegel de 1800[5]. Quant au dualisme en tant que tel, il n'y a pas lieu de distinguer si l'homme se considère comme absolument indépendant ou comme dépendant absolument d'un Dieu éloigné, s'il se conçoit comme un individu isolé ou comme une existence en masse, comme une existence tout à fait extériorisée ou tout à fait intériorisée; car l'un de ces extrêmes amène naturellement l'autre et »plus l'intérieur devient indépendant et séparé, plus l'extérieur devient aussi indépendant et séparé.« Mais le fait que justement l'union suprême de ce qui est séparé, réalisée par Hegel, pouvait être le point de départ d'une très profonde dualité, ce fait montre que l'achèvement propre de Hegel était déjà une fin qui clôt l'histoire et une »réconciliation avec la mort«. Mais la grandeur historique de Hegel réside dans ce fait qu'il fit doublement époque et ce dans des sens opposés: en terminant une époque de 2500 ans, et, par là-même, en ouvrant une nouvelle[6]. Tout un monde de la langue spirituelle, de concepts et de culture finit avec l'achèvement du savoir de Hegel et nous sommes encore au début de cette fin. Car notre »aujourd'hui« n'est pas d'hier ou d'après-demain, mais c'est le prolongement durable de cette période

4 Kierkegaard, *Das Eine, was not tut,* dans: Zeitwende, IIIe année, n° 1, 1927.

5 *Theologische Jugendschriften,* éd. Nohl, p. 351.

6 Cette ambiguïté de l'achèvement hégélien se révèle déjà involontairement dans la phrase: »tantae molis erat, se ipsam cognoscere mentem,« au lieu de: »romanam condere gentem« (Virgile, *Enéide,* I, 33), car on voit la comprendre sans doute, comme modifiant le vers de Virgile. Or, elle signifie: pour arriver à fonder d'abord Rome, il fallut bien un tel effort; mais il n'en fallut pas un moindre pour acquérir, un fin de compte, une connaissance profonde de soi-même en esprit. Cependant, tandis que Hégel n'était ambigu qu'en lui-même et pouvait être encore net pour lui-même en ce qui concerne l'achèvement, Nietzsche fut déjà ambigu à lui-même, en sa qualité, de »dernier philosophe« et en même temps de »devancier du siècle futur et d'un avenir encore non démontré«.

aussi courte qu'intensive, dans laquelle l'empire réuni de Hegel s'est décomposé en provinces dispersées. Ce dernier grand événement de l'histoire de la philosophie allemande n'est pas dépassé, pas même encore rattrapé. Avec la mort de Hegel débute notre propre histoire de l'»esprit« – comme nous l'appelons encore d'après lui, mais qui n'en a plus que le nom – et qui était encore pour Hegel l'histoire du Logos chrétien dans des concepts grecs.

Pour comprendre cette décomposition du système de Hegel, on doit considérer deux points: il faut I) montrer que cette décomposition fut véritablement la décomposition d'un accomplissement. Seul, quelque chose d'ainsi accompli peut aussi se dissoudre complètement. Cet accomplissement doit – eu égard à Marx et à Kierkegaard – se subdiviser en trois points de vue: 1° en tant qu'accomplissement de toute l'histoire de la philosophie en un système conçu comme terminant définitivement l'histoire du concept, et par conséquent, absolu; 2° en tant que conciliation accomplie de la philosophie avec la vérité terrestre de l'État de la société bourgeoise (dans la philosophie hégélienne du droit); et 3° en tant qu'accomplissement de la conciliation de la philosophie avec la réalité divine du christianisme (dans la philosophie hégélienne de la religion). Car ces deux domaines, l'État et le Christianisme, déterminent excellemment la conciliation de principe de la philosophie avec la réalité en général, c'est-à-dire avec ce »qui est« et doit être compris. Il faut II) montrer que la critique dissolvante de Marx et de Kierkegaard a détruit exactement ce que la philosophie constructive de Hegel a maintenu encore jusqu'en 1830. Marx détruit le monde bourgeois capitaliste, philosophiquement dans la *Critique de la philosophie hégélienne du droit* (1841), politiquement dans le *Manifeste communiste* (1847) et économiquement dans le *Capital* (1867). Kierkegaard détruit, surtout par l'*Instant* (1855) le monde bourgeois-chrétien et la chrétienté sécularisée. Et enfin il faut III) montrer que cette dissolution critique de Marx et Kierkegaard a été préparée par le jeune Hegel lui-même, puisque sa conciliation avec ce qui est commence par une rupture avec l'existant. Cette rupture originaire qui détermina Hegel vers 1800 à l'«accord avec le temps« réapparaît vers 1840 dans la nouvelle génération. A cette époque, après la Révolution de juillet 1831, Hegel avait fini par se résigner dans le sentiment que le monde allait changer.

I

1. HEGEL MET UN TERME HISTORIQUE À LA PHILOSOPHIE OCCIDENTALE.

Au début comme à la fin des conférences sur l'histoire de la philosophie, Hegel a conçu son propre point de vue de l'achèvement philosophique et édifié historiquement l'empire de la pensée. D'après la division de l'histoire de l'esprit adoptée par Hegel, son propre système doit être regardé comme le point final de la troisième période. La première époque va de Thalès à Proclus et englobe le commencement et la fin du monde antique. A son apogée, chez Proclus, se place, selon l'interprétation de Hegel, la conciliation antique du fini et de l'infini, du monde terrestre et divin. La deuxième époque, l'époque chrétienne, va d'abord jusqu'à la Réforme, qui prépare, à nouveau, à l'intérieur du monde devenu chrétien, la même conciliation du terrestre et du Divin, pour être enfin dans la troisième époque, après la Réforme, dans la philosophie chrétienne, de Descartes à Hegel, achevée par ce dernier. Ces systèmes philosophiques modernes de la troisième époque engendrent la conciliation, d'abord seulement objet de foi, par la pensée abstraite. Tous ne sont, d'après Hegel, que des manières plus ou moins complètes de l'union unifiante, à la fin de laquelle se place la synthèse absolue de Hegel: l'esprit chrétien absolu qui se conçoit dans son élément, c'est-à-dire dans la réalité en tant que sienne et entièrement appropriée. Par là même le monde est devenu »spirituel« ou »intelligent« au sens chrétien. Par suite, l'histoire de l'esprit de Hegel n'est pas terminée seulement de façon provisoire, à l'endroit que l'on voudra, mais »finie« de façon expressément définitive. Même sa forme logique est pour cette raison historique une »conclusion«, c'est-à-dire la jonction du commencement à la fin[7]. Cette conclusion de l'histoire de la philosophie est, aussi peu que la conclusion de la *Phénoménologie,* de la *Logique* et de l'*Encyclopédie,* un point d'arrivée contingent, mais au contraire, expressément, le »fait d'être au but« et par conséquent un résultat. Comme Proclus,

7 XV, 690.

dans l'antiquité, Hegel a maintenant opéré la jonction du monde chrétien, du Logos chrétien avec l'absolue totalité de l'idée organisée concrètement; partant, il a mis le point final à l'ensemble des trois époques. Se référant à Proclus, Hegel remarque qu'une telle réunion de tous les systèmes dans un système total compréhensif n'est pas un pur »éclectisme«, mais une notion plus profonde de l'idée, »telle qu'elle doit se produire de temps en temps«, c'est-à-dire à l'intervalle de certaines époques[8]. Chez Proclus, l'esprit universel se trouve, dit-il, à un grand »tournant« qui précède la »rupture absolue«, c'est-à-dire l'irruption du christianisme dans le monde antique. La divinité du réel avait encore été pour Proclus un »idéal« abstrait, avant de devenir réalité terrestre dans l'individualité déterminée du Christ, Homme-Dieu. Ce n'est qu'à ce moment-là que s'accomplit »l'ardent désir« du monde antique, et la préoccupation du monde de se réconcilier avec l'esprit, de se reconnaître en lui, a été, à partir de cette époque-là, transmis au monde chrétien-germanique. Or, la même secousse imprimée à l'intérieur du monde antique, par l'esprit universel dans la philosophie alexandrine de Proclus, ce même esprit l'a imprimée maintenant, à l'intérieur du monde chrétien, dans la philosophie de Hegel. Et les philosophes qui font époque sont les »mystai«, qui ont été présents quand cette secousse se réalisa au tréfonds de l'esprit universel[9]. Dans une lettre à Creuzer[10], qui édita la *Théologie* de Proclus, Hegel parle également du »progrès énorme« dont le mérite revient en première ligne à Proclus, et qui fut, selon lui, le »véritable moment critique« du passage de la philosophie antique au christianisme. Et, ajoute-t-il, il s'agit maintenant de faire de nouveau un tel progrès. Rien ne lui semble, par conséquent, plus opportun que cette nouvelle édition de Proclus[11].

Que s'ensuit-il de là, pour la propre progression de Hegel vers l'achèvement de la philosophie chrétienne? Apparemment, que cet achèvement devait être le moment critique qui prépare un passage au-delà du christianisme. Ce passage à une philosophie nettement non-chrétienne, Feuerbach le premier, puis Marx, mais aussi Kierkegaard, l'ont accompli; car la retraite de Kierkegaard sur le sommet dialectique

8 XV, 34, 95.
9 XV, 95, sqq.
10 *Lettres*, II, 52.
11 Cf. Feuerbach, *Lettres,* I, éd. par K. Grün, 407 sqq., et *Grundsätze der Philosophie der Zukunft*, n° 29.

de l'attitude de paradoxe »devant Dieu« détruit la philosophie chrétienne en même temps que »le monde chrétien« tout entier. Mais, si Hegel est consciemment un tournant décisif, son achèvement systématique de la philosophie chrétienne et antique est, exactement comme celui de Proclus, pour employer les termes de Hegel: une »conciliation de la mort«. Dans ce cas, son apparition suprême accompagne le début de la décadence du monde réel, en une époque où »tout est en pleine dissolution et tend à fonder un ordre nouveau«[12]. Ainsi, selon la détermination de Hegel, la philosophie alexandrine est le dernier épanouissement de l'Empire romain décadent et il en fut de même, aux XVe et au XVIe siècles, à la fin de la deuxième époque, lorsque la vie germanique du moyen âge prit une autre forme. »La philosophie commence au lit de mort d'un monde réel; quand elle se présente [...] peignant gris sur gris, la fraîcheur de la jeunesse, de la vivacité est déjà loin; et sa conciliation n'est pas une conciliation dans la réalité, mais dans le monde idéal. En Grèce les philosophes se sont retirés des affaires politiques; ils sont des oisifs, comme le peuple les appelait, et se sont réfugiés dans le monde de la pensée. C'est là une détermination primordiale, attestée par l'histoire de la philosophie elle-même.«[13] La philosophie politique de Hegel, elle aussi, peint gris sur gris, ne veut pas rajeunir le monde »achevé«, mais seulement le connaître. Elle est, en tant que connaissance, une reconnaissance, une réconciliation avec la réalité. La pensée est maintenant tout à fait chez elle et en même temps elle embrasse, comme idée organisée, tout l'univers de la nature en tant que monde devenu »intelligent«, clairvoyant et transparent à la fois. Toute l'»objectivité« existante, ce qui au premier abord nous est étranger, ne fait plus qu'un avec sa »génération spontanée«. Le point de départ primitif de Hegel, la dualité, la contradiction entre la vie »offerte« et la vie »but de nos efforts«, entre la réalité et l'idéalité, lui paraît maintenant levée dans la compréhension. »Une nouvelle époque a jailli dans le monde. Il semble que l'esprit universel ait réussi, à l'heure actuelle, à dépouiller tout caractère étranger et objectif et à se concevoir enfin comme esprit absolu, à procréer ce qui lui devient objectif et à le garder, par contre, avec calme en son pouvoir[14]. »C'est dans cette unité de l'objectivité et de l'activité spontanée – qui est aussi, notons le bien, l'idée de Marx –

12 XIII, 67.
13 XIII, 66 sqq.
14 XV, 689.

qu'est inclus le sens accompli, plein et achevé de la »nouvelle« époque. Ce sens de l'achèvement de Hegel, qui met un terme à l'histoire, a été compris aussi bien par les vieux que par les jeunes hégéliens, mais il n'est plus compris de nos néo-hégéliens modernes. Le néo-hégélien est nécessairement enfermé dans la contradiction suivante: en tant qu'hégélien, il est obligé de s'en tenir au vieil Hegel, et simultanément, en tant que néo-hégélien, il doit faire des concessions, à une époque différente et abandonner le principe hégélien de l'achèvement. Car comment renouveler quelque chose d'achevé? Au contraire, les vieux hégéliens furent conséquents avec eux-mêmes, en considérant, encore vers 1870, toutes les tentatives faites entre-temps comme de simples suites historiques d'une préhistoire déjà terminée en principe, qui avait tout au plus besoin d'être réformée[15]. Et les jeunes hégéliens furent assez conséquents avec eux-mêmes, ou bien pour laisser mourir le système achevé de Hegel, comme Stirner et Bauer, ou, comme Ruge et Feuerbach, pour le modifier selon l'esprit d'une époque différente, ou, comme Marx et Kierkegaard, pour tirer de la modification déjà intervenue deux conséquences pareillement radicales et pour dissocier le système de Hegel par une critique productive. Ils ont tous sur les néo-hégéliens modernes l'avantage de n'avoir pas méconnu cette chose inouïe qui réside dans le fait que Hegel a achevé trois époques de la philosophie, et ce, de façon consciente, avec le »courage de la reconnaître«. Or cette hardiesse avec laquelle Hegel met le point final à l'histoire du concept de la philosophie n'est ni plus ni moins grande que, par exemple, celle de sa philosophie de la nature et de la religion. Cette faculté hégélienne d'organiser l'idée de façon absolue, et dans tous les domaines, prouve qu'il fut réellement un second Proclus, le dernier philosophe chrétien à un tournant décisif du monde et de l'esprit. Et si dans la philosophie de Hegel se résume un effort de 2500 ans, *se ipsam cognoscere mentem,* cet effort fut désormais réservé à ceux qui, comme d'abord Marx et Kierkegaard, ne se sont plus reconnus dans ce que Hegel avait conçu[16].

15 Voyez K. Rosenkranz, *Hegel als deutscher Nationalphilosoph* (1870), p. 313 sqq., et *Hegels Leben* (1844), p. XII sqq.; J.-E. Erdmann, *Grundriß der Geschichte der Philosophie* (1870), parag. 331 sqq.
16 Cf. à ce sujet, à la fin de cet article ma critique de Kroner.

2. LA RÉCONCILIATION DE HEGEL AVEC LA RÉALITÉ TERRESTRE DE L'ÉTAT.

La philosophie juridique de Hegel (1821), contemporaine de sa première conférence sur la philosophie de la religion, est l'aboutissement concret de sa tendance de principe á la réconciliation avec la réalité, en général, en tant que philosophie politique avec la réalité politique, en tant que philosophie de la religion avec la réalité chrétienne. Et ici Hegel ne se réconcilie pas seulement avec la réalité, mais aussi en elle, bien que ce soit »en concept«. Arrivé à ce point culminant de son activité, Hegel a concu son monde réel comme »adapté« au temps et, réciproquement, l'État chrétien-prussien a accueilli la philosophie en la personne de Hegel[17]. Dans la préface à la *Philosophie du Droit,* Hegel commente, dans un sens expressément polémique, »la position de la philosophie par rapport, á la réalité«. C'est ici que se trouve le point problématique, où Marx et Kierkegaard ont ensuite exigé, contre Hegel, une »réalisation« de la philosophie. La philosophie devient chez Marx »la tête du prolétariat«, chez Kierkegaard la pensée pure devient »le penseur existant«. Hegel combat l'opinion qu'il n'y aurait jamais eu encore, dans la réalité, d'État véritablement raisonnable, spirituel, que le véritable État serait un simple idéal et un postulat[18]. Or, la vraie philosophie est en tant que telle »recherche du rationnel« et par là même aussi la conception du »présent et du réel«, non pas le postulat de quelque chose d'audelà, d'un État idéal, qui doit être, mais n'existe jamais. Hegel concevait, dans l'État prussien présent de 1821, une réalité dans le sens défini de la logique[19] c'est-à-dire une unité devenue immédiate de l'essence intérieure et de l'existence extérieure, quelque chose de réel dans le sens »emphatique« du mot, de divin sur terre. Dans cette »maturité de la réalité« désormais atteinte – mais aussi: mûre pour la décadence – la pensée ne se trouve pas en un rapport critique, opposée à la réalité, mais fait, en tant qu'idéal, face au réel, réconciliée avec lui[20]. La raison consciente de soi de la philosophie politique et la raison en tant que réalité donnée, qu'État réel, sont unis ensemble et ne font qu'une seule et même chose »dans la profondeur« de la substance spirituelle, dans

17 *Conférence inaugurale de Hegel à Berlin, Enc.* (Lasson), LXXII.
18 VIII, 7 sqq.; XIV, 274 sqq.
19 *Logik,* II (Lasson), p. 156; *Enc.,* parag. 6.
20 VIII, 20; XV, 685.

l'esprit substantiel du temps[21]. Il n'est pas dit que la philosophie politique de Hegel, au point culminant de son achèvement alexandrin, soit une conciliation »de la mort«, mais cela apparaît en ce fait que Hegel, empruntant sa comparaison aux *»Geheimnisse«* de Gœthe, désigne la raison conciliatrice comme une »rose« de la »croix« du temps présent. Seulement, cette comparaison de la raison avec la rose de la croix du temps présent tient compte aussi de la différence entre les choses telles qu'elles sont et telles qu'elles doivent être et, par là-même, de la rupture chrétienne avec le monde réel. Mais ce qui sépare la raison, en tant qu'esprit conscient de soi, de la raison en tant que réalité donnée, donc ce qui résiste à la conciliation et en fait, par là-même, une simple »réconciliation«, Hegel en donne une explication aussi dogmatique que vague en l'appelant »le lieu de quelque abstraction, qui n'a pas encore trouvé sa libération en un concept«[22]. A cet *hiatus irrationalis* correspond, dans le commentaire hégélien du concept de réalité rationnelle, la distinction de l'»apparence« et de l'»essence«, de l'»écorce bigarrée« et du »pouls intérieur«, de l'existence extérieurement contingente et de la réalité intérieurement déterminée. Dans le reproche de s'être »accommodé« justement au provisoire, le fait que Hegel exclut philosophiquement l'existence simplement passagère, »contingente«, de la zone d'intérêt de la philosophie en tant que notion de la réalité, retombe sur lui-même. Or, l'accommodation est masquée par le concept hégélien de la réalité en tant que »ce qui est«, parce que l'expression »ce qui est« coïncide aussi bien avec ce qui ne fait qu'exister qu'avec ce qui est vraiment réel.

Mais, en même temps, la propre conciliation hégélienne de la raison avec la réalité dans la philosophie politique est douteuse, si l'on songe que Hegel pouvait, á la même époque, dans une lettre publiée par Rosenkranz, déclarer que l'Europe était déjà devenue une sorte de cage dans laquelle deux sortes d'hommes semblaient seulement se mouvoir à leur aise: ceux qui appartiennent eux-mêmes à la catégorie des gardiens et ceux qui se sont choisi dans la cage une petite place où ils n'ont à agir ou réagir ni pour, ni contre les barreaux. Et, dans des circonstances telles que l'on ne peut sincèrement pas s'accorder avec elles, il est, ajoute-t-il, plus avantageux de vivre sa vie en bon épicurien et de »rester pour soi-même une personne privée«. Hegel oppose l'avenir de la

21 Cf. au contraire, Marx, I, 1, p. 612 sqq.
22 VIII, 18 sqq.

Russie à cette cage européenne. Les autres États modernes, écrit-il, ont apparemment déjà plus ou moins atteint, même peut-être dépassé le terme de leur évolution. Leur situation est devenue »stationnaire«; par contre la Russie porte en son sein une »énorme possibilité de développement de la nature intensive«[23]. Il est fort peu croyable – et c'est pourtant l'opinion de Rosenkranz – que Hegel n'aurait fait que plaisanter ici, pour égayer son ami balte, alors que Hegel pressentait justement l'approche du sentiment de dissolution de l'époque suivante, le prédisait, et concevait lui-même le premier et le dernier épanouissement de la philosophie comme l'escorte d'une décomposition[24]. Mais, à l'opposé de Marx, Hegel n'a pas conçu cette décadence réelle d'une façon révolutionnaire, le regard tourné vers un prolongement futur et profane, mais, au contraire, de façon conservatrice, par un coup d'œil en arrière sur un christianisme achevé. La »fin des temps« était déjà là, en principe, lorsque le temps fut accompli par le Christ, et sur la base de cette imprégnation du temps par l'esprit du christianisme, Hegel parfait ce principe qui devient un épanouissement abstrait, et sa philosophie de l'absolu est, du début á la fin, et jusque dans la logique elle-même, une théologie philosophique, une philosophie de la religion. C'est la seconde forme concrète de la réconciliation avec la réalité et, en même temps, le deuxième point faible, exposé en particulier aux attaques de Kierkegaard ; car pour Marx la critique de la religion était déjà close avec Feuerbach, Strauß et Bauer[25].

3. LA RÉCONCILIATION DE HEGEL AVEC LA RÉALITÉ DIVINE DU CHRISTIANISME.

Pour si abstruse que la philosophie hégélienne de la religion apparaisse aussi bien aux théologiens qu'aux philosophes, aujourd'hui encore plus que jadis[26], elle appartient pourtant essentiellement au système de Hegel, dont les premiers débuts furent théologiques. Elle n'est pas une

23 K. Rosenkranz, *Hegels Leben*, p. 304 sqq.; cf. aussi Br. Bauer, *Rußland und das Germanentum*, 1853. – Mais Dilthey eut encore aussi peu de compréhension pour le »pessimisme« de Burckhardt que Rosenkranz pour les perspectives sombres de Hegel (*Der junge Dilthey,* Leipzig, 1933, p. 237).
24 XIII, 66.
25 Marx, 11, p. 607
26 Cf. Rosenkranz, *loc. cit.,* p. 400.

partie spéciale et séparable de l'ensemble du système, mais, au contraire, son centre spirituel, et toute sa philosophie est une théologie philosophique, car le concept hégélien de l'esprit est inclus dans l'esprit du christianisme. La philosophie est, certes, devenue à ses yeux »la sagesse du monde«[27], mais elle n'en est pas moins restée, en tant que sagesse, la sagesse de Dieu[28] et sa connaissance est aussi peu en opposition avec la foi que l'Éat avec l'Église. Il se disait condamné par Dieu à être un philosophe[29]. La vraie philosophie est déjà elle-même, quoique »d'une manière particulière«, un service divin[30], la philosophie de l'histoire est une théodicée, la philosophie politique est la compréhension du divin sur terre, la logique, une représentation de Dieu dans l'élément abstrait de la pensée pure. Hegel philosophe »au dimanche de la vie«, bien au-dessus des affaires et des soucis des jours ouvrables, »du banc de sable de cette vie temporelle«. Marx et Kierkegaard pensent – dans un monde banalisé, prosaïque, dont l'esthétique de Hegel connaît déjà le prosaïsme – à la banalité soucieuse, extérieure et intérieure, de l'homme.

La vérité philosophique du christianisme réside pour Hegel dans ce fait que le Christ, en tant que Dieu fait homme, a concilié la dualité de l'humain et du divin[31]. Cette conciliation ne peut avoir lieu dans l'homme que parce qu'elle eut déjà lieu dans le Christ, mais il faut aussi, pour être la vérité en soi, qu'elle soit produite par nous et pour nous-mêmes[32]. Cette unité de la nature divine et humaine, authentifiée pour Hegel, par l'humanisation de Dieu, s'est tout simplement scindée pour Marx et Kierkegaard, et l'athéisme radical de Marx, sa croyance absolue en l'homme est, par conséquent, infiniment plus éloigné de Hegel que de la différence absolue de Kierkegaard entre l'homme et Dieu. Pour Marx, le christianisme est »le monde à l'envers«, pour Kierkegaard il est une attitude détachée du monde »devant Dieu«, pour Hegel il est une existence dans la vérité, basée sur l'humanisation de Dieu. La

27 IX, 440, et *Enc.*, parag. 552.
28 XII, 15.
29 *Br.*, II, 377.
30 Cf. de l'auteur *La critique philosophique de la religion chrétienne au XIXe siècle* dans: Theologische Rundschau, 1933, n° 3 et 4. (*Die philosophische Kritik der christlichen Religion im 19. Jahrhundert,* jetzt in: *Sämtliche Schriften* 3. *Wissen, Glaube und Skepsis. Zur Kritik von Religion und Theologie.* Stuttgart 1985, S. 96 ff.).
31 X 1, 288 sqq. (Lasson, XIV, 134); *Phénom.* (Lasson), p. 529.
32 XII, 209, 228, 235; *Enc.*, paragr. 482.

nature divine et humaine »ensemble«, c'est, certes, une expression »dure« et »difficile«, mais seulement tant qu'on l'admet de façon représentative et qu'on ne la saisit ni ne la comprend pas spirituellement. Par cette »énorme combinaison«: Homme-Dieu, l'homme acquiert la conviction que la faiblesse finie de la nature humaine n'est pas incompatible avec cette unité[33].

Exprimée en tant qu' »État«, cette conciliation du terrestre et du divin est le »royaume de Dieu«, c'est-à-dire une réalité dans laquelle Dieu règne en tant qu'esprit un et absolu. Le but du jeune Hegel[34] était déjà de produire méthodiquement cette réalité dans la pensée, et ce but est atteint »enfin« dans l'*Histoire de la philosophie* de Hegel. Le royaume de Dieu de la *Philosophie de la religion* est identique à l'»royaume intellectuel« de l'*Histoire de la philosophie* et à l' »royaume des esprits« de la *Phénoménologie de l'esprit*. Ainsi la philosophie est dans l'ensemble la même réconciliation avec la réalité que le christianisne, par l'humanisation de Dieu, et, en tant que réconciliation conçue enfin complète avec le monde, une théologie philosophique. La langue raisonnable du concept ne faisait encore qu'un pour lui avec la »langue de l'enthousiasme«, qui lui permettait de dire en tant que philosophe: »Tendez d'abord vers le royaume de Dieu et vers sa justice.«[35] La théologie de Hegel empiète sur la logique. De même que Dieu est, dans l'élément de l'éternité, »la fin de soi avec soi« (XII, 247), et que le sentiment‹ »Dieu même est mort« (I, 153) est »l'abîme du néant« où tout sombre, de même le commencement de la logique est la dialectique de l'être et du néant, et sa forme suprême n'est pas un jugement, mais une »conclusion«. A l'unité ternaire de la divinité correspond la marche ternaire de la dialectique.

On en avait fini, vers 1840, de cet achèvement spéculatif de l'État et du christianisme dans une philosophie chrétienne. Par suite, ce n'est pas par hasard que la rupture historique avec la philosophie de Hegel est, chez Marx, une rupture avec la philosophie de l'État et chez Kierkegaard, une rupture avec la philosophie de la religion, et en général avec l'union du christianisme et de la philosophie. Cette rupture, Feuerbach ne l'a pas moins accomplie que Marx et Bruno Bauer pas plus que

33 XI, 238 sqq. Par suite, la distinction de Kierkegaard entre l'existence socratique et l'existence chrétienne est déjà dans Hegel, XII, 240 et 246 sqq.
34 *Br.*, 1, 13 et 18.
35 XII, 244; cf. par contre Kierkegaard, *Der Augenblick*, p. 98.

Kierkegaard, seulement de façon différente. Feuerbach réduit la »nature« du christianisme à l'homme sensuel, Marx aux contradictions du monde humain, Bauer explique comment le christianisme est issu de la décadence du monde antique, et Kierkegaard le réduit, – en sacrifiant l'État chrétien, l'Église et la théologie chrétienne, bref, tout son caractère positif dans l'histoire universelle – au pur paradoxe d'une volonté désespérée et résolue de croyance[36]. Quelle que soit la façon dont ils réduisent le christianisme existant, ils détruisent en commun le »monde chrétien« et, par là, la philosophie de la religion de Hegel, philosophie de la conciliation. La réalité ne leur paraissait plus rationelle, spirituelle et chrétienne. En pleine conscience de la fin accomplie de la philosophie chrétienne de l'esprit chez Hegel, Feuerbach écrit en 1842–43 sous le titre »nécessité d'un changement«: »La philosophie traditionelle tombe dans la période de décadence du christianisme, de sa négation, qui, en même temps, voudrait être aussi son affirmation. La philosophie hégélienne masquait la négation du christianisme [...] c'est-à-dire elle le niait, tout en le posant, et derrière la contradicition entre le christianisme primitif et achevé [...]. Mais une religion ne se maintient que si elle est gardée dans son sens primitif, originel [...]. Le christianisme est nié [...] dans l'esprit et le cœur, dans la science et la vie, l'art et l'industrie, d'une façon fondamentale, irrémédiable, sans espoir[...]. Jusqu'ici la négation était inconsciente. Maintenant seulement elle devient consciente, voulue, objet direct de nos efforts, d'autant plus que le christianisme s'est confondu avec [...] la liberté politique. La négation consciente fonde une nouvelle époque, la nécessité d'une nouvelle philosophie, décidément non-chrétienne.«[37] Cette philosophie non-chrétienne de l'avenir – le livre de Nietzsche *Au delà du bien et du mal,* s'appelle, lui aussi, un prélude à une philosophie de l'avenir – vivait naturellement de programmes tandis que Hegel pouvait vivre encore sur le passé, tout à fait dans la réalisation. Or, seul celui qui »a le courage d'être absolument négatif« peut avoir, selon Feuerbach, la possibilité de produire le nouveau, et c'est aussi par la radicalisation du concept hégélien de

36 Cf. de l'auteur *La critique philosophique de la religion chrétienne au XIXe siècle (loc. cit.).*

37 *Briefwechsel und Nachlaß,* 1820–1850, présenté par K. Grün 1874, I, p. 408. Dans la deuxième moitié du XIXe siècle, Treitschke est devenu typique de cette confusion du christianisme avec la liberté politique. Cf. là-dessus F. Overbeck, *Christentum und Kultur,* p. 189 sqq.

l'ironie romantique, comme d'une »négativité absolue«, que commence la production de Kierkegaard dans *Le concept de l'ironie*. Et aujourd'hui encore, cent ans après Hegel, c'est la force de la philosophie allemande d'être absolument négative et de poser le problème de l'Être et du néant, de l'»Être et du temps«. Sa force nihiliste est, comme déjà à cette époque-là, en même temps son point faible. C'est dans cette négativité absolue que Feuerbach, Stirner et Bauer s'unissent à Marx et Kierkegaard, comme les vrais héritiers historiques de la philosophie chrétienne de l'Univers de Hegel. L'achèvement de Hegel apparaît de plus en plus nettement à la lumière de la fin.

Hegel lui-même n'a pas donné d'expression directe à cette conscience de terminer une époque de l'histoire, mais une expression indirecte. Il la manifeste par ce fait qu'il pense, en jetant un regard vers le passé dans »la vieillesse de l'esprit«, et en même temps en cherchant une découverte possible dans le domaine de l'esprit, tout en réservant expressément la connaissance de cette découverte. De rares indications sur l'Amérique qui, à cette époque, apparaissait comme le futur pays de la liberté[38], et sur le monde slave, visent à la possibilité, pour l'esprit universel, d'émigrer hors d'Europe, a fin de préparer de nouveaux protagonistes du principe de l'esprit découvert en Grèce, développé dans l'ère chrétienne-germanique et achevé avec Hegel. »L'Amérique est donc le pays de l'avenir, dans lequel l'importance de l'histoire universelle doit se manifester, à une époque prochaine, par exemple dans la lutte de l'Amérique du Nord et du Sud; c'est un pays qu'appellent de leurs vœux tous ceux qu'ennuie la salle d'armes historique de la vieille Europe. On dit que Napoléon déclara: cette vieille Europe m'ennuie.« Mais »ce qui jusqu'aujourd'hui se passe ici, en Amérique, n'est que l'écho du vieux monde et l'expression d'une vivacité étrangère; et, en tant que pays d'avenir, celui-ci ne nous regarde pas. Le philosophe n'a rien à voir avec des prophéties.« De même, Hegel termine une remarque sur l'importance future du monde slave, en tant qu'intermédiaire entre l'esprit européen et asiatique, par cette phrase; »Savoir si cela s'accomplira dans la suite, ne nous préoccupe pas ici«[39].

38 A. Ruge, *Aus früherer Zeit,* IV, p. 72 à 84. Mais déjà Fichte pensa à émigrer en Amérique, lors de l'écroulement de la vieille Europe (*Lettre à sa femme du 28 mai 1807*).
39 *Philos. der Geschichte* (Lasson), p. 200 et 779.

La Révolution de Juillet ébranla encore fortement Hegel peu de temps avant sa mort. Il aperçoit, avec indignation et terreur, l'irruption de modifications révolutionnaires et de dualismes, contre lesquels il défendit alors l'état actuel, en tant que »ce qui est«, comme s'il était éternel[40]. La toute première critique révolutionnaire hégélienne (1798) de la Constitution de l'Allemagne est remplacée maintenant (1831) par une critique réactionnaire, et son attaque primitive contre ce qui ne fait qu'exister encore aboutit dans son dernier écrit politique concernant le bill de réforme anglais[41] à une plaidoirie pour ce qui venait tout juste d'être réalité, contre »la vanité de toute volonté de mieux faire« et l'»inutile manie de la nouveauté«. Mais, comme attitude médiane, il y a la tendance fondamentale à la réconciliation avec ce qui est. En franchissant le pont d'une ambiguïté fondamentale dans le concept de la réalité[42], en tant que »ce qui est«, Hegel a parcouru abstraitement le chemin qui va de la dualité à l'union et à la défensive, contre une nouvelle dualité. Les dates historiques de cette évolution sont: La Révolution française, l'hegémonie de Napoléon en Europe et le relèvement de la Prusse, finalement la Révolution de Juillet. Seule la mort a préservé Hegel d'être encore entraîné dans la contradiction plus dure de la séparation d'avec ce qui existe.

Mais la possibilité de l'évolution vers une nouvelle désunion est déjà dessinée dans la propre conscience de Hegel. Car la connaissance philosophique du »substantiel« de l'époque se produit, certes, dans l'esprit de l'époque qui lui appartient; elle ne dépasse donc son époque que »de façon formelle«, en tant que connaissance de l'object; mais,

40 Cf. Rosenkranz *(loc. cit.)*, p. 420 sqq. et F. Rosenzweig, *Hegel und der Staat,* II, p. 28.

41 Affecté du reproche qu'on lui fait de se montrer servile vis-à-vis de l'Église et de l'État, Hegel écrit à Goeschel que l'énorme intérêt accordé présentement à la politique avait englouti tous les autres, »crise dans laquelle toutes les valeurs antérieures semblent rendues problématiques«. Mais bien que la philosophie ne puisse pas s'opposer à l'ignorance et à la brutalité de ce vacarme, il ne croit pourtant guère qu'elle puisse pénétrer dans ces milieux-là; elle doit prendre conscience, »aussi pour le tranquilliser«, du fait qu'elle est faite pour une minorité. La réponse de Goeschel voudrait persuader Hegel que la philosophie n'est que condamnée »de l'extérieur« à une position aussi »isolée« et qu'elle doit, tout au moins protester sans cesse là contre (*Lettres,* II, 358 sqq.).

42 Haym, *Hegel und seine Zeit* (1857), p. 368 sqq., 387 sqq. et 462; et par contre: Rosenkranz, *Neue Studien,* IV (1878), p. 375 sqq.

tandis que c'est cependant un seul et même esprit universel qui est présent en tant que monde réel et se conçoit dans le savoir philosophique, par la suppression de la conscience d'une telle identité est déjà posée dans cette unité une nouvelle différence qui entraîne une évolution ultérieure: la différence entre »le savoir et ce qui est«. Il s'ensuit la possibilité et la nécessité de passer à de nouveaux changements et ne nouvelles distinctions, tant dans la philosophie que dans la réalité. »Ainsi la différence formelle est aussi une vraie différence dans la réalité. C'est alors cette connaissance qui engendre une nouvelle forme de l'évolution.«[43] Dans ce cas la philosophie est le lieu interne de la naissance de l'esprit, qui plus tard apparaîtra pour prendre une forme réelle.

Les élèves de Hegel ont transporté dans la philosophie de Hegel l'impulsion provenant de la réalité politique, tandis que sa philosophie émettait déjà une nouvelle forme d'évolution. Ce que Ruge et Feuerbach propagèrent d'abord, sous la forme de liberté politique, encore au nom de la philosophie hégélienne, et dans les idées de cette dernière, Marx en a fait un principe contre la philosophie, tandis que Kierkegaard se contentait d'opposer polémiquement à »la pensée raisonnable« de Hegel la »passion« de »l'existence«, et au »système« de l'histoire universelle l'histoire du salut du »particulier«. Déjà dans son premier écrit, la dissertation de 1840, Marx a conçu la nouvelle situation née après Hegel, dans la totalité de son incertitude historique comme une situation créée par Hegel même, et, en »supprimant« la philosophie, il a proclamé sa »réalisation«[44].

43 XIII, 70.

44 Dans l'écrit de Br. Bauer sur *la Russie et le Germanisme* (1853) on proclame expressément »la fin de la philosophie«.

II

MARX ET KIERKEGAARD CRITIQUENT ET DISSOLVENT LA PHILOSOPHIE DE HEGEL.

Dans la *Dissertation* de Marx[45] on trouve nettement exprimé sa propre position par rapport à l'achèvement hégélien de la philosophie. Elle traite, certes, selon son sujet, d'Épicure et de Démocrite, mais dans leurs rapports avec la décomposition de la philosophie aristotélicienne en une philosophie d'une poussière de sectes, et ce, par analogie avec les épigones de Hegel. La propre question posée par Marx est: comment, après l'achèvement de la philosophie par Hegel, peut-on encore arriver à un point de vue spirituel qui ne copie pas Hegel et ne soit pas non plus celui d'un simple arbitraire, mais une nécessité historique? Et sa réponse est la suivante: ce n'est possible que par une discussion de principe de la philosophie devenue totale chez Hegel, par une »abolition« et en même temps une »réalisation« de la philosophie arrivée à son terme. La philosophie se trouve toujours à un tel point de jonction, quand son principe abstrait s'est épanoui en une concrétion totale, comme chez Aristote et chez Hegel. A ce moment-là il n'y a plus de possibilité d'un prolongement en ligne droite, car un cercle entier est refermé sur lui-même. Deux totalités différentes sont maintenant en face l'une de l'autre: une philosophie achevée en elle-même et, à son encontre, le monde paraissant réel d'une non-philosophie achevée. Car la réconciliation de Hegel avec la réalité n'était pas dans celle-ci, mais seulement abstraitement avec elle. La philosophie est obligée maintenant de »se tourner vers l'extérieur« et d'entrer en relations avec le monde. En tant que philosophie de l'État, elle devient une politique philosophique. La philosophie universelle, devenue chez Hegel un monde intelligent, se retourne ensuite, nécessairement, immédiatement, dans une attitude critique vers le monde qui existe réellement et contre la philosophie. Cette attitude double, qui lui est propre, est la conséquence de la dissociation du monde entier de la théorie et de la pratique en deux totalités divergentes. Et, puisque ce sont deux totalités qui sont mainte-

45 Marx-Engels, *Gesamt-Ausgabe,* 1927, I, 1, p. 131 sqq., et 612 sqq.

nant en face l'une de l'autre, la division de la philosophie qui se détermine à nouveau est elle-même totale. La généralité objective de la philosophie achevée se brise d'abord pour former les formes de conscience purement subjectives d'une philosophie particulière, issue d'elle. Cependant on ne doit pas se laisser tromper par cette tourmente, dans laquelle tout est ébranlé, car elle a lieu, avec une nécessité historique, à de tels points de jonction de la philosophie ramassée sur elle-même. Et celui qui ne comprend pas cette nécessité serait obligé, en conséquence, de nier que l'homme puisse encore vivre intellectuellement après une philosophie devenue totale. Sans cette nécessité on ne peut concevoir comment après Aristote purent apparaître un Zénon, un Épicure, un Sextus Empiricus, et, après Hegel, »les tentatives, la plupart de temps extrêmement pauvres, de philosophes contemporains«. C'est ainsi que Marx se conçoit différent de Hegel et des autres jeunes hégéliens, qui voulaient se contenter de réformer partiellement Hegel, sans voir qu'il s'agissait de l'existence de la philosophie en tant que telle et dans son ensemble. »Les demi-esprits«, dit Marx, pensant à des philosophes comme Ruge, Feuerbach, Stirner, Bauer, »ont, en de telles époques, l'opinion inverse de celle des véritables chefs d'armée. Ils croient pouvoir réparer les pertes en affaiblissant les troupes combattantes, par l'éparpillement, par un traité de paix avec les besoins matériels, tandis que Thémistocle« – c'est-à-dire Marx lui-même – »lorsque Athènes – c'est-à-dire la philosophie – était menacée de destruction, poussa les Athéniens à l'abandonner complètement et à fonder sur mer, sur un autre élément – c'est-à-dire une toute nouvelle sorte de philosophie, qui en réalité n'en est plus une. Cette reconstruction consistait chez Marx en une phénoménologie, pas de l'esprit, certes, mais du processus de production, et chez Kierkegaard en une psychologie de la production de l'existence intérieure. Par ce fait ils ont quitté tous deux également l'élément de toute la philosophie qui les précédait. A la place de la conception active[46] de Hegel on trouve chez Marx une théorie de la pratique et chez Kierkegaard une réflexion de l'action. Ce changement brusque du savoir hégélien[47], qui renferme sa propre certitude, en la revendication d'une action extérieure et intérieure, selon une conscience politique ou religieuse, montre bien la décadence de la bonne

46 Cf. A. von Buggenhagen, *Die Stellung zur Wirklichkeit bei Hegel und Marx*, Marburger Dissertation, 1933, p. 20 sqq.
47 *Logik*, I (Meiner), p. 12.

conscience par respect à la science et au savoir, – attaque menée par les philosophes contre la philosophie, qui se continue dans la »philosophie du marteau« de Nietzsche, la dernière, celle qui voulut être législative. Le fait que la philosophie, en tant que telle, se pose à elle-même le problème de son existence se produit, entre Hegel et Nietzsche, de façon diverse et dans diverses proportions, chez tous ces »derniers« penseurs, qui sont en même temps les »premiers«, qui existent encore tout juste dans la pensée et n'y sont déjà plus. Ce qui se passa à l'époque où Marx eut accompli une »suppression« politique, et Kierkegaard une suppression existentielle de la philosophie, ce ne fut pas un effondrement passager de la dernière forme de l'idéalisme allemand, mais une rupture énergique avec la tradition philosophique en général.

Marx termine la description programmatique de sa philosophie reconstructive par les phrases suivantes: »Nous ne devons pas non plus oublier que l'époque qui suit de telles catastrophes est de fer, heureuse si elle est caractérisée par des luttes de titans, lamentable si elle ressemble aux siècles que traînent péniblement à leur suite les grandes périodes artistiques; car ceux-là s'occupent à faire des moulages en plâtre et en cuivre de ce qui fut créé en marbre de Carrare. Ils sont titaniques, ces temps qui succèdent à une philosophie complète en elle-même et à ses formes subjectives d'évolution, car c'est un énorme désaccord qui constitue leur unité. C'est ainsi que Rome succède à la philosophie stoïcienne, sceptique et épicurienne. Malheureux et cruels, ils se sont, car leurs Dieux sont morts et la nouvelle déesse n'a d'abord que l'apparence obscure du destin, de la lumière pure ou des pures ténèbres. Les couleurs du jour lui manquent encore. Mais ce qu'il y a de plus malheureux, c'est que l'âme de ce temps [...] assouvie en elle-même [...] ne peut pas reconnaître une réalité qui s'est faite sans elle. La chance dans un tel malheur est par conséquent la forme subjective [...] qui exprime le rapport de la philosophie, en tant que conscience subjective, à la réalité. C'est ainsi que, par exemple, la philosophie épicurienne, la stoïcienne furent la chance de leur temps; c'est ainsi que le papillon de nuit cherche, quand le soleil du général est couché, la lumière de la lampe du particulier.«[48] La phrase citée, »la nouvelle déesse a au début encore l'apparence obscure d'un destin incertain, de la pure lumière ou des

48 I, 1, p. 132 sqq. Cette détermination du »malheur général«, dans lequel s'acheva le monde romain, en refoulant sa propre existence en elle-même, se trouve déjà dans la philosophie de la religion de Hegel (XII, 224).

pures ténèbres«, rappelle la métaphore hégélienne, qui représente la philosophie dans le crépuscule d'un monde achevé. Pour Marx le sens est le suivant: maintenant, après la scission produite dans la philosophie achevée par Hegel, on ne peut trancher encore avec certitude la question de savoir si le clair-obscur, la grisaille de Hegel, signifie un crépuscule du matin précédant l'éveil d'un jour nouveau. La décrépitude du monde réel va donc de pair, pour Hegel, avec un dernier rajeunissement de la philosophie, et chez Marx, qui, à rebours, anticipe sur l'avenir, la philosophie finie, achevée, va de pair avec le rajeunissement du monde réel, s'opposant à la vieille philosophie. Par une réalisation de la raison dans le monde réel la philosophie se détruit en tant que telle, elle va se perdre dans la pratique de la non-philosophie donnée, c'est-à-dire que la philosophie est devenue le marxisme[49], théorie qui devient immédiatement pratique. On ne peut être marxiste – dans le sens de Marx – que comme on peut être chrétien, c'est-à-dire totalement, mais on peut être hégélien ou kantien en faisant distinction avec soi-même.

La production de cette totalité unitaire de l'existence théorique et pratique n'est possible, d'après Marx, que si la philosophie est supprimée au point d'être réalisée. Mais, inversement, on ne peut pas non plus la réaliser sans la détruire en tant que théorie indépendante. Par conséquent, le fait que le monde est devenu philosophique chez Hegel exige, chez Marx, une sécularisation aussi complète de la philosophie; sa »réalisation« exige sa »perte«. Car le système de Hegel est maintenant conçu comme totalité une et abstraite, comme le *recto* rationnel d'un *verso* aussi irrationnel. Son caractère d'intime totalité, de système qui se suffit à lui-même est détruit. La »lumière intérieure« de la philosophie hégélienne devient une »flamme dévorante« qui passe à l'extérieur, et libérer le monde de la non-philosophie, c'est en même temps le délivrer de la philosophie. Mais, comme cette nouvelle sorte de philosophie n'a pas encore dépassé, du point de vue théorique, le système de Hegel, mais, au contraire, est encore sa prisonnière, comme Marx lui-même est encore hégélien, cette nouvelle philosophie ne se connaît d'abord qu'en contradiction avec le système achevé et ne comprend pas encore que sa dissolution de la philosophie de Hegel est, dans le sens le plus propre du terme, la réalisation de celle-ci. Car le principe de Hegel, l'unité de la raison et de la réalité, et la réalité elle-même considérée comme unité de

49 Cf. à ce sujet: K. Korsch, *Marxismus und Philosophie,* 1930.

l'essence et de l'existence, est aussi le principe de Marx, mais tout à fait sécularisé. Il est donc encore forcé de tourner, au début, son arme à deux tranchants contre le monde réel et la philosophie existante, justement parce qu'il veut les unir tous deux en une intacte totalité. Sa théorie ne peut d'abord devenir pratique qu'en tant que critique théorique de ce qui existe avant lui, en distinguant critiquement la »réalité« de l'»idée«, l'»existence« de fait, particulière, de l'»essence« générale. La théorie est pour lui, en tant qu'une telle critique, la voie qui mène à une »modification« pratique de ce qui existe avant lui, par une révolution radicale de ce qui est.

Dans sa position par rapport à Hegel et à la philosophie en général, Marx est plus hégélien que tous ceux qui se contentèrent de présenter des contradictions de détail et négligèrent la nécessité historique de l'ensemble et d'un changement total[50]. Et c'est parce que Marx a saisi la nouvelle situation de façon si radicale qu'il devint, d'hégélien qu'il était, marxiste et de critique de la philosophie hégélienne du droit, l'auteur du *Capital,* qu'il peut aussi comprendre dans son principe l'adaptation hégélienne à la réalité politique. »Il est concevable qu'un philosophe commette telle ou telle inconséquence apparente, par suite de telle ou telle adaptation; lui-même en a probablement conscience. Mais ce dont il n'a pas conscience, c'est que la possibilité de cette adaptation apparente plonge ses plus profondes racines dans une insuffisance ou une compréhension insuffisante de son principe même. Donc, si un philosophe s'était véritablement adapté, ses élèves ont à expliquer, par sa conscience intime, essentielle, ce qui avait pour lui-même la forme d'une conscience exotérique«[51]. Par conséquent, puisque la philosophie de Hegel ne saisit pas de la même façon ni en même temps le monde de la théorie et de la pratique, il faut nécessairement qu'elle s'assimile dans chaque cas à ce qui existe, et, par là même, qu'elle s'y adapte, car tout le contenu concret de ce qui est concevable lui est toujours déjà donné par ce qui »est«, dans le sens d'»actuel«.

Mais le fait que Hegel se laisse indiquer le contenu de son concept, mettons par exemple l'État qui existait à cette époque, en tant que contenu de la philosophie politique, et ne veut pas le modifier par la critique, ni le créer par une modification, n'est pas simplement explica-

50 Cf. à ce sujet l'introduction des éditeurs des premières œuvres de Marx, chez Kröner, 1932, *Der historische Materialismus.*
51 I, p. 1, 63 sqq.

ble parce qu'il ne fait »qu'interpréter«[52], mais par la tendance pratique même de sa manière de »comprendre«, c'est-à-dire la tendance à la conciliation. Hegel peut, en dernière analyse, se réconcilier avec les contradictions »empiriques« de la réalité historique, parce qu'il philosophait dans la conscience chrétienne et était dans le monde, comme s'il n'était pourtant pas de ce monde. La philosophie est encore pour lui une »sagesse«. En revanche, la critique radicale marxiste de ce qui existe n'est pas motivée par la seule »volonté de changer« le monde, mais par un athéisme séculier, que la dissertation de Marx sur deux athées de l'antiquité dévoile déjà comme le sens philosophique de son »matérialisme«.

La critique de ce qui existe s'exprime d'abord chez Marx dans sa critique de la philosophie hégélienne de l'État, en tant que théorie de notre réalité politique-séculière. Ce que Marx critique, ce sont les rapports de l'État et de la Société bourgeoise, abstraction faite du christianisme. Cette critique ne veut pas montrer, ici non plus, l'absurdité du principe hégélien (unité de la raison et de la réalité, de l'essence et de l'existence), mais bien le manquement de Hegel á son propre principe. Il y a manqué en déterminant comme nature du véritable État quelque chose qui n'est pas encore du tout donné dans sa réalité existante, et qui est le caractère de *polis,* d'une communauté, la »généralité«, politique[53]. Hegel masque avec sa »classe sociale générale«, qui est pourtant une classe particulière de fonctionnaires dominants de l'État[54], une profonde contradicition de la société bourgeoise dans son ensemble, contradiction entre l'existence particulière, égoïste et l'existence officielle, civique du »bourgeois«. Cette contradiction, les conciliations dialectiques de Hegel ne la suppriment pas, elle la montrent plutôt non supprimée. Comme homme privé, l'homme moderne n'est pas un *zoon politikon,* une existence »politique«, et, par contre, comme citoyen de l'État, il s'abstrait de lui-même, en tant qu'existence privée. Le »bourgeois« est l'un en contradiction avec l'autre. La philosophie politique de Hegel souffre encore de la distinction classique de

52 Cf. la 11e thèse de Marx contre Feuerbach. Marx-Engels-Archiv, I, p. 230.
53 Cf. sur ce qui va suivre, l'auteur: *M. Weber und K. Marx (loc. cit.;* jetzt in: *Sämtliche Schriften* 5, S. 324 ff.), et E. Lewalter, *Zur Systematik der Marxschen Staats- und Gesellschaftslehre,* dans: Archiv für Sozialwiss. und Soz.pol., vol. LXVIII, n° 6 (1933).
54 I, 1, p. 485 sqq.

Rousseau, qui sépare, dans l'homme, le »bourgeois« du »citoyen«[55]. De même, le *Capital* de Marx est encore une analyse et une critique de l'économie privée, parce que Marx combat en principe la division du monde humain en deux sphères, l'une privée, l'autre publique, en un monde du travail impersonnel et de valeurs matérielles quasi-personnelles, ce qui, à son avis, est une »aliénation« de l'homme pratiquée par lui-même, eu égard à l'unité de l'essence générale et de l'existence particulière, dans une cité cosmopolite, à économie unifiée et communiste. Cette essence générale et en même temps existante était encore pour Hegel un esprit absolu qui détermine aussi la nature de l'homme[56], il n'est plus pour Marx que l'essence de l'espèce humaine, l'»humanité«. D'après cela le travail humain n'est plus pour Marx cette forme d'activité de l'esprit absolu et conscient qu'elle était pour Hegel: mais inversement la phénoménologie hégélienne de l'esprit est une idéologie devenue autonome de l'activité humaine, du travail[57]. Or, par la façon dont l'homme du monde bourgeois-capitaliste se matérialise lui-même par son travail, il s'aliène durablement à lui-même, l'être humain spontané devient un travailleur producteur de marchandises et salarié. Ce que Hegel représente, au contraire, est, selon Marx, »l'argent de l'esprit«, c'est-à-dire que le logos de son ontologie ramène à l'existence abstraite, à la »valeur abstraite de l'esprit«, tout ce qui est réellement, tandis que la véritable valeur de tous nos objets s'exprime, en contradiction avec ce monde de l'esprit, en argent. Hegel lui-même est aliéné à lui-même; il ne pense pas en homme, maître de soi, mais purement en penseur, fixé dans le »travail du concept«, comme Hegel lui-même nommait sa philosophie.

C'est donc, dans tous les cas, »l'aliénation de l'homme« perpétrée par lui-même sur la base de la contradiction de l'essence et de l'existence qui caractérise la rupture avec Hegel déjà même chez le vieux Schelling[58]. Et comme Marx partage avec Hegel la définition de la réalité en tant qu'unité de l'essence et de l'existence et de même la structure de l'aliénation spontanée, sa critique de Hegel montre que la compréhension de la rupture apparente chez Hegel dans la réalité elle-même a fait sa percée. Elle n'est pas encore une unité rationelle de l'essence et de

55 I, 1, p. 598 sqq. Cf. Rousseau, *Émile,* éd. Petitain 1839, p. 12.
56 *Enc.,* 377.
57 I, 3, p. 150 sqq.
58 Cf. de l'auteur, *Existenzphilosophie,* dans: Zeitschrift für deutsche Bildung, 1932, n° 12 (jetzt in: *Sämtliche Schriften* 8, Stuttgart 1984, S. 1 ff.).

l'existence, mais une simple existence encore irrationelle et inessentielle, quelque chose qui est, dans le sens d'une simple existence, qui est autrement qu'il devrait être, et est digne de périr. Et le communisme n'est, d'après son principe philosophique, pas autre chose que la »véritable solution« des contradictions de conditions d'existence dénuées d'essence.

Kierkegaard, qui, à l'encontre de Marx et de Hegel, mais en accord avec Kant, insistait sur la distinction de principe entre l'essence et l'existence, a vu le manquement de principe de la logique hégélienne non pas, comme Marx, dans le simple défaut de réalisation de son principe, mais dans ce principe en soi, donc dans ce fait que Hegel veut unir l'existence à l'essence. Par là même, Hegel n'arrive jamais à la représentation d'une existence »réelle«, mais en reste toujours à une »existence idéale et abstraite«. Car l'essence de quelque chose – ce qu'est cette chose – concerne sa nature générale, et l'existence – le fait singulier que cette chose puisse exister – concerne le fait d'être là, réellement, en particulier, mon existence singulière ou la tienne[59]. La singularité dans le fait d'une existence humaine est pour Kierkegaard la seule et unique »réalité«. Dans la doctrine hégélienne du concept[60] la »singularité« est, certes, aussi le réel, mais dans son rapport essentiel avec le »général« et le »particulier«. La réalité singulière est la détermination spéciale, réfléchie en soi, du général; l'homme singulier et réel est la particularisation déterminée de la condition humaine en général et en tant que telle[61]. Cette généralité de l'humain, Kierkegaard tenta juste-

59 *Tagebücher*, II, éd. Haecker, 127.

60 *Logik*, II (Lasson), p 238 sqq. *Enc.*, paragr. 112 à 114. *Rechtsphilos.*, parag. 270, app.

61 Le concept général hégélien de l'homme en général a, par opposition au concept communiste de Marx, une détermination historico-absolue. Il n'y a pour Hegel, d'homme »en tant que tel« que par le principe chrétien de »la personnalité infiniment libre«, qui manquait au monde oriental et gréco-romain, où il y avait encore des esclaves. C'est parce que le Christ, en tant que fils de Dieu, appartient de façon toute générale au genre humain, et »non à une race particulière«, qu'il y a depuis lors un concept de l'homme, général et vrai, »spirituel«. »Les Grecs, par ailleurs si instruits, n'ont connu ni Dieu, ni l'homme dans leur véritable généralité; les dieux Grecs n'étaient que les facultés particulières de l'esprit et le dieu général, le dieu des peuples était encore pour les Athéniens le dieu caché. C'est ainsi qu'il y avait pour les Grecs un abîme absolu entre eux et les barbares, et l'homme, en tant que tel, n'était pas encore reconnu dans sa valeur infinie et sa légitimité infinie. Le vrai motif pour lequel il n'y a plus d'esclaves dans l'Europe chrétienne ne doit pas être cherché ailleurs que dans le principe du

ment de l'atteindre en partant du singulier, parce qu'à son avis, l'essence générale de l'esprit avait perdu, de même que l'»humanité«[62], son sens existentiel[63]. Si l'on met à part cette divergence générale dans le concept de l'existence, qui fonde, de façon formelle-ontologique, les raisons pour lesquelles Kierkegaard s'oriente selon l'existence proprement singulière et Marx selon la nature générale spécifique de l'homme, l'un selon les conditions économiques de l'existence de la masse, l'autre selon les rapports éthico-religieux du singulier avec lui-même – mais tous deux cessant de s'orienter selon la généralité de l'esprit, objectif comme subjectif, parce qu'absolu – ils sont d'accord pour se détourner en commun de Hegel, et dans la conscience de la fin du monde bourgeois-chrétien sanctionné par la philosophie de Hegel.

Kierkegaard a dépeint ce monde périmé du raisonnement dénué de passion dans sa *Critique du temps présent* (1847), comme une époque de nivellement et il a opposé, à ce nivellement des différences essentielles, une décision qui les distingue. En 1852 dans *Le* 18 *Brumaire de Louis Bonaparte,* Marx a également donné une interprétation historique de la révolution bourgeoise: ses passions sont, dit-il, sans vérité et ses vérités sans passion; son monde, devenu parfaitement banal, ne se soutient plus que grâce à des emprunts, son évolution est une répétition stérile des mêmes tensions et détentes, son histoire manque d'événements, ses héros[64] de hauts-faits, et Marx formule la loi suprême de ce temps, dans les mêmes termes que Kierkegaard, c'est le »manque de décision«[65]. Dans une intention différente, mais avec une égale connaissance de ce qui se passait dans l'Europe entière, Kierkegaard note en 1847, dans son *Journal*: »Toute l'Europe travaille à la démoralisation, mais à Kopenhague tout est si petit que mes observations et mes calculs

christianisme. La religion chrétienne est la religion de la liberté absolue et seul le chrétien considère l'homme en soi dans sa qualité infinie et générale. Ce qui manque à l'esclave, c'est la reconnaissance de sa personnalité, or, le principe de la personnalité est la vraie généralité.« (*Enc.,* parag. 163, app. 1; cf. *Philosophie du Droit,* parag. 209 et parag. 270, note).

62 *Kritik der Gegenwart,* Innsbruck, 1914, p. 30 et 54.

63 *Entweder-Oder,* II, 220 sqq.; *Tagebücher,* I, 334.

64 Cf. Hegel, X, 226 sqq.

65 Cf. H. Fiala (= Karl Löwith), *Politischer Dezisionismus,* dans: Internationale Zeitschrift für Theorie des Rechts, vol. IX, n° 2 (1935), p. 101 sqq. (jetzt in: *Sämtliche Schriften* 8. *Heidegger – Denker in dürftiger Zeit. Zur Stellung der Philosophie im 20. Jahrhundert.* Stuttgart 1984, S. 32ff.; unter dem neueren Titel: *Der okkasionelle Dezisionismus von Carl Schmitt*).

peuvent la dominer complètement. [...] Je suis comme un médecin qui dispose d'une préparation complète.«[66] A cette démoralisation il n'opposa pas, comme Marx, l'exception sociale, le prolétariat, en tant que futur protagoniste d'une réalité rationnelle, mais l'exception tout court, le »singulier« qui n'existe plus qu'intérieurement, dont le modèle originel est le martyr, comme successeur du Christ. Kierkegaard note: »A cet égard je dois ajouter beaucoup d'importance aux désordres de famine [...] qui parcourent l'Europe; ils indiquent que la constitution de l'Europe s'est complètement modifiée; nous aurons à l'avenir des désordres intérieurs – *secessio in montem sacrum,* etc. [...] Tout cela est tout à fait conforme à ma théorie (du singulier) et on verra bien que justement c'est moi (cette exception prise en particulier) qui ai bien compris ce temps ci.«[67] Car la décadence spirituelle, la »confusion des langues« de l'Europe sont plus décisives que la banqueroute économique, sociale et politique vers laquelle elle va. »C'est en vain que certains grands hommes cherchent à monnayer de nouveaux concepts et à les mettre en circulation, c'est inutile. Un instant de durée, puis les voilà usés, et même pas par la majorité.«[68] Et tout se terminera vraisemblablement par la mise en l'encan de la philosophie. Il est donc désirable qu'apparaissent des champions del'esprit fortement équipés, qui recouvreraient la vertu perdue et le sens des paroles, en sortant du nivellement moderne, dû au travail en série de la presse, comme Luther retrouva, pour son temps, le concept de »foi«. Il vaudrait mieux faire taire pour une heure le carillon du temps, et, comme on n'y réussira probablement pas, Kierkegaard crie du moins à ses contemporains, comme les financiers: »Des économies! Des économies énergiques et décisives!« C'est-à-dire retour aux questions élémentaires et inévitables de l'existence humaine, à la question nue de l'existence, à la situation de fait en tant que telle, qui était pour Kierkegaard la face interne de ce que Marx appelait la »question terrestre en grandeur naturelle«. Et ainsi correspond chez Kierkegaard, sur la base de la même séparation totale, à la critique profane exercée par Marx sur le monde bourgeois-capitaliste, une critique aussi radicale du monde bourgeois-chrétien, aussi éloigné du christianisme primitif que l'État bourgeois de l'idée originelle de la cité. Et si Marx montre que la philosophie hégélienne du droit concilie

66 *Tagebücher,* I, 336.
67 *Tagebücher,* I, 328.
68 *Tagebücher,* I, 59.

seulement dans l'idée ce qui est séparé dans l'existence: société bourgeoise et État bourgeois, Kierkegaard montre á son tour, partant de l'autre face du problème, l'incompatibilité, également conciliée par Hegel, du christianisme et du monde, du christianisme et de l'État.

Hegel discute les rapports de l'État avec la religion, quant á sa diversité et à son unité[69]. L'unité réside dans le contenu, la diversité seulement dans les formes différentes de ce contenu un et absolu. Puisque la nature de l'État est »une volonté divine, en tant que présente«, un esprit qui se déploie pour la véritable organisation d'un monde, et puisque, d'autre part, la religion chrétienne n'a d'autre fond que la vérité absolue de l'esprit, l'État et la religion peuvent et doivent se retrouver dans le domaine de l'esprit chrétien, bien qu'ils divergent dans la réalisation de ce contenu unique et absolu dans l'Église et dans l'État. Une foi religieuse qui prend une attitude »polémique« contre les lois et les institutions de l'État et de la raison pensante[70], ou bien qui en reste, par simple nonchalance ou par la résistance passive, au caractère mondain de l'État, une telle religion du »cœur« et de la »conscience« ne témoigne pas de la force, mais de la faiblesse de la religiosité. Or, cette »sorte de piété polémique« est propre à notre temps et Hegel laisse pendante la question de savoir se cette foi polémique, dont l'exagération est le concept paradoxe de la foi chez Kierkegaard[71], provient d'un »vrai besoin« ou d'une »vanité simplement insatisfaite«. La vraie religion n'a pas, selon lui, d'orientation négative à l'égard de l'État, elle le reconnaît et le renforce, de même que, réciproquement, l'État, reconnaît la »confirmation de l'Église«. Ce qui paraît à Kierkegaard un compromis impossible était encore pour Hegel un accord essentiel. Hegel dit: »Il est dans la nature des choses que l'État remplisse son devoir en accordant aide et assistance à la communauté pour son but religieux; je vais plus loin: par le fait que la religion est le motif qui

69 *Rechtsphilosophie,* paragraphe 270.

70 »La vraie foi est naïve, que la raison lui soit conforme ou non, sans aucun égard pour la raison, ni rapport avec elle, mais la foi polémique veut croire contre la raison« (Rosenkranz, *loc. cit.*, p. 557).

71 La polémique de Hegel est, certes, principalement dirigée contre Jacobi, et Schleiermacher, mais elle atteint aussi Kierkegaard, car ce dernier affecte le »sentiment« de Schleiermacher d'un coefficient élevé et l'appelle, par un raisonnement qui nous montre l'élève de Hegel, »passion«. Cf. de l'auteur: *Die philosophische Kritik der christlichen Religion im 19. Jahrhundert (loc. cit.*, p. 140 et 201, sqq.; *Sämtl. Schriften* 3, S. 103 ff. und S. 136 ff.).

intègre l'État dans le fond des idées, il sied que celui-ci exige de tous ses ressortissants qu'ils adhèrent à une communauté ecclésiastique, n'importe laquelle d'ailleurs, car l'État ne peut se mêler du contenu, en tant que celui-ci se rapporte au fond de la représentation. L'État, parfait dans son organisation, par conséquent fort, peut être, en ce point, d'autant plus libéral, négliger des détails qui le touchent et même tolérer en son sein des communautés – et, dans ce cas, ce qui lui importe c'est le nombre des adhérents – qui ne reconnaissent même pas de devoirs directs envers lui.«[72] Et le jugement philosophique reconnaît que l'Église et l'État sont identiques dans leur fond de vérité, s'ils se tiennent tous deux sur le sol ferme de l'esprit chrétien. Car c'est seulement dans le principe chrétien de l'esprit absolument libérateur que l'on trouve aussi la possibilité et la nécessité absolue de »l'union de la puissance étatique, de la religion et des principes de la philosophie, et que s'accomplit la conciliation de la réalité avec l'esprit, de l'État avec la conscience religieuse et également avec le savoir philosophique«[73]. La philosophie hégélienne de l'esprit objectif se clôt sur cette phrase: »La morale de l'État et de la spiritualité religieuse de l'État sont ainsi de fortes garanties réciproques.«

Kierkegaard a protesté avec passion contre cet »État chrétien« sanctionné par Hegel. Dans son attaque exagérément ironique contre toute la chrétienté officielle, dans les pamphlets intitulés *L'Instant* – parce que ce moment devait décider entre le profane ou le chrétien – Kierkegaard a tiré avec fermeté les conséquences où le poussait dès l'abord son activité tout entière. *L'Instant* est le document d'une éruption de l'»homme naturel« en lui-même considéré comme »homme de l'esprit«[74]; tous deux s'élèvent contre la »médiocrité protestante« de l'homme qui concilie le monde et le christianisme, et contre la philosophie hégélienne de la religion, basée sur la conciliation. La première phrase du premier numéro de *l'Instant* débute par une interprétation ironique de la thèse platonicienne, selon laquelle les philosophes devraient gouverner l'État. Voici cette phrase: »On sait que Platon dit

72 *Rechtsphilosophie,* paragraphe 270.

73 *Enc.,* § 552; cf. Rosenkranz (*loc. cit.*), p. 88. Par l'expression de conscience religieuse Hegel entend la conscience protestante, en tant qu'unité de la conscience »morale« et »religieuse«.

74 Cf. F.-C. Fischer, *Die Nullpunkt-Existenz,* Munich, 1933, p. 203 sqq., et mon compte-rendu dans *D.L.Z.*, 1934, n° 4 (jetzt in: *Sämtliche Schriften* 3. *Wissen, Glaube und Skepsis*. Stuttgart 1985, S. 301 ff.).

quelque part dans son *État* qu'on ne peut guère espérer faire quelque chose de bon qu'en donnant accés au gouvernement à ceux qui n'en ont pas envie. [...] Cette remarque conserve sa valeur dans d'autres domaines où l'on prend vraiment à cœur de faire quoi que ce soit« (il entend par là le christianisme). C'est d'une telle manière problématique que Kierkegaard voit à priori les rapports de l'État avec la philosophie et la religion. Selon lui, le vrai philosophe et le vrai chrétien ne peuvent avoir aucune envie de gouverner, parce qu'en effet le divin et l'humain sont séparés par un abîme que ne peut combler nulle conciliation. Le mot hégélien d'»homme-Dieu« n'est pas seulement pour Kierkegaard une »expression dure«, mais aussi un paradoxe absolu, inconcevable[75]. Dans l'État que l'on veut appeler chrétien, l'»humain« protège le »divin« et c'est un paradoxe. »Comment diable«, dit Kierkegaard, faisant une allusion évidente à Hegel, »une telle paradoxe est-il venu à l'idée d'un être aussi raisonnable que l'État? [...] Oh! c'est une longue histoire! Cela provient essentiellement de ce que le christianisme fut pratiqué, dans le cours des siècles, de moins en moins selon son vrai caractère, qui est divin. Figure-toi un homme d'État de l'époque où le christianisme fit son entrée dans le monde, et pose-lui cette question: *Quid tibi videatur?* Ne crois-tu pas que ce serait une bonne religion pour l'État? Il te prendrait probablement pour un fou et ne te jugerait guère digne d'une réponse. Mais si on pratique le christianisme dans un lâche respect humain, dans la médiocrité, à des fins profanes, la chose se présente un peu différemment. Ah oui! Dans ce cas-là on peut vraiment avoir l'illusion que le christianisme – qui, par la façon dont il est pratiqué, est devenu, pour ainsi dire, une créature lamentable – doive être très reconnaissant à l'État pour sa protection qui le remet rencore en honneur.«[76] L'humain ne peut vouloir protéger le divin, car le vrai christianisme n'est ni plus ni moins que la succession du Christ qui renonce à tout ce qui appartient au monde. Or, le profane existe surtout pour l'homme sous la forme de l'État. »Admettons que l'État emploie mille fonctionnaires qui vivraient avec leur famille, qui y auraient donc un intérêt pécuniaire, pour détruire le christianisme, ne serait-ce pas une tentative qui aurait pour but de rendre le christianisme impossible, dans les limites du possible? Et pourtant cette tentative ne serait pas, de beaucoup, aussi dangereuse que ce qui se produit en fait. L'État emploie

75 Cf. Kierkegaard, *Einübung im Christentum*, p. 73 sqq.
76 *Der Augenblick*, p. 17 sqq.

mille fonctionnaires qui, comme ›annonciateurs du christianisme‹ ont un intérêt pécuniaire à ce que: primo les gens se nomment des chrétiens, et secondo, à ce que tout en reste là; par conséquent que personne n'apprenne ce que c'est la vérité, le christianisme. [...] Et l'activité de cette classe de fonctionnaires ne vise pas à combattre le christianisme – ce pour quoi les mille fonctionnaires et leur famille seraient appointés; non, ils ›annoncent‹ le christianisme, ils le ›propagent‹, ils ›travaillent‹ pour lui! [...] N'est-ce pas là le plus grand danger que l'on puisse imaginer pour tâcher de rendre le christianisme impossible?«[77] Ce christianisme d'une Église d'État ou même d'une Église populaire n'a absolument plus rien à faire avec celui du Nouveau Testament. Car le concept de »chrétien«, dit Kierkegaard en opposition directe avec Hegel, est un concept polémique[78]; on ne peut être chrétien que par opposition à d'autres qui ne le sont pas, par opposition au monde. Unir le christianisme et l'État dans un État dénommé »chrétien«, c'est aussi paradoxal que de parler d'une »aune de beurre«, que dis-je, encore bien plus paradoxal, car entre l'aune et le beurre, il n'y a simplement aucun point commun, tandis que l'État et le christianisme, eux, sont en opposition. Dans la chrétienté moderne le christianisme est aboli par sa propagation même et il semble que tous les chrétiens soient maintenant dans un État chrétien à philosophie chrétienne. Cependant, si l'État voulait en réalité servir le christianisme, il lui faudrait supprimer tous les traitements de ces »serviteurs de Dieu«. Kierkegaard cite en exemple l'idée d'une Académie de poésie. »Si l'État nourrissait le dessein de détruire toute vraie poésie – et la poésie n'est, certes, pas aussi profondément différente du monde que le christianisme – il n'aurait qu'à payer un traitement à mille poètes fonctionnaires officiels, et il aurait atteint son but. Le pays serait se constamment comblé de poésie de basse qualité que la vraie poésie deviendrait purement impossible.«[79] Il en est de même du christianisme de ce monde devenu chrétien, où même le plus pur athée est obligé de mourir en chrétien; malgré qu'il en ait, on l'enterre religieusement[80]. Le côté ridicule et en même temps »révoltant« de cette union du christianisme et de l'État est qu'elle exclut justement les vrais successeurs du Christ.

77 *Loc. cit.*, p. 5 sqq.
78 *Loc. cit.*, p. 29 et 47.
79 *Loc. cit.*, p. 37.
80 *Loc. cit.*, p. 22 sqq.

Dans sa révolte chrétienne contre ce qui existe, Kierkegaard se rencontre avec la révolte absolument non-chrétienne de Marx, tous deux s'opposant à la conciliation hégélienne. De même que, pour Marx, la masse du prolétariat révolutionnaire, exclue de la société bourgeoise, garantit justement la possibilité d'un rétablissement de l'»homme« vrai, de même c'est justement l'exception chrétienne de la chrétienté existante qui garantit aussi, pour Kierkegaard, la possibilité d'une réforme du christianisme. Ce sont, chose significative, deux exceptions qui désignent, dans la décadence d'un monde spirituel, le fait général de la nature humaine.

Les difficultés qui s'opposent à une telle restauration, que ce soit de la véritable nature humaine (Marx) ou bien de la véritable nature du chrétien (Kierkegaard), ont cependant atteint de telles proportions qu'aujourd'hui tout homme peut se croire, sons façon, un »homme«, alors qu'il n'est, en vérité, qu'un »bourgeois« humain, et que tout chrétien peut se croire, sans façon, un »chrétien« parce qu'il vit dans la chrétienté. Dans l'antiquité, dit Marx, c'était encore une distinction évidente d'être un homme libre, parce qu'il y avait encore des esclaves, et dans le christianisme primitif, dit Kierkegaard, c'en était une d'être un chrétien, puisqu'il y avait encore des juifs et des païens qui se défendaient contre le christianisme[81].

Nous avons donc montré que la dissolution de la philosophie de Hegel par Kierkegaard et Marx a détruit, de deux côtés, un seul et même monde que la philosophie de Hegel pouvait encore »saisir« de façon ambiguë, parfaire et, par suite, achever, en tant que »ce qui est«. La conciliation hégélienne se transforma soudain en l'indignation sociale de l'un, religieuse de l'autre, parce que tous deux étaient, d'égale manière, en désaccord avec les »conditions fondamentales de l'existence humaine«[82] et du monde existant[83]. L'»empire des esprits« de la philosophie hégélienne devient un fantôme dans un monde du travail et du désespoir, car tels sont les deux concepts fondamentaux par lesquels Marx et Kierkegaard interprètent ce qui existe. Une »idéologie allemande« renverse, chez Marx, l'»idée qui existe en soi« de Hegel, et une »maladie mortelle« renverse l'»autojouissance de l'esprit absolu«. L'achèvement de l'histoire accompli par Hegel devient pour tous deux

81 *Loc. cit.*, p. 42.
82 Kierkegaard, *Œuvres*, IV, 159.
83 Marx, *Die Revolution von 1848 und das Proletariat.*

le terme de la préhistoire, annonçant une révolution extensive et une réforme intensive. Ses »conciliations« concrètes se transforment en »décisions« abstraites pour le vieux Dieu chrétien et pour un monde moderne et terrestre. Ce sont des »martyrs« isolés qui se font tuer par la masse pour la vérité chrétienne, et l'»ensemble« de l'humanité émancipée qui, dans l'idée de Kierkegaard et de Marx, mènent en fin de compte l'histoire. Le fait que Marx place les conditions générales et extérieures d'existence de la masse devant une décision, et que Kierkegaard en fasse autant pour les rapports existentiels internes de l'individu avec lui-même, que Marx philosophe sans Dieu et Kierkegaard devant Dieu – de tels contrastes évidents, et d'autres analogues, ont une origine commune, leur désaccord respectif avec Dieu et le monde. Ce qu'on nomme existence n'est plus pour eux deux ce qu'elle était pour Hegel: le simple »existere«, le fait, pour l'être intérieur, de ressortir et d'apparaître dans l'existence qui lui est conforme et lui revient de droit[84]; au contraire, chez Kierkegaard elle est une retraite vers l'existence de l'individu qui se décide dans sa conscience, et chez Marx une recherche de la décision politique des conditions d'existence en masse. L'idée »humanitaire« du genre humain de l'un, et l'idée non-humaine de l'existence de l'autre sont également éloignées de la dernière idée classique d'humanité. Ce qui est resté d'elle, c'est une existence pure et nue. Et les contradictions que Marx découvre entre l'État et la société bourgeoise, et Kierkegaard entre le monde moderne et le christianisme, témoignent, en commun, de la décadence du monde bourgeois-chrétien, ce qui ne veut pas dire que ce monde en décadence ne continue pas d'exister. Sur la base du même désaccord avec le »monde rationnel« de Hegel, ils séparent à nouveau ce que Hegel a réuni; Marx se décide pour un monde sans Dieu »humain«, et Kierkegaard pour un christianisme détaché du monde, non humain.

Mais ils sont aussi unis, par opposition à la profession bourgeoise de Hegel, par leur désaccord purement personnel avec le monde existant. Si ce que dit Hegel est vrai[85], à savoir que l'homme individuel n'est positivement libre, n'est »quelque chose« que dans la généralité d'une classe sociale déterminée, Marx et Kierkegaard ne furent que négativement libres et ne furent rien, justement parce qu'ils voulaient être quelque chose qui dépassât les limites de la vie bourgeoise – chrétienne

84 *Enc.*, § 123, appendice.
85 *Rechtsphilosophie,* § 7; cf. propédeutique, § 44 sqq., et XVI, 188.

et du »fait-d'être-quelque-chose«. Hegel se savait encore libre au milieu des restrictions bourgeoises. Ce n'était pas pour lui une impossibilité, mais une possibilité bien déterminée d'être, dans sa profession bourgeoise de fonctionnaire, »un prêtre de l'absolu«[86]. En ce qui concerne la »vie du philosophe« de la troisième époque de l'esprit[87], donc depuis le début du monde »moderne«, il dit que les conditions de vie des philosophes sont aussi devenues autres que dans la première et la deuxième époque. Les philosophes antiques furent, selon lui, des individus »plastiques« qui ont donné une empreinte spéciale à leur vie, d'après leur doctrine, de telle sorte que la philosophie en tant que telle déterminait aussi la »classe« sociale de l'individu. Au Moyen Age c'étaient principalement des docteurs en théologie qui enseignaient la philosophie et qui, comme ecclésiastiques, professaient également un certain éloignement du monde. Dans la période de transition qui mène au monde moderne, ils ont eu, tel Descartes, une vie agitée, en équilibre instable entre le combat intérieur avec soi-même et extérieur avec les circonstances de la vie. Et, à partir de ce moment-là, les philosophes ne constituent plus, en tant que philosophes, une classe spéciale – Hegel considérait déjà la classe des universitaires comme sans importance – ils sont, dans leur dépendance bourgeoise du monde, dans leurs rapports avec l'État, des professeurs officiels de philosophie. C'est ce que Hegel interpréte comme la »réconciliation du principe mondain avec lui-même« et, à cet égard, chacun est libre de s'édifier son »monde intérieur« indépendant de cette puissance, devenue essentielle, des circonstances extérieures. Le philosophe peut maintenant s'en remettre à cet »ordre« extérieur de la face »extérieure« de son existence, de même que l'homme moderne s'en remet pour son habillement à la mode. Et le monde moderne est cette puissance essentielle de la dépendance réciproque, dépendance ordonnée de tous côtés. Pour le sens réaliste de Hegel il est, par conséquent, insensé de demander au philosophe, comme Nietzsche l'a fait plus tard[88], qu'il recommencerait ou un présocratique ou un moine, à »vivre« immédiatement ce qu'il »enseigne«. L'essentiel, dit Hegel en

86 La lecture du journal et celle de la Bible sont pour lui deux possibilités, également réelles. »La lecture du journal du matin est une sorte de bonheur matinal réaliste. On oriente son attitude envers le monde selon Dieu ou selon ce qui est le monde« (Rosenkranz, *loc. cit.*, p. 543).
87 XV, 275 sqq.
88 Nietzsche (*Œuvres*, I, 487 sqq.; X, 285 sqq.).

terminant, n'est que de »rester fidèle à sa fin, la philosophie«, dans le milieu civil où l'on se trouve. Être libre pour la vérité et, en même temps, dépendre de l'État lui paraissait encore tout à fait conciliable.

Mais, de même que Hegel, dans l'atmosphère ordonnée du monde bourgeois, resta encore fidèle à son but qui dépassait ce monde, de même un trait caractéristique de presque tous ceux qui le suivirent fut d'être infidèles à l'État pour rester fidèles à leur but. L'État releva Ruge et Bauer de leur fonction d'enseignement, Feuerbach donnait des cours tout à fait privés dans un village, Stirner finit par tenir une boutique de crémerie, Schopenhauer, qui avait passé sa thèse sous Hegel en 1820, se retira dans la vie privée, et Nietzsche abandonna sa chaire de lui-même. Aucun n'était »devenu quelque chose« dans le sens bourgeois du terme. Ainsi, Marx et Kierkegaard restèrent dans la ligne de leur attitude critique en face du monde chrétien-bourgeois, Marx en vivant, comme émigré politique, de dettes et de secours pécuniaires, Kierkegaard, homme-exception, isolé dans la chrétienté, de rentes, tous deux dans une dépendance négative, d'autant plus grande, du système du monde actuel[89]. Dans leurs relations tendues avec l'argent et la profession, en tant que milieu bourgeois, ils manifestent aussi par leur vie d'écrivains »indépendants« leur volonté de s'écarter de l'ordre établi. En tant qu'outsiders conscients, sans profession, ils étaient appelés à être des critiques de leur temps, et ils concevaient »ce qui est« comme un monde déterminé par le travail, les marchandises et l'argent, et comme une existence empreinte d'ironie et de désespoir. Leur critique de ce qui existe tend à une décision critique, parce que »ce qui était« alors, était en pleine crise. C'est pourquoi tout leur »philosophie« est une théorie de crise, qui concerne chez Marx la production entière aliénée, aussi bien de livres que de »marchandises«, et chez Kierkegaard la production d'une existence intérieure.

La dissolution décrite ici de l'achèvement hégélien était déjà »connue«, mais sans conscience claire, sous le titre d'»effondrement de l'idéalisme allemand«; dans ses motifs et ses conséquences historiques certaines, elle est encore tout à fait méconnue. Cette méconnaissance repose sur la continuation de la philosophie académique après Hegel.

89 Marx voulut d'abourd passer sa thèse de philosophie à Bonn, avant de devenir, contraint et forcé, rédacteur et écrivain indépendant; Kierkegaard passa bien un examen de théologie, mais ne put jamais se résoudre à accepter un poste de pasteur et à »s'installer dans le fini« pour »réaliser le général«.

Cette philosophie a enterré, en tant que fait historique, aussi bien le début de la période nouvelle que la fin de l'ancienne, et fait croire un instant que l'on avait dépassé Hegel en revenant à Kant. Il fallut attendre Dilthey et son introduction aux sciences de l'esprit, c'est-à-dire l'histoire de la décadence de la métaphysique, et Nietzsche avec son analyse simultanée du nihilisme européen[90], pour que les initiés voient ce qui avait été découvert auparavant, à savoir que l'achèvement hégélien de la philosophie fut une fin irrémédiable, et partant, le commencement des nouvelles tentatives pour retrouver un monde perdu.

90 Cf. de l'auteur, *Kierkegaard und Nietzsche* (Klostermann, 1933) et: *Nietzsches Philosophie der ewigen Wiederkunft des Gleichen,* Berlin, Die Runde, 1935 (jetzt in: *Sämtliche Schriften 6. Nietzsche*. Stuttgart 1987, S. 53 ff. und 101 ff.).

La conciliation hégélienne[1]

1935/36

La posthistoire de la philosophie hégélienne: sa dissolution totale par Marx et Kierkegaard, est un retour à la préhistoire de la propre conciliation hégélienne, car sa réconciliation avec »ce qui est« provenait déjà elle-même de ce qui fut ensuite sa conséquence, c'est-à-dire d'un désaccord fondamental du jeune Hegel avec Dieu et le monde. Cette crise, Hegel l'a traversée avec Hölderlin et en a fait déjà le sujet essentiel de son premier fragment de système. En même temps qu'il se détournait de »l'adolescent« Hölderlin, Hegel s'est décidé, dans la dernière phrase de son premier projet de système, à la date précise du 14 septembre 1800, à une »réconciliation virile avec l'époque« justement parce qu'il avait été en désaccord avec elle et avec lui-même. Mais si la réconciliation avec l'époque était »vulgaire et basse«, alors il ne resterait plus que l'»un absolu« de l'isolement résultant de la scission, et l'orientation soit vers ce qui est purement terrestre, soit vers ce qui est purement divin, vers la stricte subjectivité de notre existence propre, ou l'objectivité stupide du monde donné. La dissociation spontanée de la vie une et totale serait alors le dernier résultat, l'absolu. Peu de semaines après avoir terminé le premier fragment de système, Hegel écrit à Schelling que »l'idéal de son adolescence« s'était transformé en lui en un »système« et qu'il souhaitait passer sa thèse pour intervenir à nouveau dans la vie des hommes (*Lettres,* I, 26 sqq.). En choisissant une profession bourgeoise, il s'inséra ensuite dans le »système« du monde existant. Mais, pendant

1 Voir notre article *L'achèvement de la philosophie classique par Hegel et sa dissolution chez Marx et Kierkegaard*, paru dans le volume précédent des *Recherches philosophiques. La conciliation hégélienne* contient ainsi la troisième partie de la disposition annoncée à ce lieu, p. 494 (in diesem Band).

son premier séjour à Francfort, Hegel non seulement se refusait à conclure »l'alliance avec le monde«, mais même il voulait la »faire échouer«[2]. Il hésitait encore entre la jouissance douloureuse du désaccord et la force de conciliation. Et, encore à l'âge de quarante ans, il revendiquait sa fiancée comme celle qui conciliait son »moi intime« avec la façon dont il était, trop fréquemment, pour et contre le réel[3]. Mais, en principe, Hegel s'était déjà décidé dans les dernières années du XVIIIe siècle pour la réalité du monde, en tant qu'»élément de la chose«[4]. A partir de ce moment-là il devint, jusqu'à la fureur et au sarcasme, l'irréconciliable adversaire de toutes les âmes romantiques et déchirées, – atteintes de la »phtisie de l'esprit«, en désaccord avec elles-mêmes et le monde, belles âmes infortunées – et aussi des »éternels adolescents«, qui, comme révolutionnaires, font, avec leurs programmes vides, un »trou dans l'ordre des choses«. En considérant la destinée de Hölderlin et des romantiques il a acquis la certitude que c'est, pour un homme, plus qu'un malheur personnel, que c'est une »contre-vérité« et, plus cruel »destin de n'en pas avoir«, que de ne savoir s'adapter et »s'acclimater« dans le monde. Car seul le tout est le vrai: »unification et être ont la même signification«; autant de sortes d'unifications autant de manières d'être[5]. Le verbe copulateur »est« caractérise dès le début le concept hégélien d'être. Le »fait-d'être-devenu-égal-à-soi-même dans l'être-autrement« est le concept de structure perfectionné qui désigne l'union de »l'être soi-même« et de »l'être-autrement«, union accomplie par le mouvement originel de conciliation provenant d'un foyer mouvant.

Pourtant la crise de la désunion reste comme l'une des »bases« de la philosophie[6]. La seconde est l'unité en tant que but marqué à l'avance. Cette double prédésignation de l'absolu, Hegel l'a sentie, dans la période de Berne et de Francfort, comme la »source originelle du besoin de la philosophie«, il l'a comprise, vers la fin de la crise francfortoise, en relation avec l'état général du monde, et, dans les premières dissertations d'Iéna, il l'a développée abstraitement en un système déjà existant

2 Rosenzweig, *Hegel und der Staat,* I, 73 sqq.
3 *Lettres,* I, 321.
4 *Œuvres,* XVI, 171.
5 *Theologische Jugendschriften,* p. 383.
6 *Œuvres,* I, 168 sqq., 173, et XIII, 66; cf. XVI, 47.

sous forme de projet, dans l'idée supérieurs de »l'identité de l'identité et de la non-identité«[7].

La crise de Hegel ne se documente pas dans la réflexion sur soi-même, mais dans une analyse de la »crise mondiale« à une époque de transition[8]. La tendance déjà déterminée à la conciliation avec l'époque s'exprime d'abord dans une critique de ce qui existe actuellement, parce que cette critique est la base d'un accord possible avec ce qui est. Dans cette peinture de la crise actuelle du monde – peinture non publiée à l'époque – Hegel a dessiné à l'avance les traits fondamentaux de la critique du monde bourgeois et de ses contradictions que Marx a faite ensuite à la philosophie hégélienne du droit, en rédécouvrant aux conciliations ultérieures de cette dernière les mêmes contradictions d'où était parti le jeune Hegel. Les analyses conciliatrices de la philosophie hégélienne du droit, issues primitivement d'une critique révolutionnaire de l'état existant, critique qui mettait pour la première fois en lumière des contradictions, ont permis à Marx de se rattacher quant au sujet, à la légitimation de »ce qui est«, faite abstraitement par Hegel. Ainsi, sans pouvoir s'en douter, le jeune Marx de 1841 retourne à travers le vieux Hegel de 1821 au jeune Hegel de 1798, de même que Feuerbach et sa religion de »l'amour« nous ramènent aux premiers écrits théologiques de Hegel.

Partant, ce n'est point par hasard que Marx caractérise d'abord la crise de la société bourgeoise, souvent mot pour mot, comme Hegel l'avait déjà révélée avant de proposer de »dominer« les »extrêmes perdus« de la moralité, dans un État platonicien, déterminé par Rousseau et qui, empiriquement, était l'État prussien.

Et, de même que Marx pouvait dire de la philosophie politique de Hegel: »L'idée la plus profonde réside dans le fait de considérer comme une *contradicition* la séparation de la société bourgeoise et politique. Mais ce qui est taux, c'est qu'il se contente de *l'apparence* de cette résolution.« De même, Kierkegaard pouvait dire lui aussi, dans *Le concept de l'ironie,* que l'idée juste de Hegel, dans sa peinture de l'ironie, n'était pas sa suppression dans des substances profanes, mais justement sa »négativité absolue«, montrée par Hegel. Et tandis que

7 *Œuvres*, I, 246 et *Theol. Jug.*, p. 348; cf. *Religionsphilosophie* (éd. Lasson, XII, 240 sqq.).

8 Rosenkranz, *Vie de Hegel,* p. 88 sqq.; – R. Haym, compte-rendu, *loc. cit.*, p. 62 sqq.; – cf. W. Dilthey, *Œuvres,* IV, p. 122 sqq.

Marx révèle à nouveau et présente comme non-supprimées les contradictions de l'existence politique, découvertes et aplanies par Hegel, pour en pousser le caractère radical jusqu'à une révolution totale de l'existence politique, Kierkegaard exagère la conception hégélienne de l'absolue négativité de l'ironie romantique, jusqu'à désespérer totalement de l'existence séculière dans son ensemble; il conçoit même les tendances politiques de son temps comme une ironie du désespoir tournée vers l'extérieur. D'autre part, Hegel n'anticipe pas seulement sur la critique marxiste de la société bourgeoise, dans ses éléments décisifs, mais aussi sur la critique faite par Kierkegaard au christianisme officiel, à l'orthodoxie chrétienne et à ses rapports avec l'État. Ce n'est que par la suite que le séminariste de Tubingue conçoit philosophiquement, dans la philosophie de la religion, la science du dogme même. On lit dans une lettre à Schelling de 1795: »Ce que tu me dis de l'allure théologico-kantienne – *si diis placet* – de la philosophie de Tubingue n'a rien d'étonnant. On ne pourra ébranler l'orthodoxie tant que sa profession, rattachée à des avantages séculiers, est insérée dans l'ensemble de l'État. Cet intérêt est trop fort pour qu'on abandonne de sitôt l'orthodoxie. [...] Si cette bande lit quelque chose qui va à l'encontre de sa conviction (si l'on veut faire à leur ramassis de formules creuses l'honneur de le nommer ainsi), mais dont ils sentent la vérité, ils disent: oui, c'est, ma foi, bien vrai – mettent ensuite la tête sur l'oreiller, et, le lendemain matin, on boit son café, on le sert à d'autres, comme si de rien n'était. Au surplus, ils se contentent de tout ce qui leur est offert et qu'ils peuvent conserver dans leur système routinier. Mais je crois qu'il serait intéressant de déranger le plus possible dans leur zèle de fourmis ces théologiens qui apportent des matériaux critiques pour consolider leur temple gothique, de leur créer des difficultés, de les chasser à coups de fouet de tous les recoins où ils se réfugient jusqu'à ce qu'ils n'en trouvent plus du tout et soient obligés de se montrer entièrement nus à la lumière du jour. Mais, parmi les matériaux qu'ils chipent au bûcher kantien, pour éviter l'incendie du dogmatisme, ils emportent toujours chez eux des charbons ardents; ils mettent mieux en circulation la terminologie et facilitent l'expansion générale des idées philosophiques. Quant à l'idée saugrenue dont tu me parles, [...] c'est Fichte qui, sans conteste, leur a, par sa critique de la Révélation, ouvert les portes toutes grandes; lui-même en a fait un usage modéré, mais, ses principes une fois fermement admis, il n'y a plus moyen d'endiguer la logique théologique: il tire, par le raisonnement, de la sainteté de Dieu, ce qu'il doit faire grâce à sa nature morale, et il a réintroduit la vieille manière de prouver dogmatiquement – il vaudrait peut-être la peine d'éclaircir cela de plus près . [...] Que fait Renz? [...] Ton amitié aurait-elle assez d'influence sur lui pour l'inviter à manifester son activité en polémique et le fait qu'elle n'est pas superflue, tout cela ressort clairement de leur existence« (*Lettres* I, 11, sqq.).

La caractéristique générale de la crise mondiale est, selon Hegel, que tous les phénomènes de l'époque montrent que l'on ne trouve plus de satisfaction dans l'ancienne vie. Mais pour »supprimer le côté négatif du monde existant, pour s'adapter à lui, pour pouvoir y vivre«, il faut trouver une transition de l'»idée« à la »vie«, de la raison à la réalité. Dans l'Empire germanique, entre autres, la »généralité qui détient le pouvoir« a, toutefois, disparu en tant que source de tout droit, parce qu'elle s'est isolée et particularisée. Même l'individu humain n'est plus entier, s'il est »dispersé« en deux »fragments«, en un »homme particulier pour l'État et particulier pour l'Église«, comme il arrive dans les rapports tronqués qui existent entre l'Église et l'État (Rosenkranz, 88). Tout cela est bien dans le sens de la critique marxiste[9]. La »généralité« de la vie n'existe plus que comme »idée«. Or, quand l'opinion publique[10], a déjà décidé par son manque de confiance, alors il faut peu de chose pour généraliser la conscience claire de cette décision, conscience que Marx eut ensuite á cœur de donner au prolétariat, en tant que classe. La généralité perdue de la vie entière, non-divisée, dont le modèle historique est, pour Hegel comme pour Marx, la vraie démocratie de la cité grecque[11], vue à travers Rousseau, doit être située. Et Hegel essaya de montrer dans sa *Philosophie du Droit* que maintenant *l'idée* de généralité est aussi présente en tant que *réalité*. Toutefois, il découvrit d'abord les contradictions en tant que telles. Hegel indique encore de façon très »marxiste«, comme une de ces contradictions non encore conciliées, le fait de se limiter au monde mesquin et borné de la propriété, dans lequel de simples »choses« prennent une valeur absolue – le monde du »petit bourgeois« et des »marchandises« –, et, partant, le fait

9 Cf. Marx-Engels (éd. compl.), I, 1, p. 585 sqq. et mon article sur *Max Weber et K. Marx,* dans: Archiv für Sozialwiss. und Sozialpolitik, 1932, vol. 67, n° 1 et 2 (jetzt in: *Sämtliche Schriften 5,* S. 324 ff.).

10 Cf. par contre la façon dont Hegel apprécie plus tard l'opinion publique dans sa *Philosophie du Droit,* § 315 sqq., et Rosenkranz, *loc. cit.,* p. 416.

11 Cf. à sujet E. Lewalter, *Zur Systematik der Marxschen Staats- und Gesellschaftslehre,* dans: Archiv f. Sozialwiss. u. Sozialpolitik, 1933, vol. 68, n° 6.

de s'élever au-dessus de ce monde réel »en pensant au ciel« –, »complément solennel« du monde, produit par »l'esprit de circonstances nonspirituelles«, son »point d'honneur spiritualiste«, pour parler comme Marx. Il relève ensuite la contradiction unique de la misère et du luxe[12] sujet constant des travaux de Marx. L'homme moralement bon dédaigne à juste titre cette vie limitée de tous côtés, telle qu'elle lui est »offerte« et »permise«, mais il ne suffit pas non plus de se représenter seulement la vraie nature et de faire sa compagne de cette représentation, comme Hölderlin dans *Hypérion*. L'homme »doit aussi trouver cette représentation comme quelque chose de vivant«, par la réelle suppression des contradictions existantes. Or celle-ci se produit – de même que dans la théorie marxiste du prolétariat – à l'apogée de cellesci, »lorsque la vie actuelle a perdu son pouvoir et toute sa dignité«. Ce n'est pas par une violence externe ou interne, mais par sa »propre vérité« que ce qui existe est attaqué et vaincu, selon Hegel comme selon Marx. Cette vérité cachée qui le mine est la généralité juridique à laquelle on prétend, qui doit aussi s'attribuer cette vie limitée, à cause de son existence et bien que cette dernière soit divisée en particularités abstraites, jusqu'au moment où le droit vivant à cette prétention lui soit refusé par une meilleure vie. Et l'on commence déjà à sentir le souffle de cette »meilleure vie« d'une nouvelle époque.

»Sa force est nourrie par l'action des grands caractères individuels, les mouvements de peuples entiers, la peinture que les poètes font de la nature et de la destinée. C'est la métaphysique qui assigne aux restrictions leurs limites et leur nécessité en relation avec l'ensemble« (Rosenkranz, *loc. cit.*, p. 90). C'est avec le pathos révolutionnaire de la justice – dans son écrit sur les conditions de la vie en Wurttemberg, comme Marx le fit par rapport à la Prusse –, que Hegel indique ensuite la conséquence du désaccord avec la réalite: la nécessité d'un *changement*. Le désaccord conscient de soi est déjà une suite de la possibilité de se représenter déjà, en face de »ce qui est«, d'autres temps meilleurs, de les dépeindre, les espérer et les amener. »Ce qui est« n'est donc pas, dans une époque de désaccord, un »présent éternel«, mais au contraire une existence passagère, qui ne fait plus qu'exister sans essence véritable; »comprendre« cela, ce n'est pas, dans ce cas, de même que pour Marx,

12 Cf. la suppression de cette contradiction dans la *Philosophie du Droit,* § 190 sqq. § 241 sqq., et *Philosophie de l'Histoire,* p. 200, où l'on discute, pour y remédier, le moyen de l'émigration.

une compréhension simplement contemplative, mais une critique théorique et une modification pratique.

»On sent, en général et profondément, que l'édifice de l'État, tel qu'il existe encore maintenant, n'est pas tenable. Chacun redoute son effondrement et d'être blessé dans sa chute. Est-ce qu'animé de cette conviction on doit laisser cette crainte grandir dans son cœur à un point tel qu'on abandonne au hasard le soin de déterminer ce qui sera renversé et conservé, ce qui restera debout ou tombera? Ne doit-on pas, au contraire, vouloir abandonner spontanément ce qui n'est pas soutenable et examiner d'un œil calme ce qui n'est pas viable? *La justice* est, à cet égard, l'unique commune mesure; le courage de pratiquer la justice est la seule puissance capable de supprimer complètement, avec honneur et gloire, ce qui est instable et d'amener une situation assurée. Quel aveuglement, de croire que des organisations, des constitutions, des lois en désaccord avec les mœurs, les besoins, l'opinion publique, désertées par l'esprit, puissent subsister encore! que des formes, auxquelles ni la raison, ni le sentiment ne s'intéressent plus, soient assez fortes pour continuer à lier un peuple! – Toute tentative de rendre la confiance à des formes, des parties d'une constitution d'où la foi est absente, de cacher des tombes sous de belles paroles, non seulement couvre de honte son subtil auteur, mais prépare une éruption bien plus terrible qui ajoutera au besoin d'amélioration le sentiment de vengeance, par laquelle la foule constamment trompée et opprimée châtiera cette improbité[13].«

Mais, pour qu'il y ait un changement, il faut bien que quelque chose change. »Il faut bien dire une vérité si évidente, parce que la crainte, qui obéit à la contrainte, et le courage, mû par la volonté, se distinguent par ce fait que les hommes poussés par celle-là sentent bien, certes, et admettent la nécessité d'un changement, mais ont, dès qu'il s'agit de faire le premier pas, la faiblesse de vouloir conserver tout ce qu'ils possèdent; – tel un prodigue dans l'obligation de réduire ses dépenses, qui déclare indispensables tous les articles de ses besoins antérieurs qu'on lui conseille de rogner, et ne veut rien abandonner, jusqu'à ce qu'enfin on lui ôte l'indispensable en même temps que le superflu. Un peuple, le peuple allemand ne doit pas donner le spectacle d'une pareille faiblesse. Après avoir acquis froidement la conviction qu'un changement est nécessaire, on ne doit pas craindre d'examiner tous les détails;

13 Rosenkranz, *loc. cit.*, p. 92 sqq.; écrits de Hegel concernant la politique et la philosophie du Droit (Lasson), p. 151 sqq.

l'abolition de ce qu'on aura trouvé injuste devra être revendiquée par la victime d'injustice, et celui qui jouit d'une injuste possession devra en faire l'abandon volontairement. Cette force de s'élever vers la justice, au-dessus d'intérêts mesquins, est à la base de l'enquête qui suivra, aussi bien que la probité de la vouloir, et de ne pas faire seulement semblant. On a vu trop souvent, cachée derrière les vœux et le zèle du bien public, cette réserve: tant que notre intérêt n'en pâtit pas. Une telle bonne volonté d'acquiescer à toute amélioration s'effraie et pâlit dès qu'on y fait appel. Foin de cette hypocrisie! Que chaque individu, chaque classe sociale commence par soi-même, ses conditions de vie, ses droits, avant d'exiger quoi que ce soit des autres et de chercher en dehors de soi les causes du mal; et s'il se trouve en possession de droits disproportionnés, qu'il s'efforce de se mettre en équilibre avec les autres!«

La disproportion de l'existence intérieure et extérieure, privée et publique, fait que l'ensemble est devenu »dénué d'esprit«, ou, comme dit Marx, selon le point de vue de Feuerbach, »non-humain«, et la tendance positive de la critique est, par conséquent, pour Hegel comme pour Marx, le rétablissement d'une unité spirituelle, respectivement humaine, dans l'ensemble de la vie réelle[14].

Malgré cet appel en faveur d'un changement dans le monde, la critique de Hegel n'est pas un manifeste marxiste. Même en tant qu'écrivain politique il veut comprendre ce qui est. Et aussi le but de sa critique ultérieure de la »Constitution allemande« est expressément une telle compréhension. Malgré une très dure critique, cet ouvrage veut seulement miaux comprendre ce qui est et même en favoriser une »tolérance modérée«. Hegel voile l'ambiguïté de ce passage de la critique à la compréhension en supprimant la différence entre l'idéal et la réalité, dans le concept de *l'idée agissante,* et en résolvant, dans le »devoir-être« comme »destinée, ce qui doit être par opposition à la manière dont il est[15]. Il explique sa phrase concernant la compréhension de la façon suivante: »Les idées développées dans cet ouvrage ne

14 Cf. à ce sujet mon essai *Zur Problematik der Humanität in der Philosophie nach Hegel,* dans la *Festgabe* pour F. Tönnies: *Reine und angewandte Soziologie,* Leipzig 1836, p. 50 sqq.

15 En 1795 Hegel attend encore la modification de ce qui existe de »l'expansion des idées qui montrent comment tout *doit* être« (*Lettres,* I, 15). Il conçoit donc l'idée elle-même comme un idéal, par opposition à l'indolence des gens en place »qui prennent éternellement tout comme il est«. Cf. *Lettres,* I, 194, et le poème *Eleusis.*

peuvent, exprimées publiquement, avoir d'autre but ni d'autre résultat que la compréhension de ce qui est, et, partant, de favoriser une opinion plus calme, ainsi qu'une tolérance modérée de celle-ci dans les contacts réels et en paroles. Car ce n'est pas ce qui est qui nous rend furieux et nous tourmente, mais le fait que ce n'est pas comme ce devrait être; si nous reconnaissons que c'est comme il faut que ce soit, c'est-à-dire non arbitraire, ni contingent, alors nous reconnaissons aussi que ce doit être ainsi« (*Écrits concernant la politique et la philosophie du Droit,* éd. Lasson, p. 5).

Or, comment Hegel reconnaît-il ce qui doit-être (sein-*muß*), et qui, par conséquent, est ainsi comme il doit l'être (sein-*soll*)? Pas simplement parce qu'il veut, lui, »fermement« la destinée, mais parce qu'il sait, en tant que »personnage représentatif dans l'histoire mondiale«, ce que veut l'esprit universel.

»Ce que nous considérons ici si sèchement, abstraitement, est concret. Les abstractions que nous considérons lorsque dans notre cabinet nous faisons disputer et combattre les philosophes, pour conclure de telle ou telle façon, tout cela, dit-on, ne sont qu'abstractions verbales. – Non et non! Ce sont des actes de l'esprit universel, Messieurs, et, partant, du destin. Les philosophes sont, ce faisant, plus près du Seigneur que ceux qui se nourrissent des miettes de l'esprit; ces ordres de Cabinet, ils les lisent et les éditent tout de suite dans le livre original: ils sont tenus à participer à sa rédaction. Les philosophes sont les μύσται qui ont été présents et agissants dans la secousse produits au tréfonds du sanctuaire; les autres ont leurs intérêts particuliers: cette domination, cette richesse, cette jeune fille« (*Œuvres,* XV, 95 sqq.).

La hardiesse avec laquelle Hegel fonde sa compréhension de ce qu'il faut qui soit par sa présence effective se complète toutefois critiquement par le jugement qu'il porte sur les Allemands, qui fait suite au passage cité ci-dessus et se rapporte aux nécessités internes de la politique[16]. Il dit des Allemands qu'»à cause de leurs concepts«, donc justement parce qu'ils sont si philosophes, ils paraissent »assez improbes« pour ne rien avouer comme il est.

»Dans l'éternelle contradiction entre ce qu'ils exigent et ce qui n'arrive pas selon leurs exigences, ils paraissent non seulement atteints

16 Cf. par contre J. Burckhardt et son scepticisme humain au sujet des prétendues »nécessités« des événements historiques (*Œuvres complètes,* VII, p. 292 sq., 420 et 437).

de la manie du blâme, mais aussi, lorsqu'ils ne parlent que de leurs concepts, peu sincères et improbes, parce qu'ils font entrer la nécessité dans leur concept du Droit et des devoirs, et que rien ne se passe selon cette nécessité, et parce qu'ils sont eux-mêmes tellement habitués à ce que, en partie, leurs paroles contredisent les actions, en partie, à tenter de rendre les événements tout autres qu'ils ne sont en réalité, et à en déformer l'explication selon certains concepts. Mais ce serait grandement se tromper que d'aborder ce qui se passe d'ordinaire en Allemagne selon les concepts de ce qui doit arriver, c'est-à-dire selon les lois politiques. Car on reconnait la décomposition de l'État tout particulièrement à ce fait que tout va autrement que les lois. Ce serait une erreur aussi que de considérer la forme prise par ces lois comme leur motif et leur cause réels. Car, justement à cause de leurs concepts, les Allemands paraissent assez peu probes pour ne rien avouer comme il est et pour ne rien rendre ni plus ni moins que ce n'est réellement dans la force des choses. Ils restent fidèles à leurs concepts, mais les événements n'ont pas coutume de s'accorder avec ceux-ci, et c'est ainsi que le parti qui a l'avantage s'efforce d'adapter, par des paroles, les premiers aux seconds, en contraignant les concepts.«[17]

Mais la tendance philosophique de Hegel à se réconcilier avec le temps renferme exactement la même improbité que cette manie du blâme qu'il reproche à ses compatriotes. Ce n'est point par hasard qu'une adaptation problématique à ce qui existe se trouve à la fin de son œuvre, dont le début est une critique provocante, l'une comme l'autre soumis à un concept supérieur plein d'ambiguïté: comprendre ce qui est, dans une tendance fondamentale et philosophique à la conciliation. Par cette ambiguïté fondamentale du concept de la réalité[18] en tant que »ce qui est«, Hegel a franchi abstraitement le chemin qui mène du désaccord à la conciliation et empiriquement de la jeunesse à la vieillesse, de la Révolution française, en passant par la domination napoléonienne, au relèvement de la Prusse.

17 Ce caractère profondément problématique – déjà souligné par Hegel – des rapports de l'idéal et de la réalité est fort naïvement obscurci par les Hégéliens modernes. »L'idéalisme allemand et le sens allemand des réalités se révèlent superieurement«, si l'on en croit Lasson (*Qu'est-ce que l'hégélianisme?* 1916) dans la philosophie de Hegel et »dans la terrible guerre mondiale« comme »une unité merveilleuse«. La réalité et l'idéal »se suivent et s'accompagnent pas à pas«, selon les paroles de Kroner (*Idée et réalité de l'État*, 1930).
18 Cf. R. Haym, *loc. cit.*, p. 368 sqq., 387, sqq. et 462.

Cette attitude en face de la réalité, décidée depuis 1800, Hegel l'a prise, en tant que penseur, par un recours à la compréhension, en reconnaissant ce qui est tel qu'il est, même si ce devait être autre selon nos vœux et notre opinion. Or c'est principalement en politique – où tout doit toujours être autre que c'est – qu'on fait valoir un tel devoir-être. Pure vanité que de faire comme si le monde vous attendait pour apprendre comment il devrait être, mais n'est pas! Hegel s'accorde avec la volonté de changement du monde grâce à cet arrangement avec le monde tel qu'il est, même quand on n'est pas en accord avec lui. Et, de même qu'il n'aurait jamais pu partager la volonté marxiste d'une disposition radicale au changement, de même il eût repoussé avec humeur l'exigence émise par Kierkegaard d'un »penseur existant«, car ce problème de Kierkegaard n'en était pas un pour lui. Il appela un jour, d'une façon très archaïque, pensée existentielle le fait d'avoir une vie et des opinions et il distingua trois sortes de combinaisons possibles: »Vie et opinions, cette expression fut jadis un bon titre de livres, car, parmi les hommes, quelques-uns ont une vie et pas d'opinions; d'autres, seulement des opinions et pas de vie; enfin il y en a qui ont les deux, vie et opinions. Ces derniers sont les plus rares, puis les premiers; les plus communs sont, comme toujours, ceux du juste milieu« (Rosenkranz, p. 557).

Dans cet équilibre de la vie et des opinions, Hegel se savait à l'abri de la simple médiocrité, par contre Kierkegaard et Marx, ayant perdu le juste milieu et la mesure, poussèrent jusqu'au bout leur extrême désaccord avec Dieu et le monde.

Mais un tel désaccord entre l'être-soi-même et l'être-autrement ne peut pas vouloir rester ce qu'il est; car il est déjà en soi, en tant que désaccord entre »un« et »un autre«, une scission dans quelque chose qui était un à l'origine et veut redevenir un. Il faut justement que l'homme veuille s'acclimater dans ce qui est autre et étranger à lui, pour ne pas se rester étranger à lui-même dans l'existence autre du monde. Hegel a conçu la vie grecque comme le magnifique modèle d'une telle acclimatation de l'homme dans l'existence autre du monde. »En entendant prononcer ce nom de Grèce, l'Européen cultivé, et tout particulièrement nous autres Allemands, croyons retrouver notre patrie. [...] Mais ce qui, chez les Grecs, nous donne une telle impression de pays natal, c'est . . . que, de leur monde, ils avaient fait leur pays natal. [...] De même que, dans la vie courante, il arrive que nous éprouvions une sensation de bien-être avec des gens qui sont bien chez eux comme dans leur patrie, qui sont satisfaits en eux-mêmes et ne cherchent rien au dehors ni au-delà, de même il en est ainsi pour les Grecs. « Certes, ils ont plus ou moins reçu d'Asie, de Syrie et d'Égypte le substratum de leur culture religieuse et sociale, mais ils ont à un tel point extirpé le caractère étranger de cette origine, ils l'ont transformé, élaboré, retourné, en ont tellement fait autre chose, que ce qu'ils estiment le plus – et nous aussi – leur appartient essentiellement. »Et, de même que les Grecs étaient acclimatés chez eux, de même la philosophie n'est autre chose que »le fait d'être chez soi en soi, d'y retrouver sa patrie, d'être chez soi dans son esprit« (XIII, 171 sqq.).

Kierkegaard et Marx n'étaient plus chez eux en eux-mêmes, car le monde leur était devenu étranger, alors que l'esprit de Hegel s'y était encore acclimaté. Et Nietzsche donc! Il ne fut, lui, nulle part chez soi, toujours, au contraire, »au-delà« et »en dehors«, constamment à la recherche d'une terre nouvelle de l'âme et d'un nouveau monde européen.

Anhang

Nachweise und Anmerkungen

Das Buch ist zuerst unter dem Titel *Von Hegel bis Nietzsche* – ohne Untertitel – im Jahr 1941 im Europa Verlag Zürich/New York erschienen. Die zweite Auflage von 1950 hatte den dann beibehaltenen Titel: *Von Hegel zu Nietzsche. Der revolutionäre Bruch im Denken des 19. Jahrhunderts. Marx und Kierkegaard* (Europa Verlag Zürich/Wien; Kohlhammer Verlag Stuttgart). Im Vorwort dieser Ausgabe – gezeichnet mit »New York 1949« – weist Löwith auf einige Veränderungen im Vergleich zur ersten Auflage hin, die »hauptsächlich aus »Weglassungen und Kürzungen« bestanden. Das Buch war neu gesetzt worden und versammelte nun die Anmerkungen, die ursprünglich als Fußnoten erschienen waren, am Schluß. Nach dieser Auflage sind alle folgenden Auflagen gedruckt worden: bis zur 5. Auflage (1964) im Kohlhammer Verlag Stuttgart; die 6. Auflage im Fischer Verlag Frankfurt am Main; die 7. und 8. Auflage – erstmals mit einer Gesamtbibliographie Karl Löwiths von Klaus Stichweh – im Felix Meiner Verlag Hamburg (1978 bzw. 1981); die 9. Auflage schließlich ebenda – mit ergänzter Gesamtbibliographie 1986. – Ein Handzettel Löwiths verzeichnet gelegentliche Druck- und Sinnfehler der zweiten und damit aller folgenden Auflagen. Sie sind im Zuge der technischen Neugestaltung dieses Bandes der Gesamtausgabe korrigiert worden. – Der hier gedruckte Wortlaut entspricht der von Löwith zuletzt autorisierten zweiten und allen folgenden Auflagen. Allerdings wurden die Anmerkungen – wie bei der ersten Auflage – als Fußnoten gesetzt und kapitelweise gezählt. Die Hinweise, die Löwith auf eigene weiterführende Publikationen gegeben hat, werden durch die neuen Fundstellen in den einzelnen Bänden der Gesamtausgabe ergänzt.

Löwith hat mit der ihm eigenen leichten Hand im Vorwort zur zweiten Auflage von einigen Veränderungen der ersten Auflage gesprochen. Sofern es sich dabei, »den veränderten Zeitumständen gemäß«, um Tempuswechsel (an wenigen Stellen der Einleitung), um eine kleine Verschiebung der Wortwahl (ebenfalls an verschwindend wenigen Stellen nach dem Beispiel »bildete« statt »schuf« im ersten Satz der Einleitung), um geringfügige syntaktische Änderungen oder die Verbesserung von Namenschreibungen, Daten oder Werktiteln handelte, werden sie im Folgenden nicht eigens vermerkt. Es sind jedoch im Vergleich der ersten und der zweiten Auflage eine Reihe von Streichungen und – weniger häufig – von Ergänzungen zu verzeichnen, die von Löwith keineswegs beiläufig vorgenommen wurden, mit denen er vielmehr bewußte Akzente der philosophischen und zeitgeschichtlichen Klimaveränderung zwischen 1940 und 1950 gesetzt hat. Diese Veränderungen werden hier mitgeteilt.

Das Buch ist »Edmund Husserl zum Gedächtnis« gewidmet. Der ersten Auflage hatte Löwith folgende Begründung beigefügt:

»Während der Arbeit an diesem Buch erhielt ich die Nachricht vom Tode Husserls in Freiburg. In dieser freundlichen Stadt mit dem rötlichen Münster an den grünen Bergen des Schwarzwaldes und nahe dem Rhein habe ich, aus dem Kriege zurückgekehrt, im Kreise einer aufgeschlossenen Jugend, die sich noch selbst ihren Weg suchte, mein Studium bei Husserl und Heidegger begonnen. Frage ich mich heute, nach zwanzig Jahren, was ich von Husserl gelernt habe, so würde die Antwort ihn selbst kaum befriedigen. Seine Lehre von der »Reduktion« auf das reine Bewußtsein hatte alsbald an Interesse verloren, während die erregenden Fragen, zu denen der Jüngere antrieb, uns immer mehr in den Bann zogen. Dennoch ist man dem Älteren zum größten Danke verpflichtet geblieben. Er war es, der uns durch die Meisterschaft der methodischen Analyse, die nüchterne Klarheit des Vortrags und die humane Strenge der wissenschaftlichen Schulung in einer Zeit der Auflösung aller inneren und äußeren Bestände fest stehen lehrte, indem er uns zwang, alle großen Worte zu meiden, jeden Begriff an der Anschauung der Phänomene zu prüfen und ihn, in der Antwort auf seine Fragen statt großer Papierscheine gültiges »Kleingeld« zu geben. Er war ein »Gewissenhafter des Geistes«, wie ihn Nietzsche im *Zarathustra* beschreibt. Unvergeßlich ist mir, wie dieser große Erforscher des Kleinsten in jenen Tagen, als man Freiburgs Besetzung durch französische Truppen befürchtete und die Hörsäle leer wurden, mit einer erhöhten Ruhe und Sicherheit in seinen Darlegungen fortfuhr, als könnte der Ernst des wissenschaftlichen Forschens durch nichts in der Welt gestört werden. Und als ich Husserl zum letzten Mal, kurz nach dem

Umsturz, in seiner Wohnung besuchte, auf die er nun selbst reduziert war, war es wieder der Eindruck einer zur Weisheit gediehenen Freiheit des Geistes von den zerstörenden Mächten der alles ergreifenden Zeit, den ich von ihm mit mir nehmen durfte. – Die Freiburger Universität hat Husserls Tod ignoriert, und der Nachfolger auf Husserls Lehrstuhl hat seine ›Verehrung und Freundschaft‹ dadurch bezeugt, daß er kein Wort verschwendet oder gewagt hat.«

Zu Löwiths Stellung zu Edmund Husserl vgl. man auch seine Ausführungen in *Eine Erinnerung an E. Husserl (Sämtliche Schriften 8*. Stuttgart 1984, S. 235–241) und in seiner autobiographischen Studie *Mein Leben in Deutschland vor und nach 1933* (Stuttgart 1986, S. 56ff.).

Auch das »Vorwort zur ersten Auflage« entspricht ab 1950 in einigen wichtigen Passagen nicht mehr der ursprünglichen Fassung.

Letzter Satz des ersten Abschnitts (in dieser Ausgabe S. 3): »Den Hegelingen der vierziger Jahre entsprechen die Nietzschelinge von heute«.

Verändert in: »Den Hegelingen der vierziger Jahre entsprechen die Nietzschelinge von gestern.«

Am Ende des zweiten Abschnitts dieses Vorworts hat Löwith 1950 hinzugefügt:

»Dabei erleichtert die tödliche Konsequenz in der philosophischen Entwicklung nach Hegel das Verfolgen der aufeinander folgenden Schritte, deren Resultat die Verstiegenheit ist«.

Diese Formulierung entstammt dem »Nachwort« zur ersten Auflage, das 1950 entfallen ist (vgl. S. 557).

Vor dem letzten Satz des dritten Abschnitts hat Löwith bei der zweiten Auflage gestrichen:

»Die Zeit selbst und die Zeitgeschichte bieten in keinem Moment ihres beständigen Wechsels einen Punkt, auf welchem man fest stehen könnte. Bestand, Dauer und Ewigkeit sind – unabhängig vom Glauben an Fortschritt, Vernunft und Freiheit – die Voraussetzung für eine jede Philosophie der Geschichte.«

Dem letzten Satz dieses Abschnitts mit der Frage: »Woraus denn?« war in der ersten Auflage angefügt:

»Die Unausweichlichkeit dieser Frage deutlich gemacht zu haben, ist das ungewollte Verdienst von Heideggers *Sein und Zeit*.«

Löwith hat dann den heute folgenden Abschnitt, beginnend mit »Es liegt den folgenden Studien...« und endend mit »in Vergessenheit geratenen Episode zu erhellen«, neu eingeschoben. Der darauf folgende Abschnitt begann in der ersten Ausgabe mit dem Satz:

»Betrachtet man die stets vorübereilende Zeit im Hinblick auf die Beständigkeit, so erübrigt sich eine Parteinahme für oder gegen die Hervorbringung einer Zeit.«

Der Schluß dieses Vorworts lautet ursprünglich: »Gäbe es darauf eine Antwort nur aus dem Geist der *Zeit*, so wäre das letzte, ehrliche Wort unserer, noch vor 1900 geborenen und im Kriege gereiften Generation die entscheidende Resignation, und zwar einer solchen, die ohne Verdienst ist, denn die Entsagung ist heute leicht. Doch lebt der Mensch nicht nur von der allmächtigen Zeit. Er überdauert alle Wechselfälle des Lebens kraft eines einzigen Strahles oder auch Funkens vom Sein der *Ewigkeit*.«

Löwith hat auch in den anschließenden Wortlaut seiner »historischen« Abhandlung korrigierend eingegriffen.

Auf S. 22 dieser Ausgabe verzeichnet die erste Auflage nach der Anmerkungsziffer 29 den Nachsatz:

»– eine Erwartung, die wiederum sehr aktuell anmutet, obschon die *philosophischen* ›Taten‹ weder nach 1870 noch nach dem Weltkrieg gefolgt sind.«

Auf S. 115 dieser Ausgabe am Ende des ersten Abschnitts hat Löwith gestrichen:

»Was Hegel unter List der Vernunft begriff und Ruge unter dem unwiderstehlichen Zeitgeist verstand, wird neuerdings in rassengeschichtlicher Aufmachung deutsches ›Schicksal‹ genannt, um damit das oberste Recht des Geschehens gegenüber der Moral zu rechtfertigen.«

Auf S. 175 dieser Ausgabe hatte Löwith in der ersten Auflage bemerkt – im Anschluß an den zweiten Abschnitt:

»Andrerseits hat aber auch erst der Nationalsozialismus seinen ideologischen Gegner de facto in mancher Hinsicht zur Herrschaft gebracht, durch die Zwangsnivellierung der Klassen zu einem einzigen Arbeitsheer. – Die nationalsozialistische Umwälzung hat auch im akademischen Neuhegelianismus eine neue ›Wandlung‹ gezeigt, die sich zunächst darin bezeugte, daß der von Kroner redigiert gewesene ›Logos‹ in eine Zeitschrift für ›deutsche‹ Kulturphilosophie umbenannt und von H. Glockner und K. Larenz übernommen wurde. Der Logos der Hegelschen Philosophie mußte es sich gefallen lassen, zum Sprachrohr *›unserer Zeit‹* zu werden; er sollte nun jener großen ›Bewegung‹ dienen, die man – weil man Hegelianer war – ›zutiefst als eine geistige‹ begriff.« (Anm.: Siehe zum Folgenden die Einleitung zur ›Neuen Folge‹ des *Logos* und den daran anschließenden Aufsatz Hermann Glockners: *Deutsche Philosophie*, 1. Heft der ›Neuen Folge‹ 1934).«

Und Löwith fährt fort: »Denn ›echte Philosophie und Lebenswirklichkeit‹, sagt Glockner, wie einstens Ruge, seien ›in ihrem letzten Grunde immer eins‹. Diese Einheit wird in Glockners einführendem Aufsatz durch eine sehr einfache Gleichschaltung mit den Forderungen der Zeit bewiesen. Weil die deutsche Philosophie mehr als jede andere dem ›Volk‹ entsprungen und verbunden sei, nehme sie auch unmittelbar teil an der Seele des Deutschen. Doch wohnen – ›ach!‹ – *zwei* Seelen in des Deutschen Brust: ›Nämlich eine *Bauernseele* und eine *Soldatenseele*‹! Innerhalb der artdeutschen Philosophie äußert sich dieser Zwiespalt folgendermaßen: der deutsche Philosoph ist einerseits bäuerlich-seßhaft, fromm, schwerfällig und treu. ›Wie ein Bauer grübelt und sinniert er hinter dem Ofen‹, er ›bastelt und tüftelt‹ oder, mit einem philosophischen ›Kunstausdruck‹ gesagt: ›er versucht *konkret* zu denken‹! Andrerseits verachtet aber seine Soldatenseele das seßhafte Leben, setzt es vielmehr leichtfertig aufs Spiel und darauf beruht die idealistische Kühnheit, aber auch *Abstraktheit* der deutschen Philosophie! ›Kommt hier die schweifende Lebensart der alten indogermanischen Reitervölker zum Durchbruch?‹ Aus der ›Dialektik‹ beider Seelen sei der zeitgemäße und zugleich ewige Charakter der deutschen Philosophie zu verstehen: sie beruhe auf der Spannung zwischen ihrem Soldaten- und Bauerntum und auf der ›Zusammengezogenheit des deutschen Gemütes‹. – Was Glockner zur Einführung des neuen Logos von sich gab, ist seitdem in zahllosen Varianten ausgeführt worden, die sich zwar untereinander für beträchtlich verschieden halten, deren Hauptnenner aber doch stets der gleiche ist: die widerstandslose Gleichschaltung der

Philosophie mit der Zeit, die man angeblich selbst ist. (Anm.: Eine wohlgemeinte akademische Reaktion dagegen ist Theodor Litts Broschüre *Philosophie und Zeitgeist* – Leipzig 1935 –, deren Schwäche darin besteht, daß sie Hegels Kategorien ohne weiteres übernimmt, als sei zwischen 1831 und 1933 überhaupt nichts geschehen).«

Im folgenden, dieses Kapitel abschließenden Abschnitt auf derselben Seite hatte Löwith ursprünglich geschrieben (nach dem ersten Satz, endend mit »Geschichte gemacht«):

»Doch hat sich die deutsche Intelligenz von Rußland im selben Maß getrennt, wie sie sich kurz vorher von der russischen Literatur faszinieren ließ, ohne in ihr den geschichtlichen Ernst zu erkennen.«

Auf S. 254 hat Löwith im Anschluß an Nietzsches Bemerkungen zur Judenfrage die folgende Anmerkung gestrichen:

»Siehe dazu aus zwei entgegengesetzten Lagern: A. Rosenthal, *Nietzsches europäisches Rassenproblem*, Leiden 1935; C. v. Westernhagen, *Nietzsche, Juden, Antijuden*, Weimar 1937. – Vgl. dazu A. van Miller, *Deutsche und Juden*, Mährisch-Ostrau 1937.«

Der Beginn des zweiten Abschnitts auf S. 262 lautete ursprünglich: »Und so ist es kein Zufall, sondern in der Sache begründet, wenn Heidegger, gerade weil er Kierkegaard näher als die meisten seiner Anhänger stand, aus Kierkegaards protestantischer Christlichkeit atheistische Konsequenzen zog und seinem Paradox die Spitze abbog.«

Im Anschluß an die Fußnote 23 dieses Teilkapitels – auf S. 263 – hatte Löwith in der ersten Auflage ausgeführt:

»*Kant und das Problem der Metaphysik*, Bonn 1929, S. 231 f. – Wie sehr Heideggers ›Wiederholung‹ der griechischen Ursprünge der Philosophie auf einem christlichen Zeitbewußtsein beruht, kann aus Immermanns Charakterisierung Fichtes (›Die Jugend vor 25 Jahren‹) einsichtig werden. Was er von Fichte sagt, gilt mit geringen Veränderungen heute von Heidegger: auch er möchte den ganzen Geschichtsverlauf umbrechen und auf ›Ursprünge‹ zurück, im Verhältnis zu denen alles andere Verfall ist, auch er ist zur ›Hälfte Philosoph, zur andern und vielleicht größeren Hälfte opponierender Charakter‹.«

Löwith hat sich in der ersten Auflage breiter über den säkularen Widerspruch »Weimar« geäußert. In einer ausführlichen Fassung der Fußnote 93 auf S. 292 hat er ursprünglich geschrieben:

»Die Nietzsche-Halle, deren Baukosten (laut Jahresbericht des Nietzsche-Archivs 1937) hauptsächlich aus Spenden Hitlers und der Waffenindustrie bestritten wurden, soll nach R. Oehler (einer Hauptperson des Nietzsche-Archivs und des wissenschaftlichen Ausschusses der neuen Nietzsche-Ausgabe) folgenden Zwecken dienen (wir zitieren den ganzen Schluß des Vortrages, schon um das unnachahmliche Deutsch dieses für die nationalsozialistische Nietzsche-Deutung maßgebenden Nietzsche-Verehrers zur Geltung kommen zu lassen): ›Seit Urzeiten der Menschheit kennen wir ehrfurchtgebietende Räume zur Weckung und Pflege religiöser Erlebnisse. Für die Hege und Verstärkung der nicht religiösen, der geistigen, künstlerischen, kulturellen schöpferisch-lebenden Bewegungen aber haben wir nur selten entsprechende Weihestätten, Kultstätten. Eine geistige Weisheit in der klar bestimmten Richtung, Heimatstätte des Zarathustrawerkes und Zarathustrawesens zu werden, soll die Nietzsche-Halle sein. Ihr Grundgedanke ist aus der baulichen Planung zu entwickeln: der Zielpunkt des Gesamtgebäudes ist ein Nietzsche-Zarathustra-Denkmal. Unter seiner eindrucksvollen Beherrschung werden in einem Vortragssaal Veranstaltungen stattfinden, deren Art jetzt nicht genau festgelegt werden, sondern erst aus der Zukunft heraus wachsen kann, Veranstaltungen, die irgendwie als Ziel die Bildung von Gemeinschaften haben, wie sie Nietzsche ersehnte, für die er Bezeichnungen wie etwa ›Ordensbund höherer Menschen‹, ›Schule der Erzieher‹, ›Tribunal der Kultur‹ usw. anwandte; Gemeinschaften sollen durch sie gebildet werden, die, wie es einmal heißt, als ›Mittel dienen, die Einzelnen einzusenken und einzuwurzeln – bis endlich Früchte erstehen‹, oder an anderer Stelle, deren ›Sinn sein soll, durch eine fortgesetzte Läuterung und gegenseitige Fürsorge die Geburt des Genius und des Reifewerden seines Werkes in sich und um sich vorzubereiten‹. – Beherrscht noch durch das Denkmal, schließt sich an den Vortragssaal ein Versammlungsraum an, in dem unter dem Eindruck wundervoller weiter Ausblicke über die Landschaft im Zusammenhang mit und im Anschluß an die Veranstaltungen durch Wechselaustausch der Gedanken und Stimmungen Verbindung, Gemeinsamkeit unter Einzelnen geschaffen werden kann und wird. – Auf diesen Raum hin führt ein langer Wandelgang, gleichfalls immer noch, wenn auch von weiter her, geschirmt von dem Nietzschedenkmal. Er wird Bildwerke der Persönlichkeiten enthalten, die in Zusammenhang stehen oder stehen werden mit dem Nietzsche-Zarathustra-Werk, von Sokrates und Plato an bis zu Schopenhauer und Wagner usw. – Gehen wir nun noch einmal den Weg durch die Halle im Geiste so, wie man ihn später gehen wird, so schreiten wir von der Eingangshalle aus durch den Wandelgang zwischen den ›Ahnen‹ Zarathustras hindurch voran, den Blick immer auf das Nietzsche-Zarathustra-Denkmal gerichtet, dem wir uns durch den Versammlungsraum hindurch immer mehr nähern, bis wir im Vortragssaal unmittelbar unter seinem Bann stehen. – So soll die Nietzsche-Halle durch ihre Raumgestaltung, durch den Gehalt ihres Denkmales und ihrer Bildwerke, durch ihre Lage an einer Stelle, an der Nietzsche und die Nietzscheschwester zuletzt lebten, durch den freien Weitblick von ihr aus über ein Stück deutschen Landes mit großer Kulturvergangenheit jeden Einzelnen in bestimmter geistig-seelischer Beeinflussung vorbereiten und ihn emporschaffen zu seinem besten Können, damit er gebend und nehmend mitwirkt zu einer Gesamtstimmung, die als unvergeßliches Erlebnis von hier aus hinausgetragen wird und sich zukünftig in ihm und in anderen fruchtbar ausgestaltet. – Die Nietzsche-Halle ist ein Bau für die *Zukunft*. Die Zukunft gehört unserer *Jugend*. Das *neue, das junge Deutschland* fühlt sich mit seiner besten Jugend mit Recht ins Reich der Geistesmacht Nietzsche-Zarathustra gehörend. Die ständig wachsende Fülle der Veröffentlichungen darüber ist ein deutliches Zeichen dafür [...]. Die Bewegungen der Zukunft, die auf den Namen Nietzsche-Zarathustra getauft sind, werden also getragen werden von einer Menschenart, die schöpferisch, kindartig, ungenügsam, zukunftstüchtig, erdnah, willensstark, Gefährlichkeiten gewachsen, hart, lebensbejahend, erdefreudig, sieghaft, glücklich, Leid überwältigend durch Lust, machtvoll in Schönheit, reich an Seele, stark durch Gesundheit des Leibes ist, und die diese Merkmale zur Ganzheit in sich eint. Die Heimstätte der Bewegungen wird hier im Herzen Deutschlands das Nietzsche-Archiv und die Nietzsche-Halle sein. Durch sie wird, so hoffen wir, die Erfüllung für die Nietzsche-Bewegung kommen. – Zarathustra schaut die Erfüllung unter dem Zeichen des *großen Mittags*, des Augenblicks höchster Selbstbesinnung des Menschen, der Stunde, da die Sonne auf ihrem Höhepunkt steht, da der Mensch seinen Weg zum Abend als seine höchste Hoffnung feiert, weil er der Weg zu einem neuen Morgen ist, und mit stürmischer Sehnsucht ruft sein schaffender Wille zu einer neuen Menschen-Zukunft aus: ›Herauf nun, herauf, du großer Mittag‹. Ich schließe, indem ich die Zarathustraworte wiederhole, die ich als Leitgedanken an den Anfang stellte [...] ›Wachet und horcht! Von der Zukunft her kommen Winde mit heimlichem Flügelschlagen, und an feine Ohren ergeht gute Botschaft. Ihr sollt einst ein Volk sein. Wahrlich, eine Stätte der Genesung soll noch die Erde werden! Und schon liegt ein neuer Geruch um sie, ein heilbringender und eine neue Hoffnung!‹ (R. Oehler, *Die Zukunft der Nietzschebewegung*, Leipzig 1938, S. 13 ff.)«

Die einschneidendste Veränderung hat Löwith mit der Streichung seiner Ausführungen über Ernst Jünger vorgenommen. Sie folgten ursprünglich als zehntes Unterkapitel nach dem Nietzscheteil auf S. 331:

10. *E. Jünger: Das Ende der bürgerlichen Welt und das neue Experiment*

> ›Der Nihilismus schließt mit einem Zustand ab, in dem man am Zweifel zu zweifeln und an den Glauben zu glauben beginnt, und in dem die Ohnmacht sich mit brutalen Farben schminkt.‹
>
> *(Blätter und Steine)*

E. Jünger hat Nietzsches Ideen über die Zukunft Europas vereinfacht und aus der Erfahrung des technischen Kriegs weitergedacht – er versucht in der Tat, »mit dem Hammer« zu philosophieren. Seine Originalität besteht darin, daß er den preußischen »Gesinnungsmilitarismus«, wie ihn schon Scheler gegenüber dem englischen »Zweckmilitarismus« vorübergehend vertrat[1], mit der Idee des russischen Arbeiterstaates[2], daß er Sorel mit Nietzsche verbindet[3], indem er sich die Gestalt des Arbeiters im Sinne des Willens zur Macht als den künftigen Herrn der

1 Scheler, *Krieg und Aufbau*, Leipzig 1916, S. 167 ff.; siehe dazu Clémenceaus Gespräch über Leben und Tod in den *Weiteren Unterhaltungen* mit J. Martet, Berlin 1930, S. 54 f.

2 ›Je zynischer, spartanischer, preußischer oder bolschewistischer im übrigen das Leben geführt werden kann, desto besser wird es sein.‹ – Der bewußt antieuropäische Charakter von Jüngers aktiv gewordenem Nihilismus kommt am deutlichsten in der 1. Aufl. von *Das abenteuerliche Herz* (Berlin 1929) S. 184 f. und 186 ff. zum Ausdruck (beide Stellen sind in der 2. Fassung von 1938 weggelassen).

3 Vgl. Sorel, *Les illusions du progrès,* a.a.O., S. 284 und Nietzsche XVI, 197.

Erde auslegt. Die grundlegende Voraussetzung von Jüngers Idee einer militärischen Totalisierung ist und bleibt bei ihm die demokratische Nivellierung, welche die Französische Revolution durch die Zerstörung der alten, gewachsenen Ordnungen hervorgebracht hat. Weil Jünger aber selbst noch der bürgerlichen Epoche entstammt und seine Bildung vor dem Krieg empfing, befindet er sich in der problematischen Lage der Generation, für die »das Alte nicht mehr und das Neue noch nicht« gilt. Seine letzte Frage ist deshalb, ob es in dieser »letzten Phase des Nihilismus«, wo man »am Zweifel zu zweifeln und an den Glauben zu glauben beginnt«, möglich ist, mit einem »Glauben ohne Inhalt« in einer »Welt ohne Götter« mit einem »Wissen ohne Maximen« und mit einer »Disziplin ohne Legitimität« zu existieren. Denn gegenwärtig habe nichts einen substanziellen, sondern alles nur einen taktischen Wert, weil in dieser Zwischenzeit alle Ideen, Einrichtungen und Personen nur stellvertetenden Charakter haben und die Mittel bedeutender als die Menschen sind[4]. Doch nimmt Jünger an, daß sich zugleich mit der Welt auch der Mensch verwandeln wird, um ein »Höchstmaß an Aktion« mit einem »Minimum an Warum und Wofür« zu vereinen[5]. Er selbst weiß sich aber noch nicht so unproblematisch und zweifellos; er sieht noch den Verlust, den diese Vereinfachung der Welt durch die Gestalt des Arbeiters hervorbringen muß[6] – ein Verlust, den die erst während des letzten Krieges geborene Generation schon nicht mehr empfindet, weil sie das Verlorene überhaupt nie besaß. »Noch gibt es Inseln des Geistes und des Geschmacks, von erprobten Wertungen begrenzt, noch jene Molen und Wellenbrecher des Glaubens, hinter welchen der Mensch ›in Frieden stranden kann‹. Wir kennen die zärtlichen Genüsse und Abenteuer des Herzens und wir kennen den Klang der Glocken, der das Glück verspricht. Dies sind Räume, deren Wert [...] durch die Erfahrung bestätigt ist. Wir aber stehen mitten im Experiment; wir treiben Dinge, die durch keine Erfahrung begründet sind. Enkel und Urenkel von Gottlosen, denen selbst der Zweifel verdächtig geworden ist, marschieren wir durch Landschaften, die das Leben mit höheren und tieferen Temperaturen bedrohen. Je mehr die Einzelnen und die Massen ermüden, desto größer wird die Verantwor-

4 *Der Arbeiter. Herrschaft und Gestalt,* 2. Aufl., Hamburg 1932, S. 68.

5 106; vgl. 131 und 167 über die Vereinfachung der Fragestellungen, und: *Das abenteuerliche Herz,* a.a.O., S. 180.

6 *Blätter und Steine*, Hamburg 1934, S. 210.

tung, die nur Wenigen gegeben ist. Es gibt keinen Ausweg, kein Seitwärts und Rückwärts; es gilt vielmehr die Wucht und die Geschwindigkeit der Prozesse zu steigern, in denen wir begriffen sind. Da ist es gut zu ahnen, daß hinter den dynamischen Übermaßen der Zeit ein unbewegliches Zentrum verborgen ist.«[7] Dieses an ihm selber unbewegte, aber alles bewegende Zentrum ist für Jünger das ewig wiederkehrende Leben, wie es im letzten Aphorismus des *Willens zur Macht* von Nietzsche beschrieben wird[8]. Denn wenn auch die Klagen über die Zeit so endlos sind wie diese selbst, so verringert sich doch nicht die metaphysische Lebenskraft der Welt, das elementare und immer wiederkehrende Leben, das jeden leer gewordenen Raum mit neuen Gestalten erfüllt und die Rollen des Spieles neu besetzt. Die »Helden, Gläubigen und Liebenden«, meint Jünger, sterben nicht aus.

Jüngers Gedanken wären durch die einhämmernde Monotonie und das pausenlose Fortissimo ihres Vortrags mehr ertötend als weckend, wenn der Soldat nicht zugleich ein Literat wäre, der über eine Bildung verfügt, die er der bürgerlichen Kultur des letzten Jahrhunderts verdankt. Ihr schuldet er auch jene Reste von Zweifel und von philosophischen Einfällen, wodurch seine Schriften die Masse der anderen, die Ähnliches möchten, so weit überragen. Daß er noch Zweifel hat und Probleme sieht, wo die meisten nur noch marschieren, führt er selbst einmal darauf zurück, daß er »der Urenkel eines idealistischen, der Enkel eines romantischen und der Sohn eines materialistischen Bürgertums« sei. Er ist sogar noch ein Nachkomme der Französischen Revolution, weil der Raum, dem die Gebilde des »Fortschritts« entstammen, »in der Tat weitaus bedeutender ist, als man gemeinhin glauben möchte«[9]. Es gibt auch noch einen Glauben an den »Fortschritt« jenseits der »illusions du progrès« und es fragt sich, an welchen Glauben Jünger zu glauben beginnt, falls ihm einmal seine menschliche Skepsis zweifelhaft wird und ihn sein »Shandismus« verläßt. Erst im Nachwort zu den *Afrikanischen Spielen* (1936) steht der wahrhaft illusionslose Satz: »Halten wir uns vorläufig an den schönen Spruch von Th. Gautier: La barbarie nous vaut mieux que la platitude. Das ist in der Tat eine Alternative, über die sich reden läßt; vor allem, wenn man befürchtet, daß der Mensch sich zu beiden zugleich zu entschließen gedenkt.«

7 *Der Arbeiter,* a.a.O., S. 193 f.

8 Siehe dazu *Blätter und Steine*, a.a.O., S. 167, 211; *Der Arbeiter,* a.a.O., S. 42, 67.

9 *Blätter und Steine,* a.a.O., S. 123.

Im Anschluß an diese Unterkapitel ließ Löwith ursprünglich seine Ausführungen über »Das Problem der Arbeit« mit folgender Schlußbetrachtung enden:

»Jüngers ›heroischer Realismus‹ ist mehr heroisch als realistisch. Wie alle Radikalen verkennt er das Schwergewicht des Mittelstandes, das gerade in seiner Mittelmäßigkeit gründet. Sieht man die gegenwärtige Lage des deutschen Bürgertums so an, wie sie ist, so muß man erkennen, daß der zur Herrschaft gekommene Mittelstand weder bürgerlich noch proletarisch, sondern *kleinbürgerlich* ist. Er ist das geschichtliche Produkt des Ausgleichs und der Verschmelzung des dritten und vierten Standes, das Ergebnis einer Proletarisierung des Bürgertums, wie sie in Deutschland besonders nach dem Krieg und der Inflation zustande kam, und einer Verbürgerlichung des Proletariats, die schon vor dem Krieg in den sozialdemokratischen Gewerkschaften stattfand. Dieser neu entstandene Mittelstand, für den weder der Rest des alten soliden Bürgertums noch das Proletariat bezeichnend ist, ist sowohl in Italien wie in Deutschland der hauptsächliche Träger der revolutionären Bewegung geworden, die ihn militärisch geformt, gegliedert und konsolidiert hat. Beide Bewegungen konnten die breiten Massen erfassen, weil sie – quer durch die alten Klassengegensätze hindurch – unter der Leitidee der Nation ihre Einebnung bewirkten. Dieses Ende der alten gebildeten Bourgeoisie und des klassenbewußten Proletariats ist aber nicht das Ende des Bürgertums, sondern seine Wiederbelebung durch eine gewitzigte Mediokrität. Man könnte in Hegels Art sagen, daß dieses groß gewordene Kleinbürgertum die Sphäre ist, welche die beiden Klassen des marxistischen Schemas »aufhebt«. Nach Marxens Theorie hätte die kapitalistische Bourgeoisie an Reichtum immer mehr zunehmen und zahlenmäßig immer mehr abnehmen müssen, bis zu dem Punkt der Übernahme der Produktion durch das Proletariat, neben dem ihm das Kleinbürgertum bedeutungslos schien. In Wirklichkeit ist aber die Bourgeoisie ärmer und zahlenmäßig größer geworden, so daß sich ihre sozialen und wirtschaftlichen Interessen innerhalb breiter Schichten mit denen des bürgerlich gewordenen Proletariats vereinigen konnten. Und so hielt es E. Seillière[10] schon vor dreißig Jahren und auf Grund der Lehre von 1848, wo das geängstete Kleinbürgertum erstmals aktiv

10 E. Seillière, *Der demokratische Imperialismus,* 2. Aufl. Berlin 1911, S. 356ff.

wurde, für sehr viel wahrscheinlicher, daß die fortschreitende materielle und geistige Ausgleichung zwischen einer heruntergekommenen Bourgeoisie und einem heraufgekommenen Proletariat eines Tages das ›*Übergewicht eines verallgemeinerten Kleinbürgertums*‹ herbeiführen werde.

Der Bourgeois ist also keineswegs an seiner Problematik gestorben, sondern im Gegenteil: er ist gesund, problemlos und aus einem »Nichts« ein uniformiertes Etwas geworden. Er hat durch Zähigkeit und Verwandlung eine 150jährige Kritik überstanden. Und weil es eine ihm gegenüber bevorrechtete Klasse überhaupt nicht mehr gibt, ist die Bewegung der *Emanzipation* zum Stillstand gekommen und eine solche der *Abdikation* – nicht mehr von einzelnen Fürsten, sondern von ›weltanschaulich‹ gebildeten Massen – an den Staat hat begonnen. Was aber die ›Gebildeten‹ betrifft, so hat schon Burckhardt die Bemerkung gemacht, sie seien fest entschlossen, ›ihre jedesmalige Existenz hereinzudingen, bei welcher Macht es auch sei‹ und massenhaft seien darum ›die Standpunkte der Abfindung und der Konzessionen gegen das Ärgste, dies alles bei großer Kitzlichkeit in Sachen der Anerkennung und der sogenannten Ehre‹.«[11]

Ähnlich kritisch und distanziert hat sich Löwith in der fast gleichzeitig erschienenen Abhandlung *Der europäische Nihiliusmus. Betrachtungen zur geistigen Vorgeschichte des europäischen Krieges* von 1940 – in den *Sämtlichen Schriften* im zweiten Band, *Weltgeschichte und Heilsgeschehen*, S. 481 ff., – geäußert.

Im Anschluß an das »Problem der Arbeit« hat Löwith in der ersten Auflage zu Ernst Jünger ausgeführt (in diesem Band nach »Nietzsche: Die Arbeit als Auflösung der Andacht und Kontemplation«, S. 365):

6. E. Jünger: Die Arbeit als totale Mobilmachung

Am stärksten gewirkt hat nach dem Krieg und infolge des Krieges nicht mehr der Nietzsche, welcher als »freier Geist« und Moralist skeptisch über Menschen und Dingen schwebt, und auch nicht der Kritiker seines Jahrhunderts, sondern der konstruktive Nietzsche des Willens zur Zu-

11 VII, 229 f.; vgl. Goethe, *Gespräche I*, 456.

kunft. Unter seinem Eindruck hat Jünger die »Gestalt« des Arbeiters[1] im Sinne des Willens zur Macht als den künftigen Herren der Erde durchdacht. Unter »Gestalt« versteht er ein Bild des Menschen, ein platonisches eidos, aber angewandt auf einen Menschentypus, der bisher als gestaltlos und unfähig zur Herrschaft galt.

Jüngers Idee des Arbeiters verneint alle bürgerliche Humanität, Bildung und Sekurität, sie steht auch schon jenseits des Grauens vor dem Zerfall dieser Welt[2]. Seine Verneinung umfaßt die bisherigen Alternativen von Zivilist und Militär, Bourgeois und Proletarier, Gebildeten und Ungebildeten, welche er als sich gegenseitig bedingte Gegensatzpaare erkennt. Was von der bürgerlichen Demokratie im Staat des Arbeiters übrigbleibt, ist – auf Kosten der Freiheit – nur noch die Gleichheit: das gleiche Einbezogensein aller in den Rüstungs- und Arbeitsprozeß, zum Zweck der »totalen Mobilmachung«[3] aller Energien des Lebens. Die Freiheit, die Jünger behauptet, ist nicht »liberal«, sondern ein »Wille zum Auftrag« und ihre politische Erscheinungsform keine freie Gesellschaftsordnung, sondern die gewollte Unterordnung im Staat[4].

Sein Buch beginnt daher mit einer Polemik gegen die Ideen der Französischen Revolution und die durch sie bestimmte demokratische Zivilisation. Sein Arbeiter ist kein vierter Stand, wie in der Perspektive der Bourgeoisie, die seine Lehrmeisterin war und in deren Rahmen der Sozialismus nur eine radikalere Form der bürgerlichen Befreiung sein konnte. Seinem eigentümlichen Anspruch nach ist der Arbeiter überhaupt kein soziales und ökonomisches Problem, sondern bestimmt durch sein unmittelbares Verhältnis zur *Technik* und andrerseits zu den *elementaren* Mächten der Welt. Anstatt der bürgerlichen Sicherheit sucht er die Gefahr, und statt sich zu verteidigen, greift er an. Überhaupt unterscheidet er nicht mehr wesentlich zwischen Krieg und Frieden, denn der moderne Krieg ist ein »Schlachtfeld der Arbeiter« und der Frieden selbst schon ein »Rüstungsvorgang«. Als »Typus« steht der Arbeiter auch jenseits der Alternative von Masse und Individuum. Der Vermassung wie die Vereinzelung ist für ihn keine Frage mehr, er

1 *Der Arbeiter. Herrschaft und Gestalt,* 2. Aufl., Hamburg 1932.

2 Siehe dazu den Aufsatz über den Maler Kubin in: *Blätter und Steine,* Hamburg 1934, S. 99 ff.

3 *Blätter und Steine*, a.a.O., S. 122 ff.

4 Siehe dazu aber auch in: *Blätter und Steine,* a.a.O., die ironischen Epigramme, 10 und 39.

arbeitet verantwortlich im totalen Arbeitsgefüge. Das von ihm geschaffene Werk ist nach festen Regeln und Konventionen genormt und geformt. Was der Arbeiter ist und schafft, läßt sich individuell und psychologisch nicht deuten. Die Arbeit erfüllt ihn total, den Bürger jedoch nur zum Teil, weil im Unterschied zur Erholung. Ebensowenig arbeitet er notgedrungen wie der Lohnarbeiter, der nach bürgerlichen Arbeitsbedingungen strebt. Die Arbeit ist des Arbeiters Lebensform, denn sein ganzes Dasein ist eine einzige heroische Aktion.

Ein erstes Anzeichen für dieses Totalwerden der Arbeit sieht Jünger in der unbürgerlichen Art und Weise, wie schon heute von den meisten die Freizeit ausgefüllt wird, nämlich nicht mehr durch geselligen und sonntäglichen Müßiggang, sondern durch Aufmärsche und sportliche Leistungen, die einen Rekord aufstellen und technischen Arbeitscharakter haben. Aber auch die theoretischen Wissenschaften der Physik, der Biologie und Psychologie erkennen das Leben und die Bewegungen der Materie immer mehr unter dem Gesichtspunkt einer lückenlosen Aktion[5]. Arbeit, d.i. für Jünger, so wie für Nietzsche der Wille zur Macht, eine metaphysische Kategorie: sie bewegt nicht nur den menschlichen Geist und Körper, sondern auch die Himmelskörper und die Schwingungen der Atome. Ebenso bestimmt die moderne Technik nicht nur die Ränder des Lebens, sondern bereits seinen Kern, weil es »rein technische« Probleme gar nicht gibt, sobald man aus ihren Prämissen die unvermeidlichen Konsequenzen zieht[6]. Sie dient auch nicht dem »Fortschritt der Zivilisation«, sondern der Gewinnung von Herrschaft und Macht. Sie versachlicht alle natürlichen Verhältnisse bis zum Extrem, mag sie den Krieg oder auch nur den Verkehr einer Großstadt regeln[7]. Sie ist darüber hinaus das universelle Mittel zur totalen Mobilmachung der Welt. Und indem sie den Menschen zum Herrn seiner selbst und der Erde macht, ist sie die größte antichristliche Macht. Totale Arbeit und totale Technik charakterisieren den totalen Krieg, der nicht mehr unterscheidet zwischen Front und Heimat, Soldaten und

5 Vgl. *Blätter und Steine*, a.a.O., Epigramm 97.
6 *Der Arbeiter,* a.a.O., S. 72f., 154, 182f.
7 *Blätter und Steine,* a.a.O., S. 190ff. – Eine ›Zurücknahme‹ der Versachlichung, die bei Hegel und Marx das eigentliche Problem der Vergegenständlichung ausmacht, kommt für Jünger gar nicht in Frage. Er bejaht die Rationalisierung auch nicht wie M. Weber mit einem ›Trotzdem‹, sondern sie bedeutet ihm einfach eine ›größere Klarheit und Sauberkeit in den Dingen der Macht‹.

Bürgertum, Männern und Frauen. Er erfaßt und reguliert alles und jedes mit einer totalen Disziplin.

Als eine bloße Übergangserscheinung zur totalen Mobilmachung beurteilt Jünger die Diktatur des totalen Staats, der nach dem Vorgang des letzten Kriegs nun sämtliche Arbeitskräfte mit militärischer Zucht erfaßt. Dagegen gehören die »nationalen« und »sozialen« Tendenzen noch dem 19. Jahrhundert an[8]. Die Gestalt der Arbeiter, dessen Gesicht bis zur Starrheit gehärtet, geschlossen und einseitig ist, ist ein neuer Menschentypus; der Bürger vom Ende des letzten Jahrhunderts mit seiner nervös beweglichen und beeindruckbaren Physiognomie ist ein bloßer Erbe, ein »Kenner, Sammler, Historiker und Reisender«, dessen Lebensführung täglich unmöglicher wird. – Die Frage aber nach dem Wozu dieses so verstandenen Arbeitens wäre für Jünger ein falsch gestelltes Problem, weil es ihm darauf ankommt, »mit einem Minimum an Warum und Wozu« existieren zu können, »wollen und glauben zu können, ganz abgesehen von den Inhalten, die sich dieses Wollen und Glauben gibt«. Dies sei in Zeiten der »Inflation und Auszehrung des Europäischen« die wahre Position, aus der sich »arbeiten« läßt, nämlich »stramm nihilistisch«. Was »übrig bleibt«, könne am Europäischen nicht gemessen werden, da es selbst Maßgebendes ist, wenn man gelernt hat, das Europäische als »deutschen Spezialfall« zu sehen[9]. Die Konsequenzen, die sich aus Jüngers nihilistischem Wollen für den Begriff der Arbeit ergibt, ist, daß sie »abstrakt« in höchster Potenz ist: sie abstrahiert nicht nur von der Humanität, sondern auch von sich selbst, indem ihr jeder bestimmte Zweck des Bearbeitens fehlt. Sie richtet sich weder nach dem Wesen des Geistes noch nach dem Wesen des Menschen, vielmehr wird sie als eine Funktion der totalen Mobilmachung zu einem anonymen Prozeß, der den Menschen entmenscht. Sie ist keine praktische Bildung des Menschen und keine Bildung der Welt, denn sie formiert nur, um zu zerstören, nach dem Muster der »Materialschlachten«, in denen Jünger seine Idee aufging und auf die sie notwendig abzielt.

Wenn alles im Dienste der Rüstung steht, ist auch der freien Forschung und individuellen Bildung der Boden entzogen, wenngleich der liberale Kulturbegriff noch immer als »Fetisch« bewahrt wird. Die Freiheit des Wissens wird überflüssig, sobald man sich darüber klar ist,

8 *Der Arbeiter*, a.a.O., S. 42, 145, 237ff.

9 *Das abenteuerliche Herz*, a.a.O, S. 180f., 186ff.

»welche Dinge *gewußt werden sollen* und welche nicht«[10]. Auch die Bildung muß beschränktere und disziplinierte Wege einschlagen, wenn die Züchtung eines Typus im Vordergrund steht, was bisher aber nur in Offiziers- und Priesterschulen der Fall war. Doch kann eine solche Beschneidung des Wissens nur sinnvoll sein, wenn der Staat als der Träger des totalen Arbeitscharakters anerkannt ist. Daß es unserem Lebensraum an einer solchen obersten Instanz und Entscheidung noch fehlt, das erklärt für Jünger die Empfindsamkeit und das Unbehagen, welches den Bürger bei dem Angriff auf die freie Forschung und Bildung befällt.

Im ersten Absatz des dritten Kapitels von Teil II (S. 366), im unmittelbaren Anschluß an die gestrichene Jünger-Passage, hatte Löwith in der ersten Auflage nach dem einleitenden Satz geschrieben:
»Es ist heute nicht einmal mehr in Verteidigungsstellung gegenüber der ›realistischen‹ Bildung, sondern bereits ersetzt durch eine politische ›Weltanschauung‹, die – ein lucus a non lucendo – blindlings dem Staate gehorcht, der den Willen hat, die junge Generation zu seinen Zwecken zu züchten. Was sich daneben noch an Resten humanistischer Bildung erhielt, sind Ruinen, die nur darauf warten, ganz zu verschwinden. Selbst die so viel diskutiert gewesene Frage, ob humanistische oder politische Bildung, hat ihre Aktualität längst verloren.«

Den Passus über Ruge (in diesem Band S. 375, 3. Abschnitt) hatte er ursprünglich beendet – nach »zur politischen ›Tat‹ führen werde«: »Der Unterschied zwischen damals und heute ist jedoch der, daß Ruge noch seine Bildung von Hegels Philosophie des Geistes empfing, während seine gegenwärtigen Gesinnungsgenossen mit einer Bildung aufwuchsen, die selbst schon jedes Gehaltes entbehrte.«

Auf S. 377 dieses Bandes hatte die Formulierung »›existentiellen‹ Wissens« – Schluß des ersten Absatzes – ursprünglich den Zusatz: «oder auch ›arteigenen‹ Wissen«.

Den zweiten Abschnitt des «Problems der Bildung« – in diesem Band S. 379 – ließ Löwith nach Fußnotenziffer 32 zuerst enden:
»Der Unterschied zwischen der damaligen und der heutigen deut-

10 *Blätter und Steine*, a.a.O., S. 176.

schen Situation ist jedoch der, daß vor einem Jahrhundert eine radikale Intelligenz gegenüber dem Polizeistaat die Forderungen der Freiheit erhob, während sich die gegenwärtigen Vertreter der Bildung die ihnen aufgezwungene Abdankung mit dem ›Wasser der Phrase‹ zur Freiheit umlügen, um sich als ›Volksgenossen‹ fühlen zu können. Im Wesentlichen geschieht aber dennoch die gleiche ›Vereinfachung der Begriffe‹ und zwar in zweiter Potenz, indem das ›Gattungswesen‹ von heute sein genus nicht mehr von der bürgerlichen Gesellschaft, sondern von der politischen Biologie des totalen Staates empfängt.«

Nach dem Quellennachweis der Anmerkung 31 auf S. 424 dieses Bandes hatte Löwith in der ersten Auflage hinzugefügt:

»Eine Philosophie der christlichen Prädikate ist auch Heideggers Existenzialontologie, die den theoretischen Sinn ihrer Existenzphänomene (Gewissen, Tod, Schuld) entwurzelt, um sie als wesentliche Phänomene der Existenz überhaupt behaupten zu können. Was Heidegger auf diese Weise in den Begriff erhebt und dann als mögliche Grundlage auch für ein theologisches Verständnis beansprucht (*Sein und Zeit*, S. 180), sind und bleiben Phänomene, die geschichtlich dem christlichen Daseinsverständnis entsprechen. Indem Heidegger den Sinn dieser ursprünglich christlichen Existenzbegriffe aus einem sich selbst überantworteten Dasein zu erweisen versucht, bewegt sich die existenzialontologische Interpretation faktisch auf keinen neutralen Boden, sondern auf atheistische Weise im christlichen Machtbereich, wie er vor allem durch Augustin, Luther und Kierkegaard vorbestimmt ist. Auch diese Anthropologie hält somit als Fundamentalontologie fest an den christlichen ›Prädikaten‹, unter Preisgabe des ›Subjekts‹. Ausschließlich Nietzsches ›Atheismus‹ hat den Versuch gemacht, den Geltungsbereich des christlichen Daseinsverständnisses prinzipiell zu überschreiten und dem Dasein als solchem durch eine Umwertung der Werte seine natürliche Unschuld zurückzugewinnen. (Siehe dazu von mir, K. L.: *Phänomenologische Ontologie und protestantische Theologie*, Ztschr. f. Theologie und Kirche, 1930, H. 5; jetzt in: *Sämtliche Schriften 3. Wissen, Glaube und Skepsis*. Stuttgart 1985, S. 1–32).«

Sein Schlußwort dieses Buches zu Franz Overbecks Stellung zu Theologie und Christlichkeit hat Löwith in der zweiten Auflage – S. 485 im letzten Absatz, nach »deutlich gemacht« – verkürzt. In der ersten Auflage hatte dieser Schlußsatz geendet:

»Während sich aber Overbeck von dem Christentum lossagte, das seine Zeit- und Zunftgenossen vertraten, verführt heute der Angriff auf das bestehende Christentum selbst Nichttheologen zu seiner Verteidigung. Die christentumsfeindlichen und antihumanen Tendenzen der Zeit haben viele Gebildete dazu geführt, sich auf die Seite eines ›christlichen Humanismus‹ zu schlagen und in der Not eine Front zu beziehen, die nur in der Abwehr eines politischen Gegners besteht. Gründlicher haben wenige andere das Opfer des Intellekts gebracht und Max Webers Voraussage wahr gemacht. – So verständlich und achtbar das Motiv und die Absicht dieser Parteinahme sein kann, so läßt doch schon die *historische* Analyse des *Problems* der christlichen Humanität als solche erkennen, daß sie nicht den Gesichtspunkt der vorliegenden Darstellung bestimmt hat. Vielmehr wollte sie zeigen, daß zumal eine so apodiktische Zeit wie die unsere, deren Menschen sich um jeden Preis irgendwo einfügen, anschließen und festmachen wollen, zu einer Ansicht der menschlichen Dinge verpflichtet, die von der Gebundenheit an ein bloß nicht zu Negierendes frei ist. Eine solche Ansicht ergibt sich durch keinen ›Entschluß‹, sondern im Laufe der Zeit aus der Anschauung der wirklichen Welt und der Erfahrung des menschlichen Lebens. Was sie am Ende schaut und erfährt, ist *das Beständige im Vergehenden*. Der Standpunkt aber, von dem aus sich das Beständige zeigt, war von jeher ein Stillstand gegenüber dem Strom des Geschehens, der – sofern er nicht mitreißt – zu Kompromissen oder Entscheidungen zwingt, die beide gleich weit entfernt sind von einer Erkenntnis, des Lebens. ›*Was an uns ewig ist, ist in uns stets gewesen und uns nicht erst nachträglich in einem historischen Moment unseres Lebens zuteil geworden*. Gegen diese Auffassung der Geschichte kann auch die von uns Menschen mit dem Christentum gemachte Erfahrung nicht aufkommen, sie wird vielmehr durch diese nur bestätigt.‹ Eine Geschichte, die im Vergänglichen das Ewige auffaßt, wäre aber nicht mehr eine historische Studie, sondern eine Vergegenwärtigung der Urphänomene des Lebens, welche in gleicher Weise die Natur und den Menschen umfaßt.«

Schließlich ist das Nachwort zur ersten Auflage ganz entfallen und nur in einer kurzen Andeutung im Vorwort zur zweiten Auflage wieder aufgegriffen worden (vgl. S. 541):

»Es ist der Fluch des historischen Forschens, daß es, bewußt oder unbewußt, der Rechtfertigung des Erfolgten dient, indem es im Rückblick auf das Geschehene und seine Folgen den Erfolg zum Verständnis bringt; der Erfolg hat aber die Macht, sich selbst zu rechtfertigen. Insofern ist das geschichtliche Wissen – ob es will oder nicht – in der Tat was es bei Hegel ist: eine nachträgliche Voraussicht. Das deutsche Geschehen der Gegenwart ist der Schlüssel für das, was vor Jahren geschah, so wie dieses das Verständnis der Gegenwart aufschließt. – Eine Rechtfertigung im moralischen Sinn ist ein solches Verständnis dennoch so wenig, daß es vielmehr die Wurzel des Übels der Gegenwart in der Vergangenheit aufsucht und dieser kritisch gerecht wird. Die Grenze von Hegels historischem Sinn liegt darin, daß sein ›Begreifen‹ ein unbeschränktes Rechtfertigen ist, weil ihm die Weltgeschichte als Weltgericht gilt. Von einem solchen Begreifen ist unsere Darstellung so weit entfernt wie vom billigen Tadel. Das Verständnis, das sie anstrebt, ist die Gerechtigkeit, welche urteilt.

Was aber die besondere Geschichte des deutschen Geistes im 19. Jahrhundert betrifft, so erleichtert die tödliche Konsequenz in der philosophischen Entwicklung nach Hegel das Verfolgen der aufeinander folgenden Schritte, deren Resultat die Verstiegenheit ist. Und so mag die historische Einsicht in das geistige Geschehen der Zeit dazu führen, daß man von Nietzsches Magie des Extrems über Burckhardts Mäßigkeit zu Goethes maßvoller Fülle zurücksteigt, um an einem zweifellos großen Menschen deutschen Geist zu erkennen.

Doch gibt es kein Zurück in der Zeit, weder zu Goethe noch sonstwem. Die Zeit als solche ist dem Fortschritt verfallen und nur in den Augenblicken, in denen die Ewigkeit als die Wahrheit des Seins erscheint, erweist sich das zeitliche Schema des Fortschritts wie des Verfalls als historischer Schein.«

Von Hegel zu Nietzsche ist in folgenden Übersetzungen erschienen:

Da Hegel a Nietzsche. La frattura rivoluzionaria nel pensiero del secolo XIX. In der Übersetzung von Giorgio Colli erstmals bei Einaudi Turin 1949.

Hegel kara Nietzsche. In der Übersetzung von Jisaburoh Shibata bei Iwanami Tokyo 1952/1953 (2 Bände).

From Hegel to Nietzsche. The Revolution in Nineteenth Century Thought. In der Übersetzung von David E. Green bei Holt, Rinehart & Winston New York 1964.

De Hegel à Nietzsche. In der Übersetzung von Remi Laureillard bei Gallimard Paris 1969.

Die beiden diesen Band abschließenden Skizzen des späteren Buchs sind unter den Titeln *L'achèvement de la philosophie classique par Hegel et sa dissolution chez Marx et Kierkegaard* und *La conciliation hégélienne* in den *Recherches philosophiques* 4 (1934/35), S. 232–267, und 5 (1935/36), S. 393–404, erschienen. Ins Japanische sind diese beiden Aufsätze unter dem Titel *Hegel, Marx, Kierkegaard* durch Jisaburoh Shibata übersetzt worden; erschienen im Verlag Miraisha, Tokyo 1967. Einzubeziehen in den Kreis der Vorstudien sind *Die Einheit und die Verschiedenheit des Menschen* (zuerst 1938, jetzt in: *Sämtliche Schriften 1. Mensch und Menschenwelt.* Stuttgart 1981, S. 243–258) und *On the Historical Understanding of Kierkegaard* (in: *The Review of Religion* 7, 1942/43, New York, S. 227–241).

Zu diesem Band

Es hat nicht in Löwiths Absicht gelegen, mit seinem Buch von 1941 eine historische Arbeit vorzulegen, eine Geschichte der deutschen Philosophie im 19. Jahrhundert und nichts darüber hinaus betreffend. So scharf der Obertitel die Grenzen seines Themas zu ziehen scheint, so deutlich wird im Folgenden der Blick auf die über diese Begrenzung hinausdrängende innere Dramatik eines philosophischen Geschehens gelenkt, dessen Verlauf Löwith seit seiner Nietzsche-Dissertation bereits eine Reihe von bemerkenswerten Studien gewidmet hatte. Von Namen wie Feuerbach, Marx, Kierkegaard, Nietzsche und Jacob Burckhardt als Gegenpol ist darin immer wieder die Rede, mit gesteigerter Aufmerksamkeit auf die kulturkritischen Tendenzen der Gegenwart. Einer Generation angehörig, die mit Nietzsches Diagnose der Heraufkunft des europäischen Nihilismus und der daraus folgenden Notwendigkeit seiner Überwindung eine zentrale geistige Erfahrung gemacht hatte, wollte Löwith die systematischen Gründe eines »vorläufigen« Philosophierens bewußt machen, das seinen Ausgang von Hegels Vollendung der Philosophie des bürgerlichen Zeitalters genommen hatte und dessen geschichtsphilosophische Implikationen in der Philosophie der Existenz und des Marxismus bis in die Gegenwart fortwirkten. Der befreundete Leo Strauss hat als einer der ersten in einer Besprechung des gerade erschienenen Buchs diesen Sachverhalt hervorgehoben:

»Dieses Buch sollte alle interessieren, die das Aufkommen des europäischen und insbesondere des deutschen Nihilismus verstehen wollen. Als sein Thema kann man die Verwandlung des europäischen Humanismus, vertreten durch Goethe und Hegel, in den deutschen Nihilismus, vertreten durch Ernst Jünger, bezeichnen. Seine These lautet, daß die philosophiegeschichtliche Entwicklung, die von ›tödlicher Konsequenz‹ war, den Schlüssel zum gegenwärtigen Geschehen in Deutschland bietet.«

Bei Löwith stand das skeptische Interesse an den vermeintlichen Überwindern des von Nietzsche diagnostizierten Nihilismus in jenen Jahren im Vordergrund. Wenn man sich verdeutlicht, in wessem Namen Nietzsche nun politisch verwaltet wurde, ist die philosophische

Sachlichkeit zu ermessen, mit der sich Löwith um ein einzig angemessenes Verständnis Nietzsches – und damit zugleich seiner aktuellen Auslegungen – bemühte. In der ersten Auflage des Buchs *Von Hegel zu Nietzsche* hatte Löwith in dieser Hinsicht Ernst Jünger zum Widerpart gewählt. Dessen »heroischer Realismus« macht mit der von Nietzsche geforderten Überwindung des Nihilismus in fataler Weise ernst und erklärt in säkularer »Verstiegenheit« – so das Vorwort – den Krieg zum Schlachtfeld der Arbeit, den Frieden in imperialer Tradition als Rüstungsvorgang einbeziehend. Löwith hat in der zweiten Auflage von 1950 seinen Angriff Ernst Jüngers nicht wiederholt, obwohl ihm mit dem Ende des Zweiten Weltkriegs die seit Nietzsche unabweisbar gewordene Frage einer Zukunft »nach dem Nihilismus« nicht als erledigt, sondern jenseits ihrer jeweiligen Sachwalter nach wie vor als offen erschien.

»Das wahre ›Pathos‹ der Weltgeschichte liegt nicht nur in den klangvollen und imponierenden ›Größen‹, mit denen sie es zu tun hat, sondern auch in dem lautlosen Leiden, welches sie über die Menschen bringt. Und wenn man etwas an der Weltgeschichte bewundern kann, dann ist es die Kraft, die Ausdauer und die Zähigkeit, mit der sich die Menschheit aus allen Einbußen, Zerstörungen und Verwundungen immer neu wieder herstellt.«

Welch engen Bezug diese Feststellung Löwiths in der Wirklichkeit hatte, die aufs Ganze ging, mag der lapidare Eintrag zeigen, den er in das Handexemplar seines Buchs gemacht hat: »erhalten am 18. I. 1941, in Sendai, unmittelbar nach der Rückkehr von Peking und vor der Übersiedlung nach New York.«

Bernd Lutz

HIGHSMITH 45-102
PRINTED IN U.S.A.